KB213067

현대 한국의 종교 법제와 정책

현대 한국의 종교 법제와 정책

초 판 인 쇄   2021년 1월 11일
초 판 발 행   2021년 1월 20일

저   자   고병철
발   행   인   윤석현
발   행   처   박문사
책 임 편 집   최인노
등 록 번 호   제2009-11호

우 편 주 소   서울시 도봉구 우이천로 353
대 표 전 화   02) 992 / 3253
전   송   02) 991 / 1285
홈 페 이 지   http://jncbms.co.kr
전 자 우 편   bakmunsa@hanmail.net

ISBN 979-11-89292-75-1   93210   정가 42,000원

이 저서는 2017년 정부(교육부)의 재원으로 한국연구재단의 지원을 받아 수행된
연구임(NRF-2017S1A6A4A01021434)

현대 한국의 종교 법제와 정책

고 병 철

박문사

얼마 전 누군가로부터 '왜 이런 책들을 쓰느냐?'는 질문을 받았다. 잠시 멈칫하는 순간, '어떤 의미가 있다고 생각해서 쓸 텐데 그 의미가 무엇이냐?'라는 구체적인 질문이 들어왔다. 그런데 화제가 전환되어, 대답할 기회를 놓쳤다.

필자는 이 질문의 잔영(殘影)으로 그 동안 단독저서로 출판했던『일제하 재만 한인의 종교운동』(2009),『한국 중등학교의 종교교과교육론』(2012),『종교교과교육과 종교교과교재론』(2014),『일제하 종교 법규와 정책, 그리고 대응』(2019) 등의 존재 가치를 다시 생각하게 되었다. 그리고 해방 이후 현대의 종교 법제와 정책에 관한 내용을 다룬 책에 대해서도 마찬가지의 질문을 적용하게 되었다.

이 책을 다듬는 과정에서 스스로에게 물어본다. 이 책을 왜 쓴 걸까? 필자는 법제와 정책을 보면, 왠지 사회 곳곳에 있지만 우리가 잘 인식하지 못했던 종교 현상을 좀 더 드러낼 수 있을 것이라고 예상했다. 예상은 맞아떨어졌고, 실제로 사회의 여러 분야와 종교의 연관성을 확인할 수 있었다. 이 책에서 다룬 종교교육, 군종, 사회복지, 교정 분야 등뿐만 아니라 2019년 말 이후부터 세계를 강타한 COVID-19(Coronavirus Disease 2019)와 관련해 종교의 자유 차원에서 '집회, 제례나 집합에 대한 제한이나 금지'를 규정한 〈감염병예방법〉 제49조(감염병의 예방 조치)를 보면 종교와 연관된 사회 분야의 범위는 더 넓어진다.

연구자로 살아가기에, 필자는 무엇보다 이 책의 연구사적 존재 가치를 생각했고, 그 차원에서 종래의 동어반복적 주장을 피하면서도 학술적으로 종교 법제와 정책에 대한 종합적 연구가 부재한 현실을 메우고 싶었다. 이 책에서 필자의 의도가 다소 실현된 느낌은 들지만, 그렇다고 해도 이 책의 의미는 무엇이라고 말할 수 있을까? 이렇게 말하고 싶다. '인간의 존엄과 행복이라는 지향과 이를 위해 사회적으로 약속된 기본권이라는 이상, 그리고 법규·정책과 종교에서 보이는 다소 괴리된 현실에 대해 한 번이라도 성찰할 기회를 제공하기 위해 노력했다고!'

인간은 경제·사회·문화·정치·역사 등 여러 차원에서 이상적 믿음을 갖고 있고, 그 믿음은 모종의 이야기에 녹아 있다. 이러한 이상적 믿음의 이야기에 '신화(myth)'나 '종교적(religious)'이라는 이름을 붙이면 이 이야기와 뗄 수 없는 관계를 가진 인간에게는 신화적·종교적 존재(Homo Mythos; Homo Religiosus)라는 이름을 붙일 수 있다. 이렇게 보면, 인간은 종교인이 아닐지라도 어떤 식으로든 이상적 믿음에 근거한 신화적·종교적 세계를 살아가는 존재이다.

이 책에서 중점적으로 다룬 종교교육, 군종, 사회복지 정책, 교정 영역에도 이상적 믿음의 이야기들로 채워져 있다. 이러한 이야기의 한 축을 이루는 정치와 종교의 관계도 일체의 관계로 보거나 상호 작용의 관계로 보거나 엄격한 분리 대상이라는, 서로 다른 이상적 믿음에 근거한 담론들로 채워져 있다. 이러한 담론들은 단지 논리적 차이가 아니라 신화적 세계의 차이를 보여준다는 데에 중요한 가치가 있다. 그것은 완벽하게 채워지지 않는 사회적 욕망이자 초인간적 세계를 꿈꾸는 이야기들의 차이이다.

정교분리 원칙에 입각한 교육과 종교의 분리 원칙, 종교의 자유, 종교로 인한 차별 금지 원칙, 종교간 형평성 준수 등과 이 가치들의 상위에 놓인 '인간으로서의 존엄성과 행복 추구'라는 헌법적 가치도 어떻게 보면 '신화적 구성물'이다. 여기서 신화적 구성물로 접근한다는 것의 의미는, 이 책의 결론 부분에 담겨 있지만, 우리가 어떤 믿음, 어떤 이야기, 어떤 세계를 살아가고 있는지에 대해 성찰의 계기를 마련해 준다는 데에 있다.

어떤 경우든지 모종의 결과물에는 독불장군이 아닌 이상 여러 사람의 인연이 함께 한다. 이렇게 '인연이 되어 함께 할 수 있음'은 감사의 대상이다. 이 책을 출판도 마찬가지로 여러 인연이 함께 했고, 감사해야 할 분들이 있다.

무엇보다도 필자를 학술적 차원으로 끌어주신 은사님과 선후배 동료들께 고마움을 느낀다. 특히 올해 정년을 맞이하신 은사님께는 고마움의 끝이 보이지 않는다. 그리고 열심히 자기 존재와 삶의 자리를 찾아가는 가족들, 그리고 간혹 놀라우리만치 새로운 인연들께도 고맙다. 이 연구에 협조해준 동방대학원대학교, 그리고 이 책을 흔쾌히 출판해준 박문사 대표와 관계자께도 감사한다. 늘 부족해서 그런지, 마치 바다와 파도의 관계처럼, 사는 동안 고마움의 끝은 없는 모양이다.

2020년 12월 산자락

I

들어가면서

01
종교 법제와 정책 연구

1) 배경: 종교 문제의 사회 이슈화, 정책과정, 새로운 종교현실

현대 한국 사회에서 종교단체나 종교인의 활동은 교육, 국방, 복지, 교정(矯正) 등 여러 영역에 걸쳐 있다. 이 영역들에서는 정책과 종교계의 의존 관계, 종교단체들 사이의 경쟁 관계 등으로 인해 종종 종교 관련 문제가 사회 이슈로 등장한다.

종교 관련 문제가 사회 이슈화될 경우에는 종교 관련 문제가 법제와 정책의 대상이 되기도 한다. 역사적으로 종교 문제가 법제와 정책의 대상이 된 현상은, 이미 한일병합 이전인 1900년대에도 볼 수 있어,[1] 어색하다고 볼 수 없다. 그렇지만 이러한 현상은 해방 이후 점차

---

1 1906년 11월에 한국 포교를 시작한 일본종교를 대상으로 공포된 〈종교의 선포에 관한 규칙〉(통감부령 제45호)이 최초의 종교 법규이다. 그 후 1908년 7월의 〈향사이정(享祀釐正)에 관한 건〉(칙령 제50호), 1908년 8월의 〈서당 관리에 관한 건〉(학부 훈령 제3호) 등이 1900년대의 종교 관련 법규이다. 1910년대에는 1910년 4월의 〈향교재산관리규정〉(학부령 제2호), 1911년 1월의 〈사직단제(社稷壇祭) 폐지 건〉(總訓 제2호)과 〈사직단제 폐지에 관한 건〉(參秘發 76호), 1911년 6월의 〈寺刹令〉(制令 제7호)과 〈경학원규정〉(부령 제73호), 1915년 8월의 〈포교규칙〉(부령 제83호)과 〈신사사원규칙〉(부령 제82호), 1917년 3월의 〈신사에 관한 건(神祠ニ關スル件)〉(부령 제21호) 등이, 1920년대에는 1920년 6월의 〈향교재산관리규칙〉, 1920년 9월의 〈장의(掌議)에 관한 규정〉(강원도령 제16호) 등이, 1930년대에는 1930년 2월의 〈명

빈번해지고, 역대 정부들은 종교 이슈에 대응하는 과정에서 종교 관련 법규를 전면 개정하거나 일부 조항을 신설하거나 종무행정 부서의 업무 범위를 조정하는 등의 모습을 보인다.

특히 한국 사회에서 종교 관련 문제의 사회 이슈화 현상이 증가한 시점은 민주화 요구가 높아진 1987년 6월 항쟁 이후이다.[2] 이와 관련해, 1987년에는 전두환정부(1980~1988)가 〈4·13호헌조치〉로 개헌논의 중지 등을 발표하자, 종교계 및 재야단체들이 철회 성명을 발표하고 선민주화론을 전제로 동년 5월에 창당된 통일민주당과 더불어 〈민주헌법쟁취 국민운동본부〉(약칭 국본)를 발족해 대정부투쟁을 벌인다. 그리고 대정부투쟁은 천주교정의구현전국사제단의 박종철 고문치사사건 조작 사실 발표(5월), 연세대 경영학과 2학년 이한열이 최루탄을 맞아 사경을 헤매던 사건(6월) 등이 발생하면서 전국으로 확대되어 정부가 직선제개헌 등을 담은 〈6·29선언〉을 발표하게 만든다. 이후 한국 사회에서 민주화를 위한 조치들이 점차 이루어지게 된다.

실제로 1987년 6월 항쟁 이후 민주화 요구가 높아지면서 종교 관련 문제가 사회 이슈로 등장하는 사례들과 그 영역들은 다양해진다. 예를 들어, 우리는 문화예술, 건설, 국방, 교육, 안전행정, 법무, 조세, 언론·방송, 외교 등의 영역에서 각각 종교와 전통문화 지원 문제, 종교 부지 문제, 군종 문제, 학교 종교교육 문제, 공직자 종교 편향 문제, 교

륜학원규정)(부령 제13호), 1936년 8월의 〈신사규칙〉(부령 제76호)과 〈사원규칙〉 (부령 제80호) 등이 공포된다. 또한 종교만을 대상으로 삼지는 않았지만 종교에 영향을 미친 법규들도 등장한다. 예를 들어, 〈사립학교령〉(칙령 제62호, 1908.8.26.), 〈사립학교규칙〉(부령 제114호, 1911.10.20.) 〈조선교육령〉(1911, 1922, 1938, 1943), 〈축제일 당일 사립종교학교 거식예배(擧式禮拜)에 관한 건〉(관통첩 제209호, 1915. 7.1.), 〈조선민사령〉(제령 제7호, 1912.3.18. 시행 1912.4.1.), 〈조선형사령〉(제령 제 11호, 1912.3.18. 시행 1912.4.1.) 등이 종교에 영향을 미친 법규라고 할 수 있다.
2 강인철, 『민주화와 종교: 상충하는 경향들』, 한신대학교 출판부, 2012a 참조.

정위원 문제, 종교인 과세 문제, 종교 보도 문제, 해외 선·포교 문제 등
이 사회 이슈화되는 현상을 어렵지 않게 확인할 수 있다.

이처럼 종교 관련 문제의 사회 이슈화 영역이 다양해진 현상이 시
사하는 바는 무엇인가? 바로 종교가 문화예술, 건설, 국방, 교육, 안전
행정, 법무, 조세, 언론·방송, 외교 등 다양한 영역에서 등한시할 수 없
는 변수가 되고 있다는 점이다. 이와 관련해, 정부도 종교 관련 문제를
해소하기 위해 법제와 정책 차원의 접근을 시도한다.[3]

종교 관련 문제가 국가 차원의 법제와 정부 차원의 정책이 되는 과
정은, 다른 사회 문제가 거치는 과정과 유사하다. 즉 종교 관련 문제가
사회적으로 개선 필요성의 대상이 되면 '사회 문제'로 인식된다. 그리
고 사회 문제의 해결이 시급해지면 '사회 이슈'가 되고, 정부의 개입
여부나 정도가 논의되면 '공중 의제'가 되고, 정부가 개입을 결정하면
'공식 의제'로 다루어진다.[4] 이에 대한 사례로는 이명박정부(2008~2013)
시기인 2008년에 공직자의 종교편향·차별 현상이 사회 문제로 인식
되고, 사회 이슈로 다루어지다가, 공식 의제로 채택해 법제와 정책의
대상이 된 경우를 들 수 있다.

이러한 과정의 반복은 결과적으로 종교 법제와 정책 범위의 확산으

---

3 법제는 법과 제도 또는 법규 제정을, 정책(policy)은 정부 또는 공공기관이 공공 문
제를 공익 차원에서 해결하기 위해 수립·추진하는 제반 지침을 말한다. 종교 정책
은 발생했거나 발생할 수 있는 다양한 종교 문제를 정부 또는 공공기관이 공익 차
원에서 해결하려는 공익(목적)적 제반 지침을 의미하므로 유관 법규의 제정·개정
과 연결되어 있다.

4 유훈, 『정책학원론』, 법문사, 1999, 247-248쪽; 임의영, 「공공성의 개념, 위기, 활성
화 조건」, 『정부학연구』 9-1, 2003, 31-32쪽. 정책 결정 과정 가운데 공식의제로 선
택되는 기준에는 어떤 문제가 미치는 사회적 영향력의 범위나 심각성, 문제해결
책의 존재여부, 여론의 정도, 유행, 문제를 이슈화하는 주도 집단들의 크기나 정치
적 자원 등이 감안된다. 선택된 정책은 일반적으로 '공익실현'을 위한 프로그램으
로 간주된다.

로 이어진다. 이와 관련해, 해방 직후와 그 이후 상황을 비교해보면 종교 법제와 정책의 범위가 확산된 현상을 확인할 수 있다. 실제로, 한국 사회에서 종교와 직·간접적으로 관련된 법규 수는 적지 않은 편이고, 대통령령, 행정명령, 지방자치단체 조례까지 포함하면 그 수는 더 많다. 그리고 이러한 종교 법규의 소관 부처도 경찰청, 고용노동부, 교육부, 국가인권위원회, 국민안전처, 국방부, 국토교통부, 국토교통부·해양수산부(공동), 금융위원회, 기획재정부, 농림축산식품부·해양수산부(공동), 대법원, 문화재청, 문화체육관광부, 방송통신위원회, 법무부, 보건복지부, 산림청, 산림청·환경부(공동), 인사혁신처, 특허청, 해양수산부, 행정자치부, 환경부 등 상당히 넓은 편이다.

게다가 중앙정부 차원과 별개로, 2008년 이후에는 여러 지방자치단체에서도 해당 지역의 종교 이슈에 대응하거나 종교 영역을 활용하기 위해 종무 부서를 신설하는 경향을 보인다. 제주특별자치도의 문화정책과 내 종교계, 대전광역시의 문화유산과 내 종무계, 경기도의 문화체육관광국 종무과 등의 신설 조치가 해당 사례라고 할 수 있다.

흥미로운 부분은 종교 법제와 정책의 범위가 확산된 현상이 종교 현실에서 비롯되지만, 거꾸로 종교 현실에 영향을 미치게 된다는 점이다. 종교 법제와 국가정책이라는 변수가 다른 제반 사회·정치·문화·경제적 변수들과 결합되는 지점에서 한국 사회의 종교 현실이 만들어지거나 변화되기 때문이다. 이 점은 한국과 중국과 일본의 종교 현실이 달라진 이유를 종교 정책의 차이에서 찾는 선행연구에서도 일정 부분 확인할 수 있다.[5]

---

5 류성민, 「한·중·일 삼국의 종교정책 비교」, 『종교연구』46, 2007, 70-73쪽. 이 연구에 따르면, 한국에서 국가의 지원 정책으로 불교와 기독교가 부상했고, 중국에서 사회주의 체제에 대한 적응이 강조되어 사실상 종교인구의 증가나 종교 활동의 증

그런데 종교 법규의 수가 다양해지고 소관 부처가 확대되는 현상으로 인해 여러 가지 문제 지점들이 나타나기도 한다. 이러한 문제 지점들의 일부를 학술적, 사회 현실적 측면에서 지적해보면 다음과 같다.

우선, 학술적 차원에서 보면, 종교 법제와 정책이 복잡해지면서 그에 대한 종합적인 연구가 쉽지 않다. 비록 특정 종교와 특정 정책의 연관성에 대한 연구, 즉 특정 종교 입장에서 유관 정책을 조명하는 경향의 연구가 있지만, 종교 법제나 정책에 대한 종합적인 연구는 미진한 상태이다. 이러한 상태가 지속되면 특정 종교 정책을 조망하는 연구를 종교 정책의 전체 지형이나 종교 현실의 전반 속에서 이해하는 일도 어려워진다.

학술적 차원에서 종합적인 연구가 어렵다는 것은 다른 문제를 야기한다. 한국의 종교 법제와 정책을 종합적으로 검토하는 노력이 미진하면 헌법적 가치인 정교분리 원칙이나 종교 자유의 신장이나 종교 차별 금지 등을 실제의 종교 법제와 정책을 연관시키는 논의까지 미진해질 수 있다는 문제이다.

다음으로, 사회 현실적 측면에서 보면, 종교 법규의 수가 다양해지고 소관 부처가 확대된 상황은 종교 정책의 종합적 기획에 장애로 작용한다. 이와 관련해, 역대 정부는 종무 행정을 위해 문교부에 문화국의 교도과, 사회교육과, 문화보존과, 문예국의 사회교육과, 문화체육국의 사회교육과 등을 두었고, 특히 제3공화국(1963~1972) 시기인 1968년 7월부터 종무 행정 전담 부서를 두고 있다. 그렇지만 이러한 종무 행정 전담 부서들이 정부의 모든 종교 법규를 관장하거나 종교 정책

진이 없었고, 일본에서 국가적 감독과 감시와 지원 금지로 말미암아 민족적·문화적 우호 성향을 보인 신도와 불교 중심의 종교단체들이 주도적인 위치에 있게 되었다고 한다.

의 총괄 기능을 수행한 것은 아니다.

종교 정책에 대한 정부의 종합적 기획이 쉽지 않는 상황은 현재도 마찬가지이다. 이 부분은 비록 문화체육관광부가 제1차관 산하에 종무행정 부서로 종무실을 두고 있지만, 이와 무관하게 다른 정부 부처들도 소관 법규에 의거해 자체적으로 종무행정을 진행하고 있다는 점에서 확인할 수 있다.[6] 예를 들어, 국방부의 군종 정책, 법무부의 교정위원 정책 등은 문화체육관광부의 종무실 업무와 별개로 추진되고 있다.

종교 정책에 대한 정부의 종합적 기획이 쉽지 않는 상황은 다른 문제를 야기할 수 있다. 이는 종교 관련 문제가 사회 이슈로 전환될 때 미래를 지향한 종합적 대응이 아니라 여러 부처가 그때그때마다 산발적으로 대응할 수밖에 없다는 문제이다.

이러한 학술적 측면과 사회 현실적 측면의 문제가 시사하는 바는 무엇일까? 바로 한국의 종교 법제와 정책 전반을 검토해 전체 지형을 살펴보는 노력, 그리고 주요 영역별 종교 정책의 진행 상황을 점검해 종합하는 연구의 필요성이다. 나아가 주요 영역별 종교 법제와 정책을 모아 종합적으로 검토하는 연구는 현대 한국 사회의 종교 이슈와 쟁점들에 대한 체계적인 이해뿐만 아니라, 시기별 종교 현실과 한국 종교사의 전반을 이해하는 데에도 필수적이다. 종교 법제와 정책, 그리고 종교 현실이 무관한 것이 아니라 서로 영향을 주고받는 부분이고, 이 부분의 흐름이 한국종교사를 구성하기 때문이다. 또한 이러한 연구는 종교 현실에서 법제와 정책을 조명하는 데에 그치지 않고 법

---

6 중앙 정부 부처는 기획재정부, 미래창조과학부, 교육부, 외교부, 통일부, 법무부, 국방부, 안전행정부, 문화체육관광부, 농림축산식품부, 산업통상자원부, 보건복지부, 환경부, 고용노동부, 여성가족부, 국토교통부, 해양수산부 등 17개이다.

제사와 정책사 차원에서 한국의 종교 현실을 조명하는 학술적 접근의 토대도 될 수 있다.

2) 선행연구와 과제: 종교법규·정책 일부와 학문별·종교별 연구에서 종합적 연구로

최근까지 종교 법규와 정책에 대한 선행연구들을 모아보면 적은 편은 아니다. 다만, 앞에서 지적한 것처럼, 종교 법제와 정책을 종합적으로 검토해 종교 이슈나 유관 쟁점들을 도출하거나 이를 한국 사회의 종교 현실과 연계시켜 조명한 연구는 아직까지 찾아보기 어렵다. 종교 법규와 정책에 대한 선행연구들을 구분해보면, 종교 법규의 일부를 다룬 경우, 학문분야별 또는 주제별로 접근한 경우, 개별 종교를 중심으로 접근한 경우 등으로 정리해볼 수 있다.

선행연구들의 경향을 구체적으로 보면 다음과 같다. 우선, 종교 법규와 정책의 일부를 다루는 경우이다. 이러한 연구는 1970년대부터 법학계, 행정학계, 정책학계를 중심으로 시작되었고, 1981년 12월에 한국종교법학회가 창립되면서 좀 더 활성화된 바 있다.[7] 다만, 1986년

---

7 최종고, 『법과 종교와 인간』, 삼영사, 1972; 한국종교법학회, 『종교법학문헌집』, 한국교회사연구소출판부, 1982; 한국종교법학회, 『종교법판례집』, 육법사, 1982; 최종고, 『국가와 종교』, 현대출판사, 1983; 한국종교법학회, 『법과 종교』, 홍성사, 1983; 법무부, 『종교규범과 국법질서』(법무자료 제132집), 법무부 법무실, 1990; 연기영, 「종교관계 법령의 문제점과 입법정책적 과제」, 『법과 사회』 2-1, 1990; 한국종교사회연구소 편, 『한국의 종교와 종교법: 종교단체의 법인체 등록』, 민족문화사, 1991; 이준우 외, 『종교법인법』, 한국법제연구원, 1994; 최종고, 「한국종교법학의 현황과 전망」, 『종교와 문화』 5, 1999; 송기춘, 「종교 관련 제도의 헌법적 문제점과 그 개선방향」, 『헌법학연구』 12-5, 2006 등. 다만, '한국종교법학회'와 2015년 개신교계에서 창립된 '종교법학회'와는 다르다(「종교법학회 창립 9일 세미나…

이후 한국종교법학회의 활동이 약해진 이후에는[8] 이러한 연구들이 적어지는 경향을 보인다.

그렇지만 2000년대 이후 사회적으로 종교 이슈가 증가하면서 종교 정책에 대한 관심이 다시 높아지고 있다. 이러한 경향에서 대두된 주요 연구 주제는 종교 법규, 정교분리나 종교의 자유, 종교 판례, 종교 법인법 문제, 국가별 종교 정책, 국가와 종교의 관계 변화, 종교 정책의 개혁 방향 등이다.[9]

종교학계의 경우를 보면, 1980년대부터 장병길, 김종서, 윤승용 등이 종교 정책을 연구한 바 있고, 1990년대부터 연구 범위가 확대되고

초대 학회장에 유장춘 목사」,『국민일보』, 2015.11.4.).

8 『경향신문』, 1986.7.25, 10면(한국종교법학회 제4차 학술심포지엄).

9 김진환,「세계 각국의 종교정책에 관한 소고: 종무행정 중심으로」,『동국사상』12, 1979; 박종주,「한국에서의 국가-종교관계 변화분석: 제1-6공화국의 종교정책을 중심으로」,『한국사회와 행정연구』5-1, 1994; 최종고,「한국에 있어서 종교자유의 법적 보장과정」,『교회사연구』3, 1981; 김상겸,「종교의 자유와 정교분리원칙에 관한 연구」,『공법연구』35-2, 2006; 양재모,「종교법인 관련 입법의 필요성의 검토」,『법학논총』23-1, 2006; 최윤진,「학생의 종교의 자유에 관한 연구」,『민주주의와 인권』7-2, 2007; 황준성·박재윤·정일환·문성모·신지수,「"종교교육의 자유"의 법리 및 관련 법령·판례 분석」,『교육법학연구』19-2, 2007; 김유환,「초·중등학교 종교교육의 문제점과 해결방향: 강의석사건 판결의 의미와 전망」,『공법학연구』9-1, 2008; 윤철홍,「종교단체의 법인화」,『비교사법』15-4, 2008; 윤진숙,「종교의 자유의 의미와 한계에 대한 고찰」,『법학연구』20-2, 2010; 정상우·최정은,「학생의 신앙의 자유와 중등 종립학교에서의 종교교육의 자유의 조화 방안 연구」,『교육법학연구』22-2, 2010; 이철,「사립학교 종교교육 반대 의견에 대한 비판적 고찰: 강의석 사건에 관한 대법원 판결을 중심으로」,『현상과 인식』35-3, 2011; 소성규,「종교단체의 법적 규율을 위한 입법적 시론 ─이른바 종교법인법의 제정을 중심으로」,『법과 정책연구』12-2, 2012; 민경식,「2011년도 종교법판례의 동향」,『종교문화비평』21, 2012; 민경식,「2012년도 종교법 판례의 동향」,『종교문화비평』23, 2013; 김종철,「종교의 자유와 그 한계에 관한 소고」,『연세 공공거버넌스와 법』4-1, 2013; 김정수,「우리나라 종교정책의 문제점과 개혁방향에 관한 고찰」,『문화정책논총』27-2, 2013 등. 다만, 법학계의 논의에 비해 신학계의 종교법인법 관련 논의에는 '사이비 종교'에 관한 대책이라는 의미가 포함된 경우들이 있다(「종교법인법시비」,『기독교사상』16-1, 1972, 27쪽; 김계욱,「종교법인체법에 관한 연구」,『논문집』9, 총신대학교, 1990, 243-246쪽; 민경배,「종교법인법 입법에 대하여」,『신학논단』19, 1991, 96쪽.).

있다. 주요 연구 주제로는 특정 시기에 국한된 종교 정책, 국가별 종교 정책 비교, 종교법인법 논쟁, 종무부서 중심의 종교 정책 진단, 공인교 문제 등이 보인다.[10] 그리고 이러한 주제들을 관통하는 부분은 종교가 사회·정치 현상을 이해할 때 주요 변수라는 관점이다. 이러한 관점은 종교와 사회, 종교와 정치, 종교와 법 등을 다룬 종교사회학 분야에서 도 확인할 수 있다.[11]

연구 논문 외에 종교 정책을 다룬 저서류도 보인다.[12] 이러한 저서 류에는 여러 주제들이 다루어진다. 예를 들어, 1997년 연구에서는 다 종교상황, 종교연합운동과 종교간 갈등, 종교의 자유와 정교분리 문 제, 종교 법제, 종교와 산업화·정보화·환경의 연관성 등이 다루어지 고 있다.[13] 2012년에는 '종교정치'라는 개념 하에 민주화 이후 상대적 으로 학계의 주목을 받지 못했던 정부보조금, 세금, 개발과 재개발, 해

---

10 강돈구, 「미군정의 종교정책」, 『종교학연구』 12, 1993; 류성민, 앞의 글, 2007; 이진 구, 「해방 이후 종교법인법 제정을 둘러싼 논쟁」, 『한국종교』 32, 2008; 강돈구, 「현 대 한국의 종교, 정치 그리고 국가」, 『종교연구』 51, 2008; 고병철, 「한국 종교정책 의 진단과 과제」, 『종교연구』 65, 2011; 권동우, 「해방 이후 한국 종교계의 변화와 신종교: 공인교 제도와 영성운동, 그리고 신종교의 대응」, 『신종교연구』 28, 2013 등.
11 김종서, 『종교사회학』, 서울대학교 출판부, 2005; 이원규, 『종교사회학의 이해』, 나남, 2006 등. 김종서의 경우에는 종교와 정치, 종교와 법이라는 주제를 별도로 다 루고 있다. '종교와 법' 부분에서는 종교의 법적 정의, 종교자유의 원칙, 정교분리 의 원칙, 종교단체의 법적 지위, 국가의 법적 종교통제 등의 주제를 통해 한국의 종 교 정책에 관한 이해를 심화하고 있다.
12 현대사회연구소 편, 『종교정책의 현실과 과제』, 현대사회연구소, 1987; 윤이흠·윤 용복·이진구, 『한국의 종교현상과 종교정책의 방향』, 한국종교사회연구소, 1997; 김정남, 『종교법인의 세무와 사회재정관리』, 영문, 2004; 종교자유정책연구원, 『종교차별과 종교인권』, 초록마을, 2009; 서헌제, 『종교분쟁 사례연구』, 한국학술 정보, 2012; 강인철, 앞의 책, 2012a; 강인철, 『종교정치의 새로운 쟁점들』, 한신대 학교 출판부, 2012; 강인철, 『종속과 자율 : 대한민국의 형성과 종교정치』, 한신대 학교 출판부, 2013; 강인철, 『한국의 종교, 정치, 국가 : 1945~2012』, 한신대학교 출 판부, 2013 등.
13 윤이흠·윤용복·이진구, 위의 글, 1997. 국가와 종교(종교의 자유와 정교분리, 종교 법제 문제)는 51-61쪽 참조.

외선교·포교와 해외파병의 관련성, 양심 병역거부 등의 쟁점이 다루어지기도 한다.[14]

역대 정부도 1980년대부터 연구용역 형태로 종교 정책에 관심을 보이고 있다. 이와 관련해, 1980년의 연구용역에서는 정교분리, 종교법인법 입법, 종교상설심의기구 설치 등이 다루어진 바 있다. 1990년의 연구용역에서는 정교분리 원칙의 법적 성격을 규명하기 위해 미국과 일본을 포함한 여러 국가의 종교 법규를 검토한 바 있다. 1998년의 연구용역에서는 종교 정책의 전개 과정, 종교 활동 관련 법률, 종교재산과 조세, 문화재, 종교 정책과 종교교육, 통일과 종교 정책 등의 주제들이 다루어진 바 있다. 그리고 2000년대의 연구용역에서는 종교단체 분쟁의 처리 문제, 종교단체 관련 판례, 외국의 종교 관련 입법례, 종교 법규에 관한 종교단체의 의견, 종교 법제의 개선 방향, 양심의 자유와 종교의 자유, 양심적 병역거부, 중·고등학교 추첨 배정, 국가에 대한 경례 및 맹세문 낭송, 검사의 기소유예 처분 시 반성문 제출 강제 문제 등이 다루어진 바 있다.[15]

이러한 주제들의 변화도 종교 법규와 정책의 연구 범위가 점차 확대되는 현상을 보여주고 있다. 종교 이슈들이 다양해지면서 나타나는 현상이다. 그렇지만 종교 법규와 정책 전반을 종합적으로 다룬 경우

---

14 강인철, 앞의 책, 2012b 참조.
15 정동섭 외 5인, 『한국의 종교정책연구』, 국제문제연구소·문화관광부, 1980(특히 39–61쪽.); 문화공보부, 『종교 관계 법령』, 문화공보부, 1981; 법무부, 앞의 책, 1990; 정갑영 외, 『우리나라의 종교정책에 관한 연구』, 한국문화정책개발원, 1998; 정갑영 외 6인, 『해외 각국의 종교현황과 제도 연구』, 문화관광부, 1999; 문화관광부, 『종교관련법 조사 및 입법방향 연구: 종교관련 판례 및 입법사례를 중심으로』, 문화관광부, 2004; 김승환 외, 『양심·종교의 자유를 침해하는 법령과 관행의 개선에 관한 연구』, 국가인권위원회, 2004; 고병철 외 4인, 『21세기 종무정책의 기능 강화 및 발전방안 연구』, 종교문화연구원, 2007; 정상우 외 4인, 『공직자의 종교편향 방지를 위한 법제도·정책 기초 연구』, 한국법제연구원, 2008 등.

는 아직까지 드물다. 정부 차원의 연구용역들은 비교적 다양한 영역별 이슈를 다루고 있지만 학술적 차원의 종합적 연구 수준을 지향하지 않는다.

다음으로, 종교 정책에 관한 학문분야별 또는 주제별 연구이다. 이는 학문 분야별 또는 주제별로 이루어진다는 점에서 종합적이라기보다 산발적 연구이다. 이와 관련해, 관광 분야에서는 종교 정책과 관광의 연관성, 경제·경영 분야에서는 종교단체의 조세 정책, 교정복지 분야에서는 종교와 교정 정책, 언론·방송 분야에서는 종교방송 등에 대한 연구가 이루어지고 있다.[16] 종교학계에서는 종교 정책과 관련해 1980년대 이후부터 정교분리, 종교의 자유, 종교교육, 전통사찰보존법, 종교법인법, 미군정, 남북 종교교류, 복지, 무속, 문화재, 양심적 병역거부, 종교교도소, 종교방송, 종교언론 등의 연구 주제들을 다루고 있다. 이러한 분야별 연구 주제들은 종교 정책에 관한 여러 박사논문에서도 확인할 수 있다.[17]

---

16 문화관광부, 『종교단체 조세지원제도 개선방안에 관한 연구』, 문화관광부, 1998; 김태영, 「종교관광 활성화 방안」, 『한국관광정책』 36, 2009; 박의서, 「한국 종교관광의 정책 방향과 성공 사례」, 『관광연구저널』 25-5, 2011; 송호달·김명돌, 「종교단체의 과세제도에 관한 연구」, 『산업경영논총』 15, 2008; 추일엽, 「종교재산에 관한 재산세의 비과세와 조세공평주의의 관계」, 『신학과 실천』 24-2, 2010; 김상용, 「교회재산의 관리에 대한 현행 법률과 판례의 검토」, 『법조』 59-6, 2010; 김유찬·홍성익, 「종교단체에 대한 지방세 비과세·감면의 문제점과 개선방안」, 『조세연구』 13-1, 2013; 김진혁, 「종교교도소의 전망과 한계」, 『교정연구』 26, 2005; 최인규, 「교정복지정책의 결정과정에 있어서 정책갈등에 관한 연구: 민영교도소 설치사례를 중심으로」, 『교정복지연구』 24, 2012; 강석호, 『종교방송 라디오의 제작실무와 제반 법이론』, 생각더하기, 2011 등.
17 신현웅, 『한국종교방송에서의 언론자유와 통제에 관한 연구: 보도의 공정성과 편파성을 중심으로』, 서강대학교 박사논문, 1993; 정대진, 『한국의 종교단체에 관한 조세법상의 연구』, 동국대학교 박사논문, 2004; 김명돌, 『종교단체의 과세제도에 관한 연구』, 용인대학교 박사논문, 2009; 김용관, 『종교계 사립학교에서의 종교교육에 관한 연구』, 홍익대학교 박사논문, 2010; 김승동, 『권력의 언론통제에 관한 연구: CBS(기독교방송)사례를 중심으로』, 경남대학교 박사논문, 2012 등.

이러한 연구들에서 주목할 부분은 1990년대 이후 점차 학제적 연구 경향을 보이고 있다는 점이다. 이러한 학제적 연구 경향은 종교 법제나 정책에 대한 종합적 연구의 토대가 될 수 있기에 주목할 만하다. 예를 들어, 종교 정책과 학교 교육의 문제는 교육학계와 종교학계,[18] 종교와 복지의 연관성 문제는 사회복지학계와 종교학계에서 함께 다루어지고 있다.[19] 또한 종교 정책과 문화재 정책,[20] 종교 정책에 관한 인식,[21] 종교 관련 언론·방송 정책,[22] 종교 관련 국방 정책,[23] 국가조찬기

---

18 김재웅, 「사립학교 종교교육에 대한 교육정치학적 분석: 기독교 학교를 중심으로」, 『교육정치학연구』13-2, 2006; 강돈구, 「한국의 종교정책과 종교교육」, 『종교연구』 48, 2007; 류성민, 「한·미·일 삼국의 종교정책과 종교교육 비교」, 『종교교육학연구』26, 2008; 강인철, 「정부지원을 중심으로 본 종립학교와 국가의 관계」, 『종교문화연구』12, 2009; 배장오, 「한국의 평생교육 정책과 기독교: 교회교육을 중심으로」, 『종교연구』58, 2010; 류성민, 「근대 이후 한국 사회변동과 개신교 학교의 '종교교육': 종교의 자유와 정교분리 문제를 중심으로」, 『원불교사상과 종교문화』51, 2012; 조석훈, 「사립학교에서 종교교육의 한계에 관한 법적 해석기준」, 『교육행정학연구』30-1, 2012 등.

19 김인종, 「복지다원 사회에 있어서 종교의 사회복지 역할」, 『역사와 사회』24, 1999; 고수현, 「불교의 사회복지 사상에 관한 연구」, 『복지행정논총』14-2, 2004; 이재모, 「우리나라 재가노인복지서비스와 종교사회복지의 역할과 과제」, 『복지행정논총』15-2, 2005; 노길명, 「종교 사회복지의 성격과 과제」, 『종교와사회』1-1, 2010; 윤승용, 「종교별 성직자 노후복지 비교 분석 -불교 가톨릭 개신교 원불교를 중심으로」, 『선문화연구』11, 2011; 고병철, 「한국 종교계 사회복지의 쟁점과 과제」, 『종교문화비평』19, 2011; 전명수, 「종교와 사회복지의 접점 -종교의 사회적 책임과 복지활동의 실제」, 『종교연구』68, 2012; 전명수, 「종교사회복지담론의 재고찰: 비판적 성찰과 전망」, 『종교문화연구』20, 2013 등.

20 양종승, 「무속과 정치」, 『비교민속학』26, 2004; 이용범, 「무속 관련 무형문화재 제도의 의의와 한계: 무속에 대한 시각을 중심으로」, 『비교민속학』45, 2011; 정우택, 「한국 정토신앙 관련 문화재 현황」, 『전자불전』13, 2011; 김정신, 「사례조사를 통한 근대 동산문화재의 분류체계 연구: 총체적 분류와 천주교 문화유산을 중심으로」, 『교회사학』10, 2013 등.

21 이미영, 「정치와 종교에 관한 종교 지도자 설문조사 -천주교 사제 응답 결과를 중심으로」, 『우리신학』6, 2007 등.

22 강석호, 「종교방송 보도의 공정성」, 『법학연구』16-2, 2005; 박광수, 「종교인과 종교언론의 사회 통합적 역할 -종교신문을 중심으로」, 『대순사상논총』19, 2005; 이성민·강명구, 「기독교방송의 초기 성격에 관한 연구 1954~1960: 냉전시기 라디오 방송환경과 선교방송의 성격변화를 중심으로」, 『한국방송학보』21-6, 2007; 이로

도회 문제,[24] 정교분리 문제,[25] 사찰 관련 법 문제,[26] 종교행사 지원 문제,[27] 선거 문제,[28] 종교에 관한 법적 개념 문제[29] 등도 여러 학문 분야에서 공유되고 있다. 그 외에 간접적으로 외국의 종교 정책을 분석해 한국의 종교 정책에 방향을 제시하는 연구도 이루어지고 있다.[30]

다음으로, 개별 종교와 연관시켜 특정 종교 정책을 조망하는 연구이다.[31] 이러한 연구들에는 대체로 종교와 권력 문제가 전제되어 있

물로·민영, 「종교방송의 공익성: 평화방송TV 시청의 사회자본 증진 효과를 중심으로」, 『한국방송학보』 25-4, 2011 등.

23 김성경, 「군대와 종교」, 『한국문화인류학』 16-1, 1984; 강인철, 「한국 개신교와 양심적 병역거부: '정통'과 '이단'을 넘어서」, 『한신인문학연구』 6, 2005; 강인철, 「한국사회와 양심적 병역거부: 역사와 특성」, 『종교문화연구』 7, 2005; 강인철, 「양심적 병역거부에 대한 한국 주류 종교들의 태도 및 대응: 천주교, 불교를 중심으로」, 『우리신학』 4, 2006; 진상범, 「한국사회 양심적 병역거부에 대한 국가와 종교의 대응」, 『종교문화연구』 8, 2006; 임재성, 「징병제 형성과정을 통해서 본 양심적 병역거부의 역사」, 『사회와 역사』 88, 2010; 박응규, 「한국의 군종제도와 기독교」, 『성경과신학』 66, 2013 등.

24 한규무, 「'국가조찬기도회', 무엇을 남겼는가」, 『기독교사상』 48-1, 2004; 송기춘, 「국가조찬기도회의 헌법적 문제」, 『헌법학연구』 18-1, 2012 등.

25 최종고, 「한국 교회와 정교 분리」, 『기독교사상』 25-8, 1981; 장석만, 「19세기말~20세기초 한·중·일 삼국의 정교분리담론」, 『역사와 현실』 4, 1990 등.

26 박경재, 「사찰의 법률관계에 관한 몇 가지 논점」, 『법학연구』 48-1, 2007; 진상욱, 「사찰의 실체와 법적 성격」, 『토지법학』 26-2, 2010 등.

27 김종서, 「국가의 종교지원 기준과 세계 종교기구의 설립」, 『종교와 문화』 14, 2008; 정명희, 「대규모 종교행사의 정책적 지원을 위한 쟁점과 방향」, 『문화정책논총』 26-2, 2012 등.

28 전명수, 「한국 종교와 정치의 관계: 대통령 선거를 중심으로」, 『담론 201』 16-2, 2013 등.

29 이부하, 「종교의 법적 개념과 국가의 종교적 중립성 - 독일의 법이론을 중심으로」, 『헌법학연구』 14-2, 2008; 조규훈, 「한국사회 법의 영역에서 형성된 종교 개념 - 지구적 관점의 적용」, 『종교문화연구』 12, 2009 등.

30 전성홍, 「중국의 개혁과 종교: 국가의 종교정책, 민간의 종교활동, 지방의 종교통제」, 『동아연구』 30, 1995; 김형남, 「공공부문에서의 종교차별과 기본권: 특히 미국 연방대법원의 판례를 중심으로」, 『유럽헌법연구』 6, 2009; 정희라, 「2006년 영국의 인종 및 종교적 혐오 방지법: 무슬림과 종교적 소수자 보호를 위한 정책」, 『EU연구』 35, 2013 등.

31 박승길, 「미군정의 종교 정책과 기독교의 헤게머니 형성: 1945-1948」, 『사회과학

다.[32] 경우에 따라서는 '종교에 대한 정책적 억압'이나 '종교의 정책적
활용'이라는 관점이 전제되기도 한다. 이런 관점은 특히 일제강점기
의 종교 정책에 대한 여러 연구에서 확인할 수 있지만[33] 해방 이후 현
대 한국의 종교 정책을 개별 종교와 연관시킨 연구들에서도 나타나고
있다.[34]

연구』5, 1998; 박상필, 「종교 단체의 공익 활동 내용과 교리적 근거: 기독교 단체와
불교 단체의 비교」, 『현상과 인식』24, 2000; 박광수, 「원불교의 입장에서 본 정치와
종교교육」, 『종교교육학연구』15, 2002; 허명섭, 「미군정의 종교정책과 한국교
회」, 『한국교회사학회지』15, 2004; 김재득, 「미군정기-장면정부, 종교정책 변동
과 가톨릭교회: 법·제도 및 정부개입을 중심으로」, 『가톨릭사회과학연구』16,
2004; 김재득, 「김영삼정부 이후 종교정책과 가톨릭교회: 종교예술제를 통한 종교
문화정책의 성공요인 탐색」, 『가톨릭사회과학연구』17, 2005; 김범준, 「해방공간
미군정의 불교정책연구 - 정책실패요인을 중심으로」, 『선문화연구』3, 2007; 강인
철, 『종교권력과 한국 천주교회』, 한신대학교 출판부, 2008; 박수호, 「종교정책을
통해 본 국가-종교간 관계: 한국 불교를 중심으로」, 『한국학논집』39, 2009; 강인
철, 「대한민국 초대 정부의 기독교적 성격」, 『한국기독교와 역사』30, 2009; 박명
수, 「다종교 사회에서의 한국 개신교와 국가권력」, 『종교연구』54, 2009; 박명수,
「정부의 전통종교 문화정책 현황과 기독교의 대응방안」, 『성결교회와 신학』24,
2010; 이은선, 「정부의 민족종교 및 민속문화정책 현황과 기독교계의 대응」, 『성결
교회와 신학』24, 2010; 백종구, 「한국정부의 종교문화정책과 기독교」, 『장신논단』
41, 2011; 김광식, 「1945~1980년 간의 불교와 국가권력」, 『불교학보』58, 2011; 정
태식, 「종교와 정치의 긴장과 타협: 한국 개신교 대통령의 구원귀족 역할」, 『신학
사상』156, 2012 등.

32 역사학회, 『역사상의 국가권력과 종교』, 일조각, 2000; 박병진, 『종교자유와 국가
권력의 갈등: 법정 투쟁 6년의 전말』, 대한예수교 장로회 총회신학연구원출판부,
2001; 한국기독자교수협의회, 『(현대 사회에서)종교권력, 무엇이 문제인가』, 동
연, 2008; 대한불교조계종, 『불교와 국가권력, 갈등과 상생』, 대한불교조계종,
2010; 한국종교문화연구소, 『신자유주의 사회의 종교를 묻는다』, 청년사, 2011; 上
別府正信, 『근현대 한일 종교정책 비교연구: 불교교단의 변천을 중심으로』, 지식
과교양, 2011; 강인철, 앞의 책, 2012a 등.

33 최석영, 『植民地朝鮮における宗敎政策と巫俗の硏究』, 廣島大學 박사논문, 1998; 김
순석, 『조선총독부의 불교정책과 불교계의 대응』, 고려대학교 대학원 박사논문,
2001; 김승태, 『일제의 식민지 종교정책과 한국 기독교계의 대응, 1931~1945』, 한
국학중앙연구원 박사논문, 2006; 안유림, 『일제하 기독교 통제법령과 조선기독교』,
이화여자대학교 대학원 박사논문, 2013; 박태영, 『구한말과 일제식민통치 시대의
북미 선교사들의 정교분리 연구』, 숭실대학교 대학원 박사논문, 2014 등.

34 김만수, 『일제와 미군정기의 종교정책이 불교 종립학교에 미친 영향』, 동국대학

이러한 연구들은 종교 정책에 대한 종합적 연구와 거리가 멀지만, 종합적 연구를 위한 자료가 될 수 있다는 점에서 유용하다. 다만, 이러한 연구들에 내재된 전제와 관점은 종교 법규나 정책이 종교와 상호 연관성을 가질 수 있다는 부분보다 '종교 억압 기제'라는 인식을 만들어 낼 수 있다는 문제를 안고 있다. 이는 종교 법규나 정책이, 비록 특정 종교 현실을 통제하는 측면이 있지만, 특정 종교 측의 욕망을 수용한 측면도 지닌다는 부분을 놓친다는 의미이다.

이상의 선행연구들을 볼 때, 한국의 종교 법규와 정책에 관한 연구는 법학계나 행정학계 등이 1970년대부터, 그리고 종교학계가 1980년대 전후에 시작한 후 점차 활발해지고 있다. 그리고 2000년대 이후에는 종교 정책에 관한 연구들이 학제간 경계를 넘어 진행되기도 한다. 이러한 선행연구들은 비록 영역별로 진행된다는 한계가 있지만, 한국의 종교 법규와 정책을 종합적으로 이해하기 위한 토대가 될 수 있다는 점에서 중요하다.

이러한 선행연구들은 종교 법규 전반을 종합적으로 검토하는 연구의 필요성을 시사한다. 일부분의 종교 법규·정책들에 대한 연구나 학문분야별·주제별 연구나 개별 종교 중심 연구에 머무는 현실은 이들을 포괄할 수 있는 종교 법규·정책의 전체 지형에 대한 연구를 필요로 하기 때문이다. 또한 종교 법규가 종교 정책의 근간이 되고, 종교 법규·정책이 종교 현실을 구성하는 변수가 되고, 나아가 한국종교사의 서술 방향에 영향을 미친다는 점 등도 종교 법규 전반의 내용과 변화

교 대학원 박사논문, 2007; 조성수, 『한국에서의 교회와 국가와의 관계에 관한 연구: 교회사적 측면에서 본 연구』, 연세대학교 대학원 박사논문, 2009; Kamibeppu Masanobu, 『근현대 한일 종교정책과 불교교단의 변천에 관한 비교연구』, 서울대학교 대학원 박사논문, 2011; 유장춘, 『교회사건에 대한 국가법령 적용범위와 한계에 관한 연구』, 단국대학교 대학원 박사논문, 2012 등.

와 쟁점에 대한 종합적 연구의 필요성을 시사한다.

물론 종교교육과 종교사회복지 영역, 군종과 종교교정 영역 등에 대한 선행연구들은 해당 영역의 종교 정책에 대한 종합적 연구 자료로 활용될 수 있다.[35] 또한 2010년대에 출판된 종교정치의 쟁점 관련 저서들은 영역별 종교 법규와 정책을 종합적으로 접근하는 데에 유용한 정보와 관점을 제공하고 있다.[36] 이러한 선행연구들을 주요 영역별로 분류해 종합적으로 분석하고 수정·보완하면서, 종교 정책과 종교 법규의 내용과 쟁점을 한국의 종교 법제와 정책 전반과 연관시켜 파악한다면 종합적 차원의 연구가 가능해질 수 있다.

다만, 이러한 종합적 차원의 연구를 위해서는 종교 법규·정책이나 특정 종교에 대한 호교론적 또는 배타적 전제와 접근 태도를 지양할 필요가 있다. 이러한 전제와 태도는 연구의 객관성 자체를 무너뜨리

---

35 종교교육에 대해서는 한국종교교육학회 중심으로 연구가 이루어지고 있다. 군종 관련 주요 연구로는 '윤선자, 「6·25 한국전쟁과 군종활동」, 『한국기독교와 역사』 14, 2001; 강인철, 「한국의 군종 연구에 대한 비판적 성찰」, 『종교연구』 75-4, 2015; 강인철, 「압축성장과 무성찰성 -비교의 맥락에서 본 한국 군종의 특성」, 『종교문화연구』 25, 2015; 강인철, 「한국 군종 제도와 활동에 대한 비판적 성찰」, 『종교연구』 76-4, 2016.' 등이 있다. 2015년에는 박사논문도 나온 바 있다(김상식, 『한국 군종 제도 설립에 대한 연구』, 연세대학교 대학원 박사논문, 2015.). 종교사회복지와 관련된 주요 연구로는 '노길명, 앞의 글, 2010; 고병철, 앞의 글, 2011; 전명수, 「종교사회복지에 대한 비판적 고찰- 종교종합사회복지관의 특성과 과제를 중심으로」, 『종교연구』 64, 2011; 전명수, 앞의 글, 2012; 전명수, 앞의 글, 2013; 오세영, 「한국종교사회복지학 연구동향에 관한 분석과 과제」, 『원불교사상과 종교문화』 55, 2013; 전명수, 「종교사회복지의 이념과 실천 방식에 대한 재성찰 -종교사회복지의 이론화 작업의 일환으로」, 『담론 201』 18-2, 2015.' 등이 있다. 그리고 교정 영역에 관한 주요 연구로는 '이백철, 「교정교화와 종교계의 역할」, 『경기교육논총』 7, 1998; 김안식, 「수형자의 교정교화와 종교의 역할」, 『교정담론』 4-1, 2010; 유병철, 「교정시설 수용자 교화를 위한 종교인의 역할과 기여」, 『교정연구』 53, 2011; 허경미, 「미국의 종교교정의 실태 및 도입모델 연구」, 『경찰학논총』 7-1, 2012; 유용원, 「교정행정 발전을 위한 교정위원의 참여와 역할」, 『교정연구』 65, 2014.' 등이 있다.

36 강인철, 앞의 책, 2012a; 강인철, 앞의 책, 2012b; 강인철, 앞의 책, 2013b; 강인철, 『저항과 투항: 군사정권들과 종교』, 한신대학교, 2013; 강인철, 앞의 책, 2013a.

기 때문이다. 정부 차원의 연구용역에서 정책 수립과 관련된 규범적 결론을 전제하는 형태도 이러한 경우에 포함될 수 있어 유념해야 할 부분이다.

3) 연구 목적과 주요 내용: 종교 법제·정책과 그 이슈·쟁점에 대한 종합적 이해

앞에 지적했듯이, 선행연구들은 종교 법규 전반을 파악하고, 그 안에서 주요 영역별 종교 정책의 변화 추이와 유관 이슈와 쟁점을 구체적으로 분석해 현대 한국의 종교 법규와 정책을 진단하고 전망하는 연구를 필요로 한다. 이러한 필요성에 따라, 본 연구에서는 종교 법규 전반의 지형과 쟁점, 그리고 개별 영역 가운데 교육, 군종, 사회복지, 교정 영역을 연구 범위로 삼아 종교 정책의 변화 추이, 종교 이슈들과 쟁점들을 분석하려고 한다.

구체적으로 이 연구의 목적은 현대 한국 사회의 종교 법제에 대한 전반적·종합적인 검토를 통해 쟁점들을 도출하고, 주요 영역별로 종교 법제와 정책의 흐름과 과제를 파악해, 한국의 종교 법제와 정책을 폭넓게 이해하는 데에 있다. 이러한 목적은 다시 종교 법제 전반의 지형을 탐색해 쟁점을 도출하는 거시적 차원, 그리고 이를 토대로 주요 영역별 종교 정책의 내용과 변화 추이와 쟁점을 도출하는 미시적 차원으로 구분될 수 있다. 이러한 연구는 영역별 종교 법제와 정책의 지형과 쟁점에 대한 폭넓은 이해를 토대로 현대 한국의 종교 법제와 정책을 진단하고 그 미래를 전망하는 일, 향후 종교 법제나 정책에 대한 연구들의 연구사적 위치를 파악하는 일 등에 기여할 수 있다.

이 연구의 목적을 달성하기 위한 연구 내용은 크게 두 부분으로 구성된다. 하나는 현대 한국의 종교 법제 전반에 대한 연구이다. 이 부분에서는 현대 한국의 종교 법제 전반을 검토해 전체 지형을 파악하고 유관 쟁점들을 도출한다. 종교 법규의 범위에는 문화체육관광부 소관인 법규 외에도 교육부, 국방부, 법무부, 환경부 등 다른 부처 소관인 법규가 포함된다.

다른 하나는 주요 영역별 종교 법규와 정책에 대한 연구이다. 이 부분에서는 특히 교육, 국방, 사회복지, 법무 영역 등에서 종교 법규와 정책의 핵심 내용이 무엇이고, 어떤 역사적 흐름을 거쳤으며, 어떤 이슈들과 쟁점들이 있는지를 다룬다. 종교와 관련된 영역에서 교육, 국방, 사회복지, 법무 영역을 주요 영역으로 선택한 이유는 '현대 한국 사회에서 국민과 종교 영역에 직접적으로 영향력을 미치는 정도'를 우선적인 기준으로 고려했기 때문이다.

이러한 두 가지 연구 내용은 다시 일곱 부분으로 세분화된다. 서론과 결론 부분에 해당하는 첫 번째 장과 마지막 장을 제외하면 본론은 다섯 부분이다. 서론 부분(I장)에서는 연구의 배경, 선행연구와 과제, 연구 목적과 주요 내용 등과 함께, 종교 법제와 정책이라는 주제를 관통하는 개념들과 관점을 서술한다. 주요 내용은 〈헌법〉적 가치에 해당하는 인간으로서의 존엄성과 행복추구권, 그리고 기본권과 정책과 연관된 법 앞의 평등과 종교 차별 금지, 종교의 자유, 정교분리 등이다. 이 부분은 이 연구를 관통하는 주요 개념들과 관점을 이해하는 데에 기여한다.

이 연구의 결론 부분(Ⅶ장)에서는 서론과 본론 부분의 내용을 종합해 압축적으로 서술하고, 다종교·다문화사회의 현실, 헌법적 가치, 공공성 문제 등의 맥락에서 한국의 종교 법제와 정책에 관한 향후 전망을 제시한다. 아울러, 종교 법제와 정책에 대한 후속 연구 과제도 제시한다.

이 연구의 본론을 구성하는 내용은 크게 두 부분이다. 하나는 한국의 법제 가운데 종교 관련 내용에 대한 종합적인 서술이다(II장). 다른 하나는 종교 교육 정책, 군종 정책, 종교사회복지 정책, 종교교정 정책 등 주요 영역별 정책에 대한 서술이다(III장~VI장).

구체적으로, 본론에서는 종교 법제의 지형과 쟁점을 먼저 다룬다(II장). 이 부분에서는 해방 직후부터 현재까지 제정된 종교 법규들의 전반적 지형을 탐색하고 쟁점을 도출하고 종교에 대한 법적 인식을 파악한다. 종교 법제의 범위는 문화·예술, 국방, 법무, 교육, 복지, 언론·방송, 조세, 지리(국토), 외교, 통일 등의 영역을 포괄한다. 이 부분은 해방 이후의 종교 법제가 그 이전의 종교 법규 및 전후 일본의 법규와 갖는 연관성을 유추하는 데에,[37] 그리고 주요 영역별 종교 정책의 내용과 쟁점을 이해하는 토대가 된다.

다음으로, 종교 법제의 지형과 쟁점에 이어, 종교 교육 정책(III장), 군종 정책(IV장), 종교사회복지 정책(V장), 종교교정 정책(VI장) 등 주요 영역별로 해방 이후부터 현재까지 어떤 종교 정책을 진행해왔는지를 다룬다. 각 장의 내용을 관통하는 부분은 종교 이슈들이 종교 정책으로 연결되고 종교 정책이 법률적 근거를 토대로 수립·추진된다는 점을 고려할 때 세 가지이다. 첫째는 영역별 종교 법규 자체의 내용과 변화 추이이다. 둘째는 영역별 종교 정책을 담당한 조직 및 주요 정책의

---

37 해방 이후 종교 법규의 일부는 일제강점기의 종교 법규와 연장선에 있다. 예를 들어, 1911년 6월의 〈사찰령〉(제령 제7호), 1915년 8월의 〈포교규칙〉(부령 제83호), 1936년 8월의 〈사원규칙〉(부령 제80호) 등이 폐지된 시점은 1962년 1월이다. 이에 대해서는 "안유림, 『일본제국의 법과 조선기독교』, 경인문화사, 2018; 고병철, 『일제하 종교 법규와 정책, 그리고 대응』, 박문사, 2019" 등을 참조.

내용과 변화이다. 셋째는 종교 법규와 정책의 전제가 되는 주요 종교 이슈와 쟁점이다. 이를 정리하면 '종교 법규-조직·정책-이슈·쟁점'이라는 서술 구조가 만들어진다.

주요 영역별 종교 법제와 과제에 대한 내용을 '종교 법규-조직·정책-이슈·쟁점'이라는 서술 구조로 구성하는 이유는 우선적으로 서술의 통일성을 확보해 내용의 이해 정도를 높이기 위해서이다. 이와 함께, 종교 법규·정책을 주요 영역별로 이해하고, 그 법규·정책이 영역별로 적용되는 현실과 어떤 간극을 보이는지를 파악하는 데에 유리하다는 이유도 있다. 또한 향후 다른 영역별 종교 정책을 분석할 때에 이러한 서술 구조가 활용될 수 있다는 기대도 있다.

02

인간의 존엄과 기본권, 그리고 종교

〈헌법〉에는 인간으로서의 존엄성과 행복추구권, 법 앞의 평등과 종교 차별 금지, 종교의 자유, 정교분리 등에 대한 내용이 담겨 있다. 이 부분에서 확인해야 할 부분은 최소한 두 가지이다.

1) 법제 내 인간의 존엄과 기본권

하나는, 한국의 모든 법제가 국민에 대한 '인간으로서의 존엄과 가치'를 전제하고 있고, 이 '존엄과 가치'를 위해 국가가 '기본적 인권의 최대 보장'이라는 의무를 가진다는 점이다. 여기서 기본적 인권, 즉 기본권은 법 앞의 평등(11조), 그리고 각종 자유와 권리(제12조~제37조)를 말한다.[38]

이와 관련해, 현행 〈헌법〉은 제정 목적과 취지 등을 담은 전문(前文), 본문 10개 장, 부칙으로 구성되어 있는데, 본문 제1장(총강)은 '대한민국이 민주공화국이고, 주권이 국민에게 있고, 모든 권력이 국민으로

---

38 헌법상 제2장(국민의 권리와 의무)에 속한 납세 의무(제38조)와 국방 의무(제39조)는 기본권 보장을 위한 조치 차원에서 이해할 수도 있다.

부터 나온다.'(제1조)고 선언한다. 이어, 제2장(국민의 권리와 의무)은 "모든 국민은 인간으로서의 존엄과 가치를 가지며, 행복을 추구할 권리를 가진다. 국가는 개인이 가지는 불가침의 기본적 인권을 확인하고 이를 보장할 의무를 진다."(제10조)로 시작한다.[39]

헌법상 대한민국이 민주공화국이고, 주권이 국민에게 있고, 모든 권력이 국민으로부터 나온다는 내용은 〈헌법〉 제1호, 즉 제헌헌법에서부터 선언된 것이어서 그 역사가 긴 편이다. 그에 비해 국민이 '인간으로서의 존엄과 가치를 가진다.'는 내용은 아이러니하게도 1962년 국가재건최고회의 시기의 〈헌법〉 제6호에서부터 시작된다.[40]

그럼에도 불구하고, 〈헌법〉이 '인간으로서의 존엄과 가치'를 선언한 이상, 하위 법규들이 이 선언에 반할 수 없으므로 모든 법제는 '인간으로서의 존엄과 가치', 그리고 그에 따른 기본권의 보장을 지향해야 한다는 원칙을 준수해야 하는 상황이 만들어지게 된다. 이는 국민이 '인간으로서의 존엄과 가치, 행복추구권'을 가진다는 인식이 기본권의 최대 보장이 국가의 의무로 설정되는 근거가 된다는 의미이기도 하다.

국민이 인간으로서 존엄하다는 인식은 앞서 서술했듯이 1962년 〈헌법〉 제6호에서 처음으로 명문화된다. 구체적으로, 1962년 〈헌법〉에서는 '인간으로서의 존엄과 가치'와 '국가가 국민의 기본적 인권을 최대한 보장할 의무' 부분이 신설되어(제8조), 국민의 권리와 의무(제2장)

---

39 〈대한민국헌법〉(시행 1988.2.25. 헌법 제10호, 전부개정 1987.10.29.). 본문 10개 장은 '제1장 총강, 제2장 국민의 권리와 의무, 제3장 국회, 제4장 정부, 제5장 법원, 제6장 헌법재판소, 제7장 선거관리, 제8장 지방자치, 제9장 경제, 제10장 헌법개정'이다.
40 〈대한민국헌법〉(시행 1963.12.17. 헌법 제6호, 전부개정 1962.12.26.) 제8조. "모든 국민은 인간으로서의 존엄과 가치를 가지며, 이를 위하여 국가는 국민의 기본적 인권을 최대한으로 보장할 의무를 진다."

에서 법 앞의 평등과 차별 금지보다 앞부분에 놓인다. 이어, 1980년 〈헌법〉 제9호에서 '인간으로서의 존엄과 가치'에 '행복을 추구할 권리'가 추가되고, 종래 '국민의 기본적 인권'이라는 표현이 '개인이 가지는 불가침의 기본적 인권'으로 바뀌어(제9조)[41] 현재까지 이어지고 있다.

다만, 1980년 〈헌법〉 제9호에서 처음 등장한 행복추구권의 경우에는[42] 다른 기본권과 중첩된다는 문제가 제기된 바 있다. 예를 들어, 공부에서 행복을 찾는 경우에 이미 교육의 권리와 학문의 자유가 행복추구권의 역할을 해왔으므로 행복추구권을 별도로 신설할 필요가 없다는 문제 제기이다. 이에 대해 헌법재판소는 '특별법 우선의 원칙'에 따라 명시된 기본권의 보호영역과 중첩되지 않는 경우에만 행복추구권을 적용하는 '보충적 보장'을 인정한다. 그렇지만 인간의 존엄성과 행복추구권을 '열거되지 않은 기본권'의 헌법적 근거로 제시하기보다 행복추구권과 '열거되지 않은 기본권'을 묶어 헌법상 기본권 체계를 존중하면서 행복추구권의 의미를 최대한 살려야 한다는 주장도 있어,[43] 이 부분은 논의의 여지가 있다.

---

41 〈대한민국헌법〉(시행 1963.12.17. 헌법 제6호, 전부개정 1962.12.26.) 제8조(모든 국민은 인간으로서의 존엄과 가치를 가지며, 이를 위하여 국가는 국민의 기본적 인권을 최대한으로 보장할 의무를 진다.); 〈대한민국헌법〉(전부개정·시행 1980. 10.27. 헌법 제9호) 제9조(모든 국민은 인간으로서의 존엄과 가치를 가지며, 행복을 추구할 권리를 가진다. 국가는 개인이 가지는 불가침의 기본적 인권을 확인하고 이를 보장할 의무를 진다.); 〈대한민국헌법〉(시행 1988.2.25. 헌법 제10호, 전부개정 1987.10.29.) 제10조(제9호 〈헌법〉 제9조와 동일).

42 종래 〈헌법〉에 '행복'이라는 표현이 없었던 것은 아니다. 〈헌법〉(제1호) 전문에 '우리들과 우리들의 자손의 안전과 자유와 행복을 영원히 확보할 것'이라는 표현, 80년의 〈헌법〉(제9호) 전문에 '우리들과 우리들의 자손의 안전과 자유와 행복을 영원히 확보하는 새로운 역사를 창조할 것'이라는 표현이 있다.

43 장영수, 「헌법상 행복추구권의 의미와 실현구조」, 『고려법학』 85, 2017, 91-98쪽, 101-102쪽. 장영수에 따르면, 행복(happiness)은 '주관적 안녕감(subjective well-

이처럼 기본권과 관련해 헌법상 특징 가운데 하나는 기본권의 최대 보장을 국가의 의무로 둔다는 점이다. 동시에 국민의 기본권 범위를 특정할 수 없을 정도로 넓게 설정하고 있다는 점도 기본권과 관련된 중요한 특징이다. 〈헌법〉에서는 평등권과 열거된 자유와 권리뿐만 아니라 헌법에 열거되지 않은 자유와 권리를 경시하지 않는다고 규정하고 있기 때문이다. 이러한 내용은 〈헌법〉 제1호에서부터 제10호에 이르기까지 공통적으로 나타나고 있다.

물론 헌법상 국가에게는 기본권을 '최대한 보장'할 뿐 무한정으로 보장할 의무가 없다. 기본권은 '국가안전보장·질서유지·공공복리'를 위해 필요한 경우에 한해 법률 제정을 통해 제한될 수 있다. 이러한 기본권의 법률적 제한 요건(국가안전보장·질서유지·공공복리)에서 핵심은 국가가 기본권을 제한할 때에도 '자의적'이 아니라 법률을 통해서만 제한이 가능하다는 부분이다.

이와 관련해, 국가가 다른 행정권이 아닌 기본권 제한을 위한 행정권을 발동하려면 법률적 근거가 있어야 행정권을 발동할 수 있다는 '법률유보(法律留保)의 원칙'에 따라야 한다. 이러한 법률유보의 원칙은

---

being)'으로(같은 글, 83쪽.), 인권 내지 기본권으로서의 행복추구권은 국민의 행복 추구 여건(법적 보호와 걸림돌 제거)을 만들어주어 행복할 권리를 '간접적으로 보장'하는 것으로, 근대 인권선언 당시 비중 있게 논의되었지만 이후 행복 추구가 행복추구권이 아닌 다른 인권을 통해 보호하는 것이 효과적이라는 생각이 지배' 했다고 한다(같은 글, 86-87쪽.). 한국의 경우, 제5공화국 이전의 〈헌법〉에서는 '열거되지 않은 기본권'이 행복추구권의 역할을 맡았기 때문에 행복추구권 도입 당시에 그 보호범위가 종래 기본권과 중첩되어 그 의미의 모호하며, 행복추구권으로 새롭게 보호되는 것들이 없다면 굳이 도입 이유가 없다는 의견이 있었다고 한다(같은 글, 90-92쪽.). 또한 장영수에 따르면, 병명이 잘 알려진 것들을 각 분야의 전문의에게 보내듯이, 서로 다른 방식의 행복추구에 대해 해당되는 개별적 자유권을 통해 행복추구를 보호하는 것이 더 합리적이라는 점을 생각할 때 앞으로도 새로운 인권의 탄생을 위해 행복추구권의 덩치를 줄이는 것이 오히려 행복추구에 더 기여할 수 있다고 한다(같은 글, 103쪽.).

'국가권력의 남용을 막고 국가행위의 예측가능성을 확보'해 법치국가
원리를 구현하는 역할을 한다.

또한 기본권을 보호하기 위해 헌법재판소는 기본권 제한 입법의 위
헌성을 심사하는데, 그 기준으로 비례원칙[과잉금지원칙]을 적용하고
있다. 즉, 입법 목적이 헌법상 정당한지, 입법 목적 달성을 위한 기본
권 제한조치[수단]가 적절한지, 기본권 제한을 더 최소화할 만한 다른
제한조치가 없었는지, 입법으로 보호할 공익이 침해되는 사익보다 더
큰 것인지를 따진다. 이러한 '비례원칙[과잉금지원칙]'은 기본권 규범
의 추상성과 다른 법익과의 충돌을 해소하고 기본권의 실체적 내용을
드러내는 기능을 하게 된다.[44]

기본권 보호를 위한 비례원칙의 적용 근거로는 〈헌법〉 제37조 제2
항[45]이나 법치국가 원리가 아닌 기본권의 발생사적 의미와 특성이 제
시되고 있다. 그 배경으로는 기본권이 무제한이고 국가로부터 방어하
기 위한 권리로 인식되어, 국가의 기본권 제한 근거(법률)에 대해 정당
성 심사가 필요해진 역사, 그리고 기본권 사건에서 헌법상 다른 법익
과 충돌하는 경우가 발생하면서 양 법익간 비교형량이 불가피해진 역

---

44 성정엽, 「비례원칙과 기본권」, 『저스티스』 136, 2013, 5-7쪽, 18-19쪽. 비례원칙은
    주관적 판단의 개입 여지가 있어 입법형성의 자유에 대한 헌법재판소의 과도한 통
    제수단이라는 비판을 받지만, 비례원칙이 기본권제한입법 위헌심사기준이 되면
    서 기본권제한에 관한 '법률유보'의 원칙은 '비례원칙에 합당한 법률유보'의 원칙
    으로 의미가 바뀐다(같은 글, 6쪽.). 한편, 비례원칙을 '과잉금지원칙'이라고도 하
    지만, 과잉금지원칙이 '목적의 정당성, 수단의 적절성, 침해의 최소성, 법익의 균
    형성' 가운데 침해의 최소성을 따지는 것에만 직결되므로 목적과 수단의 비례 관
    계를 강조하는 '비례원칙'이 포괄적이고 적절한 표현이라고 한다(같은 글, 8쪽.).
45 〈대한민국헌법〉(시행 1988.2.25. 헌법 제10호, 1987.10.29, 전부개정). "제37조 ①
    국민의 자유와 권리는 헌법에 열거되지 아니한 이유로 경시되지 아니한다. ② 국
    민의 모든 자유와 권리는 국가안전보장·질서유지 또는 공공복리를 위하여 필요
    한 경우에 한하여 법률로써 제한할 수 있으며, 제한하는 경우에도 자유와 권리의
    본질적인 내용을 침해할 수 없다."

사가 있었다는 점이 지적되고 있다.[46]

그에 비해 평등원칙에 대한 심사기준의 경우, 헌법재판소가 평등에 관한 위헌심사에서 주로 '자의금지원칙'[47]만을 채택하다가, 1999년 '제대군인가산점제도' 관련 평등위반 여부의 심사기준으로 자유권 제한의 위헌심사기준인 비례원칙을 적용하게 된다. 당시 비례원칙의 도입 근거로는 〈헌법〉 제37조 제2항이 지적되고 있다. 그렇지만 평등심사의 비례원칙이 차별기준의 정당성, 차별방식의 적합성, 차별의 최소성, 차이와 차별 간 적정성 등을 심사한다는 점에서 자유권심사의 비례원칙과 다르므로, 평등심사를 할 때 자의금지원칙을 적용해 평등위반여부를 판단하되, 헌법에 명시적으로 열거된 평등 관련 조항과 관련되거나, 불평등 대우의 결과로 기본권 제한에 영향을 줄 때 비례원칙을 적용해야 한다는 지적이 나오고 있다.[48]

한편, 이러한 기본권 보호를 위한 법률적 원칙과 심사기준에도 불구하고, 국민의 자유·권리를 제한하는 범위가 상황에 따라 다소 유동적이라는 점에서 문제가 발생하기도 한다. 이와 관련해, 이승만정부 (1948~1960) 직후인 1960년 6월의 〈헌법〉(제4호)에는 국민의 자유·권리를 제한하는 법률도 자유와 권리의 본질적 내용을 훼손할 수 없다는

---

46 성정엽, 위의 글, 9-11쪽. 전체주의국가에서도 비례원칙에 따른 국가적 행위가 가능하므로 법치국가원리에서 비례원칙의 근거를 찾을 수 없고, 헌법 제37조 제2항도 '국가안전보장·질서유지·공공복리라는 목적에서만 법률에 근거해 기본권을 제한할 수 있다'는, 즉 비례원칙 가운데 목적의 정당성에만 해당되어 비례원칙의 근거가 될 수 없다(같은 글, 9-10쪽.).

47 자의금지원칙에서 '자의'는 '객관적 합리성과 정당성의 근거가 결여된 것'으로, 특히 입법자가 법률상의 평등, 즉 상대적 평등 원칙('본질상 같은 것은 같게, 다른 것은 다르게')에 어긋나게 주관적으로 입법을 하면 평등권에 위배된다는 의미이다.

48 정문식, 「평등위반 심사기준으로서 비례원칙」, 『법학연구』 50-1, 2010, 5-6쪽, 27-30쪽, 35-42쪽, 45쪽.

내용뿐만 아니라, 언론·출판·집회·결사의 사전허가 또는 검열제를 금지한다는 내용이 추가된 바 있다.[49] 국가재건최고회의가 제안한 1962년 〈헌법〉(제6호)에는 '영화나 연예에 대한 검열 가능성'이 추가된 바 있다.[50] 그리고 대통령 7년 임기제[51]를 도입한 1972년 〈헌법〉(제8호)에서는 '영화나 연예에 대한 검열' 규정이 삭제되지만 국민의 자유·권리를 제한하는 법률의 제정 범위에 '국가안전보장'이 추가되어[52] 현

---

49 〈대한민국헌법〉(개정·시행 1960.6.15. 헌법 제4호) 제28조. "① 국민의 모든 자유와 권리는 헌법에 열거되지 아니한 이유로써 경시되지는 아니한다. ② 국민의 모든 자유와 권리는 질서유지와 공공복리를 위하여 필요한 경우에 한하여 법률로써 제한할 수 있다. 단, 그 제한은 자유와 권리의 본질적인 내용을 훼손하여서는 아니 되며 언론, 출판에 대한 허가나 검열과 집회, 결사에 대한 허가를 규정할 수 없다."

50 〈대한민국헌법〉(시행 1963.12.17. 헌법 제6호, 전부개정 1962.12.26.) "제18조 ① 모든 국민은 언론·출판의 자유와 집회·결사의 자유를 가진다. ② 언론·출판에 대한 허가나 검열과 집회·결사에 대한 허가는 인정되지 아니한다. 다만, 공중도덕과 사회윤리를 위하여는 영화나 연예에 대한 검열을 할 수 있다." "제32조 ① 국민의 자유와 권리는 헌법에 열거되지 아니한 이유로 경시되지 아니한다. ② 국민의 모든 자유와 권리는 질서유지 또는 공공복리를 위하여 필요한 경우에 한하여 법률로써 제한할 수 있으며, 제한하는 경우에도 자유와 권리의 본질적인 내용을 침해할 수 없다."

51 헌법상 대통령의 선출 방식과 임기 규정의 역사를 보면, 48년 제1호에서 국회의 무기명투표 선출(제53조)과 4년 임기(재선으로 1차 중임 가능, 제55조), 52년 제2호에서 국민의 보통, 평등, 직접, 비밀투표에 의한 선출(제53조), 60년 제4호에서 양원합동회의의 선출(제53조)과 5년 임기(재선으로 1차 중임 가능, 제55조), 62년 제6호에서 국민의 보통·평등·직접·비밀선거에 의한 선출(제64조)과 4년 임기(1차 중임 가능, 제69조), 69년 제7호에서 종래의 선출 방식(제64조)에 4년 임기(3기 재임 가능, 제69조), 72년 제8호에서 '통일주체국민회의'의 무기명투표 선출(제39조, 제40조 국회의원 정수의 3분의 1에 해당하는 수의 국회의원도 선출, 제40조)과 6년 임기(연임 제한 규정을 아예 폐지, 제47조), 80년 제9호에서 국민의 보통·평등·직접·비밀선거에 의한 대통령선거인단의 무기명투표로 선출(제39조, 제40조)과 7년 임기(중임 금지, 제45조), 87년 제10호에서 국민의 보통·평등·직접·비밀선거에 의한 선출(제67조)과 5년 임기(중임 금지, 제70조)로 변화된 바 있다.

52 〈대한민국헌법〉(전부개정·시행 1972.12.27. 헌법 제8호) "제32조 ① 국민의 자유와 권리는 헌법에 열거되지 아니한 이유로 경시되지 아니한다. ② 국민의 자유와 권리를 제한하는 법률의 제정은 국가안전보장·질서유지 또는 공공복리를 위하여 필요한 경우에 한한다."

재까지 이어진다.[53] 이러한 과정은 기본권의 제한 범위가 한국 역사에서 임의적이었다는 점을 보여주고 있다.

2) 종교 관련 기본권과 국가정책

헌법적 가치와 종교의 연관성에서 확인해야 할 다른 하나는 종교차별 금지와 종교의 자유 등 종교 관련 권리도 헌법상 기본권에 포함되어 있다는 점이다. 이와 관련해, 현행 〈헌법〉은 제11조 제1항에서 국민 누구나 종교에 의하여 정치적·경제적·사회적·문화적 생활의 모든 영역에서 차별을 받지 않는다고 선언하고 있다. 그리고 제20조 제1항에서 국민은 종교의 자유를 가진다고, 동조 제2항에서 국교는 인정되지 않고 종교와 정치는 분리된다고 선언하고 있다.[54]

헌법상 종교와 관련된 내용들, 즉 정치·경제·사회·문화적 생활의 모든 영역에서 종교로 인한 차별 금지, 종교의 자유 보장, 국교 불인정, 종교와 정치의 분리에서 핵심은 평등과 자유이다. 종교로 인한 차별 금지는 평등권과, 종교의 자유 보장은 자유권과 직접 관련된다. 종교로 인한 차별과 종교 자유의 침해 행위를 금지한다는 것은 국가가 기본권의 최대 보장 의무를 다해야 한다는 의미이다.

---

53 〈대한민국헌법〉(전부개정·시행 1980.10.27. 헌법 제9호) 제35조; 〈대한민국헌법〉(시행 1988.2.25. 헌법 제10호, 전부개정 1987.10.29.) 제37조(① 국민의 자유와 권리는 헌법에 열거되지 아니한 이유로 경시되지 아니한다. ② 국민의 모든 자유와 권리는 국가안전보장·질서유지 또는 공공복리를 위하여 필요한 경우에 한하여 법률로써 제한할 수 있으며, 제한하는 경우에도 자유와 권리의 본질적인 내용을 침해할 수 없다.).

54 〈대한민국헌법〉(시행 1988.2.25. 헌법 제10호, 전부개정 1987.10.29.) 제11조 제1항, 제20조 제1항과 제2항.

종교 관련 평등과 자유가 기본권이라는 것은 다른 기본권과 마찬가지의 심사 기준이 적용된다는 것을 의미한다. 실제로 종교차별 금지가 평등권이라는 기본권에 해당한다는 점에서 종교차별 여부의 심사에는 자의금지원칙에 그치지 않고 비례원칙이 적용된다. 즉 비교대상을 설정해 합리적 이유의 정도를 따지는 데에 그치지 않고 기본권 제한에 대한 '목적의 정당성, 수단의 적합성, 피해의 최소성, 법익의 균형성' 등을 따진다. 예를 들어, 종교 관련 입법의 경우, 자의적 입법으로부터 기본권을 보호하기 위해 입법목적이 헌법 내에서 정당화될 수 있는지, 입법목적의 달성을 위해 취해진 기본권 제한조치가 적절한 것인지(다른 약한 제한조치가 없었는지), 입법으로 인한 피해가 최소화될 수 있는지, 달성하려는 공익과 균형이 맞는지 등을 포괄적으로 심사하게 된다.[55]

다만, 종교차별과 관련된 평등권 침해 여부 심사에 대한 자의금지원칙과 비례원칙[과잉금지원칙]의 적용이 상황에 따라 다를 수 있다는 주장도 있다. 이는 헌법재판소가 입법에 대해 자의금지원칙을 기준으로 심사하면서 예외적으로 비례원칙을 적용하거나, 헌법상 기본권 제한에 대해 자의성 유무에 그치지 않고 비례원칙을 적용한다는 지적이다.[56]

---

55 성정엽, 앞의 글, 2013, 5쪽.
56 노갑영, 「평등권과 합리적 차별 그리고 시간강사의 법적 지위」, 『법학논총』 30-2, 2010, 490-494쪽. 자의금지원칙의 핵심은 비교대상[집단]에 비해 차별을 정당화하는 합리적 이유의 유무를 따지는 데에, 비례원칙의 핵심은 차별대우의 목적과 수단의 비례관계의 성립 여부, 즉 '목적을 이루는 데에 가장 적합하고 정당한 수단의 선택 여부'를 따지는 데에 있다. 비례원칙에 따르면, '참새를 잡기위해 대포를 사용할 수 없듯이' 입법자가 선택한 차별대우 수단이 입법목적(국가적 이익, 국민의 행복과 이익 등) 실현을 용이하게 하거나 촉진하되, 기본권(평등권)을 덜 제한하면서도 같은 정도의 입법목적을 실현할 다른 수단이 없어야 한다(같은 글, 492쪽.).

한편, 헌법상 종교 조항 가운데 '국교 불인정'도 종교 관련 평등과 자유라는 기본권의 최대 보장 의무와 연관되어 있다. 이 규정에는 특정 종교를 '국가 종교'(國敎)로 설정하는 행위가 종교 차별의 소지를 낳아 결과적으로 법 앞의 평등, 게다가 경우에 따라 종교 자유의 보장이라는 헌법적 가치를 훼손할 수 있다는 인식이 전제되어 있다.

헌법상 정교분리의 문제는 다소 복잡한 편이다. 기본적으로는 '정치와 종교의 분리를 선언한 국가에서 종교와 관련된 정책, 즉 종교 정책을 실행하는 것이 논리적으로 가능한가?'라는 물음도 나올 수 있다. 물론 이에 대해서는 기본권의 최대 보장이 국가의 의무이므로 국가가 기본권 보장을 위한 정책을 실행할 수 있는데, 종교차별 금지와 종교의 자유도 국민의 기본권 범위에 포함되어 있으므로 국가가 종교차별을 막고 종교의 자유를 보장하기 위한 정책을 추진할 수 있다는 답변이 있을 수 있다. 그렇지만 정교분리 개념에서 정교나 분리의 의미가 모호하다는 점을 고려하면, 정교분리를 획일적인 논리로 평등과 자유와 직결시키기에는 좀 더 논의가 필요하다.

정치와 종교의 분리라는 원칙에도 불구하고 현실적으로 국가는 사회의 여러 영역에 개입하거나 지원하는 정책을 시행한다. 정부가 이들 영역을 지원하는 일차적인 목적은 '공익'이다. 그렇지만 정부가 개입·지원하는 영역에서 활동하는 종교는 일차적 목표를 선교·포교에 두는 경우들이 있다. 학교교육, 의료, 사회복지 등에서 해당 사례를 어렵지 않게 찾을 수 있다. 그로 인해 이 지점에서 정교분리 원칙의 위반 논란이 발생할 수 있다. 그럼에도 불구하고, 역대 정부는 일차적 목적을 '공익'에 두면서 사회의 여러 영역에 개입·지원한 모습을 보이고 있다.

이상의 내용에 기초할 때 종교와 관련된 정부의 정책은 관점에 따라 종교 차별 행위 논란, 종교 자유의 침해 논란, 정교분리 원칙의 위반 논란 등에 직면할 수 있다. 게다가 간접적인 종교 관련 정책의 경우라도 그 개입이나 지원의 효과가 특정 종교를 중심으로 나타날 때는 종교간 형평성 또는 균등성 문제에 직면할 수 있다. 이런 점들을 고려할 때 종교와 관련된 정책에는 상당히 조심스러운 접근이 필요하다. 어떤 정책이든 그 효과는 궁극적으로 특정 종교 자체라기보다 그 종교에 속해 있는 국민에게 영향을 미치기 때문이다.

종교 법제의 지형과 쟁점

01
종교 법제의 지형

한국의 법제를 보면 〈헌법〉과 여러 하위 법규들에 종교 관련 내용이 담겨 있다. 여러 하위 법규들에 담긴 종교 관련 내용은 그 적용 부분과 내용에 차이가 있어도 기본적으로 종교에 대한 헌법적 가치를 훼손하지 않는 범위 내에서 있어야 한다. 〈헌법〉과 여러 하위 법규들에 담긴 종교 관련 내용은 다음과 같다.

우선, 가장 상위법인 〈헌법〉의 경우, 현재 적용되고 있는 1988년 〈헌법〉을 보면, 제11조에 '법 앞의 평등과 종교 차별 금지', 제20조에 '종교의 자유 보장, 국교 불인정, 정치와 종교의 분리' 원칙이 있다. 물론 다른 부분도 종교와 관련해 언급할 수 있다. 예를 들어, 헌법상 대통령은 취임에 즈음해 헌법을 준수하겠다는 선서를 한다. 이와 관련해 "… 나는 헌법을 준수하고 국가를 보위하며 조국의 평화적 통일과 국민의 자유와 복리의 증진 및 민족문화의 창달에 노력하여 대통령으로서의 직책을 성실히 수행할 것을 국민 앞에 엄숙히 선서합니다."[1]라는 이 선서는 대통령이 〈헌법〉에서 규정한 종교 관련 원칙들을 준수하겠다는 약속이기도 하다.

---

1 〈대한민국헌법〉(전부개정·시행 1988.2.25. 제10호) 제69조.

현행 〈헌법〉에서 종교와 관련된 핵심 원칙들을 꼽으라면 제11조와
제20조의 내용을 들 수 있다. 〈헌법〉 제11조와 제20조에 담긴 이 원칙
들의 내용은 1948년 7월 제헌헌법에서 시작된다. 그리고 그 후 1988년
〈헌법〉에 이르기까지 다소의 변화를 보인다.

이러한 변화를 보면, 제헌헌법에서는 '법 앞의 평등과 종교 차별 금
지'가 조문에 없었고, 종교의 자유가 '신앙의 자유'로 표현되어 '양심
의 자유'와 같은 조문에 위치했고, 국교 불인정이 '국교가 존재하지 않
는다.'고 표현되었다. 그러다가 1963년 〈헌법〉(제6호)에 '법 앞의 평등
과 종교 차별 금지'가 신설되고, 신앙의 자유가 '종교의 자유'로 표기
되어 별도의 조문이 되고, 국교가 존재하지 않는다는 표현이 국교를
인정하지 않는다는 표현으로 바뀌어 현재에 이르고 있다. 이상의 내
용은 아래의 표에서 확인할 수 있다.

〈표 1〉 〈대한민국헌법〉 상 종교 관련 내용의 변천

법규	종교 관련 내용
〈헌법〉(제정·시행 48.7.17. 제1호; 개정·시행 52.7.7. 제2호; 개정·시행 54.11.29. 제3호; 개정·시행 60.6.15. 제4호; 개정·시행 60.11.29. 제5호)	▶ 제12조 모든 국민은 **신앙과 양심의 자유**를 가진다. **국교는 존재하지 아니하며 종교는 정치로부터 분리**된다. ※ 제100조 현행법령은 이 헌법에 저촉되지 아니하는 한 효력을 가진다.
〈헌법〉(시행 63.12.17. 제6호, 전부개정 62.12.26; 일부개정·시행 69.10.21. 제7호; 전부개정·시행 72.12.27. 제8호)	▶ 제9조 ① 모든 국민은 **법 앞에 평등**하다. 누구든지 성별·종교 또는 사회적 신분에 의하여 정치적·경제적·사회적·문화적 생활의 모든 영역에 있어서 차별을 받지 아니한다. ▶ 제16조 ① 모든 국민은 **종교의 자유**를 가진다. ② **국교는 인정되지 아니하며, 종교와 정치는 분리**된다. ▶ 제17조 모든 국민은 양심의 자유를 가진다. ※ 1963년 12월 헌법 제6호부터 종래 제100조 삭제(관련 내용도 없음)

| 〈헌법〉(전부개정·시행 80.10.27. 제9호) | ▶ 제10조: 법 앞의 평등 (종래 제9조 ①·②·③과 동일)
▶ 제18조: 양심의 자유 (종래 제17조와 동일)
▶ 제19조: 종교 자유, 국교 불인정, 정교분리 – 종래 제16조 ①·②와 동일
※ 1980년 10월 제9호 헌법 부칙 제4조 헌법 시행과 동시에 통일주체국민회의 폐지(대의원 임기도 종료). 제6조 ① 국가보위입법회의는 이 헌법에 의한 국회의 최초 집회일 전일까지 국회의 권한을 대행하며 존속. 제9조 이 헌법 시행당시의 법령과 조약은 헌법에 위배되지 아니하는 한 효력 지속. |
| 〈헌법〉(전부개정·시행 88.2.25. 제10호) | ▶ 제11조: 법 앞의 평등 (종래 제10조 ①·②·③과 동일)
▶ 제19조: 양심의 자유 (종래 제18조와 동일)
▶ 제20조: 종교 자유, 국교 불인정, 정교분리 (종래 제19조 ①·②와 동일) |

다음으로, 대통령 산하의 국무총리실과 18개 행정부[2] 소관 법규에도 종교 관련 내용이 적지 않다. 정부의 18개 행정부 소관 법규들을 보면, 종교와 무관한 행정부는 거의 없다. 이는 법규명과 조문 제목에 '종교'가 들어있는 사례들이 적지 않다는 점에서 확인할 수 있다. 물론 '종교'라는 표현이 조문 내용에 포함된 사례는 더 많다.

구체적으로, 국무총리실의 경우, 국무총리 소속의 인사혁신처(인사혁신기획과 등)가 관할하는 〈국가공무원법〉에 '종교의 중립성'이라는 조문 제목이 있다. 그리고 기본적으로 국무총리가 각 행정부의 국무를 조정하는 역할을 하기에 국무총리실은 각 행정부의 종교 관련 내용과 연관될 수밖에 없다.

---

2 〈정부조직법〉(시행 2017.10.19. 법률 제14804호, 타법개정 2017.4.18.). 제14조~제16조에 따르면 대통령 소속으로 대통령비서실, 국가안보실, 대통령경호처, 국가정보원을 둔다. 그리고 제20조~제25조에 따르면, 국무총리 소속으로 국무조정실, 국무총리비서실, 국가보훈처, 인사혁신처, 법제처, 식품의약품안전처를 둔다. 그리고 제26조(행정각부)에 따르면, 행정각부의 명칭은 '1. 기획재정부, 2. 교육부, 3. 과학기술정보통신부, 4. 외교부, 5. 통일부, 6. 법무부, 7. 국방부, 8. 행정안전부, 9. 문화체육관광부, 10. 농림축산식품부, 11. 산업통상자원부, 12. 보건복지부, 13. 환경부, 14. 고용노동부, 15. 여성가족부, 16. 국토교통부, 17. 해양수산부, 18. 중소벤처기업부'이다.

<표 2> 국무총리실과 종교 법규

담당	법규	비고
인사혁신처(인사 혁신기획과 등)	〈국가공무원법〉	▶ (제정·시행 1949.8.12. 법률 제44호; 시행 2020.7.30. 법률 제16905호, 2020.1.29, 일부 개정)

기획재정부의 경우, 소관 법규인 〈관세법〉, 〈부가가치세법〉, 〈소득세법〉, 〈조세특례제한법〉 등이 종교와 관련된다. 이들 법규의 조문 제목에는 '종교'라는 표현이 들어 있다. 이 부분은 국가 차원에서 종교에 과세 혜택을 주고 있다는 점을 알려주고 있다.

<표 3> 기획재정부와 종교 법규

담당	법규	비고
관세제도과	〈관세법〉	▶ (제정·시행 1949.11.23. 법률 제67호; 시행 2020.8.5. 법률 제16957호, 2020.2.4, 타법개정) ▷ 〈同 시행규칙〉(시행 1979.1.1. 재무부령 제1379호, 제정 1979.1.4.; 일부개정·시행 2020.7.30. 기획재정부령 제803호)
부가가치세제과	〈부가가치세법 시행령〉	▶ (시행 1977.7.1. 대통령령 제8409호, 제정 1976.12.31.; 타법개정·시행 2020.9.10. 대통령령 제31012호) ▷ 〈同 시행규칙〉(시행 1977.7.1. 재무부령 제1246호, 제정 1977.3.11; 시행 2020.7.1. 기획재정부령 제775호, 2020.3.13, 일부개정)
소득세제과 등	〈소득세법〉	▶ (제정·시행 1949.7.15. 법률 제33호; 시행 2020.8.28. 법률 제16568호, 2019.8.27, 타법개정) ▷ 〈同 시행령〉(제정·시행 1949.8.5. 대통령령 제155호; 시행 2020.8.28. 대통령령 제30977호, 2020.8.26, 타법개정)
조세특례제도과 등	〈조세특례제한법〉	▶ 〈조세감면규제법〉(시행 1966.1.1. 법률 제1723호, 제정 1965.12.20.) → 〈조세특례제한법〉(시행 1999.1.1. 법률 제5584호, 1998.12.28, 전부개정; 시행 2020. 9.10. 법률 제17460호, 2020.6.9, 타법개정)

교육부의 경우, 관할 법규인 〈종교지도자 양성 대학법인 지정 고시〉
는 종교와 직접 관련된다. 그 외에 조문 제목에 종교라는 표현이 없지만
'교육의 기회균등과 중립성' 부분을 규정하고 있는 〈교육기본법〉도 종
교와 직접 관련된다. 국공립학교뿐만 아니라 종립학교를 포함한 사립학
교도 이 법규의 적용을 받고 있기 때문이다. 구체적으로, 이 법규의 제4
조에서는 종교를 이유로 교육의 차별을 금지하고 있고, 제6조에서는 국
공립학교에서 '특정한 종교를 위한 종교교육'을 금지하고 있다.[3]

〈종교지도자 양성 대학법인 지정 고시〉는 보다 직접적인 법규이다. 이 법
규를 보면, 정부는 '종교지도자 양성만을 목적'으로 하는 대학 및 대학원 설
치·경영 학교법인을 고시한다. 그리고 이 고시 내용을 보면, 대학 11개(개신
교 8, 천주교 1, 불교 1, 원불교 1), 대학원대학 9개(개신교 8, 원불교 1), 각종학교 1
개(개신교 1) 등 모두 21개 학교법인 가운데 개신교가 17개로 가장 많다.

〈표 4〉 교육부와 종교 법규

담당	법규	비고
사립대학정책과	〈종교지도자 양성 대학법인 지정 고시〉	▶ 제정·시행 2008.6.26. 교육과학기술부고시 제2008-103호)

---

3 〈교육기본법〉(시행 2017.6.22. 법률 제14601호, 개정 2017.3.21.) "제4조(교육의 기
회균등) ① 모든 국민은 성별, 종교, 신념, 인종, 사회적 신분, 경제적 지위 또는 신체
적 조건 등을 이유로 교육에서 차별을 받지 아니한다." "제6조(교육의 중립성) ①
국가와 지방자치단체는 교육의 자주성과 전문성을 보장하여야 하며, 지역 실정에
맞는 교육을 실시하기 위한 시책을 수립·실시하여야 한다. ② 국가와 지방자치단
체가 설립한 학교에서는 특정한 종교를 위한 종교교육을 하여서는 아니 된다."

과학기술정보통신부의 경우, 소관 법규인 〈방송법〉이 종교와 관련된다. 〈방송법 시행령〉의 조문 제목에 종교라는 표현이 있기 때문이다. 이 부분은 종교의 선교에 관한 전문편성을 하는 방송분야 범위가 아닌 경우에 '종교를 이유로 방송편성에 차별을 두면 안 된다'는 〈방송법〉 제6조에 근거하고 있다.[4]

〈표 5〉 과학기술정보통신부/방송통신위원회와 종교 법규

담당	법규	비고
뉴미디어정책과/ 방송통신위원회 (편성평가정책과 등)	〈방송법 시행령〉	▶ (제정·시행 1964.2.10. 대통령령 제1634호; 시행 2020.6.11. 대통령령 제30757호, 2020. 6.9, 일부개정)

법무부의 경우, 소관 법규인 〈교도관직무규칙〉, 〈형의 집행 및 수용자의 처우에 관한 법률〉, 〈보호소년 등의 처우에 관한 법률 시행령〉, 〈부동산 실권리자명의 등기에 관한 법률〉 등이 종교와 관련된다. 이 법규들의 조문 제목에는 종교라는 표현이 들어 있다. 또한 법무부(법무심의관실)가 관할하는 〈민법〉 제32조에도 종교와 관련된 비영리법인의 설립과 허가 관련 내용이 있다.[5] 특히 법무부에서는 종교 관련 제도로 종교분야, 교육분야, 의료분야, 취업·창업분야로 구분된 '교정위원제

---

4 〈방송법〉(시행 2017.9.15. 법률 제14839호, 타법개정 2017.7.26.) "제6조(방송의 공정성과 공익성) ② 방송은 성별·연령·직업·종교·신념·계층·지역·인종등을 이유로 방송편성에 차별을 두어서는 아니 된다. 다만, 종교의 선교에 관한 전문편성을 행하는 방송사업자가 그 방송분야의 범위 안에서 방송을 하는 경우에는 그러하지 아니하다."

5 〈민법〉(시행 1960.1.1. 법률 제471호, 제정 1958.2.22. / 시행 2017.6.3. 법률 제14278호, 개정 2016.12.2.) "제32조 (비영리법인의 설립과 허가) 학술, 종교, 자선, 기예, 사교 기타 영리 아닌 사업을 목적으로 하는 사단 또는 재단은 주무관청의 허가를 얻어 이를 법인으로 할 수 있다.".

도'를 운영하고 있다.[6]

<표 6> 법무부와 종교 법규

담당	법규	비고
교정기획과	〈교도관직무규칙〉	▶(제정·시행 1963.1.10. 법무부령 제56호; 개정·시행 2015.1.30. 법무부령 제838호)
교정기획과	〈형의 집행 및 수용자의 처우에 관한 법률〉	▶〈행형법〉(시행 1950.3.18. 법률 제105호, 제정 1950.3.2, 약칭: 형집행법)→〈형의 집행 및 수용자의 처우에 관한 법률〉(시행 2008.12.22. 법률 제8728호, 전부개정 2007.12.21, 약칭: 형집행법; 시행 2020.8.5. 법률 제16925호, 2020.2.4, 일부개정) ▷〈同 시행규칙〉(일부개정·시행 2020.8.5. 법무부령 제976호)
보호법제과	〈보호소년 등의 처우에 관한 법률 시행령〉	▶〈소년원법시행령〉(제정·시행 1989.12.22. 대통령령 제12856, 약칭: 보호소년법 시행령)→〈보호소년 등의 처우에 관한 법률 시행령〉(시행 2008.6.22. 대통령령 제20830호, 개정 2008.6.20, 약칭: 보호소년법 시행령; 일부개정·시행 2018.9.18. 법률 제15754호) ▷〈同 시행규칙〉(제정·시행 2004.12.16. 법무부령 제561호; 시행 2008.6.22. 법무부령 제641호, 개정 2008.6.20; 일부개정·시행 2020.3.6. 법무부령 제970호)
사회복귀지원과	〈수용자 교육교화 운영지침〉	▶(시행 2008.12.22. 법무부예규 제816호, 제정 2008.12.18; 일부개정·시행 2019.1.21. 법무부예규 제1208호)
사회복귀과	〈교정위원 운영지침〉	▶(시행 2005.6.20. 법무부예규 제728호, 제정 2005.6.17; 일부개정·시행 2020.3.13. 법무부예규 제1247호)

---

6 〈교정위원 운영지침〉(개정·시행 2016.1.4. 법무부예규 제1104호) "제4조(자격 및 추천) ②종교분야에 참여할 교정위원은 기독교, 불교, 천주교 등 우리나라의 국민정서에 반하지 않는 종교단체에 소속된 자로서 수용자 신앙 지도에 헌신적으로 봉사할 수 있는 자질과 능력을 갖추어야 한다."

| 법무심의관 | 〈부동산 실권리자 명의 등기에 관한 법률〉 | ▸ (시행 1995.7.1. 법률 제4944호, 제정 1995. 3.30; 타법개정·시행 2020.3.24. 법률 제17091호, 약칭: 부동산실명법)
▷〈同 시행령〉(시행 1995.7.1. 대통령령 제14650호, 제정 1995.5.19; 시행 2017.3.28. 대통령령 제27958호, 타법개정 2017.3.27.) |

국방부의 경우, 관할 법규인 〈군에서의 형의 집행 및 군수용자의 처우에 관한 법률〉, 〈군수용자 교육교화 및 사회복귀지원에 관한 훈령〉, 〈군종업무에 관한 훈령〉, 〈군 종교활동 지원 민간성직자 관리훈령〉, 〈군종장교 등의 선발에 관한 규칙〉 등이 종교와 직접 관련된다. 그리고 〈병역법 시행령〉, 〈군인의 지위 및 복무에 관한 기본법〉 등에도 조문 제목에 종교라는 표현이 있다.[7] 특히 국방부는 '군종제도'와 '군 종교활동 지원 민간성직자제도'를 운영하고 있다. 이 가운데 '군종'이라는 표현은 〈병역법〉과 〈同 시행령〉과 〈同 시행규칙〉, 〈육군본부 직제〉, 〈공군본부 직제〉, 〈해군본부 직제〉, 〈해병대사령부 직제〉 등의 조문 제목에 명시되어 있다.

〈표 7〉 국방부와 종교 법규

담당	법규	비고
법무담당관	〈군에서의 형의 집행 및 군수용자의 처우에 관한 법률〉	▸〈군행형법〉(제정·시행 1962.1.20. 법률 제1005호, 약칭: 군형집행법)→〈군에서의 형의 집행 및 군수용자의 처우에 관한 법률〉(시행 2010.5.3. 법률 제9819호, 전부개정 2009.11.2, 약칭: 군형집행법; 일부개정·시행 2020.2.4. 법률 제16927호)

---

7 〈군종장교 등의 선발에 관한 규칙〉은 〈병역법 시행령〉 제118조의3제3항 및 제119조에 근거하고 있다.

법무담당관	〈군수용자 교육교화 및 사회복귀지원에 관한 훈령〉	▶ (제정·시행 2016.3.31. 국방부훈령 제1904 호; 시행 2017.12.28. 국방부훈령 제2106호)
군종정책과	〈군종업무에 관한 훈령〉	▶〈군종업무에 관한 규정〉(제정·시행 97.10. 27. 국방부훈령 제572호)→〈군종업무에 관한 훈령〉(개정·시행 2009.3.12. 국방부훈령 제 1035호; 일부개정·시행 2019.7.31. 국방부훈 령 제2300호)
군종정책과	〈군종교활동 지원 민간성직자 관리훈령〉	▶〈군 종교활동 지원 민간성직자 관리규정〉 (제정·시행 2001.11.12. 국방부훈령 제691호) →〈군 종교활동 지원 민간성직자 관리훈령〉 (개정·시행 2009.8.4. 국방부훈령 제1098; 일 부개정·시행 2019.7.31. 국방부훈령 제2301호)
군종과	〈군종장교 등의 선발 에 관한 규칙〉	▶ (제정·시행 2005.10.11. 국방부령 제585호; 시행 2016.11.30. 국방부령 제907호, 타법개 정 2016.11.29.)
인력정책과/ 병무청(규제개혁 법무담당관실)	〈병역법 시행령〉	▶ (제정·시행 1950.2.1. 대통령령 제281호; 시 행 2020.10.1. 대통령령 제31058호, 2020. 9.29, 일부개정)
국방여성가족정 책과/병영정책과	〈군인의 지위 및 복 무에 관한 기본법〉	▶ (시행 2016.6.30. 대통령령 제27263호, 제정 2016.6.28; 시행 2020.5.27. 법률 제16584호, 2019.11.26, 일부개정, 약칭: 군인복무기본법) ※〈군인복무규율〉(제정·시행 1966.3.15. 대 통령령 제2465호; 시행 2016.6.30. 대통령령 제27263호, 타법폐지 2016.6.28.)

행정안전부의 경우, 소관 법규인 〈지방공무원법〉, 〈지방세특례제한 법〉 등이 종교와 관련된다. 이 법규들의 조문 제목에는 종교라는 표현 이 들어 있다. 그 외에 소방청의 〈소방관서 위촉종교지도자 운영규 정〉, 경찰청의 〈경찰 위촉 목사·승려·신부 운영규칙〉, 해양경찰청의 〈해양경찰 위촉 목사·승려·신부 운영규칙〉 등은 종교와 직결된다. 이 법규에 근거해 소방청은 '소방목사·승려·신부제도'를, 경찰청과 해양 경찰청은 '경목·경승·경신제도'를 운영하고 있다.

담당	법규	비고
지방인사제도과	〈지방공무원법〉	▶ (시행 1963.12.2. 법률 제1427호, 제정 1963. 11.1; 시행 2020.7.30. 법률 제16884호, 2020. 1.29, 일부개정)
지방세특례제도과	〈지방세특례제한법〉	▶ (시행 2011.1.1. 법률 제10220호, 제정 2010. 3.31; 시행 2020.9.10. 법률 제17460호, 2020. 6.9, 타법개정) ▷ 〈同 시행령〉(시행 2011.1.1. 대통령령 제22396호, 제정 2010.9.20; 시행 2020.8.28. 대통령령 제30977호, 2020.8.26, 타법개정)
소방청 소방정책과	〈소방관서 위촉종교 지도자 운영규정〉	▶ (제정·시행 2008.6.12. 소방방재청훈령 제152호; 타법개정·시행 2017.7.26. 소방청훈령 제2호) ※ 소방방재청, 중앙·지방소방학교, 중앙 119구조대, 시·도 소방본부, 소방서에 적용함
경찰청경무담당관	〈경찰 위촉 목사·승려·신부 운영규칙〉	▶ (타법개정·시행 2007.10.30. 경찰청훈령 제514호; 일부개정·시행 2019.9.26. 경찰청예규 제557호)
해양경찰청 운영지원과	〈해양경찰 위촉 목사·승려·신부 운영규칙〉	▶ (개정·시행 2005.5.13. 해양경찰청예규 제235호; 일부개정·시행 시행 2019.7.10. 해양경찰청예규 제45호)

행정안전부는 경찰 조직을 통해 종교를 '관리'한다. 구체적으로, '치안 사무를 관장'하는 경찰청은 종교 집회에 대해 학문, 예술, 체육 집회 등처럼 옥외집회와 시위를 엄격하게 제한하지 않지만,[8] 정보국과 정보관리부에 '종교 분야에 관한 치안정보의 수집·종합·분석·작

---

8 〈집회 및 시위에 관한 법률 (약칭: 집시법)〉(시행 1963.1.1. 법률 제1245호, 제정 1962.12.31. / 시행 2017.1.28. 법률 제13834호, 개정 2016.1.27.) 제6조(옥외집회 및 시위의 신고 등), 제10조(옥외집회와 시위의 금지 시간), 제11조(옥외집회와 시위의 금지 장소), 제12조(교통 소통을 위한 제한), 제15조(적용의 배제). 이 법률은 경찰청(정보1과)이 관할한다.

성 및 배포' 업무를 두고 있다.[9]

문화체육관광부의 경우, 소관 법규인 〈향교재산법〉, 〈전통사찰의 보존 및 지원에 관한 법률〉, 〈10·27법난 피해자의 명예회복 등에 관한 법률〉, 〈공직자종교차별신고센터 설치·운영 규정〉 등이 종교와 직접 관련된다. 특히 문화체육관광부는 종교와 직접 관련된 법규를 관할할 뿐만 아니라 종무행정부서인 종무실을 두고 있다. 또한 문화재청을 통해 지정문화재(국가지정문화재, 시·도지정문화재, 문화재자료) 범위의 종교 관련 유형문화재, 무형문화재, 기념물, 민속문화재 등에 관여하고 있고,[10] 등록문화재(국가등록문화재, 시·도등록문화재)제도를 통해 종교 분야의 등록문화재를 고시하고 있다.[11]

---

9 〈경찰청과 그 소속기관 직제〉(개정·시행 2017.11.28. 대통령령 제28448호) 제14조 (정보국), 제51조(정보관리부); 〈경찰청과 그 소속기관 직제 시행규칙〉(개정·시행 2017.12.21. 행정안전부령 제22호) 제11조(정보국에 두는 과) ⑥, 제31조(정보관리 부에 두는 과) ④. 이 법규는 행정자치부(사회조직과)와 경찰청(기획조정과)이 관할한다. 정보국 정보4과는 '종교 분야에 관련되는 치안정보의 수집·종합·분석· 작성·배포, 집회·시위 등 집단사태의 관리에 관한 지도·조정', 정보관리부 정보2 과는 '종교분야에 관련되는 치안정보의 수집·종합·분석·작성·배포'를 담당하고 있다.

10 〈문화재보호법〉(제정·시행 1962.1.10. 법률 제961호 / 일부개정·시행 2020.6.9. 법률 제17409호).

11 〈예수성교 누가복음전서 등 4건 문화재 등록 고시〉(제정·시행 2016.12.15. 문화재 청고시 제2016-118호). 한편, 〈문화재 등록에 관한 지침〉(제정·시행 2017.12.28. 문화재청예규 제187호) 제4조(공통기준)에 따르면, 종교 등 분야에서 등록문화재로 등록하기 위해서는 대상 문화유산이 '1. 역사적 가치, 2. 학술적 가치, 3. 예술적 가치' 가운데 하나 이상의 등록가치를 가지면서 '4. 원형유지 및 희소성'의 가치까지 가지고 있어야 한다.

〈표 9〉 문화체육관광부와 종교 법규

담당	법규	비고
종무2담당관	〈향교재산법〉	▶ (제정·시행 62.1.10. 법률 제958호; 개정·시행 2008.12.26. 법률 제9215호); 〈同 시행령〉(제정·시행 62.12.27. 각령 제1091호; 타법개정·시행 2008.2.29. 대통령령 제20676호) ※〈향교재산관리규칙〉(시행 48.6.7. 군정법령 제194호, 폐지 48.5.17.): 향교재산관리규칙(19.6.29. 총령 제91호)은 본영 시행 20일 후 기 효력을 상실 ※〈향교재산관리에관한건〉(제정·시행 48.5. 17. 군정법령 제194호; 타법폐지·시행 62.1.10. 법률 제958호): 향교재산관리에관한건(47.5. 군정법령 제194호) 폐지
종무1담당관	〈전통사찰의 보존 및 지원에 관한 법률〉	▶ 〈불교재산관리법〉(제정·시행 62.5.31. 법률 제1087호; 시행 88.5.29. 법률 제3974호, 타법폐지 87.11.28.); 〈同 시행령〉(제정·시행 62.8. 22. 각령 제939호; 타법폐지·시행 88.5.28. 대통령령 제12457호)→〈전통사찰보존법〉(시행 88. 5.29. 법률 제3974호, 제정 87.11.28.); 〈同 시행령〉(제정·시행 88.5.28. 대통령령 제12457호, 약칭: 전통사찰법 시행령)→〈전통사찰의 보존 및 지원에 관한 법률〉(시행 2009.6.6. 법률 제9473호, 개정 2009.3.5; 시행 2020.5.27. 법률 제16596호, 2019.11.26, 타법개정, 약칭: 전통사찰법) ▷〈同 시행령〉(개정·시행 2009.6.9. 대통령령 제21528호; 시행 2020.5.27. 법률 제16596호, 2019.11.26, 타법개정) ※〈사찰령·사원규칙·포교규칙폐지에관한법률〉(폐지·시행 1962.1.20. 법률 제994호): 사찰령(1911. 제령 제7호), 사원규칙(36. 총령 제80호), 포교규칙(50. 총령 제83호) 폐지
종무1담당관	〈10·27법난 피해자의 명예회복 등에 관한 법률〉	▶ (시행 2008.6.29. 법률 제8995호, 제정 2008. 3.28.; 시행 2019.3.25. 법률 제16044호, 2018. 12.24, 일부개정, 약칭: 10·27법난법) ▷〈同 시행령〉(제정·시행 2008.9.9. 대통령령 제20991호; 타법개정·시행 2019.7.2. 대통령령 제29950호) ▶〈10·27법난피해자명예회복심의위원회 지원단 규정〉(제정·시행 2016.7.25. 국무총리훈령 제671호)

| 종무2담당관 | 〈공직자종교차별
신고센터 설치·운영
규정〉 | ▶ (시행 2008.10.1. 문화체육관광부훈령 제44
호, 제정 2008.9.24. / 개정·시행 2008. 10.27.
문화체육관광부훈령 제47호) |

환경부의 경우, 소관 법규인 〈종교단체 환경정책 실천협의회 규정〉,
〈대구·경북 종교단체환경정책협의회 운영규정〉, 〈부산·울산·경남 종
교단체환경협의회 운영규정〉이 종교와 직접 관련된다. 특히 종교단체
환경정책 실천협의회는 2000년 1월에 위원을 위촉하고 위원장을 선
출한 후 3회에 걸쳐 개최하면서 활동을 시작한 바 있다.[12]

〈표 10〉 환경부와 종교 법규

담당	법규	비고
고객지원센터	〈종교단체 환경정책 실천협의회 규정〉	▶ 제정·시행 2001.1.8. 환경부훈령 제448호; 개정·시행 2008.6.26. 환경부훈령 제787호)
대구지방환경청 (기획재정과)	〈대구·경북 종교단 체환경정책협의회 운영규정〉	▶ (제정·시행 2012.2.29. 대구지방환경청예 규 제60호)
낙동강유역환경청 (유역계획과)	〈부산·울산·경남 종교단체환경협의 회 운영규정〉	▶ (제정·시행 2013.7.25. 낙동강유역환경청 예규 제13호)

여성가족부의 경우, 소관 법규인 〈건전가정의례준칙〉이 종교와 직
접 관련된다. 그리고 이 준칙이 〈건전가정의례의 정착 및 지원에 관한
법률〉 제5조 제4항에 근거하고 있어 해당 법률도 종교와 간접적으로
연관이 있다.[13]

---

12 환경부(http://www.me.go.kr, 법령/정책→ 환경정책→ 국제협력)
13 〈건전가정의례의 정착 및 지원에 관한 법률 (약칭: 가정의례법)〉(시행 1999.8.9. 법
    률 제5837호, 제정 1999.2.8; 개정·시행 2012.2.1. 법률 제11282호) "제5조(건전가
    정의례준칙 등) ① 여성가족부장관은 모든 국민이 가정의례의 참뜻을 구현할 수
    있도록 가정의례의 의식 절차를 엄숙하고 간소하게 행하게 하는 것을 내용으로 하

〈표 11〉 여성가족부와 종교 법규

담당	법규	비고
가족정책과	〈건전가정의례준칙〉	▶ (제정·시행 1999.8.31. 대통령령 제16544호; 타법개정·시행 2019.7.2. 대통령령 제29950호)

이에 비해, 외교부, 통일부, 농림축산식품부, 산업통상자원부, 보건복지부, 고용노동부, 국토교통부, 해양수산부, 중소벤처기업부의 경우에는 종교를 직접적인 대상으로 삼거나 조문 제목에 종교라는 표현이 있는 소관 법규가 거의 없다. 그렇지만 조문 본문에 종교 관련 내용이 포함된 경우들이 있어, 사안에 따라 종교와 연관성을 갖는다.

예를 들어, 통일부의 경우, 정세분석국 경제사회분석과 업무에 '북한 종교의 실태조사 및 분석·평가', 교류협력국 사회문화교류과 업무에 '남북한 간 종교의 교류협력과 관련된 정책의 수립·추진'을 포함하고 있다.[14] 그리고 '북한이탈주민지원 지역협의회' 구성에 종교 관계자가 포함될 수 있도록 하고 있다.[15]

보건복지부의 경우, 한국사회복지협의회는 종교와 연결되어 있다. 구체적으로, 중앙협의회와 시·도협의회의 회원 자격에 '종교계 대표자'를, 시·군·구협의회의 회원 자격에 종교계 종사자를 포함시키고 있다.[16]

는 준칙(이하 "건전가정의례준칙"이라 한다)을 정하여야 한다. … ④ 건전가정의례준칙의 내용과 그 보급 및 실천에 필요한 사항은 대통령령으로 정한다."

14 〈통일부와 그 소속기관 직제 시행규칙〉(개정·시행 2017.12.27. 통일부령 제96호) 제7조(정세분석국) ⑤, 제8조(교류협력국) ⑤

15 〈북한이탈주민의 보호 및 정착지원에 관한 법률 시행령〉(타법개정·시행 2017.7.26. 대통령령 제28211호, 약칭: 북한이탈주민법 시행령) 제42조의2(북한이탈주민지원 지역협의회의 설치·운영) ②.

16 〈사회복지사업법 시행령〉(시행 2018.1.18. 대통령령 제28586호, 타법개정 2018.1.

고용노동부의 경우, 〈근로기준법〉에서 신앙을 이유로 하는 차별적 처우를 금지하고 있다. 구체적으로, 1953년부터 현재까지 '사용자가 근로자에 대해 신앙 등을 이유로 근로조건에 대한 차별적 처우를 하지 못한다.'고 하여 균등한 처우를 하도록 규정하고 있다.[17]

한편, 중앙정부 외에 지방자치단체도 종교 관련 법규들을 가지고 있다. 지방자치단체들은 주로 유교 시설 관련 조례들을 가지고 있다. 이와 관련해, 경북 안동시 도산서원 관람료 관련 조례를 제외하면,[18] 2004년 울산광역시 중구를 시작으로 2007년 경기도 이천시가 서원 관련 조례를 제정·시행하고 있다.[19]

2010년대에는 2011년 전남 장성군의 필암서원 유물전시관 관련 조례[20]를 시작으로, 주로 2015년 이후 2018년 1월까지 약 37개의 시·도·군이 향교 또는 서원의 활성화를 위한 조례를 제정·시행하고 있다. 이 가운데 전라남·북도, 경상남·북도, 광주광역시는 향교를. 충청남도, 경기도, 부산광역시, 강원도는 향교와 서원을, 세종특별자치시는 향

16.) 제13조(중앙협의회 등의 회원).

17 〈근로기준법〉(시행 1953.8.9. 법률 제286호, 제정 1953.5.10.) 제5조(균등처우: 사용자는 근로자에 대하여 … 신앙 또는 사회적 신분을 이유로 근로조건에 대한 차별적 처우를 하지 못한다.); 〈근로기준법〉(전부개정·시행 2007.4.11. 법률 제8372호/시행 2014.7.1. 법률 제12325호, 개정 2014.1.21.) 제6조(균등한 처우).

18 경북 안동시에서는 96년 5월 13일자로 도산서원 관람료 징수 조례를 제정·시행해 현재에 이르고 있다. 〈안동시 도산서원 관람료 징수 조례〉(시행 2017.1.1. 경상북도 안동시조례 제1174호, 개정 2016.12.30.)

19 〈울산광역시 중구 구강서원 운영·관리 조례〉(제정·시행 2004.7.5. 울산광역시중구조례 제304호/개정·시행 2014.12.29. 울산광역시중구조례 제712호); 〈이천시 설봉서원 관리 및 운영 조례〉(제정·시행 2007.7.2. 경기도이천시조례 제668호/개정·시행 2016.7.5. 경기도이천시조례 제1243호).

20 〈장성군 필암서원 유물전시관 및 집성관 운영에 관한 조례〉(제정·시행 2011.5.13. 전라남도장성군조례 제1942호); 〈장성군 필암서원 유물전시관 운영에 관한 조례〉(개정·시행 2013.12.26. 전라남도장성군조례 제2062호/개정·시행 2016.12.9. 전라남도장성군조례 제2212호).

교·서원·서당의 활성화에 주력하고 있다.[21] 이 조례들은 제1조에서

21 〈안동시 도산서원선비문화수련원 운영 지원에 관한 조례〉(제정·시행 2015.11.20.
경상북도안동시조례 제1069호); 〈장수군 향교·서원 지원 조례〉(제정·시행 2015.
12.2. 전라북도장수군조례 제2142호); 〈전라북도 향교 활성화 및 지원에 관한 조
례〉(제정·시행 2015.12.28. 전라북도조례 제4176호); 〈광주광역시 광산구 월봉서
원 주변 편익시설 운영에 관한 조례〉(제정·시행 2015.12.30. 광주광역시광산구조
례 제1231호); 〈전라남도 향교 활성화 사업 지원에 관한 조례〉(제정·시행 2015.12.
31. 전라남도조례 제3998호); 〈경상남도 향교 활성화 사업 지원에 관한 조례〉(제
정·시행 2015.7.9. 경상남도조례 제4017호); 〈광명시 오리서원 설치 및 운영에 관
한 조례〉(제정·시행 2015.9.30. 경기도광명시조례 제2110호 / 개정·시행 2016.12.
20. 경기도광명시조례 제2219호); 〈영암군 향교 지원 및 육성에 관한 조례〉(제정·
시행 2016.10.13. 전라남도영암군조례 제2271호); 〈충청남도 향교 및 서원 활성화
사업 지원에 관한 조례〉(제정·시행 2016.10.20. 충청남도조례 제4178호); 〈광주광
역시 향교 활성화 지원 조례〉(제정·시행 2016.11.15. 광주광역시조례 제4796호);
〈화순군 향교 지원 및 육성에 관한 조례〉(제정·시행 2016.11.3. 전라남도화순군조
례 제2509호); 〈홍천향교 지원 및 육성에 관한 조례〉(제정·시행 2016.12.16. 강원도
홍천군조례 제2496호); 〈세종특별자치시 향교·서원·서당의 활성화 사업 지원 조
례〉(제정·시행 2016.12.20. 세종특별자치시조례 제942호); 〈나주시 향교 지원 및
육성에 관한 조례〉(제정·시행 2016.2.19. 전라남도나주시조례 제1200호); 〈문경시
근암서원 관리 및 운영 조례〉(제정·시행 2016.3.31. 경상북도문경시조례 제1078
호); 〈김포시 향교·서원 지원 및 육성에 관한 조례〉(제정·시행 2016.5.17. 경기도김
포시조례 제1296호); 〈광양시 향교 지원 및 육성에 관한 조례〉(제정·시행 2016.6.1.
전라남도광양시조례 제1424호); 〈순천시 향교 지원 및 육성에 관한 조례〉(제정·시
행 2016.7.15. 전라남도순천시조례 제1670호); 〈경기도 향교 및 서원의 활성화사업
지원 조례〉(제정·시행 2016.7.19. 경기도조례 제5292호); 〈구례군 향교 지원 및 육
성에 관한 조례〉(제정·시행 2016.9.26. 전라남도구례군조례 제2148호); 〈강진군 향
교 지원 및 육성에 관한 조례〉(제정·시행 시행 2017.10.18. 전라남도강진군조례 제
2348호); 〈완도군 향교 지원 및 육성에 관한 조례〉(제정·시행 2017.11.20. 전라남도
완도군조례 제2445호); 〈경주시 향교·서원의 지원 및 육성에 관한 조례〉(제정·시
행 2017.12.26. 경상북도경주시조례 제1274호); 〈해남군 향교 지원 및 육성에 관한
조례〉(제정·시행 2017.12.26. 전라남도해남군조례 제2692호); 〈하남시 향교의 지
원·육성에 관한 조례〉(제정·시행 2017.12.27. 경기도하남시조례 제1511호); 〈괴산
군 향교 및 서원의 지원·육성에 관한 조례〉(제정·시행 2017.12.29. 충청북도괴산
군조례 제2379호); 〈대전광역시 대덕구 향교 지원 및 육성에 관한 조례〉(제정·시행
2017.2.10. 대전광역시대덕구조례 제1198호); 〈부산광역시 향교 및 서원의 활성화
지원에 관한 조례〉(시행 2017.3.9. 부산광역시조례 제5532호, 제정 2017.2.8.); 〈거
창군 향교 지원 및 육성에 관한 조례〉(제정·시행 2017.5.10. 경상남도거창군조례
제2373호); 〈곡성군 향교 지원 및 육성에 관한 조례〉(제정·시행 2017.5.10. 전라남
도곡성군조례 제2124호); 〈무안군 향교 지원 및 육성에 관한 조례〉(제정·시행
2017.5.29. 전라남도무안군조례 제2290호); 〈파주시 향교 및 서원의 지원·육성에
관한 조례〉(제정·시행 2017.7.10. 경기도파주시조례 제1372호); 〈담양군 향교 지원
및 육성에 관한 조례〉(제정·시행 2017.7.18. 전라남도담양군조례 제2349호); 〈강원

대체로 '향교·서원의 효율적 운영과 활성화 또는 이를 위한 지원 사항'을 규정하고 이를 통해 '정신문화와 전통문화 진흥에 기여'하는 것을 목적으로 내세우고 있다.

그 외에 지방자치단체들은 지역적 특성과 종교를 연결시켜 종교 관련 조례를 제정·시행하고 있기도 하다. 예를 들어, 전남 광양시는 '종교유적과 성지 조성', 대구 달성군은 '종교인 지역발전 협의회', 전북은 '세계종교평화협의회', 경북 구미시는 '신라불교문화 초전지', 경북 문경시와 안동시는 '유교회관', 서울 노원구는 '전통사찰 보존' 관련 조례를 제정·시행하고 있다. 그리고 경북 지역의 안동시, 영주시, 상주시, 문경시, 의성군, 청송군, 영양군, 예천군, 봉화군은 '유교문화권의 중·장기적인 발전과 유교문화·관광의 산업화'를 위해 '재단법인 세계유교문화재단'을 공동 출연하고 관련 조례를 제정·시행하고 있다.[22]

〈표 12〉 지방자치단체와 종교 법규 (※ 광역단위 아닌 경우 시·도명 삭제)

담당	법규	비고
전남 광양시 문화예술과	〈광양시 종교유적 발굴 및 성지 조성 관리에 관한 조례〉 (제정·시행 2004. 2.11. 광양시조례 제570호; 개정·시행 2014.12.31. 광양시조례 제1304호)	※ 목적: 광양시의 종교문화유적을 성지로 조성하여 관리하고 보존·보호하여 문화관광자원화

도 향교 및 서원 활성화사업 지원 조례〉(제정·시행 2017.8.4. 강원도조례 제4178호); 〈경상북도 향교 활성화 사업 지원 조례〉(제정·시행 2017.9.18. 경상북도조례 제3970호); 〈단양군 향교·서당 활성화 사업 지원 조례〉(제정·시행 2017.9.29. 충청북도단양군조례 제2402호); 〈영주시 소수서원 등의 관리 및 운영 조례〉(시행 2018. 1.1. 경상북도영주시조례 제1110호, 개정 2017.12.28.). 한편, 〈영주시 순흥문화유적권 관리 및 운영 조례〉(제정·시행 2008.5.8. 경상북도영주시조례 제661호); 〈영주시 소수서원 등의 관리 및 운영 조례〉(시행 2018.1.1. 경상북도영주시조례 제1110호, 개정 2017.12.28.)에 따르면, 2018년 1월부터 조례 명칭에서 '순흥문화유적권'이 '소수서원 등의'로 바뀐다.

22 세계유교문화재단(https://www.worldcf.co.kr:511/, 2018.2.1.)

대구 달성군 (정책사업과)	〈대구광역시 달성군 종교인 지역발 전 협의회 지원 조례〉 (제정·시행 2015.11.10. 달성군조례 제2378호)	※ 목적: 달성군 종교인 지역발전 협의회 지원에 필요한 사항을 규정 해 종교인 상호간 화합과 상생을 도 모함으로써 달성군의 발전과 달성 군민의 안녕에 기여
전북	〈세계종교평화협의회 설립운영 및 지원조례〉 (제정·시행 2013.4.5. 전라 북도조례 제3754호; 개정·시행 2015. 10.12. 전라북도조례 제4109호)	※ 목적: 세계종교문화축제 등 전 라북도 종교문화행사의 활성화를 추진, 종교문화자원 관련 사업 추 진을 위해 사단법인 세계종교평화 협의회의 설립·운영 사항 규정
경북 구미시 (문화관광 담당관실)	〈구미시 신라불교문화초전지 관리 및 운영 조례〉 (제정·시행 2017.6.1. 구미시조례 제1239호)	※ 목적: 구미시 신라불교문화초 전지의 관리·운영에 필요한 사항 을 규정
경북 문경시	〈문경시 문경유교문화관 설치 및 운 영 조례〉 (제정·시행 2005.7.28. 문경 시조례 제556호)	※ 목적: 문경지역 유교문화를 연 구·수집·전시함으로써 유교문화 에 대한 올바른 인식과 지역문화 발전에 기여하고자 문경유교문 화관의 설치, 관리·운영 사항 규정
경북 안동시 (전통문화 예술과)	〈안동시 경상북도유교문화회관 관 리·운영 조례〉 (제정·시행 2014.1. 10. 안동시조례 제958호; 개정·시행 2016.9.28. 안동시조례 제1149호)	※ 목적: 유교문화 선양을 위한 경 상북도 유교문화회관의 관리·운 영에 관한 사항을 규정
경북 안동시 (유교신도시 진흥과)	〈안동시 세계유교문화박물관 유물 관리위원회 설치 및 운영에 관한 조 례〉 (제정·시행 2017.9.29. 안동시조 례 제1273호)	※ 목적: 안동시 세계유교문화박 물관 유물관리위원회의 설치·운 영에 필요한 사항을 규정
경북 안동시 (체육관광과)	〈안동시 재단법인 세계유교문화재 단 지원에 관한 조례〉 (제정·시행 2015.12.31. 안동시조례 제1097호) ※ 〈영양군 재단법인 세계유교문화 재단 지원에 관한 조례〉 (제정·시행 2015.12.4. 영양군조례 제2053호) ※ 〈예천군 재단법인 세계유교문화 재단 설립 및 지원 조례〉 (제정·시행 2016.12.5. 예천군조례 제2208호); ※ 〈의성군 재단법인 세계유교문화 재단 지원에 관한 조례〉 (제정·시행 2015.11.30. 의성군조례 제2441호); ※ 〈청송군 재단법인 세계유교문화 재단 운영 및 지원 조례〉 (제정·시행 2015.12.18. 청송군조례 제1954호)	※ 목적: 안동시, 영주시, 상주시, 문경시, 의성군, 청송군, 영양군, 예천군, 봉화군이 유교문화권의 중·장기적인 발전과 유교문화· 관광의 산업화를 위해 공동 출연 하는 재단법인 세계유교문화재 단의 운영·지원 사항을 규정 ※ 담당: 경북 영양군(문화관광과), 예천군(문화관광과), 의성군(문 화관광과), 청송군(문화관광과)

| 서울 노원구
(문화체육과) | 〈서울특별시노원구전통사찰보존구역의주변지역보호조례〉 (제정·시행 2000.11.25. 노원구조례 제549호; 시행 2010.10.1. 노원구규칙 제618호, 개정 2010.9.24.) | ※ 목적: 전통사찰보존구역의 주변지역 지정·관리 사항을 규정하므로써 역사적 의의와 문화적 가치를 가진 전통사찰을 보존 |

이상의 내용을 통해 확인할 수 있는 부분은 한국 사회의 여러 영역들이 종교와 밀접하게 연관되어 있다는 점이다. 대체로 중앙정부의 경우에는 여러 영역에서 종교 관련 사업을 지원하는 경향을 보여주고 있고, 종교를 활용하기도 한다. 그리고 경찰 조직을 활용해 종교 관련 정보를 파악하기도 한다. 그에 비해 지방자치단체의 경우에는 지역의 특성화 차원에서 종교문화를 활용하는 움직임을 보이고 있다.

각 영역별 법제와 종교의 연관성에서 유념할 부분은 또한 법제상 종교 관련 내용들이 법제의 제정·시행 당시부터 현 상태로 존재한 것이 아니라 변화를 거쳤다는 점이다. 그리고 이 변화에는 일방적인 정책 시행이 아니라 종교계의 요구가 담겼을 가능성을 시사한다. 이러한 시사점은 종교 관련 법규나 제도에서 어떤 부분들이 쟁점이었고, 앞으로 어떤 쟁점들이 도출될 것인지를 탐색해야 하는 과제를 남기고 있다.

특히 정부 차원에서 종교 관련 사업을 지원하거나 정책적으로 종교 영역을 활용하거나 관광 등을 위해 종교 영역을 특성화하는 과정에 종교의 자유 침해, 종교간 차별 대우, 정교분리 논란 등의 문제 발생 가능성이 있다. 이러한 문제들은 지원·활용·특성화 등의 진행 과정에서만이 아니라 그 결과 또는 효과 차원에서 발생할 수도 있다.

02
종교 법제의 쟁점

1) 종교 법제의 구도

한국의 여러 법제들은 궁극적으로 〈헌법〉에 명시된 인간의 존엄성을 전제 또는 지향하고 있다. 여기서 인간의 존엄성, 즉 인간이 누구나 똑같이 존엄하다는 인식은, 비록 절대적 평등과 상대적 평등이 구별될지라도, 누군가를 차별하거나 누군가의 자유를 억압하는 것이 존엄성의 실현 또는 행복추구권을 저해하므로 평등과 자유가 존엄성 실현을 위한 핵심 가치라는 인식으로 이어진다. 이는 '인간의 존엄성'을 최고 이념으로 삼아, 행복추구권과 함께 〈헌법〉에 열거된 평등권과 자유권, 그리고 〈헌법〉에 열거되지 않은 자유와 권리까지 기본권을 도출하고, 국가가 이러한 기본권을 최대한 보장해야 한다는 논리구조를 지닌다.[23]

---

23 장영수, 「헌법상 행복추구권의 의미와 실현구조」, 『고려법학』 85, 2017, 96-102쪽.
헌법상 명문화된 개별 기본권에 의해 보호되는 '특별한' 행동(예: 종교활동)과 달리 명문화된 개별기본권에 의해 보호되지 않는 활동이지만 개인의 존엄 실현 내지 행복추구를 위해 보호가치가 있고 타인의 인권을 침해하지 않는 것을 보호하는 '일반적' 행동자유권(예: 수형자의 접견권, 여가·문화활동을 자유롭게 할 수 있는 권리 등) 내지 내적 결심에 해당하는 자기결정권(예: 소비자의 주류 선택에 관한 자기결정권, 성적 자기결정권 등)으로서의 행복추구권도 인간의 존엄성에서 도

주지하다시피, 〈헌법〉에는 종교 평등, 종교의 자유, 국교 불인정, 정교분리 등의 종교 조항들(religion clauses)이 있다. 이러한 종교 조항들은 헌법상 인간으로서의 존엄성과 행복추구권과 어떤 연관관계를 갖고 있는가?

우선 〈헌법〉은 국민 누구나 인간으로서의 존엄성과 가치, 행복추구권을 가진다고 전제한다. 둘째, 국민 누구나 인간으로서의 존엄성을 가지고 있어 법 앞에서도 평등해야 하므로 종교로 인해 평등이 훼손되는 행위, 즉 종교차별을 금지한다. 이러한 평등원칙(principle of equality)에서 종교차별(discrimination based on religion) 금지원칙이 도출된다. 셋째, 국민 누구나 평등하므로 종교에 대한 자기결정권인 종교의 자유(freedom of religion)를 갖는 데에서도 평등하다. 여기에서 국가는 종교의 자유를 보장하기 위해 국교(the state established religion)를 인정하지 않고, 정치와 종교를 분리해야 한다는 원칙이 도출된다.[24]

이상의 내용을 보면, 헌법상 인간으로서의 존엄성을 위해 법 앞의 평등 차원에서 종교로 인한 차별 금지와 종교의 자유가 도출되고, 종교의 자유를 보장하거나 침해를 막기 위한 조건으로 국교 불인정과 정교분리를 두고 있다. 다시 말하면, 헌법상 종교 평등과 종교 자유의 보장은 궁극적으로 인간으로서의 존엄성 실현을 지향한다. 그리고 헌법상 종교 평등과 종교의 자유가 현실에서 실질적인 평등과 자유가 실현될 수 있도록 국교 불인정과 정교분리라는 최소한의 조치를 취한다. 여기서 국교 불인정나 정교분리는 국가가 특정 종교나 종교인에

출된다(같은 글, 96-99쪽.).

24 정치와 종교의 분리(the separation of politics and religion)가 국가와 종교의 분리(the separation of state and religion)와 동일한지는 분명하지 않다. 양자가 동일하다면 앞부분의 '국교 불인정'과 중복된다는 문제 제기가 가능하다. 양자가 동일하지 않다면, 정치는 특정 정부의 정치활동을 의미하는 것으로 볼 수 있다.

대한 우대나 차별을 조장(助長)해 평등과 자유를 침해할 수 있는 소지를 없애기 위한 조치라고 할 수 있다.

한국 사회에서 여러 종교 조항들이 한 묶음이 된 것은 해방 이후이다. 이와 관련해, 1948년 7월에 제정·시행된 〈헌법〉에는 '모든 국민이 신앙과 양심의 자유를 가지며, 국교는 존재하지 아니하며 종교는 정치로부터 분리된다.'고 명시된다.[25] 그리고 1960년 12월의 〈헌법〉 제5호까지 '신앙의 자유'는 양심의 자유와 동일한 조문에, 그리고 국교가 존재하지 않는다는 점과 종교가 정치로부터 분리된다는 내용과 동일한 조문에 포함된다.

1962년 12월에 제정된 〈헌법〉(제6호)에서부터 종교 조항에 다소의 변화가 생긴다. 우선 종래 신앙의 자유는 '종교의 자유'라는 표현으로 바뀌고, 양심의 자유 조문과 분리된다. 그리고 종래 '종교는 정치로부터 분리된다.'는 표현이 '종교와 정치는 분리된다.'는 표현으로 바뀐다. 이 표현은 정치가 종교로부터 분리된다는 해석도 가능하게 한다. 또한 법 앞의 평등과 관련해 '종교에 의해 차별을 받지 않는다.'는 내용이 신설된다. 이러한 내용은 이후 1987년 10월에 개정되어 1988년 2월부터 시행된 〈헌법〉 제10호까지 동일하게 이어진다.

주목할 부분은 1948년 〈헌법〉에 신앙의 자유, 국교의 존재 부정 및 정치로부터 종교의 분리 등을 명시된 것이 당시 이승만정부에 무엇을 요

---

25 〈대한민국헌법〉(제정·시행 1948.7.17. 제1호) 제12조. 이 헌법은 전문, 본문, 부칙으로 구성되는데, 본문 10개 장(부칙 포함)은 '제1장 총강(1-7조), 제2장 국민의 권리의무(8-30조), 제3장 국회(31-50조), 제4장 정부(51-75조), 제5장 법원(76-83조), 제6장 경제(84-89조), 제7장 재정(90-95조), 제8장 지방자치(96-97조), 제9장 헌법개정(98조), 제10장 부칙(99-103조)'이다. 이 가운데 제2장에는 '법률 앞의 평등과 차별 금지'(제8조)에 이어, 신체의 자유, 거주와 이전의 자유, 통신 비밀 침해 금지, 신앙과 양심의 자유 등 여러 자유와 권리를 열거한 후, '헌법에 열거되지 않은 자유와 권리를 경시하지 않는다는 점과 국민의 자유·권리를 제한하는 법률 제정의 범위'(질서유지와 공공복리, 제28조), 그리고 납세와 국토방위의 의무를 명시한다.

청한 것인가라는 물음이다. 이 원칙들은 정부가 국가 정책을 실행할 때 정교분리 원칙을 준수하고 국민 개개인에 대해 종교의 자유를 보장하는 기조(基調)를 취하도록 요청했다는 것을 의미한다. 그리고 이러한 종교 조항들이 현행 〈헌법〉까지 유지되고 있는 부분은 그 이후 정부에도 국가 정책에서 동일한 기조를 취하도록 요청한다는 것을 의미한다.

또한 1962년 12월에 제정되어 1963년 12월부터 시행된 〈헌법〉 제6호에 '종교에 의한 차별 금지'가 명시된 것은 국가가 정부의 정책적 기조에 '법 앞의 평등'까지 준수하도록 요청했다는 것을 의미한다. 이러한 내용은 박정희정부 이후 모든 정부가 〈헌법〉에 입각해 정교분리 원칙을 준수하고 국민 개개인에게 종교의 자유를 보장하고, 종교에 의한 차별이 없도록 해야 한다는 것을 의미한다.

이상의 내용을 토대로 헌법상 인간으로서의 존엄성과 행복추구권, 법 앞의 평등과 자유, 그리고 국교 불인정과 정교분리의 관계를 도식화하면 아래와 같다. 이러한 도식은 국가가 국민의 실질적 평등과 자유를 보장해 인간의 존엄성을 지키면서 행복하게 살 수 있도록 해야 할 의무가 있고, 모든 정부가 이 의무를 구현해야 한다는 것을 의미한다.

〈표 13〉 헌법적 가치의 실현과 종교

〈전제〉	:	존엄성 (행복추구권)		
〈이상〉	:	평등(차별금지)	—	자유
〈제도적 수단〉	:	국교 불인정 정교분리		
〈현실〉	:	실질적 평등		실질적 자유

위의 도식에서 종교 관련 평등과 자유 개념은 법적으로 비교적 명료하다. 우선, 평등권의 경우는 〈헌법〉 제11조의 일반적 평등권, 그리고 이보다 우선해 적용되는 개별적 평등권으로 구분된다. 개별적 평등권은 교육의 기회균등, 여성근로자 차별금지, 혼인과 가족생활에서의 양성평등, 경제주체간의 조화를 통한 경제의 민주화 등 다양하다. 〈헌법〉 제11조에 명시된 종교 차별금지를 포함한 일반적 평등권은 '정의'의 법적 표현으로 '모든 경우의 원칙적 평등 명령'이라는 의의를 갖는다. 그리고 개별적 평등권 조항을 보완하거나 다른 헌법 조항과 결합해 평등 명령의 규범적 효력을 부여한다.[26]

헌법상 '법 앞의 평등'은 차별적 대우를 모두 부정하는 절대적·형식적 평등이 아니라 법적용과 법내용에 대한 상대적 평등, 즉 입법과 법적용에서 '합리적 근거나 이유가 있는 차별을 허용하는 상대적·실질적 평등'이다. 이는 입법부가 법을 제정하거나 행정부·사법부가 법률을 적용할 때 합리적 근거가 없는 불합리한 차별만을 평등의 원칙에 반한 것으로 본다는 것을 말한다.[27]

종교차별의 경우에도 합리적 차별과 자의적·불합리한 차별을 구분할 수 있다. 인종이나 성(sex)의 경우처럼, 종교상 차이(difference)를 수직으로 서열화·위계화하는 과정에서 종교차별이 발생했을 때 차별 여부를 판단할 비교 대상을 정해, '비교 대상과 본질이 같으면 같게, 다르면 다르게 대우'한다면 합리적 차별이 되지만, 본질과 다르게 대

---

26 이재희, 「일반적 평등권 보장과 개별적 평등권 보장: 특히 헌법 제11조 제1항 제1문과 제2문을 중심으로」, 『헌법학연구』 21-2, 2015, 117쪽, 124쪽.

27 고기복, 「증오와 종교차별 방지를 위한 헌법적 연구」, 『토지공법연구』 80, 2017, 426쪽; 헌재 1999.5.27. 98헌바26. 입법내용이 정의·평등분배와 형평에 반하거나 자의적으로 이루어진 경우에는 평등권 등의 기본권을 본질적으로 침해한 입법권의 행사로서 위헌성을 면하기 어렵다(헌재 1992.4.28. 90헌바24).

우한다면 자의적 차별이 된다. 따라서 종교차별의 합리성 여부를 판단할 때 어떤 요소(표식)를 본질로, 즉 사물·현상을 정의·구별하기 위한 특성(characteristics)으로 삼고, 어떤 비교대상을 선정할 것인지가 중요해진다. 본질적 요소가 다르면, 비록 부수적 요소들이 같아도, 비교대상이 될 수 없어 법적으로 평등권 침해 여부를 심사하는 대상이 될 수 없기 때문이다.[28]

다음으로, 종교의 자유에 대해서는 법적 종교 개념 부분과 종교 자유의 내용 부분으로 구분해 설명할 수 있다. 법적 종교 개념은 종교 정의 문제이고, 종교를 어떻게 정의하느냐에 따라 종교 자유의 적용 범위가 달라지므로 종교의 자유라는 기본권의 보장을 위해 필요하다. 종교 개념을 정의하지 않으면 헌법상 종교의 자유에 대한 구성 요건과 규범 영역을 정할 수 없기 때문이다.

그렇다고 종교 개념의 법적 정의가 쉬운 일은 아니다. 종교 개념을 좁게 해석하면 종교 자유의 보호영역을 축소해 한정된 종교단체만 종교 자유의 권리를 향유하게 되고, 종교 개념을 넓게 해석하면 어떤 경우에 종교 자유라는 기본권을 적용하거나 적용하지 않아야 하는지를 판단하기가 어려워진다. 이러한 맥락에서 법개념에 대한 유권해석기관인 사법부도 종교의 개념정의에 대해 적극적이지 못하다는 지적도 나오고 있다.[29]

---

28 노갑영, 「평등권과 합리적 차별 그리고 시간강사의 법적 지위」, 『법학논총』 30-2, 2010, 482-484쪽, 489쪽. '본질적으로 같은 비교 대상' 사이에 다르게 취급하는 것(차별)이 정당한지의 여부에 관한 판단기준(심사기준)의 경우, 독일은 '자의의 금지', 미국은 '합리성'을 들고 있다(같은 글, 487쪽). 차별의 종류에는 합리적·차의적 차별 외에도 직접적·간접적 차별, 적극적 평등실현조치(affirmative action)와 역차별(reverse discrimination)이 있다(같은 글, 487-489쪽).

29 최우정, 「헌법상 정교분리원칙과 문화국가원리」, 『헌법판례연구』 7, 2005, 135-136쪽. 종교의 개념정의에 대해 사법부의 적극적이지 못한 사례는 '같은 글, 138-139쪽.'

법학계에서는 헌법상 종교의 자유라는 기본권을 적용하려면 그 구성 요건과 규범 영역이 정해져야 한다는 맥락에서 종교에 대한 법적 정의를 시도하고 있다. 이러한 정의를 보면 종교는 신과 피안에 대한 인간의 내적 확신(신앙), 상념의 세계에만 존재하는 초인적 절대자에 대한 귀의 또는 신과 내세에 대한 내적 확신의 집합, 상념의 세계에만 존재하는 신이나 절대자 등 초월적 존재를 신봉하고 그것에 귀의하는 것, 신과 피안의 세계에 대한 우주관적 확신, 일정한 양식 아래 신이나 절대자를 믿고 숭배하고 받아들여 마음의 평안과 행복을 얻고자 하는 정신문화의 한 체계 등으로 정의되고 있다. 그 외에 '민족공동체 구성원들을 하나의 방향으로 나아가게 하는 전통적인 가치체계이며 으뜸 가르침'라는 정의도 보인다.[30]

그렇지만 이러한 종교 개념들이 서구 경험에 기초해 초자연적 초월적 존재에 대한 내적 확신을 본질적 요소로 이해하는 기독교 중심의 경향을 보여 새로 형성되거나 소수종교를 포괄하기 쉽지 않은 한계가 있었다는 지적과 함께 기독교적 관점의 종교개념을 탈피해 초월자에 대한 확신을 넘어서야 한다는 주장도 있다. 이 주장은 종교를 신이나 초월적 존재 또는 거룩한 것에 대한 믿음이나 절대적 의존 감정 등 영적 본질에 대한 주관적 확신으로 봐야한다는 입장, 어떤 믿음의 기능이나 위치가 개인의 삶에서 신을 믿는 것과 마찬가지의 핵심적 기능을 하는 경우까지도 포괄해야 한다는 입장 등 종교 개념의 확장으로

참조.

30 최우정, 위의 글, 136-138쪽. 최우정은 종교 정의는 개방된 시야와 유연한 태도로 임해야 하고 시비를 따질 수 있는 사실적인 문제가 아니라고 보면서, 종교학자와 사회학자의 종교 정의에서 공통 요소를 추출해 '종교란 초자연적인 것에 대한 신앙, 그것을 표현하는 의식, 그러한 것을 믿는 자들의 신앙공동체'라 본다(같은 글, 138쪽.).

이어진다. 다만, 법실무 차원에서 종교 개념을 정의하는 경우가 드물고, 따라서 어떤 경우가 종교 자유의 보호 범위에서 배제되는 행위인지는 사안별로 사법적 판단을 통해 결정하는 것이 불가피하다는 점도 제기되고 있다.[31]

이상의 내용을 정리해보면, 법조계에서 종교 개념은 절대적 초월자에 대한 믿음과 귀의, 신(神)과 피안에 대한 내적 확신, 초월적 존재(supreme being)에 대한 외경과 순종, 초월적 세계의 힘에 대한 주관적 확신 등 다양하게 정의되고 있다.[32] 그 공통점은 종교의 본질적 요소를 찾으려는, 즉 '본질적 종교 정의'이다. 이처럼 본질적 요소를 파악해 법적으로 종교를 정의하려는 노력은 종교 자유라는 기본권을 적용할 대상인지를 결정하고, 종교 자유의 침해 여부나 정도를 판단하기 위해 시도, 즉 궁극적으로 종교의 자유라는 기본권을 최대한 보장하기 위한 시도라고 볼 수 있다.

그렇지만 법적으로 종교개념을 정의하는 일이 법의 적용뿐 아니라 종교 자유의 보호영역을 확정하기 위해 필요할지라도, 본질적 종교 정의는 자의적으로 특정 요소들을 판단 기준으로 삼은 정의에 불과해 여전히 중립적이거나 보편적으로 적용할 수 있는 정의가 아니라는 비판에 직면할 수 있다. 그리고 그 본질이 희미한 경우를 종교 범주에서

---

31 김종철, 「종교의 자유와 그 한계에 관한 소고」, 『연세 공공거버넌스와 법』 4-1, 2013, 40-43쪽.

32 김상겸, 「종교의 자유와 정교분리원칙에 관한 연구」, 『공법연구』 35-2, 2006, 134-136쪽; 고기복, 앞의 글, 2017, 428-429쪽. 김상겸은 선행연구(지규철, 『미국에서의 정교분리에 관한 연구, 고려대학교 대학원 박사학위논문, 1992, 6쪽 이하)를 근거로 종교의 공통 요소가 ① 절대적 존재에 대한 신앙, ② 초월적 실재에 대한 신앙, ③ 도덕률, ④ 우주에서 인간의 역할을 설명하는 세계관, ⑤ 의식과 축일, ⑥ 예배와 기도, ⑦ 성전, ⑧ 종교활동을 촉진하는 사회적 조직 등이라고 본다(같은 글, 136쪽.).

배제시키는 위험이 있다는 점에서 오히려 종교의 자유를 협소하게 만들 위험도 있다.

이와 관련해, 법규 내에서 상충되지 않는 범위 내에서 사안별로 종교를 유연하게 정의해 적용해야 하며, 이와 관련해 각 심급(審級, 예: 3심 제도)에서 법원이 특정 행위가 종교적 표현인지 종교의 자유로 보호되는 영역인지를 판단하는 과정에 특정 종교를 배제하지 않는 '개방성'이 필요하다는 지적도 있다.[33] 또한 헌법상 종교 자유를 폭넓게 보호하기 위해 적극적이고 좁은 의미가 아니라 '소극적이고 넓은 의미의 개념 정의'가 필요하며, 국가의 적극적인 종교개념 정의가 허용되지 않고, 국가의 규제는 종교단체나 개인의 활동이 외부로 표출될 때 구체적인 개별 법률에 근거해 이루어지는 것이 타당하다는 주장도 있다.[34]

법적 종교 정의의 모호성과 문제에도 불구하고, 종교 자유의 내용에 대해서는 대체로 의견 일치를 보이고 있다. 여러 논의에 따르면, 종교 자유는 크게 내심(內心, 속마음)의 자유와 외적 행위의 자유로 구분된다. 또한 이러한 자유는 의지의 표출 방식에 따라 적극적 자유와 소극적 자유로 구분되기도 한다. 여기서 적극적 자유는 '~할 자유'를, 소극적 자유는 신앙을 갖지 않을 자유, 특정 종교를 강요받지 않을 자유 등처럼 '~하지 않을 자유'를 말한다.[35]

---

33 이부하, 「종교의 법적 개념과 국가의 종교적 중립성: 독일의 법이론을 중심으로」, 『헌법학연구』 14-2, 2008, 199-202쪽. 이부하는 종교 개념의 중심 요소를 '영적 내용'(인간 삶의 형이상학적 기반)으로 보고, 영적 내용을 지닌 종교의 4가지 요소('의미를 부여함, 통일적임, 진실이라고 생각하는 주관적으로 지속되는 성찰, 선험적인 관계를 전제함')를 소개하면서, 종교가 '내세(피안)의 신(神)에 대한 권위를 상정'하고 있다고 정리한다(같은 글, 200-201쪽.).

34 최우정, 앞의 글, 2005, 140-143쪽.

35 고기복, 앞의 글, 2017, 430쪽.

구체적으로, 신앙의 자유는 종교적 믿음을 가지거나 가지지 않을 자유, 종교적 믿음을 선택·변경하거나 그렇지 않을 자유 등을 말하는데 그 자유가 위치한 공간은 '내심'이다. 그래서 신앙의 자유를 내심의 자유 또는 내적 자유라고도 한다. 그에 비해 종교 행위의 자유는 신앙을 외부로 표출할 자유이다. 표출 방식은 다양하게 나타날 수 있다. 예를 들어, 신앙적 확신을 주변에 실천하는 행위를 포함한 신앙고백의 자유, 종교 집회·결사의 자유, 특정 종교단체가 그 종교 전문자를 포함해 신자를 교육할 수 있는 종교교육의 자유, 종교를 선전하고 새로운 신자를 규합하기 위해 다른 종교를 비판하거나 다른 종교 신자에게 개종을 권고하는 자유를 포함한 선교의 자유 등이 거론되고 있다. 이러한 종교 교육의 내용을 간략히 정리하면 다음과 같다.[36] 물론 앞으로 시대적 흐름과 상황이 변화되면 종교 자유의 내용이 더 확대될 수 있다.

〈표 14〉 종교의 자유

	적극적 자유	소극적 자유
내심의 자유	종교적 믿음을 갖거나 선택·변경할 자유 등	종교적 믿음을 갖지 않거나 선택·변경하지 않을 자유 등
외부 실현의 자유	신앙고백(실천 포함), 종교의식(종교행사), 선교(개종 권고와 다른 종교 비판 포함), 종교적 집회·결사(가입·탈퇴 포함), 종교교육 등	자기 신앙을 표현하지 않을(침묵할) 자유, 종교의식을 강요·방해·금지 당하지 않을 자유 등

다만, 종교단체의 자율권, 즉 종교결사의 선교의 자유 등에 대해서는 개인이 가지는 종교의 자유와 다소 차이가 있다. 일정한 종교적 활

---

36 국가법령센터(http://www.easylaw.go.kr/, 2018.1.22.)의 헌재 2001.9.27. 2000헌마 159; 헌재 2000.3.30. 99헌바14; 대법원 2007.2.8. 선고 2006도4486 판결; 김상겸, 앞의 글, 2006, 138–140쪽; 이부하, 앞의 글, 2008, 201쪽.

동에 관한 한, 종교결사는 그 결사 자체가 스스로의 권능에서 종교 자유를 향유하는 것이 아니라 개인이 가진 종교 자유를 신장하기 위한 수단적 의미에서 인정되기 때문이다.[37]

이 시각에 따르면, 종립학교에서 학생 개인이 가진 종교의 자유가 종교교육의 자유에 우선하게 된다. 종립학교가 향유하는 종교교육의 자유, 즉 '학생 개인이 가진 종교의 자유를 신장하기 위한 수단적 의미'로 볼 수 있기 때문이다. 물론 국공립학교의 경우, 특정 종교를 위한 교육은 정교분리 원칙에 따라 금지되기에 종립학교와 유사한 차원에서 종교교육의 자유를 주장할 가능성은 희박한 편이다.

종교의 자유 가운데 신앙의 자유는 내심에 머물러 외부로 표출되지 않으므로 공동체 이익과 충돌할 일이 없고, 국가의 또는 법률적 제한의 대상이 되지도 않는다. 그렇지만 신앙의 자유가 종교적 행위로 표출되면 종교 행위의 자유가 되기에 다른 법익과 충돌하는 경우나 〈헌법〉 제37조 제2항에 따른 국가안전보장·질서유지 또는 공공복리를 위해 필요한 경우에 한해 법률로 제한할 수 있는 대상이 된다. 이와 관련해, '종교 교리에 따른 집총거부' 사례가 이러한 논란을 겪고 있다.[38]

이러한 차원에서 종교의 자유의 구조는 양심의 자유와 유사하다. 양심의 자유는 '양심형성이나 양심적 결정의 자유'를 포함한 내심적 자유와 양심적 결정을 외부로 표현·실현할 양심실현의 자유로 구성되어 있다. 여기서 내심적 자유는 내심에 머무르는 한 절대적 자유지만, 양심실현의 자유는 타인의 기본권이나 다른 헌법적 질서와 저촉되는 경우 〈헌법〉 제37조 제2항에 따라 '국가안전보장·질서유지 또는

---

37 김종철, 앞의 글, 2013, 62쪽.
38 국가법령센터(http://www.easylaw.go.kr/, 2018.1.22.)의 대법원 1997.6.27. 선고 97도508 판결.

공공복리'를 위해 법률에 의해 제한될 수 있는 상대적 자유이다.[39]

법현실에서 문제가 되는 부분은 내심의 신앙을 외부로 실현하는 자유이다. 그리고 종교 실현의 자유는 대개 표현행위를 그 본질적 요소로 하기에 표현의 자유(freedom of expression)와도 연관된다. 이와 관련해, 한국에서는 종교 실현의 자유와 표현의 자유가 원칙적으로 특별법(special law)과 일반법(general law)의 관계에 있다고 인정하는 경향이 강하다.[40] 이는 특별법이 일반법에 우선한다는 원칙을 고려하면, 종교 실현의 자유가 표현의 자유에 우선하고, 반대로 표현의 자유는 종교 실현의 자유에 보충적으로 적용된다는 것을 의미한다.

종교 자유의 한계는 종교적 행위에 일반법이 적용되는 두 가지 경우에서 확인할 수 있다. 하나는 병역거부 문제처럼 국가적·사회적 이익이나 객관적 법질서를 침해해 결과적으로 타인의 기본권적 이익을 간접적으로 침해한다고 보는 경우, 다른 하나는 타인의 종교의 자유를 침해하거나 명예 훼손처럼 인격권을 침해하거나 종교를 이유로 딸의 수혈을 거부해 사망에 이르게 한 사건 등처럼 종교적 행위가 타인의 기본권적 이익을 직접적으로 침해하는 경우이다.[41]

그에 비해 종교단체 내부의 권한분쟁이나 재산분쟁에 대해서는 비종교적 분쟁처럼 법원이 개입해 종교단체의 내부규약이나 민법상 규정을 적용하게 된다. 다만, 종교단체가 내부 구성원에게 내린 징계는 피징계자의 법적 권리의무를 침해하지 않는다면 법원의 유·무효 판

---

39 헌재 1998.7.16. 96헌바35); 헌재 1998.7.16. 96헌바35. 양심은 추상적 개념으로서의 양심이 아니라 어떤 일의 시비(是非)를 판단할 때 '그렇게 행동하지 않고는 자신의 인격적 존재가치가 허물어지고 말 것이라는 강력하고 진지한 마음의 소리'를 말한다.

40 김종철, 앞의 글, 2013, 43-44쪽.

41 김종철, 위의 글, 44-58쪽.

단 대상이 되지 않는다. 법원은 징계가 승려의 재산권행사라는 법적 권리의무에 영향을 미치는 경우 등에만 개입할 수 있다.[42]

다음으로, 정교분리의 경우, 평등과 자유 개념에 비해 아직까지 명료하지 않다. 정교분리에 대해서는 정치와 종교가 무엇을 말하는지, 분리가 무엇을 말하는지부터 해명되어야 한다. 이 부분이 해명되어야 정교분리에 대해 국가가 종교적 활동에 대해 지원하거나 과세하는 등의 일체를 금지하는 것이라거나, 특정 종교의 신념 없이 '중립성'을 전제로 다른 일반 사회기관처럼 지원할 수 있다는 식의 상충된 견해도 가능해진다. 한편, 정교분리를 종교가 국가권력의 영향으로부터 최대한 '멀리 떨어져야' 종교의 선택이나 종교적 활동의 자유가 확실하게 보장될 수 있다고 이해한다고 해도,[43] 여기서 '멀리 떨어진다는 것'의 의미는 분명하지 않다. 그래서 정교분리에 대해서는 아직까지 다음과 같은 물음들이 유효하다.

- 정교분리에서 정치와 종교의 의미는 어떻게 규정되는가?
- 정교분리는 정치와 종교의 분리인가, 국가와 종교의 분리인가?
- 정교분리에서 '분리'는 정치(또는 국가)와 종교의 관계에 대한 단절인가, 중립성인가?
- 정교분리는 정치(또는 국가)로부터 종교 영역을 보호하기 위한 것인가, 그 반대인가?

---

42 김종철, 위의 글, 58–66쪽. 종교단체의 자율권은 국가의 기본 가치와 배치되는 방향으로 일방적으로 행사될 수는 없지만, 국가도 신앙공동체를 포함한 시민사회영역의 자유를 최대한 보장하려는 데에 존립목적이 있으므로 신앙공동체의 자율성에 개입해 무조건의 복종을 강제하는 것도 입헌국가의 자기부정을 의미할 수 있다 (같은 글, 73쪽).

43 고기복, 앞의 글, 2017, 431쪽.

ㅇ정교분리의 보호 영역이 종교인가, 정치인가, 둘 다인가?

이러한 물음들은 국가마다 정교분리가 다르게 실천되는 상황을 고려해도 아직까지 유효하다. 예를 들어, 한국의 경우, 제헌헌법에 담긴 정교분리 원칙이 헌법 현실에 대한 정확한 인식 없이 서구 헌법의 도입과정에서 장식적인 규정으로 도입되었다는 평가를 받은 바 있는데,[44] 그렇다고 해도 정교분리는 프랑스에서 '엄격한 분리'를, 독일에서 '실질적인 협약 관계 또는 상호협력의 관계'를 의미하는 등[45] 국가별로 의미 차이를 보여 현실적으로 그 의미가 모호하다.

이처럼 정교분리 개념이 모호하면, 법적으로 종교 개념이 모호할 때 종교의 자유라는 기본권을 보장할 대상과 범위에 혼란이 생기는 경우처럼, 어떤 범위까지 정교분리 위반에 해당하는지를 판단하기가 어려워진다. 즉 정교분리에서 '정교'와 '분리'의 의미가 모호하면 역시 '정교'가 정치와 종교인지 국가와 종교인지, '분리'가 양자 관계의 단절인지 국가의 중립성인지가 모호해지고, 그에 따라 정교분리의 준수와 위반의 경계 설정도 어려워진다.

헌법상 정교분리 개념이 모호한 이유는 무엇인가? 일차적으로는 〈헌법〉 초안자들이 정교분리에 별다른 의미를 부여하지 않았기 때문이다. 이와 관련해, 민선의원 45명과 관선의원 45명으로 구성된 '남조선과도입법위원(1946.12~1948.5)' 시기가 끝나고 제헌국회(1948.5~1950.6) 시기가 시작된 1948년 6월 말, 국회 제21차 후반회의의 헌법 제1독회

---

44 최우정, 앞의 글, 2005, 146쪽.
45 최우정, 위의 글, 144쪽; 이부하, 앞의 글, 2008, 198-199쪽. 이부하의 연구에 따르면 미국 헌법은 '정교분리원칙', 독일 기본법은 '국가의 종교적 중립성 원칙'을 내세운다.

대체토론에서 장면(張勉)의원은 "종교에 관하여 기초위원들은 관심이 적은 것 가튼데 종교는 중요한 문제임으로 종교의 자유를 보장하는 구체적인 명문(明文)이 잇서야 된다는 것을 강조"한 바 있다.[46] 이 부분에서 놓칠 수 없는 부분은 종교의 자유에 비해 '정교분리'에 대한 논의가 잘 보이지 않는다는 점이다. 이와 함께 헌법기초위원으로 제헌헌법의 초안을 마련한 유진오(俞鎭五, 1906~1987)도 정교분리 문제가 한국에서 별 의의가 없다고 기술한 바 있다.[47]

당시 정교분리 논의에서 명확해 보이는 부분은 '종교계가 신앙에만 주력해야 한다는 인식'이 전제되어 있다는 점이다. 이러한 인식은 제헌헌법의 초안을 마련한 유진오가 '세상만사가 종교 입장에서만 보면 모두 종교와 관련되겠지만 종교가 모든 것을 다 해결하는 것도 아니며, 교육자가 교육이 종교·정치·경제·사회·문화 등과 관련이 있다고 해서 모든 것을 하는 것이 아닌 것처럼, 종교계가 신앙에만 주력하는 것이 옳다'고 회고했다는 점에서 확인할 수 있다.[48]

물론 유진오가 밝힌, 즉 '종교계를 신앙 영역에만 머무르게 하려는 의도'가 종교로부터 국가의 다른 영역을 보호하려는 차원인지 그 반대의 차원인지는 분명하지 않다. 그렇지만 이러한 의도로 〈헌법〉에

---

46 「俞委員 重大 發言. 韓委 各國代表도 參席, 憲法案 大體, 討論을 終了」, 『동아일보』, 1948.7.2, 1면.

47 송기춘, 「미군정기 및 대한민국 건국 초기의 종교관련제도의 정립과 관련한 헌법적 논의 : 입법의원과 제헌국회에서의 논의를 중심으로」, 『법과 사회』 24, 2003, 183쪽.

48 「白樂濬씨·俞鎭午씨 對談, 大義 바탕 和合으로」, 『동아일보』, 1979.9.19, 3면, 유진오(俞鎭五, 1906~1987)의 인터뷰를 보면, '종교인이 아니기 때문인지는 알 수 없지만 종교와 정치는 분리해야 한다고 생각'한다는, '서구의 중세기를 암흑시대라고 하는 것은 종교가 인간생활 전부를 지배해서는 안 된다는 생각에서 나온 표현'이라는, '교황권과 제왕권의 충돌 끝에 종교개혁이 일어나 종교가 정치에 간여해서는 안 된다는 제도가 수립된 것이 서구 근대민주주의 기본'이라는, 그리고 '종교계는 신앙문제에만 주력하는 것이 옳다'는 인식이 보인다.

'종교는 정치로부터 분리된다'고 규정된 것은, 비록 그 의미가 분명하지 않았다고 해도, 종교계가 신앙 영역에만 머물러야 한다는 국가의 인식을 지속시키게 된다.

그렇지만 종교계를 신앙 영역에만 머물게 하려는 의도의 정교분리 원칙에도 불구하고, 종교계는 신앙 영역에만 머무르지 않는다. 오히려 복지나 교육 등의 영역을 통한 간접선교 전략을 적극 구사한다. 그리고 역대 정부들도 사회의 여러 영역에서 종교를 지원 또는 활용하고 있고, 종교 영역에 대한 국가의 제도적 지원은 주로 개신교 지원에서 시작해 천주교와 불교 등으로 확대되는 경향을 보인다.

현실적 상황을 반영해, 최근에 정교분리는 국가와 종교의 단절이 현실적으로 불가능하다는 지적과 함께 '국가의 종교적 중립성 원칙'으로 설명되고 있다. 여기서 중립성은 종교가 국가로부터 종교적 목적으로 이권을 취하거나 국가가 종교를 간섭·조정하면 안 된다는 의미이다. 이와 관련해, 문화영역에서 실질적 자유와 평등을 실현하려는 '문화국가[49] 원리의 측면'에서 볼 때 국가와 종교단체가 교육, 사회, 의료 등 많은 분야에서 상호 작용을 해왔고, 장래에도 상호 협력이 필수적이므로 국가와 종교의 단절이 바람직하지 않다는 지적도 있다.[50]

---

49 문화국가는 '문화의 자율성과 독립성을 존중하면서, 건전한 문화육성과 발전이라는 목적을 위한 국가의 역할과 과제를 통해, 문화영역에서 실질적 자유와 평등을 실현시키려는 국가'를 말한다. 문화의 자율성과 독립성의 보장은 문화활동의 자유 보장을 위한 국가의 문화 정책적 중립성과 불개입, 즉 국가가 일정 문화내용을 우대하거나 특정 문화현상을 선호하거나 구체적인 문화 내용의 결정·강제·지시·통제 등을 시도하지 않는 것을 의미한다(이세주, 「헌법상 문화국가원리에 대한 고찰」, 『세계헌법연구』 21-2, 2015, 41-46쪽.).

50 이부하, 앞의 글, 2008, 218쪽. 이부하의 연구에 따르면, 다만, 특정 종교의 문화적 의식·행사·상징이 국가공동체의 구성원에게 수용·허용될 정도의 문화적 가치를 지니거나 세속화된 것이라면 정교분리원칙이나 국가의 중립성 원칙이 적용되는 영역이 아니다. 그렇지만 '수용·허용의 기준'에 대해서는 문제 제기도 가능하다.

또한 정교분리 원칙은 모든 국가작용과 종교의 분리가 아니라 국가의 작용 중 종교와 정치의 분리만을 의미하는데, 현대 국가는 문화적 가치를 존중할 문화국가이고 문화재 등 종교가 문화적 가치를 지닌 경우도 있어 양자의 엄격한 분리가 불가능하다는 입장도 있다.[51] 이와 관련해, 한국이 '규범적으로 정교분리를 지향하지만 실제로 정부의 지원을 인정하는 정교분리 모델을 지향'하고 있고, 서구 국가에서도 정교분리 개념이 '분리'에 집착하기보다 국가의 종교적 중립 의무로 치환되는 경향이 있다는 지적도 있다.[52]

국가의 종교적 중립성을 전제한 정교분리원칙의 내용으로는 네 가지가 지적된 바 있다. 첫째, 국교의 불인정으로, 특정 종교 형식을 채택한 국가의 공적 행사나 특정 종교의식에 따른 공무원의 직무수행을

---

51 최우정, 앞의 글, 2005, 150-152쪽, 155-159쪽. 문화국가원리는 80년 헌법에서 제8조('전통문화의 계승·발전과 민족문화의 창달')를 통해 도입되었다고 본다(같은 글, 152쪽.). 또한 종교적 의식이 사회공동체의 문화적인 성격으로 전환된 개별적인 사례로는 석탄일과 성탄절의 공유일 지정이 국내·국제적인 문화적 가치의 보호라는 측면에서 위헌성이 배제될 수 있다는 점을 들고 있고, 그에 비해 66년 이후 국가조찬기도회에 대한 국가지도자들의 참석은 헌법적·문화적 가치로 받아들이기에 미흡하고 국민적 합의도 없으며 헌법 제20조 제2항에 위반되는 국가공권력의 행사라고 비판한다(같은 글, 159-164쪽.).

52 정상우, 「정교분리 원칙의 모델에 관한 비교헌법학적 연구」, 『헌법학연구』 20-1, 2014, 232쪽, 241쪽, 244쪽, 246-247쪽. 민주국가의 정치와 종교의 분리 유형은 양자가 엄격히 분리되는 배타적 유형과 우호적으로 협력하는 협력적 유형으로 구분된다(같은 글, 223쪽.). 정교분리 또는 국가의 종교적 중립성의 실천 정도에 대해 영국과 독일은 좀 더 관대하게, 미국과 프랑스는 좀 더 엄격하게 보는 입장인데, 미국의 경우에는 정부와 종교의 협력 관계가 과거보다 관대해지고 있다(같은 글, 241쪽.). 한국의 경우, 정부는 상대적으로 문화유산과 전통문화 보호에 기여하는 불교, 교육과 사회봉사 등에 기여하는 기독교에 대해 '사실상 공인하는 정책'을 취해왔고, 그 결과 종교계가 정부의 종무정책에 일정한 영향력을 행사하려는 듯한 현상이 나타나고 정부도 일관된 종무정책이 아니라 몇몇 사실상 공인된 특정 종교를 우대하는 정책을 펼쳐왔다고 한다(같은 글, 244쪽.). 한편, 정상우는 정교분리원칙 적용 시 해결되어야 할 과제로 '정부의 종교 지원에 대한 종교 간 형평, 종교단체에 대한 정부의 세속적 지원의 종교 목적 전용 제한, 정부의 종교 지원에 대한 중립성 강화' 등을 들고 있다(같은 글, 249쪽.).

포함한다. 둘째, 국가와 종교 간의 상호 불간섭으로, 종단의 자율성에 대한 국가 개입 금지나 공립학교를 포함한 국가·공공기관의 종교적 활동 금지나 종단 구성원의 자격으로 국가기구·정부위원회 독점 금지 등을 포함한다. 셋째, 법령과 행정행위의 비종교성(=중립성)이다. 넷째, 국가의 특정 종교교육과 종교적 활동의 금지이다.[53]

그렇지만 정교분리를 국가의 종교적 중립성 원칙으로 보는 데에도 문제 제기가 가능하다. 국가의 종교적 중립성 원칙이 '정치의 종교 참여 금지' 부분을 설명하고 있지만, '종교의 정치 참여 금지'라는 의미를 명확하게 담지 못하고 있다는 문제이다. 중립성 원칙에서 유추할 때 종교는 국가적 영역들에 참여할 수 있고, 이 때 '종교의 정치 참여 금지'는 종교가 이 영역들에서 일차적인 것을 종교적 목적에 두지 않아야 한다는 것으로 설명될 수 있다. 그렇지만 종교단체의 정치적 발언에 관한 내용을 제외하면[54] '종교의 정치 참여 금지' 부분의 의미는 아직까지 분명하지 않다.

또한 종교 영역에 대한 국가의 제도적 지원을 어떤 구도에서 보느냐에 따라 헌법상 종교 관련 원칙의 훼손 논란이 있을 수 있다. 예를 들어, '종교와 비(非)종교'의 구도를 전제할 경우, 비종교 측은 종교 영역에 대한 국가의 제도적 지원 자체가 정교분리 원칙에 반하는 것이라고 비판할 수 있다. 그에 비해 '종교와 종교'의 구도를 전제할 경우,

---

53 정상우, 위의 글, 242-243쪽. 군종의 경우 국가의 예산으로 종교인을 공무원으로 취급하게 되지만, 군인들이 영내에 거주하면서 종교적 자유를 향유해야 하는 특별한 사정을 고려한 것이므로 허용된다. 다만, 합리적 이유 없이 특정 종교에 대해서만 군종을 허용하는 것은 헌법위반이 된다(같은 글, 243쪽.).

54 종교의 정치 참여와 관련해, 국민적 관심사나 종단의 이해관계가 걸린 문제에 대해 종교단체가 정치적 의사형성의 일환으로 정치적 발언을 하는 것은 종교의 자유가 아닌 '정치적 자유' 차원에서 보장되며 정교분리 위반이 되지 않는다는 지적이 나온 바 있다(김상겸, 앞의 글, 2006, 146쪽; 정상우, 위의 글, 243쪽.).

종교 영역에 대한 국가의 제도적 지원이 동일하지 않다는 점에서 종교 차별 행위라고 비판할 수 있다. 예를 들어, 국가의 법제도 자체와 정책의 적용 범위가 특정 종교들에 한정된다면 이 범위에서 배제된 다른 종교들은, 비록 종교별로 국가정책에 대한 대응 수준에 차이가 있다고 해도, '법 앞의 평등' 문제를 제기할 수 있다.

이와 관련해, 종교와 정치, 종교와 국가라는 주제 아래 종교의 자유와 정교분리에 주목해 왔으나, 앞으로 종교 정책과 종무행정은 무엇보다 '종교간의 평등에 초점'을 맞추어야 한다는 점이 지적된 바 있다.[55] 또한 한국의 경우, 정교분리 조항의 도입과 실천과정을 보았을 때 엄격한 분리에 어려운 점이 있으며, 정부의 종교 지원에 대한 종교간 형평, 종교 단체에 대한 정부의 세속적 지원의 종교 목적 전용 제한, 정부의 종교 지원에 대한 중립성 강화 등이 앞으로 정교분리 원칙의 적용 시에 해결되어야 할 과제라는 지적도 있다.[56]

무엇보다, 정교분리는 국교 불인정과 함께 국가가 종교차별의 조건을 약화시키고 종교의 자유를 보장하기 위한 장치로 기능한다. 이는 국교 인정이나 정교의 상호 간섭으로 인해 국가가 특정 종교에 대한 우대나 홀대를 조장(助長)하거나 관련 여건을 조성해 종교차별을 발생시키고, 다시 종교차별이 누군가의 종교 자유를 확대 또는 위축시키는 상황을 방지하는 기능이다. 이 기능은 정교분리가 국교 불인정과 함께 법 앞의 평등을 훼손하거나 종교의 자유를 침해할 가능성을 최소화해 궁극적으로 인간으로서의 존엄성 실현을 지향해야 한다는 의미이기도 하다.

---

55 강돈구, 「현대 한국의 종교, 정치 그리고 국가」, 『종교연구』 51, 2008, 3쪽.
56 정상우, 앞의 글, 2014, 221쪽.

물론 이러한 정교분리 원칙의 기능을 성찰하려면 여러 물음이 필요하다. 예를 들어, 국가가 종교 영역에 직접적으로 개입하지 않는지,[57] 국가가 해당 종교 관련 영역을 지원하는 것이 정당한지, 또한 국가와 여러 종교가 맞물린 다양한 영역에서 국가가 종교적 중립성 원칙을 훼손하거나 종교단체들이 일차적 목적을 종교적 목적에 두고 있지 않는지 등에 대해 물을 수 있다. 이 외에 다양한 물음이 가능하겠지만, 중요한 부분은 이러한 물음들을 통해 정교분리 원칙의 기능에 대한 안목을 갖는 일이다.

2) 종교 법제의 쟁점

해방 이후 한국 사회에서 역대 정부와 종교의 연관 사례는 지속적으로 나타나고 있다. 정부가 어떤 영역에서 종교를 활용하기도 하고, 종교계가 그 영역에 진출하기도 한다. 이 과정에서 역대 정부는 정책적으로 종교와 연관된 영역들을 갖게 된다.

그렇다면 역대 정부는 이러한 영역들에서 〈헌법〉에 담긴 종교로 인한 차별 금지, 종교의 자유 보장, 국교 불인정, 정교분리 원칙의 내용을 충분히 준수했다고 볼 수 있는가? 전반적으로 역대 정부는 헌법상의 종교 조항을 충실히 준수하지 않았다는 평가를 받고 있다. 예를 들어, 어떤 연구자는 국기 경례 문제, 공휴일 문제, 국가의례 문제, 종군

---

57 종교 영역에 대해 법적 문제가 발생할 때 국가가 엄격하게 비개입적인 태도를 고수해야 하는지, 아니면 어느 정도까지 개입해야 하는지에 대해서는 "이석민, 「종교영역에 대한 국가의 개입 가능성과 한계: 중립성의 두 가지 함의를 중심으로」, 『법과사회』 45, 2013" 참조.

목사 문제 등을 근거로 제헌국회(1948.5~1950.6) 시기에 '정교분리 의식이 미약'했다는 평가를 내린다.[58] 다른 연구자는 제1~2공화국, 제3~4공화국, 제5공화국의 종교 정책에 대해 '정부가 정치상황에 따라 각 종교들과 개별적인 관계를 유지했고 특정 종교단체에 대해 정부시책에 협조적이면 지원하고 비판적·비협조적이면 멀리하거나 탄압했다'는 평가를 내린다.[59]

또 다른 연구자는 예수와 석가모니 출생일의 공휴일화가 정교분리나 국교 금지라는 헌법 정신에 위배된다고 지적한다. 이에 따르면, 종교 관련 특정일을 공휴일로 지정한 나라들은 나름대로 이유가 있는데, 한국에서는 기독교인의 수가 적었지만 미국이 군정을 했기 때문에 예수 출생일, 그리고 겉으로 형평의 원칙을 내세웠지만 제3공화국과 불교가 좋은 관계를 유지했기에 제3공화국 시기에 석가모니 출생일이 공휴일이 된다. 즉 특정 정치권력이, 그 종교가 시민종교의 역할을 수행하지 않음에도 불구하고, 특정 종교에게 공인된 종교의 지위를 부여했다는 주장이다.[60]

---

58 송기춘, 앞의 글, 2003, 182-185쪽.
59 박종주, 「한국에서의 국가-종교관계 변화분석: 제1-6공화국의 종교정책을 중심으로」, 『한국사회와 행정연구』5-1, 1994, 209쪽. 학생의 학교선택권이 제한된 중고등학교 학생의 강제배정제도, 성탄절과 석가탄신일을 관공서의 공휴일제도, 국가시험의 일요일 실시 등이 종교의 자유 및 평등권 침해, 정교분리 위반과 관련해 논란이 될 만하다고 지적한다(같은 글, 161-162쪽.).
60 강돈구, 앞의 글, 2008, 19-20쪽. 강돈구는 애국가에 등장하는 '하느님'도 기독교와 매우 친화력이 있다는 점(같은 글, 20쪽.), 〈전통사찰보존법〉과 〈향교재산법〉이 재산권의 침해라기보다 오히려 직·간접적인 혜택을 주고 있다는 점(같은 글, 21쪽.) 등을 지적하면서, 종교의 잘못된 관행과 행태들을 바로잡기 위해 일부 정치세력이 아니라 국가적 차원에서 제도를 정비하고 종교인을 포함한 국가 구성원들의 종교 관련 인식을 바꾸는 지속적이고 과감한 노력이 필요하며, 이 과정에서 "이제부터 이리의 화두는 종교의 자유보다 오히려 종교의 평등이다. 현대 사회에서 종교는 중요한 사회 자본(social capital)이다."라는 두 가지 사실을 지속적으로 상기할 필요가 있다고 주장한다(같은 글, 22쪽.).

예수와 석가모니의 출생일을 관공서 공휴일로 삼은 것에 대해 헌법
재판소는 설날이나 추석처럼 특별한 종교적 의미가 없는 습속이므로
헌법에 위배되지 않는다고 보고 있다.[61] 그렇지만 예수와 석가모니의
출생일이 '종교적 의미가 없는 습속'에 불과하다는 판단은 여러 각도
에서 조명될 수 있다. 예를 들어, 이 날의 일차적 목적이 종교적 목적
에 있다고 볼 수도 있고, 실제로 이 날에 진행되는 여러 행사를 통해
기독교인이나 불교인이 된 사례도 적지 않을 것이기 때문이다.

법학계도 한국 사회가 헌법에서 선언하고 있는 만큼 종교영역에서
자유와 평등을 보장받고 있는지에 대해 의문을 제기한 바 있다.[62] '본
질이 같은 것은 같게, 다른 것은 다르게' 대우해야 한다는 실질적·상
대적 평등 원칙을 고려해야 하지만, 국가가 특정 종교를 조장하는 행
위, 예를 들어, 군대나 교도소 내에 특정 종교의 시설물만 설치하는 행
위, 특정 종교만을 재정 지원하는 행위 등이 문제가 될 수 있다. 국가
가 종교단체에 재정 지원을 집중하는 행위도 종교단체가 아닌 다른
사회단체에 대해 차별 소지가 있을 수 있다.[63]

게다가 2000년대 이후에 한국의 종교 법제는 '종교차별 금지'와 관
련해 적지 않은 변화를 보여준다. 2001년 5월에는 〈국가인권위원회
법〉이 제정되어 '합리적 이유 없이 종교 등을 이유로 고용, 재화·용역·
교통수단·상업시설·토지·주거시설의 공급이나 이용, 교육시설이나
직업훈련기관에서의 교육·훈련이나 그 이용과 관련해 특정인을 우
대·배제·구별하거나 불리하게 대우하는 행위와 성희롱 행위'를 '평등

---

61 고기복, 앞의 글, 2017, 432쪽.
62 김상겸, 앞의 글, 2006, 131쪽. 김상겸의 연구는 공직자의 종교적 편향성이 돌출되
    는 것을 방지하기 위한 제도적 방안을 모색하고 있다.
63 고기복, 앞의 글, 2017, 432쪽.

권 침해의 차별행위'로 규정한다(제2조 3).[64] 2008년에는 국민의 권리 보호와 구제를 위한 국민권익위원회도 출범한다.

또한 2008년에 종교분쟁을 사전에 방지할 목적으로 '종교차별금지법' 제정 논의가 등장하다가 그 대상을 공직사회의 종교차별 금지로 한정해 2009년 2월 〈국가공무원법〉과 〈지방공무원법〉에 공무원의 종교중립의무를 신설한다. 이 두 가지 법령에서는 공무원이 종교에 따른 차별 없이 직무를 수행해야 하고 소속 상관이 이에 위배되는 직무상 명령을 한 경우에 따르지 아니할 수 있다고 규정해,[65] 공무원에게 '종교중립의 의무'를 명시하고 있다. 또한 〈국가공무원 복무규정〉에서는, 〈지방공무원 복무규정〉과 달리,[66] 2008년 9월부터 '공무원이 직무를 수행할 때 종교 등에 따른 차별 없이 공정하게 업무를 처리해야 한다.'(제4조 ②)고 명시하고 있다.[67]

그 밖에 문화체육관광부에서는 〈국가공무원 복무규정〉 제4조 제2항 및 대통령 지시사항(2008.9.9, 국무회의)을 이행하기 위해 2008년부터 '공직자종교차별신고센터'를 설치·운영하고 있다. 이는 공무원의 직무상 종교차별 행위'를 심의하고 해당기관에 통보해 공무원의 직무상 종교차별 행위가 발생하지 않도록 하기 위한 조치이다. 또한 이와 관

---

64 〈국가인권위원회법〉(시행 2001.11.25. 법률 제6481호, 제정 2001.5.24.) 제30조(위원회의 조사대상) ②(평등권침해의 차별행위); 〈국가인권위원회법〉(타법개정·시행 2005.8.4. 법률 제7655호 / 개정·시행 2016.2.3. 법률 제14028호) 제2조 제3호.

65 〈국가공무원법〉(제정·시행 1949.8.12. 법률 제44호); 〈국가공무원법〉(타법개정·시행 2017.7.26. 법률 제14839호) 제59조의2(종교중립의 의무); 〈지방공무원법〉(시행 1963.12.2. 법률 제1427호, 제정 1963.11.1.); 〈지방공무원법〉(개정·시행 2009.2.6. 법률 제9420호) 제51조의2 (종교중립의 의무).

66 〈지방공무원 복무규정〉(제정·시행 2005.3.18. 대통령령 제18739호 / 타법개정·시행 2017.7.26. 대통령령 제28211호)

67 〈공무원복무규정〉(제정·시행 1963.6.1. 각령 제1339호); 〈국가공무원 복무규정〉(개정·시행 2008.9.18. 대통령령 제21021호 / 타법개정·시행 2017.7.26. 대통령령 제28211호) 제4조(친절·공정) ②.

련해 '공직자종교차별심의위원회'를 구성하고 있다.[68]

이러한 여러 변화에 대해서는 종교 법제의 진전으로 볼 수도 있지만 그 이면에 주목할 필요가 있다. 그 이면을 보면, 법제 개정은 그 당시에 관련 법제가 개정될 만큼의 종교로 인한 차별 논란이 있었다는 것을 전제하기 때문이다.

그렇다면 구체적으로, 역대 정부가 추진한 종교 법제들의 주요 내용은 무엇이고, 그 안에 어떤 쟁점이 담겨 있을까? 이 내용을 미군정 시기부터 최근까지 간추려보면 다음과 같다.

우선, 미군정(1945.9.8~1948.8.15.) 시기에 주목할 부분은 1948년 4월의 〈조선인민의 권리에 관한 포고〉이다. 이 포고에는 "모든 人民은 법 앞에 평등이며 법아래 동등의 보호를 받을 권리가 있고 성별, 출생, 직업, 신숭(信崇)의 특권을 인정치 않으며 국제법에 의흐야 인정된 특권만이 예외가 된다."는 내용과 함께 신체의 자유, 주소(住所)의 불가침, 법에 의하지 않고 생명·자유·재산을 빼앗기지 않고 형벌을 받지 않음, 집회·결사·언론출판·표현의 자유, 소유권 인정 등이 담겨 있다. 특히 종교에 관해서는 "七. 모든 宗敎는 法아래 同等이며 公에 秩序 又는 道德에 背馳되지 않는 限 宗敎的 實踐의 自由가 있다. 國敎가 없으며 宗敎와 政治의 分離의 原則이 樹立되여 있다."고 명시하고 있다.[69]

이 포고에서는, 비록 종교적 실천의 자유 앞에 '公에 秩序 又는 道德에 背馳되지 않는 限'이라는 전제가 붙어 있지만, 미군정청이 종교에 대해 '법 앞의 종교 차별[信崇의 特權] 금지, 종교의 법적 평등, 종교적

68 〈공직자종교차별신고센터 설치·운영 규정〉(시행 2008.10.1. 문화체육관광부훈령 제44호, 제정 2008.9.24. / 개정·시행 2008.10.27. 훈령 제47호) 제1조(목적), 제5조(공직자종교차별자문회의 운영).
69 〈조선인민의 권리에 관한 포고〉, 『미군정관보』, 1948.4.5.

실천의 자유, 국교 없음, 종교와 정치의 분리 원칙' 등을 내세웠다는 점을 확인할 수 있다. 특히 '모든 인민이 법아래 동등의 보호를 받을 권리'를 가진다는 표현과 함께 '모든 종교가 법아래 동등'하다는 표현을 보면, 오히려, 이후 〈헌법〉의 종교 조항들이 미군정청의 포교 내용을 포괄하지 못하고 있다고 할 수 있다.

그렇지만 미군정은 다른 종교에 비해 기독교에 우호적인 정책을 실행했다는 평가를 받고 있다. 이는 기독교 인구가 많은 편이 아니었던, '기독교·불교·천도교·유교·천주교·대종교'가 '6대 종교'로 호명되던,[70] 그리고 오히려 대종교인 등의 정치 참여가 활발하던 상황[71] 등이 무시되었다는 것을 의미한다. 이와 관련해, 미군정이 남한총선거일을 45년 5월 9일로 공포했다가 기독교단체들이 '하나님의 은총으로 해방을 맞아 치러지는 첫 선거일을 일요일[主日]에 할 수 없다고 반대하자 하루 연장해 동년 5월 10일로 바꾼 사례도 있다.[72]

미군정이 보여준 기독교 우호 정책은 기독교 측이 조직적으로 요청한 측면에서 기인하는 측면도 있다. 이와 관련해, 1947년 4월 조선예수교장로회 제33회 총회(4.18~22)는 입법위원에 제출할 안으로 '주일날을 공휴일로 일반적으로 실시할 것, 교육과 종교의 관련에 대하여 교육 사업에 면세할 것, 형무소에서 목사를 교회사로 확정할 것, 기독

---

70 「獨立促成은 信仰으로, 金九 主席 臨席下, 感謝와 聲明 決議, 六大宗敎 結束會議」, 『동아일보』, 1945.12.21, 2면.
71 대종교의 경우, 대종교인들이 미군정 자문기관인 민주의원(1946.2-1948.5.)과 남조선과도정부(1946.12-1948.8, 남조선과도입법의원)에 참여한다. 그렇지만 대종교인의 정치 참여는 1949년 5월부터 8월까지 국회의원 10여 명을 〈국가보안법〉 위반혐의로 검거한 '남조선노동당 국회프락치사건'을 시작으로, 이승만정부가 〈국가보안법〉을 본격 가동시켜 좌파나 중도파 움직임을 제어하면서 약화된다(고병철, 「해방 이후 대종교의 건국 활동과 교단 재건」, 『고조선단군학』 37, 2017, 14-17쪽.).
72 「첫 選擧·政府 樹立」, 『경향신문』, 1962.8.15, 2면.

교 사업을 위하여 적산 중에서 불하할 것, 나병원은 각 종교 단체가 책임 경영할 것' 등을 마련한 바 있다.[73]

다음으로, 이승만정부(1948.8~1960.4)의 경우, 개신교에 국한된 형목(刑牧)제도를 지속시킨다. 이 제도는 미군정기인 1945년 12월부터 시작된 바 있다.[74] 이와 관련해, 1949년 8월의 형무소 상황을 보면, 각 형무소는 목사를 두고 설교와 한글을 배워주는 한편 명사를 초빙해 수신 강연을 한다.[75]

1948년 5월 31일 국회에서는 임시의장으로 이승만이 취임한 다음에 이윤영(李允榮) 의원의 감사기도(感謝祈禱)가 진행되는데, 국가의 공식행사에 특정 종교의 기도가 개입된 것에 대한 이의제기는 이루어지지 않는다. 동년 7월 24일 대통령 취임식에서 이승만이 '하나님의 은혜(恩惠)'를 거론하는데, 이에 대해서는 동년 8월 18일자 제24차 국회 본회의에서 '헌법 위반 행위'라는 문제 제기가 이루어지지만 이 문제가 확대되지는 않는다.[76]

1949년 6월에는 한국기독교교회협의회(KNCC)의 전신인 한국기독교연합회의 방송국 설립을 인가한다.[77] 이 기독교방송(CBS)은 최초의

---

73 대한예수교장로회총회(http://www.gapck.org/pds/bbs_read.asp, 2018.1.15.).

74 이근섭, 「교도소 선교」, 『새가정』 205, 새가정사, 1972.7, 53-56쪽; 손동신, 「한국교회 교정선교 사역에 대한 평가와 제언」, 『선교신학』 22, 2009.

75 「犯罪와 各地 刑務所 實情 (完)」, 『경향신문』, 1949.8.10, 2면.

76 「歷史的 新國會 開幕」, 『동아일보』, 1948.6.1, 1면; 「国権 回復의 歷史的 盛典」, 『동아일보』, 1948.7.25, 1면; 「本會議에 遂 上程. 반민족처벌법 초안 토의」, 『경향신문』, 1948.8.18, 1면; 송기춘, 앞의 글, 2003, 178-181쪽; 최우정, 앞의 글, 2005, 146쪽.

77 강대인, 「종교방송에 관한 고찰」, 『한국사회과학연구』 4, 1986, 2-8쪽. 방송국 개국을 준비하던 중에 50년 한국전쟁 시에 관계 서류를 분실하여 54년 2월에 재허가를 신청해 4월에 채신부장관의 허가를 받고 12월 15일부터 복음 선교를 위한 방송을 하루 4시간 30분씩 시작한다. 한국 최초의 민간방송이다. 또한 1954년 5월에 '재단법인 한국복음주의 방송협회(이사장: 黃聖秀)'를 창립해 방송국 설립을 준비하고, 56년 12월부터 '한국복음주의방송국(61년 1월 국제복음방송국, 67년 5월 극동방

민간방송국으로 1954년에 시작된다.[78] 또한 1956년 12월에 극동방송
(Far East Broadcasting)의 한국 지부가 허가를 받아, 개신교는 2개의 방송
을 활용할 수 있게 된다.

특히 1949년에는 관공서 공휴일에 '12월 25일(기독탄생일)'을 포함시
킨다.[79] 이러한 조짐은, 이미 조선교육심의회와 학무국이 크리스마스
축하회를 '광복의 선물'로 간주해 주최한 바 있듯이, 미군정기에 나타
난다.[80] 기독탄생일의 공휴일 지정은, 비록 'X마스'라는 일개 종교의
축하일만 공휴일로 정하면 기독교 이외 종교의 축하일도 공휴일로 해
야 할 것이므로 폐지해야 한다는 주장도 있었지만,[81] 현재까지 지속되
고 있다.

1950년대의 경우, 1950년 5월에 개신교계가 종래 국기 배례 방식과
십계명이 상충된다는 문제를 제기하자 국기 배례 방식을 바꾼다. 이
에 따라 국기 배례 방식은 국기 게양 시에 주목례가 되고, 게양된 국가
에 대해 제복 착용자는 거수경례, 일반인은 심장부에 오른손을 대는

송국)'이라는 이름으로 대공전파를 발사하기 시작한다.
78 「이달 안에 放送 시작, 市內 '기독교 방송국'」, 『동아일보』, 1954.10.25, 2면.
79 〈관공서의 공휴일에 관한 건〉(제정·시행 1949.6.4. 대통령령 제124호). 관공서의
 공휴일의 종류는 '일요일, 국경일, 1월 1~3일, 4월5일(식목일), 추석(추수절), 10월
 9일(한글날), 12월 25일(기독탄생일)' 등 7가지이고, 그 외 '기타 정부에서 수시 지
 정하는 날'이다. 이 가운데, 〈국경일에 관한 법률〉(제정·시행 1949.10.1. 법률 제53
 호)에 따르면, 국경일의 종류는 '3·1절(3월 1일), 제헌절(7월 17일), 광복절(8월 15
 일), 개천절(10월 3일)' 등 4가지이고, 〈국경일에 관한 법률〉(개정·시행 2005.12.29.
 법률 제7771호)에 따라 2006년부터 '한글날(10월 9일)'이 추가되어 2019년에 이르
 고 있다. 한편, 이승만정부는 〈연호에 관한 법률〉(제정·시행 1948.9.25. 법률 제4호)
 에 따라 48년 9월부터 대한민국 공용연호를 '단군기원'으로 한다. 단군기원은 서
 력기원에 2,333년을 더한 것인데, 대한민국의 공용연호는 〈연호에 관한 법률〉(시
 행 1962.1.1. 법률 제775호, 폐지제정 1961.12.2.)에 따라, 62년 1월 1일부터 '서력기
 원'으로 바뀐다.
80 「感謝의 첫 聖誕祭, 苦惱와 歡喜의 今年度 將暮」, 『동아일보』, 1945.12.21, 2면.
81 「三重過歲의 是正策」, 『동아일보』, 1957.1.6, 2면.

형태가 된다.[82]

1951년 2월에는 육군본부 인사국에 군승과(軍僧科)를 설치하는 등 개신교와 천주교에 한정된 군종제도를 시행하고, '보조군목제도'를 시행한다.[83] 한편, 1952년 6월 국회 내 기독교 단체로 신우회(信友會)가 발족되고,[84] 1954년 12월에는 치안국 특수정보과가 경찰국에 통지해 크리스마스 당일 밤에 천주교신자를 비롯한 기독교신자 등 종교인들의 통행을 묵인하기도 한다.[85]

1954년 5월 이후에는 '불교 정화'를 명분으로 이승만대통령이 담화문 발표 방식으로 수차례 유시(諭示)를 시달한다.[86] 게다가 일제강점기에 제정·시행된 〈사찰령〉과 〈포교규칙〉 등을 미군정기를 거쳐[87] 1962년 1월에야 폐지했는데,[88] 이 상황은 윤보선정부(1960.8~1962.3) 시기이자 국가재건최고회의(1961.5~1963.12) 시기까지,[89] 즉 이승만정부 시기

82 「國旗 敬禮 方法을 變更」, 『경향신문』, 1950.5.18, 2면. 〈대한민국 국기에 관한 규정〉 (제정·시행 1984.2.21. 대통령령 제11361호) 제4조에 따르면, 제복 미착용자는 오른손을 펴서 왼편가슴에 대고, 모자 착용자는 오른손으로 모자를 벗어 왼편가슴에 대고 국기를 주목한다. 제복 착용자는 국기를 향해 거수경례를 한다. 이 내용은 〈대한민국국기법〉(시행 2007.7.27. 법률 제8272호, 제정 2007.1.26.) 제6조(국기에 대한 경례)로 이어지고 있다.

83 군종교구사 편찬위원회, 『천주교 군종교구사(군사목 50년사)』, 천주교 군종교구, 2002, 25쪽. 보조군목은 성직자가 아니지만 현역 병사를 제외하고 '군종요원 선발시험'을 통해 입대, 소정의 교육과정을 마친 후 3급 8호 문관으로 임관한 이들을 말한다.

84 「第十二回 國會 會期完了, 30日 閉院式 擧行」, 『경향신문』, 1952.7.1, 1면.

85 「敎人들 通禁 解除, X마스날 밤 警察서 편의」, 『경향신문』, 1954.12.24, 2면.

86 「寺刹의 淨化를 爲하여」, 『동아일보』, 1954.9.9, 1면; 「佛敎界의 紛糾」, 『동아일보』, 1954.10.9, 1면; 「李大統領 再次 談話, 佛敎徒淨化問題에」, 『동아일보』, 1954.11.6, 2면.

87 〈이전 법령 등의 효력에 관한 건〉(시행 1945.11.3. 군정법률 제21호, 제정 1945.11.2.)

88 〈사찰령·사원규칙·포교규칙폐지에관한법률〉(일괄폐지·시행 1962.1.20. 법률 제994호). 이 법률에 의거해, 1911년 〈사찰령〉(제령 제7호), 1936년 〈사원규칙〉(총령 제80호), 1950년 〈포교규칙〉(총령 제83호)이 폐지된다.

89 박정희는 1961년 5·16 군사정변 당일에 '군사혁명위원회'(의장: 육군참모총장 장도영, 부의장: 박정희)를 설치하고 3일째인 18일에 '국가재건최고회의'로 개칭해

내내 국가가 종교 영역에 개입했다는 것을 의미한다. 즉, 〈사찰령〉 제3조에 사찰의 승규·법식 등에 조선총독의 인가를 받도록 한 조치처럼, 국가가 종교 내부 영역에 개입하는 내용이 1960년대 초반까지 지속된 것이다.[90]

박정희정부(대행 1962.3~1963.12, 1963.12~1979.10.)의 경우, 1962년 5월에 〈불교재산관리법〉을 제정·시행해 불교 관련 행정상 근거 법규를 마련한다.[91] 이 조치는 1961년 5·16군사쿠데타 세력이 '혁명과업'의 명분으로 전개한 법령정비사업의 일환이었는데, 이로써 불교단체는 5종으로 구분되고, 종교의 목적을 해하는 영업행위라는 이유로 경내의 요식업 등이 금지되고, 불교단체의 사업 범위가 한정되는 등 여러 변화를 겪는다. 그렇지만 이 법령은 불교단체 등록의무, 재산처분허가제, 수지예산 및 결산 등 재산신고의무 등의 강제규정으로 헌법상 종교의 자유를 제한하고 있다는 논란과 함께 불교의 자율성을 제한한다는 비판에 직면하게 된다.[92]

한편, 1965년 2월 이후 시작된 국회조찬기도회에 이어,[93] 1966년 3월

1963년 12월 17일 제3공화국 수립 시까지 지속시킨다.

90 1962년 3월의 〈향교재산법〉(제정·시행 1962.1.10. 법률 제958호 / 개정·시행 2008.12.26. 법률 제9215호)을 통해 향교재산에 대한 재단법인 설립의 강제한 조치에 대해서는 향교재산 소유권의 귀속 문제를 논의할 필요가 있다. 향교재산에 대해 조선총독부는 부윤·군수·도사에게 관리권을 부여했지만, 미군정은 도별로 재단법인 설립을 강제한다. 그리고 이 조치는 윤보선정부 시기인 62년 1월에 제정·시행된 〈향교재산법〉에서부터 현재까지도 동일하다. 향교재산에 대해 도별로 재단법인을 만들도록 국가가 강제한 조치는 향교재산이 궁극적으로 국가에 귀속된다는 것을 의미한다.

91 〈불교재산관리법〉(제정·시행 1962.5.31. 법률 제1087호); 〈불교재산관리법시행령〉(제정·시행 1962.8.22. 각령 제939호).

92 「佛敎 自律性 최대 보장, 전통사찰보존법 발효−불재법 폐기, 7백50곳만 등록대상, 부동산 대여, 경내 영업 등 대폭 완화, 재산 분쟁·군소종파 난립 우려」, 『경향신문』, 1988.5.28, 9면.

93 「餘滴」, 『경향신문』, 1966.2.4, 1면. 국가조찬기도회 탄생의 산파역은 63년과 64년

에는 국제기독교지도자협회와 국회기독교지도자협회(회장 朴賢淑 의원) 공동주최로 '제1회 대통령조찬기도회'가 조선호텔에서 개최된다.[94] 1968년 3월에는 입법부·행정부·사법부·언론계 등의 개신교인들이 '연합조찬기도회'를 결성해 동년 5월부터 매월 하루 조찬기도회를 개최한다.[95] 1969년 5월의 제2회 연례 대통령조찬기도회부터는 대통령과 정부 요인들이 직접 참여하기 시작한다.[96]

1968년에는 베트남전쟁 참전(1964.9~1973.3)을 계기로 군종제도를 확

미국 국회 상·하원조찬기도회에 참석한 경험이 있는 김준곤 목사이다. 미국 조찬기도회와 국회조찬기도회를 주관하는 '국제기독교지도자협의회' 총무 로빈슨과 미국 국회조찬기도회 담당 목사인 하버슨 목사가 64년 한국 방문 시 김준곤 목사에게 한국에서 국회조찬기도회를 시작하라는 제안을 했고, 김준곤 목사가 이 제안을 받아 당시 공화당 의;원인 박현숙·김종필에게 도으이를 얻은 후 국회사무처에 등록된 기독교 의원 30여 명의 명단을 입수해 이들에게 국회조찬기도회 취지를 설명하고 동의를 얻었다고 한다(장석정, 『한국 개신교에 나타난 반공주의: 그 생성과 변형』, 숭실대학교 기독교학대학원 석사논문, 2008, 91-92쪽.).

94 「李議長, 색다른 '人生講義'」, 『동아일보』, 1966.3.8, 2면; 「기도는 은밀한 가운데서⋯」, 『경향신문』, 1966.3.12, 2면. 3월 8일자 기사에 따르면, 참석자는 이효상 국회의장, 정 국무총리, 김 공화당 의장, 김영삼 민중당 원내총무, 브라운 주한미대사, 미국 조찬기도회 상무이사인 '리차드 헬브슨' 박사 등을 비롯해 여야 의원과 한미고위장성 등 220여 명이고, 대통령의 불참은 '가정 사정' 때문이다. 3월 12일자 기사에 따르면, 공화당 박현숙 의원의 간청으로 대통령이 조찬기도회에 참석하기로 응낙했지만 본래 기독교신자가 아닌 탓에, 그리고 호화로운 기도회가 기독교 정신에 어긋난다고 판단해 불참했다고 한다.

95 「政街散策」, 『동아일보』, 1968.3.23, 2면. 68년 3월 당시 회장은 정일형(신민당 의원), 부회장은 이매리(공화당 의원)과 박현숙이다. 발기 취지는 '진정한 세계평화는 무력이나 제도적 운영보다 신의 섭리에 있음을 확신하고 우리 민족의 각계 지도인물들이 한 자리에 모여 기도와 대화를 나누기로 한 것'이라고 한다. 이어, 73년 3월, 9대 국회에서도 여야 의원들은 조찬기도회를 갖고 대한학생선교회 김준곤 목사의 설교를 듣는다(「與野議員 20여명 첫 조찬기도회」, 『동아일보』, 1973.3.21, 2면.).

96 「대통령 朝餐기도회 世宗호텔서 베풀어」, 『경향신문』, 1969.5.01, 3면. 대통령 외에도 국회의장(이효상), 공화당과 신민당 의원, 정부 측 장관들과 육·해·공군 책임자들, 연세대와 이화여대 총장들, 미국대통령조찬기도회 주최자인 '크리프튼 로빈슨' 등이 참석하고 천주교의 노기남 대주교가 구약성서를, 김계원 육군참모총장이 신약성서를 낭독한다.

대해 군법사(軍法師)를 추가한다. 이로써 군종에 참여할 수 있는 종교는 개신교, 천주교, 불교가 된다. 이와 관련해 1975년에 원불교가 군종 참여 청원을 넣었지만 수용하지 않는다.[97]

1969년 6월부터는 내무부가 '경찰위촉목사제도'(이하, 경목제도)를 공식적으로 운영한다. 1970년 12월부터는 법무부가 민간인을 교화에 활용하기 위해 독지방문위원제도를 전개한다.[98] 1972년 3월에는 예비군 군종제도를 신설한다.[99]

1972년 유신체제 성립 후, 1975년에는 '석가탄신일'도 공휴일에 포함하고, 종래 기독탄생일을 '기독탄신일'로 바꾼다.[100] 석가탄신일이 공휴일에 포함된 것은 기독탄생일을 관공서 공휴일에 포함시킨 시점으로부터 약 26년 후이다.[101] 이와 관련해, 1977년 5월에는 국회에서 불교신자 의원들의 친목단체로 정각회(正覺會)가 창립되는데, 이 단체는 1979년에 4월에 대통령을 위한 기원법회를 개최해 '대통령의 덕화

---

97 「軍宗활동 허가를, 圓佛教國防部 등에 청원」, 『경향신문』, 1975.3.7, 5면.

98 교정본부(http://116.67.117.203:8888/HP/TCOR/, 검색 2018.2.13. 공지사항→ 교정 61주년 변천사). 98년 11월에 '법무부교정위원 중앙협의회'가 창립되어 '교정위원제도'가 된다.

99 〈향토예비군설치법〉(제정·시행 1961.12.27. 법률 제879호). 「豫備軍에도 軍宗制, 國防部 이달부터」, 『동아일보』, 1972.3.17, 7면에 따르면 예비군군종은 예비역 장병 중 목사, 신부, 대덕승 직위 이상의 성직자를 임명해 예비군교육훈련 시 정신교육 교관으로 일하게 된다. (『한국민족문화대백과사전』 군종 항목에는 예비군군종담당관제도가 1978년에 신설된 것으로 서술되어 있다.)

100 〈관공서의 공휴일에 관한 규정〉(개정·시행 1975.1.27. 대통령령 제7538호)부터 공휴일의 종류는 11가지와 그 외 '기타 정부에서 수시 지정하는 날'이다. 11가지는 '일요일, 국경일, 1월 1~3일, 4월 5일(식목일), 석가탄신일, 5월 5일(어린이 날), 6월 6일(현충일), 추석(추수절), 10월 9일(한글날), 10월 24일(국제연합일), 12월 25일(기독탄신일)'이다. 한편, 〈관공서의 공휴일에 관한 규정〉(개정·시행 2017.10.17. 대통령령 제28394호) 제2조에 따르면, 석가탄신일의 명칭은 2017년 10월부터 '부처님오신날'로 바꾼다.

101 〈관공서의 공휴일에 관한 규정〉(개정·시행 2017.10.17. 대통령령 제28394호) 제2조. 석가탄신일은 2017년 10월에 '부처님오신날(음력 4월 8일)'로 개칭된다.

(德化)와 진념(軫念)'을 칭송하기도 한다.[102]

1978년 7월에는 가석방 심사 조건에 '신앙' 유무를 명시해[103] 수용자에게 종교를 갖도록 유도한다. 또한 1978년 8월 이후에는 정부가 YH사태에 대한 책임을 도시산업선교회로 전가해 진보적 성향의 개신교를 억압한다. YH사태는 당시 야당인 신민당사에서 농성하던 YH무역 여성노동자들을 경찰이 강제해산하는 과정에서 한 여성노동자가 사망한 사건인데, 정부가 도시산업선교회의 활동을 탄압하기 위해 활용한 것이다.[104]

전두환정부(1980.9~1988.2)의 경우, 1980년 10월 '불교계의 정화'를 명분으로 전국 사찰에 계엄군을 투입해 적지 않은 승려들을 '사이비승려와 폭력승려'로 규정해 연행한다.[105] 이 사건을 '10·27법난'이라고 하는데, 이 용어는 김대중정부 초기인 2008년 3월에 〈10·27법난법〉이 제정되면서 법적 용어로 자리하고 있다.[106]

---

102 「正覺會서 佛教宗派統合에 앞장서기로…」, 『동아일보』, 1977.5.21, 2면; 「大統領 위한 祈願法會에 6百餘 人士 참석」, 『동아일보』, 1979.4.2, 2면. 이 기사에 따르면, 국회 正覺會(불교신자모임) 회원과 행정부·사법부의 삼부요인 등 6백여 명이 참석했는데, 주최 측인 대한불교조계종의 승려 윤고암(尹古庵)은 '오늘의 번영과 전진의 새 역사를 창조함은 박 대통령의 높은 덕화(德化)와 진념(軫念)의 은택'이라고 설명한다.

103 〈가석방 심사 등에 관한 규칙〉(제정·시행 1978.7.4. 법무부령 제206호) 제4조 (신원관계의 심사사항).

104 YH사태의 전개 과정에 대해서는 "장석만, 「한국 개신교의 또다른 모색: 기독교조선복음교회와 도시산업선교회」, 『역사비평』 70, 2005, 119-120쪽.", 영등포산업선교회를 포함한 50년대 이후 산업전도의 역사에 대해서는 "김명배, 「기억의 역사로 본 영등포산업선교회의 노동운동」, 『숭실사학』 28, 2012, 292-297쪽." 참조.

105 「폭력僧侶 46명 연행, 戒嚴司 佛教界 淨化위해 조치」, 『매일경제』, 1980.10.28, 7면; 「戒嚴司 '佛教 부조리' 搜査 全貌 발표, 非理승려 등 18명 拘束」, 『경향신문』, 1980.11.14, 7면; 「曹溪宗 淨化회의, 非理승려 42명 징계」, 『경향신문』, 1980.11.19, 7면.

106 〈10·27법난 피해자의 명예회복 등에 관한 법률 (약칭: 10·27법난법)〉(시행 2008.6.29. 법률 제8995호, 제정 2008.3.28.); 〈10·27법난 피해자의 명예회복 등에 관한 법률 시행령 (약칭: 10·27법난법 시행령)〉(제정·시행 2008.9.9. 대통령령 제20991.).

1985년 1월에는 종래의 독지방문위원제도를 교화위원제도로 바꾸면서 독지자문위원을 교화위원, 종교지도위원을 종교위원으로 바꾸는데, 이 때 종교위원의 참여 범위를 일부 종교로 한정시킨다. 또한 1981년 12월부터 시행된 제4차 교육과정(1981.12~1987.3)에서는 자유선택교과 범위를 넓혀 '종교 교과'를 포함시킨다.[107] 1986년 4월에는 내무부가 종래의 경목제도에 경승을 포함시킨다.

노태우정부(1988.2~1993.2)의 경우, 1987년 11월에 〈불교재산관리법〉을 폐지하고 1988년 5월에 〈전통사찰보존법〉과 동(同) 시행령을 제정·시행한다.[108] 이로써 전통사찰과 그 주지만 등록과 신고 대상이 되어 종래 의무였던 종파단체와 일반사찰의 등록자체가 무효화되고, 단체대표자나 사찰주지의 등록이나 재산처분허가제도 폐기되고, 재산권 행사 허가나 경내 영업의 범위도 완화된다. 또한 전통사찰로 등록하지 않은 사찰들이 임의사회단체나 법인단체등록을 하면서 재산권 분쟁과 함께 종파 수의 증가 현상이 발생한다.[109]

1989년 3월에는 평화방송(CPBC)과 불교방송(BBS)의 재단법인 설립을 허가한다. 이 조치는 '대통령선거 공약 이행 차원'에서 이루어진다.[110] 이와 관련해, 1989년 10월 말에는 방송시간을 1시간(새벽2~3시)

---

107 자유선택교과(0~6단위)는 72년 유신헌법 공포 직후 제3차 교육과정(1973.2-1981.12)에 처음 등장한다. 1968년 중학교 무시험 진학제, 1973년 고교평준화 시책 등으로 학생선발권과 학교선택권이 제한된 상황이다. 이 상황에 대해서는 "고병철, 『한국 중등학교의 종교교과교육론』, 박문사, 2012, 182-185쪽" 참조.

108 〈불교재산관리법〉(시행 1988.5.29. 법률 제3974호, 타법폐지 1987.11.28.); 〈전통사찰보존법 (약칭: 전통사찰법)〉(시행 1988.5.29. 법률 제3974호, 제정 1987.11.28.); 〈전통사찰보존법시행령 (약칭: 전통사찰법 시행령)〉(제정·시행 1988.5.28. 대통령령 제12457호).

109 「佛敎 自律性 최대 보장, 전통사찰보존법 발효-불재법 폐기, 7백50곳만 등록대상, 부동산 대여, 경내 영업 등 대폭 완화, 재산 분쟁·군소종파 난립 우려」, 『경향신문』, 1988.5.28, 9면.

110 「평화·불교방송 설립허가」, 『한겨레』, 1989.3.3, 1면; 「불교·평화放送 허가」, 『경향

연장해 하루 22시간 방송을 하게 해달라는 CBS의 신청에 대해 앞으로
방송을 시작할 불교방송시간이 새벽 1시까지(하루 20시간), 천주교방송
시간이 새벽 2시까지(하루 21시간)로 정해져 있어, 종교방송시간의 형평
을 유지해야 한다.'는 이유로 거부하기도 한다.[111]

  1992년에는 종교인 납세 논쟁이 발생하자 정부가 강제징수 의사가
없다는 의사를 밝히지만, 택지초과소유부담금 부과 문제로 개신교계
와 충돌한다.[112] 동년 4월에는 법무부가 낙태를 제한적으로 허용하는
내용을 형법개정안에 담자 가톨릭계의 낙태반대운동에 직면하기도
한다.[113] 한편, 1992년에는 청와대 신우회가 창립되어 청와대에서 매
일 오전 7시에 각자 자리에서 국가를 위한 기도, 매주 기도회, 매달 예
배가 이루어지기도 한다.[114]

  김영삼정부(1993.2~1998.2)의 경우, 1993년에 전국적으로 종교계 비
리에 대한 검찰의 실태조사가 이루어지면서 그에 대해 일부에서 종교
간섭이라는 문제를 제기한다.[115] 이러한 검찰 조치는 1992년 다미선교
회(이장림)의 '휴거설' 이후 고소·고발·진정의 증가 현상,[116] 1992년에

      신문』, 1989.3.3, 1면; 「佛教·平和방송 허가」, 『동아일보』, 1989.3.3, 2면.
111 「CBS 放送시간 연장 不許 논란, 文公部 "他종교방송과 형평 안 맞아", CBS "일반방
      송"」, 『동아일보』, 1989.10.30, 16면.
112 「택지초과 부담금, 개신교계 집단 반발」, 『한겨레』, 1992.9.20, 9면.
113 「가톨릭, 낙태반대운동 본격 나서, 종교적 원칙론 넘어 현실적 대안까지 모색, '허
      용입법폐지 백만인 서명운동' 전개, 성교육 적극 도입 등 방지책 마련키로」, 『한겨
      레』, 1992.7.12, 9면.
114 「박근혜정부 들어 '청와대 신우회 예배' 없어져」, 『기독일보』, 2018.1.18. 이 기사
      에 따르면, 2013년 2월 박근혜정부가 들어선 후 3월 예배에 평소 참석하던 200-300
      명이 아니라 30명도 참석하지 않았고, 4-5월이 지나면서 예배가 아예 없어졌다고
      한다.
115 「고개 드는 종교계 비리 사정설, 검찰, 실태파악 나서… 수사 본격화는 미지수」, 『한
      겨레』, 1993.12.12, 9면.
116 「'휴거의 해'…번지는 종말론」, 『동아일보』, 1992.2.22, 17면; 「'종말론' 이장림목
      사 구속」, 『한겨레』, 1992.9.25, 15면; 「아무일 없이 지나간 10월 10일 종말론교회

시작된 '영생교' 사건 등이 주요 계기가 된 것인데,[117] 이후 '사기죄 vs 종교 신념' 간 문제로 이어진다.

1993년과 1994년에는 '기독교재산관리법'이 추진된다. 이는 1993년 말 개신교계 74개 교단에서 '기독교재산관리법 제정추진위원회'(대표 김선도)가 입법 추진을 결의하고 1994년 2월 임춘원의원 외 27명이 법안을 발의하면서 시작된다. 이 내용은 교회가 소유한 모든 재산을 '선교용'으로 취급해 각종 세금을 면제하거나 일정기간 납세를 유예해달라는 것이지만, 특혜와 종교간 형평성 논란 등에 직면하게 된다.[118]

1994년에는 조계종 폭력 사태로 인해 정치와 종교의 유착 논란이 제기된다. 이 사건은 1994년 1월 국방부 특검단이 '상무대 비리 사건'을 발표한 후[119] 동년 3월에 서의현 총무원장 3선을 위한 조기 선거 시

휴거일 연기 사태」, 『한겨레』, 1992.10.11, 14면; 「이장림목사 '휴거 철회'」, 『한겨레』, 1992.10.25, 15면; 「'10.28휴거'는 역시 虛構, '헌납재산분쟁 후유증 클듯」, 『동아일보』, 1992.10.29, 23면; 「다미선교회 해체」, 『한겨레』, 1992.11.3, 15면; 「'휴거헌금' 사기罪 적용 쟁점」, 『동아일보』, 1992.11.5, 21면; 「휴거 李長林씨 징역 1년 선고 2萬6千弗 몰수형도」, 『경향신문』, 1993.5.21, 23면; 「'종말론' 이장림목사 만기출소」, 『한겨레』, 1993.9.27, 15면.
117 「'終末論' 富川 영생教, 搜査 경관 감금구타 3시간 만에 풀어줘」, 『동아일보』, 1992.9.29, 21면; 「富川 영생교教主, 검찰 소환장 보내」, 『동아일보』, 1992.11.5, 23면; 「영생교 교주 '사기혐의' 적용 가능한가, '종교신념' 주장 땐 논란 소지」, 『한겨레』, 1994.1.16, 9면.
118 「교회 땅 세금부과기준 논란」, 『한겨레』, 1994.2.20, 9면; 「'기독교재산관리법' 해 넘길 듯, 개신교 74개 교단 입법 추진… 국회 공전으로 처리 연기, '영세 교회 지원책' 명분 불구 '사실상 특혜' 논란 예상」, 『한겨레』, 1994.12.4, 9면.
119 「栗谷사업 特監 착수」, 『동아일보』, 1994.1.11, 2면; 「상무대 이전 싸고 10억대 뇌물」, 『한겨레』, 1994.1.13, 19면; 「불교계 '상무대' 진상규명 포문, 비자금 파악 열쇠 서원장 80억 수수설 제기」, 『한겨레』, 1994.3.23, 18면; 「쟁점의 정치화를 왜 마다는가, 불교계 폭력은 종교·정치·사법이 맞물린 중대사태다」, 『한겨레』, 1994.4.6, 3면. '상무대 비리 사건'은 조계종 전국신도회장이던 청우종합건설 대표가 국방부 상무대 이전 사업 공사비 일부를 횡령해 비자금을 조성하고, 이를 동화사 대불 공사비로 시주하고 대통령선거 관련 법회 비용으로 사용했다는 사건이다.

도가 이루어지자, 선우도량(대표 도법)과 실천승가회(의장 청화) 등으로 구성된 범승가종단개혁추진회(범종추)가 조계사를 점거해 저지하면서 시작된다. 이에 대해 총무원 측은 폭력배를 동원했다가 실패하자 경찰 투입을 요청하고, 경찰이 범종추 승려들을 연행하고 조계사를 봉쇄하는 동안 종회를 열어 서의현 총무원장 3선을 결정한다. 그렇지만 그 후 조계종 원로회의의 3선 무효 결정, 전국승려대회의 종헌종법 개정과 새 총무원장 선출 결의, 개혁회의(의장 월하)의 출범 등의 상황이 이어지자, 총무원장 사퇴가 이루어지고, 1994년 4월부터 종단 개혁 조치가 이루어진다.[120]

1996년에는 정부의 대북식량지원 불허방침에도 불구하고 한국복음주의협의회(회장 홍순우)가 북한 식량 지원 활동을 전개하면서[121] 종교적 인도주의와 정부 정책이 충돌한다. 또한 동년 12월에는 정부가 '아가교'의 '신나라동산'에 농어촌발전기금을 지원한 것과 관련해 정교유착 논란이 발생한다.[122]

1997년 1월에는 공무원시험의 평일 실시 정책이 발표되자 개신교계와 불교계와 정부 사이에 종교 편향 논란이 발생한다.[123] 또한 1997년

---

120 「조계사 사태 일지」, 『한겨레』, 1994.4.14, 3면; 「민자 '정·불유착 업보' 소용돌이 우려」, 『한겨레』, 1994.4.14, 4면; 「종단개혁 본격가동 조계종 이모저모」, 『한겨레』, 1994.4.14, 18면.
121 「종교단체 대북 쌀지원 '위법' '구호활동' 논란」, 『한겨레』, 1996.5.31, 1면.
122 「아가교 35억 농어촌기금 지원 안팎, 농림부 '종교집단' 알고도 배정, 조사반 내부 격론… '배후 없인 불가능' 의혹 증폭」, 『한겨레』, 1996.12.13, 26면.
123 「'공무원시험 평일실시' 종교계 논란, 올해 7급부터 적용… 내년 확대 발표에 불교계 '특정종교 편향시책' 크게 반발, 총무처선 '전임장관 때 결정'」, 『경향신문』, 1997.1.25, 15면. 이 기사에 따르면 93년부터 한국복음주의협의회(회장: 홍순우 목사)가 '국가·기관 행사 일요일 실시 반대운동'을 전개하면서 '주일' 시험과 행사가 국민의 쉴 권리를 뺏고 기독교인들의 취업과 참여 기회를 박탈한다는 논리를 펼친다. 그에 비해 전국불교운동연합(의장: 지선 스님) 등 불교계는 공무원 시험 평일 실시에 대해 다종교 국가에서 특정 종교에 편향되는 시책이고 종교간 형평성에 위배되는 발

에는 공보처가 원불교의 원음방송(WBS)을 허가한다.[124] 이로써 종교방송은 기독교방송(CBS)와 극동방송, 평화방송, 불교방송을 포함해 5개가 된다.

김대중정부(1998.2~2003.2)의 경우, 1998년 6월에 〈사회복지공동모금법〉 시행을 앞두고 종교계와 보건복지부가 충돌한다. 보건복지부의 강행 의사와 달리, 한국천주교주교회의 사회복지위원회, 대한예수교장로회, 대한불교조계종, 구세군대한본영, 대한성공회 등으로 구성된 한국종교계 사회복지대표자협의회가 전체의 90%에 이르는 종교계의 소규모 미등록 복지시설이 성금 배분에서 불이익을 받게 된다는 이유로 이 법의 폐지 또는 시행 유보를 촉구했기 때문이다.[125] 이는 종교간 형평성 논란에 해당한다.

1999년에는 일부 종교단체의 문제를 제기한 방송에 대해 관련 종교단체가 소송을 하거나 방송 확정 이전에 법적 봉쇄를 시도하면서 '언론 자유의 침해' 논란이 발생한다.[126] 물론 해당 종교단체들의 입장에서는 언론의 자유를 침해한 것이 아니며 객관적이고 공정한 방송 내용이 아니었기에 방송 내용에 대한 소송이나 법적 봉쇄를 시도한 것이라는 반론도 가능하다.

언을 한 총무처장관(김한규)의 사과와 국가시험 평일 실시 백지화를 요구한다.

124 「원불교 FM방송국 익산에 설립…9월 개국」, 『동아일보』, 1998.1.15, 15면.

125 「사회복지 공동모금법 뜨거운 논란, '소규모 무등록시설 성금배분 불익', 종교계 청와대 등에 폐지 촉구, '투명한 성금 운영은 10년 숙원, 복지부, 내달 시행 강행」, 『한겨레』, 1998.6.27, 16면; 〈사회복지공동모금법〉(시행 1998.7.1. 법률 제5317호, 제정 1997.3.27.); 〈사회복지공동모금법시행령〉(시행 1998.7.1. 대통령령 제15809호, 제정 1998.6.10.).

126 「'방송봉쇄 시도' 언론자유 침해 논란, '피디수첩… 다큐세상' 방송금지가처분 신청 잇따라」, 『한겨레』, 1999.3.19, 16면; 「물리력 행사, 방송중단 경악, 종교문제 '성역'일 수는 없어」, 『한겨레』, 1999.5.13, 2면; 「휴거…영생교…일력…대순진리회 바람 잘 날 없는 종교보도, 방영 전후 협박·시위 등 후유증 잇따라」, 『한겨레』, 1999.5.13, 3면.

노무현정부(2003.2~2008.2)의 경우, 군종제도와 관련해, 2006년 3월에 원불교의 군종장교 편입이 이루어진다. 2006년 10월에는 가석방심사 조건에서 신앙의 유무를 묻는 항목을 삭제한다.[127] 이 조치는 가석방 심사 조건에서 신앙의 유무를 따지는 조치가 1978년 7월 이후약 28년 동안 지속되었다는 점을 고려할 때 적지 않은 변화라고 할 수있다.

이명박정부(2008.2~2013.2)의 경우, 2008년 공직자 종교 편향·차별 문제와 관련해 특히 불교계가 대규모 시위가 진행하면서 공직자 종교편향·차별 논란이 사회적으로 확대된다. 당시 종교편향 논란은 1990년대부터 공직 인사 문제, 정책결정과 행정집행, 공직자의 언행 문제, 그리고 1996년 2월 화폐도안제도에 대한 개신교계의 헌법 소원과2000년 4월 불교계의 애국가 가사 위헌확인 헌법소원 등의 제도적 문제 등 크게 네 가지 유형에서 지속되다가 2008년에 확대된 현상이다.[128] 이 현상은 동년 2008년 10월 문화체육관광부 내 '공직자종교 차별신고센터' 설치, 2009년 2월의 〈국가공무원법〉과 〈지방공무원법〉 개정 등으로 이어져 현재에 이르고 있다.

이상의 내용을 보면, 한국의 역대 정부는 다양한 종교 관련 정책을실행해왔다고 할 수 있다. 그리고 이처럼 종교 교조 탄생일의 공휴일화, 군종, 교화위원,[129] 종교사회복지, 학교의 종교교육 등과 관련된

---

127 〈가석방 심사 등에 관한 규칙〉(개정·시행 2006.10.31. 법무부령 제600호) 제4조(신원관계의 심사사항); 전석환, 「수용자 처우에 있어서 종교의 역할과 기능에 대한고찰: 구조변화의 의미를 중심으로」, 『경찰학논총』 5-1, 2010, 379쪽. 〈가석방 심사등에 관한 규칙〉(시행 2008.12.22. 법무부령 제655호, 타법폐지 2008.12.19.)은2008년 12월부터 〈형의 집행 및 수용자의 처우에 관한 법률 시행규칙〉으로 대체된다.
128 고병철, 「공직자의 종교 편향·차별 예방 교육의 방향」, 『종교교육학연구』 31, 2009, 199-204쪽.
129 〈교정위원 운영지침〉(시행 2005.6.20. 법무부예규 제728호, 일부개정 2005.6.17.)

여러 종교 정책들은 다소 변화가 있었지만 문재인정부(2017.5~現)까지 이어지고 있다.

예를 들어, 학교 종교교육의 경우만 해도 종교교과의 최저 이수단위가 전두환정부(1980.9~1988.2) 말기의 제5차 교육과정(1987.3~1992.6)에서 2단위로 고정되고, 노태우정부(1988.2~93.2) 말기의 제6차 교육과정(1992.6~1997.12)에서 4단위로 확장된다. 그리고 다소 변화를 거쳐, 김영삼정부(1993.2~1998.2) 말기인 1997년에 제7차 교육과정(1997.12~2007.2)이 공포된다. 그리고 이 교육과정이 김대중정부(1998.2~2003.2)를 거쳐 노무현정부(2003.2~2008.2) 말기까지 이어지다가, 이명박정부(2008.2~2013.2) 시기의 2009년과 2011년 교육과정, 박근혜정부(2013.2~2016.12) 시기의 2015년 교육과정 등을 거쳐 현재까지 지속되고 있다.

역대 정부와 종교 영역의 연관성은 특히 역대 정부가 종무행정부서를 운영해왔다는 점에서 직접 확인할 수 있다. 이와 관련해, 정부는 1948년부터 문교부 '교도과'에 종무행정업무를 둔 바 있지만, 종무행정만 담당한 최초 부서는 박정희정부 시기인 1968년에 신설된 문교부 문화국의 '종무과'이다. 이 부서는 1970년 4월에 폐지되었다가 종교계의 요청으로 동년 12월에 다시 설치되고, 박정희정부 말기인 1979년 4월에 '종무국'으로 승격된다. 그리고 전두환정부 시기에 '종무실'로 승격된 후, 규모와 업무의 변화가 있지만, 현재까지 이어져오고 있다.[130] 이 종무행정부서의 업무 범위를 보면, 초기에는 특정 종교에 대한 관리에서 시작해 종교 지원, 종교 정책에 대한 종합계획 수립, 종교 활용, 종교 차별 예방 등으로 확대되고 있다.

그리고 현재 중앙정부 가운데 문화체육관광부는 제1차관 산하에

---

130 고병철, 「한국 종교정책의 진단과 과제-문화체육관광부의 종무실을 중심으로」, 『종교연구』 65, 2011a, 5-11쪽.

종무행정부서인 종무실을 두고 있다. 종무실장의 분장 사항은 "1. 종
무행정에 관한 종합계획의 수립 및 추진, 2. 종교단체·법인의 업무 및
활동의 지원, 3. 종교 교류 및 협력지원, 4. 종교활동 실태에 관한 조
사·연구, 5. 전통사찰 및 향교재산의 보존·관리"로 크게 다섯 가지이
고, 제1·2종무관실 세부 업무는 아래의 표와 같다.[131]

〈표 15〉 문화체육관광부 종무실 업무(〈시행규칙: 2020.9)과 홈페이지)

종무1·2담당관의 실장 보좌 사항	직원별 담당 업무 ('ㅇ' = 1인 업무)
③ 종무1담당관의 실장 보좌 사항 1. **종무행정에 관한 종합계획의 수립 및 시행** 2. 종교간 협력 및 연합활동 지원 3. 불교 관련 단체·법인의 업무 및 활동 지원 4. 불교문화활동 지원 5. 불교 관련 남북 및 국제교류의 지원 6. 전통사찰 지정·지원·보존 및 관리에 관한 사항 7. **종교활동 실태에 관한 조사 및 연구** 8. **종교문화콘텐츠 개발 관련 업무** 9. 그 밖에 실 내 다른 담당관의 주관에 속하지 아니하는 사항	ㅇ종무1담당관실 업무 총괄 ㅇ전통사찰 지정 및 보존(전사법 포함) / 예산, 국회 ㅇ불교 업무, 단체지원, 법인 지원, 전통사찰 지원 등 ㅇ불교 관련 ㅇ종무실 예산·결산·국회·법령·평가·통계관리, 종교시설 안전관리 등, 전통사찰 보수정비 사업, 전통사찰(양도허가, 보존지 수용 동의, 농지보전부담금 감면 등), 국립공원위원회 안건 및 각종 계획 검토 등 ㅇ종교연합, 기획, 서무 ㅇ종교연합단체 관련 업무 /조직, 인사, 관서, 서무

---

131 〈문화체육관광부와 그 소속기관 직제〉(일부개정·시행 2020.6.9. 대통령령 제
30766호) 제12조(종무실); 〈문화체육관광부와 그 소속기관 직제 시행규칙〉(일부
개정·시행 2020.9.1. 문화체육관광부령 제402호) 제9조(종무실). 종무실장(고
위공무원단에 속한 일반직공무원, 직위의 직무등급: 가등급) 밑에 종무1·2담
당관(부이사관 또는 서기관)을 둔다. 직원별 업무는 문화체육관광부 홈페이
지(http://www.mcst.go.kr, 문체부소개→ 조직안내→ 본부→ 종무실, 2020.10.6.)
참조.

④ 종무2담당관의 실장 보좌 사항 　1. 기독교, 천주교 등 외래종교 관련 단체·법인의 업무 및 활동 지원 　2. 유교, 민족종교 관련 단체·법인의 업무 및 활동 지원 　3. 기독교, 천주교, 유교, 민족종교 등과 관련된 남북 및 국제교류 지원 　4. 향교재산의 보존·관리에 관한 사항 　5. 종교시설의 문화공간화 지원에 관한 사항 　6. 공직자 종교차별 예방 관련 업무	○종교문화활동 지원(유교, 원불교, 천도교, 민족종교협의회) / 문화관광 프로그램 및 선비문화체험연수 지원(서원향교) / 공직자종교차별신고센터 및 자문위원회 운영(예방교육 및 홍보) ○외래종교 관련 단체 활동 지원(개신교, 천주교 등) / 남북 및 국제교류 지원(개신교, 천주교 관련) / 종교 관련 시설(개신교, 천주교 등)의 문화공간화 지원에 관한 사항 ○업무지원(유교, 원불교, 천도교, 민족종교협의회) / 전통문화체험사업 지원 및 종교문화 시설건립 지원(서원, 향교) / 비정규직 관리 및 기타종교(유교, 원불교, 천도교, 민족종교) 청소년 인성교육 지원 / 법인 및 민원 처리(대순진리회 포함) 등 ○개신교, 천주교 / ○ 종무실장 비서 ○공직자 종교차별 행위 신고 접수, 처리 및 상담 / 공직자종교차별 자문위원회 운영 지원 / 공무원의 직무상 종교차별 신고사례 DB화 / 과 서무업무 지원(문서접수, 관서경비 처리 등) ○공직자종교차별 예방 사업계획 수립 및 운영 / 공직자종교차별예방 교육 및 홍보 / 공직자종교차별 자문위원회 운영

　문화체육관광부 종무실은 담당 종교를 기준으로 보면, 제1종무관실에 불교, 제2종무관실에 불교 외 종교에 관한 '지원' 업무를 배정하고 있다. 그렇지만 흥미로운 부분도 보인다. 우선, 문화체육관광부의 공식 관장 사무에 '종교'라는 표현이 보이지 않는다는 점이다. 이 부분은 〈문화체육관광부와 그 소속기관 직제〉 제3조("문화체육관광부는 문화·예술·영상·광고·출판·간행물·체육·관광·국정에 대한 홍보 및 정부발표에 관한 사무를 관장한다.")에서 확인할 수 있다. 이는 정교분리 원칙을 고려한 조치로 보이지만, 문화체육관광부에 '종무실' 조직이 있다는 점을 고려하면 쉽게 이해되지 않는다.

　다음으로, 템플스테이 지원 업무를 종무실이 아니라 관광정책국이 맡고 있다는 점이다. 이 부분은 〈문화체육관광부와 그 소속기관 직제 시행규칙〉 제15조 4항 3호("템플스테이 등 전통문화체험 및 지역전통문화 관광 자원화에 관한 사항")에서 확인할 수 있다.[132] 이 템플스테이 지원 업무는 종래 2010년 7월부터 종무1담당관의 실장 보좌 사항에 '전통사찰문화 체험(템플스테이) 등 불교문화활동 지원'이 신설되어 공식화되었지만,[133] 2011년 6월부터 관광산업국 관광진흥과에 이관된 것이다.[134] 템플스 테이 지원을 종무행정 범위에서 관광행정 범위로 전환한 셈이다. 이 조치는 정교분리 원칙의 준수 차원에서 이해될 수 있지만, 템플스테 이 지원 업무가 아닌 다른 종교 지원 업무에 동일 논리를 적용하지 않 는다는 문제를 남긴다. 그리고 이 문제는 종교 지원 업무의 어떤 부분 까지 관광정책 범위에서 다룰 것인지의 문제로 연결된다.

종무실은 여러 업무를 통해, 비록 〈同 시행규칙〉에 명시된 업무와 종무실 홈페이지에 명시된 직원별 업무가 일치하지 않지만,[135] "종교 행정 업무를 총괄하며 종교 교류 및 협력을 통해 종교 간 화합에 기여" 하는 것을 내세우고 있다. 또한 종무실은, 비록 유교계가 1947년경부 터 〈향교재산관리규칙〉의 폐지와 향교재산의 유림 환원(還元)을 요청

---

132 〈문화체육관광부와 그 소속기관 직제〉(일부개정·시행 2020.1.7. 대통령령 제 30327호) 제3조(직무), 제4조(하부조직), 제5조(복수차관의 운영), 제12조(종무 실); 〈문화체육관광부와 그 소속기관 직제 시행규칙〉(일부개정·시행 2020.1.7. 문 화체육관광부령 제381호) 제9조(종무실), 제15조(관광정책국).

133 〈문화체육관광부와 그 소속기관 직제 시행규칙〉(개정·시행 2010.7.2. 문화체육관 광부령 제62호) 제8조(종무실).

134 〈문화체육관광부와 그 소속기관 직제 시행규칙〉(개정·시행 2011.6.16. 문화체육 관광부령 제87호) 제12조(관광산업국). 제12조 제4항에 "④ 관광진흥과장은 다음 사항을 분장한다. … 6. 문화(템플스테이 등 전통종교문화체험을 포함한다)·민속· 레저·생태 등 관광자원의 관광상품화에 관한 사항…"이 명시되어 있다.

135 직원별 업무에는 〈문화체육관광부와 그 소속기관 직제 시행규칙〉에 있는 "1. 종무 행정에 관한 종합계획의 수립 및 시행, 7. 종교활동 실태에 관한 조사 및 연구, 8. 종 교문화콘텐츠 개발 관련 업무"가 보이지 않는다.

한 바 있지만,[136] 향교재산의 관리를 목적으로 하는 법규를 관할하고 있다.[137] 또한 불교계가 1947년경부터 사찰령 폐지를 요청한 바 있지만[138] 〈전통사찰법〉으로 약칭되는 사찰 관련 법규도 관할하고 있다.[139]

최근까지 종무실은 대부분의 업무가 종교 관련 사업에 대한 예산 지원에 집중되어 있다. 종교계가 예산 지원을 받기 위해 의도적·의욕적으로 많은 행사를 기획·개최하는 것을 보면, 정부는 예산 지원을 통해 종교계에 영향을 미칠 위치에 차지했다고 볼 수 있다. 그렇지만 정부의 예산 지원 정책에 대해서는 특정한 원칙이 있는 것으로 보이지 않고, 정부가 지원하는 행사도 해당 종교들이 자비로 부담해야 할 것들이 상당 부분 있어 정교유착의 제도적 위험성이 있다는 평가를 받고 있다.[140]

실제로 역대 정부와 종교 영역의 연관성은 종교와 관련해 여러 쟁점을 노출시키고 있다. 이와 관련해, 2009년 11월에 조사된 문화체육관광부의 연구용역 보고서를 보면, 종교차별 관련 논란 사례가 쟁점화되는 영역만 해도 다양한 편이다. 종교차별 사례들을 개괄한다는

---

136 「儒林門戶 開放하라, 蔚山鄕儒 蹶起, 文敎 立議에 陳情」, 『동아일보』, 1947.4.6, 2면.
137 〈향교재산관리규칙〉(시행 1948.6.7. 군정법령 제194호, 폐지 1948.5.17.); 〈향교재산관리에관한건〉(제정·시행 1948.5.17. 군정법령 제194호); 〈향교재산법〉(제정·시행 1962.1.10. 법률 제958호). 법령 제194호에 따르면, 본 영 시행 20일 후 〈향교재산관리규칙〉(총령 제91호)과 〈지방문묘규정〉(1945.5.14. 총령 제110호)은 효력을 상실한다. 한편, 향교재산 관련 법규는 48년 5월부로 종래의 〈향교재산관리규칙〉과 〈지방문묘규정〉이 폐지되지만 〈향교재산관리에관한건〉(군정법령 제194호)이 제정·시행되어 향교재산을 '도별 재단법인'에서 관리하게 한다. 그리고 62년 1월에 종래의 〈향교재산관리에관한건〉을 폐지하고 〈향교재산법〉(법률 제958호)을 제정·시행하는데, 향교재산은 '도별 재단법인'에서 관리하게 한다.
138 「寺刹令 撤廢를 要求, 佛敎革新總聯 談話」, 『경향신문』, 1947.3.2, 3면; 「寺刹令 布敎規則 等 撤廢, 佛敎總務院서 立議에 提案」, 『동아일보』, 1947.3.5, 2면.
139 〈전통사찰의 보존 및 지원에 관한 법률〉(시행 2012.8.18. 법률 제11317호, 개정 2012.2.17.)
140 강돈구, 앞의 글, 2008, 14쪽.

차원에서 이 보고서에 담긴 '입법과 정책, 공권력행사, 정치·문화·복지, 종교시설을 활용한 공적행사, 종교적 표현의 자유, 공무원의 직무, 교육, 기타' 등의 사례 영역별 내용을 정리하면 다음과 같다.[141]

▶ 입법과 정책 : 종교인 과세(조세 영역), 군종제도(군대 영역), 종교적 기념일의 공휴일 제도(관공서 영역), 공휴일 시험제도(국가 시험 영역), 납골시설의 설치·운영 장소의 제한(납골시설 영역)

▶ 공권력행사 : 경찰서 유치인에 대한 종교행사 강요와 교도소에서의 소수종교의 종교집회 불허(경찰서·교도소 영역), 군대 영역의 특수성, 육군 3사관학교 가입교 기간 종교활동 금지, 군대 내 이단에 관한 책자 제작·배포, 군종장교의 기도 및 종교의식 강요, 군지휘관의 하급자에 대한 기도 강요, 군대 내 종교행사에 병사를 강제로 동원하기(군대 영역), 국공립병원에서의 종교의 자유(의료 영역), 종교적 공간에 대한 법집행 유보(종교 공간 영역), 여권의 사용제한 등에 관한 고시(법무 영역), 그리고 특정 종교의 상징과 유사한 공적 기호, 도로명에 종교시설이 포함된 경우, 대국민 정보제공 서비스에서 특정 종교기관 표시의 누락(기타 영역)

▶ 정치·문화·복지 : 종교유적지, 문화적 상징, 문화행사의 전시 포스터(문화유산 영역), 종교기관에서 행해지는 보건·교육의 지원(종교기관의 보건·교육 지원 영역), 국가 또는 지방자치단체의 특정종교에 대한 재정 지원, 지방자치단체장 등 고위공직자가 주관하는 간담회, 국가 또는 지방자치단체와 특정 종교의 유착 여부의 판단(정치 영역), 공공기관의 종교적 장식 및 지원(공공기관 지원 영역),

---

141 정종섭·이정훈·박종원, 『국내외 종교차별 사례 연구』(문화체육관광부 연구용역 최종보고서), 서울대학교 산학협력단, 2009, 155-157쪽.

종교행사의 지원(종교행사 지원 영역)

▶ 종교시설에서의 공적행사 : 종교시설에서의 투표소 설치(투표소 설치 영역), 특정 종교시설에서의 공공기관 행사(공공기관 행사 영역), 종교시설에서의 문화·복지 프로그램에 대한 재정 지원(문화·복지 프로그램 지원 영역)

▶ 종교적 표현의 자유 : 공공시설에서의 종교 집회, 종교집회를 위한 학교시설의 사용(공공장소에서의 종교적 집회 영역), 도로변 대형 광고판 등, 버스나 지하철에서의 종교 등 광고물(종교적 표현 영역), 전동차 내에서의 종교전파 행위, 공공장소에서의 전도 행위(공공장소에서의 종교적 전달 행위 영역), 종교적 의상(의복)

▶ 공무원의 직무 : 개인 공간에서의 종교의 자유, 개인적 선교, 종교적 소모임의 활동과 공직을 이용한 종교행위 구별, 관공서에서의 공직자의 종교의식(개인의 종교의 자유 영역), 공직자의 종교집회 참석, 종교적 기념일의 행사에 참석하는 경우, 종교적 기념일에 축전이나 격려금 등을 전달하는 행위, 조찬기도회, 종교집회에서의 고위공직자의 언행, 개인적 종교집회 참석과 발언(종교적 집회 참석 관련 영역)

▶ 교육 부분 : 교육영역의 특수성, 기도 등의 강제, 종교 내용의 수업 또는 훈화, 종교적 상징물, 크리스마스 카드 제작 등 수업, 대학에서의 종교시설 및 종교동아리 지원, 학생의 국기에 대한 경례 거부 징계, 종교계 사립학교에서의 예배와 헌금 강요, 사립대학에서 종교관련 졸업필수 과목의 설치

▶ 기타 : 성직자의 정치적 활동, 무허가 종교시설의 철거

왜 이러한 문제가 발생하는가? 종교와 관련된 평등과 자유 개념, 그리고 정교분리 개념에 대한 설명이 명료하다고 해도 실제 사안별로 어떤 경우가 정교분리 위반이나 종교차별이나 종교 자유의 침해에 해당하는지가 분명하지 않기 때문이다. 오히려 이 개념들은 잠재 상태에 머물러 있다가 관련 사안이 발생할 때 상황에 따라 명료해진다. 이와 관련해, 공직자 종교차별 문제, 템플스테이 지원 문제, 땅밟기 사태를 중심으로 발생한 불교와 보수 개신교의 갈등이 교리논쟁이나 폭력을 동반한 종교전쟁이 아니라 종교차별금지, 정교분리, 종교자유라는 헌법적 개념의 무기를 내세운 담론투쟁이었고, 이때의 종교차별과 같은 법적 개념들이 자명한 객관적 본질을 가진 것이 아니라 사안들과 관련된 주체들의 욕망과 협상에 의해 그때그때 내용이 채워지는 '텅 빈 기호(empty sign)'라는 지적[142]이 타당성을 갖게 된다.

이러한 문제 가운데 특히 종교 정책과 관련해 주목할 부분은 정부가 관여하는 공적 영역과 종교의 활동 영역이 중첩되는 지점이다. 이러한 지점들에서 종교 관련 쟁점이 발생한다. 예를 들어, '문화재, 행사 지원, 종교사회복지, 종립학교' 등의 영역에서 이루어지는 '정부보조금과 세금, 개발, 해외선교와 파병, 양심적 병역거부' 등의 여러 문제가 있다.[143]

공적 영역과 종교의 활동 영역이 중첩되는 지점은 정부가 복지나 교육 등을 비롯해 모든 공적 영역을 관장할 수 없어 민간의 개입을 유

---

142 이진구, 「최근 한국 불교와 보수 개신교의 갈등: 종교차별, 정교분리, 종교자유 개념을 중심으로」, 『종교문화비평』 28, 2015, 206-207쪽. 이진구는 '국가권력을 매개로 한 불교와 보수 개신교 진영의 갈등을 예방하려면 윤리적, 법적, 제도적 차원의 해답을 제시하기 이전에 한국 근현대사 속에서 종교차별, 종교자유, 정교분리와 같은 개념들이 다양한 주체들의 욕망을 통해 굴절·협상된 과정을 규명하는 작업이 선행되어야 한다(같은 글, 207-208쪽.).'고 지적한다.
143 강인철, 『종교정치의 새로운 쟁점들』, 한신대학교 출판부, 2012.

도하거나 지원하면서 시작되는 경향이 있다. 그렇지만 종교는 공적 영역에 참여하면서 이 영역의 '종교화'를 시도한다. 예를 들어, 군종제도를 통해 군대 영역에 개입한 종교는 '군선교' 또는 '군포교'라는 용어가 시사하듯이 군대 영역을 선·포교의 공간으로 인식한다.

이처럼 정부의 목적과 종교의 목적이 서로 달라지면서 정부와 종교의 중첩 영역에는 정교분리, 종교차별, 종교간 형평성, 종교 자유의 침해 등과 관련된 여러 문제가 발생하게 된다. 정부의 관리·지원·활용 업무가 다종교 상황과 특정 종교의 교세가 큰 상황에서 오히려 종교집단에 대한 정책적 평등 실현을 어렵게 만든다는 지적도 있다.[144]

종교 법제가 구현되는 실제 지형은 종교 법제의 이론적 지향과 일치하지 않는다. 이러한 상황은, 물론 정교분리의 개념이 명료하지 않다는 점에서 향후 종교 법제의 이론적 지향과 하위 개념들에 대한 풍성한 논의가 필요하지만, 종교 법제와 관련된 여러 쟁점과 과제로 이어지고 있다.

특히 이러한 쟁점과 과제는 종교교육 정책, 군종 정책, 종교사회복지 정책, 종교교정 정책 등에서 확인할 수 있다. 예를 들어, 학교의 종교교육 정책에서는 학생 개인에게 부여된 종교의 자유와 학교라는 단체가 누릴 수 있는 종교의 자유의 관계, 종교사학의 자율성과 공공성의 관계 등이 쟁점이 되고 있다. 군종 정책에서는 군대라는 특수성과 보편성의 관계, 종교사회복지 정책에서는 예산 지원의 종교간 형평성 문제, 교정위원정책에서는 군종 정책과 유사하게 교도소라는 특수성과 보편성의 관계 등이 쟁점이 되고 있다.

이러한 쟁점들은 크게 보면 종교의 자유, 법 앞의 평등, 종교 간 형

---

144 고병철, 앞의 글, 2011a, 11쪽.

평성, 정교분리 등과 관련되어 있다. 종교교육 정책, 군종 정책, 종교 교정 정책의 경우를 좀 더 구체적으로 살펴보면 다음과 같다.[145] 우선, 종교교육 정책의 경우를 보면, 종교교과는 국가 교육과정에 포함되어 있다. 국가 교육과정에 종교교과가 포함된 것은 현실적으로 적지 않은 사립학교를 설립·운영하고 있는 종교계가 종교교과의 국가 교육과정 편입을 정부 측에 요청했기 때문이다. 이로 인해 종립 중등교육기관 은 대체로 '종교' 교과목을 설치하고, 교목(개신교·천주교)·교법사(불교)· 교무(원불교) 등의 종교교사를 두어 '종교' 수업을 진행하고 있다.

그렇지만 학교의 종교교육 정책에는 여러 문제가 있다. 특히 종립 중등학교의 종교 수업은 의무교육과 평준화정책에도 불구하고 특정 종교를 위한 교육, 즉 신앙교육을 지향하기에 종교의 자유 침해 문제 나 종교로 인한 차별 문제에 직면하고 있다. 교육부는 문제 해소를 위 해 '종교교과 선택 시 복수과목 개설 조치'를 취하고, 국가 교육과정에 편입된 종교교과에 신앙인 육성 부분을 포함하고 있다. 그렇지만 이 러한 조치들은 종교 교과가 다른 교양교과에 비해 역차별을 받고 있 다거나 국가가 호교론적 학교 교육을 조장한다는 비판에 직면할 수 있다.

구체적으로, 이러한 현상은 교육과 종교의 분리 방침에 어긋난 것 으로 보인다. 종립학교들의 종교별 불균형 상황에서 국가가 특정 신 앙교육을 인정한다면 결과적으로 종교를 조장할 수 있어 정교분리 위 반에 해당될 수 있고, 공인교 정책이라는 비판도 가능해진다. 종교계 가 특성화학교뿐만 아니라 비인가대안학교의 설립·운영에 적극 개입 하면서 학교교육 영역에서 영향력을 확대하고 있다는 점을 고려하면,

145 고병철, 위의 글, 11-16쪽 참조,

앞으로 종교교과교육에 대한 분명한 정책적 대안이 필요해 보인다.

다음으로, 군종 정책의 경우, 국방부에는 군종병과가 설치되어 있고, 국방부뿐만 아니라 육군본부 등에 군종감실이 있다. 군부대에는 종교시설(교회, 성당, 법당, 교당)을 두고 있다.

군종제도는 한경직 목사 등의 추진과 유엔사령부의 협조 등이 결합되어 6·25 전쟁중인 1952년 2월 7일에 신앙으로 장병들을 무장시킨다는 명분으로 시작된다. 1968년에 불교가 군종(군법사)제도에 참여하고, 2007년에 원불교가 군종제도에 참여하고 있다. 그리고 조계종과 천주교와 원불교는 군종교구, 개신교계는 주로 한국기독교군선교연합회 등을 운영하면서 군종 정책에 대응하고 있다.

군종 정책에서 주목할 만한 사건은 불교가 군종(군법사)제도에 참여한 직후인 1969년부터 투철한 신앙이 전투력 향상을 가져다준다는 명분으로 군부대 내에서 전개된 1인 1종교 갖기 운동이다.[146] 군대의 명령체계를 고려하면, 이 운동은 군장병에게 특정 종교를 강제하는 효과를 냈을 것으로 예상할 수 있다.

또한 이 운동은, 당시 군종의 대부분을 개신교계와 천주교계가 차지하던 상황을 고려하면, 특정 종교를 위한 운동이었다고 볼 수 있다. 이와 관련해, 군내 신자장병 수는 개신교의 경우가 가장 많고, 그 다음에 천주교, 불교, 원불교 순이다. 육군의 경우, 군종장교, 군종병, 군내 종교시설, 종교별신자, 군지원 민간인 성직자 수 등에서 개신교 세력

---

146 「'영혼의 갑옷' 믿음으로 전방 무장」, 『국민일보』, 2002.5.18; 「군선교 통해 민족복음화 초석 놓을 것」, 『국민일보』, 2006.11.14. 박정희 대통령이 '신앙전력화의 필요성'을 강조하고, 무장 공비들이 청와대를 습격하려 한 1·21사태 이후, 천주교신자였던 1군사령관 한신 장군이 1인1종교 갖기 운동 지침을 하달한다. 1969년 '1인 1종교 갖기 운동'에 부응하여 개신교계는 한경직, 백낙준, 조용기 등이 '전군성도화 운동'을 추진하면서 '전군신자화후원회(현, 기독교군선교연합회)'를 설립하기도 한다.

이 압도적으로 우세하고, 불교와 천주교와 원불교가 그 다음을 차지한다. 해군과 공군의 경우, 개신교가 압도적 우세는 아니지만, 종교 인력과 시설의 규모를 보면 개신교, 불교, 천주교, 원불교 순의 양상을 보인다. 이 상황은 규모가 클수록 이 운동의 효과가 커진다는 점을 시사한다.

국방부의 종교 정책에는 적지 않은 문제가 있다. 예를 들어, 국방부는, 〈군인복무규율〉 제30조[147]에도 불구하고, 최근까지 장병들의 정서 안정과 인성 함양을 명분으로 하는 군부대의 '1인 1종교 갖기 운동'을 묵인한다.[148] 그렇지만 개신교·천주교·불교·원불교만이 군종제도에 편입되고, 그 가운데에서도 특정 종교가 우세한 상황, 또한 무종교인이 적지 않은 상황에서 '1인 1종교 갖기 운동'은 종교의 자유를 침해하는 소지를 높일 수 있다. 그와 관련해 2010년 8월, 국가인권위원회는 국방부장관에게 종교행사의 자율적 참여 등을 포함하여 장병들에게 종교의 자유가 실질적으로 보장될 수 있도록 관행을 개선해야 한다'는 권고를 제시한 바 있다.[149]

---

147 〈군인복무규율〉(타법개정·시행 2001.3.27. 대통령령 제17158호 / 일부개정·시행 2007.9.20. 대통령령 제20282호) 제30조. "종교생활은 군인이 참된 신앙을 통하여 인생관을 확립하고 인격을 도야하며 도덕적인 생활을 하게 하는 데 그 목적이 있다. 따라서 지휘관은 부대의 임무수행에 지장이 없는 범위 안에서 개인의 종교생활을 보장해야 한다." 〈군인복무규율〉(제정·시행 1966.3.15. 대통령령 제2465호) 제94조(종교생활)와 〈군인복무규율〉(일부개정·시행 2015.7.13. 대통령령 제26394호) 제30조(종교생활), 그리고 〈군인복무규율〉(시행 2016.6.30. 대통령령 제27263호, 2016.6.28. 타법폐지)에 따르면, 이 조항의 내용은 1966년 제정 당시에 "각급지휘관은 부하로 하여금 참된 신앙심으로써 인생관을 확립함과 아울러 인격을 도야하고 도덕생활을 영위하게 하기 위하여 부대의 임무수행에 지장이 없는 범위 안에서 그들의 종교생활을 보장하여야 한다(제94조)."라는 내용으로 시작해, 2016년 폐지 시까지 지속된다.
148 「불자대상에 김용림. 권영기씨」, 『연합뉴스』, 2006.4.27.(7사단 사례).
149 「인권위 '군 종교행사에 참석하지 않을 권리 보장해야'」, 『경향닷컴』, 2010.8.12.

또한 군종감실의 '이단이나 사이비종교'에 대한 비판 서적'을 허용하는 현상 등도 비판에 직면할 수 있다. 1인 1종교 갖기 운동이 특정 종교를 조장하듯이, 군종감실이 종교인지 아닌지, 올바른 종교인지 아닌지에 대한 판단을 공식화하는 행위는 국가가 특정 종교를 조장하는 행위에 해당될 수도 있기 때문이다.

다음으로, 종교교정 정책의 경우 법무부는 1970년부터 수형자의 고충 처리, 장래 생활방침의 지도, 각종 교양과 기능향상의 지도 등 수형자 교정교화의 제고를 위해 종교계 인사들을 포함하여 외부인사가 참여하는 독지방문위원(篤志訪問委員) 제도를 운영한다. 1983년에는 수형자의 교화선도와 재범방지를 위해 종교를 통한 교정·교화, 즉 특정 신앙을 갖는 것이 효과적이라는 판단 하에 독지방문위원들을 '종교위원'과 '교화위원'으로 이원화한다. 그리고 1999년 이후에는 종래 제도를 교정위원제도(종교위원·교화위원·교육위원·의료위원)로 정착시켜 운영한다.

교정위원제도는 사실상 국가와 정부가 자신의 힘만으로 교정 목표(재소자의 재활과 사회 재통합)를 성공적으로 달성할 수 없다는 전제 하에, 종교계에 도움을 요청한 것이라고 볼 수 있다. 그렇지만 종교계도, 종래 개신교의 형목(刑牧)이나 천주교의 '교정사목'이라는 표현처럼, 교정 영역에 적지 않은 관심을 보이고 있다. 개신교계는 민영교도소에 관심을 보이다가 실제로 2010년 12월에 소망교도소를 개소해 운영하고 있기도 하다.[150]

법무부의 교정행정은 '일선 교정기관(교도소, 구치소, 개방교도소) → 지

---

150 김진혁, 「종교교도소의 전망과 한계」, 『교정연구』 26, 2005; 이승호, 「민영교도소의 두 모델과 한국에서의 도입추진 상황」, 『형사정책연구』 71, 2007; 소망교도소 (http://somangcorrection.org/, 접속 2018.2.24.).

방교정청(4개) → 법무부 교정본부'로 연결되어 있는데, 교정 정책을 총괄하고 있는 법무부 교정본부는 전국 교정시설에서 종교집회, 신앙 상담, 자매결연 주선 등을 통해 수용자가 종교활동에 직접 참여하도록 권장하고, 종교계가 수용자의 신앙지도와 심성 순화를 시도하도록 유도하고 있다. 이러한 활동을 전개하는 주된 이유는 종교생활이 수용자의 심성 순화, 마음의 평정, 사회로의 건전한 복귀에 정신적으로 큰 영향을 미친다는 인식 때문이다.[151]

그렇지만 법무부의 종교 정책에는 적지 않은 문제가 보이고 있다. 이와 관련해, 종교교정 정책에서 주목할 만한 사건은, 군종 정책에서 볼 수 있었던, 1인 1종교 갖기 운동이다. 그렇지만 법무부가 교정·교화의 차원에서 수용자에게 '1인 1종교 갖기 운동'을 전개하는 것은 그 특수성에도 불구하고 결과적으로 특정 종교를 조장할 수 있기 때문에 정교분리 위반에 해당될 수 있다.

1인 1종교 갖기 운동과 관련해서 본다면, 종교교정 정책도 군종 정책에서 발생하는 유사한 문제를 안고 있다. 예를 들어, 2009년에 법무부 교정본부가 '1인 1종교 갖기 운동'을 전개할 때 당시 종교위원들의 수가 기독교 935명, 불교 637명, 천주교 331명, 기타 26명이었다는 점을 고려하면, 비록 그 수치의 차이가 수형자의 비율 때문이라고 할지라도,[152] 이 운동의 효과는 개신교, 불교, 천주교, 기타 순으로 미쳤을 것으로 예상할 수 있다.

---

151 법무부 교정본부, 『2009 한국의 교정행정』, 법무부, 2009, 43쪽. 예를 들어, 대부분의 사형수는 사형확정을 받으면 서울구치소로 이감된다. 구치소로 이감되면 교무과에서 종교인들과 자매결연을 주선해준다(「한국사형폐지운동협의회 문장식 대표 & 사형수 원언식」, 『신동아』, 2007.3.26.).

152 법무부 교정본부, 위의 책, 2009, 43~45쪽. 2009년 수형자의 종교를 보면, 기독교 13,550명(39%), 불교 8,605명(24.8%), 천주교 4,904명(14.1%), 기타 종교 1,214명(3.5%), 무종교인 6,446명(18.6%)이다(같은 책, 43쪽.).

이 외에 교정 정책의 근거가 되는 법령과 지침에도 문제 소지가 보인다. 이와 관련해, 법무부는 종교위원의 자격에 대해 '기독교, 불교, 천주교 등 우리나라의 국민정서에 반하지 않는 종교단체에 소속된 자로서 수용자 신앙 지도에 헌신적으로 봉사할 수 있는 자질과 능력'을 갖춘 자로 규정하고 있고,[153] 성상의 표준 규격에 대해 '십자가상, 불상(입상·좌상), 예수상, 성모마리아상'만 제시하고 있는데[154] 이러한 부분은 법무부가 정교분리 국가의 정부 부처임에도 불구하고 특정 종교를 공인한다는 비판을 가능하게 할 수 있다.

끝으로, 종교사회복지의 경우, 적지 않은 종교단체들이 사회복지에 관심을 기울이고 있다. 정부도 사회복지에 대한 관심을 넓혀가고 있다. 이러한 관심의 확대는 박정희정부 시기인 1969년 10월 헌법에 '모든 국민이 인간다운 생활을 할 권리'와 '사회보장 증진에 대한 국가의 노력 의무'가 최초로 명시되고, 전두환정부 시기인 1980년 10월 헌법에 '사회보장·사회복지 증진에 대한 국가의 노력 의무'가 최초로 명시되고, 1987년 10월의 헌법에 사회보장과 사회복지가 구분되면서 '여자의 복지'와 '노인과 청소년의 복지' 등이 추가되는 등의 과정이 시사하고 있다. 특히 김영삼정부 시기인 1995년 12월에 〈사회보장기본법〉이 제정되면서 정부는 '사회보장발전 5개년계획'을 수립·시행하고 있다.

이처럼 사회복지에 대한 정부의 관심이 확대되면서 사회복지 영역에서는 정부의 관심과 종교계의 관심이 중첩될 가능성이 점점 확대되

---

153 〈교정위원 운영지침〉(제정 2000.5.30. 개정 2010.8.1. 법무부예규 제945호) 제4조 ②항.
154 〈수용자 교육교화 운영지침〉(제정 2008.12.18. 개정 2010.8.1. 법무부예규 제944호) 제36조 ②항.

고 있다. 이와 관련해, 학계에서 '종교사회복지'라는 표현도 빈번하게 사용되고 있고,[155] 종교사회복지의 개념 설정, 종교계가 지향하는 사회복지의 최종 지향점 설정, 종교계 사회복지시설에 대한 국가 지원의 타당성 문제 등의 쟁점들도 제시되고 있다.[156] 앞으로 사회복지에 대한 정부의 관심이 확대되고 종교계의 관심이 강해질수록 종교사회복지 정책에서 종교사회복지에 대한 쟁점들은 세분화될 것으로 예상된다.

---

155 노길명, 「종교 사회복지의 성격과 과제」, 『종교와사회』 1-1, 2010; 전명수, 「종교사회복지담론의 재고찰: 비판적 성찰과 전망」, 『종교문화연구』 20, 2013; 전명수, 「종교사회복지에 대한 비판적 고찰」, 『종교연구』 64, 2011; 오세영, 「한국종교사회복지학 연구동향에 관한 분석과 과제」, 『원불교사상과 종교문화』 55, 2013; 전명수, 「종교사회복지의 이념과 실천 방식에 대한 재성찰 -종교사회복지의 이론화작업의 일환으로」, 『담론 201』 18-2, 2015 등.
156 고병철, 「한국 종교계 사회복지의 쟁점과 과제」, 『종교문화비평』 19, 2011.

Ⅲ

종교교육 정책과 과제

01
국가의 국민교육과 종립학교

해방 이후부터 한국 정부는 정부조직에 교육 정책을 관장하는 부서를 두고 학교교육 정책을 수립하고 시행한다. 이러한 정부의 조치들은 국민 모두를 대상으로 한 교육을 국가의 책임 하에 둔다는 맥락에서 취해진다. 그리고 국민 모두를 대상으로 한 교육을 국가의 책임 하에 두려는 근거는 헌법 정신의 실현이다.

국민 교육에 대한 헌법 정신은 1948년 〈헌법〉 제16조에서 확인할 수 있다. 그에 따르면, "모든 국민은 균등하게 교육을 받을 권리가 있다. 적어도 초등교육은 의무적이며 무상으로 한다. 모든 교육기관은 국가의 감독을 받으며 교육제도는 법률로써 정한다."[1] 이는 정부 수립 당시부터 국민의 교육권을 전제로, 초등교육에 한정된 무상 의무교육제도를 포함해 국가의 교육기관 감독권과 교육제도의 법정주의를 취한다는 방향 설정이 이루어졌음을 의미한다.

이러한 헌법 정신은 점차 조문의 내용이 확대되어, 이후의 〈헌법〉에서도 거의 그대로 유지되고 있다. 이와 관련해, 1987년 〈헌법〉 제31조를 보면, '모든 국민이 능력에 따라 균등하게 교육을 받을 권리, 자녀

---

1 〈대한민국헌법〉(제정·시행 1948.7.17. 헌법 제1호) 제16조.

에게 적어도 초등교육과 법률이 정하는 교육을 받게 할 의무, 무상 의무교육' 등의 내용이 담긴다. 그리고 학교교육·평생교육을 포함한 교육제도·교육재정·교원지위에 관한 기본적 사항을 법률로 정하도록 한 일종의 '교육 법정주의'도 담겨 있다.[2]

헌법 정신에도 불구하고, '국가의 책임 하에 국민 모두를 대상으로 하는 교육'(이하 국가 책임 하의 국민교육)에 대해서는 '국가교육' 또는 '국가주의교육'으로 설명하거나 비판하는 경우도 있고, 국가교육과 국가주의교육'의 구분을 전제로 국가주의교육을 비판하고 국가교육의 당위성을 설명하는 경우도 있다.[3] 이념적 대립 구도를 극대화하는 교육정책은 국가교육보다 국가주의교육이기에 국가교육으로 개선해야 한다고 주장하는 식이다.

국가 책임 하의 국민교육은 교육 정책으로 이어지기에 정부의 교육 정책에 대해서도 그 방향에 따라 다른 설명들이 가능하다. 그렇지만 여러 설명에도 불구하고, 역대 정부가 국가 책임 하의 국민교육을 추진·확대하는 현실은 지속된다. 이와 관련해, 〈헌법〉 제31조의 선언 외에도 〈교육기본법〉은 제8조에서 의무교육을 '6년의 초등교육과 3년의

---

2 〈대한민국헌법〉(시행 1988.2.25. 헌법 제10호, 1987.10.29, 전부개정) 제31조 "① 모든 국민은 능력에 따라 균등하게 교육을 받을 권리를 가진다. ② 모든 국민은 그 보호하는 자녀에게 적어도 초등교육과 법률이 정하는 교육을 받게 할 의무를 진다. ③ 의무교육은 무상으로 한다. ④ 교육의 자주성·전문성·정치적 중립성 및 대학의 자율성은 법률이 정하는 바에 의하여 보장된다. ⑤ 국가는 평생교육을 진흥하여야 한다. ⑥ 학교교육 및 평생교육을 포함한 교육제도와 그 운영, 교육재정 및 교원의 지위에 관한 기본적인 사항은 법률로 정한다."

3 한기철, 「국가교육의 의미에 대한 사상사적 탐색과 국가주의 교육 담론에 대한 비판적 논의」, 『교육철학연구』 37-2, 2015, 199-229쪽. 이에 따르면, 국가주의 교육은 국가교육이 실질적 의미에서 공공성을 제대로 갖추지 못해 타락했을 때 나타나는 현상이고, 공교육이 국가주의적 특성을 띨 때 주권을 지닌 국민으로서 해야 할 일은 그것이 원래 추구하던 국가교육의 이념을 충실히 실현하는 방식으로 운영되도록 하는 것이다.

중등교육'으로 정하고 있고, 제9조에서 유아교육·초등교육·중등교
육·고등교육을 하기 위해 학교를 두도록 하고 있다.[4]

정부가 국가 책임 하의 국민교육을 추진·확대한다고 해도 국가가
모든 교육을 책임지는 현실이 도래한 것은 아니다. 예를 들어, 2018년
학교 현황을 보면, 한국의 전체 학교 수는 전체 21,397개교인데, 이 가
운데 국립학교가 0.5%(105개교), 공립학교가 69.7%(14,908개교)의 비율을
차지하고 있다. 그에 비해 사립학교가 차지하는 비율은 29.8%(6,384개
교)이다. 자세한 내용은 다음과 같다.[5]

〈표 1〉 전체 학교 현황(2018)

구분	합계		국립		공립		사립	
계	21,397	(248)	105	–	14,908	(243)	6,384	(5)
남자	797	–	2	–	377	–	418	–
여자	794	–	1	–	338	–	455	–
공학	19,806	(248)	102	–	14,193	(243)	5,511	(5)

2018년의 전체 학교 현황에서 사립학교가 차지하는 약 30%의 비율

---

4 〈교육기본법〉(시행 2017.6.22. 법률 제14601호, 2017.3.21, 일부개정) 제8조(의무교
육), 제9조(학교교육)
5 교육부·한국교육개발원, 『2018 교육통계연보』, 교육부·한국교육개발원, 2018,
30-31쪽(교육통계서비스, https://kess.kedi.re.kr/index). 표에서 ( )는 분교장 수로
전체 수에 포함되지 않는다. 학교 현황에는 '유치원, 초등학교, 중학교, 일반고등
학교, 특수목적고등학교, 특성화고등학교, 자율고등학교, 특수학교, 고등공민학
교, 고등기술학교, 각종학교, 방송통신중학교(23개-공립), 방송통신고등학교(42
개-공립), 전문대학, 교육대학, 대학, 방송통신대학(1개-국립), 산업대학(2개-사
립), 기술대학(대학과정 1개-사립), 각종학교(대학과정 2개-국립 1개/사립 1개),
사이버대학(대학과정 17개-사립), 사이버대학(전문대학과정 2개-사립), 원격대
학(대학과정 1개-사립), 원격대학(전문대학과정 1개-사립), 사내대학(대학과정 3
개-사립), 사내대학(전문대학과정 5개-사립), 전공대학(3개-사립), 기능대학(9개-
사립), 대학원' 모두 포함된다.

은 국가가 모든 교육을 감당하지 못하고 상당 부분을 민간 영역에서 감당하는 현상을 보여주고 있다. 이 부분은 각 학교별 현황 자료에서 확연히 드러나고 있다.[6]

〈표 2〉 학교별 현황(2018)

구분		합계		국립		공립		사립		사립비율
유치원	공학	9,021	–	3	–	4,798	–	4,220	–	46.8%
초등학교	공학	6,064	(221)	17	–	5,973	(221)	74	–	1.2%
중학교	남자	387	–	1	–	205	–	181	–	19.8%
	여자	350	–	1	–	188	–	161	–	
	공학	2,477	(22)	7	–	2,175	(22)	295	–	
	소계	3,214		9		2,568		637		
일반 고등학교	남자	307	–	–	–	110	–	197	–	41.5%
	여자	326	–	–	–	121	–	205	–	
	공학	923	–	11	–	669	–	243	–	
	소계	1556		11		900		645		
특수목적 고등학교	남자	11	–	1	–	8	–	2	–	25.5%
	여자	3	–	–	–	–	–	3	–	
	공학	143	–	7	–	101	–	35	–	
	소계	157		8		109		40		
특성화 고등학교	남자	32	–	–	–	18	–	14	–	44.5%
	여자	84	–	–	–	16	–	68	–	
	공학	374	–	–	–	238	–	136	–	
	소계	490				272		218		
자율 고등학교	남자	58	–	–	–	35	–	23	–	27.7%
	여자	16	–	–	–	13	–	3	–	
	공학	81	–	–	–	64	–	17	–	
	소계	155				112		43		

6 교육부·한국교육개발원, 『2018 교육통계연보』, 교육부·한국교육개발원, 2018, 30-31쪽(교육통계서비스, https://kess.kedi.re.kr/index). 표에서 ( )는 분교장 수로 전체 수에 포함되지 않는다.

학교종류	구분									비율
특수학교	공학	175	-	5	-	78	-	92	-	52.6%
고등공민학교	공학	3	-	-	-	1	-	2	-	66.7%
고등기술학교	남자	1	-	-	-	-	-	1	-	100.0%
	공학	6	-	-	-	-	-	6	-	
	소계	7						7		
각종학교	남자	1	-	-	-	1	-	-	-	56.7%
	여자	1	-	-	-	-	-	1	-	
	공학	58	-	2	-	23	-	33	-	
	소계	60		2		24		34		
전문대학	여자	7	-	-	-	-	-	7	-	93.4%
	공학	130	-	2	-	7	-	121	-	
	소계	137		2		7		128		
교육대학	공학	10	-	10	-	-	-	-	-	
대학	여자	7	-	-	-	-	-	7	-	81.7%
	공학	184	(5)	34	-	1	-	149	(5)	
	소계	191		34		`		156		

이처럼 2018년 각 학교별 현황을 보면, 특히 학생 수가 많은 경우에 사립학교가 차지하는 비율이 상당히 높다는 것을 확인할 수 있다. 구체적으로, 사립학교가 차지하는 비율을 보면, 전문대학에서는 93.4%, 대학에서는 81.7%에 달한다. 그리고 유치원에서는 전체 9,021개에서 46.8%, 일반고등학교에서는 전체 1,556개교에서 41.5% 정도를 차지한다. 그 외의 고등학교의 사립학교 비율을 보면, 특수목적고등학교에서 25.5%, 특성화고등학교에서 44.5%, 자율고등학교에서 27.7% 정도를 차지한다.

다만, 모든 종류의 학교에서 사립학교의 비율이 높은 것만은 아니다. 2018년의 경우, 초등학교의 사립학교 비율은 전체 6,064개교에서 1.2%(74개교), 중학교의 사립학교 비율은 전체 3,214개교에서 19.8%(637개교)를 차지하고 있다. 초등학교의 사립학교 비율이 매우 낮고, 중학교의 사립학교 비율이 비교적 낮은 이유는 초등교육과 함께 중학교 교육이 무상 의무교육제도에 포함되어, 각 지방자치단체들이 학교 설립을 주도하고 있기 때문이다.

결과적으로, 2018년의 전체 학교 현황이나 학교별 현황을 보면, 역대 정부들이 국가 책임 하의 국민교육을 지향했음에도 불구하고, 민간 영역에서 감당하는 교육의 비중은 낮지 않다. 사립학교 비율은 고등교육을 담당하는 대학교의 경우에 별도 확인이 필요 없을 정도로 높지만, 특히 의무교육의 확대 대상인 고등학교의 경우에도 약 40%를 선회하고 있어 높은 편이다. 이러한 현상에 대해서는 국가가 책임의 일부를 민간에 위탁한 것이라고 볼 수 있다.

국가가 모든 교육을 책임지지 못하고 책임의 일부를 민간에 위탁하는 상황은 2018년뿐만 아니라 2017년이나 2019년의 학교 현황에서도 확인할 수 있다. 2017년의 학교 현황을 보면, 총 21,368개교(남 797, 여 793, 공학 19,778)에서 국립이 105개교, 공립이 14,822개교, 사립이 6,441 개교이고, 2019년의 학교 현황을 보면, 총 21,239개교(남 782, 여 780, 공학 19,677)에서 국립이 105개교, 공립이 14,994개교, 사립이 6,140개교이다.[7] 2017년과 2019년의 사립학교 비율이 30%에서 28%로 낮아졌지만, 이 수치는 여전히 국가가 교육의 일부를 민간에 위탁하는 현실을 보여준다.

교육에서 민간의 사립학교가 감당하는 비율이 낮지 않지만, 정부는 여전히 각종 교육 정책을 통해 사립학교를 포함한 학교 전체에 영향을 미치고 있다. 이러한 교육 정책의 범위에는 교원의 양성이나 인사, 교육과정의 제정과 보급, 학교성적의 평가 등 다양한 내용이 포함된다.

---

7 교육부·한국교육개발원, 『2019 교육통계연보』, 교육부·한국교육개발원, 2019, 30-31쪽(교육통계서비스, https://kess.kedi.re.kr/index).

각종 교육 정책에서도 특히 국가가 초·중등교육에 특히 강한 영향을 미치는 부분은 교육과정을 마련해 제시하는 부분이다. 이와 관련해, 한국은 '중앙집권적 국가교육과정 기준을 가진 나라'로 분류되고 있고, 국가 수준의 교육과정과 그 개정을 통해 학교의 교육 내용·활동·경험 제공의 방향을 결정하고 있다는 평가를 받은 바 있다.[8] 중앙집권적 국가교육과정은 학교를 교육과정에 따른 교육 실천 공간으로 만들기에 그만큼 교육과정 정책이 학교에 영향을 미치게 된다. 물론 국가 수준 교육과정의 적용 범위가 유치원을 포함해 초·중등학교에 한정되어 있어, 교육과정 관련 논의에서 대학교육은 논외 사안이 된다.

정부의 교육과정 정책과 관련해, 〈초·중등교육법〉은 제23조에 학교가 교육과정을 운영해야 한다는 점, 교육부장관이 학교 교육과정의 기준과 내용에 관한 기본 사항을 정하고 교육감이 그 범위에서 지역 실정에 맞는 기준과 내용을 정할 수 있다는 점, 그리고 학교 교과(教科)를 대통령령으로 정한다는 점을 명시하고 있다.[9] 이는 현실적으로 모든 초·중등학교가 국가 수준 교육과정 정책을 따라야 한다는 것을 의미한다.

한편, 사립학교에는 종교계가 설립·운영하는 '종립학교'가 있다. 종립학교의 역사는 한국 근대학교의 역사와 함께 시작된다. 이와 관련해, 한국 근대학교의 역사는 '대한제국 이전인 1880년대'에 시작되는데,

---

8 홍후조, 「국가 수준 교육과정 개발 패러다임 환(Ⅳ) - 국가교육과정기준의 변화와 질 관리 '방식'을 중심으로」, 『교육문제연구』 25, 2006, 101~122쪽.

9 〈초·중등교육법〉(시행 2019.6.19. 법률 제15961호, 2018.12.18, 일부개정) 제23조 (교육과정 등) "① 학교는 교육과정을 운영하여야 한다. ② 교육부장관은 제1항에 따른 교육과정의 기준과 내용에 관한 기본적인 사항을 정하며, 교육감은 교육부장관이 정한 교육과정의 범위에서 지역의 실정에 맞는 기준과 내용을 정할 수 있다.〈개정 2013.3.23.〉③ 학교의 교과(教科)는 대통령령으로 정한다.[전문개정 2012. 3.21.]"

그 가운데 배재학당이나 이화학당 등의 종립학교 사례들은 종립학교의 역사가 한국 근대학교 역사와 함께 시작되었다는 것을 보여준다.

구체적으로, 한국에서 최초의 근대학교는 1883년에 민관 합작으로 설립된 원산학사(元山學舍),[10] 최초의 관립 근대학교는 양반고관 자제들을 서구 세력 유입에 대응할 관료로 양성하고자 1886년에 설립한 육영공원(育英公院, 1886~94)이다. 그 사이에 통상아문이 영어 통역관[通辯官]을 양성하기 위해 1883년에 설립한 동문학(同文學; 通辯學校, 1883~1886)도 있고, 육영공원보다 앞서 아펜젤러(H. G. Appenzeller)가 1885년에 설립한 배재학당(1885), 그리고 스크랜턴(M. Scranton) 부인이 육영공원과 같은 시기인 1886년에 설립한 이화학당 등도 있다. 물론 1855년에 가톨릭 사제 양성을 위해 설립된 배론 성요셉 신학당까지 거론한다면 근대학교의 '최초'는 앞당겨 질수도 있다.[11]

한국에서 종립학교들의 존재가 1880년대 이후에 대한제국기와 일

---

10 그 배경으로는 1880년 4월 원산 개항 이후 일본인들이 거류지 중심으로 시작한 상업활동의 대응이다. 당시 덕원·원산 지방민들이 1883년 1월에 부임한 덕원부사 겸 원산감리 정현석(鄭顯奭)에게 모금을 통한 학교 설립을 요청했고, 정현석이 서북경략사(西北經略使)인 어윤중(魚允中)과 통리기무아문(원산항 통상 담당) 주사 정헌시(鄭憲時)와 협조해 8월에 정부 승인을 받는다. 학교는 문예반(50명)·무예반(200명)을 두고, 교과목을 공통과목(산수·格致[물리]·機器·농업·양잠·礦採 등)과 특수과목(문예반-經義, 무예반-병서)로 분류하고, 교재로『영지(瀛志)』·『연방지(聯邦志)』·『기기도설(奇器圖說)』·『일본외국어학』·『법리문』·『대학예비문』·『영환지략』·『만국공법』·『심사(心史)』·『농정신편(農政新編)』 등을 채택한다. 1894년 갑오경장 무렵에 소학교·중학교 기능을 분화할 때 원산학사는 문예반만 갖춘 원산소학교가 된다. 원산소학교는 일제강점기에 원산보통학교, 원산제일국민학교로 개명해 1945년까지 지속된다(『한국민족문화대백과』원산학사 항목).
11 안상원,「우리나라 근대학교의 태동에 관한 일고」,『교육논총』3, 건국대학교 교육대학원, 1983, 7쪽;『한국민족문화대백과』동문학, 육영공원등록 항목. 동문학은 〈한미통상조약〉체결로 외국과 교섭이 활발해지자, 통리교섭통상사무아문(統理交涉通商事務衙門)의 협판 겸 총세무사로 부임한 독일인 목인덕(穆麟德, Mollendorff, P. G. von)이 통상아문의 부속기관으로 설립했다가 1886년 육영공원이 설립될 때 폐교된다.

제강점기를 거칠 때까지 역사에서 사라졌던 적은 없다. 종교계는 해방 이후에도 계속해서 종립학교들을 설립하려는 모습을 보였고, 그 결과는 현재까지 이어지고 있다. 종립학교에서 종교교육을 독립된 교과목으로 가르칠 수 없었던 시기와 사례들이 전혀 없었던 것은 아니지만, 종립학교가 역사에서 사라졌던 적이 없었다는 것은 종교교육도 어떤 형태로든 지속되었다는 것을 시사한다.

한국의 교육에서 주목할 부분은 사립학교가 국가 책임 하의 국민교육에서 감당하는 비중이 낮지 않고, 사립학교에서 종립학교가 차지하는 비중도 낮지 않다는 점이다. 2008년에 교육과학기술부가 종교지도자 양성만을 목적으로 하는 대학 및 대학원 설치·경영 학교법인 21개를 지정 고시한 바 있지만,[12] 2018년 종교 현황 자료를 보면, 종교계는 86개의 일반대학, 28개의 대학원대학교, 26개의 전문대학, 그리고 3개의 원격대학교와 2개의 각종학교를 보유하고 있다.[13]

〈표 3〉 종립 대학 등의 현황(2018)

	불교	개신교	천주교	원불교	그 밖의 종교	계
일반대학	5	61	14	2	4	86
대학원대학교 (=전문대학원)	3	23		1	1	28
전문대학(종교계)	-	23	1	1	1	26
원격대학교	2			1		3
각종학교	-	2	-			2
계	10	109	15	5	6	145

12 〈종교지도자 양성 대학법인 지정 고시〉(제정·시행 2008.6.26. 교육과학기술부고시 제2008-103호). 그에 따르면, 대학 관련 법인이 11개(개신교 8, 천주교 1, 불교 1, 원불교 1), 대학원대학 관련 법인이 9개(개신교 8, 원불교 1), 각종학교 관련 법인이 1개(개신교 1)이다.

13 고병철·강돈구·조현범, 『2018년 한국의 종교 현황』, 문화체육관광부, 2018, 194쪽.

또한 초등학교와 중학교가 국가의 무상 의무교육제도 범위에 있음에도 불구하고, 약 39개의 초등학교(초중등학교 1개교 포함), 약 268개의 중학교(중고등학교 2개교 포함)를 보유하고 있다. 고등학교의 경우에는 268개교를 보유하고 있다. 276개의 학력 미인정 대안학교까지 포함하면 사립학교, 특히 중등교육에서 종립학교의 비중은 높다고 볼 수 있다.[14]

〈표 4〉 종립 초·중등학교와 대안학교 현황(2018)

구분	천주교	개신교	불교	기타 종교	계
초등학교	7	29	1	1	38
초중등학교		1			1
중학교	30	133	15	88	266
중고등학교		2			2
고등학교	39	196	13	20	268
소계	76	361	29	109	575
학력미인정 대안학교	5	270	1		276
총계	81	631	30	109	851

이러한 종립학교들은 대체로 교세 확장을 위한 공간으로, 그리고 종립학교의 종교교육은 교세 확장을 위한 도구로 기능하는 경향을 보인다. 이러한 경향은 근대학교의 역사에서 종립학교들이 보여준 모습에서도 확인할 수 있다. 그리고 이러한 모습은 종교계가 종립학교의 종교교육을 학교의 설립·운영 이념과 연관시키는 경향에서도 확인할 수 있다.

---

14 고병철·강돈구·조현범, 위의 책, 2018, 198쪽.

역사적으로 종교교육에 대한 종교계나 종립학교 측이 보여준 경향에도 불구하고, 한편으로 '교육과 종교의 분리' 담론도 계속해서 작동하고 있다. 이러한 담론은 〈교육기본법〉의 종교 관련 조항에서 확인할 수 있다. 〈교육기본법〉 제4조는 교육에서 종교를 이유로 차별을 받지 않아야 한다는 점, 제6조는 교육이 정치적·파당적(또는 개인적) 편견을 전파하기 위한 방편으로 이용될 수 없다는 점과 국가와 지방자치단체가 설립한 학교[국공립학교]에서 '특정한 종교를 위한 종교교육'을 할 수 없다는 점을 명시하고 있다.[15]

이처럼 '교육과 종교의 분리'라는 입장과 교육을 종교의 확장 수단으로 보는 입장 사이에는 충돌이 발생할 수밖에 없다. 특히 국가 수준 교육과정 정책이 전자를 지향할 때 종교교육 부분은 계속 논란의 발생 지점이 된다. 이것은 양자의 관계를 설정하는 작업이 복잡하면서도 필요하다는 것을 보여준다. 이와 관련해, 〈교육기본법〉에 종교 관련 내용이 포함된 이유도 교육과 종교의 관계 설정이 쉽지 않다는 측면에서 이해할 수 있다.

그렇지만 교육과 종교의 복잡한 관계에도 불구하고, 정부가 국가 책임 하의 국민교육을 위해 교육과정 정책을 시행하는 한, 그리고 종교계가 학교를 설립·운영하는 한, 종립학교가 정부의 교육과정 정책을 회피하는 것은 현실적으로 어려운 일이다. 사립학교가 국가의 공교육 시스템에 편입된 이상 사립학교는 국가 수준 교육과정에 입각해

---

15 〈교육기본법〉(시행 2017.6.22. 법률 제14601호, 2017.3.21, 일부개정) 제4조(교육의 기회균등), 제6조(교육의 중립성). 제4조에 따르면, "① 모든 국민은 성별, 종교, 신념, 인종, 사회적 신분, 경제적 지위 또는 신체적 조건 등을 이유로 교육에서 차별을 받지 아니한다.", 제6조에 따르면, "① 교육은 교육 본래의 목적에 따라 그 기능을 다하도록 운영되어야 하며, 정치적·파당적 또는 개인적 편견을 전파하기 위한 방편으로 이용되어서는 아니 된다. ② 국가와 지방자치단체가 설립한 학교에서는 특정한 종교를 위한 종교교육을 하여서는 아니 된다.[전문개정 2007.12.21.]"

학교 교육을 진행해야 하고, 종립학교도 사립학교에 속해 있어 마찬
가지이기 때문이다. 특히 국가 수준의 교육과정 정책은 종립학교의
종교교육에 강한 영향을 미치는 변수로 작용하게 된다.

02
교육 정책의 운영과 법규

한국 정부는, 2020년 현재, 대통령과 국무총리, 그리고 그 산하에 약 18개 행정 각부로 구성되어 있다. 이 가운데 교육부는 인적자원개발 정책, 학교교육·평생교육, 학술에 관한 사무를 관장하면서 교육 정책을 주도하고 있다.[16] 이 부서의 역사는 1948년 문교부로 시작해 약 42년 동안 이어지다가 1990년 교육부(노태우정부), 2001년 교육인적자원부(김대중정부), 2008년 교육과학기술부(이명박정부)를 거쳐, 2013년에 교육부(박근혜정부)로 개칭된 후 지속되고 있다.[17]

구체적으로, 교육부는 교육·사회·문화 분야 정책의 총괄·조정, 인적자원개발정책, 학교교육·평생교육 및 학술에 관한 사무를 관장하면서 각종 교육 정책을 주도하고 있다. 그리고 이를 위해 차관보(1명),

---

16 〈정부조직법〉(일부개정·시행 2018.6.8. 법률 제15624호) 제2조(중앙행정기관의 설치와 조직 등)~제7조(행정기관의 장의 직무권한), 제26조(행정각부), 제28조(교육부); 대한민국 청와대(http://www1.president.go.kr/about/government-organization).

17 〈정부조직법〉(제정·시행 1948.7.17. 법률 제1호) 제14조; 〈정부조직법〉(일부개정·시행 1990.12.27. 법률 제4268호) 제29조(행정각부); 〈정부조직법〉(일부개정·시행 2001.1.29. 법률 제6400호) 제26조(행정각부); 〈정부조직법〉(전부개정·시행 2008. 2.29. 법률 제8852호) 제22조(행정각부); 〈정부조직법〉(전부개정·시행 2013.3.23. 법률 제11690호) 제26조(행정각부). 1948년 당시 문교부는 '교육·과학·기술·예술·체육 기타 문화 각반에 관한 사무를 장리'하는 부서이다(제20조).

운영지원과·고등교육정책실·학교혁신지원실·교육복지정책국·학생지원국·평생미래교육국·교육안전정보국을 두고 있다. 그 외에 장관 밑에 대변인(1명)·장관정책보좌관(2명), 차관 밑에 기획조정실장·사회정책협력관·감사관(각1명)을 두고 있다.[18] 이 부서들의 명칭은 교육부가 주도하는 각종 교육 정책의 방향과 내용을 시사한다.

교육부 조직에서 학교 교육 정책과 관련해 주목할 부서는 고등교육정책실과 학교혁신지원실이다. 고등교육정책실에서는 대학의 교육과 학술 등에 대한 정책을, 학교혁신지원실에서는 초·중등교육 관련 정책을 맡아[19] 학교 교육 정책을 관장하고 있다.

특히 교육부 조직에서 종립학교 또는 종교교육 정책과 관련된 곳은 학교혁신지원실이다. 학교혁신지원실은 유치원을 비롯해 초·중등교육 관련 정책들을 수립·시행하는데, 여기에 중등학교의 교육과정 정책이 포함된다. 초·중등교육 정책의 내용은 학교혁신지원실 하위 부서 명칭과 주요 업무에서 확인할 수 있는 바, 그 내용은 학교정책과(초·중등학교 교육제도), 교원정책과(교원 인사 및 교원단체 및 교원노동조합), 교원양성연수과(교원 양성), 교육과정정책과(유치원·특수학교·초·중등학교 교육과정), 고교교육혁신과(고교학점제), 교과서정책과(교과용도서), 교수학습평가과(학생평가 및 창의적 체험활동 관련 교육과정), 민주시민교육과(민주시민교육 기본정책)이다.[20]

교육부의 종교교육 정책과 관련된 법규들은 〈헌법〉(제11조, 제20조)을

---

18 〈교육부와 그 소속기관 직제〉(시행 2020.3.1. 대통령령 제30448호, 2020.2.25, 일부개정) 제3조(직무), 제4조(하부조직)

19 〈교육부와 그 소속기관 직제〉(시행 2020.3.1. 대통령령 제30448호, 2020.2.25, 일부개정) 제10조(고등교육정책실), 제11조(학교혁신지원실).

20 〈교육부와 그 소속기관 직제 시행규칙〉(일부개정·시행 2020.9.1. 교육부령 제216호) 제7조(학교혁신지원실)

비롯해, 〈학교폭력예방 및 대책에 관한 법률 시행령〉[21] 등 다양하다. 그 가운데 주요 법규는 종래의 〈교육법〉을 1997년에 〈교육기본법〉, 〈초·중등교육법〉, 〈고등교육법〉의 3개 법률로 세분화해 제정된 〈교육 기본법〉과 〈초·중등교육법〉이다. 그 외에 종립학교를 포함한 사립학 교의 자율성과 관련해 주요 법규로 〈사립학교법〉이 있다.

이 법규들을 개략적으로 보면, 우선, 〈교육기본법〉은 1997년 당시부 터 모든 교육관계법의 기본법으로, '자유민주주의 교육체제를 지향하 는 헌법정신'을 토대로 학교교육과 사회교육을 포괄하는 교육 관련 기본 사항을 규정하고 있다. 이 법률의 내용은 전체 3장(총칙, 교육당사 자, 교육의 진흥)과 부칙으로 구성된다.[22]

종교와 관련해서는 〈교육기본법〉에 종교가 '교육의 기회균등'과 교 육의 중립성' 부분이 있다. 구체적으로는 교육의 기회균등 차원에서

---

21 〈학교폭력예방 및 대책에 관한 법률 시행령〉(일부개정·시행 2018.12.31. 대통령령 제29435호) 제10조(전문기관의 설치 등). 제정 당시(2004.7.30.)에는 종교 관련 내 용이 없다. 현행(2018.12.31.) 법규 제10조(전문기관의 설치 등)에 따르면 "① 교육 감은 … 시·도교육청 또는 교육지원청에 다음 각 호의 업무를 수행하는 전문기관 을 설치·운영할 수 있다.〈개정 2014.6.11.〉 1. 법 제11조의2제1항에 따른 조사·상담 등의 업무 2. 학교폭력 피해학생·가해학생에 대한 치유프로그램 운영 업무 ② 교 육감은 제1항제2호에 따른 치유프로그램 운영 업무를 다음 각 호의 어느 하나에 해당하는 기관·단체·시설에 위탁하여 수행하게 할 수 있다.〈개정 2012.7.31, 2012. 9.14.〉 … 5. 학교폭력 피해학생·가해학생 및 학부모를 위한 프로그램을 운영 하는 종교기관 등의 기관"

22 〈교육기본법〉(시행 2019.6.19. 법률 제15950호, 2018.12.18, 일부개정). 제1장에는 '목적, 교육이념, 학습권, 교육의 기회균등, 교육의 자주성 등, 교육의 중립성, 교 육재정, 의무교육, 학교교육, 사회교육, 학교 등의 설립', 제2장에는 '학습자, 보호 자, 교원, 교원단체, 학교 등의 설립자·경영자, 국가 및 지방자치단체', 제3장에는 '남녀평등교육의 증진, 학습윤리의 확립, 건전한 성의식 함양, 안전사고 예방, 평 화적 통일 지향, 특수교육, 영재교육, 유아교육, 직업교육, 과학·기술교육, 학교체 육, 교육의 정보화, 학교 및 교육행정기관 업무의 전자화, 학생정보의 보호원칙, 학술문화의 진흥, 사립학교의 육성, 평가 및 인증제도, 교육 관련 정보의 공개, 교 육 관련 통계조사, 보건 및 복지의 증진, 장학제도 등, 국제교육'에 관한 사항이 담 겨 있다.

종교를 이유로 교육에서 차별을 받지 않아야 한다는 점(제4조)과 교육의 중립성 차원에서 국·공립학교에서 '특정한 종교를 위한 종교교육'을 해서는 안 된다는 점(제6조)을 명시하고 있다.

이 가운데 '교육의 중립성' 맥락에서 명시된 종교 관련 내용은 1949년 〈교육법〉 제정 당시부터 삽입된 내용이다.[23] 당시 문교부가 국무회의에 회부한 안에는 "종교적 교양은 교육상 이를 존중하여야 한다. 그러나 국립 또는 공립학교는 어느 종교를 위한 종교교육, 기타 모든 종교적 활동은 할 수 없다."(제10조)라는 내용이었는데,[24] 〈교육법〉 제5조로 바뀌어 시행된다.[25] 그에 비해 '교육의 기회균등' 부분에 명시된 종교 관련 내용은 1997년 〈교육기본법〉 제정 당시에 새롭게 삽입된 부분이다.[26]

〈표 5〉 〈교육법〉과 〈교육기본법〉의 종교 관련 내용

법규	제정 및 종교 관련 내용	비고 (현행 내용 등)
교육법	(제정 1949.12.31.) 제5조 교육은 교육본래의 목적에 기하여 운영실시되어야 하며 어떠한 정치적, 파당적 기타 개인적 편견의 선전을 위한 방변으로 이용되어서는 아니된다. 국립 또는 공립의 학교는 어느 종교를 위한 종교교육을 하여서는 아니된다.	(개정 1997.1.13.) 제5조 : 제정년도의 제5조와 동일한 내용 ※ 1997.12.13. 폐지(시행 1998. 3.1.) → 〈교육기본법〉

---

23 〈교육법〉(시행 1949.12.31. 법률 제86호, 1949.12.31, 제정) 제5조; 〈교육법〉(시행 1997.1.13. 법률 제5272호, 1997.1.13, 일부개정); 〈교육법〉(시행 1998.3.1. 법률 제5437호, 1997.12.13, 타법폐지).

24 「敎育基本法 公布, 民族國家 理念에 透徹」, 『동아일보』, 1949.3.20, 2면.

25 〈교육법〉(제정·시행 1949.12.31. 법률 제86호) 제5조.

26 〈교육기본법〉(시행 1998.3.1. 법률 제5437호, 1997.12.13, 제정) 제4조(교육의 기회균등), 제6조(교육의 중립성); 〈교육기본법〉(시행 2019.6.19. 법률 제15950호, 2018. 12.18, 일부개정) 제4조(교육의 기회균등), 제6조(교육의 중립성)

교육 기본법	(제정 1997.12.13.) 제4조 (교육의 기회균등) 모든 국민은 성별, 종교, 신념, 사회적 신분, 경제적 지위 또는 신체적 조건등을 이유로 교육에 있어서 차별을 받지 아니한다. 제6조 (교육의 중립성) ① 교육은 교육 본래의 목적에 따라 그 기능을 다하도록 운영되어야 하며, 어떠한 정치적·파당적 또는 개인적 편견의 전파를 위한 방편으로 이용되어서는 아니 된다. ② 국가 및 지방자치단체가 설립한 학교에서는 특정한 종교를 위한 종교교육을 하여서는 아니 된다.	(개정 2018.12.18.) 제4조(교육의 기회균등) ①: 제정년도의 제4조와 동일한 내용 제6조: 제정년도의 제6조와 동일한 내용

다음으로, 〈초·중등교육법〉은 유아·초등·중등·고등교육을 위해 학교를 두고 학교의 종류와 설립·경영 등 학교교육 관련 기본 사항을 법률로 정하도록 한 〈교육기본법〉 제9조[27]에 근거해 '유아교육과 초·중등교육 관련 사항'을 정하고 있다. 이 법률에는 학교 종류(5가지)와 국립·공립·사립학교 구분 및 사립학교를 포함한 학교 설립과 병설 등을 담은 총칙(제1장) 부분, 의무교육(제2장), 학생과 교직원(제3장), 학교(제4장), 교육비 지원(제4장의2), 보칙 및 벌칙(제5장)에 관한 사항이 명시되어 있다.

〈초·중등교육법〉에는, 〈교육기본법〉과 달리, '종교'라는 표현이 등장하지 않는다. 동법 〈시행령〉과 〈시행규칙〉도 마찬가지이다. 그렇지만 그 안에 담긴 모든 유아교육과 초·중등교육에 관한 사항은 종립 유

---

27 〈교육기본법〉(시행 1998.3.1. 법률 제5437호, 1997.12.13, 제정) 제9조(학교교육) "① 유아교육·초등교육·중등교육 및 고등교육을 실시하기 위하여 학교를 둔다. ② 학교는 공공성을 가지며, 학생의 교육 외에 학술과 문화적 전통을 유지·발전시키고 주민의 평생교육을 위하여 노력하여야 한다. ③ 학교교육은 학생의 창의력계발 및 인성의 함양을 포함한 전인적 교육을 중시하여 이루어져야 한다. ④ 학교의 종류와 학교의 설립·경영 등 학교교육에 관한 기본적인 사항은 따로 법률로 정한다."

치원이나 종립 초·중등학교가 반드시 준수해야 할 내용이다.[28]

〈초·중등교육법〉이 특히 중등 이하의 학교에 영향을 미치는 부분은 교육과정 부분이다. 〈초·중등교육법〉에서는 학교가 교육과정을 운영해야 한다는 점, 학교의 교육과정 운영과 교수(敎授)·학습방법 등에 대해 교육감의 장학지도가 이루어진다는 점, 학교평가가 "교육과정 운영 및 교수·학습 방법, 교육 활동 및 교육 성과, 그 밖에 학교운영에 관한 사항"을 기준으로 실시된다는 점 등을 명시해[29] 중등 이하의 학교에서 교육과정이 중요하다는 점을 드러내고 있다.

한편, 교육과정은 1949년 〈교육법〉 제정 당시 '교과과정'으로 제시되었고(제150조),[30] 정부 수립 당시부터 중요한 교육 정책이었다고 할 수 있다. 이와 관련해 〈교육법〉에서 교육과정이라는 표현은 1963년 개정 당시 부칙 부분에 처음 등장한 이후,[31] 교과과정과 같이 명시된다. 그

---

28 〈초·중등교육법〉(시행 1998.3.1. 법률 제5438호, 1997.12.13, 제정); 〈초·중등교육법〉(시행 2020.9.25. 법률 제17081호, 2020.3,24, 일부개정); 〈초·중등교육법 시행령〉(시행 1998.3.1. 대통령령 제15664호, 1998.2,24, 제정); 〈초·중등교육법 시행령〉(시행 2020.9.25. 대통령령 제31021호, 2020.9,22, 일부개정); 〈초·중등교육법 시행규칙〉(제정·시행 2015.3.5. 교육부령 제57호); 〈초·중등교육법 시행규칙〉(시행 2020.3.1. 교육부령 제201호, 2020.2,28, 일부개정).

29 〈초·중등교육법〉(시행 2020.9.25. 법률 제17081호, 2020.3,24, 일부개정) 제7조(장학지도), 제23조(교육과정 등); 〈초·중등교육법 시행령〉(시행 2020.9.25. 대통령령 제31021호, 2020.9,22, 일부개정) 제12조(평가의 기준). 〈초·중등교육법〉 제7조에 따르면, "교육감은 관할 구역의 학교를 대상으로 교육과정 운영과 교수(敎授)·학습방법 등에 대한 장학지도를 할 수 있다.[전문개정 2012.3.21.]" 또한 제23조에 따르면, "① 학교는 교육과정을 운영하여야 한다. ② 교육부장관은 제1항에 따른 교육과정의 기준과 내용에 관한 기본적인 사항을 정하며, 교육감은 교육부장관이 정한 교육과정의 범위에서 지역의 실정에 맞는 기준과 내용을 정할 수 있다.〈개정 2013.3.23.〉 ③ 학교의 교과(敎科)는 대통령령으로 정한다.[전문개정 2012.3.21.]"

30 〈교육법〉(시행 1949.12.31. 법률 제86호, 1949.12.31, 제정) 제150조 "각 학교는 소정의 교과과정을 수업하여야 한다."

31 〈교육법〉(시행 1963.3.1. 법률 제1387호, 1963.8.7, 일부개정) 부칙 "② 실업고등전문학교의 운영을 위하여 필요한 다음 각호의 사항에 관하여는 1963학년도에 한하여 이 법 및 다른 법령의 규정에 불구하고 문교부장관이 각의의 의결을 거쳐 정하는 바에 의한다. 1. 교육과정 …"

리고 〈교육법〉 제150조에 명시되었던 '교과과정'이라는 표현은 1991년 12월 개정 당시 '교육과정'으로 대체되어 더 이상 〈교육법〉에서 사용되지 않는다.[32]

다음으로, 〈사립학교법〉은 '사립학교의 특수성에 비추어 그 자주성을 확보하고 공공성을 앙양함으로써 사립학교의 건전한 발달을 도모함을 목적'으로, 1963년에 제정된다. 이 법에서 '사립학교'는 학교법인, 공공단체 외의 법인 또는 그 밖의 사인(私人)이 설치하는 〈유아교육법〉(제2조 제2호), 〈초·중등교육법〉(제2조) 및 〈고등교육법〉(제2조)에 따른 학교이고, 여기서 '학교법인'은 사립학교만을 설치·경영할 목적으로 〈사립학교법〉에 따라 설립되는 법인을 말한다.[33]

〈사립학교법〉과 종교의 연관성은 무엇일까? 1963년 제정 당시의 〈사립학교법〉에는 종교 관련 내용이 보이지 않는다. 그리고 2007년 개정 당시부터 '개방이사' 추천과 관련해 종교 관련 내용이 삽입된다. 주요 내용은 아래와 같다.[34]

---

32 〈교육법〉(시행 1991.12.31. 법률 제4474호, 1991.12.31, 일부개정) 제150조(교육과정의 수업) "각 학교는 소정의 교육과정을 수업하여야 한다.〈개정 1991.12.31.〉"

33 〈사립학교법〉(시행 1963.7.27. 법률 제1362호, 1963.6.26, 제정); 〈사립학교법〉(시행 2020.9.25. 법률 제17078호, 2020.3.24, 일부개정) 제1조(목적), 제2조(정의), 제3조(학교법인이 아니면 설립할 수 없는 사립학교등). 제3조에 따르면, 학교법인이 아닌 자는 산업체가 고용근로청소년 교육을 위해 중학교 또는 고등학교를 설치·경영하는 경우를 제외하면(〈초·중등교육법〉 제52조 제2항), 초등학교·중학교·고등학교·특수학교·대학, 산업대학·사이버대학·전문대학·기술대학, 대학·산업대학·전문대학·기술대학에 준하는 각종대학을 설치·경영할 수 없다.

34 〈사립학교법〉(일부개정·시행 2007.7.27. 법률 제8545호) 제14조(임원); 〈사립학교법〉(시행 2020.9.25. 법률 제17078호, 2020.3.24, 일부개정) 제14조(임원). 한편, 〈사립학교법 시행령〉(일부개정·시행 2007.11.5. 대통령령 제20362호) 제7조의2(개방이사의 추천·선임 등)에 따르면, "⑥ 법 제14조 제4항 단서에서 '종교지도자 양성만을 목적으로 하는 대학 및 대학원 설치·경영 학교법인'이란 정관에서 그 설립목적과 해당 종교단체의 관계를 명확히 하고 있는 학교법인으로서 해당 종교단체에서 종교의식의 집행, 신도의 교육, 선교 활동, 종교단체의 운영 등을 지도·담당하는 자의 양성만을 위하여 설립된 대학 및 대학원을 설치·경영하는 학교법인을 말한다."

〈표 6〉〈사립학교법〉의 종교 관련 내용

제정	2007 개정	현행
(1963.7.27.) ※ 관련 내용 없음	(개정 2007.7.27.) 제14조 (임원) ① 학교법인에는 … 7인 이상의 이사와 2인 이상의 감사를…. 다만, 유치원만을 설치·경영하는 학교법인에는 … 5인 이상의 이사와 1인 이상의 감사를 둘 수 있다. ② 이사 중 1인은 … 이사장이 된다. ③ … 이사정수 4분의 1…에 해당하는 …"개방이사"…를 … 개방이사추천위원회에서 2배수 추천한 인사 중에서 선임….〈개정 2007.7.27.〉④ 개방이사추천위원회는 …대학평의원회…또는 … 학교운영위원회…에 두고 …, 위원정수는 5인 이상 홀수로 하고 대학평의원회 또는 학교운영위원회에서 … 2분의 1을 추천…. 다만, 대통령령으로 정하는 종교지도자 양성만을 목적으로 하는 대학 및 대학원 설치·경영 학교법인의 경우에는 당해 종교단체에서 2분의 1을 추천한다.〈개정 2007.7.27.〉⑤ … 추천위원회가 개방이사를 추천하는 경우에는 30일 이내에 완료…, 기간 내에 추천하지 못하는 때에는 관할청이 추천….〈개정 2007.7.27.〉⑥ … 개방이사의 추천, 선임방법 및 자격요건과 기준… 정관으로….〈개정 2007.7.27.〉	(개정 2020.3.24.) 제14조(임원) ① 학교법인에는… 7인 이상의 이사와 2인 이상의 감사를… ② 이사 중 1인은… 이사장이 된다. ③ … 이사정수 4분의 1…에 해당하는 … "개방이사"…를 개방이사추천위원회에서 2배수 추천한 인사 중에서 선임… ④ 개방이사추천위원회는…대학평의원회… 또는 … 학교운영위원회…에 두고 … 위원정수는 5인 이상 홀수로 하고 대학평의원회 또는 학교운영위원회에서 … 2분의 1을 추천…. 다만, 대통령령으로 정하는 종교지도자 양성만을 목적으로 하는 대학 및 대학원 설치·경영 학교법인의 경우에는 당해 종교단체에서 2분의 1을 추천한다.〈개정 2007.7.27.〉⑤ … 추천위원회가 개방이사를 추천하는 경우에는 30일 이내에 완료…, 기간 내에 추천하지 못하는 때에는 관할청이 추천… ⑥ … 개방이사의 추천, 선임방법 및 자격요건과 기준…정관으로….

이상의 내용을 보면, 〈교육법〉은 1948년부터 1998년 2월까지, 즉 제7차 교육과정(1997~2007)까지 국가 수준 교육과정의 고시 근거로서, 교육과정 정책, 특히 국·공립학교의 종교교육 관련 내용을 포함해 종교교육 정책의 방향이었다고 할 수 있다. 그리고 김대중정부(1998~2003) 초기인 1998년 2월 이후부터 〈교육기본법〉과 〈초·중등교육법〉이 교육

과정 정책의 근거가 되고 있다. 특히 〈초·중등교육법〉은 노무현정부 (2003~2008) 시기인 2007년 개정 교육과정 이후부터 국가 수준 교육과 정의 고시 근거가 되어, 교육과정 정책의 중심이 되고 있다. 이는 종교 학 교육과정이 제4차 교육과정(1981~1987) 이후 법적 근거에 의해 공적 성격을 갖게 되었다는 것을 의미한다. 그에 비해 〈사립학교법〉은 종립 학교를 포함해 사립학교가 교육과정 정책에 부응하면서도 자율성을 구현할 근거가 되고 있다.

03
교육과정 정책과 종교교육

정부의 교육 정책 가운데서도 교육과정 정책은 중등학교에 강한 영향을 미친다. 교육과정(curriculum)은 국가 수준에서 학교교육의 목표를 설정하고 목표 달성을 위해 필요한 내용을 선정해서 조직하고, 교육 내용에 적합한 교수-학습 방법을 정하고, 그에 대한 평가 방식 등을 문서화한 일종의 '국가 수준의 학교교육 계획표'를 말한다. 여기서 교육과정의 범위는 잠재적(latent) 교육과정이나 여러 의도로 특정 내용을 삭제·약화시키는 영(零, null) 교육과정을 제외한 명시적 교육과정만을 의미한다.

교육과정, 즉 국가 수준의 학교교육 계획표는 정부가 교육에서 어떤 요소를 중시하느냐에 따라 변화된다. 예를 들어, 교육과정에서 학생의 경험을 중시하면 경험 중심 교육과정, 교과의 개념과 법칙 등의 구조 파악을 중시하면 교과 중심 교육과정이 된다. 이 교육과정의 성격은 미군정기 이후 최근까지 변화를 거치고 있다.[35]

---

35 고병철, 『한국 중등학교의 종교교과교육론』, 박문사, 2012, 149-150쪽. 이하 151-196쪽 참조.

〈표 7〉 교육과정의 시기 구분

공화국		교육과정	시대구분
제1공화국 (1948.8~)	미군정기 (1945.8.15~1948.8.14.)	※과도기 (1945.8.15~)	교수요목 (1945.8.15~)
	1대 이승만 (1948.8.15~1952.8.14.)	※교수요목기 (1946.9~)	
	2대~ (1952.8~1956.8.14.)	제1차 (1954.4.20~)	
	3대~ (1956.8~1960.4.26.)		교과과정 (1954.4.20~)
제2공화국 (1960.6~)	4대 윤보선(1960.8~1962.3.23.)		
제3공화국 (1961.12~)	5대 박정희 (1963.12~1967.6.30.)	제2차 (1963.2.15~)	
	6대~ (1967.7~1971.6.30.) 7대~ (1971.7~1972.12.27.)		
제4공화국 (1972.10~)	8대~ (1972.12~1978.12.26.)	제3차 (1973.2.14~)	
	9대~ (1978.12~1979.10.26.) 10대 최규하 (1979.12~1980.8.16.)		
제5공화국 (1980.10.27~)	11대 전두환 (1980.8~1981.2.24.)		
	12대~ (1981.2~1988.2.24.)	제4차 (1981.12.31~)	교육과정 (1963.2.15~ 現)
제6공화국 (1988.2.25~現)	13대 노태우 (1988.2~1993.2.24.)	제5차 (1987.3.31~)	
	14대 김영삼 (1993.2~1998.2.24.)	제6차 (1992.6.30~) 제7차 (1997.12.30~)	
	15대 김대중 (1998.2~2003.2.24.)		
	16대 노무현 (2003.2~2008.2.24.)	2007개정(2007.2.28~)	
	17대 이명박 (2008.2~2013.2.24.)	2009개정(2009.12.23~)	
		2011개정(2011.8.9~)	
		2012개정(2012.12.18~)	
	18대 박근혜 (2013.2~2016.12.)	2015개정(2015.9.23~)	
	19대 문재인 (2017.5~現)	계속	

    교육과정 역사는 제1공화국의 교수요목 시기, 제1·2공화국에 걸친 교과과정 시기, 그리고 제3공화국 이후의 교육과정 시기로 삼분된다.[36] 구체적으로, 교수요목 시기는 미군정기에 종래 임시 교과목 편

36 함종규, 『한국교육과정변천사연구』, 교육과학사, 2004, 171-172쪽.

제와 시간배당표를 수정해 교수요목을 정한 후[37] 〈교육법〉에 부합되는 '시간배당 기준령'이 제정된 1954년까지 약 10년간을 말한다. 이어, 교과과정 시기는 1954년 '교육과정 시간배당 기준령'과 1955년 교과과정이 공포된 후부터 1963년까지 약 8년간을 말한다. 그리고 교육과정 시기는 1963년 2월에 종래 '시간배당 기준령'과 '교과과정'을 각급 학교의 '교육과정'으로 통합한 이후를 말한다. 각 교육과정별 시간배당 기준령의 변화는 아래의 표와 같다.[38]

〈표 8〉 교육과정 시간 배당 기준령의 역사

구분	교육과정	초등학교	중학교	고등학교
교과 과정	제1차 (1954.4~)	문교부령 제35호(1954.4.20 제정·공포)		
		문교부령 제44호 (1955.8.1.)	문교부령 제45호 (1955.8.1.)	문교부령 제46호 (1955.8.1.)
교육 과정	제2차 (1963.2~)	문교부령 제119호 (1963.2.15.)	문교부령 제120호 (1963.2.15.)	문교부령 제121호 (1963.2.15.)
		문교부령 제251호 (1969.9.4. 부분)	문교부령 제251호 (1969.9.4. 부분)	문교부령 제251호 (1969.9.4. 부분)
			문교부령 제286호 (1971.8.24. 부분)	
			문교부령 제300호 (1972.5.8. 부분)	
	제3차 (1973.2~)	문교부령 제310호(1973.2.14.)		문교부령 제350호 (1974.12.31.)
			문교부령 제325호 (1973.8.31.)	
		문교부령 제424호(1979.3.1.)		
	제4차 (1981.12~)	문교부 고시 제442호(1981.12.31.)		

---

37 유봉호·김융자, 『한국 근/현대 중등교육 100년사』, 한국교육학회 교육사연구회, 1998, 187쪽.
38 교육부, 『초·중·고등학교 국가 수준의 교육과정 기준-총론』, 교육부, 1999, 1-2쪽.

제5차 (1987.3~)	문교부 고시 제87-9호 (1987.6.30.)	문교부 고시 제87-7호 (1987.3.31.)	문교부 고시 제88-7호 (1988.3.31.)
제6차 (1992.6~)	교육부 고시 제1992-16호(1992.9.30.) 교육부 고시 제1995-7호(1995.11.1 부분)	교육부 고시 제1992-11호(1992.6.30.)	교육부 고시 제1992-19호(1992.10.30.)
제7차 (1997.12~)	교육부 고시 제1997-15호(1997.12.30.)		
2007개정 (2007.2-)	교육인적자원부 고시 제2007-79호(2007.2.28.)		
2009개정 (2009.12~)	교육과학기술부 고시 제2009-41호(2009.12.23.)		
2011개정 (2011.8~)	교육과학기술부 고시 제2011-361호(2011.8.9.)		
2012개정 (2012.3~)	교육과학기술부 고시 제2012-3호(2012.3.21.)		
2015개정 (2015.9~)	교육부 고시 제2015-74호(2015.09.23.)		

위의 표들은 교육과정 정책의 역사가 미군정기부터 시작된다는 것을 보여주고 있다. 즉 미군정기에는 과도기를 거쳐 1946년 9월부터 교수요목기가 시작된다. 그렇지만 교육과정에 종교 교과가 포함된 시기는 제4차 교육과정에서부터이고, 종교 교과 교육과정이 만들어진 시기는 제6차 교육과정에서부터이다.

이러한 흐름을 보면 종교교육과 관련된 교육과정 정책의 역사를 크게 제4차 교육과정의 이전과 이후, 제6차 교육과정 이후로 구분할 수 있다. 그렇지만 종교 교과의 성격과 내용상 차이를 고려하면, 제6차 교육과정 이후를 다시 2015년 개정 교육과정 이전과 이후로 구분할 수 있다.

1) 제4차 교육과정 이전: 미군정기부터 제3차 교육과정까지

먼저, 미군정청의 교육 정책은 1945년 9월에 본격화된다. 9월 한 달 동안 일어난 일을 보면, 초급대학 영어교사 출신 대위와 오천석(吳天錫)을 각각 교육책임자와 학무국장에 임명한다. 〈일반명령 제4호〉를 공포해 '공립 초등학교'의 수업 시작과 사립 초등학교 개교에 대한 학무국 인가제를 발표하고,[39] 초등학교의 교육방침과 유의점과 교과목 등을 지시한다.[40] 또한 각 도(道)에 중등 이상 관·공립학교의 수업 재개(10월)와 사립중등학교 개교에 대한 학무국 인가제를 발표하고, 일제강점기에 폐교된 종립학교도 복학(復學)될 수 있게 한다.[41] 그리고 조선군정장관 명의로 〈법령 제6호〉를 공포해 교육 관련 사항을 정비하고,[42] 공·사립학교와 고등여학교의 교과 및 시간 배당표를 발표한다.[43]

---

39 중앙대학교 부설 한국교육문제연구소, 『문교사(1945-1973)』, 중앙대학교출판국, 1974, 6쪽.

40 유봉호·김융자, 앞의 책, 1998, 192-193쪽. 교육방침의 핵심은 당분간 현재 상태를 지속하되 일본주의적 색채에 관한 일체의 사항을 없애고, 평화와 질서를 교육목표로 한다는 것이었다. 동시에 일제 잔재의 불식, 평화와 질서의 유지, 생활의 실제에 적합한 지식 기능의 연마 등이 교육방침으로 강조되었다.

41 황영희, 「미군정기의 사학 연구」, 『교육연구』 8, 원광대학교 교육문제연구소, 1989, 128-133쪽.

42 내무부 치안국, 〈법령 제6호〉(1945.9.29.), 『미군정법령집』, 1956, 8-9쪽. 〈법령 제6호〉의 내용은 공립학교의 개학(제1조), 사립학교(제2조), 종족(種族)의 종교(제3조), 교훈(敎訓)의 용어, 과정(課程, 제5조), 교사(제6조), 학교건물(제7조)로 구성되었다. 이 법령에 근거해 조선인 교사들은 9월에 학무과(學務課)에 등록하고(제6조), 미국 육군의 점령 건물을 제외하고 당시 교육 목적이 아니던 건물을 학교로 사용하게 된다(제7조).

43 유봉호·김융자, 앞의 책, 1998, 194-195쪽. 주요 내용은 하루 평균 5-6시간 정도로 일주일에 32-35시간을 배당한다는 것이다. 중등학교 교과 편제는 '공민, 국어, 지리·역사, 수학, 물리·화학, 가사, 재봉, 영어, 체육, 음악, 습자, 도화, 수예, 실업' 등이다. 교과별 시간 배당은 대체로 국어, 영어, 수학, 물리·화학, 지리·역사, 체육 순이다. 실업학교의 경우는 이 배당표에 실업과목을 적당히 넣어 실정에 맞게 교수하도록 한다.

당시 〈법령 제6호〉에는 제3조에 종교 관련 내용을 포함시키고 있다. 그 핵심은 조선학교에서 종족 및 종교의 차별이 없도록 해야 한다는 내용이다.[44] 이는 맥아더가 〈포고〉에 포함한 '인권 및 종교상의 권리 보호'를 수용한 것이다.[45]

이러한 교육 정책에 따라 1945년 10월 1일부터 경성부 내 각 사립 국민학교들이 개교를 시작한다. 그리고 11월에 '조선교육심의회'(약 100명)를 구성해 10개 분과위원회가 교육이념(제1분과), 중등교육(제5분과), 교과서(제9분과) 등을 논의하기 시작하고, 1946년 3월 7일까지 활동하는 동안 교육 이념('홍익인간'), 의무교육제, 6-3-3-4 단선형 학제 등을 채택한다.[46]

조선교육심의회 활동이 끝날 무렵인 1946년 2월에는 '교수요목(syllabus) 제정위원회'가 조직되어, 교육방침, 유의점, 교과목 등 교수요목 관련 사항을 재검토하고, 수정안과 중등학교 교과 편제안을 제시한다. 그리고 3월에 학무국이 문교부로 바뀐 후,[47] 9월에 '국민학교·중등학교 교과편제 및 시간배당'을 마련한다.[48] 이로써 과도기 이후의

---

44 김경식, 「현대 한국 군정교육의 역사적 평가-법규·법철학 분야를 중심으로」, 『한국교육사학』 13, 한국교육사학회, 1991, 169-170쪽.

45 손인수, 『미군정과 교육정책』, 민영사, 1992, 95-96쪽.

46 손인수, 위의 책, 1992, 230-238쪽; 이나미, 「미군정기의 민주주의 교육: 일제시기와의 연속성을 중심으로」, 『동양정치사상사』 3-1, 한국동양정치사상사학회, 2004, 210-211쪽. 조선교육심의회의 구성원 가운데 체제 유지적 보수주의인 한민당 소속 28명, 반공이념을 지향한 민족청년당 소속 7명, 온건한 민족주의로 분류되는 흥사단 소속 31명이 포함된다.

47 내무부 치안국, 〈법령 제64호(조선정부 각부서의 명칭)〉(1946.3.29.), 『미군정법령집』, 1956, 56-59쪽. 당시의 조선군정장관인 러치(A. L. Lerch, 재임: 1946.1.4.-1947.9.11.) 소장 명의로 공포된 〈법령 제64호〉의 핵심은 기존의 국(局)을 부(部)로 개칭한 것이다. 당시 문교부의 초대 부처장으로는 유억겸, 차장으로는 오천석이 임명된다. 이는 미군정청이 1945년 12월, 미국인과 한국인이 동시에 국장으로 참여하는 양국장제(兩局長制)를 실시한 연장선에 있는 것이다.

48 유봉호·김융자, 앞의 책, 1998, 218-220쪽; 손인수, 앞의 책, 1992, 250쪽. 당시 교수

'교수요목기'가 시작된다.

또한 1946년 9월에는 문교부가 '신교육연구협회' 창설을 주도해 '새교육운동'을 시작한다. '새교육' 이론으로 듀이(J. Dewey)의 교육사상이 주목을 받는데,[49] 그 이유로 실용주의적 민주주의가 파시즘(일본)·공산주의(소련)와 대립하는 이념에 적합했고, 사회주의식 평등이 아니라 '자유'를 강조한 개인주의적·공리주의적·실용주의적·탈정치적 영·미식 민주주의를 대표했기 때문이라는 설명이 있다.[50]

1948년에는 남한 총선거(5월)와 〈헌법〉 공포(7월) 이후,[51] 8월에 제1공화국이 출범하고, 초대 문교부장관(1948.8.3, 안호상)이 임명된다.[52] 그리

요목을 보면, 사회생활과는 교수목적, 교수방침, 교수요목의 운용법, 교수에 관한 주의, 사회생활과의 교육내용의 구조 등으로, 국어과는 교수요지, 교수방침, 교수사항, 교수상의 주의로 구성된다. 그렇지만 수학과 이과의 교수요목에는 제목만 열거되고 교수목표나 지도시 유의사항 등에 대한 언급이 없다. 한편, 국가기록원의 '교수요목 제정' 항목(http://contents.archives.go.kr)에 따르면, 1946년 9월에 발표된 교수요목의 특징은 3가지이다. 첫째, 교과의 지도내용을 상세히 표시하고 기초능력의 배양에 주력한 것이다. 둘째, 분과주의 교과를 채택해 체계적인 지도와 지력의 배양에 중점을 둔 것이다. 셋째, 교육이념(홍익인간의 정신)에 입각하여 애국애족의 교육을 강조하고 일제 잔재의 시급한 제거를 지향한 것이다.

49 손인수, 앞의 책, 1992, 207-211쪽. 당시 새교육 운동은 주로 초등교육을 대상으로 하였고, 교육과정의 연구보다 학습지도법의 개선에 관심을 보인다. 미군정하의 교육이념은 대체로 듀이의 철학에 따른 교육을 지향하는 것이었고, 새교육운동도 그에 바탕을 둔 것이다(같은 책 211쪽.). 따라서 새교육운동에서는 획일적·지식 주입식의 전통적 교육이 지양되는 측면이 있다.

50 이나미, 앞의 글, 2004, 205-210쪽. 이미 1927년 컬럼비아 대학에 있는 듀이의 클래스에 한국학생들이 있었고, 장이욱·김홍제·조병욱·오천석 등 미군정기 교육계 주요인사들도 듀이의 강의를 직적 수강하였다. 또한 김활란·서은숙·장석영·윤성순·노재명 등은 듀이의 제자이며 해설자인 킬패트릭의 강의를 수강한 인물이었다.

51 〈대한민국헌법〉(제정·시행 1948.7.17. 헌법 제1호). 특히 종교와 관련해서는 제8조에 '법률 앞의 평등과 신앙에 의한 차별 금지', 제12조에 '신앙의 자유와 국교의 부정과 정치로부터의 종교 분리'가 명시된다. 교육과 관련해서는 제14조에 '학문의 자유', 제16조에 "균등하게 교육을 받을 권리, 초등교육의 의무와 무상, 교육기관의 국가 감독, 교육제도의 법정주의' 명시된다.

52 유봉호·김융자, 앞의 책, 1998, 212-213쪽. 안호상은 홍익인간의 교육 이념 하에 남

고 5개월 후인 1949년 12월에 〈교육법〉을 제정해, '국가 책임 하의 국민교육' 실현을 지향한다.[53] 당시 〈교육법〉에는 종교와 관련해 국·공립학교가 '어느 종교를 위한 종교교육'을 할 수 없고(제5조), 신앙에 의한 차별 없이 능력에 따라 균등하게 교육을 받도록 해야 한다는 내용이 명시되는데(제81조),[54] 이는 '국가 책임 하의 국민교육'이 특정한 종교와 무관해야 한다는 의미이다.

1950년 6월에는 제2대 문교부장관(1950.5.4, 백낙준)이 교수요목(안)을 심의하고 기초자료의 조사·연구를 위해 '교수요목제정심의회'를 두고, 학교와 교과목 종류에 따라 분과별 운영체제를 갖추어[55] 교육과정 제정 절차의 근거를 세우고, '의무교육 6개년계획'을 시행한다. 그러나 한국전쟁(1950.6~1953.7)으로 학교교육이 중단되고,[56] 문교부는 부산으로 옮겨진다.

그렇지만 한국전쟁 중에도 1951년부터 학교교육이 재개된다. 부산에 거처를 둔 문교부는 1951년 초부터 〈전시하 교육특별조치요강〉(2월), 〈교과과정연구위원회직제〉(3월), 〈교육법〉 개정(3월, 12월) 등의 조치

북통일을 위해 '일민주의 교육' 또는 '민주주의 민족주의'를 표방하고, 일민주의의 보급 정책으로 학도호국단을 조직한다.

53 〈교육법〉(제정·시행 1949.12.31. 법률 제86호). 관련 내용으로 국가 및 지방공공단체의 교육기관 지도·감독권(제6조), 초등교육의 권리와 의무(제8조), 군 단위 교육구(법인)의 설치와 국민학교의 설치·경영(제15조-제17조) 및 교육구 내 구교육위원회(의장: 군수) 설치(제19-27조), 시도와 특별시 내 교육위원회 설치(제33조, 제46조) 및 국가 차원의 중앙교육위원회 설치(제57조), 교원 봉급의 국고 지원(국민학교 전액, 공립중·고등학교 반액)(제70조), 국고·특별시·도의 사립학교 보조 금지 및 설립 인가제 실시(제71조, 제85조) 사립학교 교원의 채용·해직 보고 및 감독청의 교원 해직권(제87조) 등을 들 수 있다.

54 1949년의 〈교육법〉 제83조에 따르면, 도·시·교육구가 설립·경영하는 학교는 공립학교(시립·도립·구립학교), 법인·사인이 설립·경영하는 학교는 사립학교이다.

55 〈교수요목제정심의회규정〉(제정·시행 1950.6.2. 문교부령 제9호).

56 함종규, 앞의 책, 2004, 237-238쪽. 의무교육은 1953년 6월에 교육자치제가 발족된 것을 계기로 본격적인 궤도에 오르게 된다.

를 취한다.[57] 3월 이후 교과과정연구위원회는 교육과정 제정을 준비하고,[58] 학제도 6-3-3-4제로 바뀐다.[59] 1952년 4월에는 처음으로 〈교육법시행령〉을 제정해 학교별 학과와 교과의 세부 내용을 정하는데, 당시 대학(사범대학 포함)의 인문과학계 일반교양과목(12과목)에 '종교학'이 포함되어 있기도 하다.[60] 그리고 전쟁 막바지인 1953년 4월에 〈교육공무원법〉을 제정해 교사 자격 기준을 정한다.[61]

다음으로, 한국전쟁 중인 1952년 8월 제2대 대통령임기를 시작한 이승만정부는 1953년 7월의 군사정전(軍事停戰) 이후,[62] 1954년 4월부터 제1차 교육과정(1954.4.20.~1963.2.14.)을 시작한다. 정확히는 교과과정 시기가 시작된다. 1954년 4월, 제4대 문교부장관(1954.4~1956.6, 이선근) 취임 전날에 공포한 명칭이 국민학교·중학교·고등학교·사범학교의 '교육과정 시간 배당 기준령'(문교부령 제35호)이기 때문이다. 그 후 '교과

---

57 〈대학교육에관한전시특별조치령〉(제정 1951.5.4. 문교부령 제19호); 〈대학교육에 관한전시특별조치령〉(폐지 1958.5.24. 문교부령 제75호); 〈교육법개정에따르는현 존학교에관한조치령〉(제정 1951.8.24. 대통령령 제528호); 〈교육법〉(일부개정 1951. 3.20. 법률 제178호); 〈교육법〉(일부개정 1951.12.1. 법률 제228호).

58 〈교과과정연구위원회직제〉(제정·시행 1951.3.30. 문교부령 제16호) 제1조-제8조. 다만, 〈교수요목제정심의회규정〉(문교부령 제9호)과 〈교과과정연구위원회직 제〉(문교부령 제16호)는 1959년 3월 11일자로 폐지되고, 〈교육과정심의회규정〉 (제정 1959.3.11. 문교부령 제81호)이 공포·시행된다.

59 〈교육법〉(일부개정 1951.3.20. 법률 제178호) 제95조; 제102조; 제106조; 제110조. 〈교육법〉(제정·시행 1949.12.31. 법률 제86호) 제정 당시 학제는 6-4-4(또는 2 년)-4(또는 6년)제였고, 일차 개정된 〈교육법〉(일부개정 1950.3.10. 법률 제118호) 의 학제는 6-4-3-4(또는 6년)제였다.

60 〈교육법시행령〉(제정·시행 1952.4.23. 대통령령 제633호) 제113조-125조. 〈교육법 시행령〉(일부개정 1971.3.2. 대통령령 제5541호) 제119조(대학의 교과)에 따르면, 대학의 경우에 영역별 교과 지침은 1971년 3월에 삭제된다.

61 〈교육공무원법〉(제정·시행 1953.4.18. 법률 제285호) 제4조. 그에 따르면 교사 자 격은 정교사(1급 2급), 준교사, 특수교사, 양호교사로 구분되었고, 교사들은 문교 부장관이 수여한 자격증을 소지해야 했다.

62 한국전쟁 기간에 자유당(自由黨) 창당, 계엄령 선포와〈헌법〉개정 등의 조치를 기 반으로 재선에 성공한 이승만이 1952년 8월에 제2대 대통령 임기를 시작한다.

과정연구위원회'와 '교수요목제정위원회'의 심의를 거쳐, 비록 1954년 11월 사사오입(四捨五入)이 있었지만, 1955년 8월에 각급 학교의 교과과정(문교부령 제44호)도 공포하고, 그에 의거해 연차적으로 교과서용 도서를 개편한다.[63]

1954년 4월의 '교육과정 시간 배당 기준령', 1955년 8월의 문교부령 제44호(국민학교)·제45호(중학교)·제46호(고등학교)는, 민주적인 과정과 절차상 문제가 있었지만, 한국 교육사에서 최초의 교육과정이라는 평가를 받고 있다.[64] 이후, 1959년 3월 이후에는 각급 학교의 '교육과정'을 심의하기 위해 70인 이내의 '교육과정심의회'(회장: 문교부차관)를 구성해 각급 학교 교육과정의 편제·제정, 편제 관련 기초자료의 조사연구 사항 등을 심의하게 한다.[65]

1960년에는 3·15 부정선거로 인한 4·19혁명으로 이승만이 대통령에서 물러나고 자유당 정권이 해체되어, 허정(許政) 과도정부가 3개월간 집권하면서 〈헌법〉 개정(6월)이 이루어진다.[66] 이어, 총선거 이후, 윤

---

63 함종규, 앞의 책, 2004, 241-261쪽. 당시 국민학교에는 '국정'을 원칙으로, 중·고등 학교에는 '국정·검정·인정'을 병용하게 한다.

64 함종규, 위의 책, 2004, 266쪽. 제1차 교육과정(1954.4.20.-1963.2.14.)이 제4대 문교 부장관 취임 전날 공포되었다는 것은 제3대 김법린 장관 시기에 '교육과정 시간 배당 기준령'이 마련되었음을 시사한다. 이는 제1차 교육과정에 제3대 김법린 장관이 강조한 '도의교육'이 포함되었다는 점에서 확인할 수 있다(유봉호·김융자, 앞의 책, 1998, 228-229쪽.).

65 〈교육과정심의회규정〉(제정 1959.3.11. 문교부령 제81호) 제4조. 이 규정은 공포일로부터 시행되었고, 동시에 〈교수요목제정심의회규정〉(문교부령 제9호)과 〈교과과정연구위원회직제〉(문교부령 제16호)는 폐지되었다. 여기서 교육과정은 '각급학교의 교육목적을 달성하기 위한 교과활동과 교과외 활동을 포함한 모든 교육활동'을 의미했다(제2조).

66 〈대한민국헌법〉(일부개정 1960.6.15. 헌법 제4호). 〈헌법〉 개정으로 대통령제는 내각책임제, 대법원장과 대법관 선출은 선거제로 변경되었다. 종래의 헌법위원회 및 탄핵재판소는 폐지되고 헌법재판소가 설치되었고, 경찰의 중립화가 요구되었다.

보선(1960.8.~1962.3.23.) 중심의 민주당 정권, 즉 제2공화국이 '4월혁명의 과업수행'을 명분으로 〈헌법〉 개정(11월)과 동시에 과거 정권의 청산 작업을 진행한다.[67] 그리고 12월에 새롭게 〈교육과정심의회규정〉을 공포해,[68] 교육과정 제정 기반을 마련한다.

그렇지만 1961년 5·16군사정변이 일어나고 그 주도자들이 군사혁 명위원회를 국가재건최고회의(1961.5.19.~1963.12.16.)로 개명하고 군사 정부를 수립하면서 교육 정책에 변화가 발생한다. 이와 관련해, 1961 년 8월에는 〈교육법〉 개정으로 각급 학교의 학년 시작일을 종래 4월 1 일에서 3월 1일로 바꾸고,[69] 교육과정심의회를 개시한다. 9월에는 〈교 육에 관한 임시특례법〉을 제정해 제도적으로 학교교육을 통제한다.[70]

1962년 1월에는 〈교육법〉 개정으로 교육구와 시교육위원회 등 종래 교육자치제를 폐지하고,[71] 5월부터 교육과정심의회(개시 1961.8)의 시안 에 대한 여론을 청취한다. 이어, 1963년 2월에 제2차 교육과정(문교부령 제119호·제120호·제121호·제122호)을 공포하고, 6월에 〈사립학교법〉을 제 정한다.[72] 그리고 8월에 〈교육법〉 개정으로 실업고등전문학교의 설치

---

67 〈대한민국헌법〉(일부개정 1960.11.29. 헌법 제5호).
68 〈교육과정심의회규정〉(폐지 1960.12.23. 문교부령 제132호); 〈교육과정심의회규 정〉(제정·시행 1960.12.23. 국무원령 제132호).
69 〈교육법〉(일부개정 1961.8.12. 법률 제680호).
70 〈교육에관한임시특례법〉(제정 1961.9.1. 법률 제708호) 제1조(목적). "본법은 국민 교육의 정상적 질서를 확립하고 그 질적 향상을 도모하기 위하여 교육행정 또는 학교법인(사립학교의 설립경영을 목적으로 하는 법인을 말한다 이하 같다)에 관 하여 교육법 및 교육공무원법과 기타의 법령에 대한 특례를 규정함을 목적으로 한 다." 그와 관련해 문교재건자문위원회가 설치되고, 문교부장관에게 학교의 정비 권이 주어진다. 국민학교 교원양성기관으로 2년제의 교육대학제도가 신설되고, 교수 임용에 실적심사제가 채택된다. 교원의 노동운동과 집단적 행위가 금지되 고, 정년이 5년 단축된다. 그리고 '대학생의 질적 향상 도모'를 명분으로 학사학위 의 수여에 국가고시의 합격이 필요조건이 된다.
71 〈교육법〉(일부개정 1962.1.6. 법률 제955호).
72 〈사립학교법〉(시행 1963.7.27. 법률 제1362호, 1963.6.26. 제정); 〈사립학교법시행

근거 마련, 2년제 사범학교제 폐지와 국민학교 교원양성을 위한 2년제 교육대학 창설, 4년제 사범대학의 중등교원 양성 담당 등의 여러 제도를 만들어낸다.[73]

이처럼 제2차 교육과정(1963.2.15.~1973.2.13.)은 국가재건최고회의의 군사정부 당시에 만들어진 작품이다. 당시 주요 강조점은 기초학력의 충실, 교육과정의 계열과 일관성, 생활경험 중심의 종합지도, 중학교의 공통필수교과, 고등학교의 단위제, 관리교육의 강화, 시간배당 계획의 융통성, 교육과정의 형식 등이다.[74]

그렇지만 제3공화국(1963.12)이 시작된 지 1년 만인 1964년 12월에 중학교 입시 문제의 복수 정답 문제가 발생하면서 입시제도 논란이 발생한다. 1965년 3월에 서울고등법원이 복수 정답을 인정해 소송 학생 38명 모두를 입학시키라고 판결했지만,[75] 이 파동의 중심에 '명문 중학교 합격' 여부 문제가 있었고, 결국, 이 소동으로 국가고시였던 중학교 입시는 학교별 단독 입시제로 변화된다.

한편, 박정희가 1967년 제6대 대통령에 재선된 후, 1968년에 중학교 무시험 진학제(2월), 국민교육헌장의 선포(1968.12.5.), 대학입학예비고

령)(제정 1963.12.16. 각령 제1741호). 〈사립학교법〉은 국가가 사립학교의 특수성에 입각한 자주성을 확보하면서도 동시에 공공성을 높여, 결과적으로 사립학교의 건전한 발달을 도모하도록 하기 위한 것으로, 당시 〈사립학교법〉과 동년 12월에 제정된 〈사립학교법시행령〉에는 '종교'에 관한 사항이 없다. 그렇지만 사립학교에 대해 특수성에 입각한 자주성과 공공성 모두를 확보하겠다는 명분은 점차 사립학교에 합리성·민주성·투명성 등을 요구하는 배경이 되고, 종립학교 측도 자주성과 공공성의 우선순위 문제에 직면하게 된다. 한편, 〈사립학교법〉에서 '종교'라는 용어가 등장하기 시작한 것은 노무현 정권 당시, 제7차 교육과정 시기인 2007년 7월 27일 〈사립학교법〉의 일부 개정 당시이다. 그 등장 맥락은 '개방 이사' 제도와 관련하여 '해당 종교단체'에게 추천권을 준다는 것이다.

73 〈교육법〉(일부개정 1963.8.7. 법률 제1387호).
74 함종규, 앞의 책, 273-274쪽, 300쪽, 304-306쪽, 310-331쪽.
75 「'무우즙'도 正答-말썽난 中學入試문제에 高法판결」, 『경향신문』, 1965.3.30.

사제와 통신교육제 등을 주요 내용으로 하는 교육개혁이 추진된다. 이어, 1969년 2월부터 장기종합교육계획심의회를 발족해 장기종합교육계획안(1972~1986)을 수립한다.[76]

이 가운데 '중학교 무시험 진학제도' 이후, 특히 1971년에 중학교 무시험 진학제도가 전국적으로 실시되는데 중학교 진학률의 급증 현상이 발생해[77] 고등학교 진학 문제가 발생하게 된다. 또한 중학교 무시험 진학제는 중등학교의 종교교육 문제를 사회적으로 부각시킨 계기가 된다.[78] 특정 종립학교들이 강제하는 종교교육에 대해 종교의 자유에 따라 거부하는 대립 구도가 발생했기 때문이다.

1969년 10월, 박정희가 3선 연임을 위해 개헌(改憲)이 국민투표로 확정하고,[79] 1971년 4월에 제7대 대통령선거에 당선된 후, 1972년 10월에 특별선언(10월유신)을 발표하고, 계엄령을 선포해[80] 국회와 정당 해산을 추진하고 비상국무회의를 가동하면서, 12월에 개정 〈헌법〉(유신헌법)을 공포하고, 제4공화국을 출범시킨다.[81] 그리고 1973년 2월에 약 2년간 실험평가 기간을 거친 국민학교 교육과정(문교부령 제310호)을 공

---

76 한국교육삼십년편찬위원회, 『한국교육삼십년사』, 문교부, 1980, 19쪽. 장기종합교육계획의 수립은 교육 정책이 기존의 단기적 개혁과 현실문제에 대한 탐색 단계를 벗어났다는 평가를 받기도 한다.

77 유봉호·김융자, 앞의 책, 1998, 286–288쪽.

78 김연복·박인순·박정희, 「시내 중학교에 무시험 진학한 비 기독교 학생들의 종교 반응 분석」, 『교육연구』 37, 이화여자대학교 사범대학 교육학과, 1971 등. 1968년 이전 '종교의 자유' 관련 연구는 "지교헌, 「미국에 있어서의 종교의 자유」, 『논문집』 5-1, 청주대학교, 1966" 참조.

79 〈대한민국헌법〉(일부개정 1969.10.21. 헌법 제7호).

80 〈계엄법〉(제정 1949.11.24. 법률 제69호); 〈계엄법시행령〉(제정 1952.1.28. 대통령령 제598호); 〈계엄사령부직제〉(제정 1952.1.28. 대통령령 제599호).

81 〈대한민국헌법〉(전문개정 1972.12.27. 헌법 제8호). '평화적 통일 추진'을 명분으로 국민적 조직체로 신설된 통일주체국민회의 대의원(임기: 6년)에게는 정당 가입과 국회의원 및 법률상 공직이 불가능했지만, 통일정책의 심의결정권, 대통령 선출권과 국회의원 선거권, 헌법개정안 확정권 등이 주어졌다.

포하고, 8월에 중학교 교육과정(문교부령 제325호)을 공포한다. 이어, 1974년 12월에 고등학교 교육과정(문교부령 제350호)을 공포한다.[82] 이로써 제3차 교육과정(1973.2.14~1981.12.30.)이 시작된다.

제3차 교육과정에서 그 이후의 종교교육과 관련해 주목할 부분은 직업계를 제외한 고등학교(인문/자연)를 대상으로 0-6단위(시간배당)의 자유선택 교과목을 신설했다는 내용이다. 다만, "자유선택 교과목은 이 교육과정에 제시된 교과목 중에서 선택하여야 한다. 자유선택교과목은 2과목 이내로 하고 1과목의 이수 단위는 최저 2단위가 되어야 한다."[83]는 제한이 있었고, 종교 교과는 교육과정에 제시된 교과목 범위에 포함되지 않는다.

또한 1973년 6월에 확정된 고교평준화 정책도 그 이후의 중등학교의 종교교육 문제에 대한 관심을 촉발하는 계기가 되기에 주목할 필요가 있다.[84] 고교평준화는 1969년부터 적용된 중학교 무시험 진학제로 중학교 진학률이 늘고 고교입시경쟁이 치열해져 학교 간 격차가 심화되는 문제를 해소하기 위한 것으로, 1974년부터 서울과 부산, 1975년에 인천, 광주, 대구 등 6개 도시에서 추진된다. 고교평준화의 핵심은 '학생의 평준화'를 위해 교원과 시설 등의 평준화를 단행하고 학교의 질을 평준화한다는 것이다.[85]

---

82 함종규, 앞의 책, 390-391쪽.
83 교육부, 『초·중·고등학교 국가 수준의 교육과정 기준-총론』, 교육부, 1999, 230-231쪽.
84 윤광제, 「종교교육의 새 방향-교회산하 학교의 현황과 대책」, 『경향잡지』 66-6, 한국천주교중앙협의회, 1974; 노병건, 「종교교육의 새 방향-프로테스탄트系 학교와의 비교」, 『경향잡지』 66-6, 한국천주교중앙협의회, 1974; 김병일, 「종교교육의 새 방향-종교교육의 필요성과 기대」, 『경향잡지』 66-6, 한국천주교중앙협의회, 1974; 강혜원, 「불타인격에서의 종교교육」, 『석림』 9, 동국대학교 석림회, 1975; 오인탁, 「학교와 종교교육」, 『기독교사상』 23-11, 대한기독교서회, 1979 등.
85 유봉호·김융자, 앞의 책, 1998, 318-319쪽.

그렇지만 1973년 6월부터 순차적으로 적용된 고교 평준화로 인해 사립학교 운영이 어려워지자 정부는 1977년부터 사립 고등학교에 국고를 보조한다. 사립학교 국고보조는 1949년 〈교육법〉 제정 당시부터 금지해 1960년대까지 지속된 정책인데,[86] 1971년 12월 〈지방교육재정교부금법〉에 의무교육기관과 그 교원에 대한 국고와 지자체 부담을 명시하는 등의 조치로 가능해진다. 이와 관련해 1979년에는 의무교육을 중학교로 확대하지만,[87] 고교평준화는 교육의 수월성 저하와 획일화뿐 아니라 사학의 자주성 상실 등의 문제로 이어진다.[88]

결과적으로 1968년 중학교 무시험 진학제뿐만 아니라 1973년 고교평준화 정책은 종립학교를 포함한 사립학교 측과 학생·학부모 측에서 보면, 각각 사립학교가 학교전통·교육이념에 적합한 학생을 모집·선발할 학생선발권, 그리고 학교선택권을 제한한 조치가 된다. 게다가 학생의 질 및 학교간 학력의 평준화를 포함해 중등교육의 보편화 및 민주화에 대한 기여에도 불구하고, 공공재정의 공·사립 지원 격차

---

86 〈교육법〉(제정·시행 1949.12.31. 법률 제86호); 〈교육법〉(일부개정 1963.8.7. 법률 제1387호); 〈교육법〉(일부개정 1963.11.1. 법률 제1435호) 제71조 ④항; 〈교육법〉(폐지 1997.12.13. 법률 제5437호).

87 〈의무교육재정교부금법〉(제정 1958.12.29. 법률 제514호); 〈지방교육교부세법〉(제정 1963.12.5. 법률 제1459호); 〈지방교육재정교부금법〉(제정 1971.12.28. 법률 제2330호). 지방교육재정교부금의 범위는 의무교육기관 교원의 봉급 전액과 설치·경영 경비 전액, 각급 공립학교교원(서울특별시의 설치·경영 학교 교원 제외)의 봉급 반액 등이었다(제4조 ①항).

88 유봉호·김융자, 앞의 책, 1998, 318-319쪽; 양철문, 『한국 근·현대 중등교육 100년사』, 교학연구사, 1998, 286-287쪽, 318-319쪽. 중학교 무시험 진학제는 중학교 격차와 '입시 지옥' 현상을 없애는 듯 했지만, 사학 법인의 재정난 악화, 치열한 고교 입시, 고교 입시를 위한 비정상적 교육과정, 심화된 학교 격차, 과중한 교육비, 수많은 수험준비용 학관 등장 등 특히 사립학교에 부작용을 낳는다. 결국 정부는 중학교 무시험 진학제로 인한 사학의 위기를 해소하고자 1971년부터 사립 중학교에 대한 국고보조를 단행한다. 동시에 사립중학교를 선별적으로 정비·육성하고, 신·증설을 억제해 사립중학교 비율을 감소시킨다.

로 인한 교육 여건의 간극 심화, 학생선발권 박탈로 인한 사립학교의
독자성과 자율성 위축 등의 문제를 낳는다.[89] 그에 따라 종립학교를
포함한 사립학교는 학교의 전통과 특색을 구현하는 데에 어려움을 겪
게 된다.[90]

2) 제4차 교육과정 이후: 제5차 교육과정까지

1979년은 10·26사건에 이어, 신군부세력이 12·12군사정변을 일으
켜 최규하를 제10대 대통령에 취임(12.21.)시킨 해이고, 1980년은 신군
부세력이 5·17비상계엄령의 전국적 확대, 5·18광주민주화운동의 진
압에 이어, 9월에 전두환을 제11대 대통령에 취임시키고, 10월 27일에
〈헌법〉을 개정한 해이다.[91] 그리고 1981년은 전두환이 개정 〈헌법〉에
따라 3월에 제12대 대통령에 취임해, 12월 31일에 제4차 교육과정(문
교부 고시 제442호)을 공포한 해이다.[92]

제4차 교육과정의 종교교육 관련 특징은 이수단위와 함께 '자유선
택과목' 범위의 확대이다. 구체적으로, 제3차 교육과정에서 자유선택
과목(0~6단위)은 교육과정에 제시된 과목으로 제한되었지만, 제4차 교

---

89 김윤태 외,『고등학교 평준화 정책의 연구평가: 고등학교 선발과 추첨 배정제도에
   관한 연구』, 한국교육개발원, 1978, 35~48쪽.
90 신현석,「한국사학정책의 쟁점과 대안, 그리고 선택(I)」,『교육행정학연구』15-3,
   한국교육행정학회, 1997, 193~194쪽.
91 〈대한민국헌법〉(전문개정 1980.10.27. 헌법 제9호).
92 유봉호·김융자, 앞의 책, 1998, 325쪽. 제4차 교육과정에서 1982년 3월부터 시행된
   도덕과·국사과를 제외하면, 중학교 교육과정은 1984년 3월부터 시행된다. 그리고
   1982년 3월부터 시행된 국민윤리·국사를 제외하면, 고등학교 교육과정은 1984년
   3월부터 시행된다.

육과정에서는 자유선택과목의 이수단위를 0-8단위로 확대하면서 과목 범위에 '종교'를 명시한다. 당시 자유선택과목에 대해서는 학교장 재량으로 선택하되, 반드시 2개 이상의 과목을 제공해 학생에게 선택 기회를 갖게 한다.[93] 이러한 변화의 명분에는 전인교육과 인간교육의 활성화라는 새로운 교육 이념도 있었지만, 사실상 비공식 교과였던 '종교'를 공식 교과로 인정해달라는 종립학교들의 요구를 수용한 결과이다.[94]

종교 교과의 등장은 종교교육에 여러 변화를 발생시킨다. '종교'가 자유선택과목에 포함되면서 종교 교과서도 인정도서로 승인된다. 교사자격증에 '교육' 밑으로 '종교'가 명시되어 종교교사도 교과목의 교사자격증을 갖게 된다. 실제로 1983년 10월의 〈교원자격검정령시행규칙〉을 보면, '중등학교·특수학교 및 초등학교 교사자격증 표시과목'에 '교육(교육학·심리·행정·시청각·공학·종교)' 형태로 종교가 교사자격증의 담당과목명으로 신설된다.[95]

제4차 교육과정에서 '종교'가 자유선택교과에 포함된 것에 대해서는 종교교육이 각 종립학교의 재량에 따라 진행되어 전체 교육과정에 유기적으로 통합되지 못했던 기존 문제를 해결하는 실마리였다고 평가된 바 있다.[96] 그렇지만 제4차 교육과정 시기에 종교 교육과정이나 종교 과목을 가르칠 교사의 자격이 명시된 것은 아니다. 종교교육을

---

93 유봉호·김융자, 위의 책, 1998, 344-346쪽; 교육부, 『초·중·고등학교 국가 수준의 교육과정 기준-총론』, 교육부, 1999, 259쪽.
94 윤이흠, 「(교과의 교육적 의미-신교육과정의 선택교과) 종교」, 『교육진흥』 2-4호, 중앙교육진흥연구소, 1990, 142-151쪽; 『고등학교교육과정 해설-교양』, 교육부, 2001, 125쪽.
95 〈교원자격검정령시행규칙〉(일부개정 1983.10.5. 문교부령 제519호) 제1장 제2조 ②항 관련 별표 1.
96 교육과학기술부, 『고등학교 교육과정 해설-교양』, 교육과학기술부, 2008, 139쪽.

위한 교사용 지도서나 지침서나 종교 교과서에 대한 집필 기준이 개발된 것도 아니다.[97] 그리고 입시과목이 중시되던 고등학교에서 0-8단위의 자유선택과목 시간배당도 0단위가 자유선택과목을 선택하지 않을 가능성을 의미하기에 종립학교만을 위한 조치였다고 볼 수 있다.[98] 또한 자유선택과목에 대해 '2개 이상 과목을 설정해 학생에게 선택 기회를 주도록 한다'는 지침은 종립학교를 포함한 사립 고등학교에 교사 확보와 예산상 문제를 초래한다. 실제로 종교 교과를 개설한 종립 고등학교가 두 과목을 개설해 학생들에게 선택권을 준 사례는 찾아보기 어렵다.

다음으로, 1987년 초에는 제5차 교육과정(1987.3.31.~1992.6.29.)이 시작된다. 이와 관련해, 3월에 문교부 고시 제87-7호와 제87-9호가 공포된다.[99] 이어, 4월에는 전두환 정권이 개헌 논의를 중지시킨 '4·13호헌조치'를 발표하지만, 그에 대해 6월에 '박종철군 고문살인 조작·은폐 규탄과 호헌철폐'를 주장하는 시위가 전국으로 확산되어(6월항쟁) 대통령 직선제 개헌 약속이 담긴 6·29선언이 나오고, 10월에 〈헌법〉이 개정되고, 12월에 13대 대통령선거가 실시된다. 그리고 노태우가 당선되어 1988년 2월에 제6공화국이 출범한다.[100]

제5차 교육과정에서, 비록 관련 문서의 공포 직후 군부정권이 물러났지만, 종교교육과 관련해 주목할 부분은 고등학교 교육과정에서 종교 교과의 위상이 달라졌다는 점이다. 종래 자유선택교과가 제5차 교

---

97 교육부, 『고등학교 교육과정 해설-교양』, 교육부, 2001, 125-126쪽.
98 유봉호·김융자, 앞의 책, 1998, 348-349쪽.
99 다만, 고등학교의 경우에는 1988년 3월에 문교부 고시 제88-7호로 교육과정이 고시된다.
100 〈대한민국헌법〉(시행 1988.2.25. 헌법 제10호, 1987.10.29, 전부개정) 제67조 "① 대통령은 국민의 보통·평등·직접·비밀선거에 의하여 선출한다." 제70조 "대통령의 임기는 5년으로 하며, 중임할 수 없다."

육과정에서 '교양선택'교과로 변경되고 이수단위도 2단위로 고정되어, 인문·사회과정과 자연과정뿐 아니라 직업과정, 나아가 실업계에도 적용되었기 때문이다. 당시 교육과정 운영지침에 명시된 교양선택교과에 대한 내용은 다음과 같다.[101]

> (3) 교양 선택은 교육학, 논리학, 심리학, 철학, 생활 경제, 종교 중에서 학생의 필요, 학교와 지역 사회의 실정 등을 고려하여 학교장 재량으로 선택하여 지도하도록 한다. 다만, 종교를 부과할 때에는 학교장은 앞에서 제시한 과목을 포함, 복수 설정하여 학생에게 선택의 기회를 주도록 한다.
>
> (5) 교양 선택 과목의 평가는 해당 과목의 특성에 알맞게 평가하되, 생활기록부의 교과 학습 발달 상황란에는 이수 유무만 기록하도록 한다.

그렇지만 제5차 교육과정에서 교양선택교과에 대한 별도 교육과정이 없었고, 종교교육과 관련된 내용에도 별다른 변화도 없었기에 종교 교과를 둘러싼 상황에 큰 변화가 생겼다고 보기는 어렵다.[102] 물론 제4차 교육과정에 비해 변화가 전혀 없었던 것은 아니다. 변화는 3가지 정도이다. 첫째, 승인 받은 종교 교과서가 발행되었다는 점이다. 둘째, 종교 교사 자격 연수를 실시해 일선 학교의 무자격 종교 교사에게 정식 교사가 될 수 있는 길을 열었다는 점이다. 그와 관련해 1990년에 서울대학교 종교학과·교육학과의 연합으로 종교교사 연구과정을 개

---

101 교육부, 『초·중·고등학교 국가 수준의 교육과정 기준-총론』, 교육부, 1999, 266-284쪽.
102 교육부, 『고등학교 교육과정 해설-교양』, 교육부, 2001, 126쪽.

설해 약 90여 명의 교사가 종교교사 자격증을 받는다.[103] 셋째, 교사자격증에 '종교교사'라는 공식 표기가 이루어졌다는 점이다. 이와 관련해, 1988년 9월에 '교육(교육학, 심리, 행정, 시청각, 공학, 종교)' 형태로 명시되던 종래 중등교사 표시과목이 '교육학, 심리학, 종교' 과목으로 분리된다.[104]

3) 제6차 교육과정 이후: 2011년 개정 교육과정까지

다음으로, 제6차 교육과정은 제13대 노태우 정권(1988.2~1993.2) 말기인 1992년에 시작된다. 이와 관련해, 1992년 6월에 교육부 고시 제1992-11호(중학교), 9월에 교육부 고시 제1992-16호(초등학교), 그리고 10월에 교육부 고시 제1992-19호(고등학교)가 고시된다. 고등학교의 교육과정은 1996년 3월 신입생부터 적용된다.

제6차 교육과정에서 종교 교과의 위상은 변화된다. 교양선택교과의 시간 단위가 종래 2단위에서 4단위로 확대되면서,[105] 종교 교과도 4단위가 된다. 그렇지만 종립 고등학교의 종교 교과 운영에는 큰 차이가 없었던 것으로 보인다. 종교 교과에 대한 지침에 "(8) 교양 선택에서 종교 과목을 부과할 때에는 종교 이외의 과목을 포함, 복수로 과목을 편성하여 학생에게 선택의 기회를 주도록 한다."는 내용이 여전히 명시되었기 때문이다.[106]

---

103 교육부, 위의 글, 2001, 126-127쪽.
104 〈교원자격검정령시행규칙〉(일부개정 1988.9.27. 문교부령 제567호) 제1장 제2조 ②항 관련 별표 1.
105 교육부, 『초·중·고등학교 국가 수준의 교육과정 기준-총론』, 교육부, 1999, 316쪽, 322-324쪽, 328쪽.

제6차 교육과정에서 중요한 변화는 교양선택교과에 대한 전체 방향을 설정하고, 교과목별 교육과정을 최초로 마련한 부분이다. 종교 교육과정도 최초로 마련되고, 해설서도 편찬되어, 종래와 달리 교육과정에 따른 운영이 가능해진다. 그리고 교육과정에 종교학적 관점도 도입된다. 또한 평가에 대해서도 학생이 종교적 이유로 상대적 불이익을 당하지 않도록 성적 평가가 아니라 생활기록부의 과목 이수 사항만 기록하게 한다. 이런 맥락에서 당시 교육부는 제6차 교육과정이 종교 교과가 특정 종교의 교리와 신앙을 가르치는 것이라는 통념을 깨고 교양인의 자질을 기르기 위한 교육이 될 수 있다는 인식을 창출하는 데에 기여했다고 자평한 바 있다.[107]

　그렇지만 제6차 교육과정 시기에 종교교육 과정의 취지와 체계를 제대로 따른 종교 교과서의 간행이 이루어진 것은 아니다. 일부 종단에서 새로운 종교 교과서를 간행한 것도 호교론적·배타적 관점이 유지되어 제6차 교육과정의 방향과 차이를 보인다. 다만, 서울대학교 종교학과·교육학과 합동으로 개설한 종교교사 자격연수가 지속되어 1995년 제2차 연구 과정에서 약 50명의 무자격 종교교사가 종교교사 자격증을 취득한다.[108]

　다음으로, 김영삼 정권(1993.2~1998.2)은 말기인 1997년 12월에 제7차 교육과정(1997.12.30~2007.2.27. 교육부 고시 제1997-15호)을 고시한다. 기존 교육과정과 큰 차이는 '국민공통기본교육과정'과 '학생선택중심교육과정'의 도입 부분이다. 제7차 교육과정과 기존 교육과정의 차이는 아래의 표에서 확인할 수 있다.[109]

106　교육부, 위의 글, 1999, 316쪽, 324쪽.
107　교육부, 『고등학교 교육과정 해설-교양』, 교육부, 2001, 127쪽.
108　교육부, 위의 글, 2001, 127-128쪽.

<표 9> 교육과정의 변천

	공포(고시)	근거	교육과정	특징
1차	'54.4.20.	문교부령 제35호	시간 배당 기준령	▶ 교과 중심 교육과정
	'55.8.1.	문교부령 제44호	국민학교 교과과정	
	'55.8.1.	문교부령 제45호	중학교 교과과정	
	'55.8.1.	문교부령 제46호	고등학교 교과과정	
2차	'63.2.15.	문교부령 제119호	국민학교 교과과정	▶ 경험 중심 교육과정 - 신설: 한문('72), 교련('69)
	'63.2.15.	문교부령 제120호	중학교 교과과정	
	'63.2.15.	문교부령 제121호	고등학교 교과과정	
	'69.2.19.	문교부령 제207호	유치원 교육과정	
3차	'73.2.14.	문교부령 제310호	국민학교 교과과정	▶ 학문 중심 교육과정 - 신설: 도덕, 국사, 일본어 ('73)
	'73.8.31.	문교부령 제325호	중학교 교과과정	
	'74.12.31.	문교부령 제350호	고등학교 교과과정	
	'79.3.1.	문교부령 제424호	유치원 교육과정	
4차	'81.12.31.	문교부 고시 제442호	유치원 교육과정	▶ 국민 정신 강조 ▶ 학습량·수준 축소 조정 ▶ 국민학교 1·2학년 교과 통합 운영
	'81.12.31.	문교부 고시 제442호	국민학교 교과과정	
	'81.12.31.	문교부 고시 제442호	중학교 교과과정	
	'81.12.31.	문교부 고시 제442호	고등학교 교과과정	
5차	'87.3.31.	문교부 고시 제87-7호	중학교 교육과정	▶ 과학고·예술고 제정 ▶ 국민 학교 통합 교육 과정 ▶ 신설: 정보산업 ▶ 강조: 경제교육, 지역성
	'87.6.30.	문교부 고시 제87-9호	유치원 교육과정	
	'87.6.30.	문교부 고시 제87-9호	국민학교 교육과정	
	'88.3.31.	문교부 고시 제88-7호	고등학교 교육과정	

109 교육부, 『초·중·고등학교 국가 수준의 교육과정 기준-총론』, 교육부, 1999, 334쪽.

6차	'92.6.30.	교육부 고시 제1992-11호	중학교 교육과정	▶ 대비 교육 개혁 - 강조: 도덕성, 창의성 강조 - 신설: 컴퓨터·환경·러시 아어·진로·직업, 외국어에 관한 전문 교과 - 편성·운영 체제 개선
	'92.9.30.	교육부 고시 제1992-15호	유치원 교육과정	
	'92.9.30.	교육부 고시 제1992-16호	국민학교 교육과정	
	'92.10.30.	교육부 고시 제1992-19호	고등학교 교육과정	
7차	'97.12.30.	교육부 고시 제1997-15호	초·중등학교 교육 과정 (국민공통기본교 육과정) 고등학교 교육과정 (선택중심 교육과정)	▶ 자율과 창의의 학생중심 교육과정 - 국민 공통 기본 교육과정 편성 - 학생 선택 중심 교육과정 도입 - 수준별 교육과정 구성 - 신설: 재량활동, 아랍어과

제7차 교육과정은 종교교육과 관련해 다소 변화를 보인다. 국민공통기본교육과정 7-9학년(중학교)의 경우에 교과재량활동의 기타 선택 과목, 창의적 재량활동, 특별활동(자치·적응·계발·봉사·행사활동)을 통해 종교교육이 가능해진다. 또한 고등학교 2·3학년에게는 교양선택과목으로, 국민공통기본교육과정 10학년(고교 1학년)에게는 교과 재량활동의 선택 과목, 창의적 재량활동, 특별활동을 통해 종교교육이 가능해진다. 다만, 제7차 교육과정은 '복수 과목 개설을 통한 과목선택권 부여' 부분, 그리고 교양교육의 강조 조치에도 불구하고, 종교 교과에 '교양교육'과 '신앙교육'이라는 상이한 목표를 병존시킨 제6차 교육과정의 절충적 성격을 유지한다.[110]

제7차 교육과정 고시에 이어, 같은 시기에 김영삼 정권은 교육개혁

---

110 손원영, 「제7차 교육과정과 기독교학교의 종교교육」, 『종교교육학연구』 13, 종교 교육학회, 2001, 120-1쪽; 교육과학기술부, 『고등학교 교육과정 해설-교양』, 교육 과학기술부, 2008, 142쪽.

의 법제적 근거를 마련하기 위해 종래 〈교육법〉을 〈교육기본법〉, 〈초·중등교육법〉, 〈고등교육법〉으로 구분해 제정한다.[111] 여기서 〈교육법〉의 종교 부분은 〈교육기본법〉에서 국·공립학교의 '특정한 종교를 위한 종교교육' 금지, 교육의 기회균등을 위한 종교 차별 금지로 이어진다.[112] 〈초·중등교육법〉에서는 학교의 교육과정 운영과 학교운영위원회 설치 등을 통해 '학교의 공공성'을 강조한다.[113]

제7차 교육과정은 김대중 정권(1998.2.~2003.2.24.) 시기에도 그대로 적용된다. 다만, 2000년 6월에 〈교과용도서에 관한 규정〉을 개정해 인정도서에 대해 민주적 기본질서에 위배되거나 특정의 정당·종교를 지지하는 등의 부적당한 내용이 있을 때를 제외하고는 교과용도서심의회의 심의 없이 인정여부를 결정하도록 한다(제23조의2). 이 내용은 이후에도 지속된다.[114] 종교교사 연수과정도 지속되어 2000년 제3차 연수과정에 약 120명이 참여하는데, 이 과정에 종교학이 강화되어 총 40학점의 종교학 과목 이수가 이루어진다는 변화가 보인다.[115]

---

111 〈교육법〉(폐지 1997.12.13. 법률 제5437호); 〈교육기본법〉(시행 1998.3.1. 법률 제5437호, 1997.12.13, 제정); 〈초·중등교육법〉(시행 1998.3.1. 법률 제5438호, 1997.12.13, 제정); 〈고등교육법〉(제정 1997.12.13. 법률 제5439호)

112 〈교육법〉(일부개정 1997.1.13. 법률 제5272호) 제5조; 〈교육기본법〉(시행 1998.3.1. 법률 제5437호, 1997.12.13, 제정).

113 〈초·중등교육법〉(시행 1998.3.1. 법률 제5438호, 1997.12.13, 제정); 〈초·중등교육법〉(일부개정 2008.3.21. 법률 제8917호). 〈교육기본법〉(시행 1998.3.1. 법률 제5437호, 1997.12.13, 제정) 제9조(학교교육).

114 〈교과용도서에관한규정〉(제정 1977.8.22. 대통령령 제8660호); 〈교과용도서에관한규정〉(일부개정 2000.6.19. 대통령령 제16841호) 제23조의2(인정도서의 심사); 〈교과용도서에관한규정〉(전문개정 2002.6.25. 대통령령 제17634호) 제16조(인정도서의 인정) ①항; 〈교과용도서에 관한 규정〉(일부개정 2010.1.6. 대통령령 제21978호) 제16조(인정도서의 인정) ①항. ① 교육과학기술부장관은 제14조 제3항의 규정에 의하여 인정신청을 받은 경우에는 제18조의 규정에 의한 교과용도서심의회의 심의를 거치지 아니한다. 다만, 신청한 도서의 내용이 민주적 기본질서에 위배되거나 특정의 정당·종교를 지지하는 등 교과용도서로서 사용이 부적당하다고 우려되는 경우에는 교과용도서심의회의 심의를 거쳐야 한다.

종교교사 연수는 노무현 정권(2003.2.~2008.2.24.) 시기에도 지속된다. 이와 관련해 2004년에 한신대학교에서 제4차 종교교사 연수과정이 개설되고, 2005년에 서울대학교 교육행정연수원에서 '종교교사 임시 양성' 과정이 개설된다. 다만, 이러한 종교교사 연수과정은 무자격 종교 교사에게 종교교사 자격을 부여하는 것 이상으로 종교교사(2급 정교사) 자격증을 획득한 대학생들이 일자리가 없어 종교교사로 채용되지 못 하는 현실을 초래한다는 비판을 받기도 한다.[116]

다음으로, 2007년 2월에 '초·중등학교 교육과정 개정(교육인적자원부 고시 제2007-79호)'이 고시되어, 2007년 개정 교육과정(2007.2.28~2009.12.23.) 이 시작된다. 종래 제7차 교육과정의 기본 철학과 체제를 유지하면서 단위 학교별 교육과정 편성·운영의 자율권 확대, 국가·사회적 요구사 항의 반영(과학교육 및 역사교육 강화 등), 고등학교 선택중심 교육과정의 개선, 교과별 교육내용의 적정화 추진, 주5일 수업제 월 2회 실시에 따 른 수업시수 조정 등이 반영된다.[117]

2007년 개정 교육과정에서 주목할 부분은『환경』을 제외한 교양 과 목명에 '생활'을 붙였고, 그로 인해『종교』가『생활과 종교』로 바뀌었 다는 점이다.[118] 교양 교과와 생활의 관련성을 부각시켜 어려운 과목 이라는 이미지를 바꾸려는 의도였기에『생활과 종교』에도 기존보다

115 교육과학기술부,『고등학교 교육과정 해설-교양』, 교육과학기술부, 2008, 142-143쪽.
116 교육과학기술부,『고등학교 교육과정 해설-교양』, 교육과학기술부, 2008, 142-143쪽.
117 교육인적자원부,『2007년 개정 교육과정 개요』, 교육인적자원부(교육과정정책과), 2007. 10-12쪽, 25쪽.
118 교육부 교육과정교과서정보서비스(http://cutis.moe.go.kr): '교육과정·교과서 발전협의회 제5차 회의자료'(2007.5.1.). 초·중등학교 교육과정 개정안은 영어와 수학을 제외하면 2010년 3월에 중1, 2011년 3월에 중2와 고1, 2012년 3월에 중3과 고 2, 2013년 3월에 고3 등 순차적으로 적용된다고 한다.

종교를 주변 생활과 관련시킨 내용이 강조되고, 그 맥락에서 '우리나라 고유종교' 관련 내용도 추가된다.[119] 그렇지만 '생활과 종교' 교과는 제7차 교육과정의 '종교' 교과 내용에 대한 부분 수정이었기에 종래 '신앙교육'과 '교양교육' 병치 현상을 잇는다. 다만, 교과 성격에서 신앙적 종교교육에 비해 종교학적 종교교육을 강화해 교육과정에 좀 더 포괄적·일반적인 표현들이 사용되었다는 차이를 보인다.[120]

2007년 개정 교육과정에서 종교 교과는 제7차 교육과정의 경우에 비해 내용상 차이도 있다. 그와 관련해 총괄목표는 '타 종교를 포용하고 국가 사회의 발전에 기여할 수 있는 종교인으로서의 생활 태도 함양'(제7차 교육과정)이 '종교의 다양성과 차이에 대한 이해를 통해 올바르고 참된 삶의 태도를 기름'(개정 교육과정)으로 바뀐다. 그리고 영역별 내용에도 약간의 변화가 보인다. 그렇지만 '특정 종교의 사상과 전통'이 독립된 장을 차지하는 것은 지속된다.[121]

한편, 2007년 7월 〈사립학교법〉 개정은 종립학교를 포함해 사학의 자율성 침해 논란의 대상이 되기도 한다. 제14조 ④항에 학교법인의 이사정수(7인 이상)의 4분의 1을 대학평의원회 또는 학교운영위원회에 두는 개방이사추천위원회가 2배수 추천한 인사에서 선임하도록 한 규정, 대통령령으로 정하는 종교지도자 양성만을 목적으로 하는 대학

---

119 교육인적자원부, 『2007년 개정 교육과정 개요』, 교육인적자원부(교육과정정책과), 2007. 29-34쪽, 121-124쪽.
120 교육과학기술부, 『고등학교 교육과정 해설-교양』, 교육과학기술부, 2008, 104-105쪽, 108쪽.
121 교육과학기술부, 위의 글, 2008, 137쪽. 제7차 교육과정에서 기술된 '(1) 인간과 종교, (2) 종교 경험의 이해, (3) 서로 다른 종교적 전통, (4) 세계 종교와 문화, (5) 인간과 자연에 대한 이해, (6) 한국 종교와 문화, (7) 종교 공동체, (8) 특정 종교의 전통과 사상'이 개정 교육과정에서는 '(1) 인간과 종교, (2) 종교 현상의 이해, (3) 종교의 다양성과 차이, (4) 인간과 자연에 대한 종교적 이해, (5) 세계의 종교와 문화, (6) 한국 종교와 문화, (7) 종교 공동체의 이해, (8) 특정 종교의 사상과 전통'으로 변경되었다.

및 대학원 설치·경영 학교법인의 경우에 당해 종교단체에서 2분의 1
을 추천하게 하도록 한 내용이 포함되었기 때문이다.[122]

다음으로, 이명박 정권(2008.2.~2012.2.)은 2009년 12월에 '초·중등학
교 교육과정(교육과학기술부 고시 제2009-41호)'을 고시해, 2009년 개정 교
육과정(2009.12.23.~2011.8.9.)을 시작한다. 그렇지만 『생활과 종교』라는
명칭은 지속되었고, 교과의 교육 목적이나 복수 과목 개설을 통한 선
택권 부여 등 크게 달라진 부분은 보이지 않는다.[123] 그렇지만 '생활과
종교' 교과의 시간 배정이 5단위(1단위 범위 내 증감 운영 가능)가 되는 변
화가 보인다.

다음으로 2011년 8월에는 〈고등학교 교육과정〉(교육과학기술부 고시
2011-361호)와 〈고등학교 교양 교과 교육과정〉(교육과학기술부 고시 2011-
361호)을 고시해, 2011년 개정 교육과정이 시작된다. 교육과정의 일부
개정 수준이었기에 교과 내용 자체에 획기적 변화가 있었던 것은 아
니다. 그렇지만 과목명이 '생활과 종교'에서 '종교학'으로 바뀌면서,
종교 교과가 '교양교육'을 지향하는 경향을 보인다. 그와 관련해, '특
정 종교를 위한 교육'을 지향하는 종립학교의 현실을 반영하기 위해
그 동안 종교 교과교육과정의 끝 부분에 배치했던 '개별 종교들의 이
해' 부분이 종교 일반의 사례 연구라는 성격으로 바뀐다. '종교학' 교
과의 시간 배정은 5단위(1단위 범위 내 증감 운영 가능)로, 2009년 개정 교
육과정의 경우와 동일하다.

---

122 〈사립학교법〉(일부개정·시행 2007.7.27. 법률 제8545호).
123 교육과학기술부 2009 개정 교육과정(http://curri.mest.go.kr/main.jsp?idx=020101)
중 〈초중등학교 교육과정 총론(제2009-41호).hwp), 10쪽, 17쪽(페이지 임의 설정).

4) 2015년 개정 교육과정

다음으로, 박근혜 정권(2013.2~2016.12) 시기인 2015년 5월에는 〈고등학교 교육과정(I, II, III)〉(교육부 고시 2015-74호)과 〈고등학교 교양 교과 교육과정〉(교육부 고시 2015-74호)을 고시해, 2015년 교육과정이 시작된다. 2015년 교육과정은 2017년에 초등학교 1학년과 2학년부터, 2018년부터 중·고등학교 1학년부터 순차적으로 적용되기 시작했고, 2020년에 중·고등학교 3학년에 적용된다. 이 교육과정에서 '종교학' 교과의 시간 단위는 5단위(3단위 범위 내 증감 편성·운영 가능)로 바뀐다.

특히 2015 종교학 교육과정은 '개정' 수준이지만, 종래 교육과정에 비해 '성격과 목표', '내용 영역과 조직', '교수·학습 방법과 평가' 부분에서 상당한 변화를 보인다. 종교학 교육과정의 개정사를 검토하면 이 변화가 좀 더 명료하게 드러나, 향후 종교학 교육과정의 방향을 모색하는 데에 도움이 될 수 있다.

04
종교교육 관련 쟁점과 과제

1) 종교학 교육과정의 흐름과 변화

앞서 '종교' 교과에 대한 교육과정이 제6차 교육과정(1992~1997)에서 처음 마련되었고, 교과 명칭이 '종교(제4차 이후), 생활과 종교(2007 개정 이후), 종교학(2011 개정 이후)'으로 바뀌었다는 점을 언급한 바 있다.[124] 총론과 교과별 교육과정을 별도로 고시한 2009년 개정 교육과정을 제외하면, 종교학 교육과정은, 제6차 교육과정부터 대체로 교육과정 총론과 같은 시기에 고시되고 있다.[125]

---

124 이하 "고병철,「국가 교육과정(종교학)의 개정 흐름과 2015 종교학 교육과정」,『종교교육학연구』 51, 2016, 3-23쪽" 참조.

125 교육부는 2009 개정 교육과정을 고시한 후 학교현장에 무리 없이 정착시킨다는 취지에서 2011년 8월부터 2013년 12월까지 개별 교과 교육과정을 차례로 고시한다 (『2009 개정 교육과정의 부분 개정에 따른 고등학교 교육과정 해설 총론 증보편』, 2014, 20-22쪽.). 그와 관련하여, "『초·중등학교 교육과정 총론』(교육과학기술부 고시 제2009-41호 [별책 1], 2009.12.23.)"에 따르면, '생활과 종교' 교육과정이 [별책 17](『한문, 교양 선택 과목 교육과정』)에 담겨야 하지만, '종교학' 교육과정은 "『초·중등학교 교육과정 총론』(교육과학기술부 고시 제2011-361호 [별책 1], 2011.8.9.)"에 따른 [별책 19](고등학교 교양 교과 교육과정)에 담겨 있다.

<표 10> 종교, 생활과 종교, 종교학 교육과정의 문건

정부	교육과정	종교, 생활과 종교, 종교학 교과 교육과정	적용 시점				비고
			시점	초	중	고	
전두환 ('80.8.~)							
전두환 ('81.2.~)	제4차: '81.12.~	-『고등학교 교육과정』(문교부 고시 442호[별책 4]), 1981.12.31. ⇒ 자유선택교과 전체: 2개 이상 과목을 설정하여 학생에게 선택 기회 부여					※ '종교' 교과: 자유 선택과목 포함 (0~8단위) ※ 1단위 = 50분 ×17회(1학기)
노태우 ('88.2.~)	제5차: '87.3.~	-『고등학교 교육과정』(문교부 고시 88-7호[별책 1]), 1988.3.31. ⇒ 교양선택교과 중 '종교'의 경우만 과목을 복수 설정하여 학생에게 선택 기회 부여					※ '종교' 교과는 교양선택과목(2단위)
김영삼 ('93.2.~)	제6차: '92.6.~	-『고등학교 교육과정(Ⅰ)』(교육부 고시 1992-19호), 1992.10.30.					※ 보통교과 內 과정별 선택과목(교양): 4단위
	제7차: '97.12.~	-『고등학교 교육과정(1)』(교육부 고시 1997-15호[별책 4]), 1997.12.30. - 교육부,『한문, 교련, 교양 선택 과목 교육과정』(교육부 고시 1997-15호[별책 17]), 1997.12.30.					※ 보통교과 內 일반선택과목(교양): 4단위
김대중 ('98.2.~)							
노무현 (2003.2.~)	2007 개정: 2007.2.~	-『고등학교 교육과정(Ⅰ)』(교육인적자원부 고시 2007-79호[별책 4]), 2007.2.28. -『한문 및 교양 선택 과목 교육과정』(교육인적자원부 고시 2007-79호[별책 17]), 2007.2.28.	'09.3	1, 2			※ 명칭 변경: 〈생활과 종교〉 교과 (4단위)
			'10.3	3, 4	1		
			'11.3	5, 6	2	1	
			'12.3		3	2	
			'13.3			3	

이명박 (2008.2.~)	2009 개정: 2009.12.~	※교육과학기술부, 『교육과학기술부 고시 제2009-41호에 따른 고등학교 교육과정 해설 총론』 ⇒ 과목별 기본단위 수: 5단위(1단위 범위 내 증감 운영 가능)	'11.3	1, 2	1	1	※〈생활과 종교〉교육과정은 2011년 8월 확정·고시
			'12.3	3, 4	2	2	
			'13.3	5, 6	3	3	
	2011 개정: 2011.8.~ 2012 개정: 2011.12.~	-『고등학교 교육과정』(교육과학기술부 고시 2011-361호[별책 4]), 2011.8.9. -『고등학교 교양 교과 교육과정』(교육과학기술부 고시 2011-361호[별책 19]), 2011.8.9. -『고등학교 교양 교과 교육과정』(교육과학기술부 고시 2012-3호 [별책 19]), 2012.3.21. ※『고등학교 교양 교과 교육과정』(교육부 고시 2013-7호 [별책 1]), 2013.12.18.	'13.3	1, 2	1		※명칭 변경: 〈종교학〉교과 ※두 교육과정은 2009 개정 교육과정에 포함 ※2014년부터 학교선택권이 허용된 종립학교에 단수 개설 가능
			'14.3	3, 4	2	1	
			'15.3	5, 6	3	2	
			'16.3			3	
박근혜 (2013.2.~)	2015 개정: 2015.9.~	-『고등학교 교육과정(Ⅰ, Ⅱ, Ⅲ)』(교육부 고시 2015-74호 [별책 4]), 2015.9.23. -『고등학교 교양 교과 교육과정』(교육부 고시 2015-74호 [별책 19]), 2015.9.23.	'17.3	1, 2			※기본단위 수: 5단위(선택과목) ※개정: 중학교 '역사' 및 고교 '한국사' 적용: 2017.3.1.
			'18.3	3, 4	1	1	
			'19.3	5, 6	2	2	
			'20.3		3	3	

위의 문건들은 종교학 교육과정의 변화를 알려준다는 점에서 중요하다. 종교학 교육과정의 흐름과 변화를 '성격과 목표', '내용 영역과 조직', '교수·학습 방법과 평가'로 구분해 보면 다음과 같다.

① 성격과 목표

우선, 성격과 목표 부분을 보면, 제6차 교육과정부터 2012년 종교학 교육과정까지 성격이나 목표에서 주요 개념은 '건전한 종교관의 정립, 신앙심의 확충, 포용적 태도, 성숙한 인격의 배양' 등인데, 2015년

종교학 교육과정에서 '성찰적 안목과 태도'로 전환되고 있다. 이러한 변화는 다음과 같다.[126]

<표 11> 국가 교육과정에 진술된 종교 교과의 기본 목표

	기본 목표 진술
6차	- 성격: 제시되지 않음 - 목표: '종교' 과목은 학생들에게 종교에 관한 기본 지식과 보편적인 이론들을 이해하게 함으로써, 이를 바탕으로 일상생활에서 봉착하게 되는 여러 문제들을 생각하게 하여, 자신의 삶과 인생에 대한 올바른 가치관을 정립하게 한다. ※ 목표(해설서): ① 종교에 대한 폭넓고/ 균형 있는/ 지식을 습득하여, 건전한 종교관을 정립한다. ② 일상생활에서 부딪히는 어려운 문제들을 해결할 수 있는 신앙심을 확충한다. ③ 다른 종교들을 포용하고/ 국가 사회의 발전에 기여할 수 있는/ 태도를 기른다.
7차	- 성격: '종교'는 종교에 관한 기본 지식과 보편적 이론을 이해하고, 삶과 죽음에 대한 물음과 탐구를 통하여 건전한 종교관을 정립할 수 있게 도와주려는 과목이다. … '종교'는 인생에 대한 궁극적인 물음과 성스러운 가치의 이해라는 종교적 관심을 중시하고, 이를 체계적으로 통찰하여 여러 사람들과 더불어 살아가는 전인적 인간을 기르는 데 중점을 둔다. - ['종교'의 목표는] ① 종교에 대한 폭넓고/ 균형 있는/ 지식을 습득하여, 건전한 종교관을 정립하고, ② 일상생활에서 부딪히는 어려운 인생 문제를 극복할 수 있는 성숙한 신앙심을 확충하며, ③ 다른 종교를 포용하고/ 국가 사회의 발전에 기여할 수 있는/ 종교인으로서 바람직한 생활 태도를 기른다.
'07	- 성격: '생활과 종교'는 종교에 관한 기본 지식과 일반 이론을 습득하고, 우주의 의미나 삶과 죽음 같은 인생의 궁극적 문제에 대한 종교적 해답의 다양성을 이해함으로써 건전한 종교관을 정립하도록 도와주는 과목이다. … '생활과 종교' 과목은 인간의 궁극적인 물음과 해답을 추구하는 종교의 세계를 이해함으로써, 가치 있는 삶이 무엇인지 깨닫고 다른 사람들과 더불어 살아가는 전인적 인간을 기르는 데 중점을 둔다. - ['생활과 종교'의 목표는] ① 종교에 대한 폭넓고/ 균형 있는/ 지식을 습득하여, 건전한 종교관을 정립하고, ② 일상생활에서 부딪히는/ 어려운/ 인생 문제를 성찰하고/ 해결할 수 있는/ 성숙한 인격을 배양하며, ③ 종교의 다양성과 차이에 대한 이해를 통해, 올바르고/ 참된/ 삶의 태도를 기른다.

---

126 고병철, 『종교교과교육과 교과교재론』, 박문사, 2014, 234쪽(기본 목표), 236쪽(세부 목표).

'11 '12	- '종교학'은 다양한 종교에 관한 일반 이론과 기본 지식을 습득하고, 삶과 죽음 등의 여러 문제에 대한 종교적 접근의 다양성을 이해함으로써, 균형 잡힌 종교관을 정립하도록 도와주는 과목이다. '종교학' 교과의 목표는 ① 종교에 대한 폭넓고/ 균형 있는/ 지식을 습득하여, 건전한 종교관을 정립하고, ② 일상생활의 여러 문제를 성찰하고/ 해결할 수 있는/ 성숙한 인격을 배양하며, ③ 종교의 다양성과 차이에 대한 이해를 통해, 올바르고/ 참된/ 삶의 태도를 기르는 데에 있다.
'15	- 종교학 과목은 종교와 연관된 지식, 경험, 생활 등에 관해 스스로 성찰할 수 있는 안목과 태도를 기르기 위한 과목 - 종교학 과목에서는 다종교·다문화 사회에서 종교에 관한 성찰적 안목과 태도를 기르는 데에 주안점을 두고, 종교 문화 이해력, 비판적 성찰 능력, 의사소통 능력, 다문화 감수성, 윤리적·사회적 실천 능력 등의 역량을 기를 수 있도록 한다.

위의 내용에서 제6차·제7차 교육과정의 목표는 '지식 습득을 통한 건전한 종교관 정립', '일상 문제의 해결을 위한 신앙심 확충', '다른 종교들의 포용과 국가 사회 발전에 기여할 수 있는 태도를 기름' 등으로 유사하다. 2007년 '생활과 종교' 교육과정과 2011년 및 2012년 종교학 교육과정의 목표는 '지식 습득을 통한 건전한 종교관 정립', '일상적 문제 해결을 위한 성숙한 인격 배양', '올바르고 참된 삶의 태도를 기름' 등으로 역시 유사하다.

양자를 대조해보면, 제6차·제7차 교육과정에 있던 '신앙심의 확충'이라는 목표가 2007 '생활과 종교' 교육과정에서 '성숙한 인격의 배양'으로 바뀌었을 뿐 다른 변화가 없다. 이 두 가지 목표는 '개별 종교의 언어와 문법에 대한 존중'이라는 의도가 담긴 "일상생활의 여러 문제를 성찰하고 해결할 수 있는"이라는 표현을 공유하기에 서술 맥락도 유사하다.

정리하면, 2015년 이전까지 종교학 교육과정의 목표는 '건전한 종교관의 정립', '포용적 태도', '신앙심의 확충 또는 성숙한 인격의 배양' 등 세 가지이다. 이 목표들은, 기존의 여러 종교 교과서에서 확인할 수 있지만, '종교 현상이나 의미에 대한 성찰'보다 '종교적 가치의 전달'에 가까운 것으로 보인다.

한편, 세부 목표는 제6차 교육과정부터 2015 종교학 교육과정까지 각 내용 영역에 맞추어 진술되고 있다. 이 세부 목표의 변화를 정리하면 다음과 같다.

〈표 12〉 국가 교육과정에 진술된 종교 교과의 세부 목표

차	세부 목표 진술
6차	① 종교 사상에 대한 기본 지식과 삶의 궁극적 의미를 이해하고, 인생에서 봉착하게 되는 문제를 해결할 수 있는 능력을 길러 성숙한 인간이 되게 한다. ② 동양의 유·불·도교와 서양의 크리스도교 및 이슬람교 등 여러 지역의 종교를 이해하고, 문화적 전통을 서로 비교할 수 있는 능력을 기르게 한다. ③ 한국에서의 외래 종교 사상의 수용 과정을 이해하고, 건전한 종교 생활을 통하여 자아를 실현하고 국가 사회의 발전에도 기여할 수 있게 한다. ④ 비판적인 자기성찰과 종교적 체험을 토대로 하여, 반종교적 편견이나 비합리적인 맹신을 극복하고 정신적으로 건강하고 밝은 사회를 이룩하게 한다. ⑤ 경전들의 현대적 의의를 인식하고 배타적인 독단주의로부터 벗어나서, 다른 종교에 대한 이해와 대화를 통하여 더불어 살아가는 인간상을 구현하게 한다. ⑥ 특정한 종교의 경전과 교리 및 역사를 배우고 익혀서, 각자의 신앙심을 일상 생활을 통해서 실천함으로써 바람직한 한국 문화를 창조할 수 있게 한다.
7차	① 궁극적인 가치와의 만남을 통하여 종교적 인격을 기르며, 자기 성찰과 체험을 토대로 하여 종교적 가르침과 의식 및 공동체를 이해한다. ② 자기 종교만이 진리라는 편협한 생각에서 벗어나서, 세계 여러 종교의 특성을 이해하고 서로 비교할 수 있는 능력을 기른다. ③ 인간이 유한하고 불안한 존재임을 깨닫고, 우리의 생활 터전이면서 아직 신비한 존재로 남아 있는 우주 자연을 새롭게 인식하려고 노력한다. ④ 외래 종교 사상을 수용한 과정과 한국의 무속 신앙을 이해하고, 건전한 종교 생활을 통하여 자아실현과 국가 사회의 발전에 기여한다. ⑤ 종교 공동체의 이념과 기준을 이해하고, 오늘날 우리 사회에서 그 공동체가 분담하고 있는 역할을 인식하여 긍정적 측면을 배운다. ⑥ 특정 종교의 경전과 교리 및 역사를 배우고 익혀서, 각자의 신앙심을 키우고 21세기를 맞이하여 새로운 문화 창달에 기여한다.

'07	① 궁극적인 가치와의 만남을 통한 자기 성찰과 체험을 바탕으로 종교적 가르침과 의례, 종교 공동체를 이해한다. ② 다양한 종교들의 특성을 서로 비교하고 그 공통점과 차이점을 이해한다. ③ 종교에 대한 이해를 바탕으로 올바른 인간관과 자연관을 기른다. ④ 한국의 토착 종교와 전래 종교의 전개 및 상호작용과 이들이 우리 삶에 미친 영향을 이해하고, 건전한 종교관의 확립을 통해 삶의 목표를 정립한다. ⑤ 종교 공동체의 역할에 대한 균형적 시각을 갖는다. ⑥ 각 종교의 경전, 교리, 역사를 통해 종교의 보편성과 특수성을 이해한다.
'11 '12	① 종교적 가르침, 의례, 종교 공동체와 관련된 다양한 기본 지식을 습득한다. ② 다양한 종교들의 특성을 서로 비교하고 그 공통점과 차이점을 이해한다. ③ 종교에 대한 이해를 바탕으로 올바른 인간관과 자연관을 기른다. ④ 한국의 고유 종교와 외래 종교의 전개 및 상호 작용과 이들이 우리 삶에 미친 영향을 이해한다. ⑤ 종교 공동체의 다양한 역할에 대한 균형적 시각을 가진다. ⑥ 개별 종교들의 사례를 통해 종교 일반에 대한 이해를 종합하고 심화한다.
'15	① 종교적 의미와 인격 형성의 관계, 종교의 역할, 종교의 자유 등을 핵심으로 인간과 종교의 관련성을 이해한다. ② 교리·의례·조직 등을 핵심으로 종교의 구성 요소를 이해한다. ③ 종교의 인간관, 역사관, 자연관 등을 핵심으로 종교의 세계관을 이해한다. ④ 세계와 한국에서 전개된 여러 종교 전통의 생성과 변화, 종교 관련 문화유산을 핵심으로 종교사의 흐름을 이해한다. ⑤ 종교와 다종교 사회, 종교와 인권, 종교와 생명·과학, 종교와 다문화 사회의 문제를 핵심으로 현대 사회와 종교의 연관성을 이해한다. ⑥ 개별 종교들의 교리와 실천 규범, 사회·문화적 실천, 종교인들의 삶과 이야기를 중심으로 개별 종교가 제시하는 윤리적 태도를 성찰한다.

위의 내용을 보면, 점차 교사 위주 표현이 줄어, 학습자를 피동적 존재에서 능동적 존재로 보는 인식이 확대되고 있다. 예를 들어, 제6차 교육과정에 있던 '~하게 한다.'는 표현, 제7차 교육과정에 있던 '깨닫고', '인식하려고', '키우고' 등의 표현이 점차 줄어들고 있다. 비록 2007년 '생활과 종교' 교육과정에 '올바른', '건전한', '균형적' 등의 표현, 2011년 종교학 교육과정에 '올바른', '균형적' 등의 가치판단 관련 표현이 있지만, 교사 위주의 표현은 거의 없다.

특히 종래에 비해, 2015년 종교학 교육과정에서는 성격과 목표가 '성찰적 안목과 태도'로 바뀐다. 그리고 성찰을 통해 달성할 역량으로 종교 문화 이해력, 비판적 성찰 능력, 의사소통 능력, 다문화 감수성, 윤리적·사회적 실천 능력 등 학습자 중심의 역량들이 제시된다. 세부 목표에도 가치판단 관련 표현과 교사 위주 표현이 거의 없다.

② 내용 영역과 조직

다음으로, 내용 영역과 조직 부분이다. 제6차 교육과정 이후 내용 체계의 변화는 다음과 같다.[127]

〈표 13〉 제6차, 제7차, 2007, 2011, 2015 종교학 교육과정의 내용 체계

제6차 교육과정	제7차 교육과정	2007 '생활과 종교'	2009 '생활과 종교' 2011/2012 '종교학'	2015 '종교학'
6개 영역(단원)	7개 영역(단원)	8개 영역(단원)	7개 영역(단원)	6개 영역(단원)
I. 인간과 종교 - 생활주변의 종교들/ 종교적 신념과 이해/ 궁극적 가치와의 만남/종교적 인격 형성	I. 인간과 종교 - 궁극적인 물음과 문제/ 종교와의 만남과 문제 해결/ 안다는 것과 믿는다는 것/ 종교의 의의와 역할	I. 인간과 종교 - 궁극적인 물음과 문제/ 종교와의 만남과 문제 해결/ 앎과 믿음/ 종교의 의미와 역할	1. 인간과 종교 - 궁극적인 물음과 문제/ 종교와의 만남과 문제 해결 / 종교의 의미와 역할	〈인간과 종교〉 - 종교의 의미/ 종교의 역할/ 종교 자유와 통념
II. 세계 문화와 종교 - 유교, 불교, 크리스트교, 이슬람교, 힌두교의 전통과 사상 및 그밖의 종교 사상	II. 종교경험의 이해 - 여러 가지 인생 문제/ 우주관, 역사관, 생사관/ 경전과 종교규범/ 종교 의례와 종교적 실천	II. 종교 현상의 이해 - 여러 가지 인생 문제/ 우주관, 역사관, 생사관/ 경전의 의미와 해석/ 종교 의례와 규범	2. 종교 현상의 이해 - 종교적 세계관의 이해/종교경전의 이해/ 종교 의례의 이해/ 종교공동체의 이해	〈종교의 구성〉 - 경전과 교리/ 종교 의례/ 종교 공동체

---

127 고병철, 위의 책, 2014, 239-240쪽.

III. 한국 문화와 종교 - 전통적인 민간 신앙/ 유,불,도교의 수용/ 크리스트교와 이슬람교의 수용/ 한국의 민족종교	III. 서로 다른 종교적 전통 - 종교사상과 배경/ 참된 것과 깨달음/ 종교의 특성 이해	III. 종교의 다양성과 차이 - 종교적 차이의 맥락/ 종교들의 비교/ 종교의 특성 이해/ 세속사회와 종교	3. 종교의 다양성과 차이 - 종교적 차이의 맥락/ 종교적 태도의 다양성/ 종교 간의 대화와 공존/ 세속 사회와 종교	〈종교의 세계관〉 - 종교의 인간관/ 종교의 역사관/ 종교의 자연관
IV. 종교경험의 이해 - 신앙의 여러 관점/ 종교의식과 종교적 실천/ 종교적 공동 생활	IV. 세계 종교와 문화 - 유교와 도교/ 불교/ 크리스트교/ 이슬람과 기타 종교	IV. 인간과 자연에 대한 종교적 이해 - 다양한 인간관/ 종교적 인간관/ 종교적 자연관/ 종교와 과학의 관계	4. 종교적 인간관, 사회관, 자연관 - 종교적 인간관/ 종교의 사회적 기능/ 종교적 자연관	〈종교 전통과 문화유산〉 - 세계의 종교/ 한국의 종교/ 종교와 문화의 다양성
V. 현대 사회와 종교 - 성스러운 문헌들의 현대적 의미/ 종교와 세속 문화와의 만남/ 다른 종교들 간의 대화/ 종교와 사회의 이상 실현	V. 인간과 자연에 대한 종교적 이해 - 다양한 인간관/ 종교적 인간관/ 종교적 자연관/ 과학과 종교	V. 세계의 종교와 문화 - 유교/ 도교/ 불교/ 그리스도교/ 이슬람교/ 기타 종교	5. 세계의 종교와 문화 - 동양종교의 이해/ 서양종교의 이해/ 기타 종교의 이해	〈현대 사회와 종교〉 - 종교와 다종교 사회/ 종교와 인권/ 종교와 생명·과학/ 종교와 다문화사회
	VI. 한국 종교와 문화 - 한국 불교와 문화/ 한국 유교 및 도교와 문화/ 한국 크리스트교와 문화/ 한국 무속 신앙과 민족종교	VI. 한국의 종교와 문화 - 한국 토착종교의 이해/ 한국 불교의 이해/ 한국 유교와 도교의 이해/ 한국 그리스도교의 이해/ 한국 신종교와 기타 종교의 이해	6. 한국의 종교와 문화 - 한국 고유종교의 이해/ 한국 전통 종교의 이해/ 한국 근현대 종교의 이해	
	VII. 종교 공동체 - 공동체의 이념과 구조/ 종교의 사회적 기능/ 종교간의 화해와 공존/ 종교적 인격 형성	VII. 종교 공동체의 이해 - 종교공동체의 이념과 구조/ 종교의 사회적 기능/ 종교 간의 대화와 공존/ 종교적 인격 형성		

VI. 특정 종교의 교리와 역사	VIII. 특정 종교의 전통과 사상	VIII. 특정 종교의 사상과 전통	7. 개별종교들의 이해	〈개별 종교들의 이해〉
- 종교의경전/종교의 교리/종교의 역사/ 일상생활 속의 종교적 생활/ 종교와 내일의 한국	- 경전, 교리, 역사/ 종교적 생활/ 한국 종교와 문화 창조/ 나의 종교생활 설계	- 경전과교리/종교적 생활/ 한국 종교와 문화 창조/ 나의 종교관 점검	- 경전과 교리 / 종교 생활/ 사회적·문화적 역할/ 나의종교관점검	- 주요 교리와 규범/ 사회·문화적 실천/ 종교인의 삶과 태도

내용 영역의 개수를 보면, 제6차 교육과정(6개) 이후 확대되다가 다시 축소 경향을 보여, 2015년 종교학 교육과정에서 6개가 된다. 그와 관련해, 제6차 교육과정에서 제시된 '인간과 종교', '특정 종교의 교리와 역사(제7차 이후: 특정 종교의 전통과 사상, 2011 이후: 개별 종교들의 이해)' 영역은 2015년 종교학 교육과정까지 이어지고 있다. '세계의 종교와 문화'와 '한국 문화와 종교(제7차~2012: 한국 종교와 문화)' 영역은 2012년 종교학 교육과정까지, '종교 경험의 이해' 영역은 제7차 교육과정까지, '종교현상의 이해' 영역은 2007년 교육과정부터 2012년 교육과정까지만 이어지고 있다. 다만, 2015년 종교학 교육과정 이전까지는 내용 영역에서 '현대 시기의 종교' 부분이 간과되는 현상이 보인다.

내용 영역의 조직 원리를 보면, 종래 교육과정에는 계속성(반복성), 심화성, 통합성 등이 거의 고려되지 못하고 있다. 이와 관련해, 2011년 종교학 교육과정에서는 '모든 단원이 그 자체의 독립성을 가지며 수평적인 관계로 얽혀 있다'고 표현되어 있는데,[128] 이러한 표현은 그 동안 내용 영역의 조직 원리를 고려하지 않았다는 점을 시사하고 있다.

종래에 비해, 2015년 종교학 교육과정에서는 내용 영역의 수가 줄고, '현대 사회와 종교' 영역이 포함된다. 이 영역의 명칭은 제6차 교

---

128 교육과학기술부, 『고등학교 교양 교과 교육과정』(교육과학기술부 고시 2011-361호[별책 19], 2011.8.9.), 2011, 93쪽.

육과정에서도 보이지만 그 세부 내용은 서로 다르다. 또한 2015년 종교학 교육과정에서는 종래에 비해 내용 영역의 조직 원리를 고려하고 있다.

③ 교수·학습 방법과 평가

다음으로, 교수·학습 방법과 평가 부분을 보면, 제6차 교육과정에서 '유의점'만 제시되었고,[129] 제7차 교육과정에서 최초로 제시되고 있다. 제7차 교육과정 이후의 교수·학습 방법을 정리하면 다음과 같다.

〈표 14〉 국가 교육과정에 진술된 종교 교과의 교수·학습 방법

차	교수·학습 방법
7차	가. 교과서에서 제시한 주제와 예시한 사례를 중심으로 토의식 수업을 전개하되, 일상생활에서 겪는 생활 경험을 중시한다. 나. 종교에 대한 인식의 폭이 넓히며 종교적 가치나 의미를 판단할 수 있는 준거를 명확히 하고, 이를 실천하려는 태도를 기른다. 다. 학생들이 대화를 통하여 의견을 발표하되, 극단적이고 배타적인 발언에 대해서는 서로 자제하여 화합을 깨뜨리지 않도록 각별히 유의한다. 라. 다종교적 상황을 인식하여 성급한 단정이나 결론을 내지 않도록 유의하며, 다른 종교에 대한 포용력을 기르고 사회 발전에 기여하게 한다. 마. 여러 종교에 대해서는 가급적 개별 종교 단체에서 제작한 영상물을 활용하도록 배려하고, 토론 학습에서는 각자의 의견을 서로 존중하도록 유의한다. 바. 수업하기 전에 발문과 수시 평가 내용 및 과제물 부과 계획을 수립하여, 수업과 평가를 연계시키고 정의적인 영역에 대한 평가를 실시한다.

---

129 제6차 교육과정에서 제시된 유의점은 "가. 일상생활에서 쉽게 경험할 수 있는 삶의 문제와 결부시켜 이해할 수 있도록 지도한다. 나. 우리나라의 사회 현실과 다종교적 상황의 인식과 더불어, 다른 종교의 견해와 신앙생활에 대한 포용력을 가지고 학생들을 지도한다. 다. 자기의 가치나 의견을 구조화하여 표현할 수 있는 능력을 기르기 위하여, 가급적이면 논술식 평가 방법을 활용한다." 등 세 가지이다.

'07	가. 교과서에서 제시한 ~ (※ 이하 제7차 교육과정의 내용과 표현 동일) 나. 구체적인 자료를 제시하여 종교의 가치와 의미를 판단할 수 있는 준거를 명확히 하고, 종교의 다양성과 차이에 대한 인식의 폭을 넓히려는 자세를 갖게 한다. 다. 학생들이 대화를 통하여 의견을 발표하되, ~ (※ 이하 제7차 교육과정의 내용과 표현 동일) 라. 다양한 종교적 상황을 인식하여 성급한 단정이나 결론을 내지 않도록 유의하며, 종교에 관한 견해 차이를 포용하는 능력을 기르게 한다. 마. 종교에 관한 다양한 영상물을 골고루 활용하도록 하고, 토론 학습에서는 서로의 의견을 존중하도록 유도한다. 바. 수업하기 전에 끝맺는 말과 수시 평가 내용 및 과제물 부과 계획을 수립하여 수업과 평가를 연계시킨다.
'11 '12	※ 상동 (2007 '생활과 종교' 교육과정의 내용과 표현 동일)
'15	(1) 교재 사용 : 수업 주제를 선명하게 드러낼 수 있도록 시청각 자료를 중심으로 다양한 종교 자료를 활용한다. (2) 설명식 교수·학습 방법 (가) 강의법 : 선행조직자 이론 등을 활용하여 종교 관련 학습 주제의 핵심 개념과 하위 개념들을 체계적으로 제시하여 이해력을 높인다. (나) 대화식 수업 : ARCS(Attention, Relevance, Confidence, Satisfaction) 등의 동기 유발 이론을 토대로 종교학에 대한 학습 동기가 높아질 수 있도록 대화 방식의 수업을 진행한다. 이를 위해 교수자는 학습 주제와 관련된 주요 질문을 미리 준비한다. (3) 탐구·발견식 교수·학습 방법 (가) 세미나 수업 : 학습자가 흥미를 가진 종교 관련 학습 주제를 스스로 심화할 수 있도록 학습자가 준비하여 진행하는 세미나 수업 방식을 활용한다. (나) 문제 해결·발견·탐구·구안학습 : 학습자가 종교 관련 학습 주제에 대한 현안을 스스로 탐색하고 자료를 찾아 논리적 차원에서 해결 방법을 모색하게 한다. (4) 기타 (가) 교수·학습 방법의 결합 : 교수·학습 방법은 수업 상황과 주제를 고려하여 다양하게 결합시킬 수 있다. 예를 들어, 강의식·토론식의 경우, 학습 주제와 관련된 사례를 간략히 안내한 후, 학습자들이 스스로의 안목·논리·태도를 확대할 수 있도록 토론식 수업을 진행하여, 메시지를 도출한다. (나) 현지 조사·시청각 교육의 추가 : 학습 동기와 집중도를 높이고, 다양한 종교 현상을 이해할 수 있도록 다양한 종교 영상물을 활용하고, 관련 종교 시설을 답사한다. (다) 교수·학습 과정에서는 종교로 인한, 또는 종교에 대한 편견과 배타적 발언이 없도록 유의한다.

제7차 교육과정부터 제시된 교수·학습 방법의 핵심은 대체로 '시청각 자료를 활용한 토의학습'에 국한되어 있다. 그에 비해 해당 주제에 무관심하거나 의견을 내지 않는 학생의 수동성 문제, 방대한 학습 내용 대비 토의학습의 비효율성 문제 등 토의학습에 수반된 문제가 고려되지 않고 있다.[130] 이런 상황은 2012년 종교학 교육과정까지 이어지고 있다.

그에 비해 2015년 종교학 교육과정에서는 다양한 교수·학습 방법을 '설명식'과 '탐구·발견식'으로 구분하고 있다. 전자에는 오스벨(David Paul Ausubel, 1918~2008)의 유의미학습이론과 선행조직자 개념, 학습동기와 수업의 매력성을 강조한 켈러(John. M. Keller)의 ARCS 이론[131] 등을, 후자에는 세미나 수업 등을 제시하고 있다. 그 외에 교수·학습 방법의 결합 가능성과 현지조사 등의 방법도 제시하고 있다. 이는 교수·학습 방법을 적절하게 선택·응용해 학습의 효율성을 높이는 측면에도 관심을 둔 것으로 보인다.

평가 방법의 경우는, 교수·학습 방법의 경우처럼, 제7차 교육과정에서 처음 제시하고 있다. 제7차 교육과정 이후 제시된 평가 방법의 내용을 정리하면 다음과 같다.

---

130 고병철, 「중등학교 종교 교과의 교수·학습 방식」, 『교육연구』 43, 2008, 73~98쪽.
131 켈러는 1979년에 학습동기 유발 조건으로 하는 IRES이론(Interest, Relevance, Expectancy, Satisfaction)을 제시했다가, 영어권 교수자의 손쉬운 기억을 위해 1983년부터 흥미(Interest)와 기대감(Expectancy)을 각각 주의집중(Attention)과 자신감(Confidence)으로 바꾼 ARCS이론을 제시한다(고병철, 위의 글, 2008, 84~85쪽.).

<표 15> 국가 교육과정에 진술된 종교 교과의 평가 방법

차	평가 방법
7차	가. 객관식 위주의 평가 방식을 지양하고 문제 상황을 제시하는 논술식을 활용하되, 토론과 의견 발표 내용 및 태도를 평가하도록 한다. 나. 종교 과목에서 배운 내용을 자기 희생과 사회 봉사를 통해 실천하여, 자기 성화와 밝고 건전한 사회 기풍 조성에 기여한 점도 평가한다. 다. 관찰과 면접, 논술과 과제물 검사 등 다양한 평가 방법을 활용하고, 학생들의 생활 태도나 참여 의지를 평가할 수 있는 방안을 강구한다. 라. 평가 방법은 지필 검사 이외에도 자료 수집과 분석, 논증에 대한 비판과 토론 및 발표 능력 등을 고루 평가하도록 각별히 배려한다. 마. 감성 지능을 기르는 데 도움이 될 수 있도록 정의적인 내용을 평가할 수 있는 방안을 꾸준히 모색하도록 노력한다.
'07	가. 객관식 위주의 평가 방식을 지양하고 문제 상황을 제시하는 논술식을 활용하며, 의견을 발표하고 토론하는 태도를 평가한다. 나. 학생에 대한 관찰과 면접, 논술과 독후감 등의 과제물 검사 같은 다양한 평가 방법을 활용하고, 학생들의 수업 참여 의지를 평가한다. 다. 지필 검사 이외에도 종교 관련 자료나 사례의 수집과 분석, 논증에 대한 비판과 토론, 발표 능력 등을 고루 평가하도록 한다. 라. 감성, 지적 능력, 의지를 함께 기를 수 있도록 수업에 대한 느낌, 종교 문제의 원인 파악과 대안 제시, 바람직한 종교관과 인생관에 대한 결심 등 정의적인 내용을 평가한다.
'11 '12	※ 상동 (2007 '생활과 종교' 교육과정의 내용과 동일)
'15	(1) ~ (4) : 상동 (2007 '생활과 종교' 교육과정의 내용과 동일) (5) 종교에 관한 안목과 태도의 변화는 장기간에 이루어지는 경우가 적지 않으므로 학기별 또는 주제별 포트폴리오를 작성하게 하여 변화의 정도를 평가한다. (6) 학생이 스스로의 변화를 평가하고 설명할 수 있도록 자체 평가서를 작성할 수 있도록 하고, 면접이나 관찰 등을 통해 그에 대해 평가하고 피드백을 준다.

　　종래 교육과정에서 평가 방법의 주요 내용은 '논술식 활용과 발표 내용 및 태도 평가, 실천(자기희생·사회봉사)과 건전한 사회 기풍 조성의 기여도, 생활태도나 참여 의지, 비판·토론·발표 능력, 정의적 내용 평가' 등 5가지이다. 평가 항목은 2007년 생활과 종교 교육과정 이후 '실천(자기희생·사회봉사)과 건전한 사회 기풍 조성의 기여도' 부분이 삭제되어 2012년 종교학 교육과정까지 4가지로 바뀌고 있다.

2015년 종교학 교육과정에서는 2007년 생활과 종교 교육과정에서 제시된 4가지 평가 방법을 지속하면서도 '학기별 또는 주제별 포트폴리오 작성, 학생의 자체 평가와 피드백' 등 두 가지를 추가해 평가 방법을 다양화하고 있다. 추가된 항목에서는 특히 학습자의 자발적 평가가 도입되고 있다.

이상의 내용을 토대로 2015년 종교학 교육과정을 기준으로 종교학 교육과정의 개정 흐름을 보면, 다음과 같은 특징을 확인할 수 있다. 첫째, 성격과 목적이 종교적 지식의 전달에서 그에 대한 '성찰'로 전환되고 있다. 둘째, 내용 영역의 개수가 줄고 현대 시기의 종교 부분이 포함되고 있다. 셋째, 그 동안 간과된 내용 조직 원리가 고려되고, 교수·학습 방법이 다양해지면서 체계적으로 제시되고 있다. 넷째, 평가 방법에서 학습자의 자발적 평가가 도입되고 있다. 이러한 특징은 종교의, 그리고 종교와 관련된 소통 가능성을 높이고, 교양교육으로서 종교교육의 성격을 드러내려는 경향으로 정리될 수 있다.

2) 종교교육 관련 쟁점과 과제

① 종교학 교과의 교육 목표의 재설정

교육과정에서 고등학교의 교육 목적과 목표는 계속 변한다. 이와 관련해, 1997년 12월 〈교육법〉 폐지 전까지 고등학교 교육에는 '중학교에서 받은 교육의 기초 위에 고등보통교육과 전문교육을 하는 것'이라는 목적과 3가지 목표가 보인다.[132] 그렇지만 종래 〈교육법〉의 연

---

132 〈교육법〉(개정·시행 1997.1.13. 법률 제5272호) 제105조에서, 고등학교 교육 목표는 "1. 중학교 교육의 성과를 더욱 발전 확충시키어 중견국민으로서 필요한 품성

장인 〈초·중등교육법〉에서 각급 학교의 교육 목적·목표가 삭제된 이후에는 교육과정에서 교육 목적·목표을 제시하고 있다.[133] 제7차 교육과정 이후 변화된 고등학교 교육의 목표를 정리하면 다음과 같다.

〈표 16〉 국가 교육과정에 진술된 고등학교 교육의 목표

차	평가 방법
7차	중학교 교육의 성과를 바탕으로, 학생의 적성과 소질에 맞는 진로 개척 능력과 세계 시민으로서의 자질을 함양하는 데 중점을 둔다. 가. 심신이 건강한 조화로운 인격을 형성하고, 성숙한 자아 의식을 가진다. 나. 학문과 생활에 필요한 논리적, 비판적, 창의적 사고력과 태도를 익힌다. 다. 다양한 분야의 지식과 기능을 익혀, 적성과 소질에 맞게 진로를 개척하는 능력을 기른다. 라. 우리의 전통과 문화를 세계 속에서 발전시키려는 태도를 가진다. 마. 국가 공동체의 형성과 발전을 위해 노력하며, 세계 시민으로서의 의식과 태도를 가진다. ※ 출처: 『고등 학교 교육 과정(1)』(교육부 고시 제1997-15호[별책4], 1997년 12월 30일.
'08	상동 / ※ 출처: 『초·중등학교 교육과정』(교육과학기술부 고시 제2008-148호[별책1], 2008년 9월 11일.
'09 '11 '12	중학교 교육의 성과를 바탕으로, 학생의 적성과 소질에 맞는 진로 개척 능력과 세계 시민으로서의 자질을 함양하는데 중점을 둔다. ⑴ 성숙한 자아의식을 토대로 다양한 분야의 지식과 기능을 익혀 진로를 개척하며 평생학습의 기본 역량과 태도를 갖춘다. ⑵ 학습과 생활에서 새로운 이해와 가치를 창출할 수 있는 비판적, 창의적 사고력과 태도를 익힌다. ⑶ 우리의 문화를 향유하고 다양한 문화와 가치를 수용할 수 있는 자질과 태도를 갖춘다. ⑷ 국가 공동체의 발전을 위해 노력하며, 세계 시민으로서의 자질과 태도를 기른다. ※ 출처: 『초·중등학교 교육과정』(교육과학기술부 고시 제2009-41호), 2009년 12월 23일.

과 기능을 기른다. 2. 국가사회에 대한 이해와 건전한 비판력을 기른다. 3. 민족의 사명을 자각하고 체위의 향상을 도모하며 개성에 맞는 장래의 진로를 결정게 하며 일반적 교양을 높이고 전문적 기능을 기른다." 등 3가지였다.

133 교육과학기술부, 『교육과학기술부 고시 제2009-41호에 따른 고등학교 교육과정 해설 총론』, 2009, 198쪽.

'15	중학교 교육의 성과를 바탕으로, 학생의 적성과 소질에 맞게 진로를 개척하며 세계와 소통하는 민주 시민으로서의 자질을 함양하는 데에 중점을 둔다. 1) 성숙한 자아의식과 바른 품성을 갖추고, 자신의 진로에 맞는 지식과 기능을 익히며 평생학습의 기본 능력을 기른다. 2) 다양한 분야의 지식과 경험을 융합하여 창의적으로 문제를 해결하고, 새로운 상황에 능동적으로 대처하는 능력을 기른다. 3) 인문·사회·과학기술 소양과 다양한 문화에 대한 이해를 바탕으로 새로운 문화 창출에 기여할 수 있는 자질과 태도를 기른다. 4) 국가 공동체에 대한 책임감을 바탕으로 배려와 나눔을 실천하며 세계와 소통하는 민주 시민으로서의 자질과 태도를 기른다. ※ 출처: 『초·중등학교 교육과정 총론』(교육부 고시 제2015-80호 [별책1] / 교육부 고시 제2015-74호의 부칙개정), 2015년 12월 1일.

이러한 고등학교 교육 목적·목표의 변화가 주는 시사점은 종교학 교과가 고등학교 교육과정에 속하는 한, 지속적으로 교육 목적과 내용의 변화를 모색해야 한다는 점이다. 그 동안 학계에서 종교교과교육의 방향에 대해 신앙교육, 영성교육, 종교문화교육, 인성교육, 인격교육, 시민교육, 성찰적 종교교육 등 다양한 논의가 전개된 배경에는 이러한 요청이 전제되었다고 할 수 있다.

그렇지만 학교의 종교교육에는 평준화 문제, 자유권의 충돌 문제, 교육의 방향 문제 등 여러 문제가 얽혀 있다. 이와 관련해, 2010년 대법원 판결은 법적으로나마 종교교육의 방향을 시사한다. 그 주요 내용은 고교 평준화정책에 따른 '학교 강제배정제도'가 학생이나 학교법인의 기본권을 본질적으로 침해하지 않는다는 점, 학교 강제배정제도 하에서 종교적 중립성이 유지된 보편적 교양 범위를 넘어 특정 교리를 전파하는 교육을 실시할 때에는 학생에게 사전에 충분히 설명하고 동의를 구하고 자유롭게 대체과목을 선택하거나 종교교육 참여 거부권을 주고 사실상 참가 거부가 불가능한 분위기가 없어야 한다는 점, 종립학교도 공교육체계에 편입되어 있기에 학생의 종교의 자유와 교육을 받을 권리를 고려한 대책 등을 마련하면서 '종교교육의 자유

및 운영의 자유'를 누려야 한다는 점 등이다.[134]

지금까지 학계에서 논의한 종교교과교육의 방향은 그 접근 방식(신학·교학적 접근 vs 인문학·사회학적 접근)과 강조점(지식 vs 가치: 도덕·정서)을 교차시킬 때 크게 4가지로 정리할 수 있다. 그 내용은 특정 종교의 형이상학적 전제와 고백주의적 입장에서 특정 지식(교리)과 체험을 강조하거나 특정 가치(도덕·윤리)와 체험을 강조하는 교육, 비고백적 입장에서 지적 안목을 높이기 위한 지식을 강조하거나 보편적 가치(윤리·도덕)를 강조하는 교육이다. 이러한 형태에 속한 교육론을 각각 신앙교육론, 영성교육론, 종교학교육론, 인성교육론 등으로 지칭할 수 있다.[135]

이러한 구도에서 보면, 2015년 종교학 교육과정은 종교 간, 그리고 종교와 다른 영역의 소통 가능성 제고 측면을 고려하면서 학습자 중심의 성찰적 종교교육이라는 방향을 취하고 있다. 이 교육은 형이상학적 전제 없이 비고백주의적 입장에서 인문학·사회과학적 접근을 취하는, 학생 중심의 구성주의적 관점에서 지적 안목에 필요한 지식뿐 아니라 그 지식과 연관된 정의적 측면에 대해서도 메타적 성찰을 시도하는, 신앙교육론·영성교육론을 배제하기보다 오히려 인식 대상으로 삼아 메타적 성찰을 시도하는 방향, 그리고 이를 통해 단순히 지적 안목이 아닌 성찰적·메타적 능력을 지닌 교양인의 양성을 지향하

---

134 국가법령센터(http://www.law.go.kr/precInfoP.do?mode=0&precSeq=146571. 접속: 2016.6.10.): 손해배상(기)(종립 사립고교 종교교육 사건) [대법원 2010.4.22, 선고, 2008다38288, 전원합의체 판결].
135 고병철,『한국 중등학교의 종교교과교육론』, 박문사, 2012, 297-300쪽, 387-397쪽, 425-434쪽. 성찰적 종교교육은 학습자 중심의 구성주의식 방법을 통해 종교 관련 지식이나 현상을 인식 대상으로 삼아 메타적 입장에서 사유하여 종합적인 안목으로 성찰할 수 있는 교양인(목표)을 지향한다(이후 성찰적 종교교육에 관한 설명도 이 자료를 참조). 한편, 시민교육이 '시민이 지녀야 할 가치 교육'을 의미한다면 인성교육론 범주에 포함될 수 있다.

고 있다. 종교 현상을 인식과 성찰의 대상으로 삼는 이러한 안목과 태도는 종교에 대한 지성적·감성적 몰이해 상태를 방지하기 위해서라도 고등학교 과정에서 중요하게 다루어질 필요가 있다.

그렇지만 앞서 지적한 대로, 고등학교 교육 목적이 지속적으로 변화되기에 종교학 교육과정의 방향과 내용도 특정 지점에 머물 수는 없다. 이와 관련해, 2015년 종교학 교육과정도 종래 교육과정을 '개정'하는 차원에서 마련된다. 다만, 개정 수준에서는 내용 영역의 변화가 전면적으로 진행되지 않은 측면이 있다.

종교학 교육과정의 방향과 내용 쇄신(刷新)을 위해서는 종교학 교과에서 '배울 가치가 있는' 주제들이 무엇인지, 이 주제들이 누락되지 않았는지에 대한 지속적인 문제제기가 필요하다. 예를 들어, "종교학 교육과정에서 젠더 평등 문제는 빠져도 되는 것일까?"라는 식의 문제제기이다. 이러한 문제제기는 명시적 교육과정에 담긴 교육 목적과 내용의 가치를 되묻는 과정이자 교육의 질을 높이기 위한 과정이므로 종교학 교과서나 실제 수업에서도 유용할 수 있다.[136] 물론 학교교육은 '학생의, 학생에 의한, 학생을 위한 교육'이므로 기본적으로 변화의 방향은 학습자의 자발성·주도성에 맞추어 설정될 필요가 있다.

이처럼 종교학 교과의 방향 모색이라는 측면에서 본다면, 2015년 종교학 교육과정에도, 종래 교육과정에서 변화 없이 유지된 부분이 보인다. 바로 '개별 종교들의 이해' 영역과 '복수 과목 개설' 규정 부분이다. 이 부분의 유지 조치에는 어떤 의도가 담겨 있을까?

---

136 아이즈너(Elliot Eisner)는 『교육적 상상력(The Educational Imagination)』에서 교육목표를 구체적으로 정해 예정된 결과를 얻는 것이 성공적 수업이라는 행동목표론을 비판하고, 예술적 상상력에 비견되는 '교육적 상상력'을 강조하면서 영 교육과정(null curriculum)을 제안한 바 있다(엘리어트 아이즈너 지음, 이해명 옮김, 『教育的 想像力: 교육과정의 구성과 평가』, 단국대학교출판부, 1983).

② 특정 종교를 위한 내용 영역의 필수 유지 문제

우선, '개별 종교들의 이해' 영역의 경우, 2011년 종교학 교육과정에서 이 영역을 "개별 종교들의 사례를 통해 종교 일반에 대한 이해를 종합하고 심화"한다고 서술해 다른 영역과 논리적 연결을 시도한 바 있다. 그렇지만 '추가적'이라는 표현을 써서[137] 이질적인 영역임을 드러내고 있다. 이는 결과적으로 교육부가 이 영역을 유지해야 한다는 입장을 고수하고 있다는 반증이다.

2011년 종교학 교육과정 이후, 이 영역은 종교학의 심화학습을 위한 사례연구로 설정되어 유지되고 있다. 그렇지만 이 영역에 대한 '필수 유지'라는 입장은 여러 문제에 봉착할 수 있다. 예를 들어, 이 영역의 유지가 학습자를 위한 교육적 조치라기보다 종립학교나 종교계 요구를 수용한 정치적 조치라는 비판, 정치적 조치가 아니더라도 정교 분리와 교육-종교의 분리 원칙을 내세우는 '국가가 학교교육에서 특정 종교의 가치 전파를 조장(助長)'한다거나 종교 자유의 침해 소지를 제공한다는 비판을 받을 수 있다. 학교나 학습자 선택권이 없는 상황에서 학습자는 원하지 않아도 특정 종교를 위한 교육에 참여하게 될 수 있기 때문이다.

게다가 이 영역의 필수 유지 입장은 종교학 교과가 호교론적 교과라는 인식을 확대시켜 종립학교 이외에 일반 사립학교나 국·공립학교가 종교학 교과를 개설하는 데에 현실적 부담을 줄 수 있다. 또한 영역별 세부 내용과 중복된다는 문제, 내용 영역의 축소 경향과 상반된다는 문제도 제기될 수 있다. 실제로 2015년 종교학 교육과정에서는

---

137 교육과학기술부, 『고등학교 교양 교과 교육과정』(교육과학기술부 고시 2011-361호[별책 19], 2011.8.9.), 2011, 92-93쪽; 교육과학기술부, 『고등학교 교양 교과 교육과정』(교육과학기술부 고시 제2012-3호 [별책 19], 2012.12.13.), 2012, 94-95쪽.

내용 영역을 6개로 축소하고 핵심 개념의 수를 19개로 조정했지만, 6 개의 내용 영역과 19개의 핵심 개념은 다른 교양 교과에 비해 많은 편이다.[138] 그 주된 이유 가운데 하나는 '개별 종교들의 이해' 영역(제6영역)처럼 필수 유지 입장에 포함되는 영역이 존재하는 현실 때문이다.

물론 '개별 종교들의 이해' 영역이 없어진다면 종립학교가 종교학 교과를 채택할 가능성이 낮다거나, 결과적으로 국가가 건학이념 구현을 위한 종교교육(신앙교육)의 자유를 억압한다는 비판이 있을 수 있다. 사립학교의 교육에 대해 국가가 모든 학교교육을 감당할 수 없어 민간 영역에 학교교육을 위탁한 것으로 이해한다면 이러한 지적은 일면 타당한 것처럼 보인다.

그렇지만 이 문제에 대해서는 유연한 이해가 필요하다. 우선, 사립학교라도 건학이념보다 국민의 기본권인 종교의 자유가 우선하므로 건학이념의 실현은 종교의 자유와 조화될 필요가 있다. 또한 '신앙의 자유'가 종교교육의 자유에 우선하므로 종교교육의 자유 실현은 신앙의 자유와 조화될 필요가 있다. 그리고 종교교육이 학교교육이라는 공적 영역에 적합할 때, '종교학' 교과교육도 교육-종교의 분리라는 〈교육기본법〉의 가치에 부합될 수 있다는 점을 인식할 필요가 있다.[139] 이러한 점들을 고려한다면, 건학이념의 실현 수단으로 종교학 교과교

---

138 〈2015 고등학교 교양 교과 교육과정〉에서 교과별 내용 영역(핵심 개념 수)을 보면, 철학 4개(12), 논리학 5개(13), 심리학 4개(9), 교육학 4개(10), 진로와 직업 4개(8), 보건 4개(11), 환경 4개(12), 실용경제 4개(15), 논술 5개 영역(17)이다.

139 〈교육기본법〉(개정·시행 2015.1.20. 법률 제13003호) 제4조(교육의 기회균등). "① 모든 국민은 성별, 종교, … 등을 이유로 교육에서 차별을 받지 아니한다." "제6조 (교육의 중립성) ① 교육은 교육 본래의 목적에 따라 그 기능을 다하도록 운영되어야 하며, 정치적·파당적 또는 개인적 편견을 전파하기 위한 방편으로 이용되어서는 아니 된다. ② 국가와 지방자치단체가 설립한 학교에서는 특정한 종교를 위한 종교교육을 하여서는 아니 된다."

육이라는 명시적 교육과정을 활용하기보다 종교교사의 언행과 삶의 태도, 학교 분위기 등의 잠재적 교육과정(hidden curriculum)[140], 교과서의 보조 교재 활용 등 다양한 차원에 주목할 필요가 있다.

③ '복수 과목 개설' 규정

다음으로, 교육과정에서 '복수 과목 개설' 조항의 문제이다. 사실상 '개별 종교들의 이해' 영역이 종교학 교육과정 내에서 다른 영역들을 심화시키는 영역으로 설정되어 있다는 점을 고려하면, 교육과정에서 종교학 교과 개설과 관련된 '복수과목 개설' 조항은 필요가 없게 된다.[141] 그렇지만 이 조항은 2015년 종교학 교육과정에서도 그대로 유지되고 있다. 교육과정 담당 부서인 교육부에서 이 조항의 존폐 여부를 논의한 시기가 있었지만, 민원이 많다는 이유로 유지 결정을 내렸다고 한다.[142]

교육과정에서 종교학 교과 개설과 관련된 복수 과목 개설 규정의 역사는 제4차 교육과정에서 자유선택과목 전체를 대상으로 시작된다. 그렇지만 제5차 교육과정부터 이 규정은 '종교' 과목에만 적용되

---

140 잭슨(Philip W. Jackson)이 「교실생활(Life In Classrooms)」(1968)에서 처음 언급한 것으로 알려진 '잠재적 교육과정'은 상벌, 평가, 집단생활, 명시되지 않은 학교와 사회규범 등이 학습자에게 미치는 영향을 의미하므로 교육과정보다 교육의 부수적 효과(a side effect)에 가깝다. 잭슨 이후, 잠재적 교육과정은 비판적 교육학(critical pedagogy)의 선두 주자로 알려진 브라질의 프레이리(Paulo Freire, 1921-1997), 미국의 홀트(John Caldwell Holt, 1923-1985), 오스트리아의 일리치(Ivan Illich, 1926-2002) 등을 포함하여 여러 교육자의 관심을 받고 있다.

141 이 주장의 근거는 두 가지이다. 하나는 '성찰적 안목과 태도'라는 교육 목표에 맞추어 6영역이 심화학습 사례로 전환되었다는 점, 다른 하나는 1영역에 '종교 자유권'이 포함되어 학습자와 교사가 종교교육에 대한 자기 권리를 아는 상태에서 6영역의 학습이 가능했다는 점이다.

142 2015년 7월 30일(목) '2015 개정 교양교과 교육과정 시안 검토 공청회'에서 종교학 교육과정 시안 발표 직후에 교육부 관계자의 전언이다.

기 시작한다.[143] 그 후, 이 규정은 그대로 유지되다가 2013년 12월부터 "다만, 학생의 학교 선택권이 허용되는 종립학교의 경우 학생·학부모의 동의를 얻어 단수로 개설할 수 있다."는 단서 조항이 붙은 채 2015 개정 교육과정으로 이어지고 있다.[144] 그 이후에 교육과정의 일부 개정들이 있었지만 모두 2015 개정 교육과정 내에서 이루어져 복수 과목 편성과 단서 조항은 다음과 같이 유지되고 있다.

> 마. 학교가 종교 과목을 개설할 때에는 종교 이외의 과목을 포함,
> 복수로 과목을 편성하여 학생에게 선택의 기회를 주어야 한다.
> 다만, 학생의 학교 선택권이 허용되는 종립 학교의 경우 학생·
> 학부모의 동의를 얻어 단수로 개설할 수 있다.[145]

이러한 단서 조항에도 불구하고, 이 조항은 두 개의 문제 지점을 만들어내고 있다. 첫 번째 지점은 이 규정에 담긴 차별적 인식이다. 그 내용은 개별 종교들의 이해' 영역이 호교론적 차원에서 서술된다면 종교교과교육이 학습자의 종교 자유를 침해하게 된다는 것이다. 그렇지만 이러한 교육부의 부정적 인식은 종교학 교과의 성격과 목표가

---

143 제4차 교육과정에서는 자유선택과목을 설정할 때 2개 이상의 과목을 개설하여 학생에게도 선택의 기회를 주게 한다. 제5차 교육과정에서 교양 선택을 최소 2단위 필수로 해서 교양 교육을 통해 전인적 교육을 도모했지만, 다른 선택과목과 달리, 종교 과목을 선택할 때 학교장이 앞서 제시한 과목을 포함, 복수과목을 개설하여 학생에게 선택의 기회를 주게 한다(교육과학기술부, 『교육과학기술부 고시 제2009-41호에 따른 고등학교 교육과정 해설 총론』, 2009, 117쪽, 183쪽.).
144 교육부, 『고등학교 교양 교과 교육과정』(교육부 고시 2013-7호 [별책 1], 2013. 12.18.), 2013, 19쪽; 교육부, 『고등학교 교육과정(Ⅰ, Ⅱ, Ⅲ)』(교육부 고시 2015-74호 [별책 4], 2015.9.23.), 2015, 29쪽.
145 교육부, 『초·중등학교 교육과정 총론』(교육부 고시 제2015-74호 [별책 1], 교육부 고시 제2020-236호 일부개정 포함), 2020, 36쪽.

교양교육으로 바뀌고 있다는 점을 오히려 간과하고 있는 셈이다.

두 번째 지점은 복수과목 개설 조항이, '개별 종교들의 이해' 영역의 필수 유지 입장처럼, 종립학교뿐 아니라 일반 사립학교나 국·공립학교가 교양교육을 하기 위해 종교학 과목을 개설할 때 현실적인 부담을 준다는 점이다. 종교학 과목을 개설하려면 복수 과목 개설에 필요한 교사 채용이나 교육시설 마련 등의 비용을 자체적으로 부담해야 하기 때문에 학교로서는 부담이 될 수밖에 없다.[146]

여기서 놓칠 수 없는 부분은 두 가지 지점이 상호 연관되어 있다는 점이다. 종교학 교육과정에 특정 종교를 위한 교육 내용, 즉 '개별 종교들의 이해' 영역이 있기에 '종교의 자유를 보장하기 위해 학습자에게 종교 교과의 선택권을 주어야 한다'는 주장이 가능해지기 때문이다. 그렇지만 '개별 종교들의 이해' 영역을 유지시키는 당사자가 결과적으로 교육과정을 담당하는 교육부라는 점을 고려하면 이러한 주장은 논리적이지 않다고 할 수 있다.

3) 종교교육 이외의 쟁점과 과제: 종립학교 관련 내용

종교교육 이외의 쟁점과 과제는 종교교육 자체가 아니라 종교교육을 시행하는 있는 종립학교에서 발생하는 내용을 말한다. 그 내용은 종립학교에 대한 정부의 재정 지원 문제, 국·공립학교에서 특정 종교 교육 금지 문제, 국·공립학교에서 종교학 교육의 채택 문제, 종립학교가 종교교육의 방향을 설정하는 문제 등 다양하다.

---

146 실제로 종립학교의 경우는 여러 비용 문제 때문에 두 개 과목 개설 관련 설문을 받되 종교학 과목 개설 쪽으로 몰아가는 '편법'을 사용하는 경우가 있다고 한다.

우선, 정교분리 원칙을 내세우는 국가에서 만약 특정 종교를 위한 교육(이하, 특정 종교교육)을 지향하고 실천하는 종립학교가 있다면, 종립학교에 대한 정부의 재정적 지원은 가능할까? 이에 대해 헌법학계에서는 정부의 종립학교 지원이 바로 정교분리 위반으로 이어지는 것은 아니라고 보고 있다. 종립학교에 대한 정부의 지원이 종립학교 재단을 지원하는 것이 아니라 종립학교에 재학하는 학생들을 지원하는 것이라면 국가의 교육복지 의무로 긍정될 수 있다는 것이다.[147]

종립학교에 대한 국가의 재정 지원이 국가의 차별적 지원이 아니고, 재정 지원의 일차적인 목적이 종교적 이유가 아니라 교육적 이유에 있다면 문제 소지는 거의 없다. 그런데 이에 대해 다음과 같은 질문도 가능하다. '종립학교가 국가의 지원 재정을 특정한 종교를 위한 교육에 사용하면 국가가 간접적으로나마 특정 종교를 조장하는 것이 아닌가? 그렇다면 국가는 정교분리나 종교적 중립성을 위반하는 것이고, 결과적으로 재정적 지원을 멈추어야 하는 것이 아닐까?'

종립학교에서는 국가의 지원 재정을 특정 종교교육에 사용하는 것이 학교의 설립이념을 실현하는 행위이고, 종교교육의 자유를 누리는 것이라고 여길 수 있다. 그렇지만 국가의 지원 재정을 종립학교가 특정 종교교육에 사용하는 것은 학생의 종교의 자유가 위축되는 문제와도 연결되어 있다. 고교평준화 정책에 따라 지역에 거주하는 학생이 종교적 이유로 종립학교에 자원 입학한 것이 아닌 경우들 때문이다.

147 정상우, 「정교분리 원칙의 모델에 관한 비교헌법학적 연구」, 『헌법학연구』 20-1, 2014, 245쪽. 이와 관련해, 종립학교에서 해당 종교를 믿지 않는 학생들에게 종교행사의 참여가 강제되고 반대로 자녀에게 종교교육을 받게 하고 싶어 하는 학부모의 종교교육의 자유가 제대로 보장되지 않고 있는 현실에 대해서는 개선이 필요하다고 본다.

게다가 특정 종교교육이 강제로 이루어지거나 의무화된다면 종교교육을 받지 않을 자유가 침해될 소지도 발생할 수 있다.

다음으로, 법규상 국·공립학교에서 특정 종교교육을 금지하고 있는데, 이 정책을 국·공립학교가 누릴 수 있는 종교교육의 자유를 침해하거나 사립학교에 대해 차별 행위가 아닐까? 이 문제 제기는 종립학교를 포함해 사립학교가, 비록 그 자율성이 인정되더라도, 국·공립학교와 마찬가지로 공교육체계에 포함된 것으로 보기에 가능하다. 여기서 주요 쟁점 구도는 '특정 종교교육 금지 vs 종교교육의 자유'이다.

물론 정교분리를 내세운 국가에서 국·공립학교에 특정 종교교육을 허용한다면 여러 문제가 제기될 수 있다. 국가가 특정한 종교를 우대하는 일이기에 교육상 종교차별 논란이 생길 수 있다. 국가가 종교적 중립성에 반한다는 논란이 생길 수도 있다. 그리고 학생이 종교적 이유가 아니라 제도적 이유로 국·공립학교에 입학한 경우에 특정 종교교육으로 인해 종교의 자유가 위축될 수도 있다.

그렇다면 국·공립학교에서 특정 종교교육이 아니라 교양교육으로서 종교학 교육의 채택이 가능할까? 사실 이 부분은 가능하다고 사료되지만, 교육과정에서 특정 종교를 위한 내용 영역과 복수 과목 개설 조항이 사라지지 않는 한, 현실적으로 쉽지 않을 것으로 보인다.

다음으로, 국가 지원을 받는 종립학교가 종교교육의 방향을 어떻게 설정할 수 있을까? 쟁점 구도는 '특정 종교교육 vs 보편적 교육'이다. 이러한 쟁점은 종립학교를 포함해 사립학교의 위상을 규명하려는, 즉 '사립학교의 특수성 인정 vs 준국·공립학교화'라는 쟁점으로 이어질 수 있다.

사립학교는 국가 재정 지원을 받으면서 국가 수준 교육과정을 적용하고 있어 국·공립학교에 준하는 공공성을 가지는 한편, 〈사립학교법〉 등을 통해 특수성(자율성)을 보장받고 있다. 그렇다면 종교교육의 방향과 내용은 종립학교가 양자의 관계를 '공공성 내 자율성'의 구도로 이해할 때와 '공공성 vs 자율성' 구도로 이해할 때가 달라진다.

군종 정책과 과제

01
군종의 개념과 관점

 국방부는 법적 근거를 두고 군대 내에 종교 업무 전문가(religious affairs specialist in the military), 즉 군종(軍宗)을 두는 제도를 운영하고 있다. 그리고 이 제도는 해방 이후부터 시작되어 비교적 오래된 역사를 가지고 있다. 군종이라는 용어는, 법규에서 '성직자'로도 표현하지만, '군대 내 종교전문가'의 준말로, 맥락에 따라 군대 내 종교 업무(military religious affairs) 자체, 또는 군인이나 부대를 임무에 따라 분류한 병과의 하나(a branch of the military service)인 군종병과(軍宗兵科, military religious affairs division)를 가리키기도 한다.

 군종제도는 정부의 군종 정책에 따라 만들어지고 개선된다. 일반적으로 정책이 '바람직한' 목표와 수단에 대한 정부기관의 공식 결정이라는 점을 고려하면, 군종 정책은 정부가 '바람직한' 군종제도라는 목표의 실현과 달성 수단을 공식 결정한 방침을 말한다. 다만, 정책에서 '바람직한', 즉 '바랄만한 가치가 있다'는 가치 판단과 그에 기초해 도입된 특정 해결 수단에 대해서는 지속적인 성찰이 필요하다.

 한국에서 종교와 군대에 관한 기본 입장은 〈헌법〉 제11조와 제20조, 그리고 제39조에 담겨 있다. 〈헌법〉 제11조는 "① 모든 국민은 법 앞에 평등하다. 누구든지 성별·종교 또는 사회적 신분에 의하여 정치적·경

제적·사회적·문화적 생활의 모든 영역에 있어서 차별을 받지 아니한
다.”는 내용으로 ‘종교로 인한 차별 금지’ 조항이다. 제20조는 “① 모
든 국민은 종교의 자유를 가진다. ② 국교는 인정되지 아니하며, 종교
와 정치는 분리된다.”는 내용으로, ‘종교의 자유 인정, 국교 불인정, 정
교 분리’ 조항이다. 그에 비해 ‘국민의 권리와 의무’(제2장 제10조~제39조)
의 마지막을 장식하고 있는 〈헌법〉 제39조는 “① 모든 국민은 법률이
정하는 바에 의하여 국방의 의무를 진다. ② 누구든지 병역의무의 이
행으로 인하여 불이익한 처우를 받지 아니한다.”[1]는 내용으로, ‘국방
의 의무’ 조항이다. ‘국방의 의무’와 관련해, 〈병역법〉은 ‘국가가 병역
의무자에게 현역(現役)에 복무할 의무를 부과하는 것’을 ‘징집’으로 표
현하고 있다.[2]

그렇다면 〈헌법〉 제11조·제20조와 제39조 사이의 연관성, 즉 ‘종교
로 인한 차별 금지, 종교의 자유 인정, 국교 불인정 및 정교 분리’ 등이
국방의 의무와 어떤 연관성을 가질까? 양자는 각각 종교와 군대에 관
한 내용으로 서로 무관해 보이지만, 군종제도를 통해 연결되어 있다.
구체적으로, 국방부는 군종 정책에 따라 각 군별(육·해·공군)로 군종에
게 종교·교육·선도·대민활동 등을 맡기는 군종제도를 운영하고 있다.
이러한 군종은 군대 내 종교전문가 자격을 갖춘 군종장교, 그리고 이
를 보좌하는 군종병으로 나누어지며, 군종장교는 지원과 심사를 거쳐
장교로 임관하게 되고, 군종병은 지원자를 받기도 하지만 일반병에서
차출(差出)되는 경우도 있다.

최근까지 군대에는 개신교·천주교·불교·원불교 등 4개 종교와 관

---

1 〈대한민국헌법〉(시행 1988.2.25. 헌법 제10호, 1987.10.29, 전부개정) 제39조.
2 〈병역법〉(시행 2018.5.29. 법률 제15054호, 2017.11.28, 일부개정) 제1조, 제2조.

련된 군종장교들만 있다. 그 이유는 국방부가 4개 종교에만 군종제도 참여 자격을 주고 있기 때문이다. 그리고 이 종교들은 국방부가 군종장교와 군종사관후보생을 선발할 때 '성직자'를 국방부에 추천하는 역할, 그리고 군 종교시설 건립을 위한 기부 채납, 군 장병 신앙심 함양 및 정신전력 강화를 위한 종교 활동 보장 등을 맡고 있다. 이와 관련해, 2018년 4월 기준으로 군종장교 수는 총492명으로, 여성 군종장교 10명(개신교 6명, 불교 4명)이 포함되어 있다.[3]

〈표 1〉 종교별 군종장교 현황(2018.4)

구 분	개신교	불교	천주교	원불교	계
군종장교 수	258	134	97	3	492

2018년 4월 이후의 종교별 군종장교 현황은 달라진다. 이와 관련해, 2018년 6월의 군종사관 제76기 임관식에서 51명(천주교 11, 개신교 24, 불교 15, 원불교 1; 대위 21, 중위 30; 여 2), 2019년 6월의 군종사관 제77기 임관식에서 46명(개신교 19, 천주교 17, 불교 10), 2020년 6월 군종사관 78기 임관식에서 53명(개신교 25, 천주교 18, 불교 10; 대위 37, 중위 16; 여성 1)이 군종장교로 임관한 바 있다. 그렇지만 군종장교의 종교 범위는 변하지 않는다.[4]

국방부가 군종제도를 운영하는 법적 근거는 무엇일까? 군종의 병적(兵籍) 편입을 규정한 〈병역법〉 제58조이다. 이 조항을 보면, '현역병

---

3 국방부(www.mnd.go.kr/, 2018.4.13. 보도자료); 고병철·강돈구·조현범,『2018년 한국의 종교 현황』, 문화체육관광부, 2018, 236쪽.
4 「신임 군종장교 사제 11명 임관」,『가톨릭평화신문』, 2018.7.8; 「군복음화의 첨병 군종사관 제77기 임관식, 감리회 4명 임관. 유요한 대위 국방부장관상 수상」,『당당뉴스』, 2019.7.4.; 「육군종합행정학교, 제78기 군종사관 임관식 거행」,『중부매일』, 2020.6.28.

입영 대상자 중 학사 이상의 학위를 가진 목사·신부·승려 또는 그 밖에 이와 동등한 직무를 수행하는 사람으로서 각 소속 종교단체에서 자격을 인정한 사람'은 원할 경우에 '군종 분야 현역장교의 병적'에 편입할 수 있다. 또한 '목사·신부·승려 또는 그 밖에 이와 동등한 직무를 수행하는 사람의 자격을 얻기 위해 신학대학·불교대학 또는 그 밖에 성직자 양성을 목적으로 하는 대학에 다니고 있는 사람' 중 군종사관후보생 지원자는 '군종사관후보생의 병적'에 편입할 수 있다. 군종사관후보생의 병적 편입자는 35세까지 특수병과(特殊兵科) 현역장교 병적에 편입할 수 있고, 병적 제적자는 신체등급에 따라 현역병으로 입영하거나 사회복무요원 소집 대상이 된다. 군종으로 현역장교 병적에 편입할 사람은 군부대에 입영해 군사교육을 받는데, 신체검사나 그 후의 군사교육에서 질병 또는 심신장애로 인해 현역 복무에 부적합하거나 15일 이상의 치유기간이 필요하다는 결과가 나오면 귀가 조치된다. 귀가자(歸家者)는, 3개월 미만 명시자를 제외하면, 신체검사를 다시 받고 신체등급에 따라 병역처분을 변경하거나 재입영하게 된다. 국방부는 군종 분야 병적편입 대상 종교의 선정 및 군종 분야 현역장교의 선발 등에 관한 사항을 심의하기 위하여 군종장교운영심사위원회를 설치·운영한다.[5]

〈병역법〉 제58조에서 확인할 수 있는 부분은 국방부가 군종장교운영심사위원회를 통해 군종 분야 병적 편입 대상 종교를 선정하고 군종 분야 현역장교의 선발 등에 관한 사항을 심의한다는 점, 군종 분야 현역장교와 군종사관후보생 병적 편입 대상자의 자격 규정이 군종장교운영심사위원회에서 선정한 종교에 국한된다는 점이다. 그리고 국

---

5 〈병역법〉(시행 2020.10.1. 법률 제17166호, 2020.3.31, 일부개정) 제58조(의무·법무·군종·수의장교 등의 병적 편입).

방부가 군종 참여 종교의 범위를 결정하고, 그 한정된 범위 내에서 군종을 선발하고 있다는 점을 확인할 수 있다.

그렇지만 군종제도에 대해서는 〈헌법〉 제20조의 내용, 즉 종교의 자유와 함께 국교 불인정 및 정교분리의 내용만 상기해도 여러 문제를 제기할 수 있다. 예를 들어, 국방부가 특정 종교가 군종 분야 병적 편입 대상이 되는지 안 되는지를 판단하는 조치 또는 군종 분야 병적 편입 대상으로 특정 종교들만 공인하는 조치 등은 정교분리원칙에도 불구하고 국가가 무엇이 종교인지 아닌지를 판단하거나 모든 장병이 누려야 할 종교의 자유를 제한하는 것이 아닐까라는 문제가 제기될 수 있다. 〈헌법〉 제20조에 있는 '국교 불인정'이 '국가의 종교'를 설정할 수 없다는 의미 외에 국가가 무엇이 종교이고 종교가 아닌지를 결정하거나 공인 또는 비공인할 수 없다는 의미로 해석될 수 있기 때문이다.

비록 이러한 문제 제기에 대해 다른 국가 사례를 들어 국가의 군종제도 운영이 가능하다는 입장을 취한다고 해도 후속 비판이 이어질 수 있다. 예를 들어, 국방부가 군종 분야 병적 편입 대상이 되는 종교만을 선별해 공인하는 것은 국가가 특정 종교를 '조장(助長)'하는 결과를 초래할 수 있다는 비판이 가능하다. 또한 국가의 군종제도의 운영이 가능하다고 해도 과연 군종제도 운영이 합리적인가라는 물음이 있을 수 있다. 이와 관련해, 군종 범위가 특정 종교들로 국한된 것에 대해 군종 범위 밖에 있는 종교단체나 군인이 '종교로 인한 차별'이나 '종교의 자유 제한'이라는 문제를 제기할 수 있다. 이러한 문제들은 국민의 기본권 또는 인권 침해의 여지와 관련이 있어 중요하다. 게다가 국방부가 종교별 군종 정원에 차이를 두는 것에 대해서도 그 기준의 합리성뿐만 아니라 결과적으로 특정 종교를 조장하는 효과를 불러일으킨다거나 종교로 인한 차별 행위를 하고 있다는 비판도 가능하다.

이처럼 군종제도에 대해 여러 문제 제기가 가능하지만, 이슈화된 경우들을 제외하면 군종제도에 대한 사회적 관심이나 학계의 연구가 많은 편은 아니다. 그 이유로는 무엇보다 군종에 관한 정보가 부족했다는 점에서 찾을 수 있다. 예를 들어, 군종장교나 군종병이 되려면 어떤 과정을 거쳐야 하고, 군종 범위를 정한 근거와 맥락이 무엇인지 등 군종 관련 정보를 종합한 자료를 찾기가 쉽지 않다. 군대 조직과 군종을 파견한 종교단체의 강조점이나 군종 자신의 역할 인식이 다를 수 있어 복잡하기는 하지만, 군종장교들이 '군인과 성직자 또는 군인과 종교인'의 정체성에서 무엇을 우선순위에 두고 있는지 등에 대한 연구 자료도 거의 없다.

물론 지금까지 군종 정책이나 군종제도와 관련된 연구가 없었던 것은 아니다. 연구 주체에 따라 연구 수행 내용은 크게 3가지로 나타난다. 첫 번째는 군종제도에 참여하는 종교계 관련자들의 연구가 있는데, 대체로 선교나 포교를 위한 군종의 중요성과 지원 확대 등이 주요 내용이다. 이러한 연구를 수행하는 주요 단체는 한국기독교군선교연합회에서 운영하는 한국군선교신학회이다.[6] 두 번째는 국방부에서 수행한 연구가 있는데, 전투력 향상을 위한 군종제도 개선방안 마련 등이 주요 내용이다. 이와 관련된 주요 연구로는 한국국방연구원(이종인·최광현)에서 수행한 〈장병 종교활동 제도 개선방안 연구〉(2003)가 있다.[7] 세 번째는 군종 정책과 군종제도에 관심을 가진 연구가 있는데,

---

6 한국기독교군선교연합회 한국군선교신학회(http://www.v2020.or.kr/home/theological_study/, 접속: 2019.2.6.). 2017년 10월 10일자로『군선교, 청년』제16권을 발행한 바 있다.

7 이종인·최광현,『장병 종교활동 제도 개선방안 연구』, 한국국방연구원, 2003. 머리말 부분 참조. 이 연구는 군종활동의 부정적인 역할을 축소시키고 긍정적 역할을 확대해 군종이 군의 전투력 향상에 기여할 수 있는 방향과 대안을 모색하려는 목적을 지니고 있다. 이러한 내용을 보면, 이 연구가 궁극적으로 군종제도를 국방

군종 정책과 군종제도의 문제점 지적과 방향 제시 등이 주요 내용이다. 주요 연구로는 『종교와 군대』(2017)가 있다.[8]

선행연구 경향을 보면, 세 번째 연구가 좀 더 확대될 필요가 있다. 군종제도의 내용과 과제를 살펴보는 일은 군종제도가 특히 국민의 기본권 또는 인권과 연결되어 있기에 중요하다. 군종제도의 내용과 과제를 보려면, 기본적으로 군종 선발 과정과 그 안에서 발생하는 문제들을 파악해 군종 정책의 과제를 도출하는 일이 필요하다. 이어, 군종의 조직과 유관 법규를 토대로 군종제도를 분석해 과제를 도출하는 일, 군종 정책의 변천 과정을 살펴 군대 내 종교 문제에 대한 인식과 해소책을 역사적으로 살피는 일이 필요하다. 이는 군종 관련 현안들을 파악해 향후의 방향을 정하는 일이다.

다만, 군종 정책과 군종제도를 분석하기 위해서는 〈헌법〉이 지향하는 인간다운 삶의 보장, 기본권 보장, 평화 실현을 관통하는 관점이 필요하다. 이와 관련해, 군대의 특수성만을 강조하는 것은 문제의 소지가 있다. 군대의 존재 이유가 평화 실현에 있고, 군대가 '특수사회'의 성격을 지닐지라도 국가 차원에서 국민에게 인간다운 삶과 이를 위한 자유권과 평등권을 보장하는, 즉 인간으로서의 존엄성을 실현하는 삶과 상반되는 삶을 강요할 수 없기 때문이다.

부 조직에 좀 더 효율적으로 기여해야 한다는 전제 또는 의도에서 이루어졌다고 짐작할 수 있다.

8 강인철, 『종교와 군대』, 현실문화, 2017a, 9-10쪽, 23-27쪽. 이 책의 부제는 '군종, 황금어장의 신화는 어떻게 만들어졌나?'이다. 이 책은 앞서 발표한 여러 논문들을 수정해 출간한 것으로 '중립적이고 객관적인 사회과학적-인문학적 군종 연구'를 지향하며, 한국과 미국 군종제도에 대한 비교연구, 군종단의 제도적 성장 욕구와 인정 욕구에 대한 조직-제도적 접근, 군종의 전쟁 정당화 기능 억제 및 전쟁과 군대에 대한 평화주의적 교리의 실천이라는 평화학적 지향 등 3가지 접근방식을 취하고 있어, 군종연구의 방향성을 제시하고 있다.

02
군종 선발제도와 특징

　군종 정책과 군종제도를 분석하기 위해 먼저 살필 부분은 군종 선발 과정이다. 군종장교는 어떤 과정을 거쳐 선발될까? 군종장교가 되는 방법은 두 가지이다. 하나는 '성직자' 과정을 거치고 있는 대학 재학생(현역병 입영 대상자, 군 복무 중인 자 제외)이 군종사관후보생에 지원하는 방법이다. 다른 하나는 이미 대학 교육을 이수해 '성직자'가 된 사람이 군종장교(군종 분야 현역장교)에 지원하는 방법이다.[9]

　① 군종사관후보생 선발
　군종장교가 되는 두 가지 방법 가운데 군종사관후보생에 지원하려

---

9 〈병역법 시행령〉(일부개정·시행 2018.12.18. 대통령령 제29373호) "제118조의3(군종 분야 현역장교의 선발기준 및 절차) ① 법 제58조 제1항에 따른 군종 분야의 현역장교는 다음 각 호의 어느 하나에 해당하는 사람 중에서 선발한다.(개정 2016.11.29.) 1. 학사 이상의 학위를 가진 사람으로서 목사·신부·승려 또는 그 밖에 이와 동등한 직무를 수행하는 사람의 자격을 가진 사람 2. 입영일 전에 제1호에 따른 자격을 취득할 수 있는 사람 3. 법 제58조 제2항에 따라 군종사관후보생의 병적에 편입된 사람 ② 국방부장관은 제1항 각 호의 어느 하나에 해당하는 사람 중에서 군종 분야의 현역장교를 선발하려는 경우에는 해당 종교단체에 선발대상자의 추천을 의뢰하고 그 추천을 받아 선발한다. ③ 제1항과 제2항에서 규정한 사항 외에 군종 분야 현역장교의 선발에 필요한 구체적인 사항은 국방부령으로 정한다.[전문개정 2009.12.7.]"

면 어떤 과정을 거쳐야 할까? 우선, 반드시 '개신교, 천주교, 불교, 원불교' 가운데 어느 하나에 소속된 종교인이어야 한다. 제도상 군종장교가 될 수 있는 종교의 범위는 개신교(군종목사), 천주교(군종신부), 불교(군종법사), 원불교(군종교무)에 국한되어 있다. 그 이유는 군종 분야 병적 편입대상 종교의 선정 또는 취소에 관한 사항을 '심의·의결'하는 국방부의 '군종장교운영심사위원회'가 2006년에 군종장교와 군종사관후보생 선발 대상 종교의 범위를 4개 종교로 선정했기 때문이다.[10]

다음으로, 응시자격을 갖추어야 한다. 응시자격은 3가지인데, 먼저, 국방부장관이 지정한 대학에 입학해 2학년에 재학 중이어야 하고, 다음으로, 만 28세가 되는 해의 2월까지 '성직' 취득이 가능해 소속 대학 총장의 추천과 종교단체 대표자의 성직 취득 보증을 받아야 하며, 다음으로, 〈군인사법〉 제10조 제2항의 결격 사유에 해당하지 않아야 한다. 이와 관련해, 〈2018년도 군종사관후보생 선발 계획 공고〉 사례를 보면, 기독교의 경우 '신학대학', 불교의 경우 '불교대학'으로 명시되어 있고, 기독교 분야 지원 가능 학과로 '신학과, 기독교학과, 기독교교육학과'가 명시되어 있다. 2018년도 종교별 군종사관후보생 선발 인원과 입영 예정 연도는 다음과 같다.

---

10 〈병역법 시행령〉(일부개정·시행 2018.12.18. 대통령령 제29373호) 제119조의2(군종장교운영심사위원회); 「원불교 군종장교 내년부터 임용」, 『한국일보』, 2006. 3.25. 기사는 국방부가 동년 3월 24일 군종장교 운영심사위원회를 열어 원불교와 제7일안식일예수재림교의 군종장교 진입에 대해 심의한 결과, 원불교의 교리와 조직이 사회통념상 종교로 인정되고 장병의 가치관 확립에 이바지하는 것으로 판단돼 편입대상으로 최종 결정했기에 2007년부터 군대에서 원불교 군종장교를 임용하게 됐다는 내용이다.

<표 2> 종교별 군종사관후보생 선발 인원/입영 예정 연도(2018)

종교	선발 인원	입영 예정연도	세부 응시 자격	
기독교	32명	2024년	• 신학대학 2학년에 재학 중이며 1997.1.1. 이후 출생한 사람	※ 기독교 분야 지원 가능 학과 : 신학과, 기독교학과, 기독교교육학과
불교	16명	2023년	• 불교대학 2학년에 재학 중이며 1996.1.1. 이후 출생한 사람	

첫 번째 조건에서 '국방부장관이 지정한 대학'은 '성직자' 자격 취득이 가능한 군종 대상 종교 관련 대학을 의미한다. 군종사관후보생 선발 대상을 대학 2학년생으로 정한 이유는 성년이 되는 나이를 고려한 것으로 보인다. 그리고 국방부의 인력획득 계획에 따라 입영 연도가 달라질 수 있지만, 선발 연도를 2018년으로 하고 입영 연도를 선발 후 약 6년 전후로 정한 이유는 졸업 때까지 남은 대학교육 기간과 성직 취득 기간을 고려한 것으로 보인다.

두 번째 조건에서 성직 취득 시한을 '만 28세의 되는 해의 2월까지'로 정한 이유는 불분명하다. 다만, 그 근거는 병적 편입과 관련해 "군종 분야는 국방부장관이 지정하는 신학대학·불교대학이나 그 밖에 성직자의 양성을 목적으로 하는 대학에 재학 중인 사람으로서 28세까지 그 과정을 마칠 수 있는 사람"으로 규정한 〈병역법 시행령〉 제119조이다.[11]

세 번째 조건에서 〈군인사법〉 제10조 제2항의 결격 사유는 장교, 준사관 및 부사관으로 임용될 수 없는 8가지 사유를 말한다. 〈군인사법〉 제10조 제2항의 내용은 다음과 같다.[12]

---

11 〈병역법 시행령〉(시행 2020.10.1. 대통령령 제31058호, 2020.9.29, 일부개정) 제119조(의무·법무·군종·수의사관후보생의 병적 편입).

〈표 3〉 장교, 준사관 및 부사관 임용 결격 사유

1. 대한민국의 국적을 가지지 아니한 사람
1의2. 대한민국 국적과 외국 국적을 함께 가지고 있는 사람
2. 피성년후견인 또는 피한정후견인
3. 파산선고를 받은 사람으로서 복권되지 아니한 사람
4. 금고 이상의 형을 선고받고 그 집행이 종료되거나 집행을 받지 아니하기로 확정된 후 5년이 지나지 아니한 사람
5. 금고 이상의 형의 집행유예를 선고받고 그 유예기간 중에 있거나 그 유예기간이 종료된 날부터 2년이 지나지 아니한 사람
6. 자격정지 이상의 형의 선고유예를 받고 그 유예기간 중에 있는 사람
6의2. 공무원 재직기간 중 직무와 관련하여 「형법」 제355조 또는 제356조에 규정된 죄를 범한 사람으로서 300만원 이상의 벌금형을 선고받고 그 형이 확정된 후 2년이 지나지 아니한 사람
6의3. 「성폭력범죄의 처벌 등에 관한 특례법」 제2조에 따른 성폭력범죄로 300만원 이상의 벌금형을 선고받고 그 형이 확정된 후 2년이 지나지 아니한 사람
6의4. 미성년자에 대한 다음 각 목의 어느 하나에 해당하는 죄를 저질러 파면·해임되거나 형 또는 치료감호를 선고받아 그 형 또는 치료감호가 확정된 사람(집행유예를 선고받은 후 그 집행유예기간이 경과한 사람을 포함한다)
　가. 「성폭력범죄의 처벌 등에 관한 특례법」 제2조에 따른 성폭력범죄
　나. 「아동·청소년의 성보호에 관한 법률」 제2조 제2호에 따른 아동·청소년대상 성범죄
7. 탄핵이나 징계에 의하여 파면되거나 해임처분을 받은 날부터 5년이 지나지 아니한 사람
8. 법원의 판결 또는 다른 법률에 따라 자격이 정지되거나 상실된 사람

다음으로, '원서 접수 후 서류심사, 필기시험, 면접시험, 신체검사, 인성검사, 신원조사, 선발심의'의 7단계의 선발 과정을 거쳐야 한다. 군종사관후보생 선발 계획은 매년 약 4~5월에 별도로 마련된 '군종사관후보생 선발 홈페이지'[13]에 공고되고, 선발 과정은 '선발 계획'에 따라 대략 9월까지 진행된다. 2018년의 경우 군종사관후보생 선발 관련 평가 요소 및 배점은 아래와 같다.

---

12 〈군인사법〉(시행 2020.8.5. 법률 제16928호, 2020.2.4, 일부개정) 제10조(결격사유 등).
13 군종사관후보생 선발 홈페이지(http://gunjong.mnd.go.kr, 접속일: 2019.1.10). 공지사항 중 〈'2018년 군종사관후보생 선발 일정 안내〉, 〈'18년도 군종사관후보생 선발 계획 공고〉 등 참조.

계	서류 심사	필기 시험	면접시험		신체 검사	인성 검사	신원 조사	선발 심의	비고*
			조직 역량	직무 역량					
100 점	합격· 불합격 적용	60점	20점	15점	합격· 불합격 적용	합격· 불합격 적용	합격· 불합격 적용	5점	※ 신체검사합격: 1~3급 ※ 인성검사 합격 : A등급(매우 양호), B 등급(양호) / 불합격 : C 등급(주의관찰) 이하

　구체적으로, 제1차 서류 심사에서는 필기시험 대상자를 결정하기 위해 응시자격 여부를 확인한다. 서류 심사를 받기 위해서는 '응시원서(소정 양식), 학교장이 발행한 재학(또는 휴학)증명서, 소속 종교단체 대표자의 성직자격취득보증서(소정 양식), 개인정보제공동의서(소정 양식)' 등 4종의 서류를 제출하게 된다.

　제2차 필기시험의 경우, 과목은 '국어, 국사, 윤리(윤리와 사상), 사회, 영어' 등 5개이다. 시험은 대학교 2학년 재학생의 학업 수준에 맞춘 각 과목별 4지 선다형 25문제를 각각 30분 안에 OMR카드로 답안을 작성하는 방식으로 이루어진다. 합격자 선정은 각 과목별 만점의 40% 이상 득점자 가운데 전 과목 총 득점이 총 만점의 60% 이상인 사람 중 고득점자 순이며 선발인원의 약 1.3배수가 된다. 필기시험 합격자는 공지되고, 소속 교단과 학교에 통보된다.

　제3차 면접시험의 경우, 복수 면접으로 이루어지고, 면접위원(시험관)들은 장교가 갖추어야 할 자질과 성직자로서의 적격성을 검증하고, 평가항목별 질문에 대한 답변 및 응시자의 자세 등을 종합 평가한다. 이 평가 항목은 크게 조직역량과 직무역량 2가지로 구분된다. 조직역량 평가는 국가관, 안보관, 대적관, 외적자세 등에 관한 사항으로 '①

군종사관후보생으로서의 정신자세, ② 성실성, 용모, 예의, 품행' 등이 대상이다. 직무역량 평가는 군종병과 전문지식, 군인복무에 관한 사항으로 '① 의사발표의 정확성과 논리성, ② 창의력·의지력 및 군종장교로의 발전 가능성' 등이 대상이다. 합격자는 평가 항목마다 면접위원 과반수이상의 채점 점수가 만점의 40% 이상이고, 면접시험관 전원이 평가한 평균 점수가 총 만점의 60% 이상인 사람으로 결정된다.

제4차 인성검사의 경우, '심리적 적응, 대인관계 적응, 직무적응, 스트레스 대처 등'의 항목들을 검사하고, 그 결과를 전문기관에 의뢰해 평가하는 방식으로 이루어진다. 경우에 따라 관련분야 전문가가 심층 면담을 실시한다고 한다.

제5차 신체검사의 경우, '장교선발 신체검사 기준'에 따라 군병원에서 실시하는데, 검사결과 1~3급에 해당해야 합격자가 된다. 다만, 신체검사 당일에는 '① 기본증명서, ② 가족관계증명서, ③ 신원진술서(소정 양식), ④ 자기소개서(소정 양식)' 등 4종류의 서류를 제출해야 한다.

제6차 신원조사의 경우, 기무부대에서 진행하고 그 결과에 이상이 없는 지원자를 합격자로 결정한다. 신원특이자의 경우 별도 심의를 거쳐 합격여부를 결정할 수 있다고 한다.

제7차 선발 심의의 경우, '군종사관후보생 선발심의위원회'가 마지막으로 최종 합격자를 결정하게 된다. 결정 방식은 필기시험 점수, 면접시험 점수, 심의 점수를 합산해 고득점자 순으로 결정하되, 동점자 발생 시 연장자를 우선 선발한다. 이 과정을 마친 최종 합격자는 공지되고, 소속 교단과 학교에 통보된다. 다만, '신체검사·인성검사·신원조사' 불합격자는 필기시험 및 면접시험의 득점과 관계없이 불합격 처리한다.

이러한 과정을 거쳐 군종사관후보생에 선발된 사람은 군종사관후보생 병적에 편입되어 현역병 징집 대상에서 제외된다. 그리고 성직(목사, 승려) 취득 후, 불가피한 사유가 없는 한, 예정연도에 입영해 소정의 교육을 받고 군종장교(중위 또는 대위)로 임관하게 된다. 다만, 만 28세가 되는 해의 2월말까지 성직을 취득하지 못하거나 불가피한 사유 없이 입영하지 않은 경우에는 군종사관후보생 병적에서 제적된다.

② 현역 군종장교(요원) 선발

군종장교가 되는 두 가지 방법 가운데 군종장교(요원)에 지원하려면 어떤 과정을 거쳐야 할까? 우선, 군종사관후보생의 경우처럼, '반드시 개신교, 천주교, 불교, 원불교' 가운데 어느 하나에 소속된 종교인이어야 한다. 그 이유는 군종사관후보생의 경우와 동일하다.

다음으로, 응시자격을 갖추어야 한다. 예를 들어, 2018년의 경우를 보면, 응시자격은 4가지이다. 첫 번째 자격은 '사상이 건전하고 품행이 단정하며 신체 건강한 남자 또는 여자'이고, 두 번째 자격은 '학사 이상의 학위를 가진 성직자(목사·신부·승려·교무)로서 국방부장관이 지정한 종단의 대표자로부터 추천을 받은 자'이다. 세 번째 자격은 '〈군인사법〉 제10조 제2항의 결격사유에 해당되지 아니하는 자'이고, 네 번째 자격은 '1983.1.1. 이후 출생자'이다.

응시자격 가운데 '사상이 건전하고 품행이 단정하며 신체 건강해야 한다는 내용'과 '〈군인사법〉 제10조 제2항의 결격 사유에 해당하지 않아야 한다는 내용'은 군종사관후보생의 경우와 유사하다. 그렇지만 '학사 이상의 학위를 가진 성직자(목사·신부·승려·교무)로서 국방부장관이 지정한 종단의 대표자로부터 추천을 받아야 한다는 내용'과 지원 자격에서 연령을 35세 미만으로 제한한 내용은 군종사관후보생의 경우와 차이가 있다.

다음으로, 원서 접수 후 '서류심사, 신원조사, 신체검사, 인성검사, 면접시험, 선발심의'의 6단계 선발 과정을 거쳐야 한다. 군종장교요원 선발 계획은 매년 약 12월경에 국방부 홈페이지[14]에 공고되고, 선발 과정은 '선발 계획'에 따라 다음 해 1월부터 원서를 접수해 약 6개월에 걸쳐 진행된다.

구체적으로, 제1차 서류 심사의 경우, 신원조사 대상자를 결정하기 위해 응시자격과 경력 등을 확인한다. 서류 심사를 받기 위해서는 '군종장교 응시원서(양식), 군종장교 추천서(양식)' 등을 포함해 12종류의 서류를 제출해야 된다.[15]

서류 심사에서 특이한 부분은 응시원서 접수를 개인적으로 받지 않고 '종교별 단체 접수'를 원칙으로 내세운다는 점이다. 그 이유는 불분명하다. 다만, 그 근거는 2003년 9월 이후 〈병역법 시행령〉에 신설된 제118조의3이다. 이 조항에는 '군종 분야의 현역장교를 선발하고자 하는 때에는 해당 종교단체에 선발대상자의 추천을 의뢰하고 그 추천을 받아 이를 행한다.'는 내용이 담겨 있다.[16]

---

14 국방부(http://www.mnd.go.kr/mndSearch/front/Search.jsp, 검색: 2019.1.12.) 국방소식→ 알림→ 공지사항.
15 12종류의 서류는 '① 군종장교 응시 원서(양식), ② 군종장교 추천서(양식), ③ 대학교 졸업(또는 예정) 증명서, ④ 대학 전 학년 성적증명서(백분율 환산점수 기재, ※전 학년 성적 백분율 환산 80점 이상인 사람), ⑤ 성직자격취득 증명서 또는 성직자격취득 예정증명서(종단 대표자 발행: 목사·신부·승려·교무), ⑥ 성직 경력 증명서(종단 대표자 발행), ⑦ 가족관계증명서 및 기본증명서, ⑧ 신원진술서(양식), ⑨ 개인정보제공 동의서(양식), ⑩ 자기소개서(양식), ⑪ 고교생활기록부 사본, ⑫ 개인신용정보서(www.credit4u.or.kr)' 등이다.
16 〈병역법 시행령〉(일부개정·시행 2003.9.15. 대통령령 제18098호) 제118조의3 (군종분야 현역장교의 선발기준 및 절차) ②국방부장관은 제1항 각호의 1에 해당하는 사람(1. 학사 이상의 학위를 가진 자로서 목사·신부·승려 그 밖에 이와 동등한 직무를 수행하는 자의 자격을 가진 사람, 2. 입영기일 전에 제1호의 규정에 의한

제2차 신원조사는 군종사관후보생의 경우처럼 기무부대에 의뢰해 진행한다. 제3차 신체검사의 경우, 〈의무·법무·군종·수의장교 등 신체검사 규칙〉[17]에 따라 국군수도병원에서 실시한다. 제4차 인성검사의 경우, 'MMPI(다면적 인성검사) 검사결과를 바탕으로 장교로서의 직무 적합성'을 평가한다. 이 평가에서 A등급(매우 양호)과 B등급(양호)에 해당해야 합격자가 된다.

제5차 면접시험의 경우, 모두 7명(군종장교 4명, 일반장교 3명)의 면접시험관이 장교 및 성직자로서의 소양과 적격성 및 전문성 검증을 위해 조직역량과 직무역량을 평가한다. 조직역량 평가 항목은 '국가관과 안보관 등 장교로서의 외적 자세에 관한 사항'이고, 직무역량 평가 항목은 '군종병과 전문지식, 군인 복무에 관한 사항'이다. 면접시험관은 7명 전원으로부터 평가 항목마다 40% 이상 득점하고, 전 평가항목의 총 득점이 총 만점의 60% 이상을 득점해야 합격자가 된다. 합격자 기준은 군종사관후보생의 경우와 유사하다.

마지막으로, 제6차 선발 심의의 경우, '군종장교 선발심의위원회'가 서류심사·신원조사·신체검사·인성검사 합격자 중 '면접시험과 선발 심의 점수'를 합산해 고득점자 순으로 최종 합격자를 결정한다. 다만, 선발기간 중 신체검사 및 인성검사(재검 포함), 면접시험에 응시하지 않은 경우에는 불합격 처리된다.

자격을 취득할 수 있는 사람, 3. 법 제58조 제2항의 규정에 의하여 군종사관후보생의 병적에 편입된 사람) 중에서 군종분야의 현역장교를 선발하고자 하는 때에는 해당 종교단체에 선발대상자의 추천을 의뢰하고 그 추천을 받아 이를 행한다.

17 〈의무·법무·군종·수의장교 등 신체검사 규칙〉(타법개정·시행 2018.1.22. 국방부령 제948호). "제1조(목적) 이 규칙은 〈병역법〉과 같은 법 시행령 및 〈군법무관 임용 등에 관한 법률〉과 같은 법 시행령에 따라 의무·법무·군종 및 수의장교 등의 선발·입영 및 병역처분 변경 등을 위한 신체검사에 필요한 사항을 규정함을 목적으로 한다.[전문개정 2008.12.24.]"

이러한 과정을 거쳐 군종장교로 선발된 사람은 약 9주 동안 교육을 받고 군종장교로 임관하게 된다. 교육 실시 기관은 육군학생군사학교(학군교)·육군종합행정학교(종행교) 등이다.

③ 군종병 선발

군종병이 되려면 어떤 과정을 거쳐야 할까? 군종병의 경우, 병무청 자료에 따르면,[18] 군종장교의 '성직' 업무 보좌, 군종업무 수행, 종교시설 관리 임무 등의 역할을 담당하며, '전문특기병(육군, 공군), 일반기술병(해군)'으로 모집 대상이다.

우선, 병무청 홈페이지에서 군지원(모병) 모집계획을 확인해, ①연령, ②기본 요건(병역판정검사 관련), ③자격 기준에 적합한지를 살펴야 한다. 연령은 지원서 접수년도를 기준으로 18세~28세이어야 하고, 기본요건은 현역병입영 대상자이어야 하며, 자격기준은 종교 관련 자격을 갖추어야 한다. 구체적인 내용은 다음과 같다.

〈표 5〉 육군 군종병 지원자격(모병의 경우)

항목	내용
연령	지원서 접수년도 기준 18세 이상 28세 이하 (2019년 기준 : 1991.1.1~2001.12.31. 출생자)
기본요건 (1가지 해당)	▶ 병역판정검사 결과 신체등급 1급~3급자(현역병입영 대상자) ▶ 현역병지원 신체검사 결과 신체등급 1급~3급자(병역판정검사를 받지 아니한 자) ※ 다만, 고퇴 이하의 19세 이상 학력자는 징병(모병지원) 신체검사 시 '현역병입영 희망원서'를 제출해 현역병입영 대상자로 처분된 사람만 해당)

---

18 병무청(https://www.mma.go.kr/contents.do?mc=mma0000512, 접속일 2019.1.14.). 병무청 홈페이지→군지원(모병)안내→모집안내서비스→안내 및 지원절차→육군→전문특기병→군사특기임무 및 설명을 클릭.

자격기준 (1가지 해당)	▶ 기독교 : 관련 종교 전공학부(기독교학과, 신학과 또는 신학 전공) 2년 재학 이상 또는 세례 받은 지 10년 이상자 ▶ 천주교 : 신학생(전국 가톨릭신학대학 및 대학원 신학과 재학 및 졸업 생) 또는 영세 받은 지 5년 이상자로 본당신부 추천서 제출자. ▶ 불교 : 불교 관련 전공학과(불교학과) 1년 이상 수료자, 수계 받은 지 5년 이상자, 신앙생활 5년 이상자
지원제한 대상	○ 범죄경력 조회결과(경찰청) : ▶ 징역 또는 금고형의 실형(집행유예 포 함)을 선고 받은 사람, ▶ 수사 또는 재판 중에 있는 사람, ▶ 처분 미상으로 통보된 사람 ※ 현역병(징집병) 입영기일이 결정된 사람은 그 입영기일 30일전까지 지원한 사람 ※ 각 군 현역병에 지원 중이거나 지원 합격자는 지원을 제한 (다만, 선발 취소되거나 지원입영 후 귀가한 사람 등 지원에 의한 입영의무가 해소된 사람은 지원 가능)

군종병 모집 계획과 관련해 유념할 부분은 3가지이다. 첫 번째는 군
종병 선발기준이 군별로 다소 달라 확인이 필요하다. 병무청 홈페이
지의 '군지원(모병)안내 → 모집안내서비스 → 안내 및 지원절차' 부분
에서 육·해·공군의 군종병 선발기준을 정리하면, 해병대의 경우에는
정보가 없지만, 다음과 같다.[19]

〈표 6〉 군별 군종병 선발기준

	육군(전문특기병)	해군(일반기술병)	공군(전문특기병)	해병대
기 독 교	관련 종교 전공학부(기독교 학과, 신학과 또는 신학전공) 2년 재학 이상 또는 세례 받 은 지 10년 이상자	신학 관련 학과 1년 이상 수료자로서 담 임목사 추천자	세례자로서 기독 교 관련 신학과 재 학생(2학기 이상 수료)/졸업생	정보 없음
천 주 교	신학생 또는 영세 받은 지 5 년 이상자로 본당신부 추천 서 제출자 ※신학생 : 전국 가톨릭신학 대학 및 대학원 신학과 재학 및 졸업생	신학생 또는 견진이 수자이며 3년 이상 성 당활동 경력자로서 본 당신부 추천자	세례, 견진 이수자 로서 3년 이상 성 당활동 경력자	정보 없음

19 병무청(https://www.mma.go.kr/).

| 불교 | 불교 관련 전공학과(불교학과) 1년 이상 수료자, 수계 받은지 5년 이상자, 신앙생활 5년 이상자 | 불교 관련 학과 1년 이상 수료자 또는 수계자이며 3년 이상 사찰활동 경력자로서 사찰주지 추천자 | 수계자로서 불교 관련 학과 재학생(1학기 이상 수료), 또는 3년 이상 사찰활동 경력자 | 정보 없음 |
| 비고 | ※(1가지 이상 해당자) | ※ 선발대상 : 군종장교파송교단에속한자 | | |

두 번째는 군별로 당해 연도에 군종병을 선발하지 않는 경우가 있다는 점이다. 예를 들어, '2019년 1월중 육군·해군·해병·공군 현역병 모집 계획'을 보면, 육군에는 기독교·천주교·불교군종병 모집계획이 있지만, 해군, 해병대, 공군에는 모집 계획이 없다.[20]

〈표 7〉 2019년 1월중 육군·해군·해병·공군 현역병 모집계획

군별	모집분야	접수기간	1차 합격자 발표	최종 합격자 발표	입영월	모집 인원
육군	기독교 군종병	'18.12.27 - 19.1.10.	'19.1.18.	'19.2.22.	19년 4월	19
	천주교 군종병		'19.1.18.	'19.2.22.	'19년 4월	5
	불교 군종병		'19.1.18.	'19.2.22.	'19년 4월	7
해군	모집 없음					
해병대	모집 없음					
공군	모집 없음					

세 번째는 군종병 지원자의 종교가 제한되어 있다. 이와 관련해, 해군의 경우에는 군종병 선발 대상을 '군종장교 파송 교단에 속한 자'로 한정하고 있다. 그에 따르면, 개신교(기독교) 파송교단은 '대한예수교

---

20 병무청(https://www.mma.go.kr/contents.do?mc=mma0000743, 접속일 2019.1.14.). 병무청 홈페이지→군지원(모병)안내→모집안내서비스→이달의 모집계획→전체를 클릭.

장로회(①통합/②합동/③고신/④대신/⑤백석), ⑥한국기독교장로회, ⑦기독교대한감리회, ⑧예수교대한성결교회, ⑨기독교대한성결교회, ⑩기독교한국침례회, ⑪기독교대한하나님의성회' 등 11개이다. 불교 파송 교단은 '대한불교조계종' 1개이다. 천주교는 1개이다.[21] 원불교는 아직까지 해군군종이 없는 상황을 고려해 제외된 것으로 보인다. 이와 관련해, 육군과 공군의 경우에는 군종장교 파송 교단 정보가 없지만, 군종병 지원자가 개신교·천주교·불교·원불교에 국한된다고 할 수 있다. 군종병이 군종장교의 보좌 역할이기에 양자의 종교가 일치해야 한다는 추측이 가능하기 때문이다.

다음으로, 연령, 기본요건, 자격기준에 적합하면 약 6가지 서류 중 해당 서류를 갖추어 응시지역 지방병무(지)청 모병담당자에게 제출해 선발 과정을 거치게 된다.[22] 선발 과정은 서류심사와 면접 및 신체검사로 구성된다. 서류심사에 합격하면 면접 및 신체검사를 거치고 최종 합격자는 입영(훈련소)해 기초군사훈련(5주)을 받고 부대에 배치된다.

제1차 서류심사와 제2차 면접심사 배점은 각각 50점씩 동일하다. 최종선발은 서류심사와 면접 점수를 합해 고득점 순으로 결정되며, 동점일 경우 면접 점수가 높은 순, 생년월일이 빠른 순으로 결정된다.

---

21 병무청(https://www.mma.go.kr/contents.do?mc=mma0000537, 접속일 2019.1.14.). 병무청 홈페이지→군지원(모병)안내→모집안내서비스→안내 및 지원절차→해군→기술병→모집계열별 안내→일반기술계열에서 '군종 특기자 우선 선발('일반' 계열 지원자에 한함)' 부분을 확인.

22 지원 서류는 ① 최종 학력증명서(고졸자), ② 세례·영세·수계증명서(해당자), ③ 고교생활기록부 사본, ④ 본당 신부 추천서(해당자), ⑤ 종교활동증명서(종교 활동 기간과 성직자가 자필 서명 또는 종교기관 관인 포함), ⑥ 자격증 사본(해당자)이다. 여기서 종교활동은 목회·미사·법회 참여경력, 성가대(반주 포함), 학생회임원 활동 등이다. 자격증은 워드프로세서·컴퓨터활용능력·문서실무사 각각 2급 이상 등이다.

입영일자는 배점기준에 따른 고득점자 순으로 입영 희망월을 반영해 결정된다.

〈표 8〉 육군 '기독교·천주교·불교' 군종병 모집안내 서류심사(1차) 및 면접(2차)

	서류심사(1차) 배점				면접(2차) 배점
	종교활동 (10)	전공학과 (20)	고교출석률 (10)	자격증 (10)	50
세부배점	°10년 이상 10점 °7년 이상 9점 °5년 이상 8점 °3년 이상 7점 °1년 이상 6점	《대학 전공학과》: 졸업 이상 20점 / 3년 수료/4년 재학 18점 / 2년 수료/3년 재학 17점 / 1년 수료/2년 재학 16점 / 1년재학15점 《대학 비전공학과》 13점 《고졸 이하》 13점	°결석 0일 10점 °결석 1~2일9점 °결석 3~5일7점 °결석 6일 이상 4점	°자격증 5개 10점 °자격증 3개 7점 °자격증 1개 4점 °미보유 1점	°교리이해 30점 °직무능력 10점 °표현력 5점 °국가관/가치관 5점
비고		《전공학과》 °기독교: 기독교 신학부(기독학과, 신학과, 신학전공) °천주교 : 카톨릭 대학교 신학과 또는 신학부 °불교: 전국 4개 대학 불교학과, 응용불교학과, 불교학부, 불교학전공		《자격증》: 워드프로세스·컴퓨터 활용능력·문서실무 각 2급 이상, PCT(PC활용능력 평가시험) A, B, 사무자동화 산업기사, ITQ 지도사, ITQB등급이상, E-test Professional 워드·엑셀·파워포인트 각 1~3급	

④ 군종사관후보생과 군종 현역 장교 선발의 실제

이상의 규정에 의거해 군종 선발 과정을 실제로 보면 어떻게 진행될까? 이와 관련해, 군종 참여 종교단체들은 군종사관후보생과 군종 장교의 추천 업무를 수행하기 위해 별도 조직을 두고 있다는 점을 확인할 필요가 있다. 별도 조직은 개신교의 '한국기독교 군선교연합회', 천주교의 '군종교구', 대한불교조계종의 군종특별교구, 원불교의 군종교구를 말한다.[23]

군종장교요원과 군종사관후보생 선발 과정은 국방부(군종정책과)가 매년 다음 해의 군종장교요원과 군종사관후보생 선발 계획을 각각 공지한 후에 진행된다. 다만, 이 두 과정에는 다소 차이가 있다.

군종장교요원의 경우, 2018년 사례를 보면, 국방부가 개신교(기독교)와 원불교에 선발인원의 1.5배수 이상, 천주교와 불교에 선발인원의 1.2배수 이상을 추천 의뢰한다. 개신교의 경우에는 한국기독교군선교연합회에 11개 교단을 대상으로 선발·추천을 의뢰한다.[24] 이어, 각 종교단체들(개신교는 연합단체와 교단)이 군종장교요원을 모집하고 심의해 국방부에 추천한다. 이어, 국방부가 추천자들을 대상으로 군종장교요원 선발 과정을 진행한다. 이 과정의 특징은 국방부가 군종장교요원의 추천을 종교단체 또는 연합체에 의뢰하고, 응시원서 접수에 대해서도 개인별 접수가 아니라 '종교별 단체 접수를 원칙'으로 하는 부분이다.

군종사관후보생의 경우, 국방부(군종정책과)가 국방부 홈페이지와 별도의 '군종사관후보생 선발 홈페이지' 등에 모집 계획을 공지한다.[25] 군종장교요원과 다른 부분은, 군종사관후보생 지원자가 응시

---

23 한국기독교 군선교연합회(http://www.v2020.or.kr/); 천주교 군종교구(http://www.gunjong.or.kr/parish/); 대한불교조계종 군종특별교구(http://www.gunindra.com/); 원불교 군종교구.

24 국방부(http://www.mnd.go.kr/mndSearch/front/Search.jsp, 접속: 2019.1.29.) '군종 정책'으로 검색. 종교별로 군종장교(요원) 선발 인원은 다르다. 2018년에는 28 명이고, 개신교(기독교)에 4명(여성 2 포함), 천주교에 11명, 불교에 12명(여성 2명 포함), 원불교에 1명이 배정된 바 있다.

25 군종사관후보생 선발 홈페이지(http://gunjong.mnd.go.kr).

원서에 '성직을 취득할 교단 총회(감독회)'를 기재하고('소속교단' 부분) 제출서류에 '소속 종교단체 대표자의 성직자격취득보증서'를 포함하기에 종교단체들이 지원자 정보를 파악할 수 있지만, 응시원서를 종교별 단체가 아니라 개인별로 접수한다는 부분이다. 이 때문에 군종사관후보생 지원 안내는 주로 해당 종교 관련 대학이 맡고 있다.

구체적인 사례를 보면, 개신교의 경우, 국방부의 2017년 군종장교요원 모집계획 공지와 함께 해당 종교단체에 추천자를 의뢰하자, 대한예수교장로회총회 군경교정선교부가 '2017년도 군종장교(요원) 선발계획'을 공지해 지원을 받는다. 공지문에는 지원자가 많으면 총회에서 1차 심의를 거쳐 국방부로 3명을 추천한다는 내용이 있다.[26] 또한 대한예수교장로회총회 소속인 고려신학대학원의 경우, 총회장과 군경목선교위원장 명의로 국방부가 2017년 군종사관후보생이 부족해 군종장교요원을 선발한다는 내용을 공지하고 지원자(해당 교단의 목사와 강도사)를 모집한다. 이에 따르면 교단 차원의 추천 인원은 3명이고, 업무는 '총회 행정지원실'이 담당한다.[27]

이와 달리, 군종사관후보생과 관련한 성결대학교 사례를 보면, 대학에서 군종사관후보생 선발 안내를 하고 대학 내 '종합인력개발

---

26 대한예수교장로회총회(http://new.pck.or.kr/bbs/board.php?bo_table= SM02_08_10&wr_id=47, 접속: 2019.1.29.) 군경교정선교부 → 커뮤니티 → 공지사항 → '(긴급) 2017년도 군종장교(요원) 선발계획' 참조.

27 고려신학대학원(http://www.kts.ac.kr/ww2/bbs/board.knf?boid=gonji&wid=1047, 접속: 2019.1.30.) 커뮤니티 → 공지사항 → '2017년 군종장교(요원) 선발 안내' 참조. 한편, 편집실, 「군종장교」, 『兵務』 53, 국방부 군종과, 2003에 따르면, 만약 군종사관후보생의 선발방법으로 당해 연도 군종장교를 확보하지 못할 경우에는 군종장교요원 선발을 통해 부족한 인원을 충원하게 된다. 이에 대해서는 병무(http://www.mma.go.kr/www_mma3/webzine/53/htm/19.htm) 참조.

센터' 및 교단의 '군종목사단'에서 관련 문의를 받는다. 선발 안내 내용에 따르면, 매년 7월 중에 총 5개 과목(국어, 영어, 국사, 사회, 국민윤리) 시험을 보고, 각 과목당 100점 만점에 40점 미만을 불합격 처리한다. 모집학년은 '신학부 1학년 재학생(결원 시 3학년생도 자격부여)'이고, 합격기준은 '필기고사 120% 합격, 최종면접 과정에서 100% 선발 (20%탈락)'이다.[28] 이와 관련해, 2017년 개신교계 군종사관후보생[군목후보생합격자]의 출신 대학(합격생 수)은 고신대(3), 광신대(2), 목원대(2), 백석대(2), 안양대(1), 연세대(4: 통합2, 합동1, 감리1), 장신대(3), 총신대(14), 침례신학대(3), 한세대(1), 한신대(1) 등 모두 11개 대학인데,[29] 이들 대학에서는 군종사관후보생 선발과 관련한 행정을 진행하고 있다.

불교의 경우, 2018년 사례를 보면, 대한불교조계종 군종특별교구에서 군종장교요원 추천자 12명과 예비자 3명의 명단, 그리고 군종장교 후보생 추천자 3명의 명단을 공지한다.[30] 불교의 경우에는 종단 차원에서 군종장교요원뿐만 아니라 군종사관후보생의 추천까지 관여하는 셈이다. 이와 관련해, 군종특별교구에서는 동국대학교 불교대학(경주캠퍼스 불교학부 포함; 불교학과·선학과) 및 중앙승가대학교 재학생에 한정해 '군승제도'를 안내한다.[31]

---

28 성결대학교(https://www.sungkyul.ac.kr/mbs/skukr/subview.jsp?id=skukr_
050302000000, 접속: 2019.1.29.) 서비스 → 대학직장예비군 → 군종장교후보생 선
발안내 참조.
29 「군종사관후보생 선발, 36명 모집에 총신대 14명 합격」, 『중앙일보』, 2017.9.28.
30 대한불교조계종 군종특별교구(http://www.gunindra.com/, 접속: 2019.1.29.) →
교구소식 → 공지사항 → ('18년도 군종장교(요원, 후보생) 추천자 명단).
31 대한불교조계종 군종특별교구(http://www.gunindra.com/, 접속: 2019.1.23.). '군
승안내' 참조. 이에 따르면, 군승(軍僧)은 '군종스님'(군대라는 특수한 환경에서 포
교에 전념하기 위해 군에 파송한 스님)의 약어로 성직자로서의 정체성을, 법사(法
師)는 현장법사·원광법사처럼 경율론 삼장에 능통해 대중에게 설할 수 있는 능력

군종특별교구에 이어, 동국대학교와 중앙승가대학교도 군종 선발과정을 안내한다. 구체적으로, 동국대학교에서는 군종장교요원에 대해 불교대학 및 일반대학의 35세 이하 학사 이상 학력을 취득한 후 사미계를 수지하고 승려생활을 한 자로서 종단 추천을 받은 후 3개월간 군사교육을 마치면 '중위' 및 '대위'로 임관하는 제도로 안내한다.[32] 그리고 군종사관후보생에 대해서는 '불교문화대학'(불교학과·선학과) 재학생 중 군종장교(군승) 복무 희망자를 1학년 때 선발해 군승에 필요한 교육과정(정기법회, 사찰순례, 군법당 견학, 동·하계 방학 중 종단소집교육 등)을 이수하게 하고, 졸업해 2년간 승려 생활을 하다가 군사교육(3개월) 후 중위로 임관한다고 안내한다. 원서접수 기간 및 장소는 6월 초 불교문화대학 학사운영실이다. 일정은 7월 초 필기평가('국어, 국민윤리, 국사, 영어, 사회'), 7월 말 신원조회/면접평가/신체검사이며, 필기시험 합격기준은 '전과목 평균 60점 이상(과락40점)인 자로 운영정원 이내에서 성적순'이다. '매년 합격인원이 정원에 미달'된다는 내용도 포함되어 있다.[33]

중앙승가대학교 안내에 따르면, 군종사관후보생은 동국대학교 불교대학(경주캠퍼스 포함) 및 중앙승가대학 1학년 1학기, 3학년 1학기 중에 소정의 시험(영어, 국어, 국사, 사회, 국민윤리)을 거친다. 9월에 합격

이 있는 스님을 의미한다. 종단에서 공식적으로 법사로 인정한 신분은 군법사와 교법사뿐인데, 군법사는 교법사, 포교사와 달리 종단의 성직자(스님)를 말한다.

32 동국대학교 불교문화대학(https://bud.dongguk.ac.kr/wiz/user/buddhism/index.html 접속: 2019.1.23.)

33 동국대학교 불교문화대학(https://bud.dongguk.ac.kr/wiz/user/buddhism/index.html, 접속: 2019.1.23.) '군종사관후보생' 참조. 이에 따르면, 군종사관후보생의 대우 및 혜택은 '① 군종법사 장학(성적 3.0/B0 이상 졸업 시까지 수업료 70% 감면), ② 중위 및 대위 임관, ③ 국내외 민간 대학원의 국비 취학 가능(장기 지원자), ④ 군 복무기간 내 여러 복지 혜택, ⑤ 복무 연장 및 장기 복무 가능' 등이다.

자가 발표되면 방학 때마다 봉사와 연계교육(2주)을 받는다. 그리고 졸업과 동시에 행자교육원에 입방하고, 사미계 수지(승적 취득자는 예외) 2년 후 매년 4월 중순경에 입대해 9주 훈련 뒤 군종 장교로 임관한다.[34]

천주교와 원불교의 경우에는 군종사관후보생 지원자를 내지 않고 있어 개신교나 불교의 경우와 다소 차이가 있다. 이 가운데 천주교의 경우에는 가톨릭대학교에서 군종사관후보생 모집 안내를 하지 않는다. 일반적으로 신학과 학생이 2학년을 수료 후 병으로 입대하고,[35] 제대 후에 일반 교구의 신부가 되면 각 교구장 주교들이 일부 신부들을 군종장교요원 후보자로 '군종교구'에 파견하며, 파견된 신부들이 군사교육을 받고 중위 혹은 대위로 임관해 부대 배치를 받아 군종신부로 활동하기 때문이다. 군종장교가 된 군종신부들은 군종교구에 속하게 되고 군종교구에서는 '사제 인사 발령'을 통해 군종신부들을 관할하고 있다.[36]

원불교의 경우에는, 천주교의 경우와 유사한데, 비록 영산선학대학교가 2006년 8월에 군종사관후보생 선발대상 학교지정 실사를 받은 바 있지만,[37] 아직까지 군종사관후보생 없이, 국방부의 의뢰를 받아

---

34 중앙승가대학교(http://www.sangha.ac.kr/2006/school/school_14.html, 접속: 2019. 1.23.). 학사행정→병무행정 참조. 이에 따르면, '군종사관요원'의 경우, 매년 국방부에서 필요 인원을 확정 후 군종사관후보생 인원이 부족할 때 선발한다. 요건은 4년제 대학을 졸업하고 학사학위 이상 취득한(임관 시 만 35세 이하) 조계종 승려(비구, 사미)나 동국대 불교대학 및 중앙승가대학교 출신으로 선발하고, 승려가 아닌 자는 행자교육원에서 수계 후 군사훈련을 거쳐 임관하게 된다(요원 선발은 포교원, 군승단에서 선발 후 국방부에 추천함).

35 가톨릭대학교 성신교정(http://museum.catholic.ac.kr/site/songsin/sub.do?Key=31&page=5, 접속: 2019.1.23, '입학안내→ 입시계시판 2299번 군종사관후보생' 부분).

36 천주교 군종교구(http://www.gunjong.or.kr/parish/, 접속: 2019.1.23.), 교구 → 교구소개 및 교구알림(2018년 군종교구 사제 인사 발령) 참조.

37 영산선학대학교(http://www.youngsan.ac.kr/01/01_04.asp, 접속: 2019.1.24, '연혁'

군종장교요원만 추천한다. 원불교에서는 원광대학교 또는 영산선학대학교의 원불교학과에서 4년 학부과정을 거쳐 대학원 2년 과정을 마치고 교무 자격 고시에 합격해 교무가 된 후, 중앙총부가 임명한 교무(남성은 군필자)가 임관하게 된다.[38] 이와 관련해 2016년 군종사관 74기 임관식에서 2007년 중위로 전역한 정효천 대위가 다시 군종장교로 임관했고,[39] 2018년 군종사관 76기 임관식에서 원불교 교무 1명이 임관한 바 있다.[40]

⑤ 군종 선발과정의 특징

이상의 내용을 보면, 군종 정책에는 몇 가지 특징이 있다. 첫째, 군종 선발 대상 종교를 개신교(군종목사, 군목), 천주교(군종신부), 불교(군종법사, 군법사), 원불교(군종교무) 등 4개로 제한한다는 점이다. 이러한 종교 제한은 종교간 형평성 미비, 국가의 종교 조장 행위, 종교로 인한 차별 등의 비판으로 이어질 수 있다.

둘째, 개신교의 경우에 11개 교단에게만, 불교의 경우에 대한불교조계종만 군종 참여 자격을 한정했다는 점이다. 이와 관련해, 국가인권위원회는 2018년 12월에 군 소령 A씨 사례를 통해 국방부가 군종법사 선발·운영에서 대한불교조계종 외 다른 불교 종단을 배제한 것에 대해 합리적 이유가 없는 평등권 침해라고 판단해, '군종 분야 병적 편입대상 종교 선정'에서 조계종 외 다른 불교 종단들도 관련 법령상 요

부분).

38 「'군종장교' 그것이 알고 싶다」, 『국방홍보원 콕뉴스』, 2017.5.3.
39 「육군종합행정학교, 군종사관74 임관식 개최, 신앙전력 통해 전투형강군 육성 최정예 군종장교 탄생」, 『충북일보』, 2016.7.4.
40 「76기 군종사관 51명 '임관'…여 군종장교 2명도 배출, 기독교(24명), 천주교(11명), 불교(15명), 원불교(1명)」, 『뉴스1』, 2018.6.29.

건을 충족하면 선정될 수 있도록 국방부 장관에게 제도 개선을 권고한 바 있다.[41] 사실상 '합리적 이유가 없는 평등권 침해'라는 지적은 불교의 경우뿐만 아니라 개신교의 경우에도 해당될 수 있다.

셋째, 종교별로 군종(군종장교와 군종사관후보생) 선발 비율이 다르다는 점이다. 이와 관련해, 2016년 군종사관 74기 임관식에서 군종장교 총 49명(육군 28명, 해군 8명, 공군 13명) 가운데 개신교가 19명, 천주교가 18명, 불교가 11명, 원불교가 1명,[42] 2018년 군종사관 76기 임관식에서 원불교 장교 수가 1명이었음을 확인할 수 있다.[43]

넷째, 군종 정책과 관련된 종교계가 별도 조직체를 운영한다는 점이다. 이와 관련해, 개신교계는 11개 또는 10개 교단이 '한국기독교군선교연합회'를 구성해 군종 추천 업무 등을 수행하고 있다.[44] 천주교

---

41 「조계종 외 다른 불교종단 배제한 군종법사 운영은 평등권 침해」, 『연합뉴스』, 2018.12.27. 공군 소령 A씨의 사례는 여섯 토막이다. ① 1997년 불교대학 2학년 재학 중 군종사관후보생이 되어 2001년 군종법사(군종장교)로 임관했다. ② 2008년 양가의 결혼 허락을 받아 이듬해 자녀를 임신하고 2011년 2월 혼인신고를 했다. ③ 조계종이 군종장교 결혼 금지를 포함한 2009년 3월의 개정 〈종헌〉(임관 당시는 결혼 인정)을 근거로 A씨를 제적하자 A씨는 군종장교 신분을 유지하기 위해 한국불교태고종으로 승적을 옮겼다. ④ 군 측은 조계종 제적을 이유로 심의를 거쳐 A씨를 '현역복무 부적합'으로 의결하고 2017년 7월 전역 처분했다. ⑤ A씨는 현역복무 부적합 전역 처분이 부당하고, 군종법사를 조계종에 국한하는 것은 차별이라는 진정을 국가인권위원회에 제기했다. 인권위는 '개신교의 경우 10여개 교단이 군종장교를 선발하지만 불교의 경우 1968년 이래 50여 년 간 조계종으로만 운영되었고, 감사원이 2014년 동일 사안에 대해 군종법사를 조계종으로만 운영하는 것이 공무담임권 침해 소지가 있다고 지적한 바, 국방부가 불교 내 특정 종단만을 군종장교로 인정하고 있는 행위는 합리적인 이유가 있다고 볼 수 없고, 〈헌법〉 제11조의 평등권을 침해하는 행위에 해당한다'고 본다.

42 「육군종합행정학교, 군종사관 74 임관식 개최, 신앙전력 통해 전투형강군 육성 최정예 군종장교 탄생」, 『충북일보』, 2016.7.4.

43 「76기 군종사관 51명 '임관' …여 군종장교 2명도 배출, 기독교(24명), 천주교(11명), 불교(15명), 원불교(1명)」, 『뉴스1』, 2018.6.29.

44 한국기독교 군선교연합회(http://www.v2020.or.kr/, 접속일: 2019.1.12.) 군선교 사역→교단 및 유관기관. 홈페이지에 따르면, 교단은 감리교단 1개(기독교대한감리회), 성결교단 2개(예수교대한성결교회, 기독교대한성결교회), 순복음교단 1개

는 '천주교 군종교구',[45] 불교는 '대한불교조계종 군종특별교구',[46] 원불교는 특별교구로 원산교구·평양교구와 함께 '군종교구'를 두고 있다.[47]

(기독교대한하나님의성회), 장로교단 5개(한국기독교장로회총회, 대한예수교장로회 고신총회, 대한예수교장로회총회, 대한예수교장로회 통합측, 대한예수교장로회), 침례교단 1개(기독교한국침례회) 등 **10개**이다.

45 천주교 군종교구(http://www.gunjong.or.kr/, 접속일: 2019.1.12.)

46 대한불교조계종 군종특별교구(http://www.gunindra.com/, 접속일: 2019.1.12.)

47 원불교는 충남 논산시 연무읍 득안대로 442-8(죽평리 367-15)에 원불교군종센터를 두고 있다. 이와 관련해, 군대 내에서 원불교의 종교 활동이 인가된 시점은 2006년 12월이다. 교무 김홍기가 책임자로 부임한다(『원불교대사전』원불교교구 항목, 원불교군종센터 항목).

03
군종 담당 조직과 유관 법규

1) 군종 담담 조직

육·해·공군의 국군 조직을 총괄하는 국방부, 그리고 육군본부, 해군
본부와 해병대사령부, 공군본부에 군종 관련 조직이 있다[48] 각 군별 직
제에서 군종 업무를 관할하는 조직을 보면, 국방부는 인사복지실(군종정
책과), 육군본부·해군본부·공군본부와 해병대사령부는 군종실장이다.
그 외에 병무청의 입영동원국에도 군종의 관리와 입영 업무가 있다.[49]

---

48 〈국군조직법〉(시행 2011.10.15. 법률 제10821호, 2011.7.14, 일부개정) 제2조(국군
   의 조직), 제10조(각군 참모총장의 권한 등), 제15조(각군 부대와 기관의 설치). 해
   병대도 별도의 〈해병대사령부 직제〉를 가지지만, 해군 소속이다(〈국군조직법〉 제5
   조). 그리고 제15조에 따르면, 해군참모총장에게 위임된 사항 중 해병대에 관한 사
   항은 해병대사령관에게 권한을 재위임할 수 있다.(신설 2011.7.14.). 〈합동참모본
   부 직제〉(타법개정·시행 2017.9.5. 대통령령 제28266호)에는 군종 관련 부서가 없
   다. 그리고 〈국군조직법〉(제정·시행 1948.11.30. 법률 제9호 / 시행 2011.10.15. 법
   률 제10821호, 일부개정 2011.7.14.)에는 48년 11월 제정·시행 당시부터 2018년 현
   재까지 군종제도 관련 내용이 없다.
49 〈국방부와 그 소속기관 직제〉(일부개정·시행 2018.7.24. 대통령령 제29060호) 제4
   조(하부조직), 제13조(인사복지실); 〈육군본부 직제〉(일부개정·시행 2017.11.14.
   대통령령 제28424호) 제3조(참모부서), 제8조(군종실장); 〈해군본부 직제〉(일부
   개정·시행 2017.11.14. 대통령령 제28425호) 제3조(참모부서), 제8조(군종실장);
   〈공군본부 직제〉(일부개정·시행 2017.11.14. 대통령령 제28426호) 제3조(참모부
   서), 제8조(군종실장); 〈해병대사령부 직제〉(일부개정·시행 2017.11.14. 대통령령

〈표 9〉 국방부와 국군 조직 내 군종 관련 내용

국방부와 국군 조직	군종 관련 내용	비고
국방부 : 장관→ 인사복지실(군종정책과)	˙군종업무에 대한 정책과 계획의 수립·조정 및 제도 발전과 종교단체와의 교류 및 지원 ˙군종 장교의 양성, 보수교육 및 군종 사관후보생의 선발·관리	인사복지실장 관장 사항임
육군본부: 참모총장→ 군종실장	군종실장은 종교활동, 교육활동 및 선도활동, 그 밖에 종교업무에 관련된 사항에 관하여 참모총장을 보좌	군종실장(영관급 장교)은 '특별참모부' 소속
해군본부 : 참모총장→ 군종실장	상동	상동
공군본부 : 참모총장→ 군종실장	상동	상동
해병대사령부: 사령관→ 군종실장	상동	상동
*병무청 : 청장→ 입영동원국	˙의무·법무·군종·수의사관후보생, 기본병과장교, 학군 군간부후보생 및 군 가산복무 지원금 지급 대상자의 관리 및 입영	*국장 관장 사항임

구체적으로, 국방부는 1959년 12월부터 병무국에 군종과를 설치한다. 당시 군종과장은 서기관 또는 기정(技正, 기술직 4급 공무원)이다. 군종과장 직위는 1961년 7월부터 행정서기관으로 바뀌는데, 동년 10월에 국방부직제에서 군종과 관련 업무가 삭제된다.[50] 그리고 약 9년 후인 1970년 2월부터 인사국장 밑에 군종담당관(행정서기관 또는 영관급 장교) 1인을 신설하고, 그로부터 27년 후인 1998년 12월에 군종과를 신설한

제28427호) 제4조(참모부서), 제9조(군종실장); 〈병무청과 그 소속기관 직제〉(일부개정·시행 2018.3.30. 대통령령 제28758호) 제11조(입영동원국).

50 〈국방부직제〉(개정·시행 1959.12.10. 대통령령 제1529호) 제8조; 〈국방부직제〉(시행 1961.7.1. 각령 제50호, 타법개정 1961.7.18.) 제8조; 〈국방부직제〉(전부개정·시행 1961.10.2. 각령 제179호) 제8조(병무국). 기정(技正)은 법률에서 종래 기술직 4급 공무원의 직급으로, 지금의 서기관에 해당한다.

다.[51] 군종과는 2006년 1월에 군종정책팀(팀장: 영관급 장교)으로 바뀌고, 군종정책팀은 2008년 3월에 다시 군종과로 바뀐다. 그리고 군종과는 2014년 4월에 군종정책과로 바뀌어 현재에 이르고 있다.[52]

〈표 10〉 〈국방부 직제〉(1959.12–2020.4)의 종교 관련 규정과 변천

시행	종교 관련 내용
59.12	제8조 병무국에 기획과, 병무과, 인사과, 보건과와 군종과를 둔다. … 군종과는 군종의 기본계획, 군종방송과 군종도서의 편찬에 관한 사항을 분장한다.[전문개정 1959.12.10.]
61.10	※ 군종 관련 규정 삭제됨

51 〈국방부직제〉(전부개정·시행 1970.2.28. 대통령령 제4688호) 제13조(인사국); 〈국방부직제〉(개정·시행 1971.2.8. 대통령령 제5515호) 제13조(인사국); 〈국방부직제〉(전부개정·시행 1979.8.29. 대통령령 제9579호) 제16조(인사국); 〈국방부직제〉(전부개정·시행 1981.11.2. 대통령령 제10530호) 제14조(인사국); 〈국방부와 그 소속기관 직제〉(전부개정·시행 1998.2.28. 대통령령 제15713호) 제17조(인사복지국); 〈국방부와 그 소속기관 직제 시행규칙〉(제정·시행 1998.2.28. 국방부령 제481호) 제14조(인사복지국에 두는 과 및 담당관); 〈국방부와 그 소속기관 직제〉(전부개정·시행 1998.12.31. 대통령령 제16008호) 제16조(인사국); 〈국방부와 그 소속기관 직제 시행규칙〉(전부개정·시행 1998.12.31. 국방부령 제489호) 제14조(인사국에 두는 과); 〈국방부와 그 소속기관 직제 시행규칙〉(전부개정·시행 1999.5.24. 국방부령 제497호) 제15조(인사복지국에 두는 과); 〈국방부와 그 소속기관 직제 시행규칙〉(개정·시행 2004.3.22. 국방부령 제560호) 제15조(인사국에 두는 과); 〈국방부와 그 소속기관 직제 시행규칙〉(전부개정·시행 2005.4.22. 국방부령 제573호) 제18조(인사국); 〈국방부와 그 소속기관 직제〉(시행 2006.1.1. 대통령령 제19232호, 전부개정 2005.12.30.) 제11조(인사복지본부). 〈국방부직제〉의 제명은 91년 2월부터 〈국방부와 그 소속기관 직제〉(폐지제정·시행 1991.2.1. 대통령령 제13280호)로 바뀐다.

52 〈국방부와 그 소속기관 직제 시행규칙〉(시행 2006.1.1. 국방부령 제587호, 전부개정 2005.12.30.) 제14조(인사복지본부); 〈국방부와 그 소속기관 직제 시행규칙〉(개정·시행 2007.7.31. 국방부령 제630호) 제14조(인사복지본부); 〈국방부와 그 소속기관 직제〉(전부개정·시행 2008.2.29. 대통령령 제20675호) 제12조(국방정책실); 〈국방부와 그 소속기관 직제 시행규칙〉(전부개정·시행 2008.3.4. 국방부령 제646호) 제9조(국방정책실); 〈국방부와 그 소속기관 직제 시행규칙〉(개정·시행 2010.7.21. 국방부령 제715호) 제10조(인사복지실); 〈국방부와 그 소속기관 직제〉(개정·시행 2014.4.15. 대통령령 제25308호) 제13조(인사복지실); 〈국방부와 그 소속기관 직제 시행규칙〉(개정·시행 2014.4.30. 국방부령 제821호) 제10조(인사복지실); 〈국방부와 그 소속기관 직제〉(개정·시행 2018.1.2. 대통령령 제28574호) 제13조(인사복지실); 〈국방부와 그 소속기관 직제 시행규칙〉(일부개정·시행 2020.4.28. 대통령령 제30635호) 제13조(인사복지실).

70.2	제13조(인사국) ⑥군종담당관은 다음 각호의 사항에 관하여 국장을 보좌한다. 1. 군종에 관한 계획 / 2. 군인·군속의 인격지도 및 교육 / 3. 군종장교후보생의 선발 및 관리 / 4. 종교단체와의 친선.
71.2	제13조(인사국) ① 인사국에 …, 국장 밑에 군종담당관… 1인을 둔다. 〈개정 1970.8.20.〉 ②국장은 이사관·부이사관 또는 장관급 장교로 … 군종담당관 … 서기관 또는 영관급 장교로 … 보한다. ⑥ 군종담당관은 다음 각호의 사항에 관하여 국장을 보좌한다. 〈개정 1971·2·8.〉 1. 군종에 관한 계획 / 2. 군인·군속의 인격지도 및 교육 / 3. 군종장교후보생의 선발 및 관리 / 4. 종교단체와의 친선 / 5. 군종업무를 위한 교재의 발간 / 6. 군종장교의 보수교육계획의 지침수립 및 그 조정 / 7. 군종업무에 관한 보급품의 지원 / 8. 사단법인 군인복지연합회에 대한 지도·감독.
98.2	〈시행규칙〉 제14조(인사복지국에 두는 과 및 담당관) ① … 국장 밑에 군종담당관 1인을 둔다. ② … ⑥ 군종담당관은 다음 사항에 관하여 국장을 보좌한다. 1. 군종업무에 관한 정책의 수립 및 제도의 연구·발전 / 2. 군종장교의 양성 및 보수교육 / 3. 군종사관후보생의 선발·관리 / 4. 군인·군무원의 인격지도 / 5. 군종 영화제작 및 방송운영 / 6. 종교단체와의 교류 및 지원
98.12	※〈시행규칙〉 종래 군종담당관이 아닌 '군종과' 설치. 업무는 종래의 군종담당관 업무와 동일함
'06.1	※〈시행규칙〉 종래 '군종과'를 '군종정책팀'으로 개칭. 업무는 종래와 동일함 (2007년 7월부터 인사복지본부에 '군종정책팀'만 둔다.).
'08.3	※〈시행규칙〉 종래 '군종정책팀'이 국방정책실 소속의 '군종과'로 바뀐다. 〈시행규칙〉 제9조(국방정책실) ③국방정책실장 밑에…군종과를 …군종과장은 영관급장교로…보한다. 〈17〉 군종과장은 다음 사항을 분장한다. 1. 군종업무에 관한 정책과 계획의 수립·조정 및 제도발전 /2. 군종장교의 양성 및 보수 교육 / 3. 군종사관후보생의 선발·관리 / 4. 군인과 군무원의 인격 지도 / 5. 군종영화의 제작 관련 업무 및 방송 운영 / 6. 군종도서 및 명상자료 제작·보급 / 7. 종교단체와의 교류 및 지원 / 8. 국제 군종교류 및 협력 활동
'14.4	※〈시행규칙〉 종래 '군종과'가 '군종정책과'(인사복지실 소속)로 바뀐다. 업무는 종래와 동일함
'20.4	〈국방부 직제〉 제13조(인사복지실) ③ 실장은 다음 사항을 분장한다. 15. 군종업무에 대한 정책과 계획의 수립·조정 및 제도 발전과 종교단체와의 교류 및 지원 16. 군종 장교의 양성, 보수교육 및 군종 사관후보생의 선발·관리 ※〈시행규칙〉 중 종교 관련 내용은 종래와 동일함.

육군의 경우에는 1956년 2월에 육군본부에 특별참모부 가운데 하나로 '군종감실(軍宗監室)'을 설치한다(제7조). 그리고 군종감실의 명칭

을 2006년 1일부터 군종실로 바꾼다. 이후 군종실의 특별참모부라는 위치는 현재까지 이어지고 있다.[53]

<표 11> 〈육군본부 직제〉(1956.2-2020.2)의 종교 관련 규정과 변천

시행	종교 관련 내용
56.2	제31조 군종감실은 군인, 군속의 종교 및 도덕교육에 관한 사항을 분장한다.
58.1	제21조 군종감은 군인과 군속의 종교에 관한 사항을 분장한다.
70.5	제17조(군종감) 군종감은 군인 및 군속의 종교에 관한 사항을 분장한다.
82.5	제17조(군종감) 군종감은 군인 및 군무원의 종교에 관한 사항을 분장한다. 〈개정 1982·5·29.〉
90.10	제15조(군종감) 군종감은 군인·군무원의 신앙활동·인격지도·선도활동 기타 종교에 관한 사항을 분장한다.
95.4	제17조(군종감) 군종감은 신앙활동·인격지도·선도활동 기타 종교에 관한 사항을 분장한다.
2006.1	제2조(참모부서) ③육군본부에 특별참모부로… 군종실을 두고…. ④… 군종실장은 영관급 장교로 보한다. 제13조(군종실장) 군종실장은 신앙활동·인격지도·선도활동 그 밖에 종교에 관한 사항을 분장한다.
2010.10	제3조(참모부서) ③육군참모총장 밑에 특별참모부로 … 군종실장…을 둔다. 제8조(군종실장) ① 군종실장은 영관급 장교로 보한다. ② 군종실장은 신앙활동, 인격지도 및 선도활동, 그 밖에 종교업무에 관련된 사항에 관하여 참모총장을 보좌한다.

---

53 〈육군본부 직제〉(제정·시행 1956.2.20. 대통령령 제1129호) 제7조, 제31조; 〈육군본부 직제〉(전부개정·시행 1958.1.8. 대통령령 제1427호) 제2조, 제21조; 〈육군본부 직제〉(전부개정·시행 1970.5.22. 대통령령 제5017호) 제2조, 제17조; 〈육군본부 직제〉(개정·시행 1982.5.29. 대통령령 제10833호) 제2조, 제17조; 〈육군본부 직제〉(시행 1990.10.1. 대통령령 제13110호, 전부개정 1990.9.29.) 제2조, 제15조; 〈육군본부 직제〉(전부개정·시행 1995.4.12. 대통령령 제14623호) 제2조, 제17조; 〈육군본부 직제〉(시행 2006.1.1. 대통령령 제19217호, 전부개정 2005.12.30.) 제2조, 제13조; 〈육군본부 직제〉(전부개정·시행 2010.10.13. 대통령령 제22434호) 제3조, 제8조; 〈육군본부 직제〉(개정·시행 2014.7.16. 대통령령 제25461호) 제3조, 제8조; 〈육군본부 직제〉(개정·시행 2020.2.4. 대통령령 제30384호) 제3조, 제8조.

2014.7	제3조(참모부서) ③ 육군참모총장 밑에 특별참모부로 … 군종실장…을 둔다. 〈개정 2014.7.16.〉 제8조(군종실장) ① 군종실장은 영관급 장교로 보한다. ② 군종실장은 종교활동, 교육활동 및 선도활동, 그 밖에 종교업무에 관련된 사항에 관하여 참모총장을 보좌한다. 〈개정 2014.7.16.〉
2020.2	상동

해군의 경우에는 육군본부의 경우와 달리, 1956년 2월의 〈해군본부 직제〉에 군종감실이 보이지 않는다. 당시 종교 관련 업무는 참모부서 가운데 군인, 군속의 정신함양, 사상선도, 군사에 관한 선전 및 보도에 관한 사항을 담당한 정훈감실(제23조)[54]에서 담당했을 것으로 보인다. 이후, 1967년 6월부터 해군본부 참모부서 가운데 하나로 군종감실(해군장관급 또는 영관급장교)을 설치한다. 이어, 1971년 3월에 참모부가 일반참모부와 특별참모부로 분리되면서 군종감실은 특별참모부에 포함된다.[55] 다만, 군종감실의 명칭은 2006년 1일부터 '군종실'로 바뀐다.[56]

---

54 〈해군본부 직제〉(제정·시행 1956.2.20. 대통령령 제1130호) 제7조, 제10조, 제23조. 당시 인사국도 인사의 관리운용, 상훈, 전례, 병무 및 개인교육, 기타 인사에 관한 사항을 맡고 있어(제10조), 군종 관련 업무를 맡았을 가능성이 있다.

55 〈해군본부 직제〉(전부개정·시행 1967.6.17. 대통령령 제3104호) 제2조(참모부서), 제21조(군종감); 〈해군본부 직제〉(개정·시행 1971.3.10. 대통령령 제5549호) 제2조(참모부서), 제21조(군종감); 〈해군본부 직제〉(개정·시행 1983.2.1. 대통령령 제11043호) 제2조(참모부서), 제21조(군종감); 〈해군본부 직제〉(시행 1990.10.1. 대통령령 제13111호, 전부개정 1990.9.29.) 제2조(참모부서), 제13조(군종감); 〈해군본부 직제〉(전부개정·시행 1995.4.12. 대통령령 제14624호) 제2조(참모부서), 제16조(군종감).

56 〈해군본부 직제〉(시행 2006.1.1. 대통령령 제19218호, 전부개정 2005.12.30.) 제2조(참모부서), 제12조(군종실장); 〈해군본부 직제〉(전부개정·시행 2010.10.13. 대통령령 제22435호) 제3조(참모부서), 제8조(군종실장); 〈해군본부 직제〉(개정·시행 2014.7.16. 대통령령 제25462호) 제3조(참모부서), 제8조(군종실장); 〈해군본부 직제〉(타법개정·시행 2019.6.25. 대통령령 제29894호) 제3조(참모부서), 제8조(군종실장).

〈표 12〉〈해군본부 직제〉(1956.2–2019.6)의 종교 관련 규정과 변천

시행	종교 관련 내용
56.2	※ 종교 관련 부서를 설치하지 않음
67.6	제21조(군종감) 군종감은 군인·군속의 종교와 도의교육에 관한 사항을 분장한다.
71.3	※ 군종감실을 특별참모부 가운데 하나로 분류. 군종감의 업무는 종래와 동일함
83.2	제21조 (군종감) 군종감은 군인·군무원의 종교와 도의교육에 관한 사항을 분장한다. 〈개정 1983·2·1.〉
90.10	제13조 (군종감) 군종감은 군인·군무원의 신앙활동·인격지도·선도활동 기타 종교에 관한 사항을 분장한다.
95.4	제16조 (군종감) 군종감은 신앙활동·인격지도·선도활동 기타 종교에 관한 사항을 분장한다.
2006.1	※제2조(참모부서)에서 종래 군종감실이 '군종실'로 바뀜. 제12조 (군종실장) 군종실장은 신앙활동·인격지도·선도활동 그 밖에 종교에 관한 사항을 분장한다.
2010.10	제8조(군종실장) ① 군종실장은 영관급 장교로 보한다. ② 군종실장은 신앙활동, 인격지도 및 선도활동, 그 밖에 종교업무에 관련된 사항에 관하여 참모총장을 보좌한다.
2014.7	제8조(군종실장) ① 군종실장은 영관급 장교로 보한다. ② 군종실장은 종교활동, 교육활동 및 선도활동, 그 밖에 종교업무에 관련된 사항에 관하여 참모총장을 보좌한다. 〈개정 2014.7.16.〉
2019.6	상동

공군의 경우에는 1949년 10월의 〈공군본부 직제〉에 종교 관련 업무나 부서가 보이지 않는다.[57] 그러다가 1956년 2월부터 군종 관련 업무를 인사국 업무에 배정한다.[58] 이어, 1963년 12월부터 특별참모부 가운데 하나로 군종감실을 설치하면서, 인사국에서 종교 관련 업무를 삭제한다.[59] 이후, 군종감실은 2005년 12월까지 지속되다가 2006년 1

---

57 〈공군본부 직제〉(제정·시행 1949.10.1. 대통령령 제254호) 제2조. 공군본부에 4국(인사, 정보, 작전, 군수)과 3실(고급부관, 법무감, 재무감)을 두고 필요에 따라 헌병감실, 감찰감실 및 의무감실을 둘 수 있게 한다(제2조).
58 〈공군본부 직제〉(전부개정·시행 1956.2.20. 대통령령 제1131호) 제8조; 〈공군본부 직제〉(개정·시행 1960.12.2. 국무원령 제116호) 제8조.

월부로 그 명칭을 '군종실(장관급 장교 또는 영관급 장교)'로 바꾸어, 특별
참모부의 하나로 두고 있다.[60]

〈표 13〉〈공군본부 직제〉(1956.2−2019.6)의 종교 관련 규정

시행	종교 관련 내용
49.10	※ 종교 관련 부서를 설치하지 않음
56.2	제8조 인사국은 인사의 관리운용과 충원, 상훈, 전례, 병무 기타 인사에 관한 사항과 지상안전 및 군종에 관한 사항을 분장한다.
60.12	제8조 인사국은 인사의 관리운영과 충원, 상훈, 전례, 병무 기타 인사에 관한 사항과 교육, 정병 및 군종에 관한 사항을 분장한다.[전문개정 1960.12.2.]
63.12	제19조 군종감실은 군인과 군속의 종교에 관한 사항을 분장한다.[전문개정 1963.12.16.] ※제6조 공군본부에 일반참모부서로 8국(인사, 정보, 작전, 군수, 관리, 통신 전자·시설·기획)과 특별참모부로 8실(행정감, 법무감, 감찰감, 정훈감, 의무감, 안전감·군종감·본부사령)을 둔다. ※제8조 인사국은 인사의 관리운영과 충원, 상훈, 전례, 병무 기타 인사에 관한 사항과 교육, 및 정병에 관한 사항을 분장한다.〈개정 1963·12·16.〉[전문개정 1960.12.2.]
70.6	제22조(군종감) 군종감실은 군인과 군속의 종교에 관한 사항을 분장한다.
83.2	제18조(군종감) 군종감은 군인·군무원의 종교와 도의 함양에 관한 사항을 분장한다.〈개정 1983·2·1.〉 ※ 인사참모부장 산하에 군종에 관한 사항이 포함(제2조, 참모부장)
90.10	제13조 (군종감) 군종감은 군인·군무원의 신앙활동·인격지도·선도활동 기타 종교활동에 관한 사항을 분장한다.

59 〈공군본부 직제〉(개정·시행 1963.12.16. 각령 제1736호) 제6조, 제8조, 제19조.
60 〈공군본부 직제〉(전부개정·시행 1970.6.18. 대통령령 제5070호) 제2조(참모부장), 제5조(참모부서), 제22조(군종감); 〈공군본부 직제〉(개정·시행 1983.2.1. 대통령령 제11044호) 제2조(참모부서), 제18조(군종감); 〈공군본부 직제〉(시행 1990.10.1. 대통령령 제13112호, 전부개정 1990.9.29.) 제2조(참모부서), 제13조(군종감); 〈공군본부 직제〉(전부개정·시행 1995.4.12. 대통령령 제14625호) 제2조(참모부서), 제16조(군종감); 〈공군본부 직제〉(시행 2006.1.1. 대통령령 제19219호, 전부개정 2005.12.30.) 제2조(참모부서), 제12조(군종실장); 〈공군본부 직제〉(전부개정·시행 2010.10.13. 대통령령 제22430호) 제3조(참모부서), 제8조(군종실장); 〈공군본부 직제〉(개정·시행 2014.7.16. 대통령령 제25463호) 제3조(참모부서), 제8조(군종실장); 〈공군본부 직제〉(타법개정·시행 2019.6.25. 대통령령 제29894호) 제3조(참모부서), 제8조(군종실장).

95.4.	16조 (군종감) 군종감은 신앙활동·인격지도·선도활동 기타 종교에 관한 사항을 분장한다.
2006.1	제12조 (군종실장) 군종실장은 신앙활동·인격지도·선도활동 그 밖에 종교에 관한 사항을 분장한다.
2010.10	제8조(군종실장) ① 군종실장은 영관급 장교로 보한다. ② 군종실장은 신앙활동, 인격지도 및 선도활동, 그 밖에 종교업무에 관련된 사항에 관하여 참모총장을 보좌한다.
2019.6	제8조(군종실장) ① 군종실장은 영관급 장교로 보한다. ② 군종실장은 종교활동, 교육활동 및 선도활동, 그 밖에 종교업무에 관련된 사항에 관하여 참모총장을 보좌한다. 〈개정 2014.7.16.〉
2017.11	상동

군종 관련 부서와 업무가 각 군별 직제에 명시된다면, 그 제도적 근거는 상위 법규에서 찾을 수 있다. 주요 법규는 〈병역법〉 제58조(군종장교의 병적 편입)와 이 조항에 근거한 〈병역법 시행령〉 제118조(군종장교의 지원), 제118조의2(군종 분야 병적 편입 대상 종교의 선정기준), 제118조의3(군종 분야 현역장교의 선발기준 및 절차), 제119조(군종사관후보생의 병적 편입), 제119조의2(군종장교운영심사위원회), 제120조(군종사관후보생의 신상변동 통보 및 처리), 제121조(군종장교의 입영), 제122조(군종장교의 입영신체검사 등), 제135조(현역병입영 대상자 등의 병역처분변경) 등이다.

그 외에 〈군인사법〉 제5조(병과)와 제15조(임용연령 제한), 〈군인의 지위 및 복무에 관한 기본법〉 제15조(종교생활의 보장)와 그에 따른 〈군종업무에 관한 훈령〉,[61] 〈군종장교 등의 선발에 관한 규칙〉[62]과 〈예비역 군종장교후보생 규칙〉 등도 군종 업무의 근거이다.[63] 그리고 〈군 종교

61 〈군종업무에 관한 훈령〉(일부개정·시행 2018.5.11. 국방부훈령 제2160호).

62 〈군종장교 등의 선발에 관한 규칙〉(시행 2016.11.30. 국방부령 제907호, 2016.11.29, 타법개정).

63 〈병역법〉(시행 2018.5.29. 법률 제15054호, 2017.11.28, 일부개정); 〈병역법 시행령〉(일부개정·시행 2018.12.18. 대통령령 제29373호); 〈군인사법〉(일부개정·시행 2019.1.15. 법률 제16224호); 〈군인의 지위 및 복무에 관한 기본법(약칭: 군인복무기본법)〉(일부개정·시행 2018.12.24. 법률 제16034호); 〈군종업무에 관한 훈령〉(일

활동 지원 민간성직자 관리훈령)[64]도 있다.

2) 군종 관련 법규

① 병역법

먼저, 〈병역법〉 제58조는 군종의 병적 편입에 대해 명시하고 있다. 주요 골자는 군종현역장교와 군종사관후보생의 병적 편입, 군종장교 운영심사위원회의 운영이다. 주요 내용은 군종현역장교와 군종사관 후보생을 별도로 선발하고, 국방부가 군종장교운영심사위원회에서 군종 대상 종교를 선정한다는 것으로, 아래와 같다.[65]

〈표 14〉〈병역법〉의 군종 관련 주요 내용(2020.1. ★핵심)

★제58조(의무·법무·군종·수의장교 등의 병적 편입)
①현역병입영 대상자로 '학사 이상의 학위를 가진 목사·신부·승려 또는 그 밖에 이와 동등한 직무를 수행하는 사람으로서 각 소속 종교단체에서 자격을 인정한 사람'은 원할 경우 **군종 분야 현역장교 병적**에 편입할 수 있음 (군종분야 병적편입 대상 종교의 선정기준과 현역장교 선발 기준 및 절차 등에 필요한 사항은 **대통령령**으로 정함)
②'목사·신부·승려 또는 그 밖에 이와 동등한 직무를 수행하는 사람의 자격을 얻기 위하여 신학대학·불교대학 또는 그 밖에 성직자의 양성을 목적으로 하는 대학에 다니고 있는 사람' 중 군종사관후보생 지원자는 **군종사관후보생 병적**에 편입할 수 있음 (편입 대상, 제한연령, 선발 기준 및 절차 등에 필요한 사항은 **대통령령**으로 정함)
③**군종사관후보생 병적 편입자**는 35세까지 특수병과의 현역장교 병적에 편입할 수 있고, 병적 제적자는 신체등급에 따라 현역병으로 입영하게 하거나 사회복무요원으

부개정·시행 2018.5.11. 국방부훈령 제2160호); 〈군종장교 등의 선발에 관한 규칙〉(시행 2016.11.30. 국방부령 제907호, 2016.11.29. 타법개정).
64 〈군종교활동 지원 민간성직자 관리훈령〉(일부개정·시행 2017.11.24. 국방부훈령 제2085호).
65 〈병역법〉(시행 2020.10.1. 법률 제17166호, 2020.3.31. 일부개정) 제58조(의무·법무·군종·수의장교 등의 병적 편입).

로 소집할 수 있음

④ 군종분야 **현역장교의 병적**에 편입할 사람에 대해 군부대에 입영시켜 군사교육을 할 수 있음

⑤ 입영부대 장은 군종분야 군부대 입영자에 대해 입영일부터 7일(토·공휴일 포함) 이내에 신체검사를 하고, 그 결과 질병 또는 심신장애로 인해 현역 복무에 적합하지 아니하거나 15일 이상의 치유기간이 필요하다고 인정되면, 또는 군사교육 중 질병 또는 심신장애로 15일 이상의 치유기간이 필요하다고 인정되는 사람에게 귀가 조치함

⑥ 병무청장은 귀가자에 대해 재신체검사를 한 후 신체등급에 따라 병역처분을 변경하거나 재입영시켜야 함 (다만, 치유기간이 3개월 미만으로 명시된 귀가자에게는 재신체검사를 하지 않고 재입영시킬 수 있음)

⑦ 군종분야 병적편입 대상 종교의 선정 및 군종 분야 현역장교의 선발 등에 관한 사항을 심의하기 위하여 **국방부에 '군종장교운영심사위원회'**를 둠 (구성 및 운영 등에 필요한 사항은 **대통령령**으로 정함)

※제66조(장교 등의 보충역 편입 및 취소) ② 군종 분야의 예비역장교는 그 자격을 상실하거나 면허가 취소된 경우에 그 신분이 상실되고 보충역에 편입됨.

※제71조(입영의무 등의 감면) ① 병역판정검사, 재병역판정검사, 확인신체검사, 현역병입영 또는 사회복무요원 소집 의무는 36세부터 면제되고 '전시근로역'에 편입함. 다만, '군종사관후보생 병적 제적자'는 38세부터 면제됨.

※제83조(전시특례) ① 국방부장관은 전시·사변이나 동원령이 선포된 경우에는 '군종분야의 자격을 가진 40세 이하인 사람의 예비역장교 병적 편입' 조치를 할 수 있음

군종제도 중심으로 〈병역법〉 변천사를 보면, 종교 또는 군종 관련 내용은 1949년이 아니라 1962년 개정 당시에 처음 명시된다. 즉 〈병역법〉의 제3차 개정과 〈군인사법〉[66] 제정으로 군종장교제도가 법률상 제도가 된다. 그 후 주목할 부분은 1971년, 1984년, 1990년, 2003년 개정이다. 그 이유를 보면, 1962년의 '군종(牧師, 神父 및 學士學位를 가진 大德地位의 僧侶를 包含)' 규정에 이어, 1971년에 군종·분야의 현역장교 병적 편입 대상자 자격에 '소속종교단체에서 그 자격을 인정한 자'라는 내용, 1984년에 '군종사관후보생'이라는 표현이 추가되었고, 1990년에 '대덕법계(大德法階)'라는 표현이 삭제되었기 때문이다. 이 변화의 주요 내용은 다음과 같다.[67]

---

66 〈군인사법〉(시행 1962.1.25. 법률 제1006호, 1962.1.20. 제정).

67 〈병역법〉(제정·시행 1949.8.6. 법률 제41호); 〈병역법〉(전부개정·시행 1962.10.1. 법률 제1163호); 〈병역법〉(시행 1971.1.1. 법률 제2259호, 1970.12.31. 전부개정);

<表 15> <병역법>의 종교 또는 군종 관련 내용(1962-1994년)

시행/특징	내용(※군종 또는 종교 표현이 담긴 조문)
1962.10.1.	제17조 (예비역장교, 준사관 및 하사관의 신분상실) ② 예비역 … 군종 (牧師, 神父 및 學士學位를 가진 大德地位의 僧侶를 包含한다. 以下 같다) 의 장교, 준사관 또는 하사관으로서 의료법 또는 기타의 법령에 의하여 자격이 상실되었거나 종교단체에서 제명된 자에 대하여도 전항과 같다. ③ ….
1971.1.1. /'소속종교 단체의 자격 인정' 포함	제30조 (군법무관·의무관등의 자격을 가진 자의 현역편입) 현역병으로 징집할 자로서 다음 각호의 자격이 있는 자는 … 군종 ……분야의 현역장교의 병적에 편입할 수 있다. **3. 목사·신부 및 학사학위를 가진 대덕지위의 승려로서 소속종교단체에서 그 자격을 인정한 자** ※제49조 (장교의 특별보충과 복무기간등) / 제51조 (예비역장교등의 신분상실)
1984.3.1. /'군종사관 후보생' 신설	제50조 (의무·법무·군종장교등의 병적편입) ① 현역병입영대상자로서 … 군종분야의 현역장교의 병적에 편입할 수 있다. 이 경우 현역장교의 복무기간은 징집에 의하여 입영한 현역병과 같다. **3. 목사·신부 또는 학사이상의 학위를 가진 대덕지위의 승려로서 소속종교단체에서 그 자격을 인정한 자** ② 제1항 각호의 자격을 얻기 위하여 해당 교육기관 또는 연수기관에서 소정의 과정을 이수중에 있는 자는 원에 위하여 의무·법무·**군종사관후보생**(이하 "特殊兵科士官候補生"이라 한다)의 병적에 편입할 수 있으며, 그 편입대상 및 제한연령등에 관하여 필요한 사항은 대통령령으로 정한다. ③ 제2항의 규정에 의하여 특수병과사관후보생의 병적에 편입된 자는 … 35세까지의 범위한에서 특수병과의 현역장교 또는 예비역장교의 병적에 편입할 수 있다. ⑤ 제1항·제3항 및 제4항의 규정에 의하여 장교의 병적에 편입할 자에 대하여는 군부대에 입영시켜 군사교육을 받게 할 수 있다. …. ※제40조 (장교등의 신분상실) / 제72조 (전시특례)
1990.4.1. /'대덕지위' 삭제	제50조 (의무·법무·군종장교등의 병적편입) ①현역병 입영대상자로서 … 군종분야의 현역장교의 병적에 편입할 수 있다. … 현역장교의 복무기간은 징집에 의하여 입영한 현역병과 같다.〈개정 1989.12.30.〉 **3. 학사이상의 학위를 가진 목사·신부 또는 승려로서 소속종교단체에**

〈병역법〉(시행 1984.3.1. 법률 제3696호, 1983.12.31. 전부개정); 〈병역법〉(시행 1990.4.1. 법률 제4156호, 1989.12.30. 일부개정); 〈병역법〉(시행 1991.2.1. 법률 제4317호, 1991.1.14. 일부개정); 〈병역법〉(시행 1994.1.1. 법률 제4685호, 1993.12.31. 전부개정).

	서 그 자격을 인정한 자 ②*개정 없음 ③…특수병과사관후보생의 병적에 편입된 자는…35세까지의 범위 한에서 특수병과의 현역장교의 병적에 편입할 수 있다.〈개정 1989.12.30.〉 ⑤…장교 병적 편입자에 대하여는 군부대에 입영시켜 군사교육을 받게 할 수 있다.〈개정 1989.12.30.〉 ⑥…제5항의 규정에 의한 자가 군부대에 입영한 때에는…신체검사를 하고, 신체검사의 결과…치유기간을 명시하여 귀향시킬 수 있다. 군사교육 중 심신장애 또는 질병으로 15일이상의 치유기간이 필요하다고 인정되는 자에 대하여도 또한 같다.〈신설 1989.12.30.〉⑦…제6항의 규정에 의하여 귀향한 자로서 신체등위가 명시된 자는 그 신체등위에 따라 제2국민역 또는 병역면제의 처분을 하고, 치유기간이 명시된 자는 재입영하게 한다.〈신설 1989.12.30.〉 ※제40조 (장교등의 신분상실) / 제72조 (전시특례)
1991.2.1. /'군종사관후보생' 병적 편입 대상자 새로 규정	제50조 (의무·법무·군종장교등의 병적편입) ①현역병 입영대상자로서 다음 각호의 1에 해당하는 자에 대하여는…**군종분야의 현역장교의** 병적에 편입할 수 있다. 이 경우 현역장교의 복무기간은 징집에 의하여 입영한 현역병과 같다.〈개정 1989.12.30.〉 **3. 학사이상의 학위를 가진 목사·신부 또는 승려로서 소속종교단체에서 그 자격을 인정한 자** ②다음 각호의 1에 해당하는 자는 원에 의하여…**군종사관후보생**(이하 '特殊兵科士官候補生')의 병적에 편입할 수 있으며, 그 편입대상 및 제한연령등에 관하여…대통령령으로 정한다.〈개정 1991.1.14.〉 **3. 목사·신부 또는 승려의 자격을 얻기 위하여 신학대학 또는 불교대학에 재학하고 있는 자** ③제2항의 규정에 의하여 특수병과사관후보생의 병적에 편입된 자는 35세까지의 범위 안에서 특수병과의 현역장교의 병적에 편입할 수 있으며, 특수병과사관후보생의 병적에서 제적된 자는 제16조 제4항 및 제23조 제3항의 규정에 불구하고 35세까지의 범위 안에서 그 신체등위에 따라 현역병으로 입영하게 하거나 방위소집할 수 있다.〈개정 1989.12.30, 1991.1.14.〉⑤제1항·제3항 및 제4항의 규정에 의하여 현역장교의 병적에 편입할 자에 대하여는 군부대에 입영시켜 군사교육을 받게 할 수 있다.〈개정 1989.12.30, 1991.1.14.〉⑥개정 없음⑦*개정 없음 ※제40조 (장교등의 보충역편입 및 취소) / 제72조 (전시특례)
1994.1.1.	제58조 (의무·법무·군종장교등의 병적편입) : *종래 제50조와 동일한 내용이며 조문 번호만 바뀜. ※제83조 (전시특례)

　또한 2003년에는 군종분야 현역장교와 군종사관후보생의 병적 편입 대상자 자격을 각각 '학사 이상의 학위를 가진 목사·신부·승려 그

밖에 이와 동등한 직무를 수행하는 자로서 각 소속 종교단체에서 그 자격을 인정한 사람'과 '목사·신부·승려 그 밖에 이와 동등한 직무를 수행하는 자의 자격을 얻기 위하여 신학대학·불교대학 그 밖에 성직 자의 양성을 목적으로 하는 대학에 재학하고 있는 사람'으로 규정해 군종 대상 종교의 범위를 확대하고, 국방부에 군종장교운영심사위원 회를 설치하게 한다. 이와 관련해, 1999년부터 2003년까지 개정된 〈병역법〉의 군종 관련 주요 내용은 다음과 같다.[68]

〈표 16〉 〈병역법〉의 종교 또는 군종 관련 내용(1999-2003년)

시행/특징	내용(※군종 또는 종교 표현이 담긴 조문)
1999.2.5.	제58조 (의무·법무·군종장교등의 병적편입) ①*개정 없음: 군종분야 현역장교의 병적 편입 요건 ②*개정 없음: **군종사관후보생** 병적 편입 요건 ③*군종사관후보생의 병적 편입자가 35세까지 특수병과 현역장교의 병적에 편입할 수 있으며, 군종사관후보생의 병적 제적자가 현역병 입영 또는 공익근무요원으로 소집 대상자가 된다는 내용이며, 종래의 '방위 소집'이 '공익근무요원 소집' 부분으로 개정됨〈개정 1999.2.5.〉 ④*개정 없음: 군종분야 현역장교의 병적 편입할 사람에게 군부대 입영 후 군사교육을 받게 할 수 있음 ⑤*군부대 입영자에 대한 신체검사와 귀가조치에 관한 사항으로 종래와 유사함〈개정 1999.2.5.〉 ⑥*귀가자에 대해 제2국민역이나 병역면제 처분, 또는 재입영 조치로 종래와 유사〈개정 1999.2.5.〉 ※제71조 (입영의무등의 감면) ①*징병검사·현역병입영 또는 공익근무요원소집의무는 31세부터 면제되어 제2국민역에 편입되지만, 다음 각호의 1에 해당하는 사람('4. … 군종사관후보생의 병적에서 제적된 사람')은 36세부터 면제된다.〈개정 1994·12·31, 1997·1·13, 1999.2.5.〉 ②제1항 단서의 규정에 의하여 현역병으로 입영하여야 할 사람중 31세이상인 사람은 공익근무요원으로 복무하게 할 수 있다. ※제83조 (전시특례)

68 〈병역법〉(일부개정·시행 1999.2.5. 법률 제5757호); 〈병역법〉(타법개정·시행 2000. 12.26. 법률 제6290호); 〈병역법〉(시행 2003.3.27. 법률 제6809호, 2002.12.26, 일부 개정).

2000.12.26	제58조 (의무·법무·군종장교등의 병적편입) ※제66조 (장교등의 보충역편입 및 취소) ②의무·법무 및 군종의 예비역 장교는 그 자격을 상실하거나 면허가 취소된 때에는 그 신분이 상실되며, 보충역에 편입한다. ※제71조 (입영의무등의 감면) / 제83조 (전시특례)
2003.3.27. /'군종 대상 종교의 범위가 확대됨 /군종장교 운영심사위원회 설치	제58조 (의무·법무·군종장교등의 병적편입) ① 현역병입영대상자로서 다음 각호의 1에 해당하는 사람에 대하여는 원에 의하여 … 군종분야의 현역장교의 병적에 편입할 수 있다. 이 경우 제3호의 규정에 의한 군종분야의 병적편입 대상 종교의 선정기준과 군종분야의 현역장교 선발기준 및 절차 등에 관하여 필요한 사항은 대통령령으로 정한다. 〈개정 2000.12.26, 2002.12.26.〉 **3. 학사 이상의 학위를 가진 목사·신부·승려 그 밖에 이와 동등한 직무를 수행하는 자로서 각 소속 종교단체에서 그 자격을 인정한 사람** ②다음 각호의 1에 해당하는 사람중 … 군종사관후보생을 지원한 사람은 … 군종사관후보생의 병적에 편입할 수 있으며, 그 편입대상 및 제한연령(制限年齡)등에 관하여 필요한 사항은 대통령령으로 정한다. 〈개정 1994.12.31, 1999.2.5, 2002.12.26.〉 **3. 목사·신부·승려 그 밖에 이와 동등한 직무를 수행하는 자의 자격을 얻기 위하여 신학대학·불교대학 그 밖에 성직자의 양성을 목적으로 하는 대학에 재학하고 있는 사람** ③*종래와 동일: … 군종사관후보생의 병적 편입자가 35세까지 특수병과의 현역장교의 병적에 편입할 수 있고, 그 병적 제적자가 현역병 입영 또는 공익근무요원 소집 대상이라는 내용〈개정 1999.2.5.〉 ④*개정 없음: 현역장교 병적 편입 대상자를 군부대에 입영시켜 군사교육을 할 수 있다는 내용. ⑤*개정 없음: 군부대 입영 후 신체검사와 귀가조치에 관한 내용〈개정 1999.2.5.〉 ⑥*개정 없음: 귀가자에 대한 제2국민역이나 병역면제 처분, 또는 재입영 조치〈개정 1999.2.5.〉 ⑦제1항의 규정에 의한 군종분야 병적편입 대상 종교의 선정 및 군종분야 현역장교의 선발 등에 관한 사항을 심의하기 위하여 국방부에 **군종장교운영심사위원회**를 두며, 그 구성 및 운영 등에 관하여 필요한 사항은 대통령령으로 정한다. 〈신설 2002.12.26.〉 ※제66조 (장교등의 보충역편입 및 취소) / 제71조 (입영의무등의 감면) / 제83조 (전시특례)

그렇다면 각각 1962년, 1971년, 1984년, 1990년, 2003년 〈병역법〉에서 군종 관련 내용이 바뀐 계기는 무엇이었을까? 우선, 1962년 개정에는 1961년 5·16 군사정변 이후 군사정권이 불교계의 지속적 요청을

수용한 것이 주요 배경이다. 이와 관련해, 1966년 4월 기사에는 '승려의 종군(從軍)을 법적으로 가능하게 한 것은 5·16혁명 후의 개정 국방부령'이고, '승려들도 신도들이 있는 군에 들어가 예불·포교할 수 있다는 10년 이래의 조계종 측 탄원의 결실'이라는 내용이 보인다. 1964년에 조계종이 '군종승제도 설치에 관한 청원서'를 당국에 냈다는 내용도 보인다.[69]

1962년 〈병역법〉 개정 외에, 군인에게 적용할 인사행정 기준을 정하려는 목적의 〈군인사법〉의 제정·시행도 군종 관련 법규사에서 중요한 부분이다. 〈군인사법〉에서 군인 병과를 기본병과와 특수병과로 대별하고, 육군·해군·공군에 '군종과'를 포함시키고, 군종감(임기 3년)을 두게 했기 때문이다. 다만, 해병대의 특수병과는 군종과 없이 보급과와 경리과로만 구성된다.[70]

1962년의 〈병역법〉 개정과 〈군인사법〉의 제정·시행에도 불구하고, 불교계의 군종 참여는 늦춰진다. 1966년 3월이 되어서야 불교학사이자 군필자 자격으로 선발된 '종군승후보생' 20명이 동국대학교 종군승후보생교육원에서 5주 교육을 받기 시작한다. 이 상황을 반영하듯, 1966년 4월에는 군장병 가운데 불교도와 신심(信心)을 가진 사람이 계속 있었고, 특히 불교 국가인 베트남 파병이 이루어지면서 승려의 종

---

69 「佛教와 軍宗僧, 派越 기해 다시 '클로즈 업', 從軍僧후보생 모집, 特別教育 中, 豫算·TO조정 등 難題 많아」, 『경향신문』, 1966.4.9, 5면.

70 〈군인사법〉(시행 1962.1.25. 법률 제1006호, 1962.1.20, 제정) 제5조(분과) ①. 그 외에 제12조(장교의 초임계급) ①항에는 장교의 초임계급을 '소위'로 하지만, 군종장교('목사, 신부 또는 학사학위를 가진 대덕지위의 승려로서 군종장교로 임용되는 자')의 초임계급을 '중위 이상으로 할 수 있다'고 규정한다. 제15조(임용연령제한) ①항에는 장교, 준사관 및 하사관의 최초 임용자의 최저·최고연령에도 불구하고, 군종장교 임용자의 '최고연령에 5년을 가산할 수 있다'고 명시한다. 제21조(병과장임명)에서는 참모총장이 병과출신장교 중에서 병과장(임기 3년)을 임명하며 육군·해군·공군에 '군종감'을 둔다고 명시한다.

군(從軍)문제가 국방부의 새로운 연구과제로 '클로즈 업'되고 있다는 기사가 보인다.[71]

그렇지만 1966년 3월에 종군승후보생 교육이 시작되었음에도 불구하고 불교계의 군종 참여는 지연된다. 이는, 1966년 6월경에 군종승(軍宗僧)의 임관(任官)을 예상한 기사도 있지만,[72] 1967년 5월에 개최된 '전국불교도대회'가 정부에 석가탄일을 공휴일(公休日)로 할 것과 군승제도의 즉각 실현을 요구했다는 점에서 확인할 수 있다.[73]

그 이후, 1968년 5월에는 국방부가 〈군종장교요원 선발규정〉 개정안을 법제처에 회부했는데, 이는 〈군인사법〉 제12조 3항[74]에 근거해

---

71 「佛敎와 軍宗僧, 派越 기해 다시 '클로즈 업', 從軍僧후보생 모집, 特別敎育 中, 豫算·TO조정 등 難題 많아」, 『경향신문』, 1966.4.9, 5면. 이 기사에 따르면 국방부에 군종위원회, 3군에 각각 군종감실이 있다. TO에 따라 육군에 190여 명의 목사와 20여 명의 신부, 해군에 20여 명의 목사와 4명의 신부, 공군에 20여 명의 목사와 5명의 신부가 종군하고 있다. 그리고 종군승후보생교육원에서 교육을 받고 있는 약 20명은 앞으로 국방부의 예산과 TO조정이 확정되고 베트남 파견이 승인되면 곧장 천거될 예정이라고 한다.

72 「明年 6月쯤 軍宗僧任官」, 『동아일보』, 1965.7.3, 5면. 이 기사에 따르면, 당시 군(軍)에는 300여 명의 군목(軍牧)이 있는데 앞으로 임관될 군승(軍僧) 수) 30명 내외가 될 것으로 알려지고 있다.

73 「平行의 '唯我獨尊', 宗敎使命感을 忘却, 巨額資金의 授受說도 나돌고, 改革 앞서 분규 해결부터」, 『동아일보』, 1967.5.27, 6면. 67년 5월 서울시민회관에서 대한불교조계종 총무원 '비구측'이 주관한 '전국불교도대회'와 서대문제일예식장에서 불교조계종 총무원 '대처측'이 주관한 전국교직자대표자대회를 개최하는데, 전국불교도대회에서는 ① 사찰 내 칠성각·산신각 철거 및 공양에서 다과·향·꽃 바치는 행위 제거, ② 현대인 포교에 맞추어 승려 의제(衣制) 개선, ③ 불교포교당 확장 및 매주 1회 이상 산간사찰 내 정기법회 추진, ④ 포교를 위한 불교방송국 개설과 정기간행물 출판, ⑤ 승려의 현대적 자질 향상을 위해 외전(外典: 타종교 경전과 사회과학) 공부와 승가대학 설립, ⑥ 종단 체계 확립과 신도의 수련과 생활지침이 될 종사(宗史)와 종전(宗典) 편찬, ⑦ 불전(佛典)의 역경(譯經) 사업의 범국가적 추진 등 불교의 혁명이라고도 할 중대한 사항을 결의하고 정부에 대해 석가탄일을 공휴일(公休日)로 할 것과 군승제도를 즉각 실현해주도록 요구한다.

74 〈군인사법〉(시행 1962.1.25. 법률 제1006호, 1962.1.20, 제정) 제12조(장교의 초임계급) "3. 목사, 신부 또는 학사학위를 가진 대덕지위의 승려로서 군종장교로 임용되는 자"

종래에 목사·신부에게만 적용했던 군목제도 범위를 넓혀 학사학위를 가진 대덕(大德) 지위의 승려도 군승으로 복무하게 한다는 내용이다.[75] 또한 국방부는 베트남에 있던 주월(駐越) 한국군의 원활한 작전임무 수행과 군인불교신도들의 사기를 높이기 위해 군승 20명을 모집·임관시키는 3개년 계획을 마련한다.[76] 그리고 1968년 9월, 국방부는 제1차로 대덕(大德) 이상의 지위를 가진 승려 5명을 선발해 광주보병학교에 입교시킨다.[77] 이들은 11주간 군사교육과정을 마치고 동년 11월 30일에 군종장교로 임관된다.[78] 그렇지만 군승 제1호는 1968년 중순에 베트남의 주월십자성부대 근처에 지어진 사찰의 주지를 맡았던 동국대 인도철학과 출신의 한국군 현역 장교에게 주어진다.[79]

다음으로, 1971년 개정에도 불교계 요청과 베트남 파병이 주요 배경으로 지속된다. 군승에 대한 불교계의 요청은 1970년 5월에 문공부

75 「軍僧제도 마련, 法制處에 회부」, 『경향신문』, 1968.5.10, 3면.
76 「軍僧 任官 계획 마련, 佛敎信徒 士氣위해」, 『매일경제』, 1968.7.17, 3면. 이 기사에 따르면, 9월 1일자로 5명을 임관, 4명의 군승을 파월할 예정이다.
77 「軍僧制 마련」, 『동아일보』, 1968.9.11, 3면. 「軍僧制도 신설, 敎育받고 中尉로」, 『경향신문』, 1968.9.11, 7면. 경향신문 기사에 따르면, 보병학교에 입교한 승려 5명은 교육 후 중위로 임관되어 야전군과 주월한국군에 배속된다.
78 「'佛敎史上 처음으로' 軍僧이 탄생」, 『경향신문』, 1968.12.14, 5면. 이 기사에 따르면, 군승의 탄생은 '일부 기성 교계의 빗발같은 반대에도 불구, 苦行 6년만에 찾아온 기쁨!'이다. 매년 스님장교는 군당국의 충원계획에 의해 배출될 것인데 내년에는 월남에도 파견할 계획이라고 한다.
79 「越南 땅의 유일한 韓國 절 佛光寺, 韓越 세 念願 빌어, 越平和·將兵武運·韓越親善, 住持 朴洪洙 少領 불공에 專心」, 『동아일보』, 1969.1.16, 4면. 이 기사에 따르면, 68년, 공병대와 군기술진이 4개월 만에 '나트랑'의 주월십자성부대 뒷산에 단청까지 마친 불광사를 짓고 6월 1일에 준공식을 진행한다. 주지를 물색하던 가운데 당시 십자성부대 정훈장교로 있던 박홍수 소령(39·全南 무안郡 일로面)이 자원해 불광사 주지로 임명한다. 박홍수 소령은 한국군 군승(軍僧) 제1호가 된다. 독신승인 朴소령은 1차례 불공이 끝나면 3번 종경을 울려 '월남의 평화를 위해, 한국군 장병들의 무운장구를 위해, 그리고 한국과 월남의 영원한 친선을 위해' 기원한다. 불광사는 68년 2월에 주월한국군사령부가 배려해 월남에서 전사한 장병들의 위패를 모시고 고혼을 달랠 목적으로 착공한 것이다.

가 한국불교태고종의 등록 신청을 허가한 후[80] 대한불교조계종이 주도한다. 베트남 파병은 베트남전쟁(1960~1975)이 치열해진 1964년부터 시작해 1973년 1월에 휴전협정 조인이 이루어진 후 완전히 철수하기까지 약 8년간 이루어지는데,[81] 불교계에서는 베트남의 불교 인구가 높다는 것을 명분으로 군승의 필요성을 지속적으로 주장한다.

다음으로, 1991년 개정의 주요 배경은 불교계의 요청이다. 불교계는 군종장교 임용 자격요건 가운데 승려에 대해서만 2중 자격제한(학사학위 소지 및 대덕법계)을 두던 조치에 대해 종교간 형평성에 어긋난다는 입장을 피력했고, 국방부가 이 입장을 반영해 '학사학위 소지자'로 조정했기 때문이다.[82] 김영삼 대통령의 경우에는 공약에 불교계 배려

---

80 「太古宗 등록 認可, 불교 帶妻측 새 宗派」, 『경향신문』, 1970.5.9, 7면. 이 기사에 따르면, 70년 1월 15일에 정부에 불교조계종 대처 측에서 불교분쟁종식의 일환으로 '한국불교태고종'의 등록을 신청하고, 문공부는 약 4개월 동안 검토하다가 대처측이 더 이상 분규를 야기하지 않겠다는 태도를 보이자 5월 9일자로 등록을 허가한다. 이로써 54년 이후 약 16년 동안의 비구·대처 분규는 일단락된다. 그렇지만 '대한불교조계종' 측에서는 조계종 사찰을 근거로 한 대처측의 종파 등록 허가가 부당하다고 비난하면서 등록 무효를 주장한다.

81 베트남전쟁(1960-1975)은 베트남의 독립과 통일을 목표로 '남베트남민족해방전선(NLF)과 북베트남' vs '남베트남 정부군과 미국' 사이에 약 15년 간 진행되다가 75년 4월 30일 남베트남정부의 붕괴로 종료된다. 한국군의 '월남'파병의 역사를 보면, 64년 9월에 1개 의무중대와 태권도 교관단, 1965년에 건설지원단, 그리고 해상 수송 지원에 필요한 해군 수송전대, 건설지원단 자체 경비부대, 의무증원부대 등을 파월한다. 이어, 65년 6월 25일 월남정부의 전투부대 파월 요청으로 10월에 1개 사단 규모의 전투부대(수도사단과 해병 제2여단)를 월남의 퀴논에 파월한다. 66년 전투병력 증파 요청을 받고 9월과 10월 사이에 1개 연대를 포함한 1개 전투사단을 3진으로 나눠 증파한다. 당시까지 파월한 병력은 육군 맹호사단·백마사단·건설지원단, 해병 청룡부대, 해군 백구부대, 공군 은마부대 등 총 48,000명이다. 71년 1월 박정희 대통령은 주월 한국군의 감축을 검토 중이라고 발표하고, 4월의 제5차 월남참전국 외상회담에서 주월한국군 1개 사단 감축 결정 후 해병 제2여단을 포함한 1만 명의 제1단계 철수를 71년 12월부터 72년 4월까지 완료한다. 73년 1월 닉슨(Nixon, R. M.) 대통령과 티우 월남 대통령이 월남휴전일(73년 1월 28일)을 발표하자, 3월에 총 36,856명의 주월 한국군을 완전히 철수시킨다(『한국민족문화대백과』 전쟁 항목).

82 「사찰 新增改築 장관허가로 가능」, 『동아일보』, 1989.12.23, 8면. 〈전통사찰보존법〉

차원에서 '군종법사 자격 확대와 군승 증원'을 포함시키기도 한다.[83] 이는 '군종법사 자격 확대와 군승 증원'에 대한 불교계의 기대를 반영한 셈이다.

다음으로, 2002년 12월 개정(2003년 3월 시행)의 주요 배경은 불교계의 요청이다. 당시 〈병역법〉 개정은 개정의 주요 이유와 골자가 군종장교 지원 자격의 '형평성'을 갖추기 위해 국방부에 군종장교운영심사위원회를 설치하기 위한, 즉 군종 문제만을 해소하기 위한 것이었기에 주목할 만하다. 당시 개정 이유와 주요 골자는 다음과 같다.

> 현행 병역법은 군종장교의 지원 자격을 목사·신부 또는 승려로 제한하고 있는 바, 이에 의하면 기독교·천주교 또는 불교를 제외한 그 밖의 종교에서 목사·신부 또는 승려와 동등한 직무를 행하는 국민은 군종장교를 지원할 수 없게 되어 형평에 어긋나므로, 이를 시정하여 목사·신부 또는 승려 외에 이와 동등한 직무를 행하는 국민도 군종장교를 지원할 수 있도록 하고, 아울러 군종장교의 문호 개방에 따라 발생할 수도 있는 장병 정신교육의 혼선 우려 및 군종장교 인력관리의 어려움 등에 대한 문제점을 최소화하기 위하여 국방

과 〈군인사법〉 및 〈병역법〉에 대한 개정법률안이 19일 폐회된 정기국회에서 통과되어 불교계의 숙원 2가지가 해결되었다는 내용이다. 구체적으로, 첫째, 종전에 전통사찰 경내에 시설을 신증개축하거나 토지의 형질 변경 또는 보전 임지(林地)의 전용 시 〈자연공원법〉 등 4개 법규에 의해 각 부처의 허가를 중복해 받던 것을 앞으로는 〈전통사찰보존법〉에 의해 문공부장관의 허가만으로 가능하게 되었다는 내용이다. 둘째, 종래에 군종장교 임용 자격요건에서 승려에 대해서만 2중의 자격제한(학사학위 소지 및 대덕법계)을 두던 것을 '학사학위 소지자'로 균등하게 조정해 종교간의 형평을 가져오게 되었다는 내용이다.

83 「대통령 공약사업 12건 부진, 경제기획원 분석 …영동국제공항·마산항 개발 등 사실상 포기」, 『한겨레』, 1994.10.26, 9면. 이 기사에 따르면, 불교계에 대한 배려로 내놓았던 군종법사 자격확대와 군승 증원은 자격요건을 갖춘 승려가 많지 않아 추진이 중단된 상태이다.

부에 군종장교운영심사위원회를 설치하려는 것임.[84]

② 병역법 시행령

〈병역법〉 제58조에는 군종 분야의 병적편입 대상 종교의 선정기준
과 군종 분야의 현역장교 선발 기준 및 절차 등에 필요한 사항, 군종사
관후보생의 병적 편입 대상과 제한연령과 선발 기준 및 절차 등에 필
요한 사항, 국방부에 설치하는 군종장교운영심사위원회의 구성 및 운
영 등에 필요한 사항 등 3개 부분에 대해 '대통령령'으로 정하도록 되
어 있다. 그에 따른 내용은 〈병역법 시행령〉에 담겨 있다.

〈병역법 시행령〉에서 주목할 부분은 2003년 9월과 2006년 9월 개정
이다. 2003년 9월 개정은 〈병역법〉이 2002년 12월에 개신교·천주교·
불교 외의 종교에도 군종장교 지원에 대해 균등한 기회를 제공하도록
개정된 것에 근거한다.[85] 특히 2003년 9월 개정에는 군종장교 편입대
상 종교의 선정기준이 신설되었는데, 이 기준은 2006년 9월 개정에서
변경되어 현재에 이르고 있다. 자세한 내용은 다음과 같다.[86]

---

84 〈병역법〉(시행 2003.3.27. 법률 제6809호, 2002.12.26, 일부개정) 중 '제정·개정이
유' 부분.
85 〈병역법〉(시행 2003.3.27. 법률 제6809호, 2002.12.26, 일부개정) 제58조 (의무·법
무·군종장교등의 병적편입); 군종분야의 현역장교와 군종사관후보생의 병적 편
입 대상을 각각 '학사 이상의 학위를 가진 목사·신부·승려 <u>그 밖에 이와 동등한 직
무를 수행하는</u> 자로서 각 소속 종교단체에서 그 자격을 인정한 사람'과 '목사·신
부·승려 그 밖에 이와 동등한 직무를 수행하는 자의 자격을 얻기 위하여 신학대학·
불교대학 <u>그 밖에 성직자의 양성을 목적으로 하는</u> 대학에 재학하고 있는 사람'으
로 확대된다. 종래에는, 〈병역법〉(일부개정·시행 2002.12.5. 법률 제6749호) 제58
조에 따르면, 군종분야의 현역장교와 군종사관후보생의 병적 편입 대상이 '학사
이상의 학위를 가진 목사·신부 또는 승려로서 소속종교단체에서 그 자격을 인정
한 사람'과 '목사·신부 또는 승려의 자격을 얻기 위하여 신학대학 또는 불교대학에
재학하고 있는 사람'이다.
86 〈병역법 시행령〉(일부개정·시행 2003.9.15. 대통령령 제18098호); 〈병역법 시행
령〉(시행 2006.9.25. 대통령령 제19688호, 2006.9.22, 일부개정); 〈병역법 시행령〉

<표 17> <병역법 시행령>의 군종분야 병적편입대상 종교의 선정기준

〈시행령〉	조	호
(일부개정·시행 2003.9.15, 대통령령 제18098호)	제118조의2 (군종분야 병적편입대상 종교의 선정기준) 법 제58조 제1항의 규정에 의한 군종분야 병적편입대상 종교의 선정기준	1. 사회통념상 종교로서 인정되는 교리와 조직을 갖추고 성직자 양성 교육이 활성화되어 있을 것 2. 교리의 내용 등이 장병의 올바른 가치관의 확립, 도덕심의 함양과 정신전력의 강화에 이바지할 수 있을 것 3. 국민전체 및 군내 신자의 수, 종교 의식·행사의 원활한 수행 가능성 등을 고려할 때 선정의 필요성이 있다고 인정될 것 [본조신설 2003.9.15.]
(시행 2006.9.25. 대통령령 제19688호, 2006. 9.22, 일부개정)	제118조의2 (군종분야 병적편입대상 종교의 선정기준) : 상동 〈개정 2006.9.22.〉	1. 사회통념상 종교로서 인정되는 교리와 조직을 갖추고 **성직의 승인·취소 및** 성직자 양성교육이 제도화되어 있을 것 2. 교리의 내용 **및 종교의식** 등이 장병의 올바른 가치관의 확립, 도덕심 **및 준법성의 함양**과 정신전력의 강화에 이바지할 수 있을 것 3. 국민 전체 및 군내 신자의 수, 종교 의식·행사의 원활한 수행 가능성 등을 고려할 때 선정의 필요성이 있다고 인정될 것 [본조신설 2003.9.15.]
(일부개정·시행 2020.10.1. 대통령령 제31058호)	제118조의2(군종분야 병적 편입 대상 종교의 선정기준) : 상동 [전문개정 2009.12.7.]	1. 상동 2. 상동 3. 상동 [전문개정 2009.12.7.]

　　군종분야 병적편입대상 종교의 선정 기준에는 여러 문제가 보인다. 2006년의 경우를 보면 제1호에서 '사회통념상 종교로서 인정되는 교리와 조직'이라는 표현은 모호하다. 특히 사회통념(generally-accepted idea in the society)은 상식(common sense)과 비슷한 의미인데 종교의 경우에 정통과 이단, 종교와 사이비종교 등의 담론이 작동한다는 점을 고려하면 종교에 대한 사회통념을 기준으로 삼는 것은 문제 소지가 있다. 게

(일부개정·시행 2018.12.18. 대통령령 제29373호)

다가 이 상황에서 사회통념상 종교로 인식되는 교리와 조직까지 갖추어야 한다는 부분은 국가가 종교에 대해 특정 방향성을 주문하는 것이기도 하다. '성직자'의 개념이 모호해 그 범위를 정하기가 쉽지 않다는 점을 고려하면, '성직자 양성 교육이 활성화되어 있을 것'이라는 기준도 모호하다. 개신교·천주교·불교·원불교가 군종 범위에 포함되어 있다는 점을 고려할 때 군종제도에 참여하려면 '목사·신부·승려·교무'와 유사한 직분이 있어야 하는데 평신도가 중심인 종교단체는 이 기준을 충족할 수 없어 군종 범위에 포함될 수 없다는 의미이다.

이어, 〈병역법 시행령〉에는 〈병역법〉 제58조에 따른 군종현역장교의 선발기준과 절차, 군종사관후보생의 병적 편입 절차, 군종장교운영심사위원회의 구성과 역할 등이 명시되어 있다. 주요 내용은 아래와 같다.

〈표 18〉 〈병역법 시행령〉의 군종 관련 주요 내용(★핵심)

*제20조(현역병 별도 입영 대상자) : '군종사관후보생으로서 해당 병적에서 제적된 사람'은 현역병 징집순서에 따르지 아니하고 따로 입영하게 할 수 있음
*제30조(사관학교 등에서 퇴교된 사람의 처리) ② 법 제58조 제1항 또는 제2항 해당자로서 '사관학교, 육군3사관학교, 그 밖의 군간부후보생 교육기관'에서 교육을 받던 중 질병이 아닌 사유로 퇴교된 사람은 군종장교의 병적 편입 대상에서 제적한 후 현역병 입영 대상자 또는 사회복무요원 소집 대상자로 관리한다.
*제52조(사회복무요원 별도 소집 대상자) : '군종사관후보생으로서 해당 병적에서 제적되어 소집할 사람'은 사회복무요원 소집 순서에 따르지 아니하고 따로 사회복무요원 소집을 할 수 있음
★제118조(군종장교 지원) 법 제58조 제1항에 따라 군종 분야의 현역장교 병적 편입 지원자는 편입지원서(전자문서의 지원서 포함)를 편입 연도의 전년도 10월 31일까지 재학 중인 학교의 장, 연수기관의 장 또는 종교단체의 장을 거쳐 병무청장에게 제출하여야 함. [전문개정 2009.12.7.]
★제118조의2(군종 분야 병적 편입 대상 종교의 선정기준) 법 제58조 제1항에 따른 …
★제118조의3(군종 분야 현역장교의 선발기준 및 절차) ① 법 제58조 제1항에 따른 군종 분야의 현역장교는 …〈개정 2016.11.29.〉 1. 학사 이상의 학위를 가진 사람으로서 목사·신부·승려 또는 그 밖에 이와 동등한 직무를 수행하는 사람의 자격을 가진 사람 / 2. 입영일 전에 제1호에 따른 자격을 취득할 수 있는 사람 / 3. 법 제58조 제2항에 따라 군종사관후보생의 병적에 편입된 사람 ② 국방부장관은 제1항 각 호의 어느 하나에 해당하는 사람 중에서 군종 분야의 현역장교를 선발하려는 경우에는 해당 종교단체

에 선발대상자의 추천을 의뢰하고 그 추천을 받아 선발한다. ③ 제1항과 제2항에서 규정한 사항 외에 군종 분야 현역장교의 선발에 필요한 구체적인 사항은 국방부령으로 정한다. [전문개정 2009.12.7.]

★제119조(군종사관후보생의 병적 편입) ① 법 제58조 제2항에 따라 군종사관후보생의 병적 편입 가능자는 병역판정검사·현역병입영·사회복무요원소집 대상자 중 '3. 군종 분야는 국방부장관이 지정하는 신학대학·불교대학이나 그 밖에 성직자의 양성을 목적으로 하는 대학에 재학 중으로 28세까지 그 과정을 마칠 수 있는 사람'. ② 제1항 해당자로서 군종사관후보생 지원자는 … 지원서(전자문서의 지원서 포함)를 제출하여야 함 ⑤ 병무청장은 국방부장관으로부터 군종사관후보생 선발자 명단을 송부받은 경우에는 …. ⑥ … ⑦ 제1항~제6항 외에 군종사관후보생의 선발에 관해 필요한 사항은 국방부령으로 정함.

★제119조의2(군종장교운영심사위원회) ① 법 제58조 제7항에 따른 군종장교운영심사위원회는 위원장 1명을 포함한 8명 이상 11명 이하의 위원으로 구성함 (특정종교의 신자 비율이 3분의 1 미만이 되도록 하여야 함) ② 위원장은 국방부 인사복지실장이 되고, 위원은 '1. 국방부 인사기획관 / 2. 국방부의 군종업무를 담당하는 과장 / 3. 대령 이상의 현역장교, 국방부 소속 4급 이상 일반직 공무원 또는 이에 상응하는 별정직공무원(고위공무원단에 속한 공무원 포함)으로서 국방부장관이 지정하는 사람 / 4. 육군·해군·공군 본부 인사참모부장'이 됨. ③ 위원장은 … 관계 전문가 등을 참석시켜 발언하게 할 수 있다. 다만, 제4항제1호의 사항을 심의·의결하는 경우에는 해당 종교단체의 관계자를 참석시켜 그 의견을 들어야 한다. ④ 위원회는 '1. 제118조의2 각 호의 기준에 따른 군종 분야 병적 편입대상 종교의 선정 또는 취소에 관한 사항 / 2. 군종 분야 현역장교의 선발에 관한 사항 / 3. 그 밖에 군종장교제도의 운영에 관한 사항'을 심의·의결함. ⑤ 위원회의 회의는 재적위원 3분의 2 이상의 출석으로 … ⑥ 위원회의 사무를 처리하기 위하여 간사 1명(국방부 소속 공무원 중에서 위원장이 임명)… ⑦ 제4항 제1호의 사항에 대한 사전검토를 위하여 위원회에 전문위원회를 둘 수 있음 ⑧ 제7항에 따른 전문위원회의 구성 및 운영에 필요한 사항은 … 위원장이 정함 ⑨ 위원회 및 전문위원회의 회의에 참석하는 민간위원 및 관계 전문가 등에 대해서는 … 수당과 여비를 지급할 수 있음. [전문개정 2009.12.7.]

** 제120조(군종사관후보생의 신상변동 통보 및 처리) / 제121조(군종장교의 입영) / 제122조(군종장교의 입영신체검사 등) / 제135조(현역병입영 대상자 등의 병역처분 변경) / 제139조(예비역장교 등의 퇴역) / 제157조(민감정보 및 고유식별정보의 처리)

한편, 1963년 1월부터 장교의 특별 보충을 위한 예비역장교의 병적 편입 대상과 관련해 '군종과장교' 관련 규정이 삽입되고,[87] 동시에 하사관의 특별 보충을 위한 예비역하사관의 병적 편입 대상과 관련해 '군

---

87 〈병역법 시행령〉(전부개정·시행 1963.1.28. 각령 제1164호) "제48조 (장교의 특별보충) ① 법 제19조 제1항의 규정에 의한 예비역장교의 병적편입은 다음 각호의 1에 해당하는 자로써 한다. … 3. 군종과장교는 목사의 안수 또는 신부의 성품을 받은 자와 학사학위를 가진 대덕지위의 승려로서 소속종교단체에서 그 자격을 인정하는 자"

종과하사관 제도'가 만들어진다. 이로 인해 〈병역법 시행령〉에 '군종'이나 '불교'라는 표현이 처음 등장한다. 당시 불교와 관련된 예비역하사관의 병적 편입 자격은 '대학의 불교학과를 졸업하고 학사학위를 가진자로서 승려가 되지 아니한 자'이다.[88] 이 하사관 제도는 1971년 3월에 〈병역법 시행령〉이 개정되어 사라지기까지 약 8년 동안 운영된다.[89]

③ 군인사법

〈군인사법〉은 〈병역법〉 제58조와 함께 군종장교 임용의 근거이다. 제정·시행 시기는 1962년 1월인데 2019년 1월에 개정된 〈군인사법〉의 내용과 대동소이하다. 구체적으로, 1962년 〈군인사법〉을 보면, 각 군별 병과는 기본병과와 특수병과로 양분되고, 군종과는 특수병과에 포함된다. 또한 의무복무기간(장기복무장교 10년, 단기복무장교 3년/공군 기본병과장교 4년 등)과 현역정년·근속정년·계급정년을 두되, 군종의 연령정년에 한해 5년 연장을 허용한다. 군종장교로 임용되는 자의 임용연령 제한도 최고연령에 5년 가산을 허용한다. 예를 들어, 소령 임용연령 제한이 36세일 때 군종장교의 소령 임용연령이 41세가 되는 셈이다. 군종장교의 자격은 '전문 또는 기술 분야에 대한 지식과 경험이 풍부하며 전형에 합격한 자로서 소정의 과정을 마친 자'이고, '목사, 신부 또는 학사학위를 가진 대덕지위의 승려로서 군종장교로 임용되는 자'의 초임계급을 다른 장교의 경우와 달리 '중위' 이상으로 할 수 있게

---

88 〈병역법 시행령〉(전부개정·시행 1963.1.28. 각령 제1164호) "제49조(하사관의 특별보충) 법 제19조 제1항의 규정에 의한 예비역하사관의 병적에 편입할 자는 다음 각호의 1에 해당하는 자로써 한다. … 3. 군종과하사관은 〈교육법〉에 의한 신학교를 졸업하고 목사의 안수 또는 신부의 성품을 받지 아니한 자와 대학의 불교학과를 졸업하고 학사학위를 가진 자로서 승려가 되지 아니한 자 …"

89 〈병역법 시행령〉(전부개정·시행 1971.3.10. 대통령령 제5548호).

한다. 그리고 병과장으로 육군·해군·공군에 군종감을 둔다.[90]

이 내용은 거의 그대로 이후 개정 〈군인사법〉으로 이어져오고 있다. 〈병역법〉에 따라 군종장교를 포함한 특수병과 장교 임용자의 최고 연령을 35세까지로 규정한 부분 정도가 다르다.[91]

〈표 19〉 〈군인사법〉의 군종 관련 내용 비교(1962년 및 2020년)

	1962년	2020년
분과/병과	제5조. 1. 기본병과. 2. 특수병과 * 육군·해군·공군 특수병과에 '군종과'를 두고, 해병대에 '군종과'를 두지 않음	제5조(병과) 좌동(해병대 관련 내용 삭제)
정년	제8조 ①현역 복무 정년 1. 연령정년. 2. 근속정년. 3. 계급정년 * ②군종장교의 연령정년은 5년을 연장할 수 있다. 단, 60세를 초과하여 복무할 수 없다.	해당 내용 없음
장교의 초임계급	제12조 ①장교의 초임계급은 소위. 단 '3. 목사, 신부 또는 학사학위를 가진 대덕지위의 승려로서 군종장교로 임용되는 자'의 초임계급은 중위이상으로 할 수 있다.	제12조 ① 장교의 초임계급은 소위. ② '3. 학사 이상의 학위를 가진 목사, 신부, 승려, 그 밖에 이와 동등한 직무를 수행하는 사람으로서 군종장교로 임용되는 사람'의 초임계급은 중위 이상으로 할 수 있다.

90 〈군인사법〉(시행 1962.1.25. 법률 제1006호, 1962.1.20, 제정) 제5조(분과), 제7조(의무복무기간), 제8조(현역정년), 제11조(장교의 임용), 제12조(장교의 초임계급), 제15조(임용연령제한), 제21조(병과장임명). 제5조에 따르면, 해병대에는 특수병과로 '보급과'와 '경리과'만 있고 군종과는 없다. 제21조에 따르면, 병과장은 참모총장이 각군 당해 병과출신장교 중에서 임명하고, 해면되거나 임기 3년을 마쳤을 때 전역하게 된다. 다만, 해병대에는 병과장으로 '보급감'과 '경리감'만 있고 '군종감'이 없다.

91 〈군인사법〉(시행 2020.8.5. 법률 제16928호, 2020.2.4, 일부개정); 〈병역법〉(시행 2020.10.1. 법률 제17166호, 2020.3.31, 일부개정) 제58조(의무·법무·군종·수의장교 등의 병적 편입) ③ 군종사관후보생의 병적에 편입된 사람은 35세까지 특수병과(特殊兵科)의 현역장교 병적에 편입할 수 있고, 병적에서 제적된 사람은 신체등급에 따라 현역병 입영이나 사회복무요원 소집 대상이 된다.

임용 연령 제한	제15조 ①법무, 의무 및 군종장교로서 임용되는 자는 그 최고연령에 5년을 가산할 수 있다.	제15조(임용연령 제한) ③ 군종장교로서 임용되는 사람은 〈병역법〉 제58조 제3항 및 제59조에 따른 병적(兵籍) 편입 제한연령이 될 때까지 임용할 수 있다.
병과장 임명	제21조 ④항 * 육군·해군·공군에 군종감을 두고, 해병대에 군종감을 두지 않음	해당 내용 없음

④ 군종장교 선발 등에 관한 규칙

〈군종위원회규정〉는 1962년 2월에 국방부가 군종위원회를 설치하기 위해 마련한 근거로 1968년 10월에 폐지된다. 이 규정의 제정 목적은 국방부장관의 자문에 응해 군종업무에 관한 중요사항을 조사심의하게 하기 위한 것이다. 위원은 위원장 1인(국방부 병무국장), '육군·해군·공군 각본부의 군종감, 해병대사령부 군종실장, 국방부 군종위원회 간사장과 종교에 관한 학식경험이 풍부한 자 중에서 국방부장관이 위촉 또는 임명한 자' 등 6인으로 조직된다. 역할(직무)은 '①군종업무에 관한 기본정책, ②각 군의 군종업무의 지도, ③기타 군종업무와 관계있는 사항'에 대한 조사·심의이다.[92]

〈군종장교요원 선발규정〉은 1962년 11월에 군종장교요원 선발에 필요한 사항을 규정하기 위해 제정된다. 그에 따르면, 국방부장관이 '문교부에 등록된 종교단체'의 대표자에게 추천을 의뢰하면, 각 대표자가 추천서에 〈장교임용규정〉 제5조 제1항에 규정된 구비서류와 교직복무실적증명서를 첨부해 추천하고, 다시 국방부가 필요한 심사를 진행해 각 군에 배당하면 각 군 참모총장이 배당된 요원에 대해 신체검사·구술고사·신원조사를 진행한 후 선발하게 된다. 피추천인 자격

---

92 〈군종위원회규정〉(제정·시행 1962.2.22. 국방부령 제47호 / 폐지 1968.10.16. 국방부령 제128호) 제1조(목적), 제2조(조직), 제3조(직무).

은 '교육법에 의한 신학교를 졸업하였거나 또는 동등 이상의 학력을 가진 자로서 〈군인사법〉 제12조 제1항 제3호에 규정된 자격을 가진 자'로 규정된다. 주목할 부분은 국방부의 추천 의뢰 수에 대한 기준인 데, 그에 따르면 '군내 신도 수를 기준으로 기독교의 신교와 구교의 인원비율'을 정하게 한다. 불교계 군종장교요원 선발에 관해서는 국방부장관이 따로 정하도록 한다.[93]

이 규정은 몇 차례 개정되다가 2005년에 폐지되어 〈군종장교 등의 선발에 관한 규칙〉으로 통합된다. 그렇지만 개정 법규 가운데 1968년, 1975년, 1995년의 개정이 주목할 만하다. 군종장교요원 추천 관련 내용에 변화를 보이기 때문이다.[94]

〈표 20〉 군종장교 추천 의뢰 수 기준과 자격(1962년-2005년, 〈군종장교요원 선발규정/규칙〉)

	1962년	1968년	1975년	1995년
추천의뢰	-문교부 등록 종교단체 대표자에게 군내 신도수를 기준으로 기독교의 신교와 구교의 인원비율에 의한 수만큼 요원 추천을 의뢰(가능) -불교계 군종장교요원 선발은 따로 정함	요원선발실시일 2월전에 군내 기독교의 신교 및 구교와 불교의 신도수를 기준으로 한 인원비율에 따라 당해종교단체의 대표자의 추천을 받아 행함	'군내의 기독교의 신교 및 구교와 불교의 신도수를 기준으로 한 인원비율에 따라'	좌동

---

93 〈군종장교요원 선발규정〉(제정·시행 1962.11.12. 국방부령 제65호) 제1조(목적), 제2조(요원추천의뢰), 제3조(자격), 제4조(구비서류), 제5조(요원의 배당), 제6조(선발), 제7조(시행세칙). 제7조에 따르면, 본령 시행에 관하여 필요한 사항은 국방부장관이 정한다.

94 〈군종장교요원 선발규정〉(일부개정·시행 1968.5.24. 국방부령 제124호); 〈군종장교요원 선발규칙〉(일부개정·시행 1975.7.2. 국방부령 제275호); 〈군종장교요원 선발규칙〉(일부개정·시행 1995.8.5. 국방부령 제458호). 1975년부터 〈군종장교요원 선발규정〉의 법규 명칭이 〈군종장교요원 선발규칙〉으로 바뀐다. 한편, 1968년의 경우 '군내의 기독교… 불교의 신도교를 기준…'에서 '신도교'는 '신도수'의 오기이다(2019년 2월 8일자 확인).

추천자격	〈교육법〉에 의한 신학교를 졸업하였거나 또는 동등이상의 학력을 가진 자로서 〈군인사법〉 제12조 제1항 제3호에 규정된 자격을 가진 자	〈교육법〉에 의한 신학교 또는 불교대학을 졸업하였거나 또는 동등이상의 학력을 가진 자로서 〈군인사법〉 제12조 제1항 제3호에 규정된 자격을 가지고 동법 제10조 제1항 및 제2항과 제15조 규정에 해당하는 자	〈교육법〉에 의한 신학교 또는 불교대학을 졸업하였거나 이와 동등이상의 학력을 가진 자로서 목사·신부 또는 대덕법계 승려의 자격을 가진 자이거나 입영기일전에 그 자격을 취득할 수 있는 자	학사이상의 학위를 가진 자로서 목사·신부 또는 승려의 자격을 가진 자이거나 입영기일전에 그 자격을 취득할 수 있는 자

　　1966년 3월에는 〈병역법 시행령〉 제1조·제6조[95]에 근거해 〈예비역 군종장교후보생 규정〉(1975년 이후 〈예비역 군종장교후보생 규칙〉)을 제정하고 동년 5월부터 시행한다. 이 규정의 핵심은 군종장교후보생(채용자)이 목사·신부 자격 취득 예정일 때는 예비역장교후보생의 병적에, 목사·신부 자격을 취득했을 때는 예비역장교의 병적에 편입시켜 관리한다는 내용이다. 이 정책은 신학대학에서 군종장교 예비생을 미리 확보하려는 취지이다.[96]

---

95 〈병역법 시행령〉(일부개정·시행 1965.11.10. 대통령령 제2285호) "제1조 (무관후보생의 병역) ① 이 령에서 무관이라 함은 병역법 제3조 제4항에 규정된 장교·준사관과 하사관을, 무관후보생이라 함은 동항에 규정된 장교후보생과 하사관후보자를 말한다. ② 법 제3조 제4항에 규정된 장교후보생은 현역장교가 될 간부후보생과 예비역장교가 될 간부후보생으로, 동항에 규정된 하사관후보자는 현역하사관이 될 하사관후보자와 예비역하사관이 될 하사관후보자로 나눈다. ③ 전항의 규정된 현역장교가 될 간부후보생과 하사관후보자에 관하여 군인사법 및 동시행령과 이 령에 규정된 이외의 사항은 따로 각령으로 정한다. ④ 제2항에 규정된 예비역장교후보생 또는 예비역하사관후보자의 병적편입과 복무에 관하여 필요한 사항은 국방부령으로 정한다. ⑤ 무관의 병적편입과 복무에 관하여 필요한 사항은 국방부령으로 정한다." "제6조 (예비역무관 또는 무관후보생의 실역복무) ① 무관후보생은 국방부령이 정하는 바에 의하여 무관으로 임용하여 실역에 복무하게 할 수 있다. ② 예비역무관에 대하여도 전항과 같다."
96 〈예비역 군종장교후보생 규정〉(시행 1966.5.1. 국방부령 제112호, 제정 1966.3.31.); 〈예비역 군종장교후보생 규칙〉(개정·시행 1975.7.2. 국방부령 제274호); 군종교구

그 내용을 보면, '국방부장관이 지정한 신학대학'의 재학생은 소속 대학장의 추천과 소속종교단체대표자의 실습교회 파송 보증(신부 예정자는 보증 불필요)'을 받거나 '국방부장관이 지정한 신학대학'을 졸업하고 종교단체의 교회에 종사하는 목사예정자는 소속종교단체대표자의 추천 및 소속종교단체대표자와 국방부장관이 정한 교직자가 연서로 행하는 실습교회의 실습근무 보증'을 받아야 군종장교후보생 지원이 가능하다. 지원자는 〈군인사법시행령〉 제9조에 의한 선발시험에 합격해야 '예비역장교후보생 병적에 편입'되고, 이어, 목사 또는 신부 자격을 취득하게 되면 각 군 참모총장이 정하는 군사기본교육과정을 거쳐 예비역장교의 병적에 편입될 수 있다(현역복무 지원자는 현역장교 병적 편입).[97]

이 규정은 몇 차례 개정을 거치다가 1989년 6월에 〈군종사관후보생 규칙〉으로 명칭이 바뀌고, 2005년에 〈군종장교 등의 선발에 관한 규

사 편찬위원회, 『천주교 군종교구사(군사목 50년사) -1951~2000』, 천주교 군종 교구, 2002, 62쪽, 72쪽; 양영배 군종감 발행, 『육군군종사』, 육군본부, 1975, 48쪽 이하. 『육군군종사』에 따르면, 66년 3월 31일에 제정 공포된 〈예비역 군종장교후보생 제도〉에 따라 각 신학대학에서는 선발시험 합격자들이 징병소집을 연기받아 졸업 후 성직자가 되어 군종장교로 종군하게 되는데 이에 대해서는 '점차 감소되어가는 군종장교 요원의 확보에 획기적인 계기가 되었다'는 평가가 내려진다(같은 책, 51쪽.). 한편, 『천주교 군종교구사』에 따르면, '영세자'만 신자에 포함시키는 천주교 측에 비해 세례신자와 미세례자까지 신자에 포함하는 개신교 측에 유리하다는 이유로 천주교 측이 〈군종장교요원 선발 규정〉의 군종장교 모집 정원 비율 기준에 반대하지만 이 규정은 그대로 지속된다(양영배 군종감 발행, 같은 책, 72-73쪽.).

97 〈예비역 군종장교후보생 규정〉(시행 1966.5.1. 국방부령 제112호, 1966.3.31, 제정) 제2조(채용 대상자), 제5조(선발시험), 제7조(병적편입), 제12조(장교로의 임용). 제12조 제2항에 따르면, 군의 인력조정상 예비역 또는 현역장교의 병적에 편입할 수 없는 자에 대하여는 본인의 동의를 얻어 예비역 또는 현역의 하사관의 병적에 편입할 수 있다. 한편, 제1조(목적)에 따르면, 이 법규는 〈병역법 시행령〉 제1조 제4항 및 제6조 규정에 의하여 군종과의 예비역장교가 될 예비역장교후보생[軍宗將校候補生]의 채용·병적 및 복무 등에 필요한 사항을 규정하기 위해 제정된 것이다.

칙)으로 통합된다. 몇 차례 개정 법규 가운데 주목할 부분은 1971년, 1989년, 1995년 개정이다. 그 이유는 채용 또는 선발 대상자의 범위나 내용이 달라졌기 때문이다.[98]

구체적으로, 1971년 1월 개정 법규에는 선발대상자에 '국방부장관이 지정하는 불교대학'이 포함된다. 그리고 1989년 6월에는 예비역군종장교후보생을 선발해 군사기본교육을 시켜 예비역장교의 병적에 편입시켜 군종장교로 임용하던 종래 방식이 대학교 재학생에서 군종사관후보생을 선발해 군사기본교육을 시킨 후 현역군종장교로 임용하도록 바뀐다. 이는 〈병역법 시행령〉 제84조 제1항 제3호의 규정 개정에 맞추기 위한 조치이다.[99] 아울러, 1989년 6월 개정 법규에는 임용과 관련해 '군종사관후보생으로서 목사, 신부 또는 대덕법계승려[100]의 자격을 취득하고 소정의 군사교육을 마친 자는 현역장교로 임용한다'는 규정이 마련된다. 이어, 1995년 8월 개정 법규에는 종래의 임용관련 규정이 '군종사관후보생으로서 신학대학 또는 불교대학을 졸업한 후 목사·신부 또는 승려의 자격을 취득하고 소정의 군사교육을 마친 자는 현역장교로 임용한다'는 내용으로 바뀐다.[101]

---

98 〈예비역 군종장교후보생 규정〉(전부개정·시행 1971.1.5. 국방부령 제212호); 〈군종사관후보생규칙〉(일부개정·시행 1989.6.20. 국방부령 제402호); 〈군종사관후보생규칙〉(일부개정·시행 1995.8.5. 국방부령 제459호).

99 〈병역법 시행령〉(일부개정·시행 1989.3.25. 대통령령 제12655호) 제84조(특수병과사관후보생의 병적편입) ① "3. 군종분야는 국방부장관이 지정하는 신학대학(문교부장관이 이와 동등하다고 인정하는 신학교를 포함한다) 또는 불교대학에 재학하고 있는 자와 국방부장관이 지정하는 종교연수기관에서 소정의 과정을 이수하고 있는 자로서 28세까지 그 과정을 마칠 수 있는 자"

100 대덕법계(大德法階)승려는 승려의 법계 가운데 대덕을 획득한 승려를 말한다. 예를 들어, 대한불교조계종의 법계는 수행기간에 따라 '견덕(見德) → 중덕(中德) → 대덕(大德) → 종덕(宗德) → 종사(宗師) → 대종사(大宗師)'으로 구분된다.

101 〈군종사관후보생규칙〉(일부개정·시행 1995.8.5. 국방부령 제459호) 제12조(임용)

〈표 21〉 예비역군종장교후보생/군종사관후보생의 기준과 자격 변화

	1966년	1971년	1989년
채용대상자	-제2조(채용대상자) 군종장교후보생은 …선발채용. 1. 국방부장관이 지정하는 신학대학에 재학중인 자로서 그 소속대학장)이 추천하고 소속종교단체대표자의 실습교회파송의 보증이 있는 자(신부 될 자는 교단대표자 보증 불필요) 2. 국방부장관이 지정하는 신학대학을 졸업하고 종교단체의 교회에 종사하고 있는 목사예정자로서 교단대표자의 추천 및 교단대표자와 국방부장관이 정한 교직자가 연서로 행하는 실습교회에서의 소정의 실습근무의 보증이 있는 자	제2조(선발대상자) 군종장교후보생은 … 소속대학장 또는 학교장의 추천을 받아 지원한 자중에서 국방부장관이 선발. 1. 사상이 건전하고 품행이 단정하며 신체가 건강한 자 2. 국방부장관이 지정하는 신학대학, 불교대학 또는 문교부장관이 이와 동등한 학력을 인정하고 국방부장관이 지정하는 신학교에 재학 중인 자 3. 소속종교단체대표자로부터 교회 또는 사찰에의 실습파송 및 근무보증을 받은 자	제2조(선발대상자) 군종사관후보생은 영 제84조 제1항제3호의 규정에 의한 대상자로서 … 국방부장관이 선발. 1. 사상이 건전하고 소행이 단정하며 체력이 강건한 자 2. 소속 대학·학교 또는 종교연수기관의 장의 추천을 받은 자 3. 소속종교단체 대표자가 성직취득을 보증한 자 [전문개정 1989.6.20.]
인원배정	제13조 (인원배정) 제2조에 의해 소속종교단체대표자가 추천할 수 있는 군종장교후보생 인원기준은 〈군종장교선발규정〉 및 〈동 시행세칙〉에 의함.	제14조 (인원배정) 제2조의 규정에 의한 군종장교후보생의 추천비율은〈군종장교요원 선발규정〉제2조 및 〈동 시행세칙〉제5조의 규정에 의한다.	제14조 (인원배정) 제2조 제2호의 규정에 의한 군종사관후보생의 추천비율은 군종장교 요원선발규칙제2조의 규정에 의한다. 〈개정 1975.7.2, 1989.6.20.〉

2005년 10월에는 〈군종장교요원 선발규칙〉과 〈군종사관후보생규칙〉을 폐지하면서 두 법규를 통합해 〈군종장교 등의 선발에 관한 규칙〉을 제정한다.[102] 제정 이유는 군종장교요원과 군종사관후보생의 선발과 대상 종교의 선정 등을 병역관계 법령에 맞추기 위한 것이다. 그리고 군종장교요원과 군종사관후보생의 선발 절차 및 시험과목·면

---

102 〈군종장교요원 선발규칙〉(타법폐지·시행 2005.10.11. 국방부령 제585호); 〈군종사관후보생규칙〉(타법폐지·시행 2005.10.11. 국방부령 제585호); 〈군종장교 등의 선발에 관한 규칙〉(제정·시행 2005.10.11. 국방부령 제585호).

접항목 등의 산정방법 결정, 선발 시험실시일 60일 전 관보 등을 통한 공고, 군종사관후보생 선발대상 대학의 지정 등을 통해 선발의 객관성과 공정성과 효과성(인력충원), 우수인력의 확보와 선발시험의 안정성, 대상 종교의 선정에 따른 투명성 증진 등의 효과를 창출한다는 것이다.

이 법규에 따르면, 군종장교는 〈병역법 시행령〉 제118조의3제2항에 따라 종교단체의 추천을 받은 자를 대상으로, 군종사관후보생은 성직자 과정의 양성을 목적으로 하는 대학에 재학 중인 사람을 대상으로 선발한다. 다만, 군종장교는 당해 연도에 현역장교로 임용이 예정된 군종사관후보생을 우선적으로 선발한다. 군종사관후보생 선발대상 대학은 군종사관후보생 선발에서 특정종교에 치우지지 않도록 국방부장관이 〈병역법 시행령〉 제119조 제1항 제3호에서 정하고 있는 신학대학·불교대학 그 밖에 성직자의 양성을 목적으로 하는 대학 중에서 해당 종교에 대한 국민전체 및 군(軍)내의 신자 수 등을 고려해 정한다.

흥미로운 부분은 군종장교의 선발시험 가운데 '① 설교·강론 및 설법 등의 종교의식, ② 해당 종교의 교리, ③ 장교로서의 정신자세, ④ 일반상식' 등을 포함시킨 면접시험의 평정요소이다. 이 평정요소들은 '장교 및 성직자로서의 소양과 적격성·전문성을 갖추었는지를 검정'하기 위한 것인데, 이미 '성직자' 자격을 갖추었음에도 불구하고 해당 종교의식과 종교교리 부분을 검정한다는 의미이기 때문이다. 이후 〈군종장교 등의 선발에 관한 규칙〉은 몇 차례 개정을 거치지만, 이 평정요소는 그대로 지속되고 있다.[103]

그 외에 개정 법규에서 다소 큰 변화는, 비록 2013년 12월에 군종장교 서류심사의 합격 기준을 대학의 학기당 평균성적이 만점의 60퍼센

---

103 〈군종장교 등의 선발에 관한 규칙〉(시행 2016.11.30. 국방부령 제907호, 2016.11.29. 타법개정) 제3조 (군종장교의 선발 등)

트 미만인 경우가 1회 이하인 사람에서 대학 평균성적이 만점의 60퍼센트 이상인 사람으로 완화했지만,[104] 2015년 8월에 이루어진다. 당시에 군종장교로서의 성품·기본자질 등을 갖추었는지를 검사할 목적으로 선발과정에 '인성검사'를 추가했기 때문이다.[105]

⑤ 기타 군종 관련 법규

2001년 11월, 군 장병들의 원활한 종교활동 지원을 위해 민간성직자의 군종활동 지원 자격과 활동 범위 등 제반 운영기준과 절차를 규정하기 위해 〈군 종교 활동 지원 민간성직자 관리규정〉을 제정·시행한다. 이 규정에 따라 군은 정기선발(연 1회 11월 말 선발, 다음해 초부터 활동)과 수시선발(정기 선발인원의 결원 보충 및 정기 선발 이외의 선발이 필요한 경우)을 통해 민간성직자를 선발하게 된다. 그리고 개신교는 '한국군종목사단'과 협의해 '한국기독교군선교연합회'에서, 천주교는 '천주교 군종교구청'에서, 그리고 불교는 '조계종 포교원'에서 민간성직자를 선발한다. '민간성직자' 범위에는 군인과 군무원이 제외된다.[106]

2007년 11월 개정에서는 민간성직자가 해당부대의 종교업무를 전담하는 '전담 지원성직자'와 특정일의 군 종교업무를 지원하는 '수시 지원성직자'로 양분된다. 선발 범위는 '원불교 특별군종교구'가 추가되어 확대되고, 불교의 경우에 종래 '조계종 포교원'이 '불교 특별군종교구'로 바뀐다. 그리고 해촉 요건에는 종래 7개 사항이 11개 사항

---

104 〈군종장교 등의 선발에 관한 규칙〉(일부개정·시행 2013.12.27. 국방부령 제814호) 제8조(군종장교의 합격결정)
105 〈군종장교 등의 선발에 관한 규칙〉(일부개정·시행 2015.8.4. 국방부령 제866호) 제 3조(군종장교의 선발 등)
106 〈군 종교활동 지원 민간성직자 관리규정〉(제정·시행 2001.11.12. 국방부훈령 제 691호)

으로 확대된다. 특히 '위촉 당시 소속 종단의 징계 또는 소속종단을 이탈한 행위를 했을 경우, 사이비 신앙 전파로 군내 갈등 유발 및 전투력 손실 행위, 특정 정당에 편향되어 군의 정치적 중립성을 손상케 하는 행위, 소속 및 상급부대 군종참모(장교)의 지도 감독을 거부하는 행위' 등도 해촉 요건이 된다.[107]

2009년 8월에는 이 '규정'의 명칭이 '훈령'으로 바뀌고,[108] 2011년 7월에는 장관급 지휘관이 있는 제대에 '심의위원회'를 설치·운영한다. 그리고 해촉 요건에 '국방부 및 각 군 주관의 교육에 무단으로 불참할 경우, 재위촉이 되지 않은 경우'를 추가한다.[109] 이후 몇 차례 개정을 거쳤지만, 큰 변화는 보이지 않는다. 이와 관련해, 2017년 11월 개정 법규의 효력은 2020년 11월 23일까지이다. 그 내용을 보면, 민간성직자(지원 만 60세 이하, 연한 만 65세까지, 임기 2년)는 해당부대 종교시설의 관리책임을 위임받아 종교행사와 업무를 전담하는 '전담지원 성직자'와 특정 종교행사만을 지원하는 '비전담지원 성직자(지원 종교시설당 2명 이내)'로 구분된다. 선발은 해당부대 군종참모(군종실장)가 신청하면 종단별 추천기구(한국기독교 군선교연합회, 천주교 군종교구청, 불교 특별군종교구, 원불교 특별군종교구)가 9가지 서류를 갖춰 추천하고, 신청부대가 속한 지역의 군종참모(군종장교) 전원으로 구성된 심의위원회에서 심사·선발한다. 해당 부대장(장관급 지휘관)에게 위촉장을 받으면 해당부대에 한해 상급부대 군종참모의 지도 아래 종교행사와 종교교육을, 경우에

---

107 〈군 종교활동 지원 민간성직자 관리규정〉(시행 2007.11.14. 국방부훈령 제838호, 2007.11.22, 일부개정) 제3조(정의), 제4조(선발), 제8조(해촉)
108 〈군 종교활동 지원 민간성직자 관리훈령〉(일부개정·시행 2009.8.4. 국방부훈령 제1098호)
109 〈군 종교활동 지원 민간성직자 관리훈령〉(전부개정·시행 2011.7.22. 국방부훈령 제1338호) 제5조(심의위원회)

따라 인성교육, 위문, 상담 등 군종활동을 지원하게 된다. 동시에 국방부와 각 군 부대가 연 1회 이상 실시하는 '올바른 군 이해 및 동질감을 위한 교육'을 받는다. 전담지원 성직자의 호칭은 '담임목사, 주임신부, 주지, 주임교무' 등이다.[110]

〈표 22〉 군 종교 활동 지원 민간성직자의 선발·지원자격·해촉 관련 변화

	2001년 11월	2007년 11월	2011년 7월
선발	제4조(선발) ①해당부대 군종참모(군종장교 포함)의 소요제기에 의해 각 종단별로 아래 기관에서 선발. 다만, 기독교 선발기관은 한국군종목사단과 협의. 1. 기독교: 한국기독교군선교연합회 2. 천주교: 천주교 군종교구청 3. 불 교: 조계종 포교원 ②선발구분: 정기선발/수시선발	제4조(선발) ①해당부대 군종참모(장교)의 소요제기에 의하여 각 종단별로 아래 기관에서 선발. 1. 기독교: 한국기독교군선교연합회 2. 천주교: 천주교 군종교구청 3. 불 교: 불교 특별군종교구 4. 원불교: 원불교 특별군종교구 ②선발구분: 좌동	좌동
지원자격	제5조(지원자격) 군종장교 파송종단(교단)의 성직자(전도사, 선교사, 수도자, 포교사 포함)로서 만65세 이하	제5조(지원자격 및 활동연한) 만 60세 이하인 자, 활동연한은 62세까지. (다만, 이 영 시행당시 민간성직자인 자의 활동연한: 60세 미만: 62세, 60세에서 64세까지: 65세, 65세 이상: 향후 2년)	

---

110 〈군 종교활동 지원 민간성직자 관리훈령〉(일부개정·시행 2017.11.24. 국방부훈령 제2085호) 제17조(유효기간) 이 훈령은 「훈령·예규 등의 발령 및 관리에 관한 규정」에 따라 이 훈령을 발령한 후의 법령이나 현실 여건의 변화 등을 검토하여야 하는 2020년 11월 23일까지 효력을 가진다. 제4조(선발)에 따르면, 정기선발은 매년 11월 말에 완료해 다음해 1월부터 활동하고, 수시선발은 정기 선발인원의 결원 및 보충을 위해 이루어진다. 제8조(위촉)에 따르면, 재위촉은 해당부대 군종참모(군종실장)의 신청과 심의위원회 승인을 거쳐야 하고, 재위촉이 되지 않으면 자동 해촉이 된다.

해촉	제8조(해촉) 부대장(장관급 지휘관)은 민간성직자가 다음 각호의 1에 해당하는 행위를 한 경우에 해촉. 1. 군 정신전력 증강에 저해 요인이 되는 행위 2. 군에 해를 끼친 행위 3. 군사보안에 저촉되는 행위 4. 신앙적 또는 교리적 위배행위 5. 도덕적 또는 윤리적 지탄행위 6. 군종활동 저해행위 7. 기타 해촉의 사유가 된다고 인정할 만한 행위	제8조(해촉) ① 소속종단의 해촉 요청 또는 다음 각호의 1의 행위를 한 경우 군종참모의 건의로 해촉 가능 1. 군 신앙전력 증강에 저해 요인이 되는 행위 2. 군에 해를 끼친 행위 3. 군사보안에 저촉되는 행위 4. 신앙적 또는 교리적 위배행위 5. 성직자로서 도덕적, 금전적 또는 윤리적 지탄행위 6. 위촉 당시 소속 종단의 징계 또는 소속종단을 이탈한 행위를 했을 경우 7. 사이비 신앙 전파로 군내 갈등 유발 및 전투력 손실 행위 8. 훈령 및 군법 위반 행위 9. 특정 정당에 편향되어 군의 정치적 중립성을 손상케 하는 행위 10. 소속 및 상급부대 군종참모(장교)의 지도 감독을 거부하는 행위 11. 제6조에 따른 구비서류 중 허위 사실이 기재된 서류를 제출한 경우	제9조(해촉) ① …(좌동)…군종참모(군종실장)의 건의 하에…해촉 가능 1~7. 좌동 8. 법령, 국방부 행정규칙 및 각 군 규정 위반 행위) 9. 좌동 10. 소속 및 상급부대 군종참모(군종실장)의 지도·감독을 거부하는 행위) 11. 제7조에 따른 …(이하 좌동) 12. 국방부 및 각 군 주관의 교육에 무단으로 불참할 경우(신설) 13. 재위촉이 되지 않은 경우(신설)

2015년 12월에는 〈군인복무기본법〉이 제정되어 2016년 6월부터 시행된다. 이 법규는 '군 내 기본권 침해'가 근절되지 못하고 있다는 전제 하에 군인의 기본권을 보장하기 위해 군인의 기본권 제한과 의무 등에 대해 규정한 것이다. 이 법규에서 주목할 부분은 '종교의식 참여권'이 핵심인 '종교생활의 보장'(제15조) 규정, 그리고 '순수한 종교활동을 목적으로 하는 단체'(제31조)가 포함되어 있다는 점이다.[111]

이 법규는 2017년 3월 개정을 거쳐 2018년 12월에 개정된다. 주요 취지는 군 내 종교 관련 기본권 침해 등 고충사항의 발생 시 신속히 피

---

111 〈군인의 지위 및 복무에 관한 기본법(약칭: 군인복무기본법)〉(시행 2016.6.30. 법률 제13631호, 2015.12.29. 제정) 제15조(종교생활의 보장), 제31조(집단행위의 금지); 〈군인의 지위 및 복무에 관한 기본법 시행령〉(시행 2016.6.30. 대통령령 제27263호, 2016.6.28. 제정) 제21조(사회단체 가입 허가기준).

해자 보호 등 필요 조치를 취한다는 것이다. 그에 따르면, '모든 군인은 자기 의사에 반하여 종교의식에 참여하도록 강요받거나 참여를 제한받지 않도록 해야 하고, 군인의 의견 건의를 접수한 상관은 건의사항이 전문상담관의 상담사항에 해당한다고 판단하는 경우 지체 없이 건의자(내담자)가 전문상담관의 상담을 받을 수 있게 하고, 전문상담관에게 피해자 보호 등의 조치를 요청받은 부대 또는 기관장은 조치 계획 또는 결과를 3일 이내에 건의자에게 통보해야 한다는 것이다.[112]

〈표 23〉 〈군인복무기본법〉의 종교 관련 내용

2015.12	2018.12
제15조(종교생활의 보장) ① 지휘관은 부대의 임무 수행에 지장이 없는 범위에서 군인의 종교생활을 보장하여야 한다. ② 영내 거주 의무가 있는 군인은 지휘관이 지정하는 종교시설 및 그 밖의 장소(이하 "종교시설등"이라 한다)에서 행하는 종교의식에 참여할 수 있으며, 종교시설등 외에서 행하는 종교의식에 참여하고자 할 때에는 지휘관의 허가를 받아야 한다. 제31조(집단행위의 금지) ① 군인은 다음 각 호에 해당하는 집단행위를 하여서는 아니 된다. 1.~5. 생략 ② 군인은 사회단체에 가입하고자 하는 경우에는 국방부장관의 허가를 받아야 한다. 다만, 순수한 학술·문화·체육·친목·종교 활동을 목적으로 하는 단체 등 대통령령으로 정하는 단체의 경우에는 그러하지 아니하다. ③ 국방부장관은 제2항 단서에 따른 단체의 목적이나 활동이 군인의 의무에 위반되거나 직무 수행에 지장을 준다고 인정하는 경우에는 그 단체의 가입을 제한하거나 탈퇴를 명할 수 있다.	★제15조(종교생활의 보장) ① 지휘관은 부대의 임무 수행에 지장이 없는 범위에서 군인의 종교생활을 보장하여야 한다. ② 영내 거주 의무가 있는 군인은 지휘관이 지정하는 종교시설 및 그 밖의 장소(이하 "종교시설등"이라 한다)에서 행하는 종교의식에 참여할 수 있으며, 종교시설 등 외에서 행하는 종교의식에 참여하고자 할 때에는 지휘관의 허가를 받아야 한다. ③ 모든 군인은 자기의 의사에 반하여 종교의식에 참여하도록 강요받거나 참여를 제한받지 아니한다. 〈신설 2018.12.24.〉 제31조(집단행위의 금지) : 좌동

---

112 〈군인의 지위 및 복무에 관한 기본법(약칭: 군인복무기본법)〉(일부개정·시행 2018.12.24. 법률 제16034호; 시행 2020.5.27. 법률 제16584호, 2019.11.26, 일부개정).

04
군종 정책의 쟁점과 과제

일단 어떤 현상에 대한 조치들이 제도(institutions)로 정착·지속되면 그것이 비효율적일지라도 바꾸기가 쉽지 않다. 이를 경로의존성(path dependency)이라고 하는데[113] 군종제도의 경우에도 마찬가지이다. 이러한 상황은 군종제도의 쟁점을 통해 살펴볼 수 있다. 군종제도의 쟁점으로 '군종의 합헌성, 군종 관련 윤리적·신학적 딜레마, 규범과 현실의 충돌: 한국에서 새로운 유형의 군종 출현 가능성' 등이 제시된다. 여기서 군종의 합헌성 범위에는 '종교의 자유와 차별, 정교분리 문제'가 포함된다.[114] 이 쟁점들은 군종제도의 목표와 이를 위한 세부 규칙과 조건의 변화를 만들어내는 정책(policies)의 흐름 속에서 살펴볼 수 있다.

① 군종제도의 출발과 지향 : 종교 지원 vs 장병 지원

한국에서 군종제도는 언제 시작되었을까? 그 효시는 정확하지 않지만 1948년설과 1951년설 등이 있다. 『육군군종사』(1975)에는 1951년

---

113 손열, 「기술, 제도, 경로의존성」, 『한국정치학회보』 40-3, 2006, 241~243쪽.
114 강인철, 「한국 군종 제도와 활동에 대한 비판적 성찰」, 『종교연구』 76-4, 2016, 65~95쪽; 강인철, 『종교와 군대: 군종, 황금어장의 신화는 어떻게 만들어졌나?』, 현실문화, 2017, 223~260쪽.

설이 담겨 있다. 그에 따르면, 1948년 늦가을에 정달빈(목사), 황기오, 홍은혜(손원일 제독 부인) 등 30여 명이 남산 감리교회에서 가진 예배와 전북 군산에 있던 보병 제12연대가 민간목사를 초빙해 가진 주일예배를 '육군 군종업무의 시초'로 본다. 군내 종교활동의 정식 실시에 대해서는 1950년 한국전쟁 당시 대통령에게 보낸 카투사(KATUSA) 사병의 진정서를 발단으로 감리교 선교사와 천주교 신부, 미24·25사단 등의 군종참모 등이 한국군 군종제도 설립에 관한 논의를 하다가 동년 9월의 '군종제도 추진 위원회' 조직을 거쳐 12월에 대통령 비서실 지시로 1951년 2월 7일에 육군본부 인사국에 '군승과(軍僧課)'가 설치되어 군종병과가 창설되었다고 본다. 이후 무보수(無報酬) 촉탁(囑託)시대(1951.2.29~)와 [유급]문관(文官)시대(1952.6.13~)를 거쳐, 군종병과로서의 독립활동(1954.1.12~1975.7)이 가능해졌다고 본다.[115]

『해군군종사』(1976)에는 1948년설이 담겨 있다. 그에 따르면, 해군 군종업무가 정부 수립 직후인 1948년 9월 15일에 창설되었고, 그 이후 군종업무의 흐름이 초창기(1948.9.15~1950.6.25.), 개척기(1951.11.1~), 발전기(1961.5.1.~), 부흥기(1967.1.1~), 정립기(1973.10.11~)로 전개되었다는 내용이 있다. 다만, 해군 편제에 의한 군종업무의 공식적 제도화에 대해서는 군목실(대위·목사 추인봉)이 창설된 1950년 12월 4일로 본다.[116] 여기서 1948년 9월 15일이라는 시점은 손원일 제독의 초빙으로 정달빈 목사가 해군 중위 계급을 받고 군목이 되는 것을 전제로 해군사관학교 특교 3차로 입교해 3개월 간 교육을 이수했지만 당시 〈국군조직법〉에 군정제도가 없어 군목으로 임명되지 못하고 정훈감실에 신설된 교

---

115 양영배 군종감 발행, 앞의 책, 1975, 39-60쪽. 1951년 2월 7일자로 설치된 군승과는 동년 4월 14일에 군목과(軍牧課)로 개칭된다.
116 안광춘, 『해군군종사』, 해군본부 군종감실, 1976, 17쪽(머리말 및 목차 부분 참조).

화과에서 군종업무를 담당했다는 내용에 근거한다.[117]

『천주교 군종교구사』(2002)에는 1951년 설이 있다. 1950년 12월 이승만 대통령이 군종제도의 설치를 지시하고 국방부가 1951년 2월 7일에 육군본부 인사국에 군승과를 설치하면서 육군 군종제도가 창설되었다는 내용이다. 그 후 1951년 4월 14일 군승과가 군목과로 개칭되고, 54년 1월 12일 군목과가 군종감실로 승격되어 참모총장의 특별 참모부가 되었다고 한다.[118]

여러 설 가운데 국가 제도가 모종의 근거를 갖는다는 점과 군종 담당 조직의 설치 시점을 고려하면, 1948년설보다 한국전쟁 기간인 1951년 설이 유력하다. 한국전쟁에 참여한 종군목사들이 유엔군에 정신적 조력을 주고 있다는 1951년 3월 기사 내용을 보면,[119] 군종제도가 한국전쟁 당시에 각국 파견군이 운영한 군종을 모방했을 가능성도 있다. 또한 1971년 2월 7일 전 육군 각 부대가 '군종 창설 20주년 기념일'을 맞아 병과창설기념예배·미사·법회를 진행하고, 2월 8일 저녁에 육군군종센터에서 3개 종단 주최로 기념축하연을 개최했다는 기사도[120] 육

---

117 안광춘, 위의 책, 1976, 11-12쪽. 이후 49년에는 2월에 용산의 국방부 관사 33호에서 용산군인교회 창설예배를 진행하고, 5월에 해사 특교 6차인 추인봉 대위(목사)를 정훈감실, 동시에 정훈장교 박태진 중위(목사)를 묵호와 포항경비부에 배치해 군종업무를 담당하게 한다. 그리고 인천경비부의 이순상 정훈장교(목사)가 50년 1월에 월미도에서 군인교회를 창설하면서 한국전쟁 이전까지 군종업무를 담당했다고 한다.
118 군종교구사 편찬위원회, 앞의 책, 2002, 15쪽.
119 「從軍牧師 活躍」, 『동아일보』, 1951.3.18, 2면. 이 기사에 따르면, 한국에 '기독교목사 260명, 유대교 목사 1명'이 종군하고 있고, '회교승려(回教僧侶) 3명, 불교승려 1명'이 유엔군에 정신적 조력을 하고 있다는 내용이 있다. 각국의 종군목사단들은 사실상 개별적으로 활동하고 있고, 회교승려 3명은 토이군(土耳軍, 터키군), 불교 승은 태국군에 배치되고 있다는 내용도 있다.
120 「成年 맞은 軍宗 60萬 大軍의 정신적 支柱로」, 『경향신문』, 1971.2.11, 5면. 이 기사에 따르면, 군종병과는 1951년 2월 7일에 설치되었고, 68년부터 불교 군승이 참여하면서 각 부대별로 기독교·가톨릭·불교의 예식이 거행되었다고 한다. 그리고 초기

군이 군종제도가 만들어진 시점을 1951년 2월 7일로 보고 있음을 보여준다. 그 외에 군종제도가 1950년 12월에 이승만대통령의 지시에 따라 창설되어 '형목제도(교도소 목사, 장면 정권 때 폐지)'와 함께 처음 도입되었다는 내용도[121] 1951년설을 뒷받침하고 있다.

그렇지만 군종제도가 1951년에 시작되었다고 해도 그 기반은 1948년 9월 이전인 미군정기(1945.9.~1948.8)에 마련된 것으로 보인다. 미군정이 1948년 7월에 〈해안경비법〉과 〈국방경비법〉을 제정해 각각 7월과 8월에 시행하고, 12월에 〈국방부직제〉를 제정·시행해 국방부본부·육군본부·해군본부를 설치했는데, 〈해안경비법〉에 일요일 예배 관련 내용이 명시되었기 때문이다. 그 내용은 함정과 기지 지휘관이 일요일에 예배식을 실시하고, 해안경비대 전 장병이 예배에 열심히 참가하도록, 그리고 예배 중에 불경한 행위를 한 병사에게 군법회의 판결에 의해 3개월 수감 처분을 내릴 수 있다는 것이다.[122] 〈해안경비법〉에

에 32명의 성직자들이 무보수촉탁의신분으로 전쟁터에 뛰어들어 국군의 신앙생활을 지도한 것이 군종의 효시라고 한다.

121 「교계 군종장교 숫자가 줄어들고 있다! 이단종교 군종장교 파송은 막아야」, 『한국기독신보』, 2004.6.19. 이 기사에 따르면, 1951년 4월 개신교의 군종목사 25명과 천주교의 군종신부 12명을 첫 군종장교로 임관한다. 이어, 박정희정부 때 불교에 군종장교의 문호를 개방해서 1968년 5월 군승이 처음으로 입대하게 된다. 이어, 〈병역법〉 제3차 개정과 〈군인사법〉 제정에 따라 군종장교제도가 법률에 근거한 제도가 된다. 이 과정에서 원불교, 대순진리회, 통일교 등이 군종장교제도가 헌법에 보장한 평등권의 원리에 맞지 않는다며 1975년 이후 16차례 정도에 걸쳐 '군소 종교단체의 군종장교 참여 허용' 민원을 제기한다.

122 〈해안경비법〉(제정·시행 1948.7.5. 군정법률 제0호) 제7조(예배식); 〈국방경비법〉(시행 1948.8.4. 군정법률 제0호, 제정 1948.7.5. / 시행 1962.6.1. 법률 제1004호, 타법폐지 1962.1.20.); 〈국방부직제〉(제정·시행 1948.12.7. 대통령령 제37호). 〈국방부직제〉에 따르면, 국방부본부는 비서실, 제1국, 제2국, 제3국, 제4국 및 항공국으로 구성된다(제1조, 제2조, 제8조). 육군본부는 5국(인사, 정보, 작전교육, 군수, 호군)과 11실(고급부관, 감찰감, 법무감, 헌병감, 재무감, 포병감, 공병감, 통신감, 병기감, 의무감, 병참감)로 구성된다(제10조). 해군본부는 5국(인사교육, 작전, 경리, 함정, 호군)과 5실(감찰감, 법무감, 헌병감, 의무감, 병기감)로 구성된다(제28조). 〈국방경비법〉과 〈국방부직제〉에는 예배를 포함한 종교 관련 규정이 없다. 〈해안경

군종이라는 표현은 없지만 예배 진행 주체가 성직자라는 점을 고려하면 당시 '민간인 성직자'에게 군종 역할을 맡겼다고 볼 수 있다.

〈해안경비법〉의 '예배식' 관련 조문은 1951년의 군종제도 시작과 별개로 한국에서 군종 역사가 미군정기부터 시작되었다는 점을 시사한다. 이 조문은 〈국방경비법〉과 함께 〈군형법〉과 〈군행형법〉 등으로 대체되는 1962년 1월 20일까지 약 14년 동안 지속된다.[123] 다만, 1962년의 〈군형법〉이나 〈군행형법〉 등에 종교 관련 규정이 보이지 않는다.

1950년대부터 시작된 군종제도에 대해 되돌아볼 부분은 군종제도가 국가의 '종교 지원'에 해당하는 지, '장병 지원'에 해당하는 지이다. 만약 전자의 경우라면 군종제도는 정교분리 또는 국가의 종교적 중립성 위반 소지를 갖게 된다. 이와 관련해, 2012년에 군종장교요원 선발 과정에서 군종신부 3명이 '사상 검증'으로 탈락한 사례가 발생하면서 관련 문제가 제기된 바 있다. 주요 질문은 '도대체 병사들과 예배나 미사를 진행하고 병사들을 상담하는 일이 주 업무인 군종 성직자들이 왜 굳이 현역 군인이어야 하는가?', '군사훈련에 참여하거나 작전을 지시하지 않는 군종들(목사·승려·신부·교무)이 왜 굳이 현역 군인의 계급장을 달아야 하는가' 등이다.[124]

비법〉 제7조(예배식)에는 "천후 및 기타 사정이 용허하는 한 함정 및 기지 지휘관은 일요일에 예배식을 실시함을 요하며, 해안경비대 복무 전 장병은 차 예배에 열심히 참가함이 요청됨"이라는 내용, 그리고 제88조에는 "예배 중에 있어서 불경한 행위를 하는 자는 군법회의판결에 의하여 처벌함."이라는 내용이 있다.

123 〈해안경비법〉(개정·시행 1951.2.28. 법률 제177호 / 타법개정·시행 1962.1.20. 법률 제1003호); 〈군형법〉(제정·시행 1962.1.20. 법률 제1003호); 〈군행형법〉(약칭: 군형집행법))(제정·시행 1962.1.20. 법률 제1005호). 〈군행형법〉은 〈군법회의법〉에 의해 형을 받은 수형자(受刑者)를 격리·보호해 교정교화하고, 건전한 국민사상과 견고한 군인정신을 함양해 사회 또는 군에 복귀하게 함을 목적으로 한다(제1조).

124 「왜, 꼭 군종 '장교'이어야 하는가?, 군종신부 사상검증 면접 탈락에 부쳐」, 『오마이뉴스』, 2013.3.23. 이에 따르면, 2012년에 '군종장교를 포함한 모든 장교들의 국가관을 확실하게 검증하라'고 국방부장관의 지시에 따라 군종장교들로 구성했던

군종장교 출신 '성직자'들이 군종병과 폐지를 제안하는 경우도 있다. 주요 내용은 특정 종단들에 국한된 군종제도가 종교의 자유가 중요해진 다종교사회에 어울리지 않는다는 점, 국방비에 비해 군종장교 인건비와 각 종교 시설의 건축·운용비 등을 포함한 군종병과 예산이 많아 감축이 필요하다는 점, 영관장교보다 현실적·실질적인 장교 정원 확보·운용이 필요하다는 점 등이다. 그리고 이러한 맥락에서 군종장교 제도를 축소하거나 폐지하고, 군에서 시행하는 민간인 성직자를 확대할 필요가 있다는 점도 지적되고 있다. 여기서 민간인 성직자 제도는 부대 인근 지역의 민간 성직자들을 선발해 종교 행사와 위문 활동을 할 수 있도록 출입 인가를 해주는 방안이다.[125]

② 군종의 중층 정체성: 성직자의 성격 vs 군인 성격

1951년 군종제도가 마련된 이후 군종 정책에 발생한 중요한 변화, 즉 군종에 대한 목표와 그 달성 방법 등이 달라져 군종제도에 변화를 준 부분이 무엇일까? 바로 군종의 신분 변화이다. 역사적으로 초창기 군종제도에서는 군종은 민간인 신분의 '성직자'(목사·신부)로 출발한다. 그러다가 군종에게 '계급'을 부여해 '군인'으로 만들면서 군종은

면접관에 처음으로 정훈장교를 포함시켰는데, 이들이 군종장교 지원자들에게 천안함 침몰 사건, 연평도 포격 사건, 제주 해군기지 건설 반대자 등에 대한 입장 표명을 유도해 '국가안보의식에 현격한 문제'가 있다고 판단한 지원자들을 탈락시켰다는 것이다. 이 때 군종신부 지원자 9명 중 3명도 탈락한다. 개신교나 불교 등과 달리, 천주교는 신학생 시절 군복무를 마친 신부들을 대상으로 필요한 수만큼만 지원자를 받기 때문에 탈락하는 일이 단 한 건도 없었는데 최초로 탈락된 사례이다. 이에 대해 천주교 군종교구는 군의 결정을 받아들여 2명의 신부를 군종장교로 새로 추천하고 1명의 복무를 1년 연장하는 것으로 마무리한다.

125 「군종장교 출신 신부의 고언, '군종병과 없애야'」, 『오마이뉴스』, 2017.11.13. 육군 병사로 2년 2개월, 예비군 8년, 민방위 2년, 그리고 2011년 4월에 군종사관 69기로 영천 제3사관학교에 재입영해 동년 6월에 해군 군종사관 33기로 대위로 임관해 4년을 보내고 전역을 준비하던 군종장교 출신의 신부가 보낸 의견이다.

군인 신분의 군종과 민간인 신분으로 구분된다. 이와 관련해 군종에게 계급을 부여하던 당시에 육군이 군종장교가 배속되지 않는 부대에 대해 지휘관이 상급부대 책임자와 연락해 민간인 목사나 신부를 청빙하게 하도록 한 조치[126]는 2가지 신분의 군종이 존재했다는 것을 시사한다.

육군 중심으로 군종에게 계급을 부여하는 과정을 구체적으로 보면, 1951년에는 2월에 군승과를 설치하고 특정 종단을 통해 제1기 육군군종으로 신부 11명과 목사 29명을 모집한다. 이어, 5월에 제2기 육군군종을, 10월에 제3기 군종요원을 모집한다. 당시 임관한 군종요원은 '무보수 촉탁 문관' 신분이다. 여기서 무보수 촉탁 신분은 피복과 식량을 제외한 모든 활동 경비를 종단 측의 보조비와 보급품 지원으로 충당한다는 것을 의미한다.[127]

1952년 6월에는 군종 신분을 무보수 촉탁 신분에서 유급 문관 신분으로 전환한다. 당시 139명이 최초의 유급 문관(군목)으로 정식 임명된다. 동시에 성직자가 아니지만 병사로 복무 중인 신학생들과 신학교 졸업생들을 보조군목(문관 신분)으로 발령하는 '보조군목제도'를 시작한다. 이후 군종들은 군인장교로서 미국 군목 교범의 번역판을 군종교육 교재로 활용하는 등 여러 노력을 기울인다.

이어, 1954년 1월에는 〈군종감실 설치령〉에 근거해 행정과·교육과·선교과(宣敎課)·보급과로 구성된 군종감실을 설치하고, 군종에게 계급을 부여한다. 군종감실의 설치와 함께 군종에게 계급을 부여한 조치의 이면에는 유급문관(군종)이 무관 중심의 계급사회에 적응하기 어렵

---

126 양영배 군종감 발행, 앞의 책, 1975, 45쪽. 1955년 10월 1일자 「군종업무 규정」(육규 10-2)은 같은 책, 44-46쪽.

127 군종교구사 편찬위원회, 앞의 책, 2002, 21-23쪽.

다는 점과 군종을 독립 병과로 만들겠다는 의도가 담겨 있다. 이후에는 1956년에 육군 찬송가 발간, 1957년에 상담업무의 시작, 1959년에 군종하사관반 운영 등의 활동이 이루어진다.[128] 한편, 해군의 경우에는 1951년 6월에, 공군의 경우에는 1952년 3월에 군종제도에 따른 개신교 목사의 군 입대와 장교 임관이 시작된다.[129]

이처럼 각 군별로 군종 신분은 군종제도 초창기인 1950년대에 민간인 신분에서 군인 신분으로 바뀐다. 이는 '성직자'이면서 민간인이었던 신분에서 '성직자'이면서 군인 신분으로 바뀐 셈이다. 그렇지만 이러한 변화가 '무관 중심의 계급사회 적응'이라는 본래 의도를 달성했다고 보기는 어렵다. 이와 관련해, 1953년부터 1954년까지 육군 군종요원으로 현역 계급을 받은 천주교 신부 16명이 소속 교구로 복귀하면서 1954년 12월에 육군 군종요원(총135명)에 3명의 신부만 남은 사례가 보인다. 당시 현역 계급을 포기하고 소속 교구로 복귀한 이유에는 '전쟁에 대한 염증과 군종생활이 외도라는 인식'이 포함되어 있다. 그 후에도 1954년부터 1957년까지 소수의 신부(4명)만을, 그것도 육군이 아니라 공군에 입대시킨다. 그로 인해 현역 계급 부여 이후에도 육군 내 천주교 군종활동이 침체되는 현상이 벌어진다.[130]

한국전쟁 직후 군종에게 현역 계급을 부여해 문관에서 무관으로 전환시킨 후 군종에게는 무엇이 달라졌을까? 군종제도의 정착과 함께

---

128 양영배 군종감 발행, 앞의 책, 1975, 41-48쪽; 군종교구사 편찬위원회, 위의 책, 2002, 25-26쪽.

129 군종교구사 편찬위원회, 위의 책, 2002, 174-176쪽.

130 군종교구사 편찬위원회, 위의 책, 2002, 33-37쪽. 소속 교구로 복귀한 이유로는 안정된 일반 본당 사목에 대한 강한 향수 및 전쟁에 대한 염증과 군종생활이 '외도'라는 인식, 군 사목에 대한 교회 장상들의 지원과 관심 부족, 서울과 전주가 수복되자 대부분 서울교구와 전주교구 소속이었던 군종신부들이 교구 재정비를 위해 복귀했다는 점이 지적되고 있다.

군종의 성격이 변화된다. 군종제도는 1960년대 이후 많은 부분에서 정비가 이루어지고, 국방부와 각 군은 현역 계급장을 단 군종장교에게 '군인으로서의 성직자' 또는 '성직자보다 군인'의 성격을 강조하게 된다.

이와 관련해, 1960년대에 정비된 군종제도를 보면, 1962년 2월부터 1968년 10월까지 〈군종위원회규정〉에 근거해 '군종위원회' 제도를 운영한다.[131] 그리고 1961년 5·16군사정변 전후에는 교파 간 분쟁이 문제가 되어 많은 군종장교들이 예편하자 교파 간 분쟁 종식과 병과의 정화를 위해 일반 보병장교를 군종감에 임명한다. 1962년에는 7월부터 육군인식표 규정에 'ㄱ, ㅊ, ㅂ' 표시로 개신교·천주교·불교인을 구분하고, 군종에게 대북방송을 이용한 종교방송을 맡긴다. 그리고 동년 11월에 '군종장교요원 선발' 제도의 근거로 〈군종장교요원 선발 규정〉을 제정해 '국내 신자 10만명 이상의 교단에 한해 국내 신자 비율에 의한 군종의 획득 비율'이라는 종래 기준을 '군내 신자비율에 의한 군종장교 모집 정원'이라는 기준으로 바꾼다. 이 〈군종장교요원 선발규정〉은 1975년 7월부터 〈군종장교요원 선발규칙〉으로,[132] 2016년 11월부터 〈군종장교 등의 선발에 관한 규칙〉으로 바뀌어[133] 지속되고 있다.

동시에 1970년대에는 전군신자화운동 기간에는 군종의 장기복무를 위해 교단별·교회별로 지원을 요청하고, 매년 외국 신학대학에 군종 유학생을 파견하고, 군종간 상호 협력과 전군신자화를 통한 정신

---

131 〈군종위원회규정〉(제정·시행 1962.2.22. 국방부령 제47호 / 폐지·시행 1968.10.16. 국방부령 제128호).

132 〈군종장교요원 선발규정〉(제정·시행 1962.11.12. 국방부령 제65호); 〈군종장교요원 선발규칙〉(개정·시행 1975.7.2. 국방부령 제275호 / 타법폐지·시행 2005.10.11. 국방부령 제585호).

133 〈군종장교 등의 선발에 관한 규칙〉(시행 2016.11.30. 국방부령 제907호, 타법개정 2016.11.29.).

전력 강화와 타종파에 대한 이해 증진 등을 담은 〈군종장교 복무방침〉(1973.11.22.)을 제정한다. 그리고 민간교회의 지원을 받아 교회와 법당 신축 등을 진행한다. 그리고 직업군인이 군인교회보다 민간교회에서 활동해 군인교회에 사병들만 모이는 상황을 해소하기 위해 민간교단들과 상의해 군인교회에 〈군인교회 장로 및 집사제도 내규〉(1973.11.8)를 제정하고 장로와 집사제도를 실시한다.[134]

그렇지만 1970년대 중반에도 군종의 군인 성격이 강조되는 정책은 지속된다. 예를 들어, 1974년부터는 국제에너지 파동 및 국내의 정치적 혼란을 이유로 군종감실이 안보교육과 종교강연회를 통해 군종의 안보의식 강화를 추진한다. 그리고 군종과 민간 성직자(목사·신부·승려)의 판문점과 전방 부대 견학을 추진해 '북한군의 전쟁 도발상과 대처하는 장병들을 직접 보고 듣게 하면서 스스로 안보의식을 느끼게 하는 방식'의 프로그램을 진행한다.[135] 그리고 군종의 역할에 '반공사상의 강화', 즉 '신앙을 통해 유물론주의자들인 공산주의에 현혹되지 않는 확고한 정신무장을 갖추는 일'을 포함시켜,[136] '사상지도'라는 정훈

---

134 양영배 군종감 발행, 앞의 책, 1975, 60–66쪽. 당시 군종 관련 문제로는 90% 이상의 군목이 봉급 수준과 해외유학 등을 위해 복무연한 3년을 마치고 제대하는 상황, 성직자의 강한 자존감으로 장병들의 빈축을 사거나 업무수행에서 종단들이 경쟁하는 상황, 군종업무의 근거지인 군인교회와 법당이 노후화된 상황 등이 지적된다. 건축의 경우에는 민간교회 기부금을 통한 교회건축에 일부 부작용이 생기자 민간 종단에서 완전히 건축해 기증하는 경우를 제외하고 부대 자체의 예산으로 진행하게 한다.

135 양영배 군종감 발행, 위의 책, 1975, 66–68쪽.

136 양영배 군종감 발행, 위의 책, 1975, 29–30쪽. "일선 군 지휘관이 가장 관심을 갖는 사항은 인력 관리문제이다. 소위 부대 내 문제사병으로 인하여 야기되는 각종 안전사고 및 사제(私製-필자)사고는 항상 지휘관을 괴롭혀온다. 따라서 군종장교에게 기대하는 것도 부대의 안전과 각종 사고예방을 위한 정신교육을 효과적으로 실시할 수 있기를 바란다. 그래서 군종병과(軍宗兵科)에서는 인격지도교육을 통하여 장병들에게 바른 가치관을 심어준다. 그러면 인격지도 교육을 통하여 무엇을 가르치고 있는가? 인간 존엄성에 대한 이해이다. 우리가 대치(對峙)하고 있는 제일

교육의 성격도 부여한다.

흥미로운 부분은 군종의 역할에 대한 군종들과 상위 조직의 인식 차이이다. 군종들은 군종의 역할을 '군인 선교'로 인식하는 경향을 보이지만, 군종 관리 조직은 군종의 역할을 '신앙을 통한 필승의 정병 육성(군의 정신전력 강화)'으로 인식하는 경향을 보인다는 차이이다.[137] 이는 군종들이 군종의 성격을 '성직자'로 인식하는 데에 비해, 군대 조직은 '군인'으로 인식하고 있음을 시사한다.

이 지점에서 문제는 군종이 '성직자+민간인' 성격을 가졌을 때와 '성직자+군인' 성격을 가졌을 때 발생하는 자기정체성 혼란이다. 군종이 '성직자+민간인' 성격을 가질 때는 상대적으로 자기정체성 혼란이 발생하지 않는다. 종교의 태동 공간이 대체로 민간 사회이기 때문이다. 그에 비해 군종이 '성직자+군인' 성격을 가질 때는 자기정체성 혼란에 직면하게 된다. 성직자이자 민간인으로서 확립한 종교적 세계관에 군인의 세계라는 이질적 요소가 개입되기 때문이다. 예를 들어, 1970년대 중반에 육군은 군종업무를 제시하면서 군의 정신전력 강화

적(第一 敵)은 공산집단이다. 그들은 유물사관에 의해서⋯ 그러나 인간에게는⋯ 영혼과 이성과 양심이 있어⋯ 따라서 이런 인간은 존엄한 것이며 그렇게 될 때 군(軍)이란⋯ 보다 큰 불행을 제어하기 위한 선(善)의 방파제라는 새로운 군 이해가 성립될 수 있다. 뿐만 아니라 상하 간에나 전우 상호 간에도 인격존중의 기풍을 진작시키므로 군 내의 명랑화(明朗化)를 기(期)해 군복무 의욕을 높일 수 있는 것이다. 사실 신자가 되는 것은 최고의 인격을 소유하는 과정임을 말한다. 그들은 높은 차원의 가치관을 가지며 윤리적 생활을 영위하며 질서를 존중하고 생명을 바쳐 책임을 감당하려 할 것이다. 이런 장병들만이 모여 있는 부대라면 인력관리를 위한 지휘관의 온갖 고심은 자연 해결될 것이며 이것은 급기야 청신(淸新)한 국민 기풍을 이루어 사회정화에 기여할 것인 즉 군종활동의 중요성을 다시 한 번 알게 된다."(같은 책, 29쪽.).

137 양영배 군종감 발행, 위의 책, 1975, 28-29쪽. 이에 따르면, 정훈교육(政訓敎育)은 군인으로서 필요한 사상 지도 및 교육, 말하자면 공산주의의 잔학성(殘虐性)을 깨우치고 민주주의의 우월성을 교육하며, 성웅(聖雄) 이순신 등 애국선열의 발자취 등 역사를 통한 국가관을 확립시키는 역할을 담당한다.

차원에서 '신앙을 통한 사생관 확립'을 강조한 바 있다.[138] 여기서 '신앙을 통한 사생관 확립'은 군인에게 신앙심을 주어 전쟁으로 인한 죽음을 '덜 두렵게' 만들어야 한다는 것을 의미한다.

그렇지만 군종이 성직자이자 군인으로서 자연적인 죽음이 아니라 전쟁과 그로 인한 인위적 죽음에 당위성을 부여하고 그 죽음에 대해 '덜 두렵게 만드는 역할'을 해야 하는가에 대해서는 논란의 여지가 있다. 이와 관련해, 이미 제1차·제2차 세계대전 이후 전쟁·평화 교리의 흐름이 성전·십자군전쟁론이나 호국불교론이나 정의로운 전쟁론이 아니라 '평화주의적으로 전환된 정의로운 전쟁론' 또는 '정의로운 평화론'으로 변했다는 지적[139]은 군종이 민간 영역과 군대 영역, 평화론과 전쟁론의 교집합에 있고, 향후 양자의 관계를 정립해야 한다는 점을 시사한다.

③ 군종제도의 참여 범위의 제한 문제: 종교 차별의 가능성
군종제도의 참여 범위는 1950년대 초기부터 일부 개신교 교파와 천

---

138 양영배 군종감 발행, 위의 책, 1975, 30-32쪽. 70년대 중반에 육군 군종업무는 '종교활동(사생관 확립), 군종교육(가치관 확립), 선도활동(인간관계선도), 목회활동(방문, 상담)' 등 4가지이다. 여기서 종교활동은 정기적인 종교의례, 내무반 순회의례, 종교교육(경전공부, 성서통신강좌, 교회학교 공과공부, 신앙강좌 등) 등이며 '사생관 확립'과 연결되어 있다. 군종교육은 인간의 존엄성, 개인의 책임과 국가에 대한 충성, 민주시민의 인간성, 도덕적 판단력 훈련 등과 관련해 군종감실에게 신앙, 정의, 종교 등 36개 과목(매월 1과목씩 3년간)을 정해 군종장교들이 진행하는 인격 지도교육이나 초청 저명강사의 순회강연이나 가나안농군학교(경기도 광주군 소재)에 입교(入校)해 받는 교육 등이며 '가치관 확립'고과 연결되어 있다. 선도활동은 군 교도소 출감사병, 이상성격자, 극빈자, 무의탁 사병 등에 대한 상담과 방문과 위로회 개최와 생계 지원 등의 활동을 말하며 '인간관계 선도'와 연결되어 있다. 그리고 목회활동은 각종 방문과 상담 등을 활동을 말한다.

139 강인철, 앞의 책, 2017a, 243-259쪽. 또한 동성애 금지와 처벌이라는 군대의 정책과 동성애에 대한 종교별 교리의 차이와 군종의 자기정체성 혼란 요소가 될 수 있다는 지적도 있다.

주교로 한정된다. 그러다가 1960년대에 불교(조계종), 2000년대에 원불교를 포함하면서 군종제도의 참여 범위가 넓어진다. 이 내용을 구체적으로 살펴보면 다음과 같다.

1960년대 상황을 보면, 1962년에는 2월에 군종업무에 관한 중요사항을 조사·심의한다는 명분으로 국방부에 군종위원회를 설치해(제1조) 1968년 10월까지 약 6년 반 동안 운영한다. 이 위원회는 위원장(국방부병무국장) 1인, 국방부장관이 위촉 또는 임명한 위원(육·해·공군본부의 군종감, 해병대사령부군종실장, 국방부군종위원회 간사장, 종교에 관한 학식경험이 풍부한 자) 6인으로 구성된다(제2조).[140] 이어, 동년 11월에는 〈군종장교요원 선발규정〉을 제정해, 군내 신도수 기준으로 개신교와 천주교의 인원비율을 고려해 문교부 등록 종교단체의 대표자에게 요원 추천을 의뢰하도록 하고, 불교계 군종장교요원 선발에 관해서는 별도로 정하게 한다(제2조).[141] 이 규정은 2005년 10월에 〈군종장교 등의 선발에 관한 규칙〉으로 대체된다.[142]

1965년에는 비둘기부대와 맹호부대가 베트남파병에 참여한다. 그리고 '불교국'인 베트남과 종교적 대민관계를 위해 '군승들의 종군문제'가 제기되어 논란을 거듭하다가 1965년 10월 18일에 「인교 210-3」에 따라 군종장교 1명이 동국대학교 내 불교대학에 파견되어 승려종

---

140 〈군종위원회규정〉(제정·시행 1962.2.22. 국방부령 제47호) 제1조(목적), 제2조(조직); 〈군종위원회규정〉(폐지·시행 1968.10.16. 국방부령 제128호).

141 〈군종장교요원 선발규정〉(제정·시행 1962.11.12. 국방부령 제65호) 제2조(요원추천의뢰), 제3조(자격), 제4조(구비서류).

142 〈군종장교 등의 선발에 관한 규칙〉(시행 2016.11.30. 국방부령 제907호, 타법개정 2016.11.29.) 제2조(선발대상 종교) 군종 분야 현역장교(이하 "군종장교"라 한다)와 군종사관후보생의 선발대상 종교는 〈병역법 시행령〉 제119조의2제4항제1호에 따라 군종장교운영심사위원회가 선정한 종교로 한다. 이 규정은 2019년 현재도 동일하다.

군문제를 연구한다.[143] 그리고 1966년 3월에는 동국대학교 종군승후 보생교육원에 종군승후보생 약20명이 5주간 특별교육을 받고, 조계종과 종군승후보생들은 국방부 예산과 TO(table of organization) 조정, 베트남 파병을 희망한다.[144]

이어, 1968년에는 8월에 불교의 군승요원 19명이 증편되고, 9월에 군승요원 5명이 광주보병학교에 입교해 11주간의 군사교육과정을 마치고 11월에 각 부대에 배속된다. 불교(조계종)가 군종제도에 참여하면서 군종제도에도 변화가 생긴다. 그 사례로는 1969년 1월부터 군모(軍帽)에 병과표시로 더 이상 십자가를 부착하지 않고 계급장을 부착하게 된 것, '군목'이라는 호칭을 '군종장교'로 통칭하게 된 것 등을 들 수 있다.[145]

일반적으로 1968년부터 군종제도의 참여 범위가 달라진 이유로 1965년경부터 1973년 2월까지의 베트남파병이 거론되지만 사실은 베트남파병 이전부터 있었던 불교계의 요청을 정치권이 수용한 결과이다. 이미 1962년 11월의 〈군종장교요원 선발규정〉에 '불교계 군종장교요원 선발'에 관한 내용이 포함된 것이 이 주장을 암시하고 있다. 그후 전개된 과정을 보면, 1964년 3월에 군종승(軍宗僧)제도설치 청원서를 내는 등 불교계의 요청에 대해 국회 국방분과위원회가 여러 번 논의를 하고, 1968년 5월에 국방부가 〈군종장교요원 선발규정〉을 개정해 조계종단을 '군종장교요원 추천단체로 지정'한다.[146] 여기서 1968

---

143 양영배 군종감 발행, 앞의 책, 1975, 51쪽.
144 「佛教와 軍宗僧, 派越 기해 다시 클로즈업, 從軍僧후생 모집, 特別教育中, 豫算·TO 등 難題 많아」, 『경향신문』, 1966.4.9, 5면.
145 양영배 군종감 발행, 앞의 책, 1975, 54쪽; 「'佛教史上 처음으로' 軍僧이 탄생」, 『경향신문』, 1968.12.14, 5면.
146 양영배 군종감 발행, 위의 책, 1975, 53-54쪽; 「佛教와 軍宗僧, 派越 기해 다시 클로즈업, 從軍僧후생 모집, 特別教育中, 豫算·TO 등 難題 많아」, 『경향신문』, 1966.4.9,

년 5월의 〈군종장교요원 선발규정〉 개정은 1962년에 제정된 〈군종장
교요원 선발규정〉에서 '불교계 군종장교요원 선발'에 관해 따로 정하
도록 한 것을 '군내의 기독교의 신교 및 구교와 불교의 신도수를 기준
으로 한 인원비율'에 따라 당해 종교단체 대표자의 추천을 받아 군종
장교요원을 선발하도록 변경했다는 것을 말한다.[147]

1968년 이후 불교는 조계종에 한해 군종제도에 정식으로 참여하게
된다. 예를 들어, 1975년 7월에 종래 예비역장교후보생('군종장교후보
생')을 채용하기 위해 제정한 〈예비역 군종장교후보생 규정〉을 〈예비
역 군종장교후보생 규칙〉으로 개정할 때에도 불교는 선발대상자 기준
에 포함된다.[148]

　　5면. 기사에 따르면, 불교의 군종 참여는 법적으로 가능하게 한 것은 5·16군사정변
　　후 개정 국방부령이다. 조계종은 10년 간 군종 참여를 시도해, 64년에 '군종승제도
　　설치에 관해 청원서'를 당국에 냈고, 국회국방 분위(分委)는 65년을 '준비 및 연구
　　의 해'로 둘 것을 승인하고 국방부와 조계종총무원 간에 불교승의 종군에 따르는
　　여러 면이 검토되었다. 국방부 인사담당관과 3군의 군종감실 관계자들이 동국대
　　에서 특별 강론을 가진 건 65년 겨울이다. 그리고 '실시의 해'로 정한 66년에 국방
　　부 주관 아래 종군승후보생들이 모집되었다. 그러나 국방부는 예산과 목사·신부
　　수를 줄이고 불교승을 넣어야 하는 TO 조정 때문에 명확한 태도를 가지고 있지
　　않다.
147 〈군종장교요원 선발규정〉(제정·시행 1962.11.12. 국방부령 제65호) 제2조(요원추
　　천의뢰) "① 요원을 선발하고자 할 때에는 국방부장관이 문교부에 등록된 종교단
　　체의 대표자(以下 代表者라 한다)에게 요원의 추천을 의뢰할 수 있다. ② 전항의 규
　　정에 의한 추천을 의뢰할 때의 요원의 수는 군내신도수를 기준으로 기독교의 신교
　　와 구교의 인원비율에 의한다. ③ 불교계 군종장교요원 선발에 관하여는 국방부장
　　관이 따로 정한다." 〈군종장교요원 선발규정〉(일부개정·시행 1968.5.24. 국방부령
　　제124호) 제2조(요원의 추천의뢰) "① 국방부장관은 요원을 선발하고자 할 때에
　　는 군내의 기독교의 신교 및 구교와 불교의 신도교를 기준으로 한 인원비율에 따
　　라 당해종교단체의 대표자(이하 "代表者"라 한다)의 추천을 받아 이를 행한다. ②
　　전항의 추천의뢰는 요원선발실시일 2월전에 하여야 한다.[전문개정 1968.5.24.]"
148 〈예비역 군종장교후보생 규정〉(시행 1966.5.1. 국방부령 제112호, 제정 1966.3.31.)
　　제1조(목적), 제2조(채용대상자); 〈예비역 군종장교후보생 규칙〉(개정·시행 1975.
　　7.2. 국방부령 제274호) 제1조(목적), 제2조(선발대상자). 당시 〈군종장교요원 선
　　발규정〉도 〈군종장교요원 선발규칙〉(개정·시행 1975.7.2. 국방부령 제275호)으로
　　개정된다.

1990년대 이후에는 조계종 외 불교 종단의 군종제도 참여 요청 현상이 나타난다. 이와 관련해 진각종은 1996년에 위덕대학교를 군종사관후보생 선발대상학교로 지정해달라는 청원서를 제출한다. 국방부는 진각종의 청원에 대한 의견 조회를 군승단과 종단협의회에 의뢰한다. 군승단은 '복장·의식·호칭의 통일성을 위해 현재의 군승법사에 맞추고 전역 때까지 군승단 준칙을 준수할 것'의 2개 사항을 전제로 할 때 지정할 수 있다는 의견서를 조계종 포교원에 제출한다. 당시 포교원이 반대해도 국방부가 늦어도 8월까지 위덕대를 군종사관후보생 선발대상학교로 지정할 것이라는 전망이 있었지만,[149] 위덕대학교의 군종사관후보생 선발대상학교 지정은 이루어지지 않는다.

2003년에는 진각종이 다시 위덕대의 군승지정학교 및 진각종의 군승지정종단 선정을 조계종에 요청하고, 천태종도 2003년 금강대 개교를 앞두고 불교학부 학생의 군승 진출을 추진한다. 천태·진각 양 종단의 움직임은 지원자 부족으로 인해 1995년 이후 매년 불교군종장교(군법사) 초임자 수가 정원에 못 미치는 미달사태가 반복되는 상황에서 제기된 것이다.[150] 그렇지만 조계종이 부정적 입장을 취하면서[151] 진

---

149 「타종단에서도 군승법사 나온다」, 『불교신문』, 1996.8.13.
150 「군승 임관 미달, 이대로 둘 것인가」, 『법보신문』, 2004.8.10. 이 기사에 따르면, 군법사는 매년 국방부 주관 아래 진행되는 군승후보생 시험 합격자와 조계종에서 추천하는 군승요원이 소정의 교육과정을 거쳐 임관하도록 되어 있다. 군법사 수급을 비롯해 후보생들에 대한 교육과 관리까지 모든 부분을 조계종에서 맡고 있고, 군승후보생 응시자격도 동국대와 중앙승가대에 한정된다. 그러나 후보생 시험에서 탈락하는 인원이 많고 지원자가 부족해 초임 군법사 수는 매년 미달사태를 면치 못해, 후보생 시험 자격을 진각종립 위덕대까지 확대해야 한다는 여론이 생긴다. 조계종이 군포교 활성화에 노력해 기득권을 가지고 있지만, 매년 반복되는 군승 임관 미달사태를 방치할 수 없기 때문에 종단간 이해관계를 떠나 '군포교 활성화'라는 대전제를 놓고 군불교 발전에 긍정적 영향을 미칠 수 있도록 천태·진각 양 종단과 조계종이 진지하게 생각해 볼 때이다.
151 「위덕대 군승학교 지정 '부정적'조계종 입장 표명…진각종, 국방부 청원」, 『불교

각종과 천태종은 군종제도에 참여하지 못하게 된다.

2003년 진각종과 천태종 사례는 2002년 5월에 국회 국방위원회가 형평성을 명분으로 군소종교의 군종 참여를 위해 발의한(장영달 의원 등 33명) 〈병역법〉 개정안의 국회 통과를 배경으로 한다. 그렇지만 종래 군종에 참여한 종교계의 반발로 인해 국방부가 2년 동안 내부 규정을 완비하지 않아 군소종교의 군종제도 참여는 불가능해진다. 게다가 각 군 참모총장이 군종장교운영심사위원회에 제출한 '각 군 장병들의 신자현황을 고려할 때 군소종교의 군종장교 필요성을 요청하기 힘들다'는 의견과 김영삼정부(1993~1998) 때부터 군종장교 수를 줄이고 있다는 주장 등도 군소종교의 군종 참여에 부정적으로 작용한다.[152]

그렇지만 2006년 3월에는 국방부가 '군종장교운영심사위원회'를 열어 원불교와 재칠일안식일예수재림교(안식교)의 군종제도 참여 문제를 논의해 원불교에 한해 참여를 결정한다. 안식교에 대해서는 군이 제시한 '사회통념상 종교로 인정되는 교리·조직 구비, 교리의 정신전력 강화 기여, 군내 신자 수, 종교의식의 공공성 부합, 성직 승인 취

신문』, 2002.8.17.

152 「교계 군종장교 숫자가 줄어들고 있다! 이단종교 군종장교 파송은 막아야」, 『한국기독신보』, 2004.6.19. 이 기사에는 교계가 군을 '이단 없는 청정지역'으로 인식하고 있지만 통일교(선문대학교), 안식일교(삼육대학교), 대순진리회(대진대학교), 원불교(원광대학교) 등이 군종장교를 파송한다면 지금보다 힘든 선교활동을 펼쳐야 한다는 문제의식, 그리고 향후 상황에서 교계가 군선교에서 우위에 서려면 물질적 지원뿐만 아니라 총회·노회·개교회-군으로 이어지는 연계사업이 일회성에 그치지 않도록 총회는 양질의 군목 양성과 절대적인 지원을 하고, 각 노회는 군과의 연계사업을 활발히 하고, 개교회는 일선 장병들을 위해 기도·후원하며 실제적인 봉사활동을 펼칠 수 있어야 한다는 방향 제시가 담겨 있다. 한편, 당시 한기총은 '군종장교 임용자격을 국민 또는 군인의 5% 이상 되는 신자 수를 가진 종교에 한정할 것, 군종장교운영심사위원회 위원장을 차관보에서 차관급으로 올리고 위원 수를 5-9인이 아닌 7인으로 하되 국방부 군종과장과 육·해·공군 군종감 등을 당연직으로 포함할 것' 등을 제안한다. 당시 노무현 대통령과 국방부가 이 제안을 거부한다.

소권 보유 등 5개 기준'에 미달했다는 이유로 부결한다.[153] 이후 군종
제도의 참여 범위는 원불교를 포함해 4개 종교가 된다.

이상의 내용은 군종제도의 참여 범위가 개신교와 천주교에서 불교
(조계종)와 원불교까지 확대되었다는 것을 보여주고 있다. 그런데 이
지점에서 제기할 수 있는 질문은 군종제도 참여 범위를 4개 종교로 한
정한 것이 과연 '종교간 형평성'을 고려한 조치로 볼 수 있을까하는 점
이다. 이러한 변화가 종교간 형평성을 고려한 것이라기보다 군종제도
의 수혜자 범위를 개신교와 천주교에서 불교와 원불교로 확대했을 뿐
이라는 지적이 가능하기 때문이다.

한편, 2014년 3월에는 국방부가 2013년 7월의 결정(여성에게 군종병과
개방)에 따라 비구니를 포함해 35명의 여성 군종장교들을 선발하는 변
화를 보인다. 종교별로는 개신교 8명, 천주교 12명, 불교 14명, 원불교
1명이다.[154] 이러한 변화는 성별 차원에서 군종제도 참여 범위 확대를
보여준다. 그렇지만 군종제도 참여 범위를 여전히 4개 종교에만 한정
하는 것은, 국가가 군종제도를 통해 개신교, 천주교, 불교(조계종), 원불
교의 교세 유지 및 확장을 조장한다는 비판에 직면할 수 있기에 군종
제도 참여 범위에 대한 기준 설정 문제를 향후의 과제로 남기고 있다.

④ 군대의 특수사회론 범위: 종교 차별과 종교 자유의 침해 가능성

군(軍)은 '국가가 필요한 시기에 필요한 장소에서 필요한 목적을 위
해 사용하려고 조직된 힘'으로 규정된다.[155] 이른 바 군대의 '특수사회

---

153 「원불교 군종장교 임용 배경」, 『한겨레』, 2006.3.24.
154 「군종장교, 첫 비구니 스님 포함 올해 35명 선발」, 『세계일보』, 2014.3.14. 이로써 원
    불교는 군종장교는 총 3명이 된다.
155 양영배 군종감 발행, 앞의 책, 1975, 28쪽.

론'이다. 그리고 군대라는 특수사회에서는 일반사회에서 보기 어려운 경험들이 용인된다. 1970년대 이후 전개된 전군신자화운동 등이 해당 사례라고 할 수 있다.

1970년대의 전군신자화운동은, 1968년 6월 이후에 새시대복음운동 (본부장: 김활란) 측이 순회 전도강연을 실시한 바 있지만, 1970년에 1군 사령관(대장 한신)이 군종활동용 장비로 50여 대의 오토바이를 구입해 연대급 부대에 지급하면서 뒷받침이 되었다고 한다.[156] 구체적으로, 1971년에는 1월에 군종장교 TO(table of organization, 304명)에서 군종 병 과장(대령)을 준장으로 바꾸면서 군내 군종의 위상이 높아진 가운데, 9 월에 21사단 66연대에서 한국군 최초로 연대장 외 154명에게 대규모 세례식을 실시한다. 이후 육군에서 대규모 합동 세례식이나 영세식이 나 수계식이 진행된다. 예를 들어, 개신교의 대규모 세례식 외에도 1972년부터 천주교의 영세식,[157] 1973년부터 불교의 수계식이 대규모 로 진행된다. 이 가운데 개신교의 합동세례식은 가장 크고 빈번히 이 루어진다.[158] 대규모 세례식·영세식·수계식의 배경은 '군 최초의 신앙 부흥 운동'이자 '공산주의와 종교의 대립을 통한 반공주의의 확산 의 도가 담긴 전군신자화운동이다.[159]

---

156 양영배 군종감 발행, 위의 책, 1975, 53쪽, 56쪽.
157 가톨릭에는 '하느님 은총을 보고 느낄 수 있도록 감각적, 상징적으로 표현한' 성사 (聖事, Sacrament)로 세례·견진·성체성사, 그리고 고해·혼인·성품·병자성사 등 7 가지 성사가 있다. 이 가운데 세례·견진·성체성사를 입교 또는 입문성사(入門聖 事)라고 한다. 세례는, '영세(領洗, 세례를 받음)하다'라는 표현도 있는데, 믿음·교 리지식·회개심 등을 토대로 이루어지는 최초의 성사이며(다른 성사들을 받을 자 격을 갖추게 됨) '원죄'와 '본죄'를 용서받고, 영혼에 지울 수 없는 영적 표시인 인 호(印號)를 새겨 주므로 일생에 한 번 받을 수 있다. 이어, 세례교인의 신앙이 견고 하고 성숙해지도록 '성령의 은총'을 베푸는 '견진성사'가 진행된다. 세례는 원칙 상 주교·사제·부제가 주고, 견진은 주교의 안수(按手)와 기름 바름으로 이루어진 다. 기름 바름은 세례의 은총을 완성시키는 성령의 인호를 받는 일로 알려져 있다.
158 양영배 군종감 발행, 앞의 책, 1975, 57-60쪽.

1970년경에 시작된 전군신자화운동은 1973년까지 3년 동안 절정에 달하는데, 당시 그와 관련된 종교별 움직임도 활발해진다. 천주교의 경우에는 1970년 1월에 '한국가톨릭군종후원회'가 발족한다. 그리고 1971년 12월에 군종단이 주교회의에 '전군신자화운동에 대비할 것을 전제로 한국천주교협의회의 교리통신부를 육성·강화해 많은 교리서적을 군에 보급하고, 군부대 주위 교회로 하여금 부대전도활동에 유급전교회장을 파견하고, 군종단을 공직기구로 인정하도록 정부에 요청하고, 군종장교후보요원 확보를 위해 협조해줄 것'을 건의한다.[160] 개신교의 경우에는 1972년 5월에 14개 교파에서 160명이 참석해 '전군신자화기독교후원회(위원장: 백낙준)'를 창립해 군선교의 현황과 중요성을 공유하고 전군신자화운동을 지원하기 위해 '문서선교, 기동력 지원, 강사 지원, 군교회당 건립 등'의 사업 방향을 확정한다. 전군신자화 창립총회는 '분열의 한국 기독교계에 신기원을 마련'했다는 평가를 받기도 한다.[161]

전군신자화운동의 분위기는 1970년 중반에도 지속된다. 이와 관련해 1973년 2월 이후에 공군에서 '믿는 사람되기 운동'이 전개된다. 이 운동은 상·하급자 및 동료들에 대한 믿음의 원칙이 신앙임을 자각시켜 자발적으로 종교를 선택하게 하는 운동인데, 이 운동도 전군신자화운동과 마찬가지로 '무신론과 유신론의 이분법'에 기초한 승공정신의 함양이라는 의도를 담고 있다.[162] 또한 1975년 11월과 1976년 3월

159 군종교구사 편찬위원회, 앞의 책, 2002, 100-110쪽.
160 「天主教 主教會議에 건의안, '가톨릭'軍宗団서」, 『매일경제』, 1971.12.18, 6면.
161 「모든 軍人을 信者로」, 『경향신문』, 1972.5.31, 5면; 양영배 군종감 발행, 앞의 책, 1975, 59쪽.
162 군종교구사 편찬위원회, 앞의 책, 2002, 110-112쪽. 가톨릭 군종후원회의 결성은 같은 책, 198-199쪽 참조.

에는 '전장병을 신자화함으로써 사랑·희생·봉사의 기독정신으로 무장화하는 병영속의 신자화운동을 벌이던' 상황에서 육군 6239부대가 각각 400명과 1,000명의 진중합동세례식을 진행한다.[163]

개신교가 1996년에 '비전 2020운동'을 시작해 세례를 통한 군장병의 복음화를 추진하고 있는 현상을 보면, 1970년대의 전군신자화운동 분위기는 여전히 이어지고 있다.[164] 이와 관련해, 2011년 2월에는 군목 파송 60주년을 맞아 한국기독교군선교연합회가 '비전 2020운동의 실천 내실화'를 표방한 바 있다.[165] 이에 대해 군종장교 출신들 가운데 세례를 남발하는 비전 2020운동이 폐기되어야 한다는 비판도 있다. 그렇지만 이러한 비판도 세례의 중요성을 간과하지 않도록 진중 세례를 입교식으로 대체하고 교육을 한 다음 세례를 주어야 한다는 입장에 지나지 않는다.[166]

주목할 부분은 특정 종교 중심의 신자화운동이 군대를 특수사회로 보는 입장과 무관하지 않다는 점이다. 그렇지만 군대 내의 특정 종교 세력이 강화되면 종교 강요 또는 종교 자유의 침해, 종교 차별 등의 문제가 발생하게 된다. 이와 관련해, 1997년에는 육군특수전학교에서 군종장교와 교육대장(소령) 등이 피교육생인 하사관후보생들에게 특정 종교를 강요하고, 법당 참석자들에게 벌점을 주는 등의 활동이 사회적인 문제로 부각된 바 있다.[167] 특히 불교계(조계종)는 2000년대에도

---

163 「千명 陣中합동세례식」, 『경향신문』, 1976.3.12, 3면.
164 「교계 군종장교 숫자가 줄어들고 있다! 이단종교 군종장교 파송은 막아야」, 『한국기독신보』, 2004.6.19.
165 「군목 파송 60주년, "선진국형 군종제도 대통령께 건의, 대규모 예배당 건축 등 비전2020 사역 내실화 포부」, 『크리스천투데이』, 2011.2.16.
166 「일단 주고 보는 '진중 세례'는 비신학적, [인터뷰] 이호열 전 국방부 군종정책실장」, 『뉴스앤조이』, 2017.8.11.
167 「육군 특수전 학교 특정종교 강요말썽」, 『한겨레』, 1997.6.18, 27면.

'국방부가 군의 특수성을 이용해 개신교 편향적인 군종 정책을 펴왔다'는 입장을 표출하고 있다.[168]

한편, 법적으로도 군대의 특수사회론은 옹호되고 있다. 이와 관련해 2006년 서울고등법원 판결문을 보면, 군종목사는 참모장교 신분과 성직자 신분을 가지고 있어, 성직자 신분으로 하는 종교활동에 대해서는 종교적 중립 의무를 기대할 수 없다. 즉 군종장교가 국가공무원 신분을 가지지만, 성직자 신분으로 종교활동을 할 때 특정 종교를 선전하거나 비판하는 것이 가능하다. 그리고 종교적 선전과 타 종교에 대한 비판 등도 〈헌법〉에서 종교의 자유 조항(제20조 제1항)이 표현의 자유 조항(제21조 제1항)에 대해 특별규정의 성격을 가지므로 종교적 목적의 언론·출판도 인격권 침해가 아닌 이상에는 보장된다. 또한 군대공동체가 국가 안위를 위해 '목숨을 걸고 전쟁에 임해야 하는 특수성'으로 조직의 엄격한 규율, 소속원의 단결심과 단체정신의 고양에 주력해야 하므로 군대에 특정 종교를 신봉하는 전속 군목이나 군종신부 또는 군승제도를 두고 것이 정교분리 원칙을 위반하지 않는다.[169]

위의 판결에서 주목할 부분은 '군대의 특수성(국가 안위를 위한 전쟁 수행, 조직 내 엄격한 규율 유지, 평소 소속원의 단결심과 단체정신의 고양)'을 고려할 때 군종제도가 정교분리 원칙에 어긋나지 않고, 군종장교가 성직자

---

168 「군종사병 현황 의미, "손발까지 기독교 일색" 입증, 기독교의 30%수준…경쟁상대 안돼, 불자군종병 연대근무 '별따기' 수준」, 『법보신문』, 2004.8.10.

169 손해배상(기) [서울고법 2006.11.16, 선고, 2006나21639, 판결 : 상고] (국가법령정보센터→검색어: '군대 종교'→판례·해석례 등→판례). 이 판결에서는 어느 소속원들이 특정 종교를 전파하기 위해 '기존에 공인된 정통적인 신앙'을 적극 공격해 그 종교를 신봉하는 다른 소속원들에게 불안감을 주고 군대 내에 위화감을 조성시키는 등의 물의를 지속적·조직적으로 일으킨다면 전 공군을 지휘감독할 지위에 있는 공군참모총장은, 포교의 자유가 폭넓게 인정되는 민간공동체와 달리, 휘하 장병들의 안정감과 단결심을 유지·함양하기 위해 특단의 조치를 취할 권한 및 책임이 있다고 판단한다.

신분으로 언론·출판 등을 통해 다른 종교를 비판해도 종교적 중립 준수 의무를 위반하지 않는다는 판단 등이다. 그렇지만 이러한 판례에 대해서는 '군대의 특수성'이 정교분리라는 헌법적 가치에 우선하는가 라는 기본적인 문제가 제기될 수 있다. 또한 군종이 성직자 신분으로 하는 종교활동이 참모장교(국가공무원) 신분과 분리될 수 없다면, 즉 참모장교 신분이기에 군대 내에서 가능한 종교활동이라면, 군종장교도 종교적 중립 의무를 준수해야 한다는 비판도 제기될 수 있다. 그리고 역시 국가공무원으로서 군종참모가 언론·출판 방식으로 다른 종교를 비판한다면 비록 성직자 신분이라도 군종참모 신분을 전제로 한 행위이기에 정교분리 원칙의 위반이라는 비판도 제기될 수 있다.

종교와 관련된 군대의 특수사회론은 2000년대에 군대를 넘어 한국 사회 전반에서 확산된 종교 차별 금지와 종교적 중립 담론에서 재고될 필요가 있다. 이와 관련해, 2008년 8월에 개정·시행된 〈국가공무원 복무규정〉에 '종교 차별 없는 공정한 업무 처리'가 포함되고,[170] 2009년 2월의 〈국가공무원법〉과 〈지방공무원법〉에 '종교 중립의 의무'가 포함된다. 〈국가공무원법〉이 제정(1949.8)된지 약 60년만, 〈지방공무원법〉이 제정(1963.12)된지 약 46년만이다.[171] 비록 교육공무원, 경찰공무

---

170 〈공무원복무규정〉(제정·시행 1963.6.1. 각령 제1339호); 〈국가공무원 복무규정〉(시행 1996.1.1. 대통령령 제14825호, 일부개정 1995.12.14.); 〈국가공무원 복무규정〉(개정·시행 2008.9.18. 대통령령 제21021호) "제4조(친절·공정) ① 공무원은 공사를 분별하고 인권을 존중하며 친절하고 신속·정확하게 업무를 처리하여야 한다. ② 공무원은 직무를 수행함에 있어서 종교 등에 따른 차별 없이 공정하게 업무를 처리하여야 한다.[전문개정 2008.9.18.]"

171 〈국가공무원법〉(제정·시행 1949.8.12. 법률 제44호); 〈국가공무원법〉(개정·시행 2009.2.6. 법률 제9419호 / 타법개정·시행 2017.7.26. 법률 제14839호) "제59조의2 (종교중립의 의무); 〈지방공무원법〉(제정·시행 1963.12.2. 법률 제1427호); 〈지방공무원법 개정·시행 2009.2.6. 법률 제9420호 / 타법개정·시행 2017.7.26. 법률 제14839호) 제51조(친절·공정의 의무); 제51조의2 (종교중립의 의무) "① 공무원은 종교에 따른 차별 없이 직무를 수행하여야 한다. ② 공무원은 소속 상관이 제1항에

원, 소방공무원, 외무공무원 등과 관련된 법규에 이 내용이 명시되지는 않았지만,[172] 이들도 공무원 신분이기에 같은 법규의 적용을 받는다. 이러한 맥락을 고려하면, 국방부도 군종제도나 특정 종교 운동에 대해 종교 차별 금지와 종교적 중립 차원에서 볼 필요가 있다. 이와 관련해, 군대의 특수사회론에 대한 논의가 재고된다면, 앞에서 언급한 군종제도의 성격 규명과 존폐 여부에 대한 논의, 군종의 신분과 성격에 대한 논의, 군종제도의 참여 범위와 종교 조장(助長) 여부에 대한 논의 등도 달라질 수 있다.

위배되는 직무상 명령을 한 경우에는 이에 따르지 아니할 수 있다.[본조신설 2009. 2.6.]"

172 〈지방공무원 복무규정〉(제정·시행 2005.3.18. 대통령령 제18739호 / 타법개정·시행 2017.7.26. 대통령령 제28211호); 〈교육공무원법〉(제정·시행 1953.4.18. 법률 제285호 / 시행 2016.8.4. 법률 제13936호, 타법개정 2016.2.3.); 〈경찰공무원법〉(제정·시행 1969.1.7. 법률 제2077호 / 개정·시행 2017.9.19. 법률 제14876호); 〈소방공무원법〉(시행 1978.3.1. 법률 제3042호, 제정 1977.12.31. / 개정·시행 2017.9.19. 법률 제14877호); 〈외무공무원법〉(시행 1981.5.14. 법률 제3384호, 제정 1981.3.14. / 개정·시행 2017.12.30. 법률 제15334호).

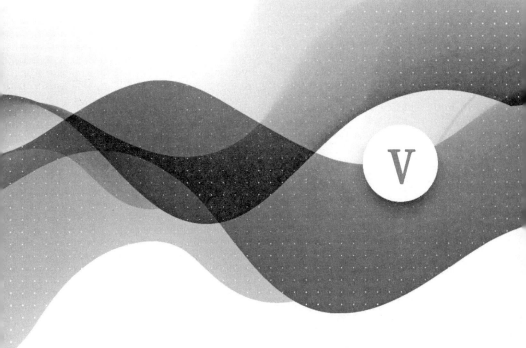

종교사회복지 정책과 과제

01

종교와 사회복지

   한국인은 인간다운 삶을 위해 인간으로서의 존엄성과 이를 구현하는 데에 필요한 자유와 평등을 강조하는 민주주의 사회를 추구하며 살아간다. 동시에 '생산 수단의 사유제'로 표현되는 사유재산제도와 이윤획득을 위한 상품생산과 시장에서 공급과 수요에 의해 가격이 결정되어 자유경쟁이 행해지는 경제체제를 특징으로 하는 자본주의 사회에서 살아간다.

   그런데 자본주의와 민주주의의 접점에서는 여러 문제들이 발생한다. 예를 들어, 자본주의는 사인 간 이익 추구를 위한 상품[화폐]의 경쟁적 교환 시장을 통해 자본 축적을 가능하게 하지만, 인간의 상품화·물화(物化) 현상, 자본 축적 정도에 따른 계층 분열 현상, 이기주의로 인한 공동사회 내부 연대의 약화 현상 등의 문제를 수반해 오히려 자본으로부터 인간을 소외시키기도 한다. 그리고 이러한 문제들은 자본의 축적과 자본으로부터의 소외 사이에 간극이 커질수록 누군가에게 '인간다운 생활'을 불가능하게 만드는 경향으로 이어진다. 그리고 적지 않은 사회구성원에게 인간다운 생활이 불가능해지는 상황은 민주주의 사회의 핵심 가치인 자유와 평등에 기초한 인간의 기본권 보장을 약화시키게 된다.

이러한 문제들은 두 가지 이데올로기의 조화 또는 공존을 위해 인위적 수단의 개입을 요청한다. 이 과정에서 국가는 자본주의와 민주주의의 접점에 발생하는 문제를 해소하기 위해 '사회복지'나 '사회보장'을 공적 문제로 인식하는 경향을 보인다. 자본주의와 민주주의의 접점에서 발생하는 문제들을 해소하기 위해, 국가가 사회복지와 사회보장 문제를 공적 문제로 인식한 대표적 사례로는 제3공화국(1963.12~1972.10)이 1970년 1월에 제정한 〈사회복지사업법〉과 김영삼정부(1993.2~1998.2)가 1995년 12월에 제정한 〈사회보장기본법〉을 들 수 있다.

이 가운데 〈사회복지사업법〉의 경우, '사회복지의 증진을 도모'하기 위해 사회복지사업에 관한 기본 사항을 규정해 공정한 운영을 기한다는 제정 목적을 지닌다. 여기서 '사회복지사업'은 〈생활보호법〉·〈아동복리법〉·〈윤락행위등방지법〉 등에 의한 보호사업·복지사업·선도사업·복지시설의 운영 등을 목적으로 하는 사업을 말한다.[1]

다음으로, 〈사회보장기본법〉의 경우, 그 제정 목적, 기본이념, 정의 등을 보면,[2] 제정 목적은 '국민의 복지증진'을 위해 사회보장에 관한 국민의 권리와 국가·지방자치단체의 책임을 정하고 사회보장제도에 관한 기본 사항을 규정하는 것이다. 그리고 사회보장의 기본이념은

---

1 〈사회복지사업법〉(시행 1970.4.2. 법률 제2191호, 1970.1.1, 제정) 제1조(목적), 제2조(정의)
2 〈사회보장기본법〉(시행 1996.7.1. 법률 제5134호, 1995.12.30, 제정) 제1조(목적), 제2조(기본이념), 제3조(정의), 제4조(다른 법률과의 관계), 제20조(사회보장장기발전방향의 수립). 제2조에 따르면, '사회보험'은 사회적 위험을 보험방식으로 대처해 건강과 소득을 보장하는 제도, '공공부조'는 국가·지방자치단체가 생활유지능력이 없거나 생활이 어려운 국민의 최저생활을 보장하고 자립을 지원하는 제도, '사회복지서비스'는 국민에게 상담·재활·직업소개 및 지도·사회복지시설이용 등을 제공해 정상적 사회생활이 가능하도록 지원하는 제도, '관련복지제도'는 보건·주거·교육·고용 등의 분야에서 인간다운 생활이 보장될 수 있도록 지원하는 각종 복지제도이다. 한편, 사회보장에 관한 다른 법률을 제정·개정하는 경우에는 이 법에 부합되어야 한다(제4조).

'복지사회의 실현'인데 이를 위해 국민이 인간다운 생활을 할 수 있도록 최저생활을 보장하고 생활수준을 향상시킬 수 있도록 제도와 여건을 조성·시행해 형평과 효율의 조화를 기한다는 것이다. 여기서 사회보장은 '사회적 위험(질병·장애·노령·실업·사망 등)으로부터 국민을 보호하고 빈곤을 해소하며 국민생활의 질을 향상시키기 위하여 제공되는 사회보험·공공부조·사회복지서비스 및 관련복지제도'를 말한다.

특히 〈사회보장기본법〉의 핵심은 보건복지부장관을 중심으로 5년 단위로 사회보장심의위원회(제16조) 심의를 거친 '사회보장증진을 위한 장기발전방향'을 수립하게 했다는 데에 있다(제20조). 이로 인해 각 정부는 1997년 이후 5년마다 '사회보장에 관한 기본목표 및 추진방향, 주요 추진과제 및 추진방법, 재원조달방안, 사회보장의 전달체계, 사회보장 관련 기금운용방안, 기타 사회보장을 위해 필요한 사항'을 포함시킨 '사회보장장기발전방향'을 마련하게 된다. 〈사회보장기본법〉은 사회 변화에 따라 여러 차례 개정을 거치지만 보건복지부장관이 주도해 5년마다 수립하는 '사회보장 기본계획'은 지속되고 있다.[3]

한편, 자본주의와 민주주의가 결합된 사회에 존재하는 종교계는 사랑, 자비, 평등, 평화 등을 종교적 가치로 내세워 해당 사회에서 실현하려는 경향을 보인다. 이러한 경향은 사회적 차원에서 자기 존재감 확인이나 교세 확장의 욕망과 결합되기도 한다. 이러한 욕망과 경향이 강하게 반영되는 지점이 사회복지 영역이다.

종교계가 사회적 차원에서 자기 존재감을 확인하려는 욕망이나 교세를 확장하려는 욕망이 사회복지 영역과 밀접하게 연결되어 있는 부분은 한국의 '사회복지 시설 대부분이 종교단체에서 시작한 것이 많

---

3 〈사회보장기본법〉(일부개정·시행 2018.12.11. 법률 제15885호) 제16조(사회보장 기본계획의 수립)

고, 대다수가 종교형 사회복지법인'이라는 지적에서 확인할 수 있다.[4] 이러한 지적은 사회복지 영역과 종교 영역의 밀접한 연관성을 표현하고 있다. '종교사회복지' 또는 종교사회사업(religious social work) 등이라는 표현에서도 양자의 밀접한 연관성을 확인할 수 있다.

사회복지 영역과 종교 영역의 연관성에 대한 인식은 그에 대한 학계의 관심을 높이고 있다. 다만, 종교계의 사회복지에 관한 선행연구들을 보면, 특정한 종교적 신념과 이해에 입각한 호교론적 종교사회복지를 전제하는 경우가 적지 않다. 이는 연구자들이 특정 종교와 관련해 특정 전제에 입각해서 연구를 수행했기 때문이다.

특정 종교의 전제에 입각한 연구들은 연구의 가치중립성 위반 문제로 이어지게 된다. 실제로 종교계 사회복지 관련 연구에 대해 제기되어온 부분이 가치중립성 위반 문제이다. 내부자 관점에서 자신들의 사회복지활동 자체를 긍정하기에 적지 않은 연구 성과들이 '자화자찬'하는 경향으로 흘렀다는 지적이다.[5] 또한 사회복지학계에도 종교계 사회복지를 선교나 포교 차원에서 이해하고 있지만, 사회복지의 확장을 위해 종교계의 적극적 역할과 참여를 강조하고 있다. 이 부분은 아래의 인용문에서 확인할 수 있다.

> 지금까지 종교와 사회복지의 관계에 대해서는 사회복지계와 종교계에서 나름대로 논의가 있어 왔다. 그러나 사회복지계에서는 현대사회에서 종교의 사회복지적 역할을 지극히 제한적인 것으로 인

---

4 「종교자유 침해하는 '사회복지사업법 개정안' 철회 돼야 (장헌일 원장/한국공공정책개발연구원)」, 『아이굿뉴스』, 2018.9.4.
5 최원규, 「한국 전쟁기 가톨릭 外援 기관의 원조 활동과 그 영향」, 『교회사연구』 26, 한국교회사연구소, 2006, 161-162쪽.

식해 왔고, 종교계에서도 사회복지가 종교의 본질적 기능이 아니기 때문에 선교나 포교의 차원에서 부분적으로 논의되었다. 하지만 이제 종교와 사회복지에 관한 논의는 21세기 한국사회복지의 새로운 패러다임을 준비하는 과정에서 중요하게 다루어져야 할 주제라고 할 수 있다. 특히 종교의 본래적 종교성을 회복하기 위한 수단으로서의 사회복지실천은 대부분의 한국종교가 고민해야 할 과제라고 할 수 있다.[6]

앞으로도 사회복지학계에서 종교계 사회복지에 대한 관심은 늘어날 것으로 보인다. 예를 들어, 한국사회복지역사학회가 2018년 제6회 학술대회의 주제를 '근현대 4대 종교의 사회복지역사'로 설정한 바 있다. 여기서 '4대 종교'는 불교, 가톨릭, 원불교, 개신교를 말한다.[7] 이외에도 (사)한국종교계사회복지협의회가 2019년 7월에 '종교사회복지의 정체성과 사회복지시설에서 종교의 자유'를 주제로 정책토론회를 개최한 있다.[8]

종교계 사회복지에 대한 사회복지학계의 관심에도 불구하고, 그 동안 종교학계에서는, 이미 일부 연구가 진행된 바 있지만,[9] 종교계와

---

6 정무성, 「종교와 사회복지」, 『시민사회와 종교사회복지』(종교사회복지포럼 편), 학지사, 2004(2쇄), 16-17쪽. 인용문에서 사회복지를 '종교의 본래적 종교성을 회복하기 위한 수단'으로 이해하는 대목에 대해서는 별도의 토론이 필요한 부분이다.

7 김범수, 「'근현대 4대 종교의 사회복지역사' 학술대회를 개최하며」, 『제6회 한국사회복지역사학회 학술대회』, 한국사회복지역사학회, 2018.

8 「'사회복지시설의 종교 자유' 정책토론회 개최, 한종사협 정책토론회, 25일 2시 한국불교역사문화기념관에서」, 『한국기독공보』, 2019.7.12.

9 노길명, 「종교 사회복지의 성격과 과제」, 『종교와사회』 1-1, 2010, 191-215쪽; 고병철, 「한국 종교계 사회복지의 쟁점과 과제」, 『종교문화비평』 19, 2011, 244-284쪽; 전명수, 「종교사회복지의 이념과 실천 방식에 대한 재성찰-종교사회복지의 이론화작업의 일환으로」, 『담론201』 18-2, 한국사회역사학회, 2015, 65-92쪽.

사회복지의 연관성을 학문적 대상으로 다룬 연구가 많지 않다. 그 이유는 이론 중심의 연구 또는 종교 영역과 다른 영역의 실천적 접점에 주목한 전공자의 부재 등에서 찾을 수 있다. 그렇지만 종교계의 적지 않은 실천이 사회복지 영역에서 이루어지고 있다면 종교학계에서도 그에 대한 학문적 관심이 필요하다. 이런 맥락에서 (사)한국종교문화연구소가 2019년 11월에 개최한 '종교로 본 복지, 복지로 본 종교'라는 주제로 심포지엄[10]은 시의적절한 움직임이었다고 할 수 있다.

앞으로 자본주의와 민주주의의 접점에서 발생하는 사회복지에 대한 사회적 요구, 국가의 사회복지에 대한 정책과 이에 대한 종교계의 관심을 고려하면, 사회복지를 통한 종교계의 생존 방식이나 사회적 기능 등에 대한 종교학계의 학문적 관심이 필요하다. 그리고 이를 위해서는 사회복지 법제와 정책의 역사, 민간복지가 부각된 역사, 종교계 사회복지의 위치 등을 확인하면서, 종교계 사회복지와 관련된 여러 쟁점과 과제를 도출하는 일이 필요하다.

---

10 이 심포지엄에서 발표된 주제들은 「종교사회복지의 과제와 전망」(윤용복), 「개신교와 사회복지: 19세기 독일 개신교의 사회구제사역을 중심으로」(김태연), 「종교사회복지의 권력화에 대한 고찰」(이혜숙), 「신자유주의 시대의 자기계발과 복지: 한국 개신교 공간을 중심으로」(이진구), 「평화적 복지와 종교의 심층」(이찬수) 등이다.

02
사회복지 법규와 정책

    한국에서 사회복지 역사의 기원은 기준을 어떻게 설정하느냐에 따라 달라진다. 심지어 사회복지 역사의 기원을 삼국시대에 두는 경우도 있다.[11] 그렇지만 국민국가를 기준으로 삼을 때, 그와 연관된 사회복지 법제와 정책의 역사는 정부가 수립된 해방 이후 시기부터 시작된다.[12]

    사회복지 법제와 정책의 역사와 관련해, 해방 이후 1948년 7월에 제정된 〈헌법〉 제19조에는 '생활유지의 능력이 없는 자에 대한 국가의 보호'가 명시된다.[13] 그리고 동년 8월 15일에 정부 수립과 함께 종래 보건후생부와 노동부를 병합시킨 사회부가 담당 부처가 된다.[14] 그렇지만 당시 정부의 복지 행정은 조선총독부의 〈조선구호령〉(1944.3.)과 미군정 시기 보건후생부의 구호행정과 별 차이가 없었던 것으로 보인다.[15] 당

---

11 박병현, 『사회복지의 역사』, 공동체, 2010, 263-372쪽.

12 이하 서술의 주요 흐름은 "고병철, 「한국 종교계 사회복지의 쟁점과 과제」, 『종교문화비평』 19, 2011, 246-279쪽" 참조.

13 〈대한민국헌법〉(제정·시행 1948.7.17, 헌법 제1호) 제19조 "노령, 질병 기타 근로능력의 상실로 인하여 생활유지의 능력이 없는 자는 법률의 정하는 바에 의하여 국가의 보호를 받는다."

14 담당 부처는 1949년 3월부터 보건부, 1955년 2월부터 보건사회부(보건부와 사회부 통합) 등으로 변화된다.

15 예를 들어, 〈조선구호령〉(조선총독부제령 제12호, 제정·시행 1944.3.1.) 제1조의 내용은 '65세 이상의 노약자, 13세 이하의 유자, 임산부, 불구폐질·질병·상이·기

시 〈헌법〉의 정신이 구빈(救貧) 차원에 머물러 있었고, 국가가 장기적·종합적 복지 계획과 복지 정의의 실현에 대한 관심이 높았다는 근거도 거의 보이지 않는다.

1948년 〈헌법〉 이후 한국의 사회복지 정책은 구체화되고 그 범위가 확대되는 경향을 보인다. 이러한 사회복지 정책의 전환을 가능하게 만든 계기는 세 가지이다. 첫 번째는 박정희정부(1963~1979) 시기인 1969년 10월 〈헌법〉이다. 당시 제30조에 '모든 국민이 인간다운 생활을 할 권리'와 '사회보장 증진에 대한 국가의 노력 의무'가 최초로 명시되었기 때문이다.[16]

두 번째는 전두환정부(1980~1988) 시기인 1980년 10월 〈헌법〉이다. 당시 제32조에 '사회보장·사회복지 증진에 대한 국가의 노력 의무'가 최초로 명시되었기 때문이다.[17] 아울러, 전두환 정권 말기인 1987년 10월의 〈헌법〉에서는 사회보장과 사회복지가 구분되고, '여자의 복지', '노인과 청소년의 복지' 등이 추가된다.[18]

세 번째는 김영삼정부(1993~1998) 시기인 1995년 12월이다. 1995년 12월에 〈사회보장기본법〉을 제정해 제20조에서 정부에게 매5년마다 '사회보장 증진을 위한 장기발전방향'을 수립해야 하는 의무를 실천하도록 했기 때문이다.[19]

한국의 사회복지 역사에서 전환의 계기를 마련한 〈헌법〉과 법률의 내용은 국민의 인간다운 생활을 할 권리와 그 실현을 위한 국가의 노

타 정신 또는 신체장애로 인하여 노무를 하기에 장애가 있는 자'가 빈곤으로 인해 생활이 불가능한 때에 이 영에 의해 구호한다.'는 것이다.

16 〈대한민국헌법〉(일부개정·시행 1969.10.21, 헌법 제7호) 제30조.
17 〈대한민국헌법〉(전문개정·시행 1980.10.27, 헌법 제9호) 제32조.
18 〈대한민국헌법〉(시행 1988.2.25. 헌법 제10호, 1987.10.29, 전부개정) 제34조.
19 〈사회보장기본법〉(시행 1996.7.1. 법률 제5134호, 1995.12.30, 제정) 제20조 (사회보장장기발전방향의 수립).

력 또는 정책 실시 의무를 규정하고 있다. 〈헌법〉에서 사회복지와 관련된 내용의 흐름, 그리고 사회복지의 실현을 위한 〈사회보장기본법〉의 일부 내용을 살펴보면 다음과 같다.

〈표 1〉 한국 사회복지의 역사적 전환과 법률

주요 법률	내용
〈대한민국헌법〉(일부개정·시행 1969.10.21, 헌법 제7호)	제30조 ① 모든 국민은 인간다운 생활을 할 권리를 가진다. ② 국가는 사회보장의 증진에 노력하여야 한다. ③ 생활능력이 없는 국민은 법률이 정하는 바에 의하여 국가의 보호를 받는다.
〈대한민국헌법〉(전문개정·시행 1980.10.27, 헌법 제9호)	제32조 ① 모든 국민은 인간다운 생활을 할 권리를 가진다. ② 국가는 사회보장·사회복지의 증진에 노력할 의무를 진다. ③ 생활능력이 없는 국민은 법률이 정하는 바에 의하여 국가의 보호를 받는다.
〈대한민국헌법〉(시행 1988.2.25. 헌법 제10호, 1987.10.29, 전부개정)	제34조 ① 모든 국민은 인간다운 생활을 할 권리를 가진다. ② 국가는 사회보장·사회복지의 증진에 노력할 의무를 진다. ③ 국가는 여자의 복지와 권익의 향상을 위하여 노력하여야 한다. ④ 국가는 노인과 청소년의 복지향상을 위한 정책을 실시할 의무를 진다. ⑤ 신체장애자 및 질병·노령 기타의 사유로 생활능력이 없는 국민은 법률이 정하는 바에 의하여 국가의 보호를 받는다. ⑥ 국가는 재해를 예방하고 그 위험으로부터 국민을 보호하기 위하여 노력하여야 한다.
〈사회보장기본법〉(시행 1996.7.1. 법률 제5134호, 1995.12.30, 제정)	제20조 (사회보장장기발전방향의 수립) ① 보건복지부장관은 관계중앙행정기관의 장과 협의하여 제16조의 규정에 의한 사회보장심의위원회의 심의를 거쳐 사회보장증진을 위한 장기발전방향(이하 "長期發展方向"이라 한다)을 5년마다 수립하여야 한다. ② 장기발전방향에는 다음 각호의 사항이 포함되어야 한다.

위의 표에서 사회복지 역사의 첫 번째 전환 계기가 1969년의 〈헌법〉이라는 점을 알 수 있지만, 그렇다고 1969년 10월 이전에 정부가 사회보장이나 사회복지에 대해 전혀 관심이 없었던 것은 아니다. 이러한 관심은 정부가 여러 대학의 사회사업 관련 학과 설치를 승인한 사례

에서 찾아볼 수 있다.[20] 그리고 이미 1960년 직전부터 보건사회부가 〈헌법〉 제19조를 근거로 사회복지 법제화를 시도한 바 있고, 비록 예산 문제로 법제실로부터 반송을 당했지만 1960년 1월부터 생활력이 부족한 5천명에 대해 '사회사업공공구호비' 지급을 계획한 바 있다.[21] 또한 1960년 7·29 정·부통령 선거 공약에 '사회보장제도 확립'이라는 표현이 등장한 바 있고,[22] 선거에서 압승한 민주당이 분배 차원에서 "사회보장제도(社會保障制度)를 못토로 하는 후생국가정책(厚生國家政策)"을 내세우기도 한다.[23]

그렇지만 사회복지 역사의 현실을 보면, 1960년대 초까지 사회복지 활동의 중심을 이룬 주체는 정부라기보다 외국민간원조단체(외원단체)들이다. 정부도 '사회복지사업'의 향상 차원에서 외원단체 사업을 관리·지원하기 위해, 1963년 12월에 〈외국 민간원조단체에 관한 법률〉을 제정한 바 있다.[24] 이러한 외원단체들은 해방 후부터 내한하였지만 한국전쟁 이후 급증해,[25] 보건, 사회복지, 교육, 구호, 지역사회 개발 등과 관련된 여러 사회복지 활동을 전개한다.[26] 외원액수도 보건사회부의 예산 변화와 비교해보면, 1958년에 36.2%, 1959년에 27.9%, 1960년에 61.6%를 차지했고, 심지어 1961년부터는 보건사회부의 예산을

20 박병현, 앞의 책, 2010, 319–321쪽.
21 「한 사람 앞 日 十圜씩 緊急要救護者에 준다고」, 『동아일보』, 1960.1.27.
22 「正·副統領選擧展望과 抱負, 立候補豫想者中六名의設問應答」, 『동아일보』, 1960.1.4.
23 「新政府의 經濟的課題」, 『경향신문』, 1960.7.31.
24 〈외국민간원조단체에 관한 법률〉(시행 1964.1.1. 법률 제1480호, 1963.12.7, 제정). 제1조-제5조. 외원단체는 그 본부가 외국에 있고 그 본부의 지원으로 국내에서 보건사업·교육사업·생활보호·재해구호 또는 지역사회개발등의 사회복지사업을 행하는 비영리적인 사회사업기관(제2조).
25 최원규, 앞의 글, 2006, 163–185쪽.
26 윤흠, 「외원의 어제와 오늘-아동복리를 중심한-」, 『동광』 9-1, 어린이재단, 1965, 6–12쪽. 1965년 당시에 외국민간원조기관 한국연합회(KAVA)의 가입기관은 12개국에서 파송된 72개의 외국민간원조기관이다.

초과할 정도의 규모를 보인다.[27]

당시 외원단체들에서 주목할 부분은 대부분이 종교와 연관되어 있었다는 점이다. 구체적으로는 선교회, 수도회, 수녀회 등의 명칭을 지닌 개신교계나 천주교계 단체가 다수를 차지한다. 이 부분은 현대 한국의 사회복지 역사가 시작부터 종교의 밀접한 연관성을 가지고 있었다는 점을 보여주고 있다.

이승만정부와 자유당 정권의 붕괴 직후인 1960년대 초에도 정부는 다양한 사회보장 법률을 제정한다. 이와 관련해 1961년 5·16군사정변부터 1962년 12월 〈헌법〉 개정까지 1년 7개월 동안 〈아동복리법〉·〈생활보호법〉·〈재해구호법〉 등이 제정된다. 1962년 3월에는 기존의 민주당 정부가 만든 '사회보장제도연구위원회규정' 원안이 각령 제469호로 제정되고, 사회보장제도 발전을 위해 최초로 보건사회부에 사회보장연구실과 사회보장제도심의위원회도 구성된다.[28]

또한 1962년 12월 〈헌법〉 개정부터 1963년 10월의 대통령선거와 11월의 국회의원선거를 거쳐 12월에 박정희가 대통령에 취임하는 사이에도 〈군인연금법〉(1963.1.)이 제정된다. 나아가 1963년 7월부터는 '복지사회건설'을 위한 후속 조치로 의료보험과 양로보험이 시범적으로 실시된다.[29]

---

27 박병현, 앞의 책, 2010, 323-325쪽. 해방 이후의 외원기관은 전체(147개)의 85%이다. 외원단체들은 1963년 이전의 경우, 1955년 〈한미 간 민간구호활동에 관한 협정〉에 따라 보건사회부에 등록한다.

28 박병현, 위의 책, 2010, 327쪽. 당시 〈군사원호보상법〉(제정·시행 1961.11.1. 법률 제758호); 〈윤락행위등방지법〉(제정·시행 1961.11.9. 법률 제771호); 〈공무원재해보상규정〉(시행 1962.1.1. 각령 제265호, 1961.11.22, 제정); 〈근로기준법〉(일부개정·시행 2019.1.15. 법률 제16270호); 〈직업안정법〉(시행 1962.1.1. 법률 제807호, 1961.12.6, 제정); 〈아동복리법〉(시행 1962.1.1. 법률 제912호, 1961.12.30, 제정); 〈생활보호법〉(시행 1962.1.1. 법률 제913호, 1961.12.30, 제정); 〈재해구호법〉(제정·시행 1962.3.20. 법률 제1034호) 등이 제정된다.

29 「社會保障制 보급, 洪保社委員言及」, 『경향신문』, 1962.11.28. ,

당시 사회보장심의위원회의 안에 따라 보건사회부는 5개년(1963~1967)을 '사회보장제도 시범사업년도'로 지정했는데,[30] 그와 관련해 1963년 11월에 〈산업재해보상보험법〉·〈사회보장에 관한 법률〉[31]도 제정된다.

이상의 내용에도 불구하고, 앞서 지적한 대로, 해방 이후 사회복지의 법규와 정책에서 역사적 전환점의 시작은 박정희정부(1963~1979) 시기인 1969년 10월의 〈헌법〉 개정 이후이다. 이러한 전환을 관통하는 부분은 생활능력이 없는 국민에 대한 국가의 보호를 사회보장 또는 사회복지에 포함시키고, 이러한 사회보장 또는 사회보장·사회복지의 증진이 지향할 목적을 '인간다운 생활을 할 권리'에 두었다는 점이다. 이하에서 세 가지 역사적 전환점에 대해 좀 더 구체적으로 살펴보면 다음과 같다.

첫 번째 전환점은 1969년 10월의 〈헌법〉에 '사회보장 증진에 대한 국가의 노력 의무' 부분이 명시되었다는 점이다. 이러한 의무는 1970년 1월에 사회복지의 증진을 목적으로 〈사회복지사업법〉이 제정되어 사회복지를 목적으로 한 법인 설립을 가능하게 만든다. 즉 보건사회부장관의 설립인가를 받아 주된 사무소 소재지에서 설립등기를 하면 사회복지 법인으로 활동할 수 있게 된다. 다만, 아래의 표에서 확인할 수 있듯이, 〈사회복지사업법〉의 목적에 담긴 방향과 정의에 담긴 범위는 1970년 제정 당시와 현행 법규 사이에 적지 않은 차이가 있다. 예를 들어, 현행 법규의 목적을 보면, 제정 당시와 달리, 사회복지의 궁극적인 지향점이 '인간의 존엄성과 인간다운 생활을 할 권리를 보장'하는 데에 맞추어져 있다.[32]

---

30 「勞災 등 保險推進」, 『동아일보』, 1962.12.24.; 「社會保險制度의 意義와 考慮하여야 할 現實」, 『동아일보』, 1962.12.25.
31 「最高會議常委 社會保障法案 논의」, 『동아일보』, 1963.10.8.
32 〈사회복지사업법〉(시행 1970.4.2. 법률 제2191호, 1970.1.1. 제정) 제1조, 제2조(정의), 제3조(사회복지위원회), 제7조(법인의 설립인가), 부칙.; 〈사회복지사업법 시행규칙〉(제정·시행 1970.8.28. 보건사회부령 제356호) 제27조(적용예) ①항.

<표 2> <사회복지사업법>의 변화

시기	내용
시행 1970. 4.2 법률 제2191호 제정 1970.1.1	제1조(목적) 이 법은 사회복지사업에 관한 기본적 사항을 규정하여 그 운영의 공정적절을 기함으로써 사회복지의 증진을 도모함을 목적으로 한다. 제2조 (정의) ① 이 법에서 '사회복지사업'이라 함은 다음 각 호의 사업을 말한다. 1. 생활보호법에 의한 각종 보호사업 및 복지시설의 운영을 목적으로 하는 사업 2. 아동복리법에 의한 각종 복지사업 및 복지시설의 운영을 목적으로 하는 사업 3. 윤락행위등방지법에 의한 각종 선도사업 및 복지시설의 운영을 목적으로 하는 사업 4. 사회복지상담·재해구호·부랑인선도·직업보도·노인휴양·린보무료숙박·라완치자사회복귀사업등 각종 복지사업 및 복지시설의 운영등을 목적으로 하는 사업
시행 2020.7.1 법률 제17174호, 일부개정 2020.3.31	제1조(목적) 이 법은 사회복지사업에 관한 기본적 사항을 규정하여 사회복지를 필요로 하는 사람에 대하여 인간의 존엄성과 인간다운 생활을 할 권리를 보장하고 사회복지의 전문성을 높이며, 사회복지사업의 공정·투명·적정을 도모하고, 지역사회복지의 체계를 구축하고 사회복지서비스의 질을 높여 사회복지의 증진에 이바지함을 목적으로 한다. 〈개정 2012.1.26. 2017.10.24.〉[전문개정 2011.8.4.] 제1조의2(기본이념) ① 사회복지를 필요로 하는 사람은 누구든지 자신의 의사에 따라 서비스를 신청하고 제공받을 수 있다. [본조신설 2012.1.26.] ② 사회복지법인 및 사회복지시설은 공공성을 가지며 사회복지사업을 시행하는 데 있어서 공공성을 확보하여야 한다. ③ 사회복지사업을 시행하는 데 있어서 사회복지를 제공하는 자는 사회복지를 필요로 하는 사람의 인권을 보장하여야 한다. ④ 사회복지서비스를 제공하는 자는 필요한 정보를 제공하는 등 사회복지서비스를 이용하는 사람의 선택권을 보장하여야 한다. 〈신설 2017.10.24.〉 제2조(정의) 이 법에서 사용하는 용어의 뜻은 다음과 같다. 〈개정 2011.8.4, 2012.1.26, 2014.5.20, 2016.2.3, 2016.5.29, 2017.10.24.〉 1. '사회복지사업'이란 다음 각 목의 법률에 따른 보호·선도(善導) 또는 복지에 관한 사업과 사회복지상담, 직업지원, 무료 숙박, 지역사회복지, 의료복지, 재가복지(在家福祉), 사회복지관 운영, 정신질환자 및 한센병력자의 사회복귀에 관한 사업 등 각종 복지사업과 이와 관련된 자원봉사활동 및 복지시설의 운영 또는 지원을 목적으로 하는 사업을 말한다. 가. 「국민기초생활 보장법」/ 나. 「아동복지법」/ 다. 「노인복지법」/ 라. 「장애인복지법」/ 마. 「한부모가족지원법」/ 바. 「영유아보육법」/ … 퍼. 「청소년복지 지원법」/ 허. 그 밖에 대통령령으로 정하는 법률

그 외에 1969년 10월의 〈헌법〉 이후 1970년대 상황을 보면, 1972년 말부터 1979년 말까지 정치적 상황이 복잡하지만,[33] 이 기간 동안 〈사립 학교교직원연금법〉·〈국민복지연금법〉(1973.12) 제정, 〈의료보험법〉 개 정(1976.12), 〈의료보호법〉(1977.12) 제정 등 여러 사회보장 관련 법률이 제정되거나 개정된다. 또한 1970년대 석유파동과 함께 중화학 공업화 로 인한 구조조정의 상황에서 사회개발과 형평성 제고에 중점을 둔 제4차 경제사회개발 5개년계획(1977~1981)이 추진된다. 또한 이 기간에 의료보험이 실시되고, 노인, 아동, 장애자 관련 복지법이 제정된다.[34]

1970년대에는 한국 경제가 성장세를 보이면서 그 동안 사회복지사 업을 벌였던 외원단체들이 철수하고, 외원액도 1974년 이후 급격히 감 소된다. 이 과정에서 국내 민간단체들이 외원단체들의 활동을 이어받 고, 사회복지시설 운영재원에 대한 정부(보건사회부) 예산이 증가된다. 그렇지만 당시 정부는 여전히 선별적 복지 또는 '잔여적 복지(residual welfare provision)'를 고수하면서 민간복지의 참여를 유도한다.[35] 이러한 정부의 입장은 새로운 사회복지 수요에 대한 효과적 대처를 명분으로 1980년부터 시립보호시설을 연차적으로 민영화한 데에서, 그리고 1981년부터 61개소 시립시설을 종교단체 등의 사회복지법인체에 위

---

33 예를 들어, 1972년만 해도 10월에 비상계엄령 선포와 통일주체국민회의 구성, 11 월에 '유신헌법' 확정, 12월에 제8대 대통령 취임과 제4공화국 수립(12월) 등의 상 황이 전개되고, 1979년 10월에는 대통령 저격 사건이 발생한다.

34 「복지 잘못된 관행 과감히 시정 운용 효율화 중요」, 『매일경제』, 1995.8.3.

35 박병현, 앞의 책, 2010, 343쪽; 김미숙·홍석표·이만식·유장춘, 『종교계의 사회복 지활동 현황과 활성화 방안 연구: 교회의 사회복지활동을 중심으로』(조사연구보 고서 99-01), 한국보건사회연구원, 1999, 28-30쪽. 잔여적 복지는 사회적 보호가 필요한 사람의 사회 복귀와 빈곤의 최소화를 위한 공적 부조(公的 扶助, public assistance)나 사회적 서비스(social services) 등 사회복지를 제공할 대상을 가정과 정상적인 사회구조 및 시장을 통해 필요한 원조를 제공받을 능력이 없는 사람으로 한정하는 복지 정책을 말한다.

탁 운영(민영화)한다는 서울시의 계획 발표 등에서 확인할 수 있다.[36]

사회복지 법제와 정책의 두 번째 전환점은 전두환정부(1980~1988) 초기의 1980년 10월 〈헌법〉에 '사회복지 증진에 대한 국가의 노력 의무'가 최초로 명시되었다는 데에서 찾을 수 있다. 구체적으로 보면, 1980년대는 1979년 10·26사건으로 하나회 중심의 신군부가 등장해 제10대 대통령(최규하)이 취임(12월)한 이후, 1980년 5월의 대학생 시위와 신군부의 비상계엄령 확대와 광주민주화운동, 9월의 제11대 대통령(전두환) 취임, 10월의 〈헌법〉 개정, 1981년 3월의 제12대 대통령(전두환) 취임과 제5공화국 수립 등 정치적으로 복잡한 상황이 전개된다. 그렇지만 1980년 10월 〈헌법〉은 1987년 6월항쟁·6·29선언 등을 거쳐 1988년 2월 정권 교체 시까지 〈사회복지사업법〉 개정(1983),[37] 〈아동복지법〉(1981)[38]·〈심신장애자복지법〉·〈노인복지법〉(1981)[39]·〈최저임금법〉(1986.12)[40] 제정 등의 근거가 된다.

전두환정부는 특히 1982년부터 제5차 경제·사회발전 5개년계획(1982~1986)을 추진하면서, 1984년 1월에 '복지국가 건설'을 국정지표로 삼고, 종래 경제개발 편중에서 경제개발과 사회개발의 동시 추진을 시도한다. 다만, 빈약한 부존(賦存)자원, 과잉상태의 인구, 과중한 국방비부담, 대외적으로 약한 국제경쟁력, 과중한 외채부담, 높은 해외 경제의존도 등의 실정에서 경제개발과 사회개발의 동시 추구가 어렵다는 지적도 받는다. 주목할 부분은 이러한 문제 상황을 해결하기 위

---

36 「福祉施設 전면再改編 서울市」, 『동아일보』, 1980.5.13.
37 〈사회복지사업법〉(일부개정 1983.5.21 법률 제3656호). 제2조의2, 제3조, 제3조의 2(복지위원).
38 〈아동복지법〉(전문개정·시행 1981.4.13. 법률 제3438호) 제1조(목적), 부칙.
39 〈심신장애자복지법〉(제정·시행 1981.6.5. 법률 제3452호); 〈노인복지법〉(제정·시행 1981.6.5. 법률 제3453호) 제1조. 부칙.
40 〈최저임금법〉(제정·시행 1986.12.31. 법률 제3927호).

해, 한국형 사회보장재원 조달방법 차원에서 당시 경제 불황에서도 호황을 보였던 종교계의 사회복지 참여 필요성이 지적되었다는 점이다.[41]

제6공화국, 즉 1988년 2월에 출범한 노태우정부(1988~1993)는 1987년 6월항쟁 이후에 높아진 민주화 요구와 함께, 동년 10월의 개정 〈헌법〉 제34조[42]에 근거해 국민의 인간다운 생활을 할 권리를 위한 사회보장·사회복지 의무에 직면하게 된다. 그와 관련해 1988년에는 국민연금제도 도입과 최저임금제 실시 등의 정책이 진행되고, 1989년에는 전국민 의료보험 달성과 함께 주택 2백만 가구 건설이 추진된다.[43] 그리고 '한부모가족법'으로 약칭된 〈모자복지법〉(1989.4)[44]과 〈장애인복지법〉(1989.12)[45] 등도 제정된다.

1992년 12월에는 〈사회복지사업법〉을 개정해 일선행정기관에 사회복지전담공무원을 두게 하는 등 사회복지 정책에 변화를 준다. 구체적으로, 사회복지사업 범위를 확대해 '재가복지와 정신질환자의 사회복귀 관련 사업 등을 추가'한다. 또한 보건사회부장관이 사회복지사

---

41 「복지정책」, 『매일경제』, 1984.1.18. 1980년 시설수용 보호자 수는 10만 명, 1981년 사회보장지출총액에 대한 사회복지사업비 비율이 4.3%에 불과하였다.

42 〈대한민국헌법〉(시행 1988.2.25. 헌법 제10호, 1987.10.29, 전부개정) 제34조 ① 모든 국민은 인간다운 생활을 할 권리를 가진다. ② 국가는 사회보장·사회복지의 증진에 노력할 의무를 진다. ③ 국가는 여자의 복지와 권익의 향상을 위하여 노력하여야 한다. ④ 국가는 노인과 청소년의 복지향상을 위한 정책을 실시할 의무를 진다. ⑤ 신체장애자 및 질병·노령 기타의 사유로 생활능력이 없는 국민은 법률이 정하는 바에 의하여 국가의 보호를 받는다. ⑥ 국가는 재해를 예방하고 그 위험으로부터 국민을 보호하기 위하여 노력하여야 한다.

43 「복지 잘못된 관행 과감히 시정 운용 효율화 중요」, 『매일경제』, 1995.8.3.

44 〈모자복지법(약칭: 한부모가족법)〉(시행 1989.7.1. 법률 제4121호, 1989.4.1, 제정). 제1조(목적). 이 법은〈모·부자복지법〉(시행 2003.6.19. 법률 제6801호, 2002.12. 18, 일부개정)을 거쳐 〈한부모가족지원법〉(시행 2008.1.18. 법률 제8655호, 2007. 10.17, 일부개정)으로 정착된다.

45 〈장애인복지법〉(전문개정·시행 1989.12.30. 법률 제4179호) 제1조(목적), 부칙.

자격증을 교부할 수 있게 하고, 사회복지법인과 사회복지시설에 사회복지사를 채용하게 하고, 시·군·구 및 읍·면·동에 사회복지사 자격을 가진 사회복지전담공무원을 두게 하고, 시·군·구에 복지사무 전담 기구를 따로 설치할 수 있게 한다.[46]

사회복지 법규와 정책의 세 번째 전환점은 1993년 2월에 출범한 김영삼정부(문민정부, 1993~1998)가 1995년 12월에 제정한 〈사회보장기본법〉이다. 이 법률에 따라 사회보장의 이념이 '복지사회 실현'으로 명시되고, 사회보장에 관한 국민의 권리와 국가 및 지자체의 책임, 사회보장제도 관련 기본 사항이 정해진다.[47] 나아가 정부가 사회보장발전 5개년계획의 수립·시행이라는 의무를 처음으로 갖게 된다. 이로써 김영삼정부는 1997년 7월, 사회보장심의위원회를 통해 '제1차 사회보장발전 5개년계획' 수립에 대한 논의를 시작하게 된다.[48]

1997년에는 〈사회복지사업법〉이 개정되면서 사회복지의 목적에 '사회복지를 필요로 하는 사람의 인간다운 생활을 할 권리를 보장'한다는 내용이 추가된다. 이 추가 내용은 종래와 달리 사회복지의 지향점을 구체적으로 제시했다는 점에서 의미가 있다. 그리고 이 부분은 현행 〈사회복지사업법〉에서 '사회복지를 필요로 하는 사람에 대하여 인간의 존엄성과 인간다운 생활을 할 권리를 보장'한다는 내용으로 좀 더 명확해진 상태이다. 이 변화는 다음의 표에서 확인할 수 있다.[49]

---

46 〈사회복지사업법〉(시행 1993.6.9. 법률 제4531호, 1992.12.8, 전부개정). 제8-11조.
47 〈사회보장기본법〉(시행 1996.7.1. 법률 제5134호, 1995.12.30, 제정) 제1조-제4조.
48 「'제1차 사회보장발전 5개년계획' 연내 수립」,『연합뉴스』, 1997.5.15.
49 〈사회복지사업법〉(시행 1993.6.9. 법률 제4531호, 1992.12.8, 전부개정; 시행 1998. 7.1. 법률 제5358호, 1997.8.22, 전부개정; 시행 2020.7.1. 법률 제17174호, 2020.3.31, 일부개정).

〈표 3〉 사회복지사업법의 지향점 변화

1992.12(전부개정)	1997.8(전부개정)	2020.3(일부개정)
제제1조 (목적) 이 법은 사회복지사업에 관한 기본적 사항을 규정하여 그 운영의 공정·적절을 기함으로써 사회복지의 증진에 이바지함을 목적으로 한다.	제16조(제1조 (목적) 이 법은 사회복지사업에 관한 기본적 사항을 규정하여 사회복지를 필요로 하는 사람의 **인간다운 생활을 할 권리를 보장**하고 사회복지의 전문성을 높이며, 사회복지사업의 공정·투명·적정을 기함으로써 사회복지의 증진에 이바지함을 목적으로 한다.	제1조(목적) 이 법은 사회복지사업에 관한 기본적 사항을 규정하여 사회복지를 필요로 하는 사람에 대하여 **인간의 존엄성과 인간다운 생활을 할 권리를 보장**하고 사회복지의 전문성을 높이며, 사회복지사업의 공정·투명·적정을 도모하고, 지역사회복지의 체계를 구축하고 사회복지서비스의 질을 높여 사회복지의 증진에 이바지함을 목적으로 한다. 〈개정 2012.1.26, 2017.10.24.〉 [전문개정 2011.8.4.]

1998년 2월에 출범한 김대중정부(국민의정부, 1998~2003)는 1995년 12월의 〈사회보장기본법〉에 따라 제1차 사회보장발전 5개년계획(1999~2003)을 수립·시행한다. 당시 이 5개년계획에서 등장한 핵심 개념은 '생산적 복지'이다. 이 '생산적 복지'에 대해서는 경제위기 상황에서 '삶의 질 향상'을 위해 전 국민의 최저생활을 보장하는 사회안전망 구축과 복지수급자들의 자활 도모로 경제와 복지의 조화를 지향했다는 평가,[50] 동시에 사회안전망의 제도적 틀을 완성했지만 복지의 '생산적' 측면 구현이 미흡해 사회보장의 사각지대가 광범위하게 잔존하는 한계를 보였다는 다소 상반된 평가를 받고 있다.[51]

이어, 2003년 2월에 출범한 노무현정부(참여정부, 2003~2008)는 동년 7월에 〈사회복지사업법〉을 개정해 '사회복지서비스'라는 표현과 지역복지계획 시행에서 '민간 사회복지관련 단체' 등에 대해 인력·기술 및

---

50 참여복지기획단, 『참여복지 5개년계획 – 2004-2008년』(정책보고서 2004-1), 보건복지부, 2004, 2-5쪽.
51 보건복지부, 『제3차 사회보장 장기발전방향('09~'13)』, 2009, 31-37쪽.

재정 지원을 할 수 있다는 내용을 처음으로 명시한다.[52] 그리고 〈사회보장기본법〉에 따라 제2차 사회보장발전 5개년계획(2004~2008)을 수립한다. 그 주된 내용은 경제위기 극복 과정에서 심화된 상대빈곤문제, 세계화·정보화·노령화로 야기된 각종 사회문제, 소득상승에 따른 국민의 고복지요구에 대응한 전 국민에 대한 보편적 복지서비스 제공 문제 등이고, 이는 '참여복지'로 집약된다. 제2차 5개년계획에서 종교와 관련된 부분은 추진과제에 '종교계의 사회복지 참여 활성화'가 제4과제로 설정되었다는 점이다.[53]

이어, 2008년 2월에 출범한 이명박정부(실용정부, 2008~2013)는 제3차 사회보장 장기발전방향(2009~2013)을 수립해 저출산·고령화 대비, 다민족·다문화사회의 사회통합 실현, 일자리를 통한 계층 하락의 방지와 자립자활 촉진, 경제 상황의 불안과 중산층 이하 계층의 위험 증가 대비(사회안전망 구축), 지난 10년간 복지 지출 증가로 인한 복지 효율화에 대한 요구와 복지 의존성에 대한 우려 상황 대비 등 5개의 정책방향을 제시한다.[54] 정책적 지향으로는 미래의 저출산 위험 등 대비(예방형 복지), 모든 국민의 삶의 질 향상(보편형 복지), 국민 개개인의 욕구 부응과 생애주기별 서비스 이용이 가능한 수요자 중심(맞춤형 복지)을 설정한다. 이러한 내용은 국가가 중심이 되지만 사회와 개인도 능동적 참여 주체가 된다는 '능동적 복지(active welfare)'로 요약된다.[55]

이어, 2013년 2월에 출범한 박근혜정부(2013.2~2017.3)는 2013년부터

---

52 〈사회복지사업법〉(시행 2004.7.31. 법률 제6960호, 2003.7.30, 일부개정) 제2조에 따르면, '사회복지서비스'는 국가·지방자치단체 및 민간부문에서 '정상적인 사회생활이 가능하도록 제도적으로 지원하는 것'을 말한다.
53 참여복지기획단, 앞의 책, 2004, 2-5쪽, 23-28쪽.
54 보건복지부, 앞의 책, 2009, 40-44쪽.
55 보건복지부, 위의 책, 2009, 45-47쪽.

'사회보장 기본계획'을 수립한다. 그 이유는 이명박정부가 2012년에 《사회보장기본법》을 개정해 종래 '사회보장 장기발전방향'을 '사회보장 기본계획'으로 바꾸고, 종래와 달리 '국내외 사회보장환경의 변화와 전망' 등을 추가했기 때문이다.[56]

〈표 4〉 사회보장 관련 5개년 계획 수립 내용의 변화

1995.12(제정)	2012.1(개정)
제20조 (사회보장장기발전방향의 수립) ① 보건복지부장관은 관계중앙행정기관의 장과 협의하여 제16조의 규정에 의한 사회보장심의위원회의 심의를 거쳐 사회보장증진을 위한 장기발전방향…을 5년마다 수립하여야 한다. ② 장기발전방향에는 다음 각호의 사항이 포함되어야 한다. 1. 사회보장에 관한 기본목표 및 추진방향 2. 주요 추진과제 및 추진방법 3. 재원조달방안 4. 사회보장의 전달체계 5. 사회보장관련 기금운용방안 6. 기타 사회보장을 위하여 특히 필요하다고 인정되는 사항 ③ 장기발전방향은 국무회의의 심의를 거쳐 확정한다.	제16조(사회보장 기본계획의 수립) ① 보건복지부장관은 관계 중앙행정기관의 장과 협의하여 사회보장 증진을 위하여 사회보장에 관한 기본계획…을 5년마다 수립하여야 한다. ② 기본계획에는 다음 각 호의 사항이 포함되어야 한다. 1. 국내외 사회보장환경의 변화와 전망 2. 사회보장의 기본목표 및 중장기 추진방향 3. 주요 추진과제 및 추진방법 4. 필요한 재원의 규모와 조달방안 5. 사회보장 관련 기금 운용방안 6. 사회보장 전달체계 7. 그 밖에 사회보장정책의 추진에 필요한 사항 ③ 기본계획은 … 사회보장위원회와 국무회의의 심의를 거쳐 확정한다. 기본계획 중 대통령령으로 정하는 중요한 사항을 변경하려는 경우에도 같다.

이와 관련해, 박근혜정부는 2012년의 개정 《사회보장기본법》에 따

---

56 《사회보장기본법》(시행 2010.3.19. 법률 제9932호, 2010.1.18, 타법개정) 제20조(사회보장 장기발전방향의 수립); 《사회보장기본법》(시행 2013.1.27. 법률 제11238호, 2012.1.26, 전부개정) 제16조(사회보장 기본계획의 수립); 《사회보장기본법》(일부개정·시행 2018.12.11. 법률 제15885호) 제16조(사회보장 기본계획의 수립)

라 사회보장 증진 차원에서 2014년 7월에 제1차 사회보장 기본계획 (2014~2018)을 마련한다. 그리고 문재인정부(2017.5~2022.5)는 2019년 1월에 국무회의에서 제2차 사회보장 기본계획(2019~2023) 안을 논의한다.[57] 그리고 이러한 논의 속에서는 '국내외 사회보장환경의 변화와 전망' 도 이루어지고 있다.

이상의 서술을 토대로 사회복지 법규와 정책의 역사를 보면 세 가지 지점을 확인할 수 있다. 첫 번째 지점은 사회복지나 사회보장 증진을 위한 적지 않은 법규들이 군사독재 정권 시기에 만들어졌고, 이후 이를 토대로 종합적인 사회보장 계획이 수립되기 시작했다는 점이다. 그 이유나 배경에 대해서는 군사정권이 정통성을 확보하기 위해 복지 부분을 강조했다는 해석, 경제의 점진적 성장 또는 생활의 점진적 안정 등에 따라 복지에 대한 관심이 높아졌다는 해석 등 여러 설명이 가능하다. 이 부분은 앞으로 학계에서 구체적으로 규명되어야 할 부분이다.

두 번째 지점은 사회복지나 사회보장 영역에서 민간복지의 역할이 점차 강조되어왔다는 점이다. 이와 관련해, 이미 해방 직후부터 종교계 외원단체들을 중심으로 한 민간복지 활동이 공공복지 활동보다 활발한 모습을 확인할 수 있다. 물론 1970년대부터 공공복지에 대한 재정이 점차 확대되는 경향을 보였지만, 현재까지도 재정·시설·인력 등에서 미흡해 민간복지의 참여가 요청되는 모습이 보인다.

세 번째 지점은 민간복지의 역할을 강조하면서 종교계에 사회복지에 대한 적극적인 역할과 참여를 요청했다는 점이다. 이는 종교계 사회복지법인체에 시립(市立)시설들에 대한 위탁 운영을 요청하고(1970년대 말), 한국형 사회보장재원 조달방식 차원에서 종교계에 사회복지 참여

---

57 보건복지부(http://www.mohw.go.kr/react/sch/index.jsp, 접속 2019.2.18.). 정보 공개→ 정보목록 (검색어: 사회보장기본계획, 담당부서명: 사회보장총괄과).

를 요청하고(제5공화국 시기), 정책 과제에 종교계의 사회복지 참여 활성화를 포함시킨(참여정부 시기) 사례에서 확인할 수 있다. 해방 이후부터 현재까지 종교계가 운영하던 민간복지시설이나 복지단체들이 사회복지의 중심을 이룬다는 점을 고려하면 이러한 요청은 예견된 결과라고 할 수 있다.

물론 보건복지부 소관 법규에 종교 관련 제한 규정이 없는 것은 아니다. 〈사회복지사업법〉과 동법 시행령, 〈사회복지공동모금회법〉 등에 사회복지협의회 회원이나 사회복지공동모금회 이사 선임 관련 내용이 있지만, 〈국민기초생활 보장법〉(기초생활보장과), 〈아동복지법〉(아동복지정책과, 아동권리과, 아동학대대응과), 〈영유아보육법〉(보육정책과), 〈입양특례법〉(아동복지정책과) 등에도 종교로 인한 차별 금지나 종교의 자유 인정 등의 내용이 명시되어 있다. 특히, 〈기초생활보장법〉에는 보장시설[58]의 장이 위탁받은 수급자에게 급여를 실시할 때 신앙에 따른 차별대우 금지, 종교상 행위의 강제 금지를 규정하고, 종교상 행위를 강제한 경우에 300만원 이하의 벌금, 구류 또는 과료에 처한다고 명시하고 있다. 이상의 사회복지 관련 법규에 명시된 종교 관련 내용은 다음과 같다.

---

58 〈국민기초생활 보장법 (약칭: 기초생활보장법)〉(시행 2019.10.24. 법률 제16367호, 2019.4.23, 일부개정) 제7조(급여의 종류), 제32조(보장시설), 제50조(벌칙). 보장시설은 〈사회복지사업법〉에 따라 생계급여·주거급여·의료급여·교육급여·해산급여(解産給與)·장제급여(葬祭給與)를 실시하는 사회복지시설로, 〈장애인복지법〉에 따른 장애인 거주시설, 〈노인복지법〉에 따른 노인주거복지시설 및 노인의료복지시설, 〈아동복지법〉에 따른 아동복지시설 및 통합 시설, 〈정신건강증진 및 정신질환자 복지서비스 지원에 관한 법률〉에 따른 정신요양시설 및 정신재활시설, 〈노숙인 등의 복지 및 자립지원에 관한 법률〉에 따른 노숙인재활시설 및 노숙인요양시설, 〈가정폭력방지 및 피해자보호 등에 관한 법률〉에 따른 가정폭력피해자 보호시설, 〈성매매방지 및 피해자보호 등에 관한 법률〉에 따른 성매매피해자등을 위한 지원시설, 〈성폭력방지 및 피해자보호 등에 관한 법률〉에 따른 성폭력피해자보호시설, 〈한부모가족지원법〉에 따른 한부모가족복지시설, 〈사회복지사업법〉에 따른 사회복지시설 중 결핵 및 한센병요양시설, 그리고 그 밖에 보건복지부령으로 정하는 시설을 말한다.

<표 5> 보건복지부 소관 법규와 종교 관련 내용

법규	종교 관련 내용
〈사회복지사업법〉(일부개정·시행2019.12.3. 법률 제16738호)	제33조(사회복지협의회) ① 사회복지에 관한 ··· 업무를 수행하기 위하여 전국 단위의 한국사회복지협의회(이하 "중앙협의회"···)와 시·도 단위의 시·도 사회복지협의회(이하 "시·도협의회"···)를 두며, ··· 시·군·구 사회복지협의회(이하 "시·군·구협의회"···)를 둘 수 있다. 〈개정 2012.1.26, 2017.10.24.〉 ··· ② 중앙협의회, 시·도협의회 및 시·군·구협의회는 이 법에 따른 사회복지법인으로 하되, ···. ③ ···. ④ ···.
〈사회복지사업법 시행령〉(타법개정·시행 2020. 2.18. 대통령령 제30423호)	제13조(중앙협의회 등의 회원) ① ··· 중앙협의회의 회원이 될 수 있다. 〈개정 2004.7.30.〉 1.··· 3.···종교계··· 보건의료계 등을 대표하는 자, 4. ··· ② ···시·도협의회의 회원이 될 수 있다. 〈개정 2004.7.30.〉 1.··· 3.당해 지역의 ····종교계··· 보건의료계 등을 대표하는 자, 4. ··· ③ ···시·군·구협의회의 회원이 될 수 있다. 〈신설 2004.7.30.〉 1.··· 3.당해 지역의 ····종교계··· 보건의료계 등에 종사하는 자, 4. ···
〈사회복지공동모금회법〉(일부개정·시행 2019.1. 15. 법률제16246호)	제9조(임원의 선임) ① 이사회는 다음 각 호의 어느 하나에 해당하는 사람 중에서 이사를 선임하여야 한다. 이 경우 제1호부터 제3호까지의 규정에 해당하는 사람이 각각 4명 이상 포함되어야 한다. 1.···, 2.노동계·종교계·시민단체에 종사하는 사람, ···. ②···, [전문개정2012.10.22.]
〈국민기초생활보장법 (약칭: 기초생활보장법)〉(시행 2019.10.24. 법률 제16367호, 2019.4.23. 일부개정)	제33조(보장시설의 장의 의무) ① ···. ② ···. ③ 보장시설의 장은 위탁받은 수급자에게 급여를 실시할 때 성별·**신앙 또는 사회적 신분 등을 이유로 차별대우**를 하여서는 아니 된다. ④ ···. ⑤ ··· **종교상의 행위를 강제하여서는 아니 된다.** [전문개정2012.2.1.] 제50조(벌칙) 제33조 제1항 또는 제5항을 위반하여 ··· **종교상의 행위를 강제한 자는 300만원 이하의 벌금, 구류 또는 과료**에 처한다. [전문개정2012.2.1.]
〈아동복지법〉(시행 2019.7.16. 법률 제16248호, 2019. 1.15. 일부개정)	제2조(기본 이념) ① 아동은 ···, 종교, ··· 인종 등에 따른 어떠한 종류의 차별도 받지 아니하고 자라나야 한다. 제4조(국가와 지방자치단체의 책무) ① ···. ⑤ ···아동이 ···, **종교, ··· 등에 따른 어떠한 종류의 차별**도 받지 아니하도록 필요한 시책을 강구하여야 한다.〈개정 2016.3.22.〉
〈영유아보육법〉(시행2020.1.16. 법률제16251호, 2019. 1.15. 일부개정)	제3조(보육 이념) ① 보육은 영유아의 이익을 최우선적으로 고려하여 ···. ② ··· ③ 영유아는···, **종교, ··· 등에 따른 어떠한 종류의 차별**도 받지 아니하고 보육되어야 한다.〈개정 2011.8.4.〉[전문개정 2007.10.17.]

| 〈입양특례법〉(시행 2019.7.16. 법률 제16248호, 2019. 1.15,타법개정) | 제10조(양친이 될 자격 등) ① 이 법에 따라 양친이 될 사람은 다음 각 호의 요건을 모두 갖추어야 한다. 1.…충분한 재산…, 2.**양자에 대하여 종교의 자유를 인정**하고 … 5.그밖에 양자가 될 사람의 복지를 위하여…필요한 요건을 갖출 것
② …양자가 될 아동이 … 인권침해의 우려가 있는 직업에 종사하지 아니하도록 하여야 한다. ③ …. |

03
민간복지와 종교계 사회복지

　앞에서 언급한 두 번째 지점을 좀 더 부연하면, 해방 이후 1960년대 초까지 사회복지의 중심은 공공복지가 아니라 민간복지였다고 할 수 있다. 그리고 민간 차원의 복지에서 주류는 종교계 외원단체들이었다고 할 수 있다. 비록 1960년대 초부터 정부가 수출 주도형 경제성장을 추진하면서 사회보장제도의 외관을 갖추려는 모습을 보였지만,[59] 1960년대 중반에도 외원 의존도를 줄이고 한국의 에너지원을 개발해 사회사업의 자주성·자립성을 확보해야 한다는 주장이 제기되었을 정도로,[60] 민간복지가 공공복지를 압도하는 현상은 지속된다.

　1970년대에도 박정희정부(1963~1979)는 선별적 복지라고 불리는 '잔여적 복지(residual welfare provision)'를 강조하면서 공공복지보다 오히려 사회복지에 대한 민간의 참여를 유도하는 모습을 보인다. 예를 들어, 보건사회부가 외원단체의 철수와 외원액의 감소 상황에서 1971년 11월에 '한국사회복지공동모금회'를 인가했는데, 그 배경이 민간사회복지운동의 일환이었다는 점은 당시 민간복지의 중요성을 시사한다. 이

---

59 「복지 잘못된 관행 과감히 시정 운용 효율화 중요」, 『매일경제』, 1995.8.3.
60 김만두, 「자립에의 자세-외원의존의 탈피-」, 『동광』 9-1, 어린이재단, 1965, 12-19쪽.

모금회는 1972년 12월에 복지사회와 복지국가를 목표로 경향신문사와 함께 한국 최초로 민간사회복지사업자금 마련을 위한 공동모금운동을 전개하기도 한다.[61]

그렇지만 사실상 민간복지 영역에서 주목할 부분은 민간복지의 중추가 종교계의 사회복지 활동이었다는 점이다. 해방 이후 사회복지 정책의 역사를 보면, 정부도 초기에 사회복지 영역을 공공복지와 민간복지로 양분하고 민간복지 부분에서 점차 종교계의 사회복지 참여를 요청하고 있음을 확인할 수 있다. 그에 대한 구체적인 내용을 시기별·정부별로 살펴보면 다음과 같다.

우선, 1970년대의 경우, 비록 외원단체의 철수와 외원액의 감소로 인해 종교계, 특히 기독교계의 사회복지 활동이 축소되는 경향을 보였지만, 이미 한국 종교계가 사회복지 활동을 전반적으로 시작한다. 천주교의 경우, 이미 1960년대에 대구교구와 인천교구에 이어, 1970년대에 서울교구에 사회복지회를 조직한다. 특히 1975년에 주교회의 '인성회'를 출범시켜 교구, 본당, 수도회나 개인 등 기존의 산발적 사회복지활동에 대한 체계화를 시도한다.[62] 또한 1976년에는 충북 음성군에서 오웅진 신부의 주도로 꽃동네를 시작한다.[63]

불교의 경우, 1973년 5월에 불교사회문제연구소가 근로자 복지향상을 위한 연구 기구로 '불교노동복지회'를 결성하고, 청담(靑潭)근로복지상의 제정과 표창을 계획한다.[64] 당시 입양가정 부분에서도 불교

---

61 「民間福祉운동」, 『경향신문』, 1972.12.13.; 「사회福祉募金會 機能 마비」, 『경향신문』, 1973.7.20.
62 윤용복, 「사회복지 영역에서의 국가와 종교」, 『현대 한국의 종교와 정치』(강돈구 외 5인), 한국학중앙연구원 문화와 종교연구소, 2010, 93–121쪽.
63 「가난하지만 행복한 곳 – 꽃동네」, 『경향잡지』 1987.4, 37–42쪽. 꽃동네는 충북 음성군 맹동면에 위치한 천주교계 공동체이다(http://www.kkot.or.kr/).
64 「佛敎 노동복지회 결성」, 『경향신문』, 1973.5.8.

(22%)는 무종교(54%)의 다음으로, 기독교(19%)나 천주교(5%)에 비해 높은 비율을 보인다.[65]

대순진리회의 경우, 1969년에 종교단체를 결성한 이후, 1970년대 중반 전후부터 방위성금, 수재민 성금, 이웃돕기 성금, 원호 성금 등에 적극적인 모습을 보인다. 당시 별도의 사회복지재단이 설립된 것은 아니었지만, 대순진리회가 지원했던 각종 성금 사례가 여러 언론사에서 지속적으로 다루어진다.[66]

다음으로, 1980년대 제5공화국 시기의 경우, 정부는 1984년 1월부터 복지국가 건설을 국정지표로 삼고 경제개발과 사회개발을 동시에 추진하지만, 빈약한 재원 때문에 여전히 민간복지를 강조한다. 예를 들어, 1982년 6월에는 보건사회부가 최초의 민간기업(동방생명보험주식회사)계 사회복지단지(사회복지법인 동방사회복지재단) 건립을 인가한 바 있는데, 그 명분이 사기업 이익의 사회적 환원이었다는 점을 고려하면,[67] 이는 정부가 사회복지에 대한 민간의 참여를 강조한 사례라고 볼 수 있다.

이 시기에 민간복지의 역할에 대한 정부의 강조는 종교계 사회복지의 전반적인 활성화를 가능하게 한다. 구체적으로 천주교는 광주·원주·전주교구에서 사회복지회를 조직해 사회복지 관련 조직과 영역을 확대한다. 또한 본당 신부의 일부가 임기를 마치고 특수 사목의 형태

---

65 「늘어난 國內入養」, 『경향신문』, 1977.9.12.
66 「防衛誠金 모으기運動 接受마감」, 『동아일보』, 1974.10.2; 「中谷洞周辺鋪裝」, 『매일경제』, 1974.11.30.; 「防衛誠金 4億 돌파 本社접수」, 『경향신문』, 1975.6.25.; 「水災民에 따뜻한 同胞愛를」, 『경향신문』, 1977.7.16.; 「裡里災民·年末이웃돕기 募金」, 『경향신문』, 1977.12.8. 등.
67 「民間福祉 재단건립 東邦생명 90年까지」, 『경향신문』, 1982.6.3. 동방사회복지재단은 1991년 4월에 명칭을 '삼성생명공익재단(http://life.samsungfoundation.org/)'으로 변경한다.

로 사회복지활동에 전념하는 모습도 자주 나타난다.[68] 개신교계는 1980년대 후반에 교회 성장의 정체와 감소에 대한 이유를 사회에 대한 교회의 무관심과 봉사 부족으로 인식하고, 교회 성장의 위기를 사회봉사로 극복하려는 경향을 보인다.[69]

원불교의 경우는 1980년대에 자선사업회를 토대로 사회복지법인 '삼동회'를 설립하고, 사회복지 범위를 넓혀 아동과 노인 외에 부랑인과 정신장애우를 포함시킨다.[70] 대순진리회의 경우는 1984년에 종단의 3대 사회복지사업(사회구호자선·사회복지·사회교육)을 확대하고,[71] 1990년에 3대 사업에 중점을 두면서 특히 사회복지의 예산을 1989년에 비해 4.5배 증액한다.[72]

제5공화국의 전두환정부(1980~1988) 시기에는, 종교계 사회복지의 활성화와 동시에, 종교계 사회복지시설의 인권 유린과 부정이 사회 문제로도 대두된다. 이와 관련해, 1987년 1월에는 전국 최대의 부랑아 수용시설인 부산 형제복지원 사건,[73] 동년 2월에는 원생들의 집단탈출, 신민당조사단 폭행사건 등 대전 성지원 사건이 발생한다.[74] 그와 함께 1987년에는 전국에 1만 6천여 명이 수용된 36개 부랑인 보호시설(법인 21개, 종교단체 10개, 행정기관직영 5개소)의 인권침해 문제가 사회 문제로 부

68 윤용복, 앞의 글, 2010, 107쪽.
69 박창현,「한국 개신교회의 사회 복지 신학을 위한 예수의 전거들」,『신학과 세계』 50, 감리교신학대학교 신학과 세계, 2004, 200~202쪽.
70 윤용복, 앞의 글, 2010, 107쪽.
71 「사회 속에 장착하는 종단 3대 사업」,『대순회보』 2호, 1984.6.
72 「종단소식: 89년도 중앙종의회 개최」,『대순회보』 16호, 1990.2.
73 「어느 福祉院의 人間冒瀆」,『동아일보』, 1987.1.19.;「福祉院生 百80명 강제勞役 釜山 '형제'」,『동아일보』, 1987.1.19.;「恐怖의 福祉院 12년 院生 513명 病死」,『경향신문』, 1987.1.20.
74 「聖地園의 무차별 폭행」,『동아일보』, 1987.2.11.;「聖地園의 집단탈출 소동」,『동아일보』, 1987.2.28.

각되고, 정부는 당시 민정당과 함께 당정협의를 통해 부랑인 보호시설 내의 인권침해 문제가 개인이 운영하는 데에서 비롯된다고 보고, 법인 형태 또는 종교단체에게 운영을 맡긴다는 방침을 수립하기도 한다.[75]

다음으로, 1980년대 제6공화국 시기의 경우, 1988년 2월에 출범한 노태우정부(1988~1993)는 노령인구의 급증 현상에 대비해 경로당을 노인복지센터로 발전시키는 등 노인복지대책을 계획하지만, 국고부담이 없는 비예산사업의 일환으로 종교단체에게 노인복지시설의 설치를 권장하는 모습을 보인다.[76] 그 외에 노태우정부는 민간복지의 육성을 제6공화국의 주요 과제로 설정한다.[77] 그 배경 가운데 하나는 1988년 경남 울주군에 있던 사회복지법인 효정원에서 수용자의 약 20%(21명)가 숨진 사건이다.[78] 이 사건 전후로, 복지수용시설이 '살인원(殺人院)'이나 '수용소 군도'가 되면서 인간다운 삶이 기본인 민주화에 역행하고 있다는 비판들이 제기되었고, 이러한 상황에서 복지수용시설의 관리를 종교법인이나 국가에 맡기는 정책이 필요하다는 주장이 유효했기 때문이다.[79]

비록 이 시기에는 종교계가 사회복지에 대해 인색하다는 각종 여론도 있었지만,[80] 종교계의 사회복지 참여는 여전히 활성화된다. 예를

---

75 「福祉법인종교단체서 運營」, 『경향신문』, 1987.2.14. 당시 매년 20억원 국고 지원을 받은 형제복지원의 원장이 수용인 3천여 명 가운데 180여 명을 개인의 목장과 운전교습소 조성을 위해 강제노역에 투입했다가 한 명을 구타하여 병사(病死)로 꾸민, 나아가 12년 동안 531명을 사망시킨 사건이다.

76 「敬老堂을 노인福祉센터로」, 『경향신문』, 1988.7.29.

77 「90年代 韓國經濟의 進路, 成長·福祉 조화에 정책초점」, 『매일경제』, 1990.1.9.

78 「院生 1년간 21명 숨져」, 『동아일보』, 1988.7.26. 부산 형제복지원 원생 등을 수용하여 매월 국고 지원을 받은 경남 울주군의 사회복지법인 효정원에서 1년간 21명의 원생이 사망했다고 밝혀진 1988년 사건이다.

79 「복지시설속의 죽음들」, 『동아일보』, 1988.7.28.

80 「찾는 이 발길 끊긴 사회福祉시설」, 『매일경제』, 1989.9.11.; 「'不遇'에 등 돌리는 宗敎단체」, 『경향신문』, 1990.12.21.

들어, 불교계는 자비보시, 복전(福田), 방생(放生), 사신(捨身) 등의 개념들을 근거로 '불교 자체가 사회복지'라는 주장과 함께, 1989년 11월에 불교사회복지회 창립대회를 개최한다. 그리고 종단차원의 중앙관리, 전문연구기관 및 인력 양성, 후원회 조직, 자원봉사활동 전개, 불교사회복지에 대한 의식 계몽 등을 불교계 사회복지의 과제로 제기한다.[81] 불교사회복지회도 장애인복지, 불교청소년복지, 『복지논집』 간행 등 복지 활동의 범위를 확대한다.[82]

1991년 이후에는 종교계에서 사회복지시설을 설치하는 사례들이 전반적으로 급증한다.[83] 경제적 빈곤층을 위한 종교계의 의료복지 활동도 활발해졌다. 이와 관련된 사례로는 가톨릭의 성가복지병원(본격 무료진료: 1990년 1월부터)·요셉의원·도티병원(개원: 1982), 불교의 광명의원(서울·청주, 개원: 1991년) 등을 들 수 있다.[84]

다음으로, 1990년대의 경우, 1993년에 출범한 김영삼정부(1993~1998)는 '작은 정부'를 지향하면서 국민의 복지 욕구에 비해 인적·물적 자원이 부족하다고 판단하고 민간, 특히 종교계의 사회복지 참여를 유도한다.[85] 그리고 1993년에 〈노인복지법〉 개정, 1994년에 〈노인복지법시행령〉 개정을 통해 민간자본의 참여를 허용한다.[86] 1994년에는

---

81 「佛教 잃어버린 자비정신 찾자」, 『동아일보』, 1989.11.23. 대회에는 보사부의 등록 사회복지시설(626개소) 가운데 불교사회복지시설이 4%인 28개, 수용인원도 전체의 1.5%(1,200명)에 불과하다는 점이 전제된다.
82 『동아일보』, 1990.4.14.; 「청소년복지 세미나」, 『동아일보』, 1990.11.18.; 「불교사회복지회 '복지 論集' 펴내」, 『경향신문』, 1992.1.18.
83 고경환·장영식·박승희·이혜숙·조철환, 『사회복지지출 추계를 위한 한국종교계의 사회복지시설지원금 실태조사: 2001-2003』, 보건복지부·한국보건사회연구원, 2005, 15쪽.
84 「낮은데로 임하는 '종교 병원' 늘어」, 『경향신문』, 1992.1.25.
85 김미숙·홍석표·이만식·유장춘, 앞의 책, 1999, 28-30쪽.
86 「사회福祉에 2兆 투입」, 『매일경제』, 1994.1.4.

민간과 종교단체의 복지사업이 미미했다는 판단 아래 민간의 참여 확대를 유도한 바 있는데, 그 핵심 내용은 종교재단의 사회복지시설 운영 시 사회복지사 법정채용기준 완화, 개별 종교시설의 사회복지사업 참여 시 법인설립요건 완화, 그리고 종교시설의 사회복지시설 활용 방안이다.[87]

1995년에도 민간의 사회복지 참여가 강조되지만,[88] 1995년 7월 이후에 강원도 원주 치악산 기슭의 '소쩍새마을' 사건이 알려지면서 다소 변화가 생긴다. 이는 당시 여러 매스컴에서 소외된 이들을 돌보는 '자비의 화신'으로 소개했던 소쩍새마을의 승려가 성폭력과 학대를 자행했다는 사건인데,[89] 이 사건을 계기로 보건복지부는 전국 무허가 사회복지시설의 실태조사를 벌인다. 그리고 이에 근거해 293개 무허가 시설에 대해 종교단체나 기존 시설로의 흡수, 독지가의 인수, 허가 등을 통한 단계적 폐쇄 등의 대책을 발표한다.[90] 그렇지만 이 대책은 사회복지에 대한 민간, 특히 종교계의 참여를 부정한 것이 아니라 오히려 공식 요청한 것이다.

종교계는 당시 정부의 사회복지 정책 결정에도 영향력을 행사하려는 모습을 보인다. 이와 관련해, 1997년 3월에 제정되어 1998년 7월부터 시행된 〈사회복지공동모금법〉 사례가 그에 해당한다. 이 법률은

---

87 「福祉사업 참여 요건 대폭완화」, 『매일경제』, 1994.5.13.
88 「한국경제半世紀, 복지 잘못된 관행 과감히 시정 운용 효율화 중요」, 『매일경제』, 1995.8.3.
89 「'인면수심' 두 얼굴의 스님」, 『경향신문』, 1995.7.4.; 「중앙승가대 '소쩍새마을' 인수합의」, 『경향신문』, 1995.7.23.; 「'소쩍새마을' 넘기며 億臺 뇌물」, 『동아일보』, 1995.9.2.; 「누구도 그들의 '눈물'을 팔지 말라, 소쩍 새마을의 겨울」, 『경향신문』, 1995.11.16. 원주 소쩍새마을은 1982년에 시작된 고아원과 양로원을 겸한 사회복지시설 또는 정박아·부랑인 수용시설이다.
90 「無許 복지시설 정리 복지부」, 『매일경제』, 1995.10.21.

'행정기관이 주도한 이웃돕기성금의 모금과 관리를 민간단체에게 넘겨 민간의 사회복지 참여를 활성화한다'는 입법 취지로, 1997년 3월에 국회를 통과해, 원안대로 시행된다.[91] 그렇지만 그 과정에서 한국천주교주교회의 사회복지위원회, 대한예수교장로회, 대한불교조계종, 구세군대한본영, 대한성공회 등으로 구성된 한국종교계 사회복지대표자협의회 등이 성금 배분의 불이익을 이유로 폐지 혹은 시행 유보를 촉구한다.[92] 당시 이러한 영향력 행사는 그 만큼 사회복지에 대한 종교계의 참여 정도가 크다는 것을 반증한다.

다음으로, 1990년대 김대중정부(1998~2003) 시기의 경우, 경제문제 해결을 위해 민간의 사회복지 참여를 적극적으로 유도한다. 그 배경으로는 국민의정부가 출범한 1998년 2월이 1997년 12월에 국제통화기금(IMF)에 자금지원 양해각서를 체결한 직후(IMF 구제금융사건)로 어려운 상황이었다는 점을 들 수 있다. 당시 정부는 가톨릭, 개신교, 불교 등의 종교단체와 사회단체에 노숙자를 위한 식당 및 숙소의 운영 등을 요청한다.[93] 이러한 요청과 함께 민간복지에서 종교계의 역할과 참여가 부각되기 시작한다. 그 사례로 IMF 체제 이후, 불교계의 사회복지 참여 활성화 현상 등을 들 수 있다.[94]

국민의정부는 종교계의 사회복지 참여를 적극 요청하는 모습을 보인다. 이와 관련해, 1998년 8월에는 충남 연기군 소재 부랑인 수용시

---

91 〈사회복지공동모금법〉(시행 1998.7.1. 법률 제5317호, 1997.3.27, 제정). 이 법률은 2019년에 〈사회복지공동모금회법〉(일부개정·시행 2019.1.15. 법률 제16246호)으로 명칭이 바뀐다.
92 「사회복지공동모금법, 뜨거운 논란」, 『한겨레』, 1998.6.27.
93 이선우, 「민간부문의 사회복지와 종교기관」, 『월간 복지동향』 5, 참여연대사회복지위원회, 1999, 18쪽.
94 강지현, 『불교계 사회복지시설 단체 실태조사보고서』, 현대불교신문사 부다피아 사회복지팀, 2005, 5쪽.

설 양지마을의 인권 유린행위가 발생하자, 보건복지부가 종교단체의 위탁운영을 결정한다.[95] 그리고 동년 9월에는 보육사업의 활성화와 직장보육시설(어린이집) 인가기준을 완화하면서 종교단체 부설 보육시설의 경우에 해당 종교단체의 장이 보육시설의 장을 겸임할 수 있도록 하면서 종교단체에 보육시설의 설치를 촉구한다.[96] 비록 IMF사태와 조계종 사태[97]의 장기화 등이 겹쳐 불교계·천주교계 등의 여러 사회복지단체들이 '입소 희망자들이 증가하는 반면 후원금이 감소하는 현상'에 직면하지만,[98] 여전히 노숙자, 자살, 범죄 문제에 대해 종교계의 참여가 요청된다.[99]

주목할 부분은 1998년에 노인복지, 보육·아동, 여성, 장애인, 청소년, 종합복지 등의 분류체계로 종교계 사회봉사단체 현황이 최초로 공식 집계되었다는 점이다. 당시 자료에 따르면, 노인복지시설 수는 '천주교 68개 → 개신교 39개 → 불교 26개', 보육-아동복지시설 수는 '개신교 119개 → 천주교 18개 → 불교12개', 장애인복지시설 수는 '천주교 111개 → 불교 23개 → 개신교 23개', 청소년복지시설 수는 '천주교 34개 → 개신교 19개 → 불교 5개', 종합복지관 수는 '불교 33개 →

95 「'양지마을' 종교단체 위탁」, 『한겨레』, 1998.8.28.
96 「5인이상 '어린이집' 생긴다, 복지부, 직장보육시설 인가기준 완화」, 『국민일보』, 1998.9.7.
97 「조계종 폭력사태로 바라본 사판승의 세상 겉으론 '종권다툼', 속으론 '잿밥 싸움'」, 『한겨레』, 1998.12.11, 12면; 「조계종 사태 해결 새 '화두', 고산 전 총무원장 불출마 선언」, 『한겨레』, 1999.11.6, 12면. 조계종 사태는 총무원장 선거를 둘러싸고 경선이 아닌 단일후보 추대에 의한 총무원장 선출 원칙을 고수하던 고산 전 총무원장이 '다시 산중으로 돌아가며'라는 글을 낭독한 후 총무원청사를 떠나면서 해결 기미를 보인다.
98 「종교계 복지시설 썰렁한 세밑, 후원금 지난해 절반 못미쳐」, 『문화일보』, 1998.12.12.
99 「노숙자에게 재기의 손길을」, 『서울신문』, 1998.9.21.; 「확산 우려되는 사회병리」, 『서울신문』, 1998.12.22.

기독교 14개(개신교·천주교 포함)', 실직자프로그램 수는 '개신교 105개 → 천주교 79개 → 불교 70개 → 원불교 13개' 순이다.[100]

1998년 종교계 사회봉사단체 현황에 따르면, 천주교는 노인복지시설·장애인복지시설·청소년복지시설에서, 개신교계는 보육-아동복지시설과 실직자프로그램 개설에서, 불교계는 종합복지관에서 다른 종교에 비해 우위를 보이고 있다. 그 이유나 배경에 대해서는 종교별 조직력의 차이, 선교 대상의 차이, 지역사회의 거점 확보 등의 전략 차이, 재정과 인력 차이 등 여러 차원의 분석이 가능하다.

1999년에는 종교계의 사회복지 참여를 촉구하기 위해 정부가 종교계의 사회복지현황에 대한 연구용역을 진행하기도 한다. 연구용역 결과에 따르면, 불교가 극복해야 할 부분으로는 관심과 추진력을 가진 승려의 부족, 불교 지도자와 종단 총무원의 무관심 등이 지적된다. 천주교의 경우에는 조직적 기반과 활동의 양적 확대에도 불구하고, 질적인 측면에서 조직 간의 유기적 관계나 협조체계가 부적절하고 사회복지활동의 내용과 방법도 전통적인 수준이라는 점이 지적된다. 개신교의 경우에는 목회자와 평신도의 낮은 의식, 사회봉사에 대한 교회의 재정 구조 문제, 교회시설에 대한 고정관념 등이 지적된다.[101]

1999년의 연구용역과 관련해 주목할 부분은 그 동안 종교계가 적극적으로 사회복지에 참여해 활동했음에도 불구하고, 전반적으로 불교계·천주교계·개신교계의 사회복지활동이 저조하다고 평가했다는 점이다. 이러한 평가는 당시 실제 상황을 반영했다기보다 종교계의 사회복지 참여 확대를 촉구하기 위한 의도를 반영했다고 이해할 수 있다.

---

100 「종교계 '소외계층 돕기' 확산, 문화관광부 사회봉사단체 현황조사」, 『세계일보』, 1998.9.19.
101 김미숙·홍석표·이만식·유장춘, 앞의 책, 1999, 17쪽.

국민의정부는 종교계 사회복지시설의 양성화를 추진하면서도 종교계의 참여 확대를 계속해서 유도한다. 이와 관련해, 2000년 1월에는 보건복지부가 가출청소년에 대한 선도보호시설의 확충을 위해 선도보호시설 인가 및 비인가 종교계 시설들의 양성화 차원에서 참여의사를 밝힌 천주교계 36개 시설을 공식시설로 인가한다. 이어, 개신교와 불교계 등의 관련 비인가 시설에 대해서도 양성화 방침을 수립한다.[102] 2002년 2월에는 보건복지부가 노인 요양사업에 대한 민간 참여의 유도 차원에서 종교기관의 부속시설을 소규모 요양시설이나 주간보호시설로 이용한다는 계획을 수립한다.[103] 동년 8월에는 대부분 종교계가 운영하는 미신고 소규모 사회복지시설(30인 이하 수용)의 관리지원 대책을 발표한다.[104]

다음으로, 2000년대 노무현정부(2003~2008) 시기의 경우, 참여정부는 제2차 5개년계획 안에 '종교계의 사회복지 참여 활성화'를 제4과제로 포함시킨다. 정부 출범(2003.2.) 직전인 2003년 1월에 '꽃동네' 설립자 비리 혐의로 복지시설의 대규모화에 대한 비판이 제기되었음에도 불구하고,[105] 이 정책이 발표되었다는 것은 그만큼 사회복지에 대한 종교계의 참여 정도가 높다는 것을 반증한다. 참여정부가 계획한 '종교계의 사회복지 참여 활성화'의 내용은 종교계의 사회복지참여 유도

---

102 「청소년 선도시설 확충, 종교계운영 36곳 인가」, 『경향신문』, 2000.1.18.
103 「종교기관 노인시설 활용 추진」, 『한겨레』, 2002.2.9.
104 「정부, 소규모복지시설 조건부 신고 독려 종교계 반발」, 『국민일보』, 2002.8.29. 당시 파악된 미신고시설은 총 674곳으로 장애인·노인·아동 청소년 시설 등이 대부분이며 이 가운데 약 90% 이상이 종교계였다. 당시 정부는 미신고 시설이 신고하면 3년 내로 시설 요건의 충족을 지원한다고 발표했지만, 신고율이 낮아 신고기한을 1개월 연장하는 상황에 직면한다.
105 「충격적인 '꽃동네' 횡령 혐의」, 『한국일보』, 2003.1.23. '꽃동네' 설립자가 국고보조금·후원금의 횡령과 대규모 부동산의 매입 혐의로 인해 사회적으로 복지시설의 대규모화에 대한 비판이 제기된다.

(2004~2008), 종교계 복지자원 총량 파악(2004년 후반~2005년), 사회복지 지식 제공을 위한 종교계 성직자 보수교육(2005년~2008년 각 상반기), 종교계와 해당 지역의 사회복지시설 간 협의체 구성(지역복지협의체 활용 2004년, 주기적 회의 참여 2005년~2008년 각 상반기), 지역사회에 대한 종교계 시설 개방 권고(인력 훈련 및 프로그램 준비 2004년, 사회복지 프로그램 실시 2005년~2008년), 종교계의 다양한 사회복지 기능을 총괄하는 기구인 '한국종교계사회복지대표자협의회'의 사단법인화(2004년) 등 다양하다.[106]

실제로 참여정부가 '종교계의 사회복지 참여 활성화'를 제4과제로 포함시킨 배경은 당시 종교계 사회복지시설 수(2003년 말 기준)가 전체 복지시설 수(4,048개)의 53.4%(2,162개; 이용시설 487개, 생활시설 469개)를 차지했던 상황과 관련된다.[107] 이러한 상황은 소득 불균형과 불평등, 예산 배정의 한계 상황에서 특히 종교기관이 중심인 민간부문과 협력해야 사회복지가 확산될 수 있다는 참여정부의 판단을 뒷받침한다.[108]

다음으로, 2000년대 이명박정부(2008~2013) 시기의 경우, 실용정부는 복지예산 집행의 효율성 증대를 위해 중복사업 정리와 통합전산망 구축, 예산 집행 전후 관리 강화 등의 '사회복지전달체계 개선 종합대책'을 발표한다. 그리고 실제로 9개 부처의 복지사업에 대한 정리, 사회복지통합관리망의 구축, 복지관리계좌제의 도입, 복지담당 공무원의 보강 등을 추진한다.[109] 그렇지만 2010년 2월에 경제정의실천시민연합이 발표한 보건복지정책 평가서에 따르면, 실용정부의 추진 과제

---

106 참여복지기획단, 앞의 책, 2004, 23-28쪽.
107 고경환·장영식·박승희·이혜숙·조철환, 앞의 책, 2005, 12쪽, 16-17쪽.
108 「民·官 손잡고 빈곤퇴치를」,『문화일보』, 2003.8.19.
109 「정부 '복지정책' 뭘 담았나/복지사업 249개→159개로 대폭 정비」,『세계일보』, 2009.6.15.

22개 가운데 86%인 19개 사업이 C등급 이하, 노인생활 및 건강지원 서비스 확대와 저소득층 지원 정책, 긴급 지원체계 구축 등 3개 사업만 B등급으로 나타난 바 있다.[110]

실용정부는 출범 당시부터 종교계의 사회복지 참여를 위한 정책을 별도로 설정하지 않는다. 다만, 2009년 9월에 보건복지시설 기능보강 사업에 따른 사업부지 선정이 어려우면, 종교단체가 보유한 건물이나 대지의 활용 방안을 검토하겠다는 입장 정도를 보였을 뿐이다.[111]

그렇지만 2000년대에도 종교계는 대순진리회복지재단,[112] 사회복지법인 구세군복지재단, 기독교대한감리회 사회평신도국, 대한불교조계종 사회복지재단, 대한성공회 사회선교부, 대한예수교장로회총회 사회봉사부, 원불교 사회복지협의회, 한국천주교주교회의 사회복지위원회, 한국기독교장로회 한기장복지재단, 대한불교천태종 복지재단, 대한불교진각종 진각복지재단 등을 중심으로 기존의 사회복지 범위를 확대한다.[113] 그와 관련해 2008년 당시, 종교계의 사회복지 관련 법인들의 현황은 다음과 같다.[114]

---

110 「"MB정부 보건복지정책 86% 성과 미흡", 경실련 평가」, 『세계일보』, 2010.2.25.
111 「'보건복지시설 확충' 예산 47%만 집행」, 『내일신문』, 2009.9.23.
112 대순진리회복지재단(http://dsswf.com/), 구세군(http://www.salvationarmy.or.kr/), 대한불교조계종 사회복지재단(http://www.jabinanum.or.kr/xe/main), 기독교대한감리회 사회복지재단(https://kmc.or.kr/facilities/kmc-social-welfare-foundation), 대한예수교장로회총회 사회봉사부(http://new.pck.or.kr/division.php?part=welfare), 한국천주교주교회의 사회복지위원회(http://caritas.cbck.or.kr/v2/index.html), 원불교 사회복지협의회(http://www.wonwelfare.net/), 한기장복지재단(http://www.prokwfm.org/g5/), 천태종복지재단(http://with99.org/), 진각복지재단(http://www.jingak.or.kr/sub01/sub05_02_01.php) 등.
113 (사)한국종교계사회복지협의회(http://krcsw.co.kr/). 2004년 창립총회와 제7차 심포지엄.
114 고병철, 『(2008) 한국의 종교현황』, 문화체육관광부, 2008, 132-154쪽.

<표 6> 종교계 사회복지사업 관련 주요 법인 현황(2008년 12월 기준)

구 분	불 교	개신교	천주교	대순진리회	원불교(시설수)	계
사단법인	15	5				20
재단법인	3	3	2			8
사회복지법인	86	186	56	2	14	344
계	104	194	58	2	14	372

박근혜정부(2013~2017)는 2012년 대선 과정에서 '민생대통령'을 내세우고 '기초연금 도입'과 '4대 중증질환 국가책임' 등 생애주기별 맞춤형 복지 확대 정책을 주요 공약으로 발표한다. 그리고 대선 당시 새누리당도 정책공약으로 노후보장(6개), 보건의료(7개), 아동보육(11개), 출산지원(7개), 기초생활보장(3개), 복지체계(8개) 등 34개의 복지 공약을 내세운다.[115]

박근혜정부에서는 종교인 과세 문제가 대두되기도 한다. 이와 관련해, 2016년 2월에는 〈소득세법 시행령〉을 개정해 종교인의 소득에 대한 과세를 위해 기타소득의 항목으로 종교소득을 신설하고, 약 2년 후인 2018년 1월 1일을 시행일로 설정한다.[116] 이후 종교인 소득 과세 부분은 시행 전에 여러 차례 개정을 거치게 된다.

문재인정부(2017.5.~)는 사회복지를 강조한다. 이와 관련해 2018년에는 2017년에 비해 복지 예산을 7.1% 높여, 9년 만에 가장 높은 증가율이라는 평가를 받기도 한다.[117] 종교인 소득 과세에 대해서는 2017년

---

115 경실련(http://ccej.or.kr/9621, 접속 2019.2.19.): '박근혜정부 복지 공약 이행 평가 결과(시행일 2013.11.11.)'

116 〈소득세법 시행령〉(시행 2018.1.1. 대통령령 제26982호, 2016.2.17, 일부개정) 종교인소득 과세와 관련된 비과세소득 및 필요경비 등의 범위와 원천징수 등의 절차 (제19조, 제41조 제14항·제15항, 제42조의2제4항제4호, 제87조 제3호, 제202조 제4항 및 제202조의4 신설).

117 「문재인 정부 첫 예산안⋯복지에만 140조⋯'삽질' 줄여 '사람'에 쓴다」, 『경향신문』, 2017.8.30.

12월에 〈소득세법 시행령〉을 개정해 비과세되는 종교인소득에 종교 관련 종사자가 종교 활동에 통상적으로 사용할 목적으로 지급받은 금 액 및 물품을 추가해 〈국세기본법〉에 따른 법인으로 보는 단체 등도 종 교단체의 범위에 포함하는 등의 조치를 취한다.[118] 종교인소득에 대한 비과세 범위를 넓히고, 종교단체 간 과세형평을 높이려는 취지이다.

종교계도 문재인정부의 복지 정책에 관심을 보이고 있다. 이와 관 련해, 조계종 사회복지재단과 한국종교계사회복지협의회는 2017년 11월에 '문재인정부 주요 복지 정책 및 종교계의 역할과 과제' 주제 정 책토론회를 개최해 문재인정부 수립 후 치매 국가 책임제, 사회복지 사 처우 개선 등 복지 정책이 수립되었다는 점 등과 함께 '복지국가를 위한 종교사회복지의 중요성'을 강조한 바 있다.[119]

2018년 12월 당시 종교계의 사회복지법인과 주요 단체 수는 529개 에 달한다. 개신교, 불교, 천주교, 원불교, 그 밖의 종교 순이다. 개신 교, 불교, 천주교의 경우에는 10년 전에 비해 증가된 수치를 보인다. '그 밖의 종교'라는 범위에는 대순진리회의 2개 단체, 세계평화통일가 정연합의 2개 단체, 그리고 천부교와 일관도 등이 포함되어 있다.[120]

〈표 7〉 종교단체 관련 사회복지사업 주요 현황(2018년 12월 기준)

구 분	불교	개신교	천주교	원불교	그 밖의 종교	계
사회복지법인과 주요 단체	152	259	97	14	7	529

118 〈소득세법 시행령〉(시행 2018.1.1. 대통령령 제28511호, 2017.12.29, 일부개정) 제 12조 제18호(신설), 제19조 제3항제3호.
119 「종교 복지, 국민 복지권 옹호하는 사회적 역할해야, 이태수 전 국정기획자문위원, '문재인 정부 복지정책' 토론회서 강조」, 『불교신문』, 2017.11.28.
120 고병철·강돈구·조현범, 『2018년 한국의 종교현황』, 문화체육관광부, 2018, 217~237쪽.

2018년의 종교단체 관련 사회복지사업 주요 현황을 약 10년 전인 2008년의 경우와 비교해본다면, 약 70%의 상승률을 보인다. 개신교계의 증가율이 높게 나타나지만 불교계와 천주교계의 경우에도 증가율이 적지 않다. 이러한 현상은 종교와 사회복지의 관련성이 점차 높아지고 있다는 것을 보여주고 있다.

04
종교계 사회복지의 쟁점과 과제

    사회복지와 종교의 밀접한 연관성은 여러 종교가 사회복지 영역에서 적극적으로 활동을 전개하고 있고, 정부 차원에서 사회복지 영역에 종교계의 적극적인 참여를 요청하는 상황으로 정리할 수 있다. 그렇다면 종교계의 사회복지에는 어떤 쟁점들과 과제들이 있을까?

    노무현정부(2003.2~2008.2)는 이미 종교계의 사회복지 참여 활성화를 정책과제로 설정하면서 종교계의 사회복지 참여와 관련된 쟁점이 발생하는 네 가지 지점을 지적한 바 있다. 그 내용은 다음과 같다.

    첫째, 종교의 고유한 장점을 반영한다는 입장과 종교의 고유한 결함 때문에 피한다는 입장이다.

    둘째, 종교가 개인의 정신적 건강을 증진한다는 입장과 개인의 정신적 병리라는 입장이다.

    셋째, 종교가 사회복지의 본질을 표현하는 상호 보완적 관계라는 입장과 상호 배제적이고 양립할 수 없다는 입장이다.

    넷째, 종교적 가치와 전문가적 가치의 조화와 보완이라는 측면에서 사회복지사의 종교성을 존중하는 방식으로 정교분리 원칙을 유지해야 한다는 입장과 국가의 사회복지 분야에 종교를 개입시키는

것이 정교분리 원칙을 약화시키고 클라이언트의 자기결정권을 침해할 위험을 증대시킨다는 입장이다.[121]

이에 대해 참여정부가 설정한 과제는 각 종교기관이 사회복지활동의 일차적 목적을 선교나 전도가 아니라 종교의 본질로 인식하게 하는 것, 종교계 사회복지자원의 적극적인 개방과 투자 유도, 종교사회복지에 참여하는 성직자 및 평신도 자원의 전문화, 종파간 배타성 문제의 극복과 적극적인 협력관계 구축 등이다.[122] 이런 쟁점과 과제는 국민 복지의 증진을 위해 민간의 복지 참여가 필요하고, 특히 종교기관이 '복지 자원(인적·물적)의 보고'이며, '사회적 약자에 대한 자비와 사랑'이라는 종교적 이념 실현을 위해 활발히 참여할 것이라는 인식에서 설정된다.

참여정부에서 제기한 쟁점과 과제는 향후에도 적용되는 부분이다. 다만, 이러한 쟁점과 과제에는 종교계가 사회복지에 적극 참여하는 것이 당연하다는 전제가 있어, 사회복지 개념을 포함한 근본적인 문제가 다루어지지 못한 측면이 있다. 또한 종교계 사회복지활동에 대한 국가적 지원이나 정당성에 대한 논의도 활발하지 못했던 것으로 보인다.

사회복지 법규와 정책의 역사, 그리고 종교계의 사회복지 참여 역사를 보면, 네 가지 지점에서 쟁점이 제기될 수 있다. 그 지점은 사회복지와 종교사회복지의 개념 설정, 종교계 사회복지활동의 최종 지향점 설정, 종교계 사회복지시설에 대한 국가의 지원, 그리고 종교의 자

---

121 고경환·장영식·박승희·이혜숙·조철환, 앞의 책, 2005, 4쪽.
122 고경환·장영식·박승희·이혜숙·조철환, 위의 책, 2005, 7-8쪽.

유 보장 부분이다.

첫 번째 지점은 사회복지의 개념 설정 부분이다. 이 지점에서는 사회복지 개념의 강조점을 '자선'에 둘 것인지, '정의 실현'에 둘 것인지의 문제가 발생한다. 사회복지 개념의 역사를 보면, 1900년대 이후 생민(生民)복리, 복리증진, 인민의 복리, 회원복리, 국민복리, 도민복리 등 '복리(福利)'가 널리 사용되고,[123] '복지(福祉)'라는 표현이 1920년대부터 언론에 나타나기 시작한다.[124] 복리라는 표현이 복지라는 표현보다 먼저, 널리 사용된 사례는 일본 사회에서도 찾아볼 수 있다. 그리고 복지나 복리는, 일제강점기에 공적 용어로 사용된 흔적이 거의 없지만, 해방 이후부터 정책용어로 혼용되기 시작한다.[125]

최근에는 복리보다 복지라는 표현이 선호되고 있다. 그렇지만 사회복지는 사회보장의 일환으로 추진되는 경향을 보인다. 정부도 사회복지를 사회보장에 귀속시키는 경향을 보인다.[126] 실제로 사회복지는

---

123 「試問今之社會에 爲生民福利者幾人고」, 『皇城新聞』, 1908.8.14.; 「福利增進의 必要施設은 積極的으로 企劃」, 『每日申報』, 1924.2.18.; 「生業을 獎勵하여 國民福利를 增進」, 『每日申報』, 1929.5.8.; 「道民福利에 努力」, 『每日申報』, 1932.2.29.; 「同胞의 福利爲한 努力이 根本義務」, 『每日申報』, 1932.3.9.; 「道民의 福利를 爲하야 前途開拓에 努力」, 『每日申報』, 1932.1.1. 등.

124 「南北安協으로 全土福祉를 企圖」, 『每日申報』, 1927.3.9.; 「道民福祉를 前提로 諸般事業을 計劃」, 『每日申報』, 1929.3.13.; 「府民의 福祉를 阻害하는 現行料金을 低減하라」, 『每日申報』, 1930.8.11.; 「風曆改新과 갓치 福祉增進에 邁進」, 『每日申報』, 1931. 01.01; 「福祉增進을 期待」, 『每日申報』, 1933.2.1. 한편, 복지라는 표현은 1930년대 일본에서도 보인다(星豊三久, 『福祉施設論』, 資文館, 1932; 中川義次, 「工場의 福祉增進施設」, 保健衛生協會, 1937).

125 「野黨活動保障 建議案 上程」, 『동아일보』, 1960.1.17.; 「改憲案質疑 開始」, 『경향신문』, 1960.6.11.; 「'國民福利'위해 필요' 黨政협의회문제에도 답변」, 『경향신문』, 1970.8.31.; 「企業복리후생비급증」, 『매일경제』, 1992.6.27.; 「'83년부터 國民福祉年金制 실시」, 『매일경제』, 1981.2.10.; 「내년 福祉部門예산 早期 집행」, 『매일경제』, 1986.12.9.; 「都市 영세민 '福祉주택' 건립」, 『매일경제』, 1988.6.15. 등

126 〈사회보장기본법〉(일부개정·시행 2018.12.11. 법률 제15885호) 제3조(정의). 사회보장은 "질병, 장애, 노령, 실업, 사망 등의 사회적 위험으로부터 모든 국민을 보호하고 빈곤을 해소하며 국민 생활의 질을 향상시키기 위하여 제공되는 사회보험,

사회보장 장기발전방향에 포함되고, 지역사회복지계획도 〈사회보장기본법〉의 사회보장 증진을 위한 장기발전방향과 연계되고 있다.[127]

사회복지 개념의 역사에서 주목해야 할 부분은 사회복지 개념이 대체로 '불행한' 타인 또는 하층민에 대한 도움(구휼, 자선) 정도로 설정되었다는 점이다. 종교계에서도 그동안 대체로 '자선 또는 구휼'을 통해 표면적·잠재적 선교·포교활동을 해왔기에 이러한 사회복지 개념을 대체로 공유하고 있다. 물론 종교계가 일제강점기나 해방 이후 간접 선교 차원에서, 즉 선교·포교활동을 사회봉사와 연관시키는 방식으로 사회복지에 참여해왔다는 데에는 다소 이견이 있을 수 있지만, 역사적으로 이러한 경향이 있었다는 부분을 완전히 부인하기는 어렵다.

이와 관련해, 종교사회복지 개념에 대한 문제의식도 보인다. 그에 따르면, 종교사회복지는 재원을 종교 법인이나 후원금에 의존하는 것을 뜻하는 것이 아니라 '종교를 통해 클라이언트의 욕구를 보다 깊이 있게 보살피는 복지'를 뜻한다.[128]

좀 더 주목해야 하는 부분은 사회복지 개념이 1980-90년대에 '단순 자선 차원'에서 '사회정의'로 전환되었다는 지적이다.[129] 그 전환의 정

공공부조, 사회복지서비스 및 관련복지제도를 포괄"한다(제3조). 〈사회보장기본법〉(일부개정·시행 2018.12.11. 법률 제15885호) 제3조(정의)에 따르면, "'사회보장'이란 출산, 양육, 실업, 노령, 장애, 질병, 빈곤 및 사망 등의 사회적 위험으로부터 모든 국민을 보호하고 국민 삶의 질을 향상시키는 데 필요한 소득·서비스를 보장하는 사회보험, 공공부조, 사회서비스를 말한다."

127 〈사회보장기본법〉(일부개정·시행 2018.12.11. 법률 제15885호) 제16조(사회보장기본계획의 수립).

128 전명수, 「종교사회복지담론의 재고찰 – 비판적 성찰과 전망」, 『종교문화연구』 20, 2013. 전명수는 종교사회복지담론의 방향과 관련해 '복지운동이 사회적으로 소수자나 약자를 도외시하는 문화적 풍토에 도전'하면서 '그들을 수혜자가 아닌 주체로 하는 활동'이라는 새로운 의식을 환기시키는 종교사회운동의 선상에서 방향 정립이 이루어질 필요가 있다고 주장한다.

129 윤용복, 앞의 글, 2010, 93-121쪽.

도에 대해 면밀한 분석이 필요하다고 해도, 이러한 지적에 주목하는 것은 '사회 전체 구성원의 인간다운 행복한 삶을 저해하는 부정의(不正義)에 끊임없이 도전하는 노력'이라는 관점으로 종래 사회복지 개념에 문제를 제기할 수 있다는 점에서 중요하다. 즉, 주로 사회적 소수자를 선택적 복지 대상으로 설정해 구휼·자선을 강조하던 종래 사회복지 개념 설정에 대해 '사회 구성원의 생존을 위협하는 사회 구조를 변혁하는 노력이 사회복지 개념을 설정할 때 포함되지 않았다는 문제'를 제기할 수 있다.

그렇다면 이러한 개념 전환 추세를 고려할 때 '종교와 사회복지', '사회복지와 종교'[130] 등으로 표현되는 '종교사회복지'[131] 개념이나 '종교시민사회복지' 개념을 어떻게 규정할 수 있을까? 그 동안 종교사회복지 개념은 '사회 문제의 해결과 예방, 인간의 사회적 기능수행의 활성화, 생활의 질적 향상 등을 위해 종교가 행하는 복지 서비스',[132] '사회복지의 실현을 위해 각 종교가 이념에 입각하여 행하는 실천적 노력',[133] '사회복지의 실현을 위해 종교가 행하는 실천적 노력',[134] '종

---

130 Mary L. Mapes, *A Public Charity : Religion And Social Welfare In Indianapolis, 1929-2002*, Indiana University Press, 2004; Rana Jawad, *Social Welfare and Religion in the Middle East : A Lebanese Perspective*, Bristol: Policy Press, 2009. 라나 자와드의 관심은 Univ. of Bath (https://researchportal.bath.ac.uk/en/persons/rana-jawad/publications/).

131 이혜숙, 『종교사회복지』, 동국대학교출판부, 2003; 심대섭 편, 『종교와 사회복지』, 원광대학교출판국, 1993; 김미숙·홍석표·이만식·유장춘, 앞의 책, 1999. 종교 복지는 '종교적·영적 도움'(religious and spiritual aid)이라는 의미의 '종교 복지'(religious welfare), 종교 생활을 위한 환경(welfare of religious life), '복지를 위한 종교의 기능' 등으로 사용된다(皇學館大學出版部, 『宗敎と福祉』, 皇學館大學出版部, 2006 참조.)

132 조흥식, 『종교 사회복지활동의 방향과 과제』(제1회 종교와 사회복지 심포지엄 자료집), 한국종교계사회복지대표자협의회, 1998, 12쪽.

133 이재모, 「우리나라 재가노인복지서비스와 종교사회복지의 역할과 과제」, 『복지행정논총』15-2, 한국복지행정학회, 2005, 75쪽.

교계의 사회복지사업이나 종교적 이념의 실천에 의한 사회복지활동',[135] '각 종교단체나 종교기관이 공공선의 추구나 사회봉사를 통해 종교적 이념을 사회 속에 구현하려는 종교적 노력'[136] 등으로 정의된 바 있다. 그에 비해, 종교시민사회복지 개념은 종교사회복지와 시민사회운동의 의미를 중첩시켜 복지와 관련해 시민의 적극적인 권리 찾아주기 또는 시민의 권리 확보하기로 규정된다.[137]

현재 공유되는 종교사회복지나 종교시민사회복지 개념에서 문제는 두 가지이다. 하나는 이 합성어들의 의미가 분명하지 않다는 점이다. 종교사회복지 개념은, 그 맥락과 관점에 따라 다를 수 있지만, 종교를 위한 사회복지나 종교사회를 위한 복지 등으로도 이해될 수 있다. 이는 '종교의 확장을 위해 사회복지를 활용'한다는 의미이다. 종교시민사회복지 개념에 대해서는 '시민'에 대한 합의가 불분명하고, 시민운동이 절대선과 사회적 공공성을 독점할 수 없고, 그 내포와 외연도 불명확해 명확한 개념 정의가 필요하다는 지적이 가능하다. 그럼에도 불구하고, 종교사회복지 개념은 대체로 종교와 사회복지의 단순 조합, 즉 '종교계의 사회복지 참여' 정도로 이해되고 있고, 종교시민사회복지 개념은 종교와 시민사회[일원] 또는 시민운동의 연관성이 명확하지 않아 종교와 시민[사회]과 [사회]복지의 단순 조합으로 이해되

---

134 정무성, 앞의 글, 2004, 18쪽.
135 권경임, 「시민사회에 있어서 불교사회복지의 역할」, 『시민사회와 종교사회복지』(종교사회복지포럼 편), 학지사, 2004, 96쪽. 권경임은 '불교사회복지'에 대해 '불교계의 사회복지사업이나 불교적 이념의 실천에 의한 사회복지활동'으로 개념화한다.
136 유승무, 「시민사회의 등장과 새로운 종교사회복지 모델의 모색」, 『시민사회와 종교사회복지』(종교사회복지포럼 편), 학지사, 2004, 42쪽(각주 2번), 41-60쪽. 종교사회복지와 시민사회운동의 결합은 상호 감시하는 갈등형, 상호 역할과 활동을 인정하고 협력하는 연대형, 상호 약점을 사업 일부로 포섭해주는 포섭형으로 분류된다(같은 글, 48쪽.).
137 유승무, 위의 글, 2004; 권경임, 앞의 글, 2004, 96쪽.

는 경향이 있다. 만약 합성어의 결합 논리를 개발하지 않으면 이 문제
는 지속적으로 제기될 수 있다.

　다른 하나는 종교사회복지나 종교시민사회복지 개념에서 구휼·자
선이나 사회정의 등 무엇이 내포(內包, connotation) 또는 강조점인지가
분명하지 않다는 점이다. 이 부분은 복지 대상의 범위를 사회 구성원
전체와 선택적 일부(신자 또는 소외 대상) 등 어디까지 설정할지의 문제
와 연관되어 있다. 이와 관련해, '불쌍히 여기는 마음'을 뜻하는 긍휼
(compassion)이 개인적 차원뿐만 아니라 사회적 차원, 특히 정의의 문제
로 확대될 수 있다는 주장도 제기된 바 있다.[138]

　두 번째 지점은 종교계 사회복지활동의 최종 지향점 부분이다. 이
지점에서는 사회복지가 종교의 도구인지, 종교가 사회복지의 도구인
지의 문제가 발생한다. 사회복지가 종교의 도구라는 관점은 사회복지
를 종교 확장의 도구로 본다는 것을, 그에 비해 종교가 사회복지의 도
구라는 관점은 종교를 사회복지 실현 도구로 본다는 것을 말한다.

　이 지점은 사회복지활동에 교리나 이념의 개입 정도가 강해질수록
쟁점으로 부각될 가능성이 높다. 물론 종교계의 사회복지활동에 각
종교의 교리나 이념이 개입되어도, 그것이 복지활동에 중대한 장애가
아니라는 관점도 있다. 이러한 관점이 가능한 이유는 모든 종교의 교
리에 근거한 복지사상이 오히려 복지활동을 추동하는 내적 에너지로
작용한다는 인식 때문이다. 그리고 특정 교단이나 종교단체의 집단이
기주의가 개입될 여지에 대해서도, 오히려 종교간 경쟁을 통해 사회
복지의 발전에 기여할 수 있다는 지적으로 이어지기도 한다.[139]

138　전명수, 앞의 글, 2015, 65-92쪽.
139　유승무, 앞의 글, 2004, 42쪽.

그렇지만 종교계가 교리나 이념에 입각해 사회복지활동을 전개할 수밖에 없다는 부분을 긍정하는 것과 종교계 사회복지활동의 최종 지향점을 어디에 둘 것인지는 다른 성격의 문제이다. 예를 들어, 종교의 확장이 최종 지향점이라면, 사회복지활동을 종교 생활에 기여하는 단순 자선 활동으로 인식하거나 특정 종교에 대한 사회적 인식을 긍정적으로 전환시켜 종교 영역을 확장시키는 도구로 인식할 수 있다. 물론 이러한 경우, 특정 종교의 확장에 도움이 되지 않는다고 판단될 때 사회복지활동은 축소될 수 있다. 그에 비해 복지사회 또는 사회복지의 실현을 최종 지향점으로 둔다면, 종교계의 사회복지활동을 종교계가 사회 구성원으로서 복지사회 구현에 동참하는 것으로 인식할 수 있다.

종교계 사회복지활동의 최종 지향점을 사회복지에 두는지 종교에 두는지에 따라 양자의 강조점은 달라질 수 있다. 물론 최종 지향점이 유사해도 발언 주체의 맥락에 따라 양자의 관계에서 발생하는 쟁점이 달라질 수 있다. 이러한 쟁점들은 종교계 사회복지 참여가 활발해질수록 부각될 것으로 보인다.

세 번째 지점은 종교계 사회복지시설에 대한 국가 지원의 타당성 부분이다. 이 지점에서는 정교분리 문제나 종교간 형평성 문제 등의 쟁점이 발생한다. 사회복지 법제와 정책의 역사는 종교계가 특정 교리나 사상에 입각해 사회복지시설을 운영하거나 관련 프로그램을 실행했고, 국가가 특히 인가된 종교계 사회복지시설을 지원했다는 것을 말해준다.

이와 관련해, 노무현정부(2003~2008)는 사회복지에 대한 종교계의 지원을 추진과제로 설정한 바 있다. 이명박정부(2008~2013)도 제3차 사회보장 장기발전방향에 종교 관련 내용을 삭제했지만, 능동적 복지의 4가지 개념 요소에 능동적 공동체(active community)를 포함시켜 민간의 복지 참여를 유도한 바 있다.[140] 이 사례들은 정부가 종교계에 사회복지 참여를 요청하는 입장을 보였다는 점, 그리고 종교계의 사회복지 활동에 대해 이미 지원을 하고 있거나, 앞으로도 그에 대한 지원 의사를 가지고 있다는 것을 시사한다.

그렇지만 종교계 사회복지시설에 대한 국가의 지원은, 비록 종교 자체가 아니라 해당 사회복지시설이나 구성원에 대한 지원이라고 주장해도, 결과적으로 그 지원이 특정 종교의 이익으로 이어진다는 문제 제기에 직면할 수 있다. 게다가 사회복지활동을 선교·포교활동으로 활용하는 경우에는 국가의 지원이 특정 종교의 선교·포교를 조장한다는 비판도 가능해진다.

실제로, 2002년 11월에 전국 무료·실버 요양시설에 대한 실태조사에서 시설의 각종 프로그램에 대한 강제적 참가, 시설의 종교 강요 등이 지적되었듯이,[141] 종교계가 사회복지시설을 선교 거점으로 활용하는 사례들이 적지 않다. 물론 종교계 사회복지시설이 국가의 지원을 받더라도, 그 시설을 운영하는 종교단체는 법적으로 '선교의 자유'를 누릴 수 있는 주체가 된다. 그렇지만 개신교계에서도 사회복지 수요자(client)에 타종교인이나 비종교인이 많기에 특정 종교의 선전이나 정체성을 강하게 내세울수록 거부감이 발생해 오히려 기독교사회복지의 폭을 제한시킬 수 있다는 지적이 있다는 것은[142] 사회복지시설을

---

140 보건복지부(http://www.mw.go.kr/front/sch/search.jsp): 『제3차 사회보장 장기 발전방향』(요약본), 2009.12, 11쪽. 능동적 복지의 네 가지 개념 요소는 복지국가 체제 유지(welfare state), 능동적 국민(active people), 능동적 공동체(active community), 현명하게 능동적인 국가(intelligently active state)이다.
141 「노인학대, 황혼人生 또 울린다」, 『한국일보』, 2003.1.14. 2002년 11월 전국 무료·실버 요양시설 106개소의 노인과 시설 종사자들을 대상으로 실시한〈시설에서의 노인인권실태〉자료(근거).
142 김은수, 『기독교사회복지』, 형지사, 2008, 138-139쪽.

선교 거점으로 활용하는 정도가 과도하다는 것을 시사한다.

　종교계가 사회복지시설을 선교·포교 공간으로 인식할수록 문제가 되는 부분은 국가의 지원 부분이다. 그 동안 정부가 종교계에 사회복지 참여를 요청해온 것이 현실이지만, 정부는 국가의 지원을 종교나 선교프로그램 자체에 대한 지원이 아니라 '시설 운영'에 대한 지원이라는 입장을 취한다. 이는 정부가 사회복지시설이 선교 거점으로 활용되면 안 된다는 정교분리의 관점을 가지고 있다는 것을 의미한다. 아울러 사회복지시설이 선교 거점으로 활용되는 현상을 묵인했을 때 종교 분포의 다원화와 종교간의 상호 경쟁적 관계로 인해 종교가 사회통합에 역기능을 초래할 수 있다는 지적도 제기된 바 있다.[143]

　한편, 법학계에서는 종교의 문화적, 복지적 활동에 대한 정부의 지원이 수혜자인 국민에게 귀결되어야 하며, 정부의 지원이 종교단체의 선교 목적으로 전용되거나, 종교단체에 대한 수익으로 귀결되거나, 해당 종교의 신자들에게만 혜택이 돌아가는 경우 등에는 정교분리 원칙이나 국가의 종교적 중립성 원칙의 위반 가능성이 높다고 본다. 그렇지만 반대로 종교에 대한 지원을 일반적으로 금지하는 것은 동일한 문화 또는 복지 목적의 사업임에도 불구하고 종교를 이유로 한 차별이 될 수 있어 획일적으로 판단할 수 없다고 본다.[144]

　종교계의 사회복지활동에 대한 국가 지원이 논리적·법적으로 타당하더라도, 국가의 지원이 종교간 형평성에 맞게 이루어지고 있는지의 문제가 제기될 수 있다. 이와 관련해, 종교와 관련된 문화와 복지 영역에서 국가의 지원이 필요하더라도 국가가 중립성을 유지하려면 종교

143　고경환·장영식·박승희·이혜숙·조철환, 앞의 책, 2005, 4쪽.
144　정상우, 「정교분리 원칙의 모델에 관한 비교헌법학적 연구」, 『헌법학연구』 20-1, 2014, 245-246쪽.

의 자율성을 보장하면서도 종교 진흥으로의 전용(轉用) 제한과 종교간 형평의 문제를 해소해야 한다는 지적이 나온 바 있다.[145]

사실상 사회복지활동에 적극적인 종교가 개신교·불교·천주교·원불교 등에 국한된 상황을 고려하면, 정부의 지원은 사회복지활동의 규모가 작은 종교와 대비했을 때 형평성 문제를 발생시킬 수 있다. 또한 개신교·불교·천주교·원불교에서도 활동 규모가 큰 종교에 대한 지원 규모가 크다는 점을 고려하면 이 종교들 사이에서도 형평성 문제가 제기될 수 있다. 이 문제의 해소를 위해서는 국가 지원의 법적 타당성을 갖추는 것만으로는 어렵고, 사회복지활동 참여에 대한 종교 간 개방성과 지속적인 협력이 필요하다.

네 번째 지점은 종교계 복지재단에서 운영하는 사회복지시설에서 종교적 실천을 둘러싼 강제 참여 부분이다. 이 지점에서는 시설 종사자나 프로그램 참여자가 특정 종교의 실천을 따라야 하는지 그렇지 않은지의 문제가 발생한다. 시설 종사자나 프로그램 참여자가 특정 종교의 실천을 따라야 한다는 입장은 종교계 사회복지시설이 특정 종교의 교리나 이념을 구현하는 공간이라는 인식에서 비롯한다. 그렇지만 특정 종교의 실천을 따라야 하는지 그렇지 않은지의 여부를 종교의 자유를 가진 개인이 결정해야 한다는 인식도 가능하다.

이와 관련해 2018년 8월에는 서울시의 특별지도감독 결과로 특정 종교계 복지재단이 위탁을 받아 운영하던 사회복지시설에서 '종교행사 강제동원' 사례가 보도된 바 있다.[146] 그리고 같은 시기에 11명의

---

145 이석민, 「종교영역에 대한 국가의 개입 가능성과 한계: 중립성의 두 가지 함의를 중심으로」, 『법과사회』 45, 2013, 65쪽 이하. 이석민은 정교분리에서 '분리'라는 개념에 중립성의 의미가 내포되어 있고 중립성은 영역별로 의미가 달라질 수 있음을 지적하고 있다.

146 「'승려들이 인사권 쥐고 종교행사 강제동원했다'는 진각복지재단, 25개 시민사회

의원(김상희·조정식, 정춘숙, 권미혁, 유은혜, 서삼석, 이규희, 소병훈, 백혜련, 최인호, 진선미)이 종교법인이 운영하는 사회 복지시설에서 종교행위를 강제 할 수 없다는 내용을 담은 〈사회복지사업법〉 일부 개정 법률안을 발의한 바 있다. 구체적으로는, 사회복지시설을 설치·운영하는 자 및 사회복지시설의 장은 시설의 종사자, 거주자 및 이용자에게 종교행위를 강제할 수 없고(제35조의 3항 신설), 이를 위반한 경우 300만원 이하의 벌금을 부과한다는 내용이다(제55조 개정). 그렇지만 이 개정안은 다른 법안 입법예고와 달리, 예고 마감일까지 이례적으로 2,500건을 넘는 반대 의견에 직면한다. 반대 의견의 핵심은 종교형 사회복지법인이 대다수이고, 대부분이 시설 운영 목적에 의해 종교 활동과 포교 활동이 이루어지는 상황에서 개정안이 정교분리원칙과 신앙의 자유를 침해한다는 내용이다.[147] 이 개정안은 특히 개신교 보수진영이 한국교회의 탄압 수단이 될 수 있다는 이유로 반대하면서 결국 철회된다.[148]

이 사례는 사회복지시설을 운영하는 종교계 복지재단의 이념과 구성원이 가진 종교의 자유 사이에 충돌 지점이 있다는 것을 보여주고 있다. 마치 종립학교라는 공간에서 학교의 설립이념에 따른 종교행위와 학생이 가진 종교의 자유 사이에 충돌하는 경우와 유사하게 보인다. 물론 한쪽은 사회복지시설 선택권을 가지고 있고, 다른 한쪽은 학교 선택권이 없는 경우도 있어, 동일 사안이라고 보기 어렵지만 양자의 충돌 지점은 유사하다.

이상의 쟁점들을 고려할 때, 종교계 사회복지활동과 관련해 우선적

단체 "서울시, 진각복지재단 위탁운영 해지해야", 『한겨레』, 2019.2.19.

147 「종교자유 침해하는 '사회복지사업법 개정안' 철회 돼야 (장헌일 원장/한국공공정책개발연구원)」, 『아이굿뉴스』, 2018.9.4.

148 「사회복지시설 종교강요 처벌 법안 철회」, 『천지일보』, 2018.10.8.

으로 해소가 필요한 과제들은 무엇일까? 종교사회복지를 포함한 사회복지 개념의 설정, 종교 활동(선교)과 사회복지의 연관성에 대한 사회적 합의, 개별 종교들이 사회복지활동 과정에서 직면하는 장애요인들의 해소, 종교계 사회복지시설 내 종교의 자유 보장 등 네 가지를 들 수 있다. 구체적은 내용은 다음과 같다.

첫 번째는 종교사회복지를 포함한 사회복지 개념을 성찰·정립하는 과제이다. 사회복지 개념을 성찰·정립하기 위해서는 사회복지 개념에 '사회정의 구현' 부분을 어느 정도 포함시킬 것인지가 중요하다. 그리고 사회복지 개념의 정립은 종교계 사회복지가 활성화되는 상황에서 향후 방향을 설정하거나 종교계가 기획하는 사회복지의 세부 과제들을 개선하는 데에도 유용하다. 예를 들어, 개신교계는 2005년에 ① 사회복지를 위한 신학정립, ②사회복지를 위한 교회의 구조 개혁, ③ 의식개발과 정체성 확립, ④모범적 모형과 원리개발, ⑤네트워크 형성과 자원의 극대화 등이 한국교회의 사회복지 과제로 제시한 바 있는데,[149] 만약 사회복지 개념이 달라진다면 이 과제들도 그 방향에 따라 달라질 수 있다.

또한 사회복지 개념을 성찰·정립하는 일은 저출산 고령화 사회, 고실업률 사회, 다종교사회, 다문화사회 등을 포함해 한국 사회의 여러 현상을 진단하고, 미래의 복지국가론에 대한 폭넓은 합의를 도출하는 데에도 필요하다. 이를 위해 종교계는 자유주의 모델(미국, 잔여적·시혜적), 조합주의적 또는 보수주의 모델(독일, 고용 중심), 사회투자국가론(영국, 노동당식), 사민주의적 복지국가 모델 또는 역동적 복지국가론(스웨덴) 등[150]에

---

149 고경환·장영식·박승희·이혜숙·조철환, 앞의 책, 2005, 126–145쪽. 사회복지 신학은 교회가 '이 세상을 위한 도구'라는 '하나님의 선교신학'을 의미한다.
150 「한국에서 북유럽식 복지는 불가능?…문제는 전략이다」, 『프레시안』, 2010.7.27.

서 어떤 복지국가론이 자신들의 지향과 유사한지, 그리고 그 복지국가론에서 어떤 사회복지 개념을 설정하고 있는지를 파악할 필요가 있다. 나아가 각 종교별로 지향하는 복지국가론이 어떤 차이가 있는지를 비교한다면 사회복지 개념과 복지국가론을 구상하는 데에 유용할 수 있다.

두 번째는 종교 활동(선·포교)과 사회복지의 연관성의 논리에 대해 사회적 합의를 도출하는 과제이다. 이 과제는 종교계 내부에 선교의 자유 실현을 위해 사회복지시설을 활용하는 데에 어떤 문제가 있는지, 선교의 자유에 입각해 특정 종교가 운영하는 사회복지시설의 프로그램을 정부가 지원하는 데에 어떤 문제가 있는지를 성찰하는 문제이기도 하다. 물론 이 과제는 궁극적으로 종교계 사회복지의 최종 지향점을 어디에 둘 것인지를 정하는 입장을 전제하고 있다. 최종 지향점을 어디에 둘 것인지에 따라 양자의 관계 설정이 바뀌기 때문이다.

종교계에서는 간접적 선교·포교 활동, 자기 존재의 사회적 당위성 확보, 교리의 사회적 실천 등 여러 차원에서 사회복지시설들을 설립하거나 운영하고 있다. 이러한 활동에 대해서는 긍정적 평가와 부정적 평가가 공존하고 있다. 긍정적 평가로는 소외계층에 대한 종교계의 사회복지 참여가 복지사회를 위한 중요 과제이면서 한국 사회에서 종교성 회복을 위한 적절한 기회라는 주장이 있다.[151] 부정적 평가로는 특히 시설 위탁 운영 과정에서 종교간 갈등이 발생하거나 국가가 지원하는 사회복지의 자원들을 선교방편으로 사용하는 등의 문제로 종교계 사회복지의 이미지를 훼손한다는 지적이 있다.[152] 또한 전반적으로 종교계가 사회복지시설 운영에 투자하는 지원금이 낮고, 사회복

---

151 정무성, 앞의 글, 2004, 31쪽.
152 종교사회복지포럼 편,『시민사회와 종교사회복지』, 학지사, 2004, 5쪽.

지시설 간 예산지원금이 편중된다는 문제도 지적된 바 있다.[153]

종교계의 사회복지활동에 대한 평가 가운데 부정적인 지적 사항들은 아직 진행형이다. 이러한 문제들은 종교계 사회복지시설의 종교활동(선교)과 사회복지의 연관성이 정립되지 않는 한 지속될 수 있다. 그와 관련해, 사회복지가 사회보장제도를 출발점으로 삼지만, 점차 자본주의 사회의 상품화 현상에서 '인간에 대한 재발견'을 지향해야 한다는 지적에 유념할 필요가 있다.[154] 이러한 인간의 재발견, 나아가 인간다운 행복한 삶을 위한 환경 조성이라는 지향은 사회복지뿐만 아니라 종교적 목표에도 포함될 수 있다. 사회복지와 종교의 목표가 중첩되는 셈이다. 그렇다면 상호 중첩된 목표를 활용할 때 종교 활동과 사회복지의 연관성에 대한 사회적 수준의 합의 도출도 가능할 수 있다. 그 주요 기준은 선교의 자유를 사회적 공공성 내에서, 또는 시민사회적 가치 내에서 사유하는 일이 될 수 있다.

세 번째는 사회복지활동에 참여하는 개별 종교들 사이에 사회복지활동의 장애요인들을 공유하고 성찰해야 하는 과제이다. 종교계가 진행하는 사회복지활동에는 여러 장애요인들이 있다. 예를 들어, 개신교계는 내부 장애요인으로 ① 사회복지·참여에 대한 목회자와 교인의 인식 부족, ② 성장 지상주의와 물량주의, ③ 사회 봉사비보다 교회 경비에 치중된 교회예산의 편중과 교회 시설의 폐쇄성, ④ 영과 육, 개인 [구원]과 사회[구원], 교회와 세계, 이 세상과 저 세상의 이원론적 사고로 인한 교회분열과 신학의 양극화 등을 지적한 바 있다.[155]

---

153 고경환·장영식·박승희·이혜숙·조철환, 앞의 책, 2005, 27쪽.
154 박승희, 「현대사회의 사회복지를 위한 유교의 함의」, 『시민사회와 종교사회복지』 (종교사회복지포럼 편), 학지사, 2004, 64-69쪽.
155 김은수, 앞의 책, 2008, 85-108쪽.

이러한 장애요인들은 종교별로 차이가 있다. 그렇지만 사회복지 참여에 대한 인식이 부족하다거나 성장 지상주의와 물량주의를 지향한다는 등 어느 정도 유사한 문제도 있다. 그리고 앞으로 유사한 장애요인들이 생겨날 수도 있다. 그렇다면 중요한 부분은 그 장애요인들을 공유해 검토하는 노력이다. 나아가 종교계 사회복지의 전체 방향과 내용 설정을 위해서는 한국종교계사회복지협의회를 비롯해 한국기독교사회복지협의회, 경남불교사회복지협의회, 교구별 천주교사회복지협의회 등 종교별·지역별·교구별 등 모임들 사이에 장애요인들과 함께 각종 성과를 공유하는 시스템이 구축될 필요가 있다. 이러한 노력과 시스템이 병행될 때 사회복지에 대한 종교계의 공동 과제도 설정될 수 있다.

종교계가 공동으로 사회복지활동과 관련된 장애요인들을 성찰하고 공유하려는 노력은 사회복지를 증진하고, 사회복지서비스의 효율성을 높이는 일이다. 그리고 이를 토대로 상호 협력하는 것은 국가 지원의 종교간 형평성 문제를 다소 해소하는 일이기도 하다. 이러한 노력의 최종 목표는 복지사회의 구현이다.

네 번째는 종교계가 설립·운영하는 사회복지시설에서 설립·운영 이념에 입각한 종교(선교)의 자유와 구성원들이 가진 종교의 자유의 관계를 성찰하고 정립하는 과제이다. 사실 종교의 자유는 개인에게 주어진 대국가적 방어권에 가깝기에 개인을 위해 지켜져야 한다. 또한 이 과제는 사회복지시설의 구성원이나 프로그램 수요자의 종교의 자유가 침해를 당할 때 정부가 사회복지시설의 사회적 공공성 등을 고려해 국가의 지원 중단이라는 조치를 취할 수 있다는 측면에서 종교계 사회복지활동에 대한 국가의 지원 문제와도 연결되어 있다.

이 과제를 해소할 방법은 다양할 수 있다. 예를 들어, 정부는 종교계

사회복지시설에서 선교의 자유에 입각해 진행하는 다양한 프로그램들과 참여자들에 대한 실태조사를 진행해 사회복지시설에서 선교의 자유가 어떻게 구사되고 있는지를 검토하고 개선안을 마련할 수 있다. 물론 종교계 스스로 이러한 조사를 진행할 수도 있다. 실태조사의 진행 주체가 누구이든지 간에 이런 종류의 실태조사는 필요하다. 또한 종교계가 사회복지시설 운영을 국가의 지원에 의존하기보다 자체 재원을 확장해 가면서 구성원의 종교 자유와 양립할 수 있는 선교의 자유 방안을 모색할 수도 있다.

05
사회복지의 재개념화와 사회정의

정리하자면, 종교계의 사회복지 참여가 활성화되는 상황에 발생할 수 있는 쟁점들로는 사회복지와 종교사회복지의 개념 설정, 종교계 사회복지의 최종 지향점, 종교계 사회복지시설에 대한 국가 지원의 타당성 문제, 사회복지시설의 설립·운영 이념과 종교의 자유 문제 등이 있다. 그리고 유관 과제로는 사회복지 개념의 설정, 종교 활동과 사회복지의 연관성에 대한 사회적 합의, 종교계 사회복지활동 과정에서 나타나는 각종 장애요인들의 검토하고 공유하는 시스템 마련, 그리고 종교계 사회복지시설의 운영 주체들과 구성원들 사이에 종교의 자유를 둘러싼 충돌 가능성의 조율 등이 있다.

이러한 쟁점들과 과제들은 두 가지 현실 속에서 성립한다. 한 가지는, 역대 정부가 사회복지 영역에 종교계를 포함한 민간의 참여를 촉구한 사회복지 법제와 정책의 역사적 현실이다. 다른 한 가지는, 민간 복지에서 종교계 사회복지가 중추였다는 종교계 사회복지의 역사적 현실이다. 이러한 현실은 사회복지에서 종교계의 역할이 작지 않았다는 점을 시사한다.

그렇지만 이러한 사회복지의 현실 속에서, 종교계 사회복지 참여의 규모나 범위가 확대되고, 사회복지에 대한 정부의 역할이 점차 확대되었음에도 불구하고, 한국 사회에 구축된 '장애나 생존의 불편함'을 적극 해소하기보다 주변부로 밀어내 시혜를 베풀려고 하는 환경은 여전하다. 이는 중증 장애인시설 등을 포함한 사회복지시설들이 여전히 도시 주변부나 외곽에 위치한 경우가 많다는 점에서 확인할 수 있다. 이러한 사회적 환경은 사회복지의 증진을 위해 여러 쟁점들을 사회 구조적 차원에서 재조명해 공유하면서 개선하려는 노력의 필요성을 시사한다.

나아가 사회복지를 '인간다운 행복한 삶을 추구하고, 이를 위해 양적·질적 차원에서 사회적 구조와 환경을 만드는 일'로 재개념화하려는 노력도 필요하다. 이러한 사회복지의 재개념화가 이루어진다면, 사회복지의 문제를 사회 구조적 차원에서 조명할 수 있게 된다. 예를 들어, 교육복지는 교육자와 피교육자의 삶, 아동복지는 아동의 삶, 노인복지는 노인의 삶, 기업복지는 기업인과 고용인의 삶을 위해 양적·질적 차원에서 인간다운 행복을 누릴 수 있는 사회적 구조와 환경을 만드는 일이 된다.

사회복지의 재개념화에서 핵심적인 부분은 여러 쟁점들을 사회 구조의 차원에서 성찰하는 데에 있다. 그렇다면 사회복지의 재개념화에는 불합리한 사회 구조를 바꾸는 사회정의(social justice)가 강조될 필요가 있다. 사회정의를 강조하는 일은 사회복지를 시혜 차원으로 접근하는 것이 아니라 오히려 시혜를 발생시키는 사회구조적 문제를 파악하고 바꾸려는 노력을 중요하게 만든다. 나아가 복지사회의 이상을 '별도의 복지시설이 없어도 인간다운 생활을 위한 복지 실현이 가능한 사회'로 규정하는 것을 가능하게 만든다.

국가 차원에서 인간다운 행복한 삶을 위한 사회적 구조와 환경을 조성하는 일이 중요함에도 불구하고, 역사적 측면에서 한국의 사회복지를 보면 그 동안 시혜 중심의 사회복지였다는 평가가 가능하다. 이러한 평가는 인간다운 행복한 삶을 위한 사회적 구조와 환경에서 소외된 영역에 대해 정부가 대체로 시혜적인 관심과 노력을 기울였고, 종교계도 그에 동참해온 모습을 보였다는 데에 기인한다. 국가가 대체로 민간에 의존하는 잔여적 복지 정책을 시행했고, 종교계가 그 과정에서 긍정적 역할을 수행하였다는 지적[156]은 이러한 평가를 가능하게 한다.

물론 종교계가 설립·운영하는 사회복지시설이나 종교계의 사회복지 활동을 보면, 종교계가 그 동안 나름대로 '인간다운 행복한 삶'의 실현에 기여했다는 점을 부인할 수는 없다. 그렇지만 동시에 종교계 사회복지시설에서 때때로 인권 유린이나 각종 비리나 종교행사 강제 참여 문제가 사회 이슈가 되었다는 점을 고려하면, 종교계 사회복지 시설에서 적지 않은 사람들이 '비인간다운 불행한 삶'을 살았던 것도 부인하기 어렵다. 이 지점에서 다시 한 번 종교계의 사회복지활동이 과연 누구와 무엇을 위한 활동이었는지, 그리고 종교계가 어떤 사회복지 개념을 설정하고 있었는지를 성찰할 필요가 있다.

사회복지와 사회정의의 연계는, 그 동안 특히 재정적 빈곤을 전제하고 시혜를 강조해온 사회복지의 개념과 실천적 역사를 보면, 쉬운 부분이 아니다. 오히려 부지불식간에 그 시혜를 발생시키는 사회 구조적 차원을 탐색해 개선하려는 노력이 필요하기 때문이다. 사실 종교계에서도 비인간다운 불행한 삶을 지원하는 데에 초점을 맞추었을 뿐, 이러한 삶의 형태를 조장하는 사회 구조적 지점들을 발견하고 이를 바꾸려는, 즉 사회정의 실현을 위한 노력이 강했던 것은 아니다.

---

156 종교사회복지포럼 편, 앞의 책, 2004, 5쪽.

그럼에도 불구하고, 사회정의의 차원에서 사회복지의 문제를 조명하는 일은 중요하다. 이러한 안목을 지닐 때 각종 시혜를 발생시키는 사회 구조적 지점들을 발견하고, 사회복지의 참여 근거로 작용하는 종교적 가르침을 정의의 관점에서 재해석하고, 종래 사회복지 개념과 정책적 실천 등에 대한 성찰이 가능해질 수 있기 때문이다. 나아가 이러한 안목은 사회복지의 문제가 빈번하게 발생할 경우에 구조적으로 개선할 수 있는 사회적 개선안을 마련하는 데에도 필요하다.

사회정의의 관점에서 사회복지를 재개념화할 필요성은 종교사회복지에 대해서도 사회정의를 포함한 재개념화가 필요하다는 것을 의미한다. 이러한 재개념화가 이루어지지 않는다면, 종교계는 종래처럼 단순히 시혜적 차원의 사회복지에 동참하거나, 오히려 시혜적 차원의 사회복지활동을 주도하는 위치를 차지할 수밖에 없게 된다. 사회복지 영역에서 적지 않은 비중을 차지하는 종교계가 사회 구조적 문제들을 탐색·발굴하고 이 지점들을 변화시키는 노력을 기울이지 않는다면, 시혜를 발생시키는 사회 구조는 여전히 지속될 수 있다.

종교사회복지 개념에 각종 시혜를 발생시키는 사회의 모순된 구조를 끊임없이 탐색해 변화시키려는 사회정의의 관점을 포함시키기 위해서는 인식의 전환이 필요하다. 이러한 인식의 전환은 최소한 두 가지 지점에서 발생할 수 있다. 하나는 사회 구성원 전체가 〈헌법〉에서 지향하는 행복 추구권과 인간답게 살 권리 등을 가진다는 인식이다. 다른 하나는 종교적 차원에서도 사회복지의 대상이 신자 또는 신자화 대상인 사회 구성원 일부만이 아니라 사회 구성원 전체라는 인식이다.

이러한 인식의 전환은 종교계가 사회복지활동의 사회적 공공성을 증진하고, 사회 구조적으로 사회복지시설의 사유화나 종교의 자유 침해 등을 최소화하는 데에 동의한다는 의미를 지닌다. 사회복지가 사회 구성원 전체의 인간다운 행복한 삶을 지향하고, 사회복지의 대상이 특정 종교인이 아닌 사회 구성원 전체라는 인식은 사회복지를 공공성의 차원과 사회 구조적 차원에서 조명하게 만든다. 나아가 종교계가 사회복지의 중심축을 인간다운 행복한 삶을 방해하는 사회 구조적 차원의 부정의를 변혁하는 것으로 이동시킨다면, '사회정의 교육' 등을 포함해 사회정의 실현을 위한 다양한 교육 프로그램의 개발과 운영 등 여러 시도도 이루어질 수 있다.

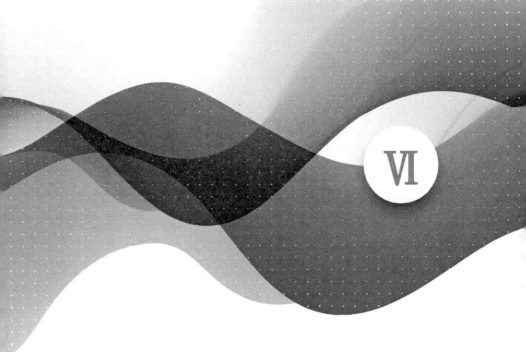

Ⅵ

종교교정 정책과 과제

01
종교와 교정교화

1) 교정시설의 존재 이유와 종교의 연관성

주변을 둘러보면, 누군가가 교정공무원들이 관리하는 교정시설 (correctional institution)의 수용자(inmate)가 되는 현실을 접할 수 있다. 교 정시설의 수용자는 민사소송이 아니라 형사소송의 결과로 만들어져 교정교화 대상이 되고 있다.[1]

교정시설 내 수용자가 되는 과정을 보면, 우선, 형사소송은 고소인 (告訴人, 피해자)과 고발인(告發人, 제3자)의 수사기관(검찰) 신고에 따라 진 행되는데, 소송 주체와 대상을 각각 원고(complainant)와 피고(defendant) 로 만드는 민사소송과 달리,[2] 오직 검사만을 공소제기(公訴提起; 起訴, prosecution; indictment), 즉 재판 청구의 주체로 인정한다. 구체적으로, 신고 접수 이후, 수사기관(검사·사법경찰)은 개인을 용의자(suspect, 범죄 혐

---

1 민사소송(civil procedure)이 주로 재산권을 둘러싼 개인 간의 사법상 권리 또는 법 률관계에 대한 다툼을 국가가 재판권을 행사해 법률적·강제적으로 해결하는 절 차라면, 형사소송(criminal procedure)은 국가가 범죄를 인정하고 형벌을 과하는, 즉 국가가 형벌권을 실현하는 절차이다.

2 만약 A가 B를 폭력 사건으로 신고하는 경우에 B는 형법의 적용을 받을 수 있고(형 사재판), 치료비 손해배상청구 등 민법의 적용을 받을 수도 있는데(민사재판), 형 사재판에서는 '피고인', 민사재판에서는 '피고'가 된다.

의자)로 간주해 내사(內査)한다. 이어, 무혐의처분의 경우도 있지만, 용
의자를 가해자(assailant)로 확신하면 정식 수사(立件)를 벌여 피의자
(criminal suspect)로 전환한다. 불구속 상태가 원칙이지만 출석 요구에
불응 시 법원에서 체포영장을 받아 구속 수사를 한다. 이어, 검찰이 범
죄 입증 증거들을 토대로 공소제기를 하면 피의자 상태는 피고인
(accused person)이나 미결수용자(prisoner on trial, 미결수)로 전환되고, 판결
에서 형을 받으면 '수형자(prisoner, 기결수용자)'로 전환된다.[3]

　수사기관이 용의자를 피의자로 전환하면 사법경찰관이나 검사로
부터 구속될 수 있고, 이 경우 경찰서 유치장에 있게 된다. 이어, 검찰
의 구속영장 신청을 법원이 받아들이면 구치소로 옮겨져 미결수용자
상태로 재판을 준비하게 된다. 그리고 재판에서 유죄판결이 확정되면
교도소로 옮겨진다.[4] 재판에서 징역형·금고형·구류형 등을 받은 경우
를 '수형자', 사형 판결을 받은 경우를 '사형확정자'라고 하고, 이들과
'미결수용자'를 합해 '수용자'라고 하며, 이들을 수용하는 시설을 '교

3　〈형사소송법〉(시행 2018.1.7. 법률 제13720호, 일부개정 2016.1.6.) 제195조(검사의
　수사)~제493조(집행비용의 부담). 신고 외에도 현행범인으로 영장 없이 체포되는
　경우도 있다(제212조). 한편, 공소 관련 내용은 "제246조(국가소추주의) 공소는 검
　사가 제기하여 수행한다. 제247조(기소편의주의) 검사는「형법」제51조의 사항을
　참작하여 공소를 제기하지 아니할 수 있다."이다. 이와 관련해, 〈형법〉(일부개정·
　시행 2018.12.18. 법률 제15982호) 제51조(양형의 조건)는 형을 정할 때 '1. 범인의
　연령, 성행, 지능과 환경 2. 피해자에 대한 관계 3. 범행의 동기, 수단과 결과 4. 범행
　후의 정황'을 참작하여야 한다는 내용이다.

4　〈형사소송법〉(시행 2018.1.7. 법률 제13720호, 일부개정 2016.1.6.) 사법경찰관이
　피의자를 구속하면 10일 이내에 검사에게 인치하고(제202조), 검사가 피의자를
　구속하거나 사법경찰관에게 인치를 받으면 10일 이내에 공소를 제기해야 하며,
　그렇지 않으면 석방해야 한다(제203조). 다만, 10일을 초과하지 않는 한에서 1차
　에 한해 구속기간 연장이 가능하다(제205조). 한편, 유치장은 형사피의자, 구류처
　분자(1일~30일 미만) 등을 구금하는 경찰서 내 시설, 구치소는 검찰의 추가 조사와
　기소 후 구속영장 집행을 받은 자(미결수용자)를 형 확정 이전까지 수용하는 시설,
　교도소는 보통 2년 이상의 장기로 분류되는 형 확정자를 수용하는 시설이다.

정시설'(교도소·구치소 및 그 지소)이라고 한다.[5] 물론 죄질이 약한 경우에 검사의 기소유예(또는 불기소처분), 재판부의 선고유예와 집행유예 등이 있을 수 있다.

이처럼 형사재판을 거쳐 교정시설의 수용자가 된 사람들은 교정(矯正)공무원의 관리를 받는다. 교정공무원은 일반직공무원 가운데 행정직군이고 그 직급(계급)은 부이사관(3급)·서기관(4급)·교정관(5급)·교감(6급)·교위(7급)·교사(8급)·교도(9급)로 구분된다.[6] 대형 교도소장은 부이사관, 일반 교도소장은 서기관 등이 담당하며, 이들은 법률과 절차에 따라 교정시설 수용자의 교육교화를 담당한다.[7]

이처럼 누군가가 수용자가 되어 교정공무원의 관리를 받는 과정을 보면 우리는 두 가지 질문을 할 수 있다. 첫 번째는 국가가 범죄인을 교정시설에 격리시켜 수용자로 만드는 이유가 무엇인가이고, 두 번째는 교정행정이 종교와 어떤 연관성을 가지고 있는가이다.

---

5 형에는 강제노역 의무가 있는 징역형 또는 그 의무가 없는 금고형(imprisonment without forced labor)이나 30일 미만의 구류형(custodial sentence)이나 벌금·과료 미납 등으로 노역장 유치명령을 받은 경우 등이 있으며, 사형이 확정된 '사형확정자'도 있다.

6 〈공무원임용령〉(일부개정·시행 2019.6.18. 대통령령 제29868호) [별표 1] 일반직공무원의 직급표(제3조 제1항 관련); 〈국가공무원법〉(시행 2019.4.17. 법률 제15857호, 2018.10.16. 일부개정) 제2조(공무원의 구분)에 따르면, 국가공무원에는 경력직(일반직·특정직)과 특수경력직(정무직·별정직)이 있다. 이 가운데 특정직공무원에 '법관, 검사, 경찰공무원' 등이 포함되고, '보호직과 검찰직 공무원'은 일반직 공무원에 포함된다.

7 〈수용자 교육교화 운영지침〉(일부개정·시행 2019.1.21. 법무부예규 제1208호). 교정직렬 내 교정·교회·분류직류를 교정직류로 일원화하도록 〈공무원임용령〉이 개정되고, 정부 인사관리의 효율성 제고를 위해 공무원 직종구분에서 '기능직을 폐지'하고 '별정직 범위를 축소'하도록 〈국가공무원법〉이 개정되면서 2015년부터 종래 교도관 명칭이 바뀐다. 〈교도관직무규칙〉(일부개정·시행 2015.1.30. 법무부령 제838호)에 따르면, 교도관 종류에는 '사회복귀업무교도관(舊 교회직교도관), 교정직교도관(舊 정복교도관), 직업훈련교도관, 보건위생직교도관, 기술직교도관, 관리운영직교도관(舊 기능직교도관)' 등이 있다.

첫 번째, '국가가 범죄인을 교정시설에 격리시켜 수용자로 만드는 이유가 무엇인가'라는 질문은 교정교화의 방향에 관한 질문이자, 교정시설의 수용자 관련 행정인 교정행정의 방향이 무엇인지에 대한 질문이다. 이에 대해서는 두 가지 지점을 지적할 수 있다.

하나는, 교정교화 또는 교정행정의 방향이 응보형에서 교육형으로 전환되었다는 점이다. 교정행정의 방향과 관련해 1950년 3월에 제정된 〈행형법〉과 그 후속 법으로 2007년에 제정된 〈형의 집행 및 수용자의 처우에 관한 법률(약칭: 형집행법)〉 등은 '사회 복귀'를 지향한다는 점에서 일치한다.[8] 다만, 사회 복귀를 지향하는 방식에는 변화가 보인다.

이 변화와 관련해 1950년 〈행형법〉에서 행형(行刑, criminal administration)은 범죄인의 개선을 위한 자유형(自由刑, 신체적 자유 구속)의 집행을 의미한다. 그에 비해 2007년에 전부개정된 〈형의 집행 및 수용자의 처우에 관한 법률(약칭: 형집행법)〉에서는, 그 이전의 〈행형법〉과 달리, 형벌 집행과 함께 '교정교화와 수용자의 처우'에도 초점을 두게 된다.[9] 즉 양자는 사회 복귀를 지향하는 방식에 변화를 보이고 있다.

그렇다고 2007년 이전의 〈행형법〉에 대해 형벌에 대한 응보형이나

---

8 〈행형법(약칭: 형집행법)〉(시행 1950.3.18. 법률 제105호, 1950.3.2, 제정) 제1조("본법은 수형자를 격리보호하여 교정교화하며 건전한 국민사상과 근로정신을 함양하고 기술교육을 실시하여 사회에 복귀케 함을 목적으로 한다."); 〈형의 집행 및 수용자의 처우에 관한 법률(약칭: 형집행법)〉(시행 2008.12.22. 법률 제8728호, 2007.12.21, 전부개정) 제1조("이 법은 수형자의 교정교화와 건전한 사회복귀를 도모하고, 수용자의 처우와 권리 및 교정시설의 운영에 관하여 필요한 사항을 규정함을 목적으로 한다.").

9 〈행형법(약칭: 형집행법)〉(시행 1950.3.18. 법률 제105호, 1950.3.2, 제정); 〈형의 집행 및 수용자의 처우에 관한 법률(약칭: 형집행법)〉(시행 2008.12.22. 법률 제8728호, 2007.12.21, 전부개정). 법률의 목적은 "수형자를 격리 보호하여 교정교화하며 건전한 국민사상과 근로정신을 함양하고 기술교육을 실시하여 사회에 복귀케 함을 목적으로 한다(제1조)."에서 "수형자의 교정교화와 건전한 사회복귀를 도모하고, 수용자의 처우와 권리 및 교정시설의 운영에 관하여 필요한 사항을 규정함을 목적으로 한다(제1조)."로 바뀐다.

사회방위 수단이 아니라 '교육형 이념'에 입각한 것이라거나 1961년 〈행형법〉 개정으로 형무소·형무관 등을 교도소·교도관으로 바뀌는 등 행형의 방향이 '교육형 주의로 전환되었다'는 주장을[10] 그대로 수용하기는 어렵다. 만약 2007년 〈형집행법〉 이전에도 행형의 기반이 교육형 주의였다면 교정시설에서 교육 환경에 대한 관심이 중요한데, 이 교육환경에 대한 관심은 2007년 이후에야 드러나기 때문이다. 이 점을 고려하면, 1950년의 〈행형법〉이 교육형 이념에 입각했다거나 1961년의 개정 〈행형법〉이 행형의 방향을 교육형 주의로 전환했다는 주장들은, 그대로 수용되기 어려울지라도, 사회 복귀를 지향하는 방식과 관련해 행형의 목적이 변화되었다는 점을 지적했다는 차원에서 의의를 갖는다.

다른 하나는, 사회 복귀를 지향하는 교정행정 관련 용어들의 의미이다. 이와 관련해 교정(矯正), 교화(敎化), 교정교화, 교육교화 등의 용어들은 최근까지도 그 의미가 명확하지 않다. 예를 들어, 2001년에 제정·시행된 〈민영교도소법〉의 교정업무(矯正業務) 정의를 보면,[11] 교정업

---

10 이훈규·이정규, 『수용자 교정교육의 효율성에 관한 연구』, 한국형사정책연구원, 1996, 31-32쪽. 세계적으로도 자유형에 대해서는 18세기 이전까지 형벌의 목적이 '응보'라는 관점에서 생명 다음으로 귀중하다는 자유를 박탈하는 것으로 이해하는 경향을 보인다. 그러다가 형벌의 본질이 '사회방위 수단'이라는 관점에서 자유형을 범죄인의 사회 격리와 교화 개선으로 보는 경향이 생기고, 범죄인의 자유를 박탈해 사회로부터 격리하는 것이 '교육을 위한 수단'이라는 교육형론이 나타난다. 그리고 현대 행형이 지향할 방향으로는 '교육형 사상에 기반을 둔 교정교화'가 당연한 귀결이라는 주장이 보인다(같은 책, 31쪽). 한편, 자유형은 징역, 노역 없는 금고(禁錮), 미결수용자의 신체적 자유를 구속하는 구류(拘留, 또는 拘禁) 등을 말한다.

11 〈민영교도소 등의 설치·운영에 관한 법률(약칭: 민영교도소법)〉(시행 2001.7.1. 법률 제6206호, 2000.1.28, 제정 / 일부개정·시행 2009.3.25. 법률 제9522호) 제2조(정의). 교정업무를 '〈형의 집행 및 수용자의 처우에 관한 법률(약칭: 형집행법)〉 제2조 제4호에 따른 수용자의 수용·관리, 교정·교화, 직업교육, 교도작업(矯導作業), 분류·처우, 그 밖에 〈형집행법〉에서 정하는 업무'로 정의하고 있다. 한편, 교정업무

무 범위에 '교정·교화·교도(矯導)와 작업교육'이 포함되지만, 교정과 교화가 어떻게 다른지는 분명하지 않다.

교정과 교화 등의 개념적 의미에 관한 역사적 기원을 보면, 이 용어들은, 비록 『조선왕조실록』에도 '교정, 교화, 교도, 행형 등'의 용어들이 있지만, 일제강점기에 들어서 '폐풍악습 교정, 사회교화나 자선교화' 등의 표현처럼 일반화된다. 그리고 교회(敎誨)나 교육교화(敎育敎化)이나 교화교육 등의 용어도 일제강점기부터 사용된다.[12] 이와 관련해, 1920년대 사전을 보면, 교정은 교구(矯捄)와 같은 말로 '본래 모양대로 바로잡는 일(矯め直すこと)', 교화는 '가르쳐 선하게 변화시키는 일(人民を 敎訓して善に化すること)', 교도는 교회(敎誨)와 같은 말로 '행동이나 생활의 지침을 가르쳐 어떤 목적이나 방향으로 이끄는 일'을 의미한다.[13]

그에 비해 현대 사전을 보면, 교정은 교도소나 소년원 등에서 재소자의 잘못된 품성이나 행동을 바로잡는다는 개조(改造, correction), 교화는 가르쳐 이끈다는 훈도(訓導, edification)의 의미를 띤다. 그리고 교정 심리학에서 교정은 '범죄피의자나 수형자를 관리할 책임이 있는 조직, 시설, 서비스, 프로그램의 집합으로, 범죄자를 처벌하고 그들을 장래 지역사회로 재통합시키기 위해 취해지는 행동' 정도로 넓게 규정된다.[14] 한편, 교육교화라는 용어는 2008년 법무부예규와 2016년 국방

는 종래의 '교도행정(矯導行政)'이라는 용어와 유사한 의미이다.

12 「敎育敎化 功勞者 選獎 施設에 對하야 鹽原 學務局長 談」, 『동아일보』, 1938.2.11, 3면; 「敎育殉國의 大道)에 敎育 效績者를 表彰」, 『동아일보』, 1940.2.11, 2면; 「少年院生에 敎化敎育, 劇團 '架橋'」, 『동아일보』, 1972.3.22, 5면. 교정교화는 일제강점기에 거의 사용되지 않는다.

13 조선총독부, 『조선총독부사전』, 1920, 99-100쪽(조선어의 일본어 해설집으로, 명칭이 없어, 『조선총독부사전』으로 표기함). 교회(敎誨)는 "敎導に同じ", 그리고 교도(敎導)는 "敎訓指導すること"이다(같은 책, 99쪽.).

14 이명숙·한영선·손외철 공저, 『교정의 심리학』, 솔과학, 2017, 169쪽.

부훈령에 등장한 바 있고,[15] 교정교육은 '수형자의 반사회적 인성을 제거하여 수형자의 개선갱생과 사회복귀를 촉진시키기 위하여 행하는 모든 교육'이라는 의미로 사용된다.[16]

이상의 내용을 종합하면, 교정의 의미는 외적으로 적법한·적절한 행위를 하는 데에, 교화의 의미는 내적으로 선한 의식을 끌어올리는 데에 초점을 두고 있다.[17] 이러한 맥락을 고려하면, 교정과 교화의 합성어인 교정교화(correction & edification)는 양자를 모두 사회적 용인 수준까지 끌어올리는 데에 초점을 둔 용어이다. 아울러, 교육교화는 교정교화의 일부로 특히 '특정한 교육 프로그램을 통해' 내적 정신을 사회적 용인 수준까지 끌어올리는 데에 초점을 둔다. 결과적으로 교정행정의 방향은 교정교화를 통한 사회 복귀, 즉 사회적으로 용인될 수 있는 적법한·적절한 행위를 하면서 동시에 내적으로 선한 의식을 갖게 하는 일이라고 정리할 수 있다.

두 번째, '교정행정이 종교와 어떤 연관성을 가지고 있는가'라는 질문은 교정교화의 방향에서 종교가 수행하는 역할에 관한 질문이다. 교정행정의 방향을 사회적으로 용인될 수 있는 적법한·적절한 행위를 하면서 동시에 내적으로 선한 의식을 갖게 하는 일이라고 한다면,

---

15 〈수용자 교육교화 운영지침〉(시행 2008.12.22. 법무부예규 제816호, 2008.12.18, 제정 / 일부개정·시행 2019.1.21. 법무부예규 제1208호); 〈군수용자 교육교화 및 사회복귀지원에 관한 훈령〉(제정·시행 2016.3.31. 국방부훈령 제1904호 / 일부개정·시행 2017.12.28. 국방부훈령 제2106호). '교육교화 업무, 교육교화 프로그램' 등의 표현이 있다.

16 이훈규·이정규, 앞의 책, 1996, 32-33쪽. 교정교육의 목표는 '정신·정서 장애자, 미성숙한 자를 포함해 다양한 사회학습 단계에 있는 자들의 인격을 교정교화하여 건전하게 생각하고 생활하는 사회의 유용한 일원으로서 사회에 복귀할 수 있도록 심신을 훈련시키는 것'이고(같은 책, 33쪽.), 교정교육의 성립 요건은 '교정교육자, 수용자, 교육내용, 교육시설' 등 4가지가 기본요소라고 한다(같은 책, 40-44쪽.).

17 '순화교육 정신교화'라는 표현도 교화가 정신적 차원에 초점을 둔다는 점을 시사한다(「흉악범 순화교육 정신교화 쪽으로」, 『경향신문』, 1990.10.22, 9면.).

종교는 특히 내적인 선한 의식인 교화와 관련된 것으로 여겨진다. 이러한 인식은 종교를 정신적 차원에서 이해하는 사람들에게 좀 더 높을 수 있다. 물론 종교를 외적 행위와 연관시켜 이해하는 사람들은 종교를 교정과 연관시켜 이해할 가능성이 있다.

현상적으로 교정행정과 종교의 연관성은 여러 부분에서 확인할 수 있다. 이와 관련해, 1983년에 법무부 교정국은『망루의 고독(Ⅱ) - 종교교화 성공사례 특집』을 간행한 바 있다.[18] 그리고 1995년 이후부터 〈교도관집무규칙〉(현 〈교도관직무규칙〉)에 '종교교회(宗敎敎誨)'가 별도 조항으로 생겼고, 2015년 이후 '사회복귀업무 교도관'이 종교 관련 업무를 맡고 있다.[19] 또한 교정교화를 위한 교정위원과 준교정위원으로 구성된 '교정위원제도'를 보면, 2013년 이후 교정위원 가운데 종교위원 수가 교화·교육·의료·취업위원 수를 압도한다.[20]

국가의 교정교화 정책을 전담하는 법무부는 종교를 중요한 교정교화 수단으로 인식한다. 그리고 수용자가 교정시설에서 종교인이 되는

---

18 법무부 교정국 편,『망루의 고독(Ⅱ) - 종교교화 성공사례 특집』, 1983. 이 자료는『교정』7월호 부록 자료이다. 한편,『망루의 고독 - 교정성공사례집』(법무부 교정국 편, 1983)에서 '한 사람의 代父로서'(81쪽 이하), '신앙을 기둥 삼아'(89쪽 이하), '생각하며 기도하며'(167쪽 이하) 등의 내용을 보면, 교도관들 가운데 신앙인이 적지 않다는 점을 알 수 있다.

19 〈교도관집무규칙〉(일부개정·시행 1995.9.11. 법무부령 제414호) 제75조(종교교회); 〈교도관직무규칙〉(일부개정·시행 2015.1.30. 법무부령 제838호) 제62조(종교) 1995년 부령 제75조에 따르면, "교회직은 수용자가 신봉하는 종파의 교의에 의한 종교교회를 요청하는 때에는 특별한 사정이 없는 한 그 종파에 위촉하여 교회를 하게 하여야 한다.〈개정 1995.9.11.〉" 2015년 부령 제62조에 따르면, "사회복귀업무 교도관은 수용자가 자신이 신봉하는 종교의식이나 종교행사에 참석하기를 원하는 경우에는 특별한 사정이 없으면 허락하여야 한다. 다만, 수용자가 신봉하는 종교 또는 그에 따른 활동이 법 제45조 제3항 각 호의 어느 하나에 해당하는 경우에는 소장에게 보고하고, 소장의 지시를 받아 적정한 조치를 하여야 한다.〈개정 2015.1.30.〉"

20 고병철·강돈구·조현범,『2018년 한국의 종교현황』, 문화체육관광부, 2018, 238쪽 (법무부 교정위원 내 종교위원 현황).

상황을 묵인하는 것을 넘어 오히려 권장하는 입장을 취하고 있다. 이러한 입장은 법무부 교정본부가 홈페이지에 적시한 아래의 인용문에서 확인할 수 있다.

> 수용생활 중에도 자신이 신봉하는 종교에 대한 신앙생활을 할 수 있도록 목사, 신부, 승려 등을 위촉하여 종교집회, 교리지도, 상담 등 다양한 종교행사를 실시하고 있으며 일정기간 교리교육을 받은 수용자는 기독교의 세례, 천주교의 영세, 불교의 수계를 받을 수 있습니다. 또한 신앙생활에 필요한 종교서적이나 성물은 다른 수용자의 수용생활에 방해되지 않는 범위 내에서 소지하거나 사용할 수 있으며, 원하는 경우 수용생활 및 신앙생활 태도 등을 고려하여 지정된 종교거실에서 생활할 수도 있습니다.[21]

법무부의 입장은 법무부 산하에 정부출연 연구기관(재단법인) 형태로 설립된 한국형사정책연구원의 2014년 연구보고서를 통해 확인할 수 있다. 이 보고서는 '종교적 단체를 통한 민간 자원봉사활동의 활성화 전략 필요성'을 제기한다. 그에 따르면, 이 보고서는 개인별 자원봉사활동과 함께 단체 자원봉사활동의 도입 필요성과 자원봉사의 필요조건인 이타적 감정이 종교적 기반을 갖고 있다고 전제한다. 그리고 종교단체를 통한 자원봉사활동의 강점으로 모든 종교가 전도활동을 하기 때문에 국가의 지원과 노력이 거의 필요 없다는 점, 인간 변화를 위해 각계 전문 인력이 협동하는 종합적인 프로그램을 민간 차원에서 만들어 자발적 참여를 유도할 수 있다는 점 등을 든다. 범죄예방 및 재

---

21 법무부 교정본부(http://www.corrections.go.kr/corrections/1063/subview.do, 수용처우→ 교육교화).

범 방지를 위해 활동하는 대표적인 종교계의 민간 자원봉사활동으로는 소년 보호사건 6호 보호처분인 소년보호시설로 운영하는 살레지오 봉사활동, 민간에서 최초로 운영하는 아가페소망기독교도소, 그리고 자기 성찰과 반성을 유도하는 불교계의 템플스테이를 들고 있다. 템플스테이에는 분노조절과 인성 변화에 이미 노하우를 가지고 있다는 장점이 있다고 한다.[22]

또한 법무부는 교정행정과 종교의 연계성을 전제로 수용자 관련 활동을 하는 종교계 법인들을 인정하고 있다. 2018년 당시, 종교단체 관련 법무부 허가 법인 현황을 보면 개신교 12개, 천주교 3개, 불교 1개, 천주교·불교 연합 1개 등 총 17개이다. 구체적인 내용은 아래와 같다.[23]

〈표 1〉 종교단체 관련 법무부 허가 법인 현황

종교		명칭	종류	사업목적
개신교	1	(사)피난처	사단	국내외 난민과 북한난민의 구호 등 (www.pnan.org/)
	2	(재)아가페	재단	소망교도소 설립. 운영
	3	기독교세진회	사단	수용자 선교 및 봉사 (http://www.sejin.org/)
	4	담안선교회 자활원	사단	갱생보호사업
	5	사단법인 새희망 교화센터	사단	수용자와 출소자에게 심리적, 물질적, 환경적 도움을 주고, 효율적인 교정교화 기법 연구 (www.kangsanews.kr/)
	6	사단법인 한국교회 법학회	사단	교회 내 법적 분쟁을 예방하고, 교회재판에 대한 기준 제시

---

22 승재현·조윤오,『재범방지를 위한 교정보호의 선진화방안 연구(Ⅱ)-교정 민간 자원봉사활동의 활성화 방안』(경제·인문사회연구회 협동연구 총서 13-38-03), 한국형사정책연구원, 2014, 248-251쪽.
23 고병철·강돈구·조현범, 앞의 책, 2018, 237쪽(법무부 허가 법인의 종교별 현황).

	7	새생명운동본부	사단	복음주의 신앙에 입각한 수용자 선교
	8	세계교화갱보협회	사단	갱생보호사업 (www.aftercare.or.kr/)
	9	한국교정복지회	사단	기독교를 통한 수용자 교화 및 사회복귀 지원
	10	한국교정선교회	사단	수용자 복음 전도와 교정교화사업
	11	한국교화복지재단	재단	갱생보호사업 (www.pici.co.kr/)
	12	함께하는 다문화 네트워크	사단	결혼이민자 정착지원 (www.damunhwa.or.kr/)
천주교	1	빠스카교화복지회	사단	갱생보호사업
	2	양지뜸	사단	갱생보호사업 (www.1004home.co.kr/)
	3	천주교사회교정사목위원회	사단	수용자 선교 및 재범방지를 위한 교정사목 활동
불교	1	한국불교교화복지선도회	사단	불교 자비정신 구현으로 수용자 교화
불교/천주교 연합	1	행복공장	사단	법문화체험기회제공, 재소자 및 가족에 대한 치유지원 사업 (www.happitory.org/)

2) 종교계가 교정교화에 관심을 갖는 이유

교정교화 활동을 전개하는 종교계 단체들은 적지 않다. 예를 들어, 개신교계의 재단법인 아가페[소망교도소], 재단법인 한국교화복지재단, 사단법인 새희망교화센터, 오네시모선교회, 사마리아교정선교회 등의 단체들이 그에 해당한다.[24]

구체적으로, 개신교계에서는 이승만정부 시기이후 법무부 산하 각급 형무소 교무과장을 목사들이 맡다가 1961년 5·16군사정변으로 제3공화국에 출범하면서 형목제도가 폐지된 바 있지만, 1982년 교정기

---

24 소망교도소(http://somangcorrection.org/); 재단법인 한국교화복재재단(http://www.pici.co.kr/); (사)새희망교화센터(http://www.dncr.kr/); 오네시모선교회 (https://www.onesimusministry.org/) 등.

독신우회 및 전국교정기독신우회 창립, 1992년 전국교화협의회 종교위원 기독교연합회 창설 등에 이어 2001년에 한국교정복지전문학교를 설립한 바 있다.[25] 이 한국교정복지전문학교는 2002년에 제1기 졸업생 67명을 배출한 이후, 2011년에 한국형사정책연구원에서 종교단체의 참여확대방안을 중심으로 출소자재범방지를 위한 민간전문시설 확충방안에 관한 보고서를 작성하는 등[26] 교정교화 관련 활동을 전개하고 있다.

불교계에서는 1994년 12월 전국불자교정인연합회(전국교정인불자연합회 전신)를 발족하고, 2011년 1월 조계종 포교원이 교정교화전법단 출범식을 진행한 바 있다. 이 가운데 전국교정인불자연합회는, 2019년 현재, 서울경기강원, 충청, 영남부산, 호남제주 등 전국 4개 지부에 40개 지회, 회원 수 2,000여 명을 두고 있다.[27] 그리고 불교계에서는 한국불교교화복지선도회의 활동이 두드러진다.

천주교계에서는 천주교사회교정사목위원회의 활동이 두드러진다. 천주교는 한국전쟁으로 사형수들이 생겨나면서 교도소 방문과 교화 활동을 시작했고[28] 1970년 4월에 '가톨릭 서울대교구 교도소후원회'

---

25 손동신, 「한국교회 교정선교 사역에 대한 평가와 제언」, 『선교신학』 22, 한국선교신학회, 2009, 252쪽.

26 「한국교정복지전문학교 제1기 졸업생 배출 – 교정선교전문가 양성을 위해」, 『기독신문』, 2002.9.3; 국가정책연구포털(https://www.nkis.re.kr:4445/main.do, 연구책임자 이원복, 교정복지전문학교 소속).

27 「전국교정인불자연합회 오희창 초대회장, 재소자 포교 30년, 차디찬 철창 속 연꽃 피우다」, 『법보신문』, 2011.3.28; 「참회를 바탕으로 수용자 신행변화, [서울구치소에서 30년 넘게 불교포교를 이어온] 김행규 신임 전국교정인불자연합회장」, 『현대불교』, 2019.7.16.; 「김행규 전국교정인불자연합회장 "종단 차원 지원 필요"」, 『BTN뉴스』, 2019.7.18.

28 천주교 서울대교구 사회사목부 사회교정사목위원회 편, 『천주교 사회교정사목위원회 40년사』, 재단법인 한국교회사연구소, 2010, 62쪽. 천주교 교정사목의 역사에서 등장하는 인물은 고종렬(베네딕도)이다. 그는 군산교도소에서 약 500여

가 창립되어 지도신부가 임명되면서 교회의 공식 활동으로 인정한다. 이 교도소후원회는 1979년의 '교도사목후원회'를 거쳐, 1980년 2월에 '서울대교구 교도사목회'로 개칭되어 교도사목의 행정 업무를 맡던 본부와 교도사목후원회를 일원화한다. 이어, 교도사목회는 1995년 1월에 서울대교구 내 사회사목부가 신설되면서 '교도사목위원회'로 개칭된 후 4월에 '사회교정사목위원회'로 개칭된다. 이어, 2003년 5월 법무부에서 사단법인 허가를 받아, '사단법인 천주교사회교정사목위원회'가 된다.[29]

원불교에서는 2000년 전후 서울교구 내 '은혜의 집'을 중심으로 서울구치소 수용자들에 대한 교정교화 활동을 전개하다가 2011년에 교단 차원에서 교정교화협의회 결성을 승인한 바 있다.[30] 그 외 천주교

명의 수용자들을 대자(代子)로 받아들였고, 1953년부터 서대문의 서울형무소(이후 서울구치소)에 근무하면서 1972년 정년퇴직할 때까지 19년 동안 '사형수 교화담당 위원'으로 근무하며 약 500명의 사형수들에게 대세(위급한 경우 사제가 아니더라도 세례성사를 베풀 수 있는 간략한 세례식 또는 비상세례)를 주었다고 한다. 그 과정에서 박귀훈(요한)신부와 김홍섭(바오로)판사, 김홍섭 서울고등법원장, 샬트르 성 바오로 수녀회의 김문숙(폴리나) 수녀와 본당의 어머니회, 아현동본당의 구전회(바르톨로메오)신부 등의 활동 등이 거론된다(같은 책, 68-72쪽.).

29 천주교 서울대교구 사회사목국 사회교정사목위원회(http://catholic-correction.co.kr/index, 김도훈 라파엘 신부, 접속: 2019.7.1.); 천주교 서울대교구 사회사목부 사회교정사목위원회 편, 위의 책, 2010, 76-168쪽. 1970년 교도소후원회의 창립 배경으로는 정책의 변화를 들고 있다. 제1공화국 시기에 각 교도소 교무과장 직책을 목사들이 맡던 정책이 제2공화국 시기에 종교의 자유가 보장된 민주국가에서 특정 종교의 성직자를 교도소 교무과장 직책에 임명하는 것이 부당하다는 명분으로 폐지되었다가 제3공화국 시기에 수용자들의 정신교육과 교화에 종교적인 학습이 필요하다고 인식해 각 종파별로 날짜를 정해 교도소 초청 형식으로 정기 집회를 가질 수 있도록 한 정책으로 바뀌면서 종교단체에 의한 교정사목이 가능해졌다고 본다(같은 책, 76쪽.). 한편, 천주교에서 교정사목의 근거로 루카 4: 18-19절을 들고 있다.

30 「원불교신문 창간38주년 교화대불공 기획시리즈 4. 교정 교화」, 『원불교신문』, 2007.6.8.; 「교정교화협의회 설립」, 『원불교신문』, 2011.11.4. 2007년 기사에 따르면, 1999년경 도시 재개발 지구의 빈민교회로 출발해 서울구치소와 서울소년원에서 교정교화를 펼치다가 39세의 생애를 마감한 헌산 길광호 교무 이후 서울교구

와 불교의 연합체인 '행복공장'의 사례도 보인다.[31]

그렇다면 종교계가 교정교화에 관심을 갖는 이유는 무엇일까? 이 관심에는 일차적으로는 선교·포교에 대한 의지가 개입되어 있다. 이러한 의지는 개신교계의 '교도소 복음화'나 교도소 선교(prison ministry)나 교정선교(correctional mission)라는 용어,[32] 천주교계의 교정사목(종래 '교도사목')이라는 용어,[33] 불교계의 '교정교화 포교'나 '교정교화전법'이라는 용어[34] 등에서 확인할 수 있다. 이처럼 종교계에서 교정교화를 포교·전도 활동으로 인식하는 상황은 다른 종교에 비해 늦게 교정교화 활동을 시작한 원불교의 경우에도 나타난다. 이 부분은 아래의 인용문에서 확인할 수 있다.

> 교정교화의 가장 큰 문제점은 출소 이후 사후관리에 대한 문제이다. … 일반 재소자의 경우도 출소 이후 교당의 건실한 교도로 거듭난 사례가 많아 교정시설에 대한 교화가 더욱 필요함을 대변한다. 교정교화는 해당 지역 교무의 의지에 의해 판가름 된다. … "교정 교화는 군 교화에 버금가는 종교 활동처"라며 "지역의 영향력 있는 교도를 통하거나 학생봉사, 경비대 법회 등으로 탐색해 교정 교화의

봉공회 산하에 교정교화봉사회가 결성되었고, 이를 계기로 각 교구·교당에서 교정교화가 활발해지게 된다.

31 행복공장 블로그(https://happitory.tistory.com/)

32 박상구, 「오네시모 선교회 - 전국교도소 복음화 그날까지」, 『활천』 537-8, 기독교대한성결교회 활천사, 1998, 95-99쪽; 손동신, 앞의 글, 2009, 238-269쪽; 천정환, 「교정대체복무안에 대한 비판론 및 과학적 교정선교의 필요성」, 『교정복지연구』 58, 한국교정복지학회, 2019, 133-166쪽.

33 천주교 서울대교구 사회사목국 사회교정사목위원회(http://www.catholic-correction.co.kr/); 김성은, 「[특집/한국교회의 교정 사목] 한국 교정 사목의 현주소」, 『사목』, 한국천주교중앙협의회, 2002, 6-24쪽; 이명숙, 「[특집/한국교회의 교정 사목] 민영 교도소 제도의 의의와 추진 현황」, 『사목』, 한국천주교중앙협의회, 2002, 49-62쪽.

34 도우림(http://dourim.net/bbs/board.php?bo_table=4060, 전법단 뉴스).

루트를 뚫어야 한다"고 조언했다. 이어 "교구에서 정책을 세워 지구별로 한 곳씩만 맡아줘도 전국 60여개 교정시설을 통해 원불교를 알릴 수 있다"고 말했다. 군 교화와 마찬가지로 직접교화 못지않게 간접교화의 장이 된다는 것이다.[35]

3) 교정행정과 종교의 연관성에 대한 학계의 시선과 문제

그렇다면 학계에서는 교정행정과 종교의 연관성을 어떻게 바라보고 있을까? 학계는 2000년대 전후부터 교정교화와 종교의 연관성에 주목하기 시작한다. 그 주요 배경은 1995년부터 시작된 개신교계 민영교도소 설립 움직임이다. 이 민영교도소는 2010년에 소망교도소라는 명칭으로 개소한다.[36] 민영교도소 도입이 특히 1997년 IMF 사태

---

35 원불교신문(http://www.wonnews.co.kr/news/articleView.html?idxno=58917); 「원불교신문 창간38주년 교화대불공 기획시리즈 4. 교정 교화」, 『원불교신문』, 2007.6.8.

36 소망교도소(http://somangcorrection.org/). 이 홈페이지에 따르면, 개신교계는 1995년에 한국기독교총연합회 산하에 기독교교도소 설립추진위원회를 설치하고, 1997년에 청와대에 '종교교도소제도에 대한 제안서'를 제출한 후 새로 '기독교 소망교도소 설립추진위원회'를 세우고 각 당의 대선 기획본부에 '민영종교교도소제도'를 대선공약으로 채택할 것을 요청한다. 이어, 개신교계는, 여러 과정을 거쳐, 2000년 1월에 〈민영교도소법〉의 제정을 이끌어내고, 동법 시행 직전인 2001년 6월에 재단법인 아가페를 창립해 동년 7월에 법무부의 설립 허가를 받는다. 재단법인 아가페는 2002년 3월에 법무부의 '민영교도소 수탁자'로 공식 확정되고, 2003년에 교도소 용지와 부지 매입을 완료하고 법무부와 민영교도소 위탁계약을 체결하고, 자원봉사자 교육과정(기독교 교정복지과정)을 시작한다. 이어, 2004년에 자원봉사자 교육과정을 지속하면서 재단 실무진이 강릉교도소, 여주교도소, 미국 IFI 프로그램, 청주여자교도소, 천안개방교도소, 홍성교도소, 경주교도소 등을 참관하고, 2005년 이후 여주교도소에서 민영교도소 시범운영을 한다. 그 과정에서 2008년에 기독교교도소 건축 허가를 받아 건축 공사를 시작하고, 2010년 11월에 여주시로부터 교정 및 군사시설로 건축물 사용 승인을 받아 동년 12월에 소망교도소를 개소한다.

이후 교도소 과밀화와 재범화가 격증하는 상황에서 교정기관 증설의 어려움으로 인해 추진되었다는 지적도 있지만,[37] 그 과정을 보면, 1997년 IMF 사태 이전부터 개신교계의 움직임이 있었다고 할 수 있다.

민영교도소 설립 과정에서 등장한 선행연구들은 기독교 민영교도소의 필요성이나 민영교도소의 활성화 방안을 제시한 연구,[38] 수형자의 종교활동과 성향이 정신건강 및 수용생활 적응에 미치는 영향력이나 노인수형자의 회심체험에 대한 실증적 연구,[39] 교정위원 가운데 종교위원의 역할에 대한 연구,[40] 외국의 종교교정 사례를 다룬 연구,[41] 그 외에 한국형사정책연구원에서 '교정교화의 민간참여 문제'를 다룬 연구[42] 등 다

---

37 박길서, 『기독교 민영 교도소 설립과 운영에 관한 연구』, 부산외국어대학교 박사논문, 2007, 181쪽.

38 김진혁, 「종교교도소의 전망과 한계」, 『교정연구』 26, 2005; 박길서, 위의 박사논문, 2007; 한석관, 『기독교 민영교도소의 활성화 방안』, 상지대학교 박사논문, 2010; 이장영, 『우리나라 민영교도소의 활성화방안에 관한 연구』, 건국대학교 박사논문, 2014 등.

39 김안식, 『수형자의 종교 활동 및 성향이 정신건강과 수용생활적응에 미치는 영향』, 경기대학교 박사논문, 2010; 박영의, 『노인수형자의 회심체험 연구』, 백석대학교 박사논문, 2012 등. 이 가운데 김안식의 연구에는 종교활동과 성향이 정신건강 및 수용생활 적응에 미치는 영향력이 몇몇 사항을 제외하면 그다지 크지 않지만, 수형자에 대한 주관적 종교활동과 사적 종교활동에 대한 관심과 배려가 적대감 해결에 효과가 있고, 수형자가 종교를 수단이 아니라 인생의 목적으로 삼고 삶의 주요 동기가 될 수 있도록 종교활동이나 프로그램 시행에 관심을 기울여야 한다는 점, 수형자의 공적 종교활동(종교집회, 교리공부 등)이 규칙준수와 자기개발에 긍정적인 영향을 준다는 점, 수용생활적응에 영향을 미치는 수형자의 적대감과 정신증 문제를 해결하기 위해 치유프로그램의 도입 및 시행이 필요하다는 점, 종교활동의 효율성을 높이기 위한 교목(교회사)제도의 신설과 정신질환 수형자 치료를 위한 사회치료센터의 신설 등이 필요하다는 점 등이 담겨 있다.

40 유용원, 「교정행정 발전을 위한 교정위원의 참여와 역할 – 종교위원 중심」, 『교정연구』 65, 2014; 유용원, 『한국 교정 행정에서 민간 교정 위원의 참여에 관한 연구 : 종교위원의 역할을 중심으로』, 한일장신대학교 박사논문, 2017 등.

41 허경미, 「미국의 종교교정의 실태 및 도입모델 연구」, 『경찰학논총』 7-1, 2012 등.

42 한인섭, 『교정교화분야의 민간참여에 관한 연구』, 한국형사정책연구원, 1992. 이 보고서에는 발행일이 명시되어 있지 않다. 참고문헌의 시기가 1992년까지이므로 1992년에 수행된 것으로 보인다. 책임자 한인섭은 당시 경원대학교 교수이다.

양하다. 그렇지만 교정교화와 종교의 연관성을 바라보는 시각에는 대체로 종교를 교정교화의 수단으로 보는 경향이 강하게 나타난다.[43] 교정교화에 관심을 기울이고 있는 개신교, 천주교, 불교, 원불교 등 외에도 동학의 교리와 실천이 교정교화에 기여할 수 있다는 연구도 보인다.[44]

흥미로운 부분은, 군종제도에 대해 제기되는 문제들, 즉 정교분리 위반, 종교의 자유 침해, 종교 범위 설정의 형평성 문제 등이 아직까지 교정교화 영역에서 구체적으로 제기되지 않고 있다는 점이다. 현재까지는 문제 제기 수준이다.[45] 그렇지만 앞으로 교정교화 영역도 이러한 문제 상황에 놓일 가능성이 있다. 예를 들어, 국가가 〈자원봉사법〉에 근거해 자원봉사활동에 '비종파성(非宗派性)의 원칙'을 표명하고 있는데,[46]

---

43 이백철, 「교정교화와 종교계의 역할」, 『경기교육논총』 7, 1998; 손동신, 앞의 글, 2009; 김안식, 「수형자의 교정교화와 종교의 역할」, 『교정담론』 4-1, 2010; 전석환, 「수용자 처우에 있어서 종교의 역할과 기능에 대한 고찰: 구조변화의 의미를 중심으로」, 『경찰학논총』 5-1, 2010; 유병철, 「교정시설 수용자 교화를 위한 종교인의 역할과 기여」, 『교정연구』 53, 2011; 김무엘, 「교화 수단으로서의 종교, 효과적 접근전략과 의의 – 소망교도소 교화모델을 중심으로」, 『시민인문학』 29, 2015 등.

44 임형진, 「동학사상과 수도 그리고 교정교화론」, 『교정담론』 3-1, 2009, 123-145쪽. 그에 따르면, 동학은 인간을 하늘과 동등한 관계로 인정해(시천주) 하늘처럼 대하라(사인여천)는 기본이념을 바탕으로 실천을 위한 수도와 성·경·신과 삼경(경천·경인·경물)사상을 체현해 완성된 인격자를 만드는 것을 목표로 하며, 수도를 통한 개벽된 세상의 완성을 지향한다. 따라서 현대 사회문제에 대한 예방차원의 인성교육과 교정교화의 이론적 가능성이 있다. 특히 종교교회의 영역에서 인내천, 사인여천의 이념과 수도를 통해 성경신을 훈련하고, 삼경사상을 체현해 새인간(신인간)으로의 거듭날 수 있는 훈련을 하면 수용자들은 사회 복귀를 대비한 이상적 인격을 함양하게 된다. 게다가 동학의 수도에서 가장 강조되는 것은 모범의 교육(teaching by example), 즉 시천주·사인여천·인내천의 삶을 스스로 먼저 행해 남에게 영향을 주는 모범이다. 교정교육에 임하는 사람들을 먼저 실천하게 하면, 수용자들의 감화는 그 다음 단계에서 저절로 이루어진다.

45 천정환, 「교정시설에서 종교교육(교화)제도의 개선방안 – 종교교정위원을 중심으로」, 『종교교육학연구』 63, 2020, 40쪽.

46 〈자원봉사활동기본법(약칭: 자원봉사법)〉(타법개정·시행 2017.7.26. 법률 제14839호) 제2조 제2항에 따르면, 자원봉사활동은 무보수성, 자발성, 공익성, 비영리성, 비정파성(非政派性)과 함께 '비종파성(非宗派性)의 원칙 아래 수행'될 수 있도록 하여야 한다.

교정교화 활동은 대부분 자원봉사활동으로 이루어지고 있다. 그렇다면 이 비종파성 원칙에 대해 국가가 자원 봉사활동의 진흥을 위해 특정 종교에 대한 우대를 금지한다는 의미로 이해하거나, 미국의 기독교단체가 프리즌 펠로우쉽(Prison Fellowship)을 통해 범죄예방을 위한 각종 자원봉사프로그램을 운용하는 것처럼, 국가가 범죄예방을 위한 종교단체들의 자원봉사활동을 장려해야 한다는 식으로 이해하는 경우에 정교분리 위반 문제나 종교 범위 설정의 형평성 문제 등이 발생할 수 있다.

게다가 이러한 문제 상황은 법무부의 교정교화 영역뿐만 아니라 〈군형집행법〉 제4조(군교정시설의 설치 등)에 근거해 3군 통합 교정시설로 국군교도소를 운용하고 있는 국방부의 교정교화 영역에도 적용될 수 있다. 국군교도소와 관련된 국방부의 교정교화 정책도 법무부의 경우와 유사한 형태를 보이기 때문이다. 예를 들어, 국군교도소에는 교정위원제도를 두고 있다. 또한 기독교·천주교·불교에 한정된 종교시설을 운용하고 있고, '1인 1종교 갖기 권장' 정책을 시행하고 있다.[47]

이러한 상황을 종합해볼 때, 종교와 교정교화의 연계성에 대한 법무부의 시각, 종교계의 시각, 그리고 선행연구들의 경향은 유사하다는 점을 지적할 수 있다. 이들의 입장은 대체로 종교가 교정교화에 기

---

47 〈군에서의 형의 집행 및 군수용자의 처우에 관한 법률(약칭: 군형집행법)〉(일부개정·시행 2020.2.4. 법률 제16927호) 제4조; 국군교도소(http://www.kmc.mil.kr/, 교정생활→종교생활) 국군교도소는 1949년 육군형무소(서울 영등포)로 시작해, 1950년 경북 대구, 1955년 부산 서면을 거쳐, 1962년 경기 성남으로 이전하면서 제1, 2교도소로 분할되고, 1979년 제1, 2교도소를 통합해 육군교도소로 개칭된다. 이후 1985년 경기도 이천시로 신축 이동한 후, 2014년 국군교도소가 된다. 한편, 〈군인사법〉(일부개정·시행 2020.2.4. 법률 제16928호)에 따르면, 병에 대한 징계의 종류 중 종래의 영창(營倉)제도는 병(兵)의 인권 신장을 위해 2020년 2월부터 폐지된다.

여한다는 전제 하에 어떤 전략들을 구사해야 종교가 교정교화에 더 잘 기여할 수 있을까를 모색하는 맥락에 위치해 있다. 이러한 상황에서 교정교화와 종교의 연관성은 자명한 것처럼 보일 수도 있다.

그렇지만 교정교화와 종교의 연관성을 자명한 것처럼 간주하는 현상은 향후 문제 상황에 봉착할 수 있다. 이러한 상황은 교정교화와 종교의 연관성이 자명한 것처럼 만들어진 과정과 그에 대한 성찰, 특히 국가 차원에서 정책적으로 이러한 문제 상황을 유도한 측면에 대한 성찰을 요청한다. 이러한 성찰을 위해서는 국가가 어떤 조직과 법규, 어떤 정책들을 통해 교정교화와 종교의 연계성을 도출했는지, 또한 교정교화와 종교가 연계된 현실에서 제기될 수 있는 쟁점들이 무엇인지를 역사적인 흐름 속에서 살펴볼 필요가 있다.

02
종교교정 담당 조직과 법규

1) 종교교정 담당 조직: 사회복귀과

중앙정부에서 교정 정책은 법무부 소관이다. 법무부는 수용자의 교화를 위해 2007년 이후 교정본부를 두고 있다. 교정본부는 1948년 이후 형정국(교육과→ 교화보건과→ 관리과)에서 시작해, 1962년 이후 교정국(관리과→ 교육과→ 교화과)을 거쳐, 2007년 이후 만들어진 조직이다. 종교교정 업무와 관련해, 이 부서의 변화 과정을 정리하면 아래와 같다.[48]

---

48 〈법무부직제〉(제정·시행 1948.11.4. 대통령령 제21호 / 시행 1950.4.1. 대통령령 제307호, 1950.3.31. 폐지제정) 제8조; 〈법무부직제〉(일부개정·시행 1961.10.2. 각령 제177호) 제7조; 〈법무부직제〉(폐지제정·시행 1962.5.21. 각령 제770호) 제7조(교정국); 〈법무부직제〉(일부개정·시행 1981.11.2. 대통령령 제10526호 / 시행 1983.8.1. 대통령령 제11179호, 1983.7.22. 일부개정) 제11조(교정국); 〈법무부와 그 소속기관 직제〉(폐지제정·시행 1991.2.1. 대통령령 제13279호) 제14조(교정국); 〈법무부와 그 소속기관 직제〉(전부개정·시행 1998.2.28. 대통령령 제15711호) 제12조(교정국); 〈법무부와 그 소속기관 직제〉(일부개정·시행 2007.11.30. 대통령령 제20400호) 제12조(교정본부); 〈법무부와 그 소속기관 직제〉(타법개정·시행 2007.12.21. 대통령령 제20393호, 2007.11.20.) 제12조(교정국); 〈법무부와 그 소속기관 직제〉(타법개정·시행 2007.11.30. 대통령령 제20424호 / 일부개정·시행 2019.5.7. 대통령령 제29733호) 제12조(교정본부).

<표 2> 법무부 교회(敎誨) 담당 부서

시행		주요 내용
48.11	형정국	- 교육과 : 재소자의 교육과 교회 및 재소자용의 서적과 정기간행물에 관한 사항 *제8조 형정국에 감사과, 형무과, 작업과, 보호과, 교육과 및 후생과를 둔다. …
50.04	상동	- 교화보건과 : 재소자의 교육, 교회, 보건, 식량, 형무관의 후생 및 치형협회에 관한 사항 *제8조 형정국에 형무과, 자재과 및 교화보건과를 둔다. …
61.10	상동	- 관리과 : 재소자의 교육, 교회, 보건, 형무직원 및 재소자의 피복, 식량과 재소자에 대한 간행물에 관한 사항 *제7조 ①형정국에 형무과, 계획과와 관리과를 둔다. …
62.05	교정국	- 관리과 : 재소자의 교육, 교회, 보건, 교도관 및 재소자의 피복, 식량과 재소자를 위한 간행물에 관한 사항 * 제7조(교정국) ①교정국에 교정과, 계획과, 관리과와 소년과를 둔다. …
81.11	상동	- 교육과 : 재소자의 교육 및 교화에 관한 사항 … *제11조(교정국) ①교정국에 교정과·보안과·작업지도과·교육과·재정과·소년과 및 시설과를 둔다. …
83.08	상동	- 교화과 : 재소자의 교육 및 교화에 관한 사항 … *제11조(교정국) ①교정국에 교정과·보안과·작업지도과·교화과·관리과·소년과 및 시설과를 두고, 교정국장 밑에 교정심의관 및 교화심의관 각 1인을 둔다. …
98.02	상동	- 별도의 '과' 없이, 교정국장의 업무 분장에 '교육 및 교화, 교화활동지도위원의 위촉·해촉' 등을 포함 *제12조 (교정국) ①교정국에 국장 1인을 두고, 국장 밑에 교정심의관 1인을 둔다. … ③국장은 … 18. 공안사범의 교육 및 교화에 관한 사항 … 25. 재소자의 교육·교화에 관한 제도 및 기본계획의 수립·시행 26. 교화활동지도위원의 위촉·해촉 …
07.11	교정본부	- 교정국을 폐지하고 교정본부를 신설 *제12조(교정본부) ① 교정본부에 본부장 1명을 두고, 본부장 밑에 교정정책관 및 보안정책관 각 1명을 둔다. … ③ 본부장은 … 21. 수형자의 교육 및 교화에 관한 기본계획의 수립·시행 22. 수형자의 교화프로그램 연구 및 개발 23. 수형자의 학과교육 및 정보화교육 등에 관한 기본계획의 수립·시행 24. 수형자의 인성교육 시행에 관한 사항 25. 공안사범의 교육 및 교화에 관한 사항 26. 수용자(피보호감호자 포함)의 교화방송에 관한 사항 27. 석방예정자 교육 및 보호·지원에 관한 계획의 수립·시행 28. 교정위원의 위촉·해촉 등에 관한 사항 29. 교화 및 사회복귀지원사업 관련 법인에 대한 인·허가 …

19.05 (현재)	상동	* 제12조(교정본부) … 12. 수형자의 교육 및 교화에 관한 기본계획의 수립·시행 13. 공안 및 공안관련 사범의 교육·교화에 관한 사항 14. 수 용자(피보호감호자 포함)의 교화방송에 관한 사항 15. 교정위원에 관한 사항 … 28. 가석방심사위원회 운영 및 관리 등 가석방심사 업무 에 관한 사항 … 30. 민영교도소 운영의 관리·감독에 관한 사항 …

종교교정 담당 조직의 역사를 구체적으로 보면, 해방 직후에는 미
군이 1945년 9월에 연합군총사령관 아래 임시정부로 군정청(軍政廳)을
두고, 그 아래에 종래의 조선총독부 행정기구를 유지하고 일본인 직
원을 '행정고문'으로 두는 운영 방식을 취한다.[49] 이어, 1946년 3월부
터 종래 법무국과 재산관리과를 '사법부'와 '관재처'로 개칭하는 등,
종래의 국과(局課) 체제를 부처(部處)체제로 개편하고, 8월에 조선군정
청 권한 하에서 정부 수립 시까지 입법기관 역할을 수행할 '조선과도
입법의원' 제도를 창설한다. 그리고 1947년 1월부터 남조선과도입법
위원을 선출·운영하고, 5월부터 북위 38도 이남 조선의 입법·행정·사
법 부문 등을 관할하는 재조선 미군정청 조선인기관을 '남조선과도정
부'라고 명명한다.[50]

이어, 1948년 5·10 총선거 이후 5월 20일에 조선과도입법의원을 해
산하고,[51] 7월에 〈정부조직법〉을 제정해 수립된 정부는 동년 11월에
〈법무부직제〉를 제정한다. 당시의 법무부 직제를 보면, 법무부는 1실
4국 체제(비서실·법무국·검찰국·형정국·조사국)로 구성된다. 그리고 이 가
운데 형정국(총 6과)의 교육과에서 '재소자의 교육과 교회 및 재소자용

---

49 김원철, 「미군정하의 정부수립을 위한 정책연구」, 『교육논총』 3-2, 조선대학교 교
   육대학원, 1987, 11-12쪽.
50 〈조선과도입법의원의 창설〉(제정·시행 1946.8.24. 군정법령 제118호); 〈조선정부
   각 부서의 명칭〉(제정·시행 1946.3.29. 군정법령 제64호) 제2조(국을 부로의 개칭),
   제3조(과를 처로의 개칭); 〈남조선과도정부의 명칭〉(제정·시행 1947.5.17. 군정법
   령 제141호) 제1조(정부기관의 명칭).
51 〈조선과도입법의원의 해산〉(시행 1948.5.30. 군정법률 제12호, 1948.5.19. 제정).

의 서적과 정기간행물에 관한 사항'을 맡는다. 그리고 형정국의 명칭은 1962년 5월에 교정국으로 바뀌고, 다시 2007년 11월부터 교정본부로 확대 개편된다.[52]

현재, 법무부 교정본부는 산하에 서울지방교정청 등의 지방교정청, 대전교도소나 통영구치소 등의 교도소·구치소를 두고 있는데, 여기에 공통적으로 '사회복귀과'를 설치해 '수용자의 교육·교화' 업무를 배정하고 있다. 비록 상황에 따라 부서의 명칭이 일치하지 않지만, 사회복귀과를 설치하지 않은 교도소와 구치소는 거의 없다.

이 사회복귀과는 2009년 5월에 종래의 '교육교화과'(2008년 이후 교육교화팀)을 폐지하면서 처음 설치된다. 교육교화팀의 업무였던 '수형자의 교육 및 교화에 관한 기본계획, 교화프로그램 연구·개발, 검정고시 교육과정 및 평생교육 등에 관한 기본계획, 교육프로그램 시행, 공안사범의 교육 및 교화, 수용자 교화방송, 교정위원의 위촉·해촉 및 지도관리 등'은 사회복귀과로 이관된다.[53] 법무부의 교정본부, 지방교정청, 교도소·구치소에 설치된 사회복귀과의 담당 업무는 아래와 같다.[54]

---

52 〈정부조직법〉(제정·시행 1948.7.17. 법률 제1호) 제14조; 〈법무부직제〉(제정·시행 1948.11.4. 대통령령 제21호) 제8조(형정국에 감사과, 형무과, 작업과, 보호과, 교육과 및 후생과를 둔다. … 교육과는 재소자의 교육과 교회 및 재소자용의 서적과 정기간행물에 관한 사항을 분장한다.); 〈법무부직제〉(폐지제정·시행 1962.5.21. 각령 제770호) 제7조(교정국)(① 교정국에 교정과, 계획과, 관리과와 소년과를 둔다. …); 〈법무부와 그 소속기관 직제〉(타법개정·시행 2007.12.21. 대통령령 제20393호, 2007.11.20.) 제12조 (교정국); 〈법무부와 그 소속기관 직제〉(타법개정·시행 2007.11.30. 대통령령 제20424호) 제12조 (교정본부〈개정 2007.11.30.〉).

53 〈법무부와 그 소속기관 직제 시행규칙〉(일부개정·시행 2008.3.3. 법무부령 제634호, 2008.3.3. 일부개정) 제8조(교정본부); 〈법무부와 그 소속기관 직제 시행규칙〉(시행 2009.3.27. 법무부령 제660호, 2009.3.19. 타법개정) 제8조(교정본부) ⑤; 〈법무부와 그 소속기관 직제 시행규칙〉(일부개정·시행 2009.5.25. 법무부령 제667호, 2009.5.25. 일부개정) 제8조(교정본부) ⑤.

54 〈법무부와 그 소속기관 직제 시행규칙〉(일부개정·시행 2019.5.7. 법무부령 제950호) 제8조(교정본부) ⑤항, 제15조(지방교정청) ⑦항, 제16조(교도소·구치소) ③항(교도소 및 구치소에 두는 부서의 명칭)과 ⑪항.

〈표 3〉 법무부 산하 교정본부, 지방교정청, 교도소·구치소의 사회복귀과 분장 업무

교정본부 사회복귀과	지방교정청 사회복귀과	교도소·구치소 사회복귀과
1. 수형자의 교육 및 교화에 관한 기본계획의 수립·시행 2. 수형자의 교화프로그램 연구 및 개발 3. 수형자의 검정고시 교육과정 및 평생교육 등에 관한 기본계획의 수립·시행 4. 수형자의 교육프로그램 시행에 관한 사항 5. 공안사범의 교육 및 교화에 관한 사항 6. 수용자(피보호감호자를 포함한다. 이하 같다) 교화방송에 관한 사항 7. 교정위원의 위촉·해촉 및 지도관리 등에 관한 사항 8. 수형자 사회복귀 중장기 계획수립 및 관계 법령·제도 연구 9. 사회복귀지원사업 관련 법인에 대한 인·허가 및 관리·감독 10. 수형자의 귀휴·사회견학 및 봉사체험에 관한 사항 11. 석방예정자 사회적응교육 및 지원에 관한 사항 12. 가족만남의 집, 가족만남의 날 계획수립 및 시행 13. 불우수형자 가족지원을 위한 계획의 수립·시행	1. 수용자의 교육 및 교화에 관한 사항 2. 교화활동지도위원의 추천 3. 수용자의 서신 및 도서관리에 관한 사항 4. 수용자의 귀휴 및 사회견학에 관한 사항 5. 수용자의 학력인정시험·기능검정 기타 자격시험응시자 선발 6. 출소자의 보호에 관한 사항 7. 교정상담실의 설치·운영 8. 성폭력 치료프로그램의 이수명령 집행에 관한 사항 9. 교도작업특별회계의 경리·용도 및 결산 10. 교도작업 및 감호작업의 운영지도 및 관리 11. 교도작업특별회계 소관물품의 구매조달 및 국유재산관리 12. 작업장려금 지급 및 작업연장(1개월 이상)승인 13. 수용자의 직업훈련에 관한 사항 14. 교도작업생산제품의 홍보 및 판촉 15. 수형자 취업·창업지원협의회 운영 및 석방예정자 취업알선·지원에 관한 사항	1. 수용자의 교육·교화·생활지도 및 서신 2. 귀휴와 석방자 보호

사회복귀과의 담당 업무를 보면, 교정본부, 지방교정청, 교도소·구치소의 경우에 다소 차이가 있지만 상호 연계되어 있다. 예를 들어, 교도소·구치소의 사회복귀과에서 담당하는 업무는 지방교정청의 사회복귀과에서 담당하는 업무 범위에 포함되어 있다. 그리고 지방교정청의 사회복귀과에서 담당하는 업무의 일부는 교정본부의 사회복귀과에서 담당하는 업무 범위에 포함되어 있다.

종교교정과 관련해 법무부 산하의 사회복귀과에 주목하는 이유는

사회복귀과가 실질적으로 종교교정 업무를 담당하기 때문이다. 실제로 사회복귀과가 담당하는 업무 가운데 '수용자의 교육 및 교화에 관한 사항, 교화활동지도위원의 추천, 수용자의 서신 및 도서 관리에 관한 사항, 수용자의 귀휴 및 사회견학에 관한 사항' 등은 종교교정의 주요 내용을 이루고 있다. 이와 관련해, 서울구치소(1961년 12월 서울형무소에서 개칭)의 경우에는 '수용자 교육·교화, 종교·교정위원, 귀휴 등 사회적처우'를 사회복귀과의 업무로 명시하고 있다.[55]

2) 종교와 교정 관련 법규와 변화

〈법무부 직제〉가 1948년 11월에 제정된 후 1950년에 〈행형법〉이 제정되면서 해방 이후 교정 법규의 역사가 시작된다. 그리고 1950년부터 약 58년 동안 유지되던 〈행형법〉은 2008년에 '교정시설 수용자의 인권 신장과 수용관리의 과학화·효율화 및 교정행정의 선진화 추구'를 목적으로 〈형의 집행 및 수용자의 처우에 관한 법률〉(약칭 형집행법)로 개정된다.[56] 이 〈형집행법〉은 이후 몇 차례의 개정을 거쳐 현재까지 이어지고 있다.

2020년 현재, 교정 법규들의 종류는 적지 않다. 이 가운데 종교와 연관된 주요 법규는 〈형집행법〉과 〈동법 시행령〉·〈동법 시행규칙〉이다.[57]

---

55 법무부(http://www.moj.go.kr/corrections/1220/subview.do, 교정기관안내, 접속: 2019.12.5.).

56 〈행형법(약칭: 형집행법)〉(시행 1950.3.18. 법률 제105호, 1950.3.2. 제정); 〈형의 집행 및 수용자의 처우에 관한 법률(약칭: 형집행법)〉(시행 2008.12.22. 법률 제8728호, 2007.12.21. 전부개정).

57 국방부의 경우에는 〈군에서의 형의 집행 및 군수용자의 처우에 관한 법률(약칭: 군형집행법)〉과 동법 시행령 및 시행규칙, 〈군인사법〉, 〈군수용자 교육교화 및 사회복귀지원에 관한 훈령〉 등이 종교와 관련된 주요 법규이다. 이 가운데 〈군형집행법〉은 1962년 1월에 제정된 〈군행형법〉이 2010년 5월에 개칭된 법령이다.

〈형집행법〉 하위 법규인 〈수형자 직업능력개발훈련 운영지침〉·〈수용자 사회복귀지원 등에 관한 지침〉, 〈동법 시행령〉 하위의 〈교도관직무규칙〉·〈교정위원 운영지침〉·〈분류센터 운영지침〉, 〈동법 시행규칙〉 하위의 〈분류처우 업무지침〉·〈교정시설 경비등급별 수형자의 처우 등에 관한 지침〉·〈소년교도소 운영지침〉·〈수용자 교육교화 운영지침〉 등에도 종교 관련 내용이 있다.[58] 법무부의 소관인 종교와 교정 관련 법규들의 체계를 정리하면 다음과 같다.

〈표 4〉 종교 관련 교정 법규 (2019년 기준, ▲ : '종교' 명시 법규, 괄호: 제정연도)

법률	대통령령	법무부령	법무부예규(행정지침)	비고
정부조직법 (1948)	법무부와 그 소속기관 직제 ('48)	左同 시행규칙 ('98)		
▲형의 집행 및 수용자의 처우에 관한 법률('08) ※ 행형법 ('50)	左同 시행령 ('56→'08)	左同 시행규칙 ('08)	분류처우 업무지침('12)	시행규칙 하위
			교정시설 경비등급별 수형자의 처우 등에 관한 지침('11)	
			소년교도소 운영지침('12)	
			수용자 교육교화 운영지침 ('08)	
		교도관직무규칙 ('63→'03)		법률 하위
			수형자 직업능력개발훈련 운영지침('95)	
			수용자 사회복귀지원 등에 관한 지침('08)	
	左同 시행령		교정위원 운영지침('00)	시행령 하위
			분류센터 운영지침('16)	

---

58 〈형의 집행 및 수용자의 처우에 관한 법률(약칭: 형집행법)〉과 관련해, 〈교도관점검규칙〉 등 다른 부령이나 〈수용자 의료관리지침〉 등 다른 예규에는 '종교'나 '신앙'이라는 용어가 보이지 않는다. 또한 범죄자의 재범 방지와 관련된 〈보호관찰 등에 관한 법률(약칭 보호관찰법)〉(일부개정·시행 2019.4.16. 법률 제16313호); 〈同 시행령〉(일부개정·시행 2018.7.3. 대통령령 제29017호); 〈同 시행규칙〉(일부개정·시행 2017.2.7. 법무부령 제887호)에도 종교 관련 내용이 없다.

보호관찰 등에 관한 법률	左同 시행령	左同 시행규칙		〈보호관찰법〉
기타(폐지)		가석방심사 등에 관한 규칙('56→ '08×〈형집행법시 행규칙〉이 포괄)		
	교정제도심 의위원회('69 →'81×)			

이러한 법규들에는 종교 관련 내용이 담겨 있다. 구체적으로, 종래 〈행형법〉을 포함한 〈형집행법〉과 동법 〈시행령〉 및 〈시행규칙〉, 〈군형 집행법〉(군행형법 포함)과 동법 〈시행령〉 및 〈시행규칙〉, 〈가석방심사 등 에 관한 규칙〉, 〈교도관집무규칙〉, 〈분류처우 업무지침〉, 〈교정시설 경 비등급별 수형자의 처우 등에 관한 지침〉, 〈소년교도소 운영지침〉, 〈수 용자 교육교화 운영지침〉, 〈교정위원 운영지침〉, 〈교정제도심의위원 회규정〉, 〈분류센터 운영지침〉, 〈수용자 사회복귀지원 등에 관한 지 침〉, 〈수형자 직업능력개발훈련 운영지침〉 등 열 두 종류의 법규에 담 긴 종교 관련 내용을 살펴보면, 다음과 같다.

첫째, 〈형집행법〉의 경우, 그 기원은 1950년 3월에 제정·시행된 〈행 형법〉이다. 〈행형법〉의 제정 목적은 '수형자를 격리보호하여 교정교화 하며 건전한 국민사상과 근로정신을 함양하고 기술교육을 실시하여 사회에 복귀케 함(제1조)'이다. 당초 이 법률에는 종교 관련 내용이 포 함되지 않는다.

그렇지만 2000년 3월부터 〈행형법〉에는 '종교로 인한 수용자의 차별 금지' 부분이 포함된다. 그 주요 배경으로는 김대중정부(1998~2003)의 인 권기구 설립 추진 의지를 포함해 인권에 대한 사회적 관심의 증가를 들 수 있다.[59] 인권에 대한 사회적 관심과 정부의 관심이 수용자의 인권 존중에까지 영향을 미치면서 1999년 12월에 〈형집행법〉을 개정해 '수형자 또는 미결수용자의 기본적 인권은 최대한으로 존중되어야 하며, 국적·성별·종교 또는 사회적 신분 등에 의한 수용자의 차별은 금지된다'(제1조의3)는 조문을 포함시킨 것이다. 당시 인권에 대한 관심은 2001년에 국가인권위원회가 설립되었다는 점에서도 확인할 수 있다.[60]

이러한 종교 관련 내용은 2008년 12월에 종래 〈행형법〉이 〈형집행법〉으로 전환되면서 다시 변화된다. 〈형집행법〉이 '수형자의 교정교화와 건전한 사회복귀를 도모하고, 수용자의 처우와 권리 및 교정시설의 운영에 관하여 필요한 사항을 규정함(제1조)'이라는 목적을 제시하면서, 종교로 인한 차별 금지뿐만 아니라 종교행사의 참석이나 종교상담, 신앙생활에 필요한 서적이나 물품의 소지 등의 근거들이 새롭게 마련되었기 때문이다. 종교와 관련해 〈형집행법〉의 내용과 흐름을 정리하면 다음과 같다.[61]

〈표 5〉 〈형집행법〉의 '종교, 신앙' 용어 관련 조문

시행	'종교, 신앙' 관련 내용 없음
〈행형법〉 (1950.3. 제정)	※ 없음
상동 (2000.3)	- 제1조의3 (기본적 인권의 존중 등) 이 법을 집행함에 있어서 수형자 또는 미결수용자의 기본적 인권은 최대한으로 존중되어야 하며, 국적·성별·종교 또는 사회적 신분 등에 의한 수용자의 차별은 금지된다.[본조신설 1999.12.28.]

59 「법무부-국회회의·시민단체 쟁점」, 『한겨레』, 1998.11.17.
60 〈국가인권위원회법〉(시행 2001.11.25. 법률 제6481호, 2001.5.24, 제정).
61 〈행형법(약칭: 형집행법)〉(시행 1950.3.18. 법률 제105호, 1950.3.2, 제정 / 시행 2000.3.29. 법률 제6038호, 1999.12.28, 일부개정); 〈형의 집행 및 수용자의 처우에 관한 법률(약칭: 형집행법)〉(시행 2008.12.22. 법률 제8728호, 2007.12.21, 전부개정 / 시행 2008.12.22. 법률 제9136호, 2008.12.11, 일부개정 / 일부개정·시행 2019. 4.23. 법률 제16345호 / 시행 2020.8.5. 법률 제16925호, 2020.2.4, 일부개정).

〈형의 집행 및 수용자의 처우에 관한 법률〉 (2008.12)	- **제5조 (차별금지)** 수용자는 합리적인 이유 없이 성별, 종교, 장애, 나이, 사회적 신분, 출신지역, 출신국가, 출신민족, 용모 등 신체조건, 병력(病歷), 혼인 여부, 정치적 의견 및 성적(性的) 지향 등을 이유로 차별받지 아니한다. - **제45조 (종교행사의 참석 등)** ① 수용자는 교정시설의 안에서 실시하는 종교의식 또는 행사에 참석할 수 있으며, 개별적인 종교상담을 받을 수 있다. ② 수용자는 자신의 신앙생활에 필요한 서적이나 물품을 소지할 수 있다. ③ 소장은 다음 각 호의 어느 하나에 해당하는 사유가 있으면 제1항 및 제2항에서 규정하고 있는 사항을 제한할 수 있다. 1. 수형자의 교화 또는 건전한 사회복귀를 위하여 필요한 때 2. 시설의 안전과 질서유지를 위하여 필요한 때 ④ 종교행사의 종류·참석대상·방법, 종교상담의 대상·방법 및 종교서적·물품의 소지범위 등에 관하여 필요한 사항은 법무부령으로 정한다. - 제90조 (**개인상담** 등) ① 소장은 사형확정자의 심리적 안정 및 원만한 수용생활을 위하여 심리상담 또는 **종교상담**을 받게 할 수 있다. ※ 〈개정 2008.12.11.〉 당시 제90조 부분은 "제90조(개인상담 등) ① 소장은 사형확정자의 심리적 안정 및 원만한 수용생활을 위하여 교육 또는 교화프로그램을 실시하거나 신청에 따라 작업을 부과할 수 있다."라는 내용이다.
상동 (2020.8.현행)	※ 제1조(목적) / 제5조(차별금지) / 제45조(종교행사의 참석 등) : 상동

특히 2008년 12월의 〈형집행법〉은 수용자의 종교 생활에 대한 법적 근거를 마련했다는 점에서 종교교정 행정의 역사에서 적지 않은 변화였다고 볼 수 있다. 물론 '수형자의 교화 또는 건전한 사회복귀를 위하여 필요한 때'나 '시설의 안전과 질서유지를 위하여 필요한 때'에 해당하는 사유가 있을 때에는 제한될 수 있어 주관적 제재 대상이 될 가능성이 있지만, 수용자가 교정시설 내 종교의식 또는 행사 참석, 개별 종교상담, 신앙생활에 필요한 서적이나 물품의 소지에 대한 법적 근거를 처음으로 갖게 되었기 때문이다.

그리고 2008년 12월에 제정된 〈형집행법 시행규칙〉을 보면, 〈형집행법 시행령〉과 달리,[62] 제30조 이하에 '제4장 종교와 문화 제1절 종

---

62 〈형집행법 시행령〉은 1956년 2월에 제정된 이후부터 최근까지 종교나 신앙과 관련된 내용은 거의 없다. 〈행형법시행령〉(시행 1956.2.2. 대통령령 제1125호, 1956.

교' 부분을 두고 있다. 그 내용을 보면, 종교행사의 경우, 종교행사 시행과 관련된 음식물의 교부가 허용된다. 종교행사는 종교집회(예배·법회·미사 등)와 종교의식(세례·수계·영세 등)과 교리 교육 및 상담 등으로 규정된다. 수용자는 제한 사항에 해당하지 않는 경우에 자신이 신봉하는 종교행사에 참석할 수 있으며, 특히 개방처우급·완화경비처우급 수형자는 교정시설 밖에서 이루어지는 종교행사에 참석할 수 있다.

종교시설과 종교물품의 경우, 종교행사를 위해 각 종교별 성상·성물·성화·성구가 구비된 종교상담실·교리교육실 등을 설치할 수 있으며 특정 종교행사를 위한 임시행사장을 설치하는 경우에 성상 등을 임시로 둘 수 있다. 그리고 수용자는 신앙생활에 필요하다고 인정을 받으면 외부에서 제작된 휴대용 종교서적 및 성물을 소지할 수 있다.

종교상담의 경우, 수용자는 종교상담을 신청할 수 있다. 그 외에 소장은 수용자에게 종교상담이 필요한 경우에 해당 종교를 신봉하는 교도관 또는 교정참여인사(법 제130조의 교정위원, 그 밖에 교정행정에 참여하는 사회 각 분야의 사람 중 학식과 경험이 풍부한 자)에게 상담하게 할 수 있다. 특히 사형확정자는 종교상담의 대상이 된다.

수용거실 지정과 기타 사항의 경우, 종교가 달라 분쟁의 소지가 있는 외국인은 분리 수용 대상이 된다. 다만, 이 경우는 외국인수용자의 수용거실을 지정하는 경우에 한정된다. 그리고 방송프로그램을 자체 편성하는 경우에 '특정 종교의 행사나 교리를 찬양하거나 비방하는

2.2, 제정); 〈형의 집행 및 수용자의 처우에 관한 법률 시행령〉(시행 2008.12.22. 대통령령 제21095호, 2008.10.29, 전부개정). 1956년 2월에 제정된 〈행형법 시행령〉에는 종교나 신앙 관련 내용이 없다. 다만, 2008년 10월에 제정된 〈형집행법 시행령〉의 부칙에 다른 법령의 개정과 관련해 1회 등장한다. "부칙 제2조(다른 법령의 개정) ④ 민영교도소 등의 설치·운영에 관한 법률시행령 일부를 다음과 같이 개정한다. 제14조 제2항 본문 중 '행형법 제31조의 규정에 의한 특별교회'를 '〈형의 집행 및 수용자의 처우에 관한 법률〉 제45조에 따른 종교행사'로 한다."이다.

내용'을 포함시킬 수 없다. 그 외에 가석방 적격심사에 필요한 경우, 종교단체 등의 관계기관에 사실조회를 할 수 있게 된다.

이처럼 〈형집행법 시행규칙〉에서 규정한 종교행사, 종교시설과 종교물품, 종교상담, 수용거실 지정과 기타 사항 등은 2008년 12월 이후에도 지속되고 있다. 이와 관련된 내용은 현행 〈형집행법 시행규칙〉에서도 거의 유사하다. 2008년 12월 이후의 〈형집행법 시행규칙〉에 담긴 종교 관련 내용은 아래와 같다.[63]

〈표 6〉 〈형집행법 시행규칙〉의 '종교, 신앙' 용어 관련 조문

시행	'종교, 신앙' 관련 내용 없음
〈형집행법 시행규칙〉 (2008.12. 제정)	- **제22조(교부금품의 허가)** ② 소장은 수용자 외의 사람이 수용자에게 음식물을 교부하려고 신청하는 경우에는 법무부장관이 정하는 바에 따라 교정시설 안에서 판매되는 음식물 중에서 허가한다. 다만, 제30조 각 호에 해당하는 종교행사 및 제114조 각 호에 해당하는 교화프로그램의 시행을 위하여 특히 필요하다고 인정하는 경우에는 교정시설 안에서 판매되는 음식물이 아니더라도 교부를 허가할 수 있다. - **제30조(종교행사의 종류)** 「형의 집행 및 수용자의 처우에 관한 법률」(이하 "법"이라 한다) 제45조에 따른 종교행사의 종류는 다음 각 호와 같다. 1. 종교집회: 예배·법회·미사 등 / 2. 종교의식: 세례·수계·영세 등 3. 교리 교육 및 상담 / 4. 그 밖에 법무부장관이 정하는 종교행사 - **제31조(종교행사의 방법)** ① 소장은 교정시설의 안전과 질서를 해치지 아니하는 범위에서 종교단체 또는 종교인이 주재하는 종교행사를 실시한다. ② 소장은 종교행사를 위하여 각 종교별 성상·성물·성화·성구가 구비된 종교상담실·교리교육실 등을 설치할 수 있으며, 특정 종교행사를 위하여 임시행사장을 설치하는 경우에는 성상 등을 임시로 둘 수 있다. - **제32조(종교행사의 참석대상)** 수용자는 자신이 신봉하는 종교행사에 참석할 수 있다. 다만, 소장은 다음 각 호의 어느 하나에 해당할 때에는 수용자의 종교행사 참석을 제한할 수 있다. 1. 종교행사용 시설의 부족 등 여건이 충분하지 아니할 때 2. 수용자가 종교행사 장소를 허가 없이 벗어나거나 다른 사람과 연락을 할 때

63 〈형의 집행 및 수용자의 처우에 관한 법률 시행규칙〉(시행 2008.12.22. 법무부령 제655호, 2008.12.19. 제정 / 일부개정·시행 2018.5.2. 법무부령 제923호 / 일부개정·시행 2020.8.5. 법무부령 제976호).

3. 수용자가 계속 큰 소리를 내거나 시끄럽게 하여 종교행사를 방해할 때
4. 수용자가 전도를 핑계삼아 다른 수용자의 평온한 신앙생활을 방해할 때
5. 그 밖에 다른 법령에 따라 공동행사의 참석이 제한될 때
- 제33조(종교상담) 소장은 수용자가 종교상담을 신청하거나 수용자에게 종교상담이 필요한 경우에는 해당 종교를 신봉하는 교도관 또는 교정참여인사(법 제130조의 교정위원, 그 밖에 교정행정에 참여하는 사회 각 분야의 사람 중 학식과 경험이 풍부한 자)로 하여금 상담하게 할 수 있다.
- 제34조(종교물품 등 소지범위) ① 소장은 수용자의 신앙생활에 필요하다고 인정하는 경우에는 외부에서 제작된 휴대용 종교서적 및 성물을 수용자가 소지하게 할 수 있다.
② 소장이 수용자에게 제1항의 종교서적 및 성물의 소지를 허가하는 경우에는 그 재질·수량·규격·형태 등을 고려하여야 하며, 다른 수용자의 수용생활을 방해하지 아니하도록 하여야 한다.
- 제40조(방송프로그램) ③ 소장은 방송프로그램을 자체 편성하는 경우에는 다음 각 호의 어느 하나에 해당하는 내용이 포함되지 아니하도록 특히 유의하여야 한다.
1. 폭력조장, 음란 등 미풍양속에 반하는 내용
2. 특정 종교의 행사나 교리를 찬양하거나 비방하는 내용
- 제57조(수용거실 지정) ① 소장은 외국인수용자의 수용거실을 지정하는 경우에는 종교 또는 생활관습이 다르거나 민족감정 등으로 인하여 분쟁의 소지가 있는 **외국인은 분리 수용하여야 한다.**
- 제92조(사회적 처우) ① 소장은 개방처우급·완화경비처우급 수형자에 대하여 교정시설 밖에서 이루어지는 다음 각 호에 해당하는 활동을 허가할 수 있다. 다만, 처우상 특히 필요한 경우에는 일반경비처우급 수형자에게도 이를 허가할 수 있다. 〈개정 2010.5.31.〉
1. 사회견학 / 2. 사회봉사
3. **자신이 신봉하는 종교행사 참석** / 4. 연극, 영화, 그 밖의 문화공연 관람
- 제154조(교화프로그램) 소장은 사형확정자에 대하여 심리상담, 종교상담, 심리치료 등의 교화프로그램을 실시하는 경우에는 전문가에 의하여 집중적이고 지속적으로 이루어질 수 있도록 계획을 수립·시행하여야 한다.
- 제256조(관계기관 조회) ① 위원회는 가석방 적격심사에 필요하다고 인정하면 수형자의 주소지 또는 연고지 등을 관할하는 시·군·구·경찰서, 그 밖에 학교·직업알선기관·보호단체·종교단체 등 관계기관에 사실조회를 할 수 있다. 〈개정 2010.5.31.〉

상동 (2020.8)	※ 다른 조문과 그 내용은 동일하며 아래의 제57조만 표현이 다소 다르다. - 제57조(수용거실 지정) ① 소장은 외국인수용자의 수용거실을 지정하는 경우에는 종교 또는 생활관습이 다르거나 민족감정 등으로 인하여 분쟁의 소지가 있는 **외국인수용자는 거실을 분리하여 수용하여야 한다.** 〈개정 2013.4.16.〉

한편, 법무부의 경우뿐만 아니라 국방부의 경우도 〈군에서의 형의 집행 및 군수용자의 처우에 관한 법률〉(약칭 군형집행법)에 입각한 교정 정책을 수행하고 있다. 이 〈군형집행법〉의 기원은 1962년 1월에 제정된 〈군행형법〉이다. 제정 당시의 〈군행형법〉에는 종파나 '교회(敎誨)' 관련 조문이 있다. '수형자가 그가 신봉하고 있는 종파의 교의에 의한 특별교회를 청원할 때 소장이 그 종파에 위촉해 교회를 할 수 있다.'는 내용이다. 이 부분은 1999년 10월 개정에서 '소장은 수형자가 자기가 신봉하는 종파의 교의에 의한 교회를 신청하는 때에 그 종파에 위촉하여 교회를 할 수 있다.'는 내용으로 바뀌었지만 그 취지는 유사하다. 그리고 〈군행형법〉의 명칭은 2009년 11월에 〈군형집행법〉으로 개정되어 2010년 10월부터 시행되고 있다.[64]

〈표 7〉 〈군형집행법〉의 종교 관련 규정

시행	내용
군행형법 1962.1 (제정)	▲〈제2장 수용〉 - 제10조 (혼거수용) ①혼거수용의 경우에는 다음의 구분에 따라 거실을 구별 수용한다. … ③교육, **교회**, 진찰 또는 병실에 수용할 때에는 제1항의 규정을 적용하지 아니할 수 있다. ▲〈제7장 교육과 교회〉 - **제26조 (교회)** ①소장은 수형자의 인격도야 개과천선을 촉진시키기 위하여 교회를 행한다. ②수형자가 그가 신봉하고 있는 **종파의 교의**에 의한 특별교회를 청원할 때에는 당해 소장은 **그 종파에 위촉하여** 교회를 할 수 있다. ▲〈제14장 미결수용〉 ※ 제57조 (미결수용실) ①형사피의자, 형사피고인으로서 구속영장의 집행을 받은 자(以下 未決收容者)를 수용하기 위하여 교도소 내에 미결수용실을 둔다. … ③헌병대의 영창은 미결수용실에 준한다. - 제61조 (미결수에 대한 작업, 교회) 미결수용실수용자에게는 청원에 의하여 작업을 과하거나 또는 **교회를 행할 수 있다.**

64 〈군행형법〉(제정·시행 1962.1.20. 법률 제1005호 / 시행 1999.10.1. 법률 제5706호, 1999.1.29, 전부개정); 〈군에서의 형의 집행 및 군수용자의 처우에 관한 법률(약칭: 군형집행법)〉(시행 2010.5.3. 법률 제9819호, 2009.11.2, 전부개정 / 일부개정·시행 2017.12.12. 법률 제9819호 / 시행 2020.2.4. 법률 제16927호).

상동 1999.10	▲〈제2장 수용〉 - 제9조 (공동수용) ①공동수용의 경우에는 다음 각호의 구분에 따라 거실을 구별하여 수용한다. … ③교육·교회·진찰하거나 병실에 수용하는 때에는 제1항의 규정을 적용하지 아니할 수 있다. ▲〈제7장 교육·훈련과 교회〉 - 제28조 (교회) 소장은 수형자가 자기가 신봉하는 종파의 교의에 의한 교회를 신청하는 때에는 그 종파에 위촉하여 교회를 할 수 있다. - 제31조 (교육규정) 교회의 신청방법, 교육·훈련의 과목·시간과 도서의 열람에 관하여 필요한 사항은 국방부령으로 정한다. ▲〈제14장 미결수용〉 - 제63조 (작업과 교회) ①미결수용자에게는 신청이 있는 경우에 한하여 작업을 과하거나 교회를 할 수 있다. ②제28조·제32조 제1항·제33조·제34조·제36조 및 제37조의 규정은 제1항의 규정에 의한 미결수용자의 작업과 교회에 관하여 이를 준용한다.
〈군형집행법〉 2010.5	▲〈제1장 총칙〉 - 제6조(차별금지) 군수용자는 합리적인 이유 없이 성별, 종교, 장애, 나이, 사회적 신분, 출신지역, 용모 등 신체조건, 병력(病歷), 혼인 여부, 정치적 의견 및 성적(性的) 지향 등을 이유로 차별받지 아니한다. ▲〈제6장 종교와 문화〉 - 제46조(종교행사의 참석 등) ① 군수용자는 군교정시설에서 실시되는 종교의식이나 행사에 참석할 수 있으며, 개별적인 종교상담을 받을 수 있다. ② 군수용자는 자신의 신앙생활에 필요한 서적이나 물품을 소지할 수 있다. ③ 소장은 다음 각 호의 어느 하나에 해당하면 제1항과 제2항에서 규정하고 있는 사항을 제한할 수 있다.(1. 군수형자의 교화나 건전한 사회복귀를 위하여 필요할 때. 2. 시설의 안전과 질서유지를 위하여 필요할 때). ④ 제1항부터 제3항까지의 규정에 따라 군수용시설에서 실시하는 종교행사의 종류와 참석 대상·방법, 종교상담의 대상·방법 및 종교 서적·물품의 소지범위 등에 관하여 필요한 사항은 국방부령으로 정한다. ▲〈제9장 사형확정자〉 - 제77조(사형확정자의 수용과 심리상담 등) ① 사형확정자는 미결수용실에 수용한다. … ③ 소장은 사형확정자의 심리적 안정 및 원만한 수용생활을 위하여 본인의 신청에 따라 심리상담 또는 종교상담을 받게 하거나 작업을 부과할 수 있다. ▲제105조(위원회의 구성) ▲제114조(교정위원)
2020.2	▲〈총칙〉 제6조(차별금지) 上同 ▲〈제6장 종교와 문화〉 제46조(종교행사의 참석 등) ① 上同, ② 上同, ③ 上同, ④ 上同 ▲〈제9장 사형확정자〉 제77조(사형확정자의 수용과 심리상담 등) ① 上同 … ③ 上同

〈군형집행법〉의 역사에서 특히 주목할 부분은 2010년 5월에 시행된 개정 내용이다. 당시 개정 내용에는 2008년 12월에 종래 〈행형법〉 명칭이 〈형집행법〉으로 전환되면서 종교로 인한 차별 금지뿐만 아니라 종교

행사의 참석이나 종교 상담, 신앙생활에 필요한 서적이나 물품의 소지 등의 근거들이 새롭게 마련된 것과 유사한 변화가 보이기 때문이다.

또한 2010년 5월부터 〈군형집행법〉에는 군 교정시설에도 군수용자에 대한 인권 존중, 종교 차별 금지 등과 함께 민간인이 군교정행정에 전문가와 교정위원으로 참여할 수 있게 된다. 이와 관련해, 〈군형집행법〉에는 군수용자에 대한 인권 존중(제5조)과 '합리적 이유 없는' 차별 금지 규정이 신설된다(제6조). 그리고 가석방심사위원회에 교정 관련 외부전문가가 위원으로 참여할 수 있게 하고(제105조), 군수용자의 교육·교화 등을 위해 군교정시설에 '소장 추천을 받아 참모총장이 위촉하는 명예직' 교정위원을 둘 수 있게 한다(제114조).[65]

한편, 〈군형집행법 시행령〉의 경우에는 1963년부터 교회(敎誨)에 관한 규정을 두고 있다. 다만, 당시의 법령에는 교회와 종교의 연관성이 명문화되지 않는다. 교회와 종교의 연관성은 1999년 일부 개정 법령에서 '교회는 각 종파의 교회실에서 휴업일에 행한다(제73조 제1항).'는 내용으로 명문화된다. 그러다가 2010년에는 징벌위원회의 외부위원에 대해 '특정한 종파나 특정한 사상에 치우쳐 징벌의 공정성을 해칠 우려가 있다고 인정되면 그 위원을 해촉할 수 있다.'는 규정을 신설한다. 이러한 〈군형집행법 시행령〉의 종교 관련 내용의 흐름은 아래와 같다.[66]

---

65 〈군형집행법〉(시행 2010.5.3. 법률 제9819호, 전부개정 2009.11.2.); 〈군형집행법 시행규칙〉(전부개정·시행 2010.5.3. 국방부령 제710호). 민간인에 대한 교정행정 체계의 전반적 개혁을 위해 〈행형법〉이〈형의 집행 및 수용자의 처우에 관한 법률(약칭: 형집행법)〉로 전부개정(법률 제8728호, 공포 2007.12.21, 시행 2008.12.22.)된 것에 맞추어 종래의〈군행형법〉제명을〈군형집행법〉으로 바꾸면서, 군수용자의 처우 개선, 민간 전문가의 군 교정행정 참여, 군수용자의 원활한 사회복귀를 위해 귀휴 요건의 완화 등 군수용자의 인권 신장 및 군 교정행정의 발전을 도모하려는 취지이다.

66 〈군행형법시행령〉(제정·시행 1963.2.5. 각령 제1188호 / 전부개정·시행 1999.10.30. 대통령령 제16587호);〈군에서의 형의 집행 및 군수용자의 처우에 관한 법률 시행령〉(시행 2010.5.3. 대통령령 제22137호, 2010.4.29, 전부개정 / 타법개정·시행 2017.9.5. 대통령령 제28266호 / 타법개정·시행 2020.2.4. 대통령령 제30384).

<표 8> 〈군형집행법 시행령〉의 종교 관련 규정

시행	내용
군행형법 시행령 1963.2 (제정)	▲〈제2장 수용〉 – 제23조 (독거수용자의 규율) 독거수용자는 다른 수형자와의 접촉을 금하며, 소환·운동·입욕·접견·교회·진찰 기타 부득이한 경우를 제외하고는 항상 독거시켜야 한다. 제31조 (수용자의 석차결정) 혼거실·교실·교회실·공장·기타 장소에서는 수용자의 석차를 정하고, 항상 정숙하게 하여야 한다. ▲〈제7장 교육과 교회〉 – 제90조 (총집교회일) 총집교회는 휴업일에 행한다. 그러나, 소장이 필요하다고 인정할 때에는 예외로 한다. - 제91조 (특별교회) 병실 또는 독거실에 수용한 수형자에 대하여는 그 거소에서 교회를 행한다. - 제92조 (면업수형자의 수시교회) 법 제32조의 규정에 의하여 작업면제를 받은 수형자는 독거실에 수용하고 수시교회를 하여야 한다. - 제93조 (사면 시 등의 교회) 소장은 사면 또는 가석방을 행하거나 상표의 수여식을 행할 때에는 그 식장에 수형자의 전부 또는 일부를 집합시킨 후 교회를 행하여야 한다. - 제94조 (관전교회) 소장은 수형자가 사망한 때에는 본인과 연고있는 수형자 기타 필요하다고 인정하는 수형자를 집합시킨 후 관전에서 교회를 행한다. - 제95조 (특별교회청원) 소장은 **법 제26조 제2항**의 규정에 의한 특별교회의 청원을 허가하지 아니할 때에는 그 이유를 그 수형자에게 알려야 한다.
1999.10.	▲〈제2장 수용〉 –제24조 (독방수용자의 규율) 제23조 제1항 각호의 1에 해당하거나 제37조 또는 제91조의 규정에 의하여 독방에 수용되어 있는 자(이하 "독방수용자"라 한다)는 다른 수용자와의 대면·대화등 접촉을 금하며, 소환·운동·목욕·면회·교회·진료 기타 부득이한 경우를 제외하고는 항상 독방수용하여야 한다. -제28조 (수용자의 자리지정) 소장은 수용자가 공동수용실·교실·교회실·작업장 기타 장소에서 사용하는 자리를 지정하여야 한다. ▲〈제7장 교육·훈련과 교회〉 – 제72조 (교회신청등의 불허가) 소장은 법 제28조의 규정에 의한 교회의 신청을 허가하지 아니하는 때와 법 제30조의 규정에 의한 도서열람의 신청을 허가하지 아니하는 때에는 그 이유를 당해수형자에게 알려주어야 한다. - 제73조 (교회의 시행) ①**교회는 각 종파의 교회실에서 휴업일에 행한다.** 다만, 소장이 필요하다고 인정하는 때에는 휴업일외에도 행할 수 있다. ②병실 또는 독방에 수용한 수형자 및 사형의 확정판결을 받은 자에 대하여는 그 거실에서 특별교회를 행한다. ③법 제34조의 규정에 의하여 작업면제를 받은 수형자는 독방에 수용하고 교회를 행하여야 한다. ④소장은 사면 또는 가석방을 하거나 상장등을 수여하는 때에는 그 식장에 수형자의 전부 또는 일부를 집합시킨 후 교회를 행하여야 한다. ⑤소장은 수형자가 사망한 때에는 그와 연고가 있거나 기타 필요하다고 인정하는 수형자를 집합시킨 후 교회를 할 수 있다.

군형집행법 시행령 2010.5	▲〈제11장 징벌〉- 제114조(징벌위원회 외부 위원) ① 위원회의 외부인사 인 위원은 다음 각 호의 어느 하나에 해당하는 사람 중에서 소장이 위촉한 다. … ② 제1항에 따라 위촉된 위원의 임기는 2년으로 한다. ③ 소장은 제1 항에 따라 위촉된 위원이 직무를 게을리하거나, 품위를 손상하였거나, **특 정한 종파나 특정한 사상에 치우쳐 징벌의 공정성을 해칠 우려가 있다고 인정되면 그 위원을 해촉**할 수 있다.
2020.2	▲〈제11장 징벌〉- 제114조(징벌위원회 외부 위원) ③ 上同

　〈군형집행법 시행규칙〉의 경우에는 1982년 제정 당시에 교회 관련
내용을 두지만 종교 관련 내용은 보이지 않는다. 그렇지만 2010년부
터는 법무부 소관의 〈군형집행법 시행규칙〉처럼, 종교행사, 종교물품,
종교상담 등 종교 활동 관련 근거 조항들을 신설해 적지 않은 변화가
생긴다. 그리고 이 내용은 계속 이어져 현재에 이른다. 그 외에 신원조
서[별지 제8호 서식]에 '종교'칸을 두고 있기도 하다. 〈군형집행법 시
행규칙〉의 종교 관련 내용의 흐름은 아래와 같다.[67]

〈표 9〉 〈군형집행법 시행규칙〉의 종교 관련 규정

시행	내용
군행형법 시행규칙 1982.4 (제정)	- 제5조 (특별교회) 교도관은 사형선고를 받은 수형자에 대하여는 특별 교회를 하여야 한다. - 제55조 (귀휴허가의 요건) 위원장은 법 제40조 제3항의 규정에 의한 귀 휴요건에 해당하고, 다음 각호의 1에 해당하는 사유가 있는 수형자에 대 하여는 위원회의 심사를 거쳐 귀휴를 허가할 수 있다. … 4. **교회**나 작업의 능률향상 기타 교도업무 수행상 특히 귀휴가 필요하다고 인정된 때
상동 2000.1	- 제48조 (귀휴허가의 요건) ①소장은 법 제42조 제3항의 규정에 의한 귀 휴요건에 해당하고, 다음 각호의 1에 해당하는 사유가 있는 수형자에 대 하여는 위원회의 심사를 거쳐 귀휴를 허가할 수 있다. … 5. 훈련·시험·행 사·입양·취업알선 기타 **교화(教化)**상의 목적이나 작업의 능률향상을 위 하여 특히 필요하다고 인정하는 때 ② …

---

67 〈군행형법시행규칙〉(제정·시행 1982.4.23. 국방부령 제343호 / 전부개정·시행
2000.1.10. 국방부령 제508호); 〈군에서의 형의 집행 및 군수용자의 처우에 관한 법
률 시행규칙〉(전부개정·시행 2010.5.3. 국방부령 제710호 / 타법개정·시행 2016.4.
11. 국방부령 제891호 / 타법개정·시행 2020.2.3. 국방부령 제1010호).

군형집행법 시행규칙 2010.5	▲〈제4장 종교와 문화 제1절 종교〉 - 제19조(종교행사의 종류) ··· 1. 종교집회: 예배·법회·미사 등 / 2. 종교의 식: 세례·수계·영세 등 / 3. 교리 교육 및 상담 / 4. 그 밖에 국방부장관이 정하는 종교 관련 특별활동 - 제20조(종교행사의 방법) ① 소장은 군교정시설의 안전과 질서를 해치 지 아니하는 범위에서 종교단체 또는 종교인이 주관하는 종교행사를 실 시한다. ② 소장은 종교행사를 위하여 종교별 성상·성물·성화·성구가 구 비된 종교관(종교행사를 할 수 있는 종교상담실·교리교육실 등···. 이하 같다)을 설치할 수 있으며, 특정 종교행사를 위하여 임시행장을 설치하 는 경우에는 성상 등을 임시로 둘 수 있다. - 제21조(종교행사의 참석대상) 군수용자는 자신이 신봉하는 종교행사 에 참석할 수 있다. 다만, 소장은 군수용자가 다음 각 호의 어느 하나에 해 당하는 경우에는 종교행사의 참석을 제한할 수 있다. 　1. 군수용자가 종교행사 장소를 허가 없이 벗어나거나 다른 사람과 연락 하는 경우 　2. 군수용자가 계속적인 고성 또는 소음으로 종교행사를 방해하는 경우 　3. 군수용자가 개종(改宗)을 핑계삼아 다른 군수용자의 평온한 신앙생 활을 방해하는 경우 　4. 그 밖에 전염병 환자, 징벌자 등 법령에 따라 공동행사의 참석이 제한 되는 때 - 제22조(종교상담 등) ① 소장은 군수용자가 종교상담을 신청하거나 군 수용자에게 **종교상담이 필요한 경우에는 해당 종교를 신봉하는 군교도 관 또는 교정참여인사**로 하여금 상담하게 할 수 있다. ② 소장은 제1항에 따른 종교상담의 중요 내용을 기록하여 군수용자 처우에 활용할 수 있다. 이 경우 군수용자의 개인정보가 유출되지 아니하도록 하여야 한다. - 제23조(종교물품 등의 개인 소지) 소장은 군수용자의 신앙생활에 필요하다 고 인정하는 경우에는 다음 각 호의 어느 하나에 해당하는 경우를 제외하고 외 부에서 제작된 휴대용 종교서적 및 성물을 군수용자가 소지하게 할 수 있다. 　1. 다른 군수용자의 평온한 수용생활에 불편을 주는 경우 　2. 성물의 재질이나 형태가 교정시설의 안전이나 다른 사람의 생명과 안 전을 해칠 수 있는 도구로 사용될 수 있는 경우 　3. 군수용자가 공동으로 사용하는 시설 내에 설치하거나 게시하여 다른 군수용자의 종교생활을 방해할 우려가 있는 경우 　4. 그 밖에 수용질서를 해칠 우려가 있는 경우 - 제30조(방송프로그램) ③ 소장은 방송프로그램을 자체 편성하는 경우 다음 각 호의 어느 하나에 해당하는 내용이 포함되지 아니하도록 특히 유의하여야 한다. ··· 　2. 특정 종교의 행사나 교리를 찬양하거나 비방하는 내용 - 제108조(교화프로그램) 소장은 법 제77조 제3항에 따라 사형확정자에 대하여 심리상담, 종교상담, 심리치료 등의 교화프로그램을 실시하는 경 우에는 전문가에 의하여 집중적이고 지속적으로 이루어질 수 있도록 계 획을 수립·시행하여야 한다. - 제185조(관계 기관에 대한 조회) ① 위원회는 가석방 적격심사에 필요 하다고 인정하는 경우에는 ··· 보호단체·종교단체 등 관계기관에 사실조 회를 하거나 관계자의 의견을 들을 수 있다.

2020.2	▲〈제4장 종교와 문화 제1절 종교〉 - 제19조(종교행사의 종류), 제20조(종교행사의 방법) 上同. ※ 제21조(종교행사의 참석대상) 上同 - 제22조(종교상담 등), 제23조(종교물품 등의 개인 소지), 제30조(방송프로그램) ③2, 제108조(교화프로그램), 제185조(관계 기관에 대한 조회) ①, ※[별지 제8호서식] 신원조서 : 上同

둘째, 〈가석방심사 등에 관한 규칙〉의 경우, 그 기원은 1956년 10월 수형자의 가석방 구신에 필요한 심사기준과 절차를 규정하기 위해 제정한 〈가석방심사규정〉이다. 당시 심사 영역은 '신원관계, 범죄관계, 보호관계' 등 3가지로 구성되었는데, 여기서 주목할 부분은 신원관계의 심사사항에 '사상 및 신앙' 항목이 포함되어 있다는 점이다. 이와 관련해 심사상의 연락 부분에 종교단체 등과 연락해야 한다는 표현이 있고, 신원조사표에 '종교관계'를 기재하는 칸이 마련되어 있다.[68]

이 〈가석방심사규정〉의 명칭은 박정희정부(1963.12~1979.10) 후기인 1978년 7월에 〈가석방심사 등에 관한 규칙〉으로 대체된다. 그리고 여기서도 심사 영역인 '신원관계·범죄관계·보호관계와 기타 사항' 가운데 신원관계 부분에 '사상 및 신앙' 항목이 그대로 유지된다. 그리고 심사상의 연락 부분에 필요 시 종교단체 등과 연락한다는 표현, '가석방심사 및 신원조사표'에 사상 및 신앙을 기재하는 칸이 있다.[69]

---

68 〈가석방심사규정〉(제정·시행 1956.10.29. 법무부령 제19호) 제2조(신원관계 및 심사사항), 제19조(심사상의 연락), [별지 제3호서식] 신원조사표.

69 〈가석방심사규정〉(타법폐지·시행 1978.7.4. 법무부령 제206호); 〈가석방심사 등에 관한 규칙〉(제정·시행 1978.7.4. 법무부령 제206호) 제4조(신원관계의 심사사항), 제16조(심사상의 연락), [별지 제2호서식] 가석방심사 및 신원조사표. 제4조에 따르면, 신원관계의 심사 항목은 ① 유전, ② 건강상태, ③ 정신상태(지능·감정 및 의지), ④ 사상 및 신앙, ⑤ 책임관념 및 협동심, ⑥ 경력 및 교육정도, ⑦ 노동능력, ⑧ 행장의 우량, ⑨ 작업상여금·영치금, ⑩ 기타 참고사항 등 10가지이다. 제16조 ①항에 따르면, "가석방의 심사를 함에 있어 필요한 때에는 수형자의 주거지 또는 돌아갈 곳 기타 관계, 시·읍·면·경찰서, 학교·작업알선기관·보호단체 또는 종교단체등과 연락하여야 한다."

그렇지만 노무현정부(2003.2~2008.2)는 2006년 10월 〈가석방심사 등에 관한 규칙〉을 개정하면서 '가석방심사의 형평성 제고' 차원에서 신원관계 부분에 있던 사상 및 신앙 항목을 삭제한다. 이 항목을 삭제한 구체적인 이유는 사상 및 신앙을 가석방심사의 필수 사항으로 두면 종교 및 신앙 활동 유무에 따라 수형자에게 불리한 영향을 미칠 수 있다는 오해 가능성 때문이다.[70] 이는 수형자가 종교가 없다는 이유로 가석방심사에서 불리한 판정을 받지 않도록 하겠다는 의미이다.[71] 동시에 이 부분은 종래의 가석방심사에서 종교가 없는 경우에 불리한 판정을 받을 수 있었다는 것을 시사한다.

이 〈가석방심사 등에 관한 규칙〉은 2008년 12월에 폐지되고, 〈형집행법 시행규칙〉이 〈가석방심사 등에 관한 규칙〉의 내용을 포괄하게 된다. 당시 〈형집행법 시행규칙〉에서도 가석방심사의 필수 사항에 사상 및 신앙 항목은 포함되지 않는다.[72] 또한 2008년 12월부터 〈가석방 업무지침〉에서도 '신앙'의 기재 부분이 없어진다. 〈가석방 업무지침〉은 2006년 10월 〈가석방심사 등에 관한 규칙〉 개정 이전인 2005년 3월에 제정된 법규로, 당시 '가석방심사신청'을 할 때 '신앙'을 기재하도록 한 바 있다.[73]

---

70 〈가석방심사 등에 관한 규칙〉(일부개정·시행 2003.7.31. 법무부령 제536호 / 일부개정·시행 2006.10.31. 법무부령 제600호) 제4조(신원관계의 심사사항), 제16조(심사상의 연락). 제4조를 보면, 2003년까지 있었던 '사상 및 신앙' 항목이 2006년부터 삭제된다. 다만, 제16조를 보면, 필요 시 종교단체와 연락해야 한다는 내용은 존속된다. 한편, 2003년의 경우에는 '가석방심사 및 신상조사표'에 사상 및 신앙 기재 부분이 없다.
71 「가석방심사 때 종교·사상 고려 안해」, 『노컷뉴스』, 2006.8.27.
72 〈가석방심사 등에 관한 규칙〉(시행 2008.12.22. 법무부령 제655호, 2008.12.19, 타법폐지); 〈형의 집행 및 수용자의 처우에 관한 법률 시행규칙〉(시행 2008.12.22. 법무부령 제655호, 2008.12.19, 제정).
73 〈가석방 업무지침〉(시행 2005.3.7. 법무부예규 제723호, 2005.3.4, 제정); 〈가석방 업무지침〉(시행 2008.12.22. 법무부예규 제822호, 2008.12.19, 폐지제정 / 일부개정·시행 2019.4.15. 법무부예규 제1215호). 2005년 3월 제정·시행 당시 예규에 "제47조(건강상태, 사상 및 신앙) 신분카드 및 수형자분류처우심사표 등을 참조하여 해당사항을 기재한다."는 표현이 있다.

결과적으로, 2006년 10월 이후 종교의 유무가 가석방심사 조건에서 제외되고, 이러한 〈가석방심사 등에 관한 규칙〉 개정 내용이 2008년 12월에 〈형집행법 시행규칙〉에 새로 담기게 되면서 가석방심사 조건에서 종교 항목은 완전히 삭제된다.[74] 그럼에도 불구하고, 주목할 부분은 1956년부터 2006년까지 약 50년 동안 '사상 및 신앙'이 가석방심사의 필수 사항이었다는 점이다. 이 부분은 약 50년 동안 교정 당국이 수형자에게 종교를 갖도록 유도했다는 점을 시사한다. 게다가 그 동안 교정 당국이 규정한 종교 범위가 주로 '개신교·천주교·불교'에 한정되어 있었고, 이러한 종교 범위가 현재까지 이어지고 있다는 점을 고려하면, 이 부분은 국가가 교정 영역에서 특정 종교를 우대했다거나 특정 종교인을 양성하도록 했다는 비판으로 이어질 수 있다.

〈표 10〉 〈가석방심사 등에 관한 규칙〉의 종교 관련 규정

시행	내용
1956.10.29. (제정)	-제1조 (목적) 본영은 수형자에 대한 가석방구신을 위하여 필요한 심사기준과 그 절차를 규정함을 목적으로 한다. - 제2조 (신원관계 및 심사사항) 신원관계는 좌의 각호에 의하여 심사하여야 한다. 1. 유전 / 2. 건강상태 / 3. 정신상태(知能·感情 및 意志) / 4. **사상 및 신앙** / 5. 책임관념 및 협동심 / 6. 경력 및 교육정도 / 7. 노동능력 / 8. 행장의 우량 / 9. 작업상여금 및 령치금 / 10. 기타 참고사항
1978.7.4.	-제3조 (심사사항) 가석방심사위원회(이하 "위원회"라 한다)는 가석방 구신 여부를 결정하기 위하여 수형자의 신원관계·범죄관계·보호관계 기타 필요한 사항에 대하여 심사하여야 한다. -제4조 (신원관계의 심사사항) 신원관계는 다음 각호의 사항에 대하여 심사하여야 한다. 1. 유전 / 2. 건강상태 / 3. 정신상태(지능·감정 및 의지) / 4. **사상 및 신앙** / 5. 책임관념 및 협동심 / 6. 경력 및 교육정도 / 7. 노동능력 / 8. 행장의 우량 / 9. 작업상여금·영치금 / 10. 기타 참고사항

---

74 전석환, 앞의 글, 2010, 379쪽.

2003.7.31.	제3조 (심사사항) ①가석방심사위원회(이하 "위원회"라 한다)는 가석방의 적격여부를 결정하기 위하여 수형자의 신원관계·범죄관계·보호관계 기타 필요한 사항에 대하여 심사하여야 한다. 〈개정 1997.1.28.〉 ②제1항의 규정에 의한 위원회의 심사는 교도소장(소년교도소장 및 구치소장을 포함한다. 이하같다)에게 위임하여 행할 수 있으며, 심사를 위임받은 교도소장은 위원회에 그 심사결과를 보고하여야 한다. 〈신설 1997.1.28.〉 제4조 (신원관계의 심사사항) 上同 1. ~ **4. 사상 및 신앙** ~ 10. 上同
2006.10.31.	- 제3조 (심사사항) ① 上同 ②上同 - 제4조 (신원관계의 심사사항) 上同 1. ~ 3. 上同 / **4. 삭제〈2006.10.31.〉** / 5. ~ 10. 上同
2008.12.22. (폐지)	제59조(교회직교도관의 직무) ① 교회직교도관은 다음 각 호의 사무를 담당한다. 1. 수용자의 서신·집필 / **2. 수용자의 종교·문화** / 3. 수형자의 교육 및 교화프로그램 / 4. 수형자의 귀휴, 사회 견학, 가족 만남의 집 또는 가족 만남의 날 행사(이하 "귀휴 등") / 5. 수형자의 사회복귀 지원 / 6. 그 밖의 교정행정에 관한 사항 제62조(종교) 교회직교도관은 수용자가 자신이 신봉하는 종교의식이나 종교행사에 참석하기를 원하는 경우에는 특별한 사정이 없으면 허락하여야 한다. 다만, 수용자가 신봉하는 종교 또는 그에 따른 활동이 법 제45조 제3항 각 호의 어느 하나에 해당하는 경우에는 소장에게 보고하고, 소장의 지시를 받아 적정한 조치를 하여야 한다. (시행 2008.12.22. 법무부령 제655호, 2008.12.19, 타법폐지) ※ 〈형의 집행 및 수용자의 처우에 관한 법률 시행규칙〉(시행 2008.12.22. 법무부령 제655호, 2008.12.19, 제정)으로 대체됨.

셋째, 〈교도관집무규칙〉의 경우, 1963년 1월 〈행형법〉 제7조에 근거해 교도관의 집무 사항을 규정하기 위해 제정·시행된다. 〈교도관집무규칙〉의 명칭은 김대중정부(1998.2~2003.2) 시기인 2000년 10월부터 〈교도관직무규칙〉으로 바뀐다.[75]

이 〈교도관집무규칙〉이 제정된 1963년 당시, 교정 당국은 교도관 가운데 재소자의 교회 및 도서 열독(閱讀) 등을 맡는 교회직공무원을 교

---

75 〈교도관집무규칙〉(제정·시행 1963.1.10. 법무부령 제56호); 〈교도관직무규칙〉(일부개정·시행 2000.10.14. 법무부령 제498호).

회사(敎誨士)와 교회사보로 구성해 이들에게 종교 관련 업무를 부여한다. 그리고 1963년 〈교도관집무규칙〉에는 '교회사는 재소자가 신봉하는 종파의 교의에 의한 종교교회의 청원이 있을 때 특별한 사정이 없는 한 그 종파에 위촉하여 교회를 하게 하여야 한다(제62조).'는 내용이 포함되어 있다.[76]

이 〈교도관집무규칙〉에 담긴 종교 관련 내용과 흐름은 다소 변화를 겪는다. 1963년 이후 〈교도관집무규칙〉 제62조에 담긴 종교 관련 내용은 계속 이어진다. 그렇지만 전두환정부(1980~1988) 시기인 1986년 12월부터 '종교교회(宗敎敎誨)'라는 표현이 독립된 조문으로 등장한다. 그리고 김대중정부(1998~2003) 시기인 2000년 10월 개정에서는 환자·독거수용자 및 징벌자에 대한 개인교회의 횟수를 종전의 매주 1회 이상에서 월 2회 이상으로 조정한다(제76조).[77]

종교교회에 관련한 흥미로운 부분은 노무현정부(2003.2~2008.2) 시기인 2005년 9월 개정에서 보인다. 당시 개정에는 종래에 없던 종교교회에 대한 단서 조항("다만, 수용자가 신봉하는 종파의 교리가 명백하게 대한민국의 정통성을 부인하고 사회질서를 혼란하게 할 허위사실의 유포, 퇴폐적 행위 등을 조장하는 등 사회일반인의 보편적인 가치관을 부정하는 경우에는 그러하지 아니하다.")이 제75조에 포함된다. 이 단서 조항은 2006년 11월 개정에서도 유지되다가 2008년 12월 개정에서 "다만, 수용자가 신봉하는 종교 또는 그에 따른 활동이 법 제45조 제3항 각 호의 어느 하나에 해당하는 경우에는

---

76 〈교도관집무규칙〉(제정·시행 1963.1.10. 법무부령 제56호); 〈교도관직무규칙〉(일부개정·시행 2000.10.14. 법무부령 제498호).

77 〈교도관집무규칙〉(전부개정·시행 1986.12.10. 법무부령 제291호) 제75조(종교교회); 〈교도관집무규칙〉(일부개정·시행 1995.9.11. 법무부령 제414호) 제75조(종교교회); 〈교도관직무규칙〉(일부개정·시행 2000.10.14. 법무부령 제498호) 제75조(종교교회)·제76조(개인교회).

소장에게 보고하고, 소장의 지시를 받아 적정한 조치를 하여야 한다. (제62조)"라는 내용으로 바뀐다. 여기서 '법 제45조 제3항 각 호'는 〈형집행법〉에 규정된 종교행사의 참석을 제한할 수 있는 두 개의 사항("수형자의 교화 또는 건전한 사회복귀를 위하여 필요한 때, 시설의 안전과 질서유지를 위하여 필요한 때")을 말한다. 그리고 이러한 제62조의 단서 조항은 2015년 1월 개정에도 유지되어 현재까지 이어지고 있다.[78]

그 외의 변화를 보면, 이명박정부(2008.2~2013.2) 시기인 2008년 12월에 〈행형법〉의 명칭이 〈형집행법〉으로 바뀐 것에 따라 〈교도관집무규칙〉이 개정되면서 교회직교도관 직무에 '수형자의 사회복귀 지원 업무'가 추가된다(제59조 및 제65조). 이어, 박근혜정부(2013.2~2017.3) 시기인 2015년 1월에 종래 '교회직 교도관'의 명칭이 '사회복귀업무 교도관'으로 바뀌고, '수용자의 종교·문화' 등이 포함된 5개 직무가 신설된다. 종래 교회직 교도관의 명칭 변경은 당시 〈공무원임용령〉 개정에 근거해 〈국가공무원법〉이 공무원 직종구분에서 기능직 폐지와 별정직의 범위 축소 등을 골자로 개정되면서 교정 당국이 교회직교도관·분류직교도관 등의 명칭을 삭제하고, 기능직교도관을 관리운영직교도관으로 변경하는 등의 변화를 시도한 조치이다. 그렇지만 사회복귀업무 교도관이 수행하는 종교 관련 업무 내용은 2008년 12월 개정 당시의 교회직 공무원이 담당하던 내용과 동일하다.[79]

---

78 〈교도관집무규칙〉(일부개정·시행 2005.9.16. 법무부령 제579호); 〈교도관직무규칙〉(일부개정·시행 2006.11.13. 법무부령 제601호); 〈교도관직무규칙〉(시행 2008. 12.22. 법무부령 제654호, 2008.12.19. 전부개정); 〈형의 집행 및 수용자의 처우에 관한 법률(약칭: 형집행법)〉(시행 2008.12.22. 법률 제8728호, 2007.12.21. 전부개정) 제45조(종교행사의 참석 등); 〈교도관직무규칙〉(일부개정·시행 2015.1.30. 법무부령 제838호) 제62조(종교).

79 〈교도관직무규칙〉(일부개정·시행 2005.9.16. 법무부령 제579호); 〈교도관직무규칙〉(시행 2008.12.22. 법무부령 제654호, 2008.12.19. 전부개정) 제59조(교회직교도관의 직무)·제65조(사회복귀 지원); 〈교도관직무규칙〉(일부개정·시행 2015.1.30. 법무부령 제838호) 제59조(사회복귀업무 교도관의 직무)·제62조(종교).

<표 11> 〈교도관직무규칙〉의 종교 관련 조문

시행	주요 내용
1963.1. (제정)	- **제61조 (교회사의 직무)** 교회사는 상관의 지휘를 받아 재소자의 교회 및 도서열독 기타 교화에 관한 사무를 장리한다. - **제62조 (담당교도관의 지휘감독)** ①교회사는 직무집행에 있어서 필요하다고 인정할 때에는 담당교도관을 지휘감독할 수 있다. **②교회사는 재소자가 신봉하는 종파의 교의에 의한 종교교회의 청원이 있을 때는 특별한 사정이 없는 한 그 종파에 위촉하여 교회를 하게 하여야 한다.** - 제69조 (교회사의 직무) 교회사, 교회사보(以下敎誨士)는 교무과장의 지휘를 받아 재소자의 교육 및 교화에 관한 사무를 장리한다. - 제72조 (교회사를 두지 아니한 교도소) 교회사, 교회사보를 두지 아니한 교도소에서는 교회사 또는 교도소장의 명을 받은 교감 또는 교감보가 그 직무를 행한다.
1986.12 (전부개정)	- **제72조 (교회담당공무원의 직무)** 교회담당공무원(이하 "교회직")은 상관의 지휘·감독을 받아 재소자의 교육·교회·서신·독서 등에 관한 사무와 석방자보호에 관한 사무를 담당한다. - **제75조 (종교교회)** 교회직은 재소자가 신봉하는 종파의 교의에 의한 종교교회를 요청하는 때에는 특별한 사정이 없는 한 그 종파에 위촉하여 교회를 하게 하여야 한다.
1995.9	- **제72조 (교회담당공무원의 직무)** 교회담당공무원(이하 "교회직")은(이하 上同), 직무수행상 필요한 경우에는 교정시설안에서 수용자를 동행·계호할 수 있다. 다만, 이 경우에는 제42조를 준용한다. 〈개정 1995.9.11.〉 - **제75조 (종교교회)** 교회직은 수용자가 신봉하는 종파의 교의에 의한 종교교회를 요청하는 때에는 특별한 사정이 없는 한 그 종파에 위촉하여 교회를 하게 하여야 한다. 〈개정 1995.9.11.〉
2005.9	- **제72조 (교회직공무원의 직무)** ① 교회직공무원(이하 "교회직")은 상관의 지휘·감독을 받아 수용자의 교육·교회·서신·집필·독서에 관한 사무, 귀휴·사회견학·가족만남의 집 또는 가족만남의 날 행사("귀휴 등")에 관한 사무와 석방자 보호에 관한 사무를 담당하며, 직무수행상 필요한 경우에는 수용자를 동행·계호할 수 있다.〈개정 2005.9.16.〉 ②제42조, 제47조 제1항·제2항 및 제52조의 규정은 제1항의 규정에 의한 동행·계호의 경우에 이를 준용한다. [전문개정 2000.10.14.] - **제75조 (종교교회)** ① **교회직은 수용자가 신봉하는 종파의 교의에 의한 종교교회**(宗敎敎誨)를 요청하는 때에는 특별한 사정이 없는 한 그 종파에 위촉하여 교회를 하게 하여야 한다. **다만, 수용자가 신봉하는 종파의 교리가 명백하게 대한민국의 정통성을 부인하고 사회질서를 혼란하게 할 허위사실의 유포, 퇴폐적 행위 등을 조장하는 등 사회일반인의 보편적인 가치관을 부정하는 경우에는 그러하지 아니하다.** ② 교회직은 제1항 단서의 규정에 따라 종교교회를 하지 못하게 하는 때에는 소장이 주재하는 교도관회의를 거쳐야 한다. [전문개정 2005.9.16.]

2008.12 (전부개정)	- **제59조(교회직교도관의 직무)** ① **교회직교도관**은 다음 각 호의 사무를 담당한다. 1. 수용자의 서신·집필 **2. 수용자의 종교·문화** 3. 수형자의 교육 및 교화 프로그램 4. 수형자의 귀휴, 사회 견학, 가족 만남의 집 또는 가족 만남의 날 행사("귀휴 등") 5. 수형자의 사회복귀 지원 6. 그 밖의 교정행정에 관한 사항 ② 교회직교도관은 직무를 수행하기 위하여 필요한 경우에는 수용자를 동행·계호할 수 있다. ③ 제2항에 따라 교회직교도관이 수용자를 동행·계호하는 경우에는 제34조, 제37조 제1항·제2항을 준용한다. - **제62조(종교)** 교회직교도관은 수용자가 자신이 신봉하는 종교의식이나 종교행사에 참석하기를 원하는 경우에는 특별한 사정이 없으면 허락하여야 한다. 다만, 수용자가 신봉하는 종교 또는 그에 따른 활동이 법 제45조 제3항 각 호의 어느 하나에 해당하는 경우에는 소장에게 보고하고, 소장의 지시를 받아 적정한 조치를 하여야 한다.
2010.1	(제3장 사복교도관의 직무) 제59조 (교회직교도관의 직무) (上同) 제62조 (종교) (上同)
2015.1 (현행)	- **제59조(사회복귀업무 교도관의 직무) 교정직교도관 중 사회복귀업무를 수행하는 자**(이하 **"사회복귀업무 교도관"**)는 이 장 제1절의 직무 외에 다음 각 호의 사무를 겸하여 담당한다. 1. ~ 5. (上同) [전문개정 2015.1.30.] - **제62조(종교)** 사회복귀업무 교도관은 (이하 上同). 〈개정 2015.1.30.〉

넷째, 〈분류처우 업무지침〉의 경우, 이명박정부(2008.2~2013.2) 시기인 2012년 2월에 법무부예규로 제정되어 동년 3월부터 시행된다. 그 제정의 근거는 〈형집행법〉 제59조 제5항과 제62조 제4항이고,[80] 분류심사, 수형자의 분류와 처우에 관한 필요 사항(분류처우위원회에 관한 사항과 수형자 처우기준 및 방법 등), 운영지원작업 취업자와 수형자 자치제의 운영 및 관리에 관한 사항을 정하는 것이 목적이다. 이 지침은 〈형

---

80 〈형의 집행 및 수용자의 처우에 관한 법률(약칭: 형집행법)〉(시행 2011.10.19. 법률 제10865호, 2011.7.18, 일부개정) 제59조(분류심사) 제5항(이 법에 규정된 사항 외에 분류심사에 관하여 필요한 사항은 법무부령으로 정한다.)과 제62조(분류처우위원회) 제4항(이 법에 규정된 사항 외에 위원회에 관하여 필요한 사항은 법무부령으로 정한다.).

집행법〉에 근거하고 있어, 〈형집행법 시행규칙〉 제92조(사회적 처우)에 따른 종교 관련 내용을 담고 있다. 주요 내용은 〈형집행법 시행규칙〉 제92조(사회적 처우)에 따라 '자신이 신봉하는 종교행사 참석' 허가, 자치수형자에 대한 '종교활동 등 취침 전까지의 자율적인 활동' 허가 등이다. 그리고 〈수형자 분류처우 심사표〉의 입소전 거주상태 부분에 '종교시설', 〈생활환경 조사서〉의 기본사항에 '나의 종교는?'이라는 질문이 있다.

2012년 2월의 〈분류처우 업무지침〉에 담긴 종교 관련 내용은 2017년 9월에 개정된 〈분류처우 업무지침〉에도 거의 유사하다. 기본적으로 〈분류처우 업무지침〉이 〈형집행법〉과 동법 시행령 및 시행규칙에서 규정한 수형자 분류심사 및 처우에 관한 사항과 심의·의결기구의 운영, 운영지원작업, 자치제 운영 및 관리에 관한 사항을 정하기 위한 예규이기 때문이다. 다만, 2017년 9월의 개정에서는, 종래와 달리, 〈수형자 분류처우 심사표〉의 '입소전 거주상태' 부분에 '종교시설'이라는 표현이 삭제되었지만, 〈생활환경 조사서〉의 '입소전 거주지' 부분에 '종교시설'이라는 표현이 있고, 〈수용생활계획서〉의 희망처우 여부에 '종교교육'이라는 표현이 있다. 2012년 2월과 2020년 5월의 〈분류처우 업무지침〉에 담긴 종교 관련 내용은 아래와 같다.[81]

---

81 〈분류처우 업무지침〉(시행 2012.3.1. 법무부예규 제990호, 2012.2.27. 제정); 〈분류처우 업무지침〉(시행 2017.9.1. 법무부예규 제1161호, 2017.8.17. 일부개정); 〈분류처우 업무지침〉(시행 2020.5.15. 법무부예규 제1252호, 2020.5.13. 일부개정) 제2조(정의), 제102조(자치생활 범위).

<표 12> <분류처우 업무지침>의 종교 관련 내용

시행	주요 내용
2012.3.1 (제정)	* <시행규칙> 제92조(사회적 처우)에 근거함 제3장 처우등급별 처우 등 **9. 사회적 처우** 가. 사회적 처우의 대상 (1) 개방처우급 또는 완화경비처우급 수형자 / (2) 처우상 특히 필요한 경우에는 일반경비처우급 수형자 나. 사회적 처우의 내용 : 교정시설 밖에서 이루어지는 다음의 활동 (1)사회견학 / (2)사회봉사 / **(3)자신이 신봉하는 종교행사 참석** / (4)연극, 영화, 그 밖의 문화공연 관람 제4장 운영지원작업 및 자체제 운영 제2절 자치제 **9. 자치생활 범위** 가. 자치수형자는 인원점검, 거실 안에서의 생활, 일정한 구역 안에서의 생활, 취미활동 및 **종교활동 등 취침 전까지 자율적인 활동**을 할 수 있음.
2020.5	- 제2조(정의) 16. "**자치생활**"이란 원활한 자치제 운영을 위해 인원점검, 거실 안에서의 생활, 일정한 구역 안에서의 생활, 취미활동 및 **종교활동** 등 취침 전까지 자율적인 활동을 하는 것을 말한다. - 제102조(자치생활 범위) ① 자치수형자는 인원점검, 거실안 또는 일정한 구역 안에서의 생활, 취미활동 및 **종교활동** 등 취침 전까지 자율적인 활동을 할 수 있다.

다섯째, <교정시설 경비등급별 수형자의 처우 등에 관한 지침>의 경우, 2011년 1월에 제정되어 동년 3월에 처음 시행된다. 이 지침은 교정시설의 경비등급에 따른 수형자의 처우 등에 관한 사항과 그 시행에 필요한 내용을 규정하여 수형자의 자율의지를 고취하고 건전한 사회복귀 도모를 목적으로 제정된다.

이 지침에 담긴 종교 관련 부분은 수형자의 경비등급에 따라 수형자 자신이 신봉하는 종교에 대하여 외부 종교행사에 참석할 수 있다는 내용(제36조), 완화경비시설의 수형자에게 교도관의 계호 없이 주간에 일정구역 내에서 소규모 종교행사 참석을 위해 자율보행을 허가할 수 있다는 내용(제42조) 등이다. 이러한 내용들은, 비록 조문의 위치에 차이가 있지만, 2018년 7월의 개정에서도 지속되고 있다. 2011년 1월과 2018년 7월의 〈교정시설 경비등급별 수형자의 처우 등에 관한 지침〉에 담긴 종교 관련 내용은 아래와 같다.[82]

〈표 13〉 〈교정시설 경비등급별 수형자의 처우 등에 관한 지침〉의 종교 관련 내용

시행	주요 내용
2011.3.1 (제정)	-**제36조(외부 종교행사 등 참석)** 수형자의 경비등급에 따라 수형자 자신이 신봉하는 종교에 대하여 외부 종교행사 참석 또는 연극, 영화, 그 밖의 문화공연 관람의 참석 허가 범위는 【별표 1】의 사회적 처우기준과 같다. -제42조(자율보행) ② 소장은 완화경비시설의 수형자에게 교도관의 계호 없이 주간에 일정구역 내에서 접견, 전화, **소규모 종교행사 참석**, 의료과 진료 등을 위하여 자율보행을 허가할 수 있다. 다만, 자율보행을 할 수 있는 수형자에 대하여는 그 명단을 【별지 제1호서식】에 등재하고, 【별지 제2호서식】에 의해 발행된 【별지 제3호서식】의 '자율보행 허가증'을 소지하게 하여야 한다.
2018.7.3	- **제34조(외부 종교행사 등 참석)** 上同 - 제47조(자율보행) ② 소장은 완화경비시설의 수형자에게 교도관의 계호 없이 주간에 일정구역 내에서 접견, 전화, **소규모 종교행사 참석**, 의료과 진료 등을 위하여 자율보행을 허가할 수 있다. 다만, … 그 명단을 [별지 제5호서식]에 등재하고, [별지 제6호서식]에 의해 발행된 [별지 제7호서식]의 '자율보행 허가증'을 소지하게 하여야 한다.

여섯째, 〈소년교도소 운영지침〉의 경우, 2012년 7월에 처음 시행된다. 이 지침은 〈형집행법〉과 동법 시행령 및 시행규칙에서 위임한 사항 중, '소년수형자 등'에 대한 소년교도소의 운영에 필요한 사항을 규정하기 위한 것이며, 여기서 소년수형자는 19세 미만 수형자를 의미한다.

이 지침에 담긴 종교 관련 부분은 문화시설 이용 차원에서 '종교실'을 조성할 수 있다는 내용(제22조), 사회적 처우 차원에서 '자신이 신봉

---

82 〈교정시설 경비등급별 수형자의 처우 등에 관한 지침〉(시행 2011.3.1. 법무부예규 제968호, 2011.1.20, 제정); 〈교정시설 경비등급별 수형자의 처우 등에 관한 지침〉(시행 2018.7.3. 법무부예규 제1193호, 2018.7.2, 일부개정).

하는 종교행사 참석'을 허가할 수 있다는 내용(제34조)이다. 이러한 내용들은 2018년 9월의 개정에도 지속된다. 그렇지만 2018년 9월 개정에서는 교육계획 부분(제26조)에 '소년수형자 등의 교육훈련 집중을 위해 교육훈련시간표에 따라 종교집회 등의 처우를 조정할 수 있다'는 내용이 신설된다. 이와 관련해, 종래 교육훈련시간표에 '종교집회' 관련 내용이 보이지 않는다. 2012년 7월과 2018년 9월의 〈소년교도소 운영지침〉에 담긴 종교 관련 내용은 아래와 같다.[83]

〈표 14〉 〈소년교도소 운영지침〉의 종교 관련 내용

시행	주요 내용
2012.7.1. (제정)	- 제5절 문화 **제22조(문화시설 등)** ① 소년교도소에는 '소년수형자 등'의 여가선용, 정서함양, 교육여건 조성 등을 위하여 상담실, 교육실, 강당, **종교실**, 도서실, 자율학습실, 실내 체력단련실, 문화·여가 활동실, 어학실, 자율기숙사 시설 등을 조성할 수 있다. - 제5장 사회복귀 지원 **제34조(사회적 처우)** ① 소장은 '소년수형자 등'에 대하여 처우상 필요한 경우에는 교정시설 밖에서 이루어지는 다음 각 호에 해당하는 활동을 허가할 수 있다. 1. 사회견학 / 2. 봉사활동 / **3. 자신이 신봉하는 종교행사 참석** / 4. 연극, 영화, 그 밖의 문화행사 관람 / 5. 발표회 및 공연 등 참가
2018.9.1	- **제21조(문화시설 등)** ① 上同(제22조 …, **종교실**, … 등을 조성할 수 있다.) - **제26조(교육계획)** ② 소장은 소년수형자 등의 교육훈련 집중을 위해 교육훈련시간표에 따라 접견, **종교집회**, 전화사용 등의 처우를 조정할 수 있다. (신설) - **제34조(사회적 처우)** ① 소장은 소년수형자 등에 대하여 처우상 필요한 경우에는 교정시설 밖에서 이루어지는 다음 각 호에 해당하는 활동을 허가할 수 있다. … **3. 자신이 신봉하는 종교행사 참석** …

---

83 〈소년교도소 운영지침〉(시행 2012.7.1. 법무부예규 제995호, 2012.6.8, 제정) 제22조(문화시설 등), 제34조(사회적 처우); 〈소년교도소 운영지침〉(시행 2018.9.1. 법무부예규 제1195호, 2018.8.9, 일부개정) 제21조(문화시설 등), 제26조(교육계획), 제34조(사회적 처우).

일곱째, 〈수용자 교육교화 운영지침〉의 경우, 2008년 12월에 처음 제정·시행된다. 당시 지침에는 '제4장 신앙생활 및 수용생활 지원' 부분에서 성상의 크기(제31조), 성상 및 성물 관리 등(제32조), 종교거실 지정(제33조)에 대한 내용이 있다. 여기서 특이한 부분은 제31조에서 성상의 설치 대상을 개신교, 불교, 천주교로 한정했다는 점이다. 구체적으로 성상의 크기를 대형·중형·소형으로 구분하면서 범위를 '십자가상, 불상(입상·좌상), 예수상, 성모마리아상'로 한정해 명시하고 있다. 이러한 한정된 범위를 고려하면, 이어지는 성상 및 성물 관리 등에 대한 규정(제32조)과 종교거실 지정에 대한 규정(제33조)도 개신교, 불교, 천주교에 한정된다고 볼 수 있다.[84]

한편, 2008년 〈수용자 교육교화 운영지침〉의 부칙 제3조(폐지문서)를 보면, 이 지침 시행과 배치되어 당시 폐지된 훈령·예규에 '… 4. 수용자 교화방송 지침(예규 제574호) … 6. 수용자 신앙생활에 관한 지침(예규 제577호), 7. 수용자 교회 및 복지활동 지침(예규 제587호) … 11. 수용자 인성교육 등에 관한 지침(예규 제762호)' 등이 있다.[85] 이러한 지침들에 담긴 종교 관련 내용에 대한 확인은 어렵지만, 이러한 지침들은 2008년 이전에도 수용자의 교육교화 영역에서 종교가 차지하는 역할이 작지 않았음을 시사한다.

2008년 12월의 〈수용자 교육교화 운영지침〉에 담긴 세 가지의 종교 관련 내용은 2019년 개정에서도 조문의 위치만 다를 뿐 그대로 이어지고 있다. 2019년 개정의 경우, 성상의 크기, 성상 및 성물 관리, 종교 거실 지정 등의 내용으로 구성된 '제4장 신앙생활 및 수용생활 지원' 부분은 제

---

84 〈수용자 교육교화 운영지침〉(시행 2008.12.22. 법무부예규 제816호, 2008.12.18, 제정) 제3조(지침범위), 제31조(성상의 크기), 제32조(성상 및 성물 관리 등), 제33조(종교거실 지정).
85 〈수용자 교육교화 운영지침〉(시행 2008.12.22. 법무부예규 제816호, 2008.12.18, 제정) 부칙 제3조(폐지문서).

27조에서 제33조 사이에 배치되어 있다. 2008년 12월과 2019년 1월의 〈수용자 교육교화 운영지침〉에 담긴 종교 관련 내용은 다음과 같다.[86]

<표 15> 〈수용자 교육교화 운영지침〉의 종교 관련 내용

시행	주요 내용
2008.12.22 (제정)	- 제3조(지침범위) 본 지침에서 정하는 범위는 다음과 같다. 1. 인성·정보화 교육 / 2. 서신업무 / **3. 신앙생활 및 수용생활 지원** 4. 비치도서 운영·관리 / 5. 신문등 구독 및 지급 / 6. 교화방송, 집필 및 특별활동반 운영 / 7. 기부금품 접수 및 처리 - **제31조(성상의 크기)** ① 소장은 규칙 제31조 제2항에 따라 성상을 설치할 때에는 수용시설의 규모, 수용정원 등 기관 실정을 감안하여 크기를 결정하여야 한다. ② 제1항의 성상은 대형, 중형, 소형으로 구분하며 표준규격은 다음과 같다. ＊대형(100×100×300: 십자가상, 불상입상(좌상: 100×100×150), 예수상, 성모마리아상 ＊중형(80×80×250: 십자가상, 불상입상(좌상:80×80×120), 예수상, 성모마리아상 ＊소형(70×70×200 미만: 십자가상, 불상입상(좌상:70×70×100 미만), 예수상, 성모마리아상 - **제32조(성상 및 성물 관리 등)** 소장은 종교상징물 등을 관리하기 위하여 '성상 등 관리대장'(별지 제15호 서식) 및 '수용자 성물소지 허가부'(별지 제16호 서식)를 비치하고 기록을 유지하여야 한다. - **제33조(종교거실 지정)** ① 소장은 수용자의 신앙생활을 돈독히 하기 위하여 필요하다고 인정할 경우에는 종교별 거실을 지정하여 운영할 수 있다. ② 종교거실에는 신앙생활에 필요하다고 인정되는 해당 종교의 성상, 성물, 성화 및 성구를 비치할 수 있다. 다만, 보안상 유해하거나 다른 수용자의 수용생활에 방해가 되어서는 아니 된다. - **제34조(생활지원)** ① 소장은 가족이 없거나 또는 가정이 빈곤하여 수용생활에 어려움이 있다고 판단되는 수용자에 대하여는 교정참여인사의 도움을 받아 생활필수품 등을 지원할 수 있다. ② … ③ 무연고 수용자 등의 안정된 수용생활을 위하여 필요한 경우에는 교정참여인사와의 결연을 통하여 지도할 수 있으며, 이 경우 '자매결연 주선부'(별지 제18호 서식)에 그 명부를 관리하고 교정정보시스템에 기록하여야 한다. - 제35조(가족관계등록) / - 제36조(출소자 보호의뢰) / - 제37조(상담기록)

---

86 〈수용자 교육교화 운영지침〉(일부개정·시행 2019.1.21. 법무부예규 제1208호) 제3조(지침범위), 제27조(성상의 크기), 제28조(성상 및 성물 관리 등), 제29조(종교거실 지정).

2019.1	- 제3조(지침범위) 본 지침에서 정하는 범위는 다음과 같다. 1. 교육(학과교육, 석방전교육, 집중인성교육) / 2. … **3. 신앙생활 및 수용 생활 지원** … 7. … (上同) 8. 가족사진 소지 및 비치 **- 제27조(성상의 크기)** ① 上同 ② 上同 **- 제28조(성상 및 성물 관리 등)** … '성상 등 관리대장'(별지 제16호서식) 및 '수용자 성물소지 허가부'(별지 제17호서식)를 …. **- 제29조(종교거실 지정)** ① 上同 ② 上同 **- 제34조(생활지원)** / - 제35조(가족관계등록) / - 제36조(출소자 보호의 뢰) / - 제37조(상담기록)

흥미롭게도, 국방부의 경우는 2016년 3월에 〈군수용자 교육교화 및
사회복귀지원에 관한 훈령〉을 제정·시행했는데, 그 안에 담긴 종교 관
련 내용은 법무부의 〈수용자 교육교화 운영지침〉에 담긴 종교 관련 내
용과 유사하다. 이 훈령에는 종교상징물 관리(제29조), 종교거실 지정
(제30조), 생활지원(제31조), 가족관계등록(제32조), 출소자 보호의뢰(제33
조), 상담기록(제34조)로 구성된 '제4장 신앙생활 및 수용생활 지원' 부
분이 있다. 그 외에 군수용자 사회복귀지원과 관련된 사회견학 및 봉
사활동의 범위, 교정위원 부분에 종교 관련 내용을 포함하고 있다. 이
훈령은 2017년에 일부 개정되지만 종교 관련 내용은 동일하다. 자세
한 내용은 아래와 같다.[87]

〈표 16〉 〈군수용자 교육교화 및 사회복귀지원에 관한 훈령〉의 종교 관련 내용

시행	주요 내용
2016.3.31. (제정_	**- 제29조 (종교상징물 관리)** 소장은 종교상징물 등을 관리하기 위하여 별 지 제9호 서식의 '수용자 성물소지 허가부'를 비치하고 기록을 유지하여 야 한다.

---

87 〈군수용자 교육교화 및 사회복귀지원에 관한 훈령〉(제정·시행 2016.3.31. 국방부
훈령 제1904호); 〈군수용자 교육교화 및 사회복귀지원에 관한 훈령〉(일부개정·시
행 2017.12.28. 국방부훈령 제2106호).

	- 제30조 (종교거실 지정) ① 소장은 수용자의 신앙생활을 돈독히 하기 위하여 필요하다고 인정할 경우에는 종교별 거실을 지정하여 운영할 수 있다. ② 종교거실에는 신앙생활에 필요하다고 인정되는 해당 종교의 상징물, 그림 및 도구를 비치할 수 있다. 다만, 보안상 유해하거나 다른 수용자의 수용생활에 방해가 되어서는 아니 된다. - 제128조 (사회견학 및 봉사활동의 범위) ① 수형자에게 실시하는 사회견학의 범위는 다음 각 호와 같다. ⋯ 2. 사회적응에 도움이 되는 문화유적지 탐방, 박물관 등 견학 ⋯ 4. 그 밖의 외부 종교행사 참석 등 - 제6절 교정위원 제130조 (자격 및 추천) ① 교화분야에 참여할 교정위원은 지역사회에서 신망이 두텁고 학식과 경험이 풍부한 자로서 수용자 교정교화사업에 헌신적으로 봉사할 수 있는 자질과 능력을 갖추어야 한다. ② 종교분야에 참여할 교정위원은 기독교, 불교, 천주교 등 **우리나라의 국민정서에 반하지 않는 종교단체에 소속된** 자로서 수용자 신앙 지도에 헌신적으로 봉사할 수 있는 자질과 능력을 갖추어야 한다. ③ 교육 분야에 참여할 교정위원은⋯. ④ 교정위원 기능별 분포비율은 소장이 정한다. 다만, **종교분야에는 종파별로 균형을 유지하여야 한다.** - 제132조 (활동분야) ① 교정위원은 소장의 허가를 받아 다음 각 호에 정한 교화활동을 할 수 있다. 1. 수용자 상담, 결연활동 및 정신교육 ⋯ 3. **수용자가 신봉하는 종교 교의에 따른 신앙지도 및 종교활동 지원** - 제137조 (편의제공) ① 소장은 교정위원 전용대기실을 설치하여 교정위원의 기관 방문 시 활용할 수 있도록 하는 등 편의를 제공하여야 한다. ② 소장은 교정위원이 수용자 교정교화에 필요한 종교지도, 상담, 자매결연 등이 필요하다고 인정될 때에는 상담실 등의 시설을 이용하게 하여야 한다.
2017.12.28	- 제29조 (종교상징물 관리) 上同 - 제30조 (종교거실 지정) ① 上同 ② 上同 - 제128조 (사회견학 및 봉사활동의 범위) ① 上同 (4. 그 밖의 외부 종교행사 참석 등) - 제6절 교정위원 제130조 (자격 및 추천) ① 上同 ② 上同 ③ 上同 ④ 上同 - 제132조 (활동분야) ① 上同 (3. 수용자가 신봉하는 종교 교의에 따른 신앙지도 및 종교활동 지원) - 제137조 (편의제공) ① 上同 ② 上同

여덟째, 〈교정위원 운영지침〉의 경우, 김대중정부(1998.2~2003.2) 시기인 2000년 5월에 〈교정위원 활동 및 교정협의회 운영지침〉(이하 〈교정위원 운영지침〉)이라는 명칭으로 제정된 법무부예규이다. 이 지침은 교정위원 등 민간자원봉사자의 교정·교화활동과 자치조직 및 운영 등에 관해 필요 사항을 규정하기 위한 것이며, 이 지침으로 종래 '교화위

원과 종교위원'제도에 덧붙여 정보화교육 등을 포함한 수용자의 각종 교육을 위해 '교육위원'제도가 추가·신설된다.[88]

2000년 5월의 〈교정위원 운영지침〉은 새롭게 교육위원을 포함해 교정위원(교화위원·종교위원·교육위원)의 위·해촉 등 교정위원의 관리에 관한 법적 근거를 마련했다는 점에서 교정사에서 의미가 있다. 당시 교정위원은 2년 임기(연임 가능)로, 그 임명은 소장이 추천서를 보내고 지방교정청장이 심사해 위촉여부를 결정한 후 법무부장관에게 위촉상신을 하는 방식으로 이루어진다. 그리고 교정위원의 업무 활성화를 위해 소장은 당해 기관 소속 교정위원 전체가 참여하는 '교정협의회'를 설치·운영하고, 각 지방교정청 관내 소속위원으로 구성된 '교정연합회' 및 전국 교정위원으로 구성된 '법무부 교정위원 중앙협의회'를 설치 운영한다.[89]

2000년 5월의 〈교정위원 운영지침〉 가운데 종교 관련 내용을 보면, 종교위원에 대해서는 '기독교, 불교, 천주교 등 우리나라 국민정서에 반하지 않는 종교단체에 소속된 인사'로서 범죄자의 신앙지도에 헌신적으로 봉사할 수 있는 자질과 능력이 요구된다(제4조 2항). 그리고 종교위원은 종교별로 균형을 유지하여야 한다(제10조 2항). 종교위원의 주요 활동은 '수용자가 신봉하는 종교의 종파별 교의에 따른 신앙지도 및 종교활동'이다. 이와 관련해, 1998년 사례를 보면, 당시 종교위원(1,364명)의 종교별 비율은 개신교 51.1%(701명), 불교 20.9%(422명), 천주교 17.3%(236명), 기타 0.4%(5명)이고, '교리지도(66,646회), 종교상담(24,215회), 자

---

88 정진수,『형사절차에서 민간자원봉사활동』, 형사정책연구원, 2001, 94쪽. 이 보고서에 따르면 2000년 5월 30일 제정 당시 지침의 명칭은 〈교정위원 활동 및 교정협의회 운영지침〉(법무부예규 제533호)이다(같은 글, 107쪽.).
89 정진수, 앞의 책, 2001, 108-109쪽.

매결연(2,808건), 교화도서 기증(4,303권)'가 주요 활동이다.[90]

〈교정위원 운영지침〉은 노무현정부(2003.2~2008.2) 시기인 2005년 6월에 개정되는데, 주요 개정 내용을 보면, 교정위원은 '교정위원과 교정참여인사'로 구분되고, 교정위원은 '교화·종교·교육·의료'의 네 분야로 구성된다. 이 가운데 종교분야 교정위원은, 종래와 마찬가지로, "기독교, 불교, 천주교 등 우리나라의 국민정서에 반하지 않는 종교단체에 소속된 인사로서 수용자 신앙 지도에 헌신적으로 봉사할 수 있는 자질과 능력을 갖추어"야 한다. 그리고 소장 허가를 받아 "수용자가 신봉하는 종교의 종파별 교의에 따른 신앙지도 및 종교활동 지원" 등의 활동에 참여하게 된다. 종교분야 교정위원은, 비록 수용자의 고충해소 및 교화상 필요 사항의 해결방안을 소장에게 건의할 수 있지만, 공무원의 직무상 활동에 관여할 수 없는 '명예직'이다.[91]

〈교정위원 운영지침〉에서 교정위원의 4개 분야, 종교분야 교정위원의 자격 등의 종교 관련 내용은, 비록 이명박정부(2008.2~2013.2) 시기인 2008년 12월부터 '교정참여인사' 명칭이 '준교정위원'으로 바뀌었지만, 큰 변화 없이 이어지고 있다. 오히려 교정위원은 수용자 교정교화에 필요한 종교지도 등이 필요하다고 인정될 때 상담실 등의 시설을

---

90 정진수, 위의 책, 2001, 107-112쪽. 이 보고서에 따르면, 1998년 12월 31일 현재 교화위원 수는 1,691명, 종교위원 수는 1,364명이다. 그리고 1999년 12월 31일 현재 교화위원 수는 1,718명이다. 종교위원 수는 1,407명이다(같은 글, 108쪽, 110-111쪽.).

91 〈교정위원 활동 및 교정협의회 운영지침〉(제정 2000.5.30. 법무부예규 제533호); 〈교정위원 운영지침〉(시행 2005.6.20. 법무부예규 제728호, 2005.6.17. 일부개정) 제4조(자격 및 추천) ②항, 제8조(활동분야). 이 지침에 따르면, 교정위원은 '교정위원과 교정참여인사'로 구분된다. 모두 '수용자 교육 및 교화활동에 참여하는 민간자원봉사자'를 말하지만, 전자는 법무부장관의 위촉을, 후자는 교도소·소년교도소·구치소·지소·보호감호소의 장(이하 '소장')의 승인을 받은 경우이다(제3조). 다만, '국가법령정보센터'에는 2000년 5월 당시 자료가 올라와있지 않다.

이용할 수 있게 된다.[92] 2000년 5월 이후 2020년 3월까지 〈교정위원 운영지침〉에 담긴 종교 관련 내용은 다음과 같다.[93]

〈표 17〉 〈교정위원 운영지침〉의 종교 관련 내용

시행	주요 내용
〈교정위원 활동 및 교정협의회 운영지침〉 2000.5.30.	- 제4조 2항: 종교위원은 기독교, 불교, 천주교 등 우리나라 국민정서에 반하지 않는 종교단체에 소속된 지도급 인사로서 수용자 신앙지도에 헌신적으로 봉사할 수 있는 자질과 능력을 갖추고 있어야 한다. - 제7조 1항: 교정위원은 소장의 허가를 받아 다음과 같은 교화활동을 할 수 있다. … (2) 수용자가 신봉하는 종교의 종파별 교의에 따른 신앙지도 및 종교활동 … - 제10조 2항: 교정위원 종류별 분포비율은 기관실정을 감안하여 소장이 정하되, 종교위원은 종교별로 균형을 유지함
〈교정위원 운영지침〉 2005.6.20.	- 제4조(자격 및 추천) ① 교화분야에… ② 종교분야에 참여할 교정위원은 **기독교, 불교, 천주교 등 우리나라의 국민정서에 반하지 않는 종교단체에 소속된** 자로서 수용자 신앙 지도에 헌신적으로 봉사할 수 있는 자질과 능력을 갖추어야 한다. ③ 교육분야에… ④ 의료분야에… ⑤ 각 분야의 자격을 갖춘 신규위원을 추천하고자 할 때에는 2인 이상의 교정위원이 서명한 추천서를 제출하여야 한다.(별지 제7호 서식) - 제8조(활동분야) ① 교정위원은 소장의 허가를 받아 다음 각 호에 정한 교화활동을 할 수 있다. 1. 수용자 상담, 결연활동 및 정신교육 / **2. 수용자가 신봉하는 종교의 종파별 교의에 따른 신앙지도 및 종교활동 지원**

92 〈교정위원 운영지침〉(시행 2008.12.22. 법무부예규 제815호, 2008.12.18, 일부개정) 제2조(정의), 제4조(자격 및 추천), 제9조(활동분야), 제24조(시설사용); 〈교정위원 운영지침〉(일부개정·시행 2019.1.14. 법무부예규 제1207호) 제2조(정의), 제4조(자격 및 추천), 제9조(활동분야), 제24조(시설사용).

93 정진수, 앞의 책, 2001, 107–112쪽; 〈교정위원 운영지침〉(시행 2005.6.20. 법무부예규 제728호, 2005.6.17. 일부개정); 〈교정위원 운영지침〉(시행 2008.12.22. 법무부예규 제815호, 2008.12.18, 일부개정); 〈교정위원 운영지침〉(일부개정·시행 2019.1.14. 법무부예규 제1207호); 〈교정위원 운영지침〉(일부개정·시행 2020.3.13. 법무부예규 제1247호).

2008.12.11.	- 제4조(자격 및 추천) ① 上同 ② 上同(**기독교, 불교, 천주교 등 우리나라의 국민정서에 반하지 않는 종교단체에 소속된 자**) ③ 上同 ④ 上同 ⑤ 각 분야의 자격을 갖춘 신규위원을 추천하고자 할 때에는 소속 교정협의회장을 포함한 2인 이상의 교정위원이 서명한 '교정위원 추천서'(별지 제1호 서식)를 제출하여야 한다. - 제9조(활동분야) ① 上同(3. 수용자가 신봉하는 종교 교의에 따른 신앙지도 및 종교활동 지원) - **제24조(시설사용)** 소장은 교정위원이 수용자 **교정교화에 필요한 종교지도**, 상담, 자매결연 등이 필요하다고 인정될 때에는 상담실 등의 시설을 이용하게 하여야 한다.
〈교정위원 운영지침〉 (2019.1.14. / 2020.3.13.)	- 제4조(자격 및 추천) ① 上同 ② 上同(**기독교, 불교, 천주교 등 우리나라의 국민정서에 반하지 않는 종교단체에 소속된 자**) ③ 上同 ④ 上同 ⑤ 각 기관 교정협의회에서 신규위원을 추천하고자 할 때에는 소속 교정위원 2인 이상이 서명한 '교정위원 추천서'(별지 제1호서식)를 소장에게 제출하여야 한다. - 제9조(활동분야) ① 上同(3. 수용자가 신봉하는 종교 교의에 따른 신앙지도 및 종교활동 지원) - 제24조(시설사용) 上同(**수용자 교정교화에 필요한 종교지도**)

아홉째, 〈교정제도심의위원회규정〉의 경우, 이 법령은 1969년 2월에 제정되어 1981년 9월에 폐지되기까지 약 12년 동안 시행된 대통령령이다. 1969년 2월에 법무부에 '교정제도심의 위원회'를 설치한 목적은 교정제도와 교정행정의 개선 및 운영에 관한 장관의 자문에 응하게 하려는 데에 있다. 이 위원회는 위원장(법무부차관)과 부위원장(법무부 교정국장), 법무부장관이 임명 또는 위촉한 7인 이상 9인 이내 위원으로 구성되고, 위원에 '문화·종교·언론단체의 간부'가 포함되어 있다.[94]

열 번째, 〈수용자 사회복귀지원 등에 관한 지침〉의 경우, 2008년 12월에 제정된 법무부예규로, 2008년 12월에 〈행형법〉이 〈형집행법〉으

---

94 〈교정제도심의위원회규정〉(제정·시행 1969.2.28. 대통령령 제3784호 / 타법폐지·시행 1981.9.18. 대통령령 제10470호) 제1조(설치), 제2조(기능), 제3조(구성), 제4조(위원장 및 위원). 부칙에 따르면, '각령 제1,233호 특수수형자 교화대책위원회규정'은 이 영 시행과 동시에 폐지된다.

로 전부개정되면서 종래 각종 사회복귀지원 등에 관한 업무처리 기준을 단일 예규로 통합·정비한 것이다. 목적은 〈형집행법〉과 동법 시행령 및 시행규칙에 근거해 수용자의 성공적인 사회 정착과 재범 예방을 위한 취업 알선 및 창업 지원, 수용자와 그 가족의 관계회복 지원, 각종 사회적응훈련과 사회복귀지원 등에 관한 업무수행의 기준과 절차 등에 관한 실무적 사항을 규정하는 데에 있다. 〈형집행법〉 제57조 2항과 3항, 동법 시행령 제83조에 근거한 '수용자의 사회복귀능력 향상을 위해 새로 도입한 중간처우제도'[95]가 반영되었다는 특징이 있다.

이 지침에서 종교 관련 내용은 중간처우 부분에 위치해 있다. 당시 중간처우는 '시설적응단계(제1단계, 2주 이내), 사회적응단계(제2단계, 2~4개월), 사회복귀단계(제3단계, 가석방 전 2개월 이내)'의 단계별 중간처우로 구성되는데, 이 가운데 사회적응단계(제2단계)와 사회복귀단계(제3단계)에 '(외부) 문화·종교행사 참석'이 포함된다. 그리고 외부 문화·종교행사 참여 시에는 사회견학 절차를 준용하게 한다. 이어, 2009년 10월부터는 중간처우뿐만 아니라 사회적 처우 차원에서도 제2·3단계 중간처우대상자의 사회견학의 범위에 '외부 종교행사 참석 등'을 포함시켜 수용자가 자비로 외부 종교행사에 참여하게 할 수 있게 한다. 이 부분은 2019년 4월 개정에서도 그대로 이어지고 있다. 2008년 12월, 2009년 10월, 2019년 4월과 2020년 9월의 〈수용자 사회복귀지원 등에 관한 지침〉에 담긴 종교 관련 내용은 아래와 같다.[96]

---

95 〈수용자 사회복귀지원 등에 관한 지침〉(일부개정·시행 2009.10.1. 법무부예규 제900호) 제2조(용어의 정의). 중간처우는 수형자를 가석방 또는 형기 종료 전 일정 기간 독립된 또는 교정시설 구외에 설치된 중간처우시설에 수용해 사회적응능력을 향상시키기 위한 자치활동과 취업알선 등의 활동을 통해 개별 처우하는 것을 말한다.
96 〈수용자 사회복귀지원 등에 관한 지침〉(시행 2008.12.22. 법무부예규 제814호, 2008.12.18, 제정); 〈수용자 사회복귀지원 등에 관한 지침〉(일부개정·시행 2009.

〈표 18〉 〈수용자 사회복귀지원 등에 관한 지침〉의 종교 관련 내용

시행	주요 내용
2008.12.22	- 단계별 중간처우 중 **사회적응단계(제2단계)**와 **사회복귀단계(제3단계)**에 '**(외부) 문화·종교행사 참석**' 포함 (외부 문화·종교행사 참여에 관한 사항은 사회견학 절차 준용)
2009.10.1	- 제3장 중간처우 제38조(외부 직업훈련·교육 등) ① 소장은 **제2·3단계 중간처우대상자**의 자비로 외부 직업훈련·교육과정 또는 외부 영화·공연·박물관 등의 관람이나 **종교행사**에 참여하게 할 수 있다. ② 외부 문화·**종교행사 참여**에 관한 사항은 사회견학 절차를 준용한다. - 제4장 사회적 처우 53조(사회견학 및 봉사활동의 범위) ① 수형자에게 실시하는 사회견학의 범위는 다음 각 호와 같다. 1. ··· / 2. 사회적응에 도움이 되는 문화유적지 탐방, 박물관 등 견학 / 3. 연극·영화 등 문화공연 관람 / **4. 그 밖의 외부 종교행사 참석 등**
2019.4.25 / 2020.9.3	- 제3장 중간처우 제42조(외부 직업훈련·교육 등) ① 소장은 **소망의 집 및 사회적응훈련원 제2·3단계 중간처우대상자 및 희망센터 중간처우대상자**에 대하여 자비로 외부 직업훈련·교육과정 또는 외부 영화·공연·박물관 등의 관람이나 **종교행사**에 **참여**하게 할 수 있다. ② 上同 - 제4장 사회적 처우 제55조(사회견학 및 봉사활동의 범위) ① 上同(4. **그 밖의 외부 종교행사 참석 등)**

   국방부의 경우에는 2016년 3월에 〈군수용자 교육교화 및 사회복귀지원에 관한 훈령〉을 제정·시행해 법무부의 〈교정위원 운영지침〉과 〈수용자 사회복귀지원 등에 관한 지침〉을 결합시키고 있다. 그리고 법무부의 경우처럼, '외부 종교행사 참석'을 사회견학의 범위에 포함시키고 있다(제128조).[97]

10.1. 법무부예규 제900호) 제38조(외부 직업훈련·교육 등), 제53조(사회견학 및 봉사활동의 범위); 〈수용자 사회복귀지원 등에 관한 지침〉(일부개정·시행 2019.4. 25. 법무부예규 제1222호); 〈수용자 사회복귀지원 등에 관한 지침〉(일부개정·시행 2020.9.3. 법무부예규 제1261호) 제42조(외부 직업훈련·교육 등), 제55조(사회견학 및 봉사활동의 범위).

97 〈군수용자 교육교화 및 사회복귀지원에 관한 훈령〉(제정·시행 2016.3.31. 국방부훈령 제1904호); 〈군수용자 교육교화 및 사회복귀지원에 관한 훈령〉(일부개정·시행 2017.12.28. 국방부훈령 제2106호) 제29조(종교상징물 관리), 제30조(종교거실

그 외, 종교 관련 내용을 담고 있는 교정 법규로는〈분류센터 운영지침〉과〈수형자 직업능력개발훈련 운영지침〉 등이 있다. 모두 종교행사 관련 내용이다. 우선,〈분류센터 운영지침〉의 경우, 이 법무부예규는 2016년 9월에 제정·시행된 법규로,〈형집행법〉제61조 및 동법 시행령 제86조에 따라 고위험군 수형자의 정밀분류심사 등을 전담하는 교정 시설, 즉 '분류센터'의 운영에 관한 사항을 규정하기 위해 마련된 지침이다. 이 지침은 관할 교도소 및 구치소에서 이송된 분류센터 심사 대상자를 수용할 수 있도록 지방교정청별로 1개소 이상의 분류센터를 설치·운용하도록 하면서, 분류센터의 수형자에게도 종교행사 등의 처우프로그램에 참여할 수 있도록 규정하고 있다(제11조). 이 부분은 2017년 12월 개정에서도 유지되고 있다.[98]

다음으로,〈수형자 직업능력개발훈련 운영지침〉의 경우, 이 법무부 예규는 1995년 1월에 제정된 것으로, 당초〈행형법〉및 동법 시행령,〈사회보호법〉및 동법 시행령에 근거해 수형자 및 피보호감호자의 직업훈련에 관한 필요 사항을 정해서 이들의 직업능력을 개발해 재범방지에 기여하기 위해 제정된다. 이 예규의 목적은〈형집행법〉과 동법 시행령에 따라 수형자 직업능력개발훈련 시행에 필요한 사항을 규정하는 데에 두고 있다(제1조). 이 지침은 수형자 직업능력개발훈련의 운

지정), 제128조(사회견학 및 봉사활동의 범위) ① (4. 그 밖의 외부 종교행사 참석 등), 제130조(자격 및 추천) ② (종교분야에 참여할 교정위원은 기독교, 불교, 천주교 등 우리나라의 국민정서에 반하지 않는 종교단체에 소속된 자로서 … ④ … 다만, 종교분야에는 종파별로 균형을 유지하여야 한다.), 제132조 (활동분야) ① (3. 수용자가 신봉하는 종교 교의에 따른 신앙지도 및 종교활동 지원), 제137조 (편의제공) ① (교정위원 전용대기실 설치) ② (수용자 교정교화에 필요한 종교지도에 상담실 등의 시설 이용).

98 〈분류센터 운영지침〉(시행 2016.9.5. 법무부예규 제1127호, 2016.9.1. 제정 / 일부개정·시행 2017.12.5. 법무부예규 제1171호) 제1조(목적), 제11조(분류센터 수용).

영에 관한 것으로 제정 당시 종교와 연관성을 보이지 않지만, 2012년 3월부터 '직업훈련 수업의 내실화를 위해 필요한 경우 소장은 종교행사를 특정요일에 집중하여 실시할 수 있다.(제24조 5항)'라는 내용이 추가되고 있다. 이 내용은 2019년 5월 개정에서도 유지되고 있다.[99]

---

99 〈수형자 직업능력개발훈련 운영지침〉(제정 1995.1.1. 법무부예규 제396호); 〈수형자 직업능력개발훈련 운영지침〉(시행 2012.3.1. 법무부예규 제991호, 2012.2.29, 일부개정) 제24조(직업훈련 실시방법); 〈수형자 직업능력개발훈련 운영지침〉(일부개정·시행 2019.5.15. 법무부예규 제1224호) 제24조(직업훈련 실시방법). 국가법령정보센터에는 제정 당시의 운영지침이 올라와있지 않다.

03
교정 정책과 종교

해방 이후 종교 관련 교정 정책의 주요 흐름으로는 정부 주도의 교정교화 영역을 점차 자원봉사활동 방식으로 민간 영역으로 확대하면서 종교계의 자발적 참여를 유도했다는 점, 교정교화에 참여할 수 있는 종교 범위를 개신교의 독점에서 불교와 천주교 등으로 확대했다는 점을 지적할 수 있다. 이러한 흐름은 종교계의 적극적인 동참으로 만들어진다. 여기서 종교계는 개신교·천주교·불교 등을 말한다.

종교 관련 교정 정책의 주요 흐름을 관통하는 핵심 정책은 외부 종교인이 직접 수용자에게 접근할 수 있는 공식적 경로인 교정위원제도이다. 이와 관련해, 정부 주도의 종교교정교화 활동을 민간 영역으로 확대할 때나 개신교가 독점하던 종교교정의 영역을 불교와 천주교로 확대할 때에도 교정위원(또는 교화위원)에 속한 종교계 인사들이 그 중심에서 활동한 역사를 확인할 수 있다.

이러한 교정위원제도의 기원은 일제강점기의 교회사(敎誨師) 제도를 제외하면, 해방 직후에 마련된 형목(刑牧 prison chaplain)제도이다. 그리고 이 형목제도는 1961년 12월부터 시작된 '종파별 교회(敎誨)제도', 1970년부터 시작된 '독지(篤志)방문위원제도', 1983년부터 시작된 '교화위원과 종교위원제도'로 각각 전환된다. 이어, 1999년부터 교육위원제도를 포함한 교정위원제도가 마련되고 있다. 이 흐름을 정리하면 다음과 같다.

〈표 19〉 교정위원제도의 흐름

형목	→	종파별 교회(敎誨) 제도	→	독지(篤志)방문 위원제도	→	교화위원과 종교위원제도	→	교정위원 제도
1946년경		1961년 12월		1970년		1983년		1999년

형목제도에서 시작해 교정위원제도에 이르기까지의 정책적 변화 내용을 정리해보면 다음과 같다. 첫째, 형목제도는 학계 논의에서 도입 시기가 불분명하지만, 해방 직후인 1946년경에 시작된 것으로 보인다. 다만, 해방 직후 형목제도가 가능했던 법적 근거를 확인하기는 어렵다. 오히려 1950년 3월에 제정된 〈행형법〉 제30조에 '수형자의 인격도야와 개과천선을 촉진시키기 위해 교회(敎誨)를 행한다'라는 정도의 내용이 있을 뿐이다. 교회라는 것이 형목에 의해서만 이루어지는 것이 아니라는 점을 고려하면, 이 조문도 명확하게 형목제도에 관한 근거라고 보기는 어렵다. 이는 형목제도가 당시 법적 근거 없는 정책적 판단으로 시작되었다는 점을 시사한다.

흥미로운 부분은 형목제도 시행 이전인 해방 직후에 개신교계가 보인 움직임이다. 개신교계는 형목제도 시행 이전인 1945년 11월에 정동제일감리교회에서 조선기독교남부대회를 개최한 바 있는데, 이 대회에서 '형무소에 목사를 파견 전도한다'는 내용을 결의한다.[100] 게다

---

100 유동식, 『한국감리교회의 역사, 1884-1992』, 기독교대한감리회, 1994, 700쪽(『기독교공보』, 1946.1.17, 2쪽.). 당시 남부대회에서는 대한민국 임시정부를 절대 지지한다는 내용과 함께 종전 기독교 계통의 학교를 기독교계로 환원하면서 성경을 정

가 형무소 선교에 대한 개신교계의 관심은 미군정이 8명의 종교단체 대표자들로 중앙협의회(National Central Council)를 구성한 후 서울형무소 에서 처음으로 일요일의 종교 예배를 진행하는 것으로, 그리고 이와 유사한 예배를 1945년 12월 16일 대구와 대전에서 진행하는 것으로 연결된다. 그리고 이러한 움직임은 형무소에 이른 바 '형무소 목사'를 두는 것으로 제도화된다.[101]

해방 이후부터 1960년까지 여러 자료들을 보면 개신교가 형목제도 를 독점했다는 사실과 그 내용을 확인할 수 있다. 이와 관련된 자료를 보면, 1946년 미군정에서 최초로 목사 4명(권연호,[102] 박상조, 이명제,[103] 임 춘성)이 '형무소 목사'로 임명받아 선교를 시작한다.[104] 그 외에 1946년

과로 편입토록 교섭한다는 내용, 중앙방송국에 교섭해 일요강화를 한다는 내용, 형무소에 목사를 파견 전도한다는 내용 등 19가지를 결의한다.

101 한국사DB 미군정기자료 주한미군사(http://db.history.go.kr/id/husa_003r_0050_ 0110, 접속 2019.11.30.). 이 자료에는 1946년 5월 6일과 7일에 형무소장과 '형무소 목사' 간의 회합이 개최되어 형무소 수감자들의 문맹률 감소와 갱생 문제에 대처 할 교육 계획이 제기'되었다는 내용, 1947년에 이르는 동안 간수훈련학교 체계가 형무소 조건의 향상을 가져왔는데 조사 담당 연락장교, 형무소장, '형무소 목사', 그리고 간수가 함께 한 회의의 효과가 유익했다는 내용 등이 보인다.

102 창신교회(http://www.changshinchurch.com/index.html, 접속:2019.11.30, '교회 연혁'). 권연호(權蓮鎬) 목사는 서울 숭동교회 김대현 장로의 회갑기념으로 1936 년에 창립된 창신교회의 하태수 목사(1937년 3월 하태수 전도사 부임, 1943년 초 대 목사, 1946년 3월 사임) 후임으로 1946년 5월에 부임해 1950년 대한예수교장로 회(합동측) 총회장 당선 등을 거쳐 1969년 7월에 원로목사가 된 인물이다.

103 이명제(李明濟)는 감리교 목사이다. 1934년 기사에 따르면 이명제(李明濟)는 경성 지방감리사가 된다(「監理教 第四回 = 中部年會 終幕」, 『동아일보』, 1934.3.22, 2면). 그리고 대전형무소에 근무하다가 한국전쟁 시기에 UN군 북진에 따라 북한에 파 견되기도 한다(「中共軍 撤收 歸國」, 『경향신문』, 1952.8.2, 1면; 「强制 募兵도 中止」, 『경향신문』, 1952.8.6, 2면.).

104 이근섭, 「교도소 선교」, 『새가정』 205, 새가정사, 1972.7, 54쪽. 이 자료는 1961년 5· 16군사정변 이후에 작성되어 그 이전의 명칭인 '형무소'를 '교도소'로 표현하지 만, 필자는 시기를 고려해 '형무소'로 표기한다. 〈형무소직제〉(제정·시행 1950.3. 18. 대통령령 제289호)에 따르면, 1950년 당시 형무소에는 필요 시 구치과를 두었 지만, 대체로 교무과를 포함해 6개 과(서무과·계호과·작업과·용도과·의무과·교 무과)를 두었고, 이 가운데 교무과장은 '교회사 또는 교사' 중에서 임명할 수 있었

부터 목사 김창덕(金昌德)이 광주형무소 교무과장으로 있었다는 내용도 보인다.[105] 1947년 2월 기사에 '서울형무소 교무과 교사 강영신(姜英信) 목사'라고 소개하는 내용도 보인다.[106]

이러한 내용에 근거하면, 형목제도는 미군정기에 이미 정착된 것으로 보인다. 비록 선행연구에 '1948년 8월 정부수립 후에 각 형무소에 목사가 임명되어 교무과 과장직을 담당했고, 당시 NCC도 교도소 선교를 위해 형목에 적극 협조했다'는 내용이 보이지만,[107] 선행연구의 내용은, 앞서 서술했듯이, 목사 김창덕이 정부수립 이전부터 광주형무소 교무과장을 맡았다는 점을 고려하면 정부수립 후에 형목을 교무과장으로 두는 경향이 강해졌다는 지적으로 볼 수 있다. 이 부분은 정

다(제5조). 당시 형무소 공무원에는 '교회사'와 '교사'가 배치되어 있었다(제2조).

105 대한민국건국십년지간행회, 『대한민국건국십년지』, 건국기념사업회, 1956(단기 4289), 996쪽에 따르면, 김창덕은 단기4224년 생으로, 평양장로회신학교를 졸업하고 단기4262년 만주전도목사로 파송된 인물로, 단기4279년 광주형무소 교무과장을 거쳐 단기4284년 법무부 형정국 교화보건과장으로 있던 인물이다. 이와 관련해, 한국사DB 한국근현대인물자료(http://db.history.go.kr/id/im_101_21727, 접속: 2019.11.30.)에 관련 내용이 있다. 또한 한국사DB 한국근현대인물자료(http://db.history.go.kr/id/im_108_30626, 접속: 2019.11.30.)에는 평양신학교를 졸업한 목사 윤주한(尹柱漢, 1890-)이 1954년 11월 30일 현재 부산형무소 교무과장으로 재직 중이라는 내용도 보인다. 김창덕(1891-)의 경우에는 1954년 11월 30일 현재 법무부 형정국(刑政局) 교화보건과장(敎化保健課長, 법무부 서기관)이다(『대한연감 4288년판』, 626쪽.). 한편, "문소재에서-교도소 선교』, 『기독신문』, 2012.12.23.'에 따르면, 해방 후 목사 권연호(權蓮鎬) 등이 미군정과 형무소 선교를 협의한 것이 크게 빛을 보지 못하다가 1948년 목사 김창덕(金昌德)이 서울형무소에 위촉 형목이 되면서 교도소 선교의 정식 출범이 이뤄졌다는 내용도 있다. 이에 따르면, 그 후 김창덕이 법무부 형정국 교학과장이 되고 서울형무소 초대 교무과장에 목사 유상봉(俞相鳳), 제2대에 목사 하태수(河太守, 서울 창신교회, 형무소 교화를 위한 업무교육 13기), 제3대에 목사 김은석(金恩錫)이 취임했다고 한다. 그리고 장면정부 시기에 이 제도가 폐지되지만 그 후 다시 위촉 형목으로 목사 허완이 취임했고, 1967년에 목사 이근섭, 1976년에 목사 김수진, 1978년에 목사 김준영(金俊永)이 위촉되었다고 한다. 또한 1976년 8월 용인 낙원수양관에서 초교파적으로 교도소선교회(초대회장: 김은석)를 조직했다고 한다.

106 「孤獨한 異國 女性에 따뜻한 救護의 손길」, 『경향신문』, 1947.2.8, 2면.

107 이근섭, 앞의 글, 1972, 54쪽.

부수립 직전인 1948년 5월 당시, 국립 형무소의 관리직 종사자에 '형무소 목사'가 포함되어 있었다는 자료[108]에서도 확인할 수 있다.

　정부수립 후 수형자의 교화 문제는 중요한 이슈였던 것으로 보인다. 이 부분은 정부수립 후 1949년 6월에 법무부가 처음으로 개최한 '전국 형무소장회의'의 첫 번째 안건이 '수형자의 교화방침'이었다는 점에서 짐작할 수 있다.[109] 그리고 이러한 관심 속에서 형목들은 종파 교회제도(宗派敎誨制度)가 시행된 1961년 12월 이전까지 형무소 교화 영역을 전담해 여러 방식의 활동을 전개한다.

　형목들의 교화 방식과 관련해, 우선, 해방 직후부터 1950년대 이전까지의 경우를 보면, 형무소에서 진행한 교화 방식은, 광주형무소의 경우처럼 정서교육을 한 사례도 있지만, 대체로 '목사가 설교를 하고 동시에 한글을 가르치는 한편 명사를 초빙해 수신강연을 하는 형식'이다. 또한 목사는 형기 3분의 1을 경과한 모범수의 가출옥을 신청할 권한까지 지닌다. 이와 관련해, 목사가 신청한 모범수의 가출옥을 중앙에서 거부하면 목사가 거짓말을 한 것처럼 여겨져 목사 본인은 물론 일반 죄수의 교화에 지장이 생기게 된다는 기사도 보인다.[110] 이 기사 내용은 해방 이후 1950년대 이전까지 형무소에서 목사가 교화활동을 하는 주체이자 모범수의 가출옥을 신청하는 주체이기도 했다는 점을 보여준다.

　다음으로, 1950년대 초반의 경우를 보면, 당시 형무소에서는 교화

108　한국사DB 미군정기자료 주한미군사(http://db.history.go.kr/id/husa_003r_0050_0110, 접속 2019.11.30.). 이 자료에 따르면, 당시, 국립 형무소의 관리직 종사자는 형무소장, 부소장, 간수부장, 간수부장 보조, 남성 간수와 여성 간수, 의사와 의사 보조, '형무소 목사', 산업 기술자, 작업장과 농장 지도자, 다른 직업 교사 등으로 구성되어 있었다.

109　한국교정사편찬위원회, 『한국교정사』, 법무부, 1987, 615쪽.

110　「犯罪와 各地 刑務所 實情 (完)」, 『경향신문』, 1949.8.10, 2면.

사업과 관련해 보도(保導, 보호·지도)와 전향(轉向)과 수양(修養)을 중시해 모두 스피커 장치로 훈화·음악·뉴스·기타 소식을 전하고, '목사의 훈계'를 종종 진행한다.[111] 목사가 서울형무소 교수대에 있던 사형수에게 '영생을 비는 기도'를 했다는 기사도 보인다.[112] 또한 '과거 대전형무소의 회개목사(悔改牧師)'였던 감리교 목사 이명제가 1950년 10월에 북진하던 유엔군과 함께 북한에 파견되었다는 기사도 보인다.[113]

다음으로, 한국전쟁 직후인 1950년대 중후반의 경우를 보면, 1954년에는 '부천형무소 형목이던 유상봉 목사'가 당시 경기도 부천 고척동의 형무소 인근 외곽에 12명의 교인과 천막 교회 형태로 고척교회를 시작한다.[114] 1957년에는 '교회목사이자 당시 법무부 교화과장인 김창덕(金某-필자주)의 주례로 약혼식'을 거행했다는 기사가 보인다.[115] 물론 당시 교화과장은, 법무부직제에서 종래 형정국의 교육과가 1950년부터 교화보건과, 다시 1961년 10월부터 관리과로 바뀌었다는 점을 고려하면[116] 교화보건과장이었겠지만, 법무부 관리가 교회목사'였다

---

111 「刑政 運營 □情과 保聯의 動向」, 『동아일보』, 1950.4.12, 2면. 이 기사는 '국가 정책상 중요한 지위를 차지한다는 형무소의 운영 상태와 반공전선 편성을 위한 국민보도연맹 각 지부의 운영'에 대한 시찰 내용이다.

112 「두 下手人의 最後, 金昌龍 中將 暗殺犯, 조용하게 죽어 간 宋龍高·申初湜」, 『동아일보』, 1958.5.25, 4면.

113 「中共軍 撤收 歸國, 脫出한 李牧師 目擊 報告談」, 『경향신문』, 1952.8.2, 1면. 이 기사에 따르면, 중공군의 대규모 공격으로 유엔군이 북한 철수를 개시했을 때 돌아오지 못하다가 북한에 있던 한국군 첩보자들의 도움으로 탈출해 7월에 부산에 도착한 목사 이명제(李明濟, 60세)가 대한민국정부 차관들에게 언명한 내용이다.

114 신앙세계(http://shinangsegye.org/, 접속: 2019.11.30, '봉사와 섬김으로 지역사회에 희망의 빛을 밝혀온 고척교회 조재호 목사').

115 「結婚 빙자코 蹂躪, 네 번째 犧牲된 女人 提訴」, 『경향신문』, 1957.4.2, 3면.

116 〈법무부직제〉(시행 1950.4.1. 대통령령 제307호, 1950.3.31, 폐지제정) 제8조(형정국에 형무과, 자재과 및 교화보건과를 둔다. … 교화보건과는 재소자의 교육, 교회, 보건, 식량, 형무관의 후생 및 치형협회에 관한 사항을 분장한다.); 〈법무부직제〉(일부개정·시행 1961.10.2. 각령 제177호) 제7조(① 형정국에 형무과, 계획과와 관리과를 둔다. … ⑤ 관리과는 재소자의 교육, 교회, 보건, 형무직원 및 재소자의 피

는 점은 흥미롭다. 당시 종교 관련 교정 정책을 개신교가 독점할 수 있었던 배경을 시사하기 때문이다.

또한 1958년에는 초대 농림부장관과 국회부의장을 역임하고 진보당사건과 관련해 국가보안법 위반 혐의로 체포된 조봉암이 교수대에서 입회한 목사에게 설교와 기도를 요청했다는 기사,[117] 그리고 목사 이병주(李秉周)가 1956년에 마포형무소 '교무과장'이 되었지만[118] '사직 권고'를 당했다는 기사도 보인다. 당시 마포형무소에서 과학자 출신의 재소자들이 발명품 특허권의 위임장을 '교화목사' 이병주에게 써 주었지만 문제가 생겨 사직 권고를 당했다는 내용이다.[119] 이 기사들은 당시 형목들이 법무부나 형무소의 관리직으로 수행한 역할을 보여준다.

다음으로, 1960년대 초반의 경우, 1960년에는 서울형무소의 사형 집행과 관련해 '교화목사', 1961년에는 서울형무소의 교수형 집행과 관련해 '형무소 교화목사'라는 표현이 보인다.[120] 이후 사형 집행 관련 기사가 거의 보이지 않지만, 이 기사들은 형무소에서 '교화목사'가 수행하는 역할을 시사한다. 다만, 1958년에 장성옥이 스스로를 '교회목사'와 대비해 형무목사(刑務牧師)로 표현하면서 1948년부터 10년 동안 수행한 내용을 발표한 사례도 있다.[121] 이상의 내용은 형목에 대한 명

복, 식량과 재소자에 대한 간행물에 관한 사항을 분장한다.).

117 「조용히 絞首臺의 이슬로 – 死刑囚 曹奉岩 處刑 瞬間의 모습, 設教와 祈禱를 自請, 마지막 술 한 盞」과 담배 한 대도 請하고」, 『동아일보』, 1959.8.1, 3면.

118 「人事」, 『경향신문』, 1956.2.5, 1면. 이 기사에 "人事 ▲李秉周氏(麻浦刑務所 教務課長)"이라는 내용이 있다. 人事次來社(인사차래사)

119 「붉은 벽돌담 안의 黃金夢, 두 無期囚의 發明特許權 싸고 葛藤, 委任狀 맡은 敎化牧師는 勸告辭職 / 勸告한 일 없다 權麻浦刑務所長談」, 『동아일보』, 1958.11.10, 3면.

120 「鄭·宋의 死刑執行」, 『동아일보』, 1960.2.11, 3면; 「李丁載, 申廷湜 死刑 집행」, 『경향신문』, 1961.10.20, 2면.

121 장성옥, 「刑務牧師가 하는 일은 무엇인가」, 『활천』 299, 1958, 39–43쪽. 1948년부터

칭이 '교화목사, 형무목사, 회개목사' 등 다양했다는 점을 보여준다. 동시에 이러한 명칭은 형목이 형무소에서 교화 또는 회개 활동에 초점을 맞추었다는 점을 시사한다.

둘째, 1961년 12월부터 종파교회제도(宗派敎誨制度)가 시행된다. 이 제도의 근거는 1961년 5·16군사정변[122] 직후인 1961년 12월에 전부개정된 〈행형법〉 제31조이다. 이 조문은 교회(敎誨)와 관련해, 수형자의 인격도야와 개과천선을 촉진시키기 위해 교회를 해야 한다는 내용과 함께, '수형자가 신봉하는 종파의 교의에 의한 특별교회를 청원할 때 그 종파에 위촉해 교회를 할 수 있다'는 내용이다(제31조 1항 및 2항). 이처럼 수형자가 청원하면 해당 종파에 위촉해 교회를 할 수 있다는 부분은, 당시 군사정권이 지지 기반을 확보하기 위해 불교계나 천주교계의 지지를 얻으려는 등의 이유가 있었겠지만, 1950년 3월에 제정된 〈행형법〉의 교회 관련 부분에 없었던 내용이다.[123]

이 종파교회제도는, 법무부 자료에 따르면, 신앙의 자유를 보장한 헌법정신에 따라 교도소 내에서도 자유로이 신앙생활을 계속할 수 있게 한 것이라고 한다.[124] 실제로 〈행형법〉 제31조는 수형자가 신봉하고 있는 종파의 교의에 의한 특별교회를 청원할 때 그 종파에 위촉하여

10년 동안 형무목사를 하면서 자신의 경험을 토대로 형무목사가 '성경연구반을 중심으로 한 신앙의 인도, 좌익 수형자에 대한 사상 전향, 만기 출소자 가정에 대한 통신교화'를 하고 있다는 내용이다.

122 1961년 5·16군사정변으로 구성된 군사정부는 1년 7개월간 통치하다가 1962년 12월 17일 국민투표로 개정헌법을 확정한다. 이어, 1963년 10월 대통령선거와 11월 제6대 국회의원선거를 거쳐 12월 17일 대통령 박정희가 취임해 3번째 공화헌정체제가 시작되어 1972년 10월 17일 '10월유신' 전 날까지 존속된다.

123 〈행형법(약칭: 형집행법)〉(시행 1950.3.18. 법률 제105호, 1950.3.2, 제정) 제30조-제33조; 〈행형법(약칭: 형집행법)〉(전부개정·시행 1961.12.23. 법률 제858호) 제31조(교회).

124 한국교정사편찬위원회, 『한국교정사』, 법무부, 1987, 697쪽.

교회를 실시할 수 있다는 내용이기 때문에 '종파교회', 즉 해당 종파에 의한 교회를 가능하게 만들어 그 이전에 비해 수용자에게 종교의 자유를 보장해주는 측면이 있었을 것으로 보인다.

주목할 부분은 종파교회제도를 군사정부가 기획한 것이 아니라는 점이다. 그 근거로, 1960년 4·19학생의거로 정권이 바뀌자 종래 목사로 일관된 형목제도가 각 종교단체에서 파송한 자를 위촉해 교화사업을 하는 것으로 바뀌었고, 이로 인해 1961년 5·16군사정변 후에 교도소가 '하나의 종교전시장'이라는 말까지 듣게 되었다는 내용의 자료를 들 수 있다.[125] 또한 제2공화국(1960.8~1961.5) 시기에 종교의 자유가 보장된 민주국가에서 특정 종교의 성직자를 교도소 교무과장 직책에 임명해 교정사목을 전담하게 하는 것이 부당하다고 하여 폐지했다는 자료도 들 수 있다.[126] 이에 따르면, 종파교회제도에 대해서는 제2공화국이 기획했고, 군사정부가 지지 기반의 확보를 위해 이 제도를 활용했다고 정리할 수 있다.

또한 이러한 종파교회제도가 수용자의 교화에 대한 개신교의 독점 상황을 무너뜨리는 계기로 작용했다는 점에도 주목할 필요가 있다. 이 제도로 인해 개신교 외의 다른 종교들도 수용자들의 신청을 근거로 형무소 내에서 특별교회를 할 수 있게 되었기 때문이다. 이와 관련해, 법무부도 당시 종파교회제도를 시행하면서 수형자에게 신앙생활을 영위할 수 있도록 교도소 내에서 종파별 종교행사를 정기적으로 실시하게 하고 신앙심의 함양을 통해 정신적 안정과 개과천선을 촉진하려는 교정교화 상의 목적에서 종교생활을 권장했다고 한다. 그리고

---

125 이근섭, 앞의 글, 1972, 54쪽.
126 천주교 서울대교구 사회사목부 사회교정사목위원회 편, 앞의 책, 2010, 76쪽.

사회종교단체 또는 종교인들의 협조로 재소자에 대한 포교 및 신앙 생활지도가 꾸준히 추진되어 매년 신자수가 증가했고, 교화상 효과도 컸다고 한다. 실제로 1971년 수형자(22,307명)의 종교 비율을 보면, 개신교 14.9%(3,324명), 불교 9.6%(2,142명), 천주교 8.9%(1,985명), 기타 3.3%(736명), 그리고 무종교 63.3%(14,120명)이다.[127]

그렇다면 개신교가 독점하던 종래의 형목제도는 종파교회제도가 신설된 이후에 없어진 것일까? 이와 관련해, 형목제도가 1960년대 이후 정교분리 원칙에 의해 폐지되었다는 내용의 자료가 있다.[128] 또한 1961년에 군사정부가 목사의 교무과장 보직법령을 폐기하고 일반 교정직원을 임명했다는 내용의 자료도 있다.[129]

---

127 한국교정사편찬위원회, 앞의 책, 1987, 728-729쪽(1955-1971『형무요람』, 『법무연보』). 무종교인의 비율을 보면 55년 69.5%(10,292명), 57년 73.88%, 61년 73.24%, 62년 69.86%, 63년 61%, 66년 64.39%, 67년 67.6%, 69년 55.90%, 71년 63.3%이다 (같은 책, 729쪽.).

128 유용원, 앞의 박사논문, 2017, 60쪽. 이에 따르면, 우리나라는 미국, 유럽의 교목(교회사)제도를 '형목'으로 칭해 1950년대까지 시행했지만 1960년대 이후 정교분리의 원칙에 의해 폐지되었다고 한다.

129 「예수는 죄인의 친구 돼 주셨다. 기도·사랑으로 보듬을 이웃, '갇힌 자의 빛'이 된 한국교회 교정선교」, 『국민일보』, 2018.3.2. 한편, 이 기사는 '교정선교' 관련 단체와 활동을 11개 사례로 제시한다. ① 기독교세진회(世進會)는 교도소 행사지원과 교도관 영성 강화를 위한 사명자 세미나, 큐티집과 큰글씨 성경보내기, 세진음악회, 수용자의 사회 적응을 돕는 '희망등대 프로젝트' 등을 운영한다. ② 새생명운동본부는 도서와 TV 기증, 교도소수련회, 안과진료, 매년 교도관 부부 세미나의 진행과 모범 교정공무원 시상 등을 한다. ③ 담안선교회는 쉼터를 제공하고 공장을 세워 출소자의 자립을 돕는다. ④ 우물가선교회는 수용자에게 영치금을 넣어주고 출소자에게 일자리를 찾아준다. ⑤ 아동복지실천회 세움은 수용자 자녀에게 장학금을 전달한다. ⑥ 한국교회가 연합해 2010년 문을 연 소망교도소는 〈민영교도소 등의 설치·운영에 관한 법률?에 따라 재복역률(출소 후 3년 이내에 다시 교도소에 수용되는 비율) 5% 이내를 목표로 기독교 신앙에 입각한 교정프로그램을 진행한다. ⑦ 두란노아버지학교는 수용자의 아이나 가족과 주고받은 편지를 낭독하거나 세족식 등을 한다. ⑧ 법무부 교정기독선교연합회는 기독교도관으로 구성되어, 순회예배를 드리고 매년 찬양 페스티벌을 연다. ⑨ 한국교정선교회는 퇴직 기독교도관을 중심으로 설립되어, 사도상 시상과 함께 수용자 간증 수기공모 및 발간, 자선음악회를 연다. ⑩ 의정부예화교회는 교인 대부분이 출소자이고 나머지가 그 가

그렇지만 종파교회제도의 신설로 인해 곧바로 형목이 없어졌다고
보기는 쉽지 않다. 이와 관련해, 1970년대 말까지도 구치소에 형목이
라는 명칭이 사용된다.[130] 또한 종파교회제도가 시행된 이후에도 그
전에 교무과장으로 있던 목사들의 위치는 유지된다. 이러한 목사들은
이미 공무원 신분이었기 때문이다. 이러한 점을 고려하면, 종파교회
제도가 시행된 이후에도 종래의 형목제도로 인해 만들어진 형목의 문
화는 지속되었다고 볼 수 있다.

이러한 맥락을 고려한다면, 1961년 12월의 〈행형법〉 제31조를 근거
로 한 종파교회제도는 '수용자가 믿는 종파에 위촉한 특별교회를 가
능하게 만든 장치'였을 뿐, 형목제도 자체를 대체한 제도로 보기는 어
렵다. 당시 형무소에서 형목을 유지해도 수용자가 불교나 천주교에
의한 특별교회를 신청했다면 형무소 소장은 불교계 종단이나 천주교
에 위촉해 특별교회를 실시할 수 있었기 때문이다. 물론 개신교가 형
목제도를 통해 해방 직후부터 약 16년 동안 독점하던 수용자의 교화
영역이 1961년 12월에 신설된 종파교회제도로 인해 다른 종교에까지
개방되었다는 점은 부인할 수 없다.[131] 그럼에도 불구하고, 수용자의

족과 교정선교에 관심을 가진 이들인데, 매년 교도소에서 두 차례 부흥회를 연다.
⑪여의도순복음교회 교정복지선교회는 교도소 예배지원, 주일에 기독교 서적이
나 잡지, 신문 등의 우편발송 작업을 한다. 아울러, 교정선교 활성화를 위해 교정선
교 사역자를 육성하고 총회와 노회, 교회에 교정선교위원회와 후원회를 조직하는
것을 대안으로 꼽고, 법교단 교정선교연합기구 설립, 노회별 전담교역자 파송도
방안으로 제시한다.

130 「인터뷰 刑牧手記, 『서쪽하늘…』 펴낸 金守珍 목사, '그들을 방관했던 우리들 모두
의 참회기록'」, 『경향신문』, 1982.7.8, 11면. 78년 「枯木에 샘물이 흐르고」라는 신앙
고백수기를 펴낸 전 서울구치소 형목 김수진 목사(48, 부평대광교회)가 1976년부
터 만 2년동안 서울구치소 형목생활에서 겪었던 사형수들의 이야기를 『서쪽하늘
에 햇살이 쏟아지고』에 담아 펴냈다는 내용이다.

131 강인철, 『한국기독교회와 국가·시민사회, 1945-1960』, 한국기독교역사연구소,
2003, 187쪽; 양현혜, 『근대 한·일관계사 속의 기독교』, 이화여자대학교출판부,

교화 영역은 종파교회제도 이후에 개신교 독점 체제에서 다소 벗어났을 뿐 개신교의 영향력이 강하게 작동하던 영역이었다는 점도 부인하기 어렵다.

한편, 1961년 12월에 전부개정된 〈행형법〉의 의미는 '형벌'에서 '교도'로 일부 전환되었다는 부분에서도 찾아볼 수 있다. 당시 〈행형법〉 개정 취지에는, 종래 통감부 시기의 감옥관제를 계승한 〈조선총독부 감옥관제〉 폐지와 그 대체 규정을 〈행형법〉에 포함하면서, '응보형주의의 유물인 형무소라는 명칭을 현행법의 교도주의이념에 맞추어 교도소로 변경하여 민주행형을 기한다'라는 부분이 명시된다. 그리고 구치소를 설치해 종래 형무소에 수용하던 형사피의자와 형사피고인을 수용처우하게 하고, 개과의 정상이 현저하고 행장이 우수한 수형자에게 3주일 이내의 귀휴(歸休)를 허가해 무모한 도주를 방지할 목적으로 귀휴제도를 창설한다.[132] 이로 인해, 비록 1949년에 제정·시행된 〈형무소설치에 관한 건〉이 2019년 1월에야 폐지되었지만,[133] 1961년 12월부터 형벌에 초점을 둔 명칭(형무소·소년형무소·형무관 등)이 교도에

2009, 382쪽. 양현혜는 형목제도가 1960년 4·19로 인해 폐지되었다고 해, 강인철의 주장과 다소 시차가 보인다.

132 〈조선총독부감옥관제〉(타법폐지·시행 1961.12.23. 법률 제858호). 제정·개정 이유 참조. 이에 따르면, 단기4242년 10월 18일 勅令 第243號 조선총독부감옥관제는 이를 폐지한다. 부칙에 따르면, 본법시행 당시의 교도소, 소년교도소는 본법에 의하여 설치된 것으로 간주한다. 그리고 본법시행 당시의 타법령 중의 형무소, 소년형무소 및 형무관은 본법에 의한 교도소, 소년교도소 및 교도관으로 각각 설치, 개정된 것으로 간주한다.

133 〈형무소설치에 관한 건〉(제정·시행 1949.10.27. 대통령령 제207호 / 타법폐지·시행 2019.1.29. 대통령령 제29507호); 〈실효법령 정비를 위한 252개 대통령령 폐지령〉(일괄폐지·시행 2019.1.29. 대통령령 제29507호)에 따르면, 그 동안 명시적 폐지 절차를 거치지 않았으나 사실상 실효된 법령들을 정리해 법령정보를 현행화하고 국민에게 정확한 법령정보를 제공할 수 있도록 252개의 대통령령을 일괄 폐지하는 과정이다.

초점을 둔 명칭(교도소·소년교도소·교도관 등)으로 바뀌게 된다.

　이어, 군사정부는 1962년 6월부터 〈재소자교화대책위원회규정〉을 제정해 법무부장관 소속으로 중앙교화대책위원회(위원장·부위원장 각 1인, 위원 8인~10인)를, 교도소장 및 소년교도소장 소속으로 지방교화대책위원회(위원장 1인, 위원 10인~12인)를, 국방부장관 소속으로 군중앙교화대책위원회를, 군교도소장 소속으로 군교도소교화대책위원회를 둔다. 당시 이 위원회들의 심의·건의 사항을 보면, 중앙교화대책위원회에 '종교별 포교에 관한 사항', 지방교화대책위원회에 '종교별 교회의 시행에 관한 사항'이 포함되는데, 군중앙교화대책위원회와 군교도소교화대책위원회도 이 규정을 준용한다.[134] 이러한 내용은 1968년 9월의 규정 폐지 시까지[135] 6년 동안 지속된다. 이 규정에서 주목할 부분은 '종교별'이라는 표현이다. 이러한 표현은 더 이상 개신교가 수용자의 교화 영역을 독점할 수 없었던 상황을 시사하기 때문이다.

　한편, 1961년 귀휴제도와 관련해서는 1962년에 〈귀휴시행규칙〉이 제정된다. 이 규칙의 제3조를 보면, 귀휴심사위원회가 〈행형법〉 제44조 제3항에 의한 귀휴를 허가하거나 심사대상자의 신원관계를 심사할 때 두 번째 심사 항목에 '사상 및 신앙' 부분을 포함시킨다. 이 항목은 2008년 12월에 〈귀휴시행규칙〉이 폐지될 때까지 약 45년 이상 유지

---

134 〈재소자교화대책위원회규정〉(제정·시행 1962.6.12. 각령 제805호 / 타법폐지·시행 1968.9.11. 대통령령 제3574호) 제1조~제3조, 제9조~제12조. 당시 교화대책위원회 설치 목적은 재소자의 교정 및 교화에 관한 사항에 관한 건의와 법무부장관과 교도소장 및 소년교도소장의 자문에 응하게 하는 데에 있다. 중앙교화대책위원회 심의·건의 사항은 '1. 총집교회의 시행에 관한 사항, 2. 종교별 포교에 관한 사항, 3. 기타재소자의 교정 및 교화에 관한 사항'이고, 지방교화대책위원회 심의·건의 사항은 '1. 종교별 교회의 시행에 관한 사항, 2. 교회를 할 인사의 초빙에 관한 사항, 3. 기타 재소자의 교정 및 교화의 시행에 관한 사항'이다.

135 〈각종 위원회의 정비에 관한 건〉(일괄개정·시행 1968.9.11. 대통령령 제3574호).

되는데,[136] 이 부분은 1962년부터 2008년까지 수용자의 교화 영역에서 '신앙'이 강조되었다는 점을 시사한다.

이 종파교회제도와 관련해 주목할 부분은 개신교계가 1960년대 중후반에 보여준 움직임이다. 개신교계는, 1966년 5월 서울시경에 경목제도가 생겨 16명이 위촉 발령을 받은 후,[137] 동년 여름에 연합신학대학에서 특수사회(特殊社會)전도자 실무자대회를 개최한다. 그리고 이 대회에서는 '경목(警牧)·형목(刑牧)·교목(校牧)·윤락여성지도목사·근로자지도목사·산업전도목사' 등 30여 명이 모여 '사회 자체를 전도교구'라는 주제로 심포지엄을 개최한다.[138] 이러한 움직임에서 확인할 수 있는 부분은 종파교회제도 이후에도 개신교계에서 '형목'이라는 표현이 사용되었다는 점이다.

셋째, 1971년부터 '독지(篤志)방문위원제도' 또는 독지방문제가 시행된다. 이 제도는 1970년 말에 도입이 결정되어 1971년부터 시행된다.[139] 이 과정을 구체적으로 보면, 법무부 교정제도심의위원회는

---

136 〈귀휴시행규칙〉(제정·시행 1962.4.27. 법무부령 제38호); 〈귀휴시행규칙〉(일부개정·시행 2004.4.3. 법무부령 제549호) 제3조(신원관계의 심사사항); 〈귀휴시행규칙〉(시행 2008.12.22. 법무부령 제655호, 2008.12.19, 타법폐지). 1962년 당시 신원관계의 심사 항목은 '1. 건강 및 정신상태, 2. 사상 및 신앙, 3. 경력 및 교육정도, 4. 작업에 있어서의 근면정도, 5. 작업상여금 및 령치금, 6. 기타 참고사항'이다. 이 규칙의 폐지는 〈형의 집행 및 수용자의 처우에 관한 법률 시행규칙〉(법무부령 제655호, 2008.12.19.) 제131조부터 제138조까지 귀휴심사위원회 관련 내용이 포함된 것에 의한다.

137 1966년 5월. 서울시경에 경목(警牧)제도가 새로 생겨 10일 경목 16명(목사 14, 신부 2)을 위촉 발령한다. 경목의 역할은 서울시경 관하 11개 경찰서유치장을 찾아다니며 설교 등으로 유치인들을 교화시키는 데에 있다(「市警에 警牧制 신설, 說敎로 留置人 敎化」, 『경향신문』, 1966.5.10, 4면).

138 「模索하는 韓国宗敎界 (3), 現代化 作業」, 『동아일보』, 1966.11.8, 5면.

139 독지(charity)는 '인정이 많고 깊은 친절한 마음'을 뜻하며, 독지방문은 이타심을 가지고 수용자들을 방문하는 것을 말한다. 독지방문위원에게는 교도소장 명의의 '독지방문 위원증'이 발급된다. 이와 관련해 법무부 공식 블로그(https://blog.naver.com/mojjustice/150184040671, 접속: 2019.7.1.) 참조.

1970년 11월 24일에 '독지방문위원제도' 실시 방안을 결정한 후, 동년 12월 19일에 민간인을 독지방문위원으로 위촉하고,[140] 1971년부터 독지방문제를 시행한다.[141] 이 독지방문제의 도입은 일본의 독지면 접위원제도의 영향을 받은 것으로 추측된다.[142] 이와 관련해, 일본의 법무성(法務省)은 이미 전후(戰後)에 영국의 교도소방문제도를 참고해 1954년부터 교정시설에서 독지면접위원(篤志面接委員)제도를 시행한 바 있다.[143]

1970년대 독지방문위원제도가 가능했던 배경으로는, 비록 해방 이후 1960년대까지 형목제도와 별개로 소수 민간인들(종교인, 독지가)이 개인 자격으로 수용자의 교화에 참여했다는 점이 지적되지만,[144] 종교계가 교정선교·포교 관련 인프라를 구축한 상황을 들 수 있다. 특히 개신교계의 경우, 해방 직후의 형목제도 당시부터 수용자의 교화 영역을 독점했다는 점을 고려하면, 이미 독지방문위원제도를 위한 인적·물적 인프라를 구축한 상황이었다고 볼 수 있다. 예를 들어, 1972

---

140 「교도소의 '빛과 소금'…4765명의 천사를 아십니까」, 『한국경제신문』, 2016.10.28.
141 정진수·김종정·박양빈·이윤호·이종택·임재표·홍남식, 『21세기 교정 비전과 처우의 선진화 방안』, 한국형사정책연구원, 2003, 114쪽. 독지방문제는 법무부 예규(교관838-1891 1970.12.19.)에 의거해 1971년부터 시행된다(같은 책, 176-177쪽.).
142 정진수·김종정·박양빈·이윤호·이종택·임재표·홍남식, 위의 책, 2003, 84쪽('독지면접위원'이라는 표현), 176쪽(독지방문제), 182-183쪽(독지방문). 독지방문제(voluntary visitor system)의 최초 시행은 1950년 초 영국과 블란서이고, 1954년에 일본에서 시행되었고, 1971년에 우리나라에서 독지방문위원제도라는 이름으로 시행되었다(같은 책, 171쪽.).
143 公益財団法人 全国篤志面接委員連盟(http://tokumen.server-shared.com/index.html, 접속: 2019.11.29.). 독지면접위원제도는 현장시설 단위로 조직이 정돈되다가 1987년(소화 62)에 전국 규모로 조직화해 각 블록에 교정 관구(管區) 독지면접위원협의회를, 전국에 전국독지면접위원연맹을 설립한다. 이어, 전국독지면접위원연맹은 1988년에 재단법인이 되고, 1993년에 '특정공익증진법인'으로 인정되었다가 2013년(평성 25)에 '공익재단법인'으로 인정을 받는다.
144 유용원, 앞의 박사논문, 2017, 61쪽; 「교도소의 '빛과 소금'…4765명의 천사를 아십니까」, 『모바일한경』, 2016.10.28.

년 10월부터 '선교극단(劇團) 가교'가 그림자극을 준비해 인천, 의정부, 춘천, 안양, 수원, 대전, 청주교도소 등 전국교도소 순회공연을 시도한 바 있는데,[145] 이러한 전국 교도소의 순회공연은 종래의 형목이 소속 교도소와 극단 사이에서 중간 역할을 수행했기에 가능했을 것으로 보인다.

천주교계의 경우에는, 1960년대 말부터 교도소 후원 활동을 하고 있었지만, 특히 1970년대부터 본격적으로 수용자의 교화 영역에 관심을 갖는다. 구체적으로, 1970년 3월부터는 서울구치소에서 '세례'와 부활미사를 집전하는 등의 활동을 개시하고, 동년 4월에는 '가톨릭 서울대교구 교도소 후원회'를 창립한다.[146] 이어, 매년 정기총회를 개최하고 1975년부터 기관지를 발간하는 등 후원회의 역할을 확대한다. 그리고 1978년에 '교도소 후원회'라는 명칭을 '교도사목후원회'로 개칭하고, 1979년에는 전국 11개교구(대구교구와 제주교구 제외)에서 45명이 모여 제1회 교도사목 실무자 세미나(분도회관)를 개최하기도 한다.[147]

1979년의 제1회 교도사목 실무자 세미나 이후에는 서울교구 외에도, 1980년 7월에 인천교구의 '천주의 섭리수녀회' 소속 수녀가 교도사목수녀로 인천소년교도소의 소년범들을 대상으로 교정교화 활동

---

145 「劇團 '가교', 全國 교도소 순회 公演, '평화의 王子', '민나 막달레나' 갖고」, 『동아일보』, 1972.10.19, 8면.
146 천주교 서울대교구 사회사목부 사회교정사목위원회 편, 앞의 책, 2010, 76-80쪽.
147 기관지의 명칭은 1975년 당시 『빛』이었다가 1976년에 『새남터』로 변경되고, 1979년에 당초의 『빛』으로 환원된다. 한편, '교도사목 후원회'라는 명칭은 '가톨릭 서울대교구 교도사목회'(1980년 2월)와 '교도사목위원회'(1995년 1월)를 거쳐 '사회교정사목위원회'(1995년 4월)로 개칭된다. 이와 관련해, 천주교 서울대교구 사회사목국 사회교정사목위원회(http://catholic-correction.co.kr/index.php?mid=history&category=1082) 참조.

을 벌이는 등,[148] 수녀회 차원의 교정교화 활동이 이루어지기도 한다. 이러한 개별적 차원의 활동은 독지방문위원제도의 시행으로 가능했을 것으로 보인다.

불교계의 경우에는 수용자의 교화 영역에 대한 종단 차원의 움직임이 다소 늦은 편이다. 대한불교조계종 사례를 보면, 1972년 1월에 대한불교조계종총무원이 교무부 사업계획을 확정하면서 '군승(軍僧)활동 체계화'와 함께 '교도소 포교 강화' 계획을 추진한다.[149] 물론 1961년 12월 이후 불교가 포함된 종파교회제도가 시행되었다는 점을 고려하면 불교계도 1971년에 독지방문위원제도가 시행될 때까지 개별적으로 약 10년 동안 수용자의 교화를 담당했다고 할 수 있다.

1971년의 독지방문위원제도 시행은 기본적으로 수용자 교화에 종교계의 역할이 필요하다는 법무부의 인식이 있어 가능했던 것으로 보인다. 그리고 당시 독지방문위원회는 교정제도심의위원회, 특수수형자 교회대책위원회, 재소자 및 원생(院生) 급식관리위원회와 함께 중요한 위원회였다고 한다.[150] 수용자 교화와 종교의 연관성에 대한 법무부의 인식은 1973년 자료에서도 확인할 수 있다. 당시 법무부가 시행한 교정교육의 주요 내용은 학과교육(學科敎育)과 통신교육, 종교교육,

---

148 「『少年犯들의 누나』, 朴南淑수녀」, 『동아일보』, 1983.2.26, 9면. 이 기사에는 인천교구의 '천주의 섭리수녀회' 소속 교도사목수녀(박남숙)가 1980년 7월에 인천소년교도소와 인연을 맺고 인천소년교도소를 출소하거나 다른 교도소로 옮겨간 소년범들에게 매일 한통씩 편지를 쓰고, 매주 4일 동안 소년교도소를 찾아가 재소생들과 어울리고, 재소생에게 의수를 달아주거나 손가락수술을 주선하는 등의 활동을 전개해 인천소년교도소에서 '소년범들의 누나'로 불리고 있다는 내용이 담겨있다.

149 「宗團조직 整備 확대, 寺·암住持 강습 強化」, 『매일경제』, 1972.1.29, 6면; 「한국佛敎 1600년(3), 세찬 現代化 물결」, 『경향신문』, 1977.5.26, 4면. 대한불교조계종에서는 2011년 1월에 '조계종 교정교화전법단'이라는 교도소와 구치소 등 교정교화시설에서 불교 포교를 책임질 전담기구가 출범한다.

150 권인호, 『행형사』, 국민서관, 1973, 436쪽.

정서교육 등이다. 이 가운데 종교교육과 관련해서는, 학과교육의 보
강책으로 강의록 및 종교적 간행물에 의한 통신교육을 실시한다. 그
리고 총집교회(總集敎誨) 이외에 종교를 통한 교정을 위해 종교단체의
각종 종파교회(宗派敎誨)를 실시한다.[151]

또한 법무부는 1970년부터 시행된 독지방문위원제도가 재소자 교
정교화에 좋은 성과를 거두는 것으로 평가해 1975년 10월 31일 독지
방문위원제도 강화방안(관리 838-25530)을 마련해 제도를 확대한다. 독
지방문위원제도 강화방안의 주요 내용은 ①독지방문위원 위촉대상
자를 정신의학자, 심리학자, 사회사업가, 교육자, 법조인, 종교인, 갱
생보호사업에 종사하는 자와 기타 학식과 경험이 풍부한 자 등으로
확대하고 위원 수를 3명 이상 10명 이내로 한다는 것, ②독지방문위원
의 면접대상자를 수형자와 사형확정자로 하고 면접을 통해 개인의 고
정(苦情)처리와 인생문제에 폭넓은 조언·지도가 이루어지도록 한다는
것, ③독지방문위원 활동에 관한 사무 일체를 교무과에서 주관하고
재소자가 독지방문위원과 면접을 희망하면 먼저 교무과장이 면접해
내용을 검토한 후 가장 적당한 독지방문위원을 선정해 면접하게 한다
는 것, ④독지방문위원제도 운영의 내실을 기하기 위해 각 교도소장
및 구치소장이 연2회 이상 모든 독지방문위원이 참석하는 연구회를
개최해 그들의 체험과 희망사항 등을 토의하게 하고, 이들을 재소자
교육강사로 활용하고 재소자와의 자매결연을 적극 권장한다는 것, 그
리고 ⑤재소자 체육대회, 각종 교육·교화행사 등 교도소 내 행사에 독
지방문위원을 참석시켜 교정교화 업무의 참여범위를 넓힌다는 것 등

---

151 권인호, 위의 책, 1973, 458쪽. 학과교육을 위해서는 수형자 교육과정을 제정해 초
등교육과정으로 공민과(公民科)와 교양과(敎養科)를 두고, 인천소년교도소에 중
고등교육과정으로 중등과와 고등과를 설치해 운영한다.

이다.[152]

게다가 수용자 교화와 종교의 연계성에 대한 법무부의 인식은 1960
년대부터 이미 '1인 1교의 신봉'을 주요 교화사업의 하나로 추진했다
는 데에서도 확인할 수 있다. 법무부는 제4공화국(1972.12~1981.3) 시기
에도 재소자에게 신앙생활을 적극 권장했고, 종교지도를 통한 교정교
육이 범죄인에게 영적 감화에 의한 심성순화를 촉진해 재범방지에 공
헌한 바가 크다고 인식한다. 그리고 사회종교단체 또는 종교인의 교
화사업 참여를 적극 지원하고 교정시설 내에서 각 종교별 신앙활동을
보장한 결과, 매년 종교신자가 증가했고, 종교신자의 출소 후 재범률
이 일반 재소자에 비해 현저하게 낮아 교정교화에서 종교의 공헌도가
높다고 본다. 이와 관련해, 1980년 수형자(27,256명) 종교 비율은 개신교
37.2%(10,139명), 불교 25.6%(6,978명), 천주교 17.9%(4,879명), 기타 1.4%
(382명), 무종교 17.9%(4,878명)인데,[153] 이 비율은 1971년에 비해 수용자
의 무종교인 비율이 줄고, 개신교·불교·천주교인 비율이 증가했다는
것을 보여준다.

1970년대의 독지방문위원제도 시행은, 1960년대 이후의 종파교회
제도의 경우처럼, 개신교가 수용자 교화 영역을 독점했던 상황을 변
화시켰던 것으로 보인다. 이와 관련해 천주교 측 자료에 따르면, 당시
제3공화국에서 정부가 수용자들의 정신교육과 교화에 종교적인 학습
이 절대적으로 필요하다고 인식해 각 종파별로 날짜를 정해서 각 종
교단체 책임자들이 교도소 초청 형식으로 정기적인 집회를 가질 수

---

152 한국교정사편찬위원회, 앞의 책, 1987, 889-890쪽.
153 한국교정사편찬위원회, 위의 책, 1987, 887-888쪽(법무부 교정교육효과분석, 1983,
　　통계.). 무종교인 비율 변화를 보면, 71년 63.3%(14,658명), 78년 21%(6,101명), 79
　　년 17%(4,473명), 80년 17.9%(4,878명)이다(같은 책, 888쪽.).

있도록 했다는 내용이 보인다.[154]

그렇지만 개신교계에서도 1970년대의 독지방문위원제도 시행으로 인한 수용자 교화 영역에 대한 독점체제가 변화되던 상황에 대응하는 모습을 보인다. 예를 들어, 개신교계는 1976년 8월에 서울형무소 교무과장 출신 목사(김은석)을 회장으로 '교도소선교회'라는 초교파적 단체를 조직하기도 한다.[155]

또한 독지방문위원제도의 시행 이후에도 교도소나 법무부에 종래의 형목들이 있었다는 점을 고려하면 개신교 중심의 교화 풍토가 없었다고 보기는 어렵다. 이와 관련해, 1972년에는 개신교계의 교도소 선교 과제로 '제도 개선'과 함께 '당시 제도를 활용한 교도소 선교'를 지적한 자료가 있는데, 여기서 '제도 개선' 과제로는 행형제도(行刑制度, 형 집행)를 교정(矯正)·교회(敎誨) 사업 위주로 하고 교무과를 축소하기보다 확대해 형목제도를 군목제도처럼 강력한 선교활동체로 만들어야 한다는 내용이 제시된다. 그리고 '당시 제도를 활용한 선교' 과제로는 종래에 NCC가 형목에 협조하고 인선까지 담당하다가 더 이상 관여하지 않고 있어 전국 30처에 달한 수용시설과 그 안의 5만 명의 '심령'을 위해 교도소선교특별연구회라도 만들어야 한다는 내용이 제시된다.[156]

넷째, 1983년부터 '교화위원 및 종교위원제도'가 시행된다. 이 제도는 종래의 독지방문위원을 1983년 2월에 교화위원과 종교위원으로 분류해 운영한 것이다.[157] 이 제도의 배경으로는 두 가지를 지적할 수

---

154 천주교 서울대교구 사회사목부 사회교정사목위원회 편, 앞의 책, 2010, 76쪽.
155 「문소재에서-교도소 선교」, 『기독신문』, 2012.10.23.; 가스펠서브, 『교회용어사전: 행정 및 교육』, 생명의말씀사, 2013, '교도소 선교(prison ministry)' 항목.
156 이근섭, 앞의 글, 1972, 55-56쪽.
157 정진수·김종정·박양빈·이윤호·이종택·임재표·홍남식, 앞의 책, 2003, 176-177 쪽(각주 218번). 이에 따르면, '1983.2.23. 법무부 교관 839-2769'라는 문건에서 독지방문위원을 교화위원과 종교위원으로 분류한다.

있다. 하나는 1979년 10·26사태 이후 전개된 일련의 사건과 연관해 제5공화국(1981.3~1988.2)이 '국법질서와 안보태세 강화'를 강조한 것이고,[158] 다른 하나는 교정 영역을 활용해 국법질서에 도전하는 움직임을 봉쇄하겠다는 취지로 '교정의 사회화'를 강조한 것이다.

구체적으로, 이 제도의 배경과 관련해, 제5공화국 초반인 1983년 2월, 법무부는 법무행정의 중점을 국법질서에 도전하는 모든 책동과 도전을 우선적으로 봉쇄해 안보태세를 강화하는 데에 둔다. 그리고 종교인의 교정참여를 1982년의 680명(139단체)에서 1천여 명(167단체)으로 늘리고, 각 지역별로 목사·신부·승려들을 '종교지도위원'으로 위촉해 재소기간의 신앙생활을 지도하게 하고 출소 후에도 신앙생활을 계속할 수 있도록 하겠다는 '교정의 사회화'를 강조한다.[159]

이러한 맥락을 고려하면, 1980년대의 '교화위원 및 종교위원제도'는 1970년대 이후의 독지방문위원제도를 확대한 것으로 볼 수 있다. 이미 법무부는 독지방문위원제도의 효과를 인정해 1975년 10월에 독지방문위원 위촉대상자 범위를 확대하는 식으로 제도를 강화했는데, 이를 다시 종교위원과 일반 교화위원으로 구분한 것이다. 기존의 독

---

158 1970년대 말에 정권에 위협 상황이 전개된다. 1978년 동일방직사건과 함평고구마 수매사건 등 생존권 투쟁, 12월 야당(신민당)의 제10대 국회의원총선거 승리, 1979년 5월 안동교구 가톨릭농민회 오원춘 사건과 김영삼의 신민당 총재 선출, 8월 YH 사태, 9월 김영삼의 대통령 사임 요구에 따른 법원의 총재직 박탈, 10월 국회의 김영삼 국회의원직 박탈 및 부마항쟁에 따른 위수령 발동 등이 해당 사례이다. 이어, 10·26사태가 발생하고, 최규하 과도정부의 비상계엄 선포 상황에서 12월에 대통령 재가 없이 전두환·노태우 등 '하나회' 중심 신군부세력이 하극상(12·12사태)을 일으킨다. 이어, 계엄령 하에서 1980년 4월 사북(舍北)사태, 5월 전국 대학가 시위와 광주민주화운동 등을 진압한 후 5월 말에 국가보위비상대책위원회를 발족해 9월에 전두환이 제11대 대통령으로 취임하고 10월에 헌법을 개정한다. 이어, 전두환이 1981년 민주정의당 총재가 되어 2월에 제12대 대통령에 당선되고 3월에 취임하면서 제5공화국이 출범한다.
159 「法務部 업무 報告 요지」, 『동아일보』, 1983.2.3, 10면; 「法務部 업무보고, 過失犯 수용 '開放교도소' 만든다」, 『경향신문』, 1983.2.3, 7면.

지방문위원들을 종교위원과 교화위원으로 양분한 것은 종교위원들의 수가 적지 않다는 것을, 동시에 종교위원들의 수를 늘리겠다는 법무부의 의지를 시사한다.

실제로 종래 독지방문위원 가운데 교화위원보다 종교위원 수가 많았다는 것은 1990년대 종교위원 수를 통해 유추할 수 있다. 이와 관련해, 1995년 12월 말 현재 다양한 분야에서 위촉된 교화위원 수는 1,736명(교육 175, 법조 56, 실업 926, 사회사업 161, 의사 128, 공무원 31, 기타 259)인데, 종교위원 수는 1,323명(개신교 642, 불교 422, 천주교 255, 기타 4)으로 나타난다.[160]

아울러, 1990년대에도 법무부는 교정교화에서 종교의 역할이 중요하다고 인식한다. 이와 관련해, 1996년 자료를 보면, 법무부가 인식했던 교회의 목표, 내용, 종류, 그리고 교화위원제도의 유래와 내용과 교도소별 교화협의회 등을 확인할 수 있다. 이에 대한 내용은 다소 길지만 아래의 인용문에서 확인할 수 있다.

> ① 교정시설의 교회(敎誨)는 수형자에 대한 삶의 지표를 진실한 삶에 두기 위한 것이다. ② 그 내용은 수형자의 도덕성 회복, 사회성 배양, 건전한 인격 형성, 그리고 '영적 감화를 통한 심성 순화와 범죄성 제거'이다. ③ 교회의 종류는 내용에 따라 '종교교회와 일반교회'로, 방법에 따라 '총집교회와 개인교회'로 분류되고, 특수교회로 조상(弔喪)교회·의식(儀式)교회·관전(棺前)교회가 있다. 총집교회는 다수의 수형자를 일정한 장소에 집합시켜 기관장이 훈화하거나 통일전문위원, 종교·교화위원 등 저명인사를 초빙해 월1회 이상 주로 일요일에 실시한다. 종교교회는 각 종교별 신자들이 모여 종파의 의식에

---

160 이훈규·이정규, 앞의 책, 1996, 92쪽; 법무부, 『한국의 교정행정』, 법무부, 1996, 56쪽(교화위원 현황), 59쪽(종교위원 현황).

따라 주1회 이상 평일에 실시하며 우량수 등은 사회견학을 겸한 종교시설을 방문해 예배의식에 참여하기도 한다. 개인교회는 주로 사형수·무기수·징벌자·특정강력범·환자 등 문제수형자를 중심으로 이들의 정신감화나 심적 안정을 위하여 복지담당관, 교화·종교위원 및 대학교수 등 외부 전문 카운슬러를 초빙해 실시한다. 특수교회 가운데 의식교회는 사면·가석방 등 식장에서 수형자를 집합시켜 하는 교회, 관전교회는 수형자가 사망했을 때, 조상교회는 수용자의 부모·형제·처자의 부고를 받은 자에게 실시하는 교회이다. … ④ 교화위원제도는 1970년부터 외부인사의 교정참여 방법으로 시행하는 제도이다. 교화위원은 주로 정신의학자, 심리학자, 교육자, 사회사업가, 법조인, 실업인 등을, 종교위원은 목사, 승려, 신부 등 성직자를 위촉한다. ⑤ 이들은 지역사회와 교도소 간의 교량역할과 교육, 교화활동을 지원하고 있다. 교화위원의 위촉 기간은 2년이다. ⑥ 각 교도소별로 교화·종교위원으로 구성된 교화협의회를 운영하고 있다. 전체협의회를 연1회 이상 개최하고 있으며 주로 교화활동 종합계획 수립, 활동실적 등 분석평가, 협의화 운영에 관한 사항을 논의한다. 그리고 매분기 1회 이상 실무협의회를 개최하여 각 분야별 교화활동 추진과 분기별 운영계획 수립 및 실적 분석 평가도 하고 있다.[161]

무엇보다 1980년대 이후 '교화위원 및 종교위원제도'의 시행 과정에서 주목할 부분은 종래의 개신교·불교·천주교 중심의 종교교정교화 영역에 원불교까지 포함되었다는 점이다. 원불교는 1983년에 서울

---

161 이훈규·이정규, 위의 책, 1996, 90-92쪽.

교구 봉공회가 서울소년원 법회를 개설하면서부터 교정교화 영역에 참여하기 시작한다.[162] 그리고 1996년 이후 용인으로 옮긴 '은혜의집'을 거점으로 서울구치소의 남사·여사법회와 사형수법회, 고봉중학교 (옛 서울소년원)와 안양 분류심사원의 법회 등 수용자의 교정교화 활동을 전개한다.[163] 이러한 원불교의 교정교화 활동은 종래의 개신교·불교·천주교 중심의 종교교정교화 영역을 변화시킨다.

다섯째, 김대중정부(1998.2~2003.2) 시기인 1999년부터 교정위원제도가 시행된다. 이 제도는 1998년 11월에 발족된 법무부 교정위원중앙협의회가 1999년 1월부터 종래의 '교화위원과 종교위원' 외에 교육위원을 추가하면서 제도의 명칭을 교정위원제도로 통합한 것이다.[164] 이 제도 시행 이후 종래의 종교위원은 '종교분야 교정위원'으로 불리게 된다. 다만, 교정위원제도 안에서 종래의 종교위원이 수행했던 역

---

162 「교정교화협의회에 거는 기대」,『원불교신문』, 2011.11.18.; 「새몸 새맘 새삶을 위한 희망」,『한울안신문』, 2011.12.9.; 「한 중생이라도 건질 수 있다면, 나선정 교도(원불교교정교화협의회 회장, 신림교당)」,『한울안신문』, 2017.6.25. 2011년 12월 기사에 따르면, 원불교교정교화는 1983년 서울구봉공회의 서울소년원 정례법회 개설을 계기로 남원구치소, 목포교도소, 서울소년감별소, 광주소년원, 부산소년원, 서울구치소 등 전국 각지의 소년원과 교도소, 구치소 등에 차례로 정례법회를 개설하게 된다. 이어, 2001년 3월의 '서울교정교화봉사회' 결성, 2008년 4월의 '대구교정교화봉사회' 발족 등으로 전국 단위의 원불교교정교화협의회에 대한 발족 논의가 시작되어 2011년 10월에 단체등록을 마치고 출범식을 갖는다.

163 「서울교구 은혜의집」,『원불교신문』, 2000.8.25; 「서울교구 은혜의집 신축봉불」,『원불교신문』, 2005.12.2. '은혜의집'은 1990년 신림동 철거민을 위해 도시빈민교화처(교무 길광호·강해윤)로 시작된 후, 지역의 재개발이 완료되자 1996년에 용인으로 옮겨 등 수용자의 교정교화 활동을 전개한다. 1999년 길광호 교무의 열반이후 그의 뜻을 기린 박청수 교무가 용인시 원삼면의 은혜의집 터에 수도권 최초 대안중학교인 헌산중학교를 설립한다. 그리고 '은혜의집'은 원삼면 목신리 부지에 컨테이너를 두고 업무를 보다가 2005년 12월에 신축봉불을 올린다(1층 재소자 쉼터 등, 2층 법당과 생활관).

164 정진수·김종정·박양빈·이윤호·이종택·임재표·홍남식, 앞의 책, 2003, 176~177쪽. 이에 따르면, 교정위원으로 명칭이 통일된 것은 '1999.1.22. 법무부 교화61493-10 법무부 교정위원 중앙위원회 회칙' 송부에 의거 시행되었다. 이 시행은 법무부 교정위원 중앙협의회 발족(1998.11.26.)에 기인한다.

할은 거의 그대로 유지된다.

한편, 2000년대에는 1999년 12월에 민영교도소 근거조항이 삽입된 〈행형법〉 개정안과 〈민영교도소 등의 설치·운영에 관한 법률〉이 국회 본회의를 통과하면서 법무부의 민영교도소 설립 정책이 종교계의 관심을 받는다.[165] 특히 개신교계는 이미 1995년 10월에 한국기독교총 연합회 산하에 '기독교교도소 설립추진위원회'를 설치하고, 1997년 12월에 차년도 대선 관련 새정치국민회의·한나라당·국민신당의 각 정책위원회로부터 '민영종교교도소 제도' 도입 의사를 확인한 바 있다. 이어, 개신교계는 2001년 7월에 재단법인 아가페 설립 허가를 받는다.[166] 이 과정에서 원불교가 민간교도소 설립에 관심을 보이자 개신교계는 원불교 산하 사회복지법인 삼동회가 재단 설립을 추진하면 위험하다고 견제하는 인식을 보이기도 한다.[167]

결과적으로 개신교계가 2010년에 소망교도소라는 민영교도소를

---

165 「흥미 끌지못한 '민영교도소'」, 『불교신문』, 2002.2.15. 이에 따르면, 당시 민영교도소 설립에 대한 불교계의 관심이 적었다고 한다.

166 소망교도소(http://somangcorrection.org/, 소망소개→소망의역사, 접속: 2019.6. 29.). 아가페 재단은 2003년 2월에 법무부와 민영교도소 설치 운영 등 교정업무 위탁계약을 체결하고, 2005년 6월부터 약 5년간 여주교도소 시범운영 교육관에서 '기독교교도소 프로그램'을 시범운영하고, 2008년 2월에 민영교도소 건축 허가를 받고, 2010년 12월 경기도 여주군 북내면에 소망교도소를 개소한다. 한편, 소망교도소 브로셔에 따르면, 민영교도소는 정부로부터 교정업무를 위탁받은 민간단체·법인이 운영하는 교도소이며, 최초의 기독교 비영리 민영교도소는 1972년 브라질 휴마이타에서 시작된 아빠끼(APAC) 교도소이다. 소망교도소의 수용정원은 2014년부터 350명, 수용대상자는 20세-59세의 남성으로 2범 이하 형기 7년 이하 및 잔여형기 1년 이상인 수형자(조직폭력, 마약류, 공안사범 제외)이다. 직원은 2016년 10월 현재 7개과에 직원 119명이며, 정기자원봉사자는 189명(교육 158명, 의료 10명, 상담 16명, 기타 5명), 비정기자원봉사자는 2,630여 명(화요문화행사 1,055명, 목요집회 760명, 주일집회 815명)이다. 2015년 2월에 위탁계약기간 20년 갱신이 이루어진다.

167 「미리 보는 기독교교도소 설립 과정」, 『아이굿뉴스』, 2001.6.13; 「원불교, 교도소 설립 강력 추진, 제안설명회·선진국 시찰 등 움직임에 교계 비상」, 『기독신문』, 2001.9.3.

개소한다. 그렇지만 2000년 이후 원불교의 교정교화 활동에 대한 움직임을 보면, 민영교도소 설립에 대한 관심은 이어지고 있는 것으로 보인다. 이와 관련해, 원불교는 2001년 2월에 서울교구 봉공회 산하에 서울구치소 교화 전문 봉사단체로 '교정교화봉사회'가 공식 출범하고, 2008년 4월에 '대구교정교화봉사회'를 결성하는 등 교정교화 영역을 확대한다.[168] 그리고 2011년 10월에는 교정시설의 교화활동 확산에 필요한 효과적·통합적 협력을 이끌기 위해 '교정교화협의회'를 설립한 바 있다. 그리고 이 교정교화협의회는 구치소·교도소·소년보호시설 등에 대한 특수교화뿐만 아니라 민영교도소 운영 등 장기 계획을 위한 목적을 보인 바 있다.[169]

이상의 내용을 정리해보면, 해방 직후부터 개신교계는 형목(刑牧)제도로 형무소(1962년 이후 교도소)[170]에서 수용자 교화 영역을 독점한다. 그러다가 1970년 독지방문위원제도로 이러한 교화 영역이 천주교와 불교에 개방되기 시작한다. 그리고 이러한 교화 영역의 개방 추세는 1983년에 독지방문위원제도가 교화위원과 종교위원제도로 이어지고, 다시 1999년부터 교정위원제도로 정착되면서 확대된다. 그리고 1980년대 이후 원불교가 서울구치소를 시작으로 교정교화 활동을 확장하

---

168 「교정교화봉사회는?」, 『원불교신문』, 2002.7.12.; 「한 중생이라도 건질 수 있다면, 나선정 교도(원불교교정교화협의회 회장, 신림교당)」, 『한울안신문』, 2017.6.25. 2002년 기사에 따르면, 교정교화봉사회는 20여 년간 비조직적으로 서울구치소 교정교화를 보조해온 경험을 토대로 구치소와 소년원에서 교정교화 활동을 하다가 1999년(원기84년)에 순직한 은혜의집 길광호 교무에 의해 조직화되기 시작한다.
169 「교정교화협의회 설립」, 『원불교신문』, 2011.11.4. 당시 2011년 10월의 제220차 원의회상임위원회에서는 임실군노인복지관·북부노인복지관 기관 설립 승인과 함께, 원불교의 죽음 문화 확립과 새로운 교화 영역 구축을 위해 '사단법인 원불교호스피스회' 법인 설립도 승인한 바 있다.
170 〈형무소직제〉(제정·시행 1950.3.18. 대통령령 제289호); 〈형무소직제〉(타법개정·시행 1961.12.18. 각령 제309호); 〈교도소직제〉(폐지제정·시행 1962.2.27. 각령 제487호 / 타법폐지·시행 1991.2.1. 대통령령 제13279호).

면서 종래 개신교·불교·천주교 중심의 교정교화 영역은 확장된다.

이러한 과정은 국가와 종교의 제도적 연관성, 특히 교정교화의 주체로 종교가 호명되는 과정을 보여준다. 이와 관련해, 『한국교정사』에도 종교지도(宗敎指導)라는 항목에 "신앙심의 함양을 통해 정신적 안정과 개과천선을 촉진하려는 교정교화상의 목적에서 종교생활을 권장하였다."는 표현이 있다.[171] 이와 관련된 부분을 좀 더 자세히 인용하면 다음과 같다.

다. 宗敎指導

각 矯正機關에서는 在所者에 대하여 信仰生活을 적극 勸奬하였다. 宗敎指導를 통한 재소자의 矯正敎育은 범죄인에게 靈的 感化에 의한 心性醇化를 촉진하여 再犯防止에 공헌하는 바, 그 성과가 큰 것으로 나타나 1960년대부터 이미 1人1敎의 信奉을 주요 敎化事業의 하나로 추진하였다.

그리고 社會宗敎團體 또는 宗敎人의 재소자 敎化事業에의 참여를 적극 지원하고 矯正施設 내에서의 각 종교별 신앙활동을 보장하여 매년 宗敎信者를 증가하였고, 또 宗敎信者의 出所後 再犯率은 일반 재소자에 비해 현저하게 낮은 것으로 나타나 矯正敎化에 있어서 종교의 功獻度를 말해 주었다.[172]

물론 이러한 주체의 호명 현상은 일방적이라기보다 국가의 의도에 종교계의 욕망이 상호 호응한 결과이다. 이와 관련해, 개신교계가 2007년에도 군목과 경목의 경우처럼 교도소에 형목이 필요하다고 주

---

171 한국교정사편찬위원회, 『한국교정사』, 법무부, 1987, 728-729쪽.
172 한국교정사편찬위원회, 『한국교정사』, 법무부, 1987, 887-889쪽.

장했듯이,[173] 종교계는 여전히 교도소 선교의 주체가 되려는 경향의 욕망을 비치고 있다.

---

173 「군인에게 군목있듯 교도소에 형목 필요해」, 『크리스천투데이』, 2007.2.26. 교정
위원만으로는 역부족하고 곁에서 상주하는 카운슬러로 형목이 있어 적극적인 교
화를 펼칠 때 재범율이 최소화될 것이라는 주장이다. 이 주장을 한 『사형장일기』
의 저자인 문장식 목사(한국기독교사형폐지운동연합회 대표회장)는 1983년 서
울구치소 종교위원으로 사형장을 입회하기 시작한 후 재소자들의 교화를 위해 25
년 동안 활동한 인물이다.

448 VI. 종교교정 정책과 과제

04

종교교정의 현실과 쟁점

1) 종교교정의 현실

앞서 서술했듯이, 법무부든 국방부든 교정교화 영역과 관련된 제반 법규에는 종교 관련 내용들이 적지 않다. 그리고 해방 직후의 형목제 도에서 최근까지의 교정위원제도에 이르기까지 법무부가 진행한 종 교교정 정책을 보면, 해방 이후 교정교화의 역사에서 종교가 개입되 지 않은 적이 없다. 그리고 한국의 교정 당국이 교정교화 정책을 진행 하면서 해외 사례들을 참조했다는 점에서 해외의 경우에도 교정교화 영역에 종교가 개입된 역사적 현실이 존재한다는 점을 짐작할 수 있 다. 실제로 해외의 교정교화 영역에서는 'Religion in Prisons' 또는 'Religion in Corrections' 등의 표현이 흔히 사용되는데, 이 용어들은 교정교화 영역과 종교의 연관성을 시사한다.[174] 일본의 경우에는 1930 년대 이후 일반교회(一般敎誨)와 대비해 '종교교회(宗敎敎誨)'라는 용어가 사용되고 있고, 교정종교학(矯正宗敎学)이라는 분야도 있다.[175]

---

174 Luis Lugo, *Religion in Prisons: A 50-State Survey of Prison Chaplains*, Pew Research Center, 2012.

175 正木亮, 『監獄法槪論』, 東京: 淸水書店, 1930, pp.103-108; 龍谷大学(https://www.

그렇다면, 해방 이후 형목제도에 이어, 법무부가 종교교정과 관련해 시행한 1960년대의 종파교회제도, 1970년대의 독지방문위원제도, 1980년대의 교화위원 및 종교위원제도, 그리고 1999년 이후 현재까지의 교정위원제도(종교위원·교화위원·교육위원·의료위원)는 어떤 의미를 갖는가? 이는 역대 정부가 정부의 힘만으로 교정 목표(재소자의 재활과 사회 재통합)를 성공적으로 달성하기 어렵다는 인식 하에, 민간 영역의 종교계에 도움을 요청한 것이라고 볼 수 있다.[176]

2000년대 이후에도 교정교화에 종교계의 개입을 요청하는 정부의 인식은 이어지고 있다. 이와 관련해, 법무부는 2007년부터 일선 교정기관(교도소, 구치소, 개방교도소)과 지방교정청(4개)을 연결시켜 교정 영역을 총괄하는 교정본부를 두고 있는데,[177] 교정본부는 종교가 심성 순화와 마음 평정의 역할을 통해 수용자가 건전한 사회인으로 복귀하는데에 기여한다는 입장을 보이고 있다. 법무부가 수용자의 신앙지도와 심성 순화를 목표로 전국 교정시설에서 종교집회, 신앙상담, 자매결연 주선 등을 통해 수용자에게 종교활동 참여를 권장하는 주된 이유도 종교생활이 수용자의 심성 순화, 마음의 평정, 사회로의 건전한 복귀에 정신적으로 큰 영향을 미친다는 인식 때문이다.[178]

이러한 법무부의 인식은 최근까지 수용자 가운데 종교인 비율이 높은, 수용자에게 종교 관련 지식이 계속해서 전달되는, 수용자에게 종

---

ryukoku.ac.jp/, 접속 2019.12.5. 검색: 矯正宗教学). 류코쿠대학은 교토에 있는 불교계 사립대학이다.

176 고병철, 「한국 종교정책의 진단과 과제- 문화체육관광부의 종무실을 중심으로」, 『종교연구』 65, 2011, 1-34쪽.

177 법무부(http://www.moj.go.kr/); 법무부 교정본부(http://www.corrections.go.kr/).

178 법무부 교정본부, 『2009 한국의 교정행정』, 2009, 43쪽. 예를 들어, 사형 확정 후 서울구치소로 이감되면 교무과가 종교인들과 자매결연을 주선한다(「한국사형폐지운동협의회 문장식 대표 & 사형수 원언식」, 『신동아』, 2007.3.26.).

교 관련 체험 기회가 계속해서 제공되는, 그리고 교정 당국이 교정 교화 영역에 대한 종교계의 목소리를 반영하는 교정 현실로 나타난다. 이러한 교정 현실은, 일면 당연한 것처럼 보이기도 하지만, 해방 이후 정부가 진행한 종교교정 정책의 효과로 빚어진 결과이기도 하다. 『2018 교정통계연보』와 『2019 교정통계연보』 자료를 토대로 종교와 관련된 교정 현실 가운데 주요한 부분들을 정리해보면 다음과 같다.[179]

첫째, 수용자 가운데 종교인 비율이 높은 교정 현실이다. 이와 관련해, 2008년부터 2019년의 수형자 종교별 인원(교정시설 입소 당시 기준)을 보면, 다음과 같다.[180]

〈표 20〉 수형자의 종교별 인원(2008년–2019년, 단위: 건, 명)

구분 연도	계 (100%)	기독교 (개신교)	불교	천주교	기타	무종교
2008	34,128	13,210 (38.7%)	8,338 (24.4%)	5,243 (15.4%)	1,043 (3.1%)	6,294 (18.4%)
2009	34,639	13,133 (37.9%)	8,396 (24.2%)	4,736 (13.7%)	1,525 (4.4%)	6,849 (19.8%)
2010	34,418	12,898 (37.5%)	8,073 (23.5%)	4,363 (12.7%)	1,785 (5.2%)	7,299 (21.2%)
2011	32,640	12,427 (38.1%)	7,777 (23.8%)	4,146 (12.7%)	1,291 (4.0%)	6,999 (21.4%)
2012	31,420	11,649 (37.1%)	7,283 (23.2%)	4,027 (12.8%)	1,219 (3.9%)	7,242 (23.0%)

179 법무부 교정본부, 『2018 교정통계연보』, 법무부 교정본부 교정기획과, 2018, 105쪽, 54-65쪽(전체 수용 현황), 105-110쪽(종교와 문화: 종교, 도서·신문 구독, 집필), 175-176쪽(민간인의 교정참여: 종교분야 교정위원), 182-183쪽(교정자문위원); 법무부 교정본부, 『2019 교정통계연보』, 법무부 교정본부 교정기획과, 2019, 58-69쪽(전체 수용 현황), 109-114쪽(종교와 문화: 종교, 도서·신문 구독, 집필), 179-180쪽(민간인의 교정참여: 종교분야 교정위원), 186-187쪽(교정자문위원); 법무부 교정본부, 『2020 교정통계연보』, 법무부 교정본부 교정기획과, 2020, 58-69쪽(전체 수용 현황), 111-116쪽(종교와 문화: 종교, 도서·신문 구독, 집필), 180-184쪽(교정위원: 종교분야), 190-191쪽(교정자문위원).
180 법무부 교정본부, 위의 책, 2018, 105쪽; 법무부 교정본부, 위의 책, 2019, 109쪽; 법무부 교정본부, 위의 책, 2020, 111쪽.

2013	33,748	12,624 (37.4%)	8,310 (24.6%)	4,145 (12.3%)	1,247 (3.7%)	7,422 (22.0%)
2014	35,666	13,851 (38.8%)	8,795 (24.7%)	4,515 (12.7%)	1,051 (2.9%)	7,454 (20.9%)
2015	40,709	15,142 (37.2%)	10,224 (25.1%)	5,509 (13.5%)	1,392 (3.4%)	8,442 (20.8%)
2016	45,499	16,978 (37.3%)	11,228 (24.7%)	5,939 (13.0%)	1,276 (2.8%)	10,078 (22.2%)
2017	43,532	15,954 (36.7%)	10,205 (23.4%)	5,675 (13.0%)	1,732 (4.0%)	9,966 (22.9%)
2018	43,492	16,348 (37.6%)	10,367 (23.8%)	6,173 (14.2%)	1,632 (3.8%)	8,972 (20.6%)
2019	44,758	17,255 (38.6%)	10,362 (23.2%)	6,706 (15.0%)	840 (1.9%)	9,595 (21.4%)

위의 자료를 보면, 개신교인, 불교인, 천주교인의 비율 추세는 유사하지만, 수형자의 종교별 인원은 개신교인 수가 불교나 천주교의 경우보다 많다. 무종교인의 경우, 종교인 비율의 1/5 수준이지만, 그 추세가 다소 증가 경향을 보이는 것은 종교계의 교정교화 활동에 대한 강한 관심을 고려할 때 흥미로운 부분이다.

다만, 『교정통계연보』 자료의 종교별 수형자 수치는 수형 이전에 종교인이 된 경우와 수형 이후에 종교인이 된 경우를 구분한 것인지, 아니면 양자의 경우를 합친 것인지 분명하지 않다. 이와 관련해, 검찰청의 『범죄통계분석』 자료에서 2018년 범죄자의 종교(불교, 기독교, 천주교, 원불교, 천도교, 기타 종교) 통계에서 종교인 비율이 무종교인 비율보다 낮게 조사되고 있다는 점을 고려할 때,[181] 위의 수치는 양자를 합친 경우로 보인다.

---

181 통계청 코시스(http://kosis.kr/statHtml/statHtml.do?orgId=135&tblId=TX_
13501_A092). 원자료(통계표명: 범죄자 종교, 1993-2018년) 가운데 범죄자의 종
교 비율만 파악하기 위해 종교별 범죄자 종교 수치는 생략함.

<표 21> 2018년 범죄자의 종교 현황

범죄별		합계	종교		종교무		미상	
		소계	소계	%	소계	%	소계	%
합계	소계	1,749,459	351,128	20.1%	726,518	41.5%	671,813	38.4%
형법범	소계	963,276	195,834	20.3%	387,045	40.2%	380,397	39.5%
	재산범죄	427,056	88,120	20.6%	171,066	40.1%	167,870	39.3%
	강력범죄(흉악)	36,641	9,368	25.6%	19,058	52.0%	8,215	22.4%
	강력범죄(폭력)	317,876	62,875	19.8%	131,967	41.5%	123,034	38.7%
	위조범죄	18,849	2,831	15.0%	4,553	24.2%	11,465	60.8%
	공무원범죄	8,519	414	4.9%	686	8.1%	7,419	87.1%
	풍속범죄	22,560	6,395	28.3%	13,442	59.6%	2,723	12.1%
	과실범죄	10,488	2,488	23.7%	4,777	45.5%	3,223	30.7%
	기타 형법범죄	121,287	23,343	19.2%	41,496	34.2%	56,448	46.5%
특별법범	소계	786,183	155,294	19.8%	339,473	43.2%	291,416	37.1%

검찰청이 제시한 범죄자의 종교 현황을 보면, 재산범죄와 강력범죄(폭력)이 가장 높게 나타나지만 종교인 비율은 무종교인의 절반 수준이다. 그리고 전반적으로 범죄자 비율에서 종교인 비율이 비종교인 비율에 비해 낮다. 그럼에도 불구하고, 물론 범죄자 가운데 종교인 비율 자체를 낮다고 볼 수 있는지는 별개의 문제겠지만, 이러한 범죄자의 종교 비율은 교정시설 내 수용자들이 종교생활을 요구할 가능성과 동시에 교정 당국이 교정교화를 위해 종교에 거는 기대 가능성을 시사한다.

둘째, 수형자에게 종교 관련 지식이 계속해서 전달되는 교정 현실이다. 실제로, 교정시설에 비치되는 도서의 권수를 보면 종교 관련 도서 비율이 낮지 않다. 이와 관련해, 2017년 교정시설 비치도서 보유 현황(전체 408,621권)을 보면, 종교 도서 비율(7.0%)은 문학(47.4%)과 사회과학(18.2%) 다음으로 높다. 그에 비해 다른 분야의 도서 비율은 기술과학(5.9%), 역사(5.0%), 철학(3.9%), 어학(3.6%), 예술(3.4%), 총류(3.0%), 순수과학(1.7%), 아동도서(0.5%), 법률서적(0.3%), 법령집(0.0%, 171건) 순이다. 또한 2018년 교정시설 비치도서 보유 현황(전체 323,445권)은 2017년에 비해 감소했지만, 종교 도서 비율(7.0%)은 유지되고 있고, 문학(44.2%)과 사회과학(19.1%) 다음으로 높게 나타난다. 2011년부터 2019년 사이에 전체 보유 도서에서 종교 도서의 비율은 아래와 같다.[182]

〈표 22〉 교정시설 비치도서 보유 현황(2011년-2019년, 단위: 권)

	2011	2012	2013	2014	2015	2016	2017	2018	2019
총계	357,375	362,629	374,603	377,782	382,529	395,390	408,621	323,445	318,006
종교	23,205 (6.5%)	26,588 (7.3%)	27,562 (7.3%)	27,590 (7.3%)	27,366 (7.2%)	28,468 (7.2%)	28,766 (7.0%)	22,761 (7.0%)	22,332 (7.0%)

셋째, 수형자에게 종교 관련 체험 기회가 계속해서 제공되는 교정 현실이다. 이러한 교정 현실은 주로 교정위원제도와 종교분야 교정위원들이 진행하는 종교 활동을 통해 구축된다. 이 가운데 우선 교정위원제도를 보면, 교정위원은 소장의 추천과 법무부장관의 위촉을 통해 민간자원봉사자가 되어, 교정시설에서 수용자의 교화·종교·교육·의료·취업, 그 밖에 수용자 처우를 후원한다. 여기서 의료분야 교정위원은 2004년부터, 취업분야 교정위원은 2010년부터 위촉된다. 2008년부터 2019년 사이의 교정위원 위촉 현황은 다음과 같다.[183]

---

182 법무부 교정본부, 앞의 책, 2018, 106-107쪽; 법무부 교정본부, 앞의 책, 2019, 110-111쪽; 법무부 교정본부, 위의 책, 2020, 112-113쪽. 총류는 특정한 주제 없이 모든 주제를 아우르는 도서(영문학, 한문학, 백과사전, 연속간행물 등)를 말한다.
183 법무부 교정본부, 위의 책, 2018, 172-176쪽; 법무부 교정본부, 위의 책, 2019, 176쪽; 법무부 교정본부, 위의 책, 2020, 180쪽. 〈교정위원 위촉 현황〉과 〈종교분야 교정위원 종교별 인원 현황〉를 다소 변형함.

<표 23> 교정위원 위촉 현황(2008년-2019년, 단위: 명)

연도	계	교화위원	종교위원	교육위원	의료위원	취업위원
2008	4,656	2,313 (49.7%)	1,910 (41.0%)	263 (5.6%)	170 (3.7%)	-
2009	4,574	2,255 (49.3%)	1,925 (42.1%)	241 (5.3%)	153 (3.3%)	-
2010	5,220	2,232 (42.8%)	1,963 (37.6%)	248 (4.8%)	140 (2.7%)	637 (12.2%)
2011	5,069	2,070 (40.8%)	1,962 (38.7%)	225 (4.4%)	123 (2.4%)	689 (13.6%)
2012	4,915	1,971 (40.1%)	1,942 (39.5%)	218 (4.4%)	112 (2.3%)	672 (13.7%)
2013	4,833	1,915 (39.6%)	1,967 (40.7%)	211 (4.4%)	118 (2.2%)	632 (13.1%)
2014	4,692	1,780 (37.9%)	1,926 (41.1%)	246 (5.2%)	98 (2.1%)	642 (13.7%)
2015	4,706	1,804 (38.3%)	1,895 (40.3%)	275 (5.8%)	102 (2.2%)	630 (13.4%)
2016	4,766	1,791 (37.6%)	1,931 (40.5%)	315 (6.6%)	98 (2.1%)	631 (13.2%)
2017	4,832	1,847 (38.2%)	1,910 (39.5%)	329 (6.8%)	97 (2.0%)	649 (13.5%)
2018	4,777	1,812 (37.9%)	1,891 (39.6%)	328 (6.9%)	91 (1.9%)	655 (13.7%)
2019	4,592	1,702 (37.1%)	1,864 (40.6%)	333 (7.3%)	84 (1.8%)	609 (13.3%)

위의 현황 자료에서 흥미로운 부분은 교정위원 가운데 종교위원의
비율이 높다는 점이다. 기존의 교화위원과 종교위원의 비율이 각각
2004년에 49% 대 42.3%, 2005년에 49.4% 대 41.3%, 2006년에 50.1%
대 40.1%, 2007년에 49.2% 대 41%였다는 점을 고려하면,[184] 이러한 현
상은 2000년대에 일반적인 경향이었다고 할 수 있다. 게다가 종교위
원의 비율은, 비록 취업위원제도가 신설된 2010년 이후 2012년까지
하향 추세를 보였지만, 2013년부터 오히려 교화위원 비율을 초과해
가장 높은 비율을 차지하는 상황이다.

전체 교정위원의 구성을 보면, 교화분야에는 실업가·사회사업가·
교육자·법조인·공무원 등, 교육분야에는 수용자 교육과 직업훈련을
위한 전문지식과 능력을 보유한 교육자·학원강사·직업훈련강사 등

---

184 법무부 교정본부, 『2014 교정통계연보』, 법무부 교정본부 교정기획과, 2014,
180-181쪽.

이 포진된다. 의료분야에는 수용자 진료활동을 지원할 수 있는 지역
사회의 전문의료인, 취업·창업분야에는 수용자의 취업·창업 지원할
전문지식을 가진 실업가·교육자·공무원·사회사업가로 포진되어 있
으며, 대체로 교화분야의 인적 구성과 유사하다.[185] 이에 비해, 종교분
야 교정위원의 경우, 인적 구성은 목사(개신교)·승려(불교)·신부(천주교)
등이며, 교무(원불교)도 포함된다. 종교분야 교정위원의 종교별 구성
현황은 다음과 같다.[186]

〈표 24〉 종교분야 교정위원 종교별 인원 현황(2008년-2019년, 단위: 명)

연도	계(100%)	기독교	불교	천주교	기타
2008	1,910	936 (49.0%)	634 (33.2%)	316 (16.5%)	24 (1.3%)
2009	1,925	931 (48.4%)	638 (33.1%)	330 (17.1%)	26 (1.4%)
2010	1,963	949 (48.3%)	653 (33.3%)	334 (17.0%)	27 (1.4%)
2011	1,962	944 (48.1%)	653 (33.3%)	338 (17.2%)	27 (1.4%)
2012	1,942	934 (48.0%)	644 (33.2%)	335 (17.3%)	29 (1.5%)
2013	1,967	925 (47.0%)	656 (33.4%)	350 (17.8%)	36 (1.8%)
2014	1,926	900 (46.7%)	660 (34.3%)	332 (17.2%)	34 (1.8%)

185 법무부 교정본부, 앞의 책, 2018, 172-181쪽. 2017년의 경우, 교화분야 위원(총
1,847명)은 실업가 1,260명(68.2%), 사회사업가 82명(4.4%), 교육자 67명(3.6%),
법조인 47명(2.6%), 공무원 29명(1.6%), 기타 362명(19.6%)이고, 활동 현황은 수용
생활지원 4,434명, 수용자상담 1,704명, 자매결연 260명, 교화강연(회) 5명이다. 교
육분야 위원(총 329명)은 일반강사 196명(59.6%), 교수 82명(24.9%), 학원강사 27
명(8.2%), 직업훈련강사 15명(4.6%), 교사 9명(2.7%)이고, 활동 현황은 교육훈련
지도 18,003명, 교화도서기증(권) 249명, 수용생활지원 67명, 자매결연 11명이다.
의료분야 위원(총 97명)은 의사 85명(87.6%), 한의사 2명(2.1%), 약사 2명(2.1%),
기타 8명(8.2%)이고, 활동 현황은 의료지원 11,566명, 수용생활지원 68명, 자매결
연 3명이다. 취업·창업분야 위원(총 637명)은, 실업가 394명(61.9%), 교육자 60명
(9.4%), 공무원 55명(8.6%), 사회사업가 52명(8.2%), 기타 76명(11.9%)이고, 활동
현황은 취업·창업 상담 474회(수용자 3,848명), 취업·창업교육 151회(수용자
2,406명), 회의개최 107회(참석위원 838명)이다.
186 법무부 교정본부, 위의 책, 2018, 175쪽; 법무부 교정본부, 앞의 책, 2019, 179쪽; 법
무부 교정본부, 위의 책, 2020, 183쪽.

2015	1,895	892 (47.1%)	648 (34.2%)	323 (17.0%)	32 (1.7%)
2016	1,931	908 (47.0%)	657 (34.0%)	336 (17.4%)	30 (1.6%)
2017	1,910	887 (46.4%)	644 (33.7%)	351 (18.4%)	28 (1.5%)
2018	1,891	871 (46.1%)	628 (33.2%)	361 (19.1%)	31 (1.6%)
2019	1,864	874 (46.9%)	614 (32.9%)	341 (18.3%)	35 (1.9%)

종교분야 교정위원의 종교별 구성 현황을 보면, 개신교인의 비율이 압도적으로 높다는 점을 알 수 있다. 이어, 불교, 천주교, 기타 순이다. 기타에는 원불교가 포함되어 있다.[187] 이 가운데 천주교의 경우, 종교위원 비율이 2008년 이후 약간씩 높아지고 있다. 종래 천주교 종교위원의 비율이 2004년 16.9%, 2005년 16.6%, 2006년 16.4%, 2007년 16.3%였음을 고려하면,[188] 2008년 이후 증가 추세에 있다는 점을 확인할 수 있다.

다음으로, 종교분야 교정위원들이 진행하는 종교활동은 계속해서 수형자에게 종교 관련 체험 기회를 제공하는 계기가 된다. 이와 관련해, 2004년부터 2019년 사이에 종교분야 교정위원들이 진행한 활동 현황은 다음과 같다.[189]

---

187 윤종우, 「교정시설 내 상주(常住)종교위원 도입 고찰」, 『교정복지연구』 66, 한국교정복지학회, 2020, 59쪽. 윤종우는 2020년 2월 29일 기준으로 종교분야 종교위원 총수가 1,864명(기독교 874: 목사 642, 전도사 60, 신도 172 / 불교 614: 승려 370, 법사 100, 신도 144 / 천주교 341: 신부 22, 수녀수사 8, 신도 311, 원불교 34)임을 밝히면서 여호와의 증인 등 관련 자료가 누락되어 있다는 점을 지적하고 있다.
188 법무부 교정본부, 앞의 책, 2014, 183-184쪽.
189 법무부 교정본부, 위의 책, 2014, 184쪽; 법무부 교정본부, 앞의 책, 2018, 176쪽; 법무부 교정본부, 앞의 책, 2019, 180쪽; 법무부 교정본부, 위의 책, 2020, 184쪽.

<표 25> 종교분야 교정위원 활동 현황(2004년~2019년, 단위: 명)

연도	총계	교리지도	자매결연	수용생활지원	교화도서기증(권)
2004	99,172	64,649 (65.2%)	5,297 (5.3%)	25,251 (25.5%)	3,975 (4.0%)
2005	90,602	58,789 (64.9%)	3,657 (4.0%)	24,167 (26.7%)	3,989 (4.4%)
2006	82,522	50,940 (61.7%)	2,597 (3.1%)	26,076 (31.6%)	2,909 (3.5%)
2007	78,287	44,239 (56.5%)	6,605 (8.4%)	24,535 (31.3%)	2,908 (3.7%)
2008	81,045	48,150 (59.4%)	6,962 (8.6%)	24,939 (30.8%)	994 (1.2%)
2009	85,966	38,201 (44.4%)	13,428 (15.6%)	25,309 (29.4%)	9,028 (10.5%)
2010	85,464	44,678 (52.3%)	12,466 (14.6%)	24,891 (29.1%)	3,429 (4.0%)
2011	75,178	37,072 (49.3%)	9,652 (12.8%)	26,093 (34.7%)	2,361 (3.1%)
2012	71,674	39,667 (55.3%)	2,920 (4.1%)	27,305 (38.1%)	1,782 (2.5%)
2013	70,377	41,207 (58.6%)	3,989 (5.7%)	24,780 (35.2%)	401 (0.6%)
2014	67,677	39,657 (58.6%)	3,913 (5.8%)	23,767 (35.1%)	340 (0.5%)
2015	55,904	29,560 (52.9%)	3,828 (6.8%)	22,170 (39.7%)	346 (0.6%)
2016	67,612	36,876 (54.5%)	3,333 (4.9%)	23,962 (35.4%)	3,441 (5.1%)
2017	62,092	33,215 (53.5%)	3,988 (6.4%)	24,725 (39.8%)	164 (0.3%)
2018	80,759	37,085 (45.9%)	11,641 (14.4%)	28,224 (34.9%)	3,809 (4.7%)
2019	86,379	35,670 (41.3%)	12,360 (14.3%)	37,336 (43.2%)	1,013 (1.2%)

　　종교분야 교정위원들의 주요 활동은 교리지도, 자매결연, 수용생활지원, 교화도서기증(권) 등이다. 이 가운데 많은 비중을 차지하는 부분은 교리지도 활동과 수용생활지원 활동이다. 교리지도 활동의 경우, 그 건수는 2004년 이후 최근까지 점차 줄어드는 추세를 보인다. 물론 종교분야 교정위원들의 주요 활동에서 교리지도 활동이 차지하는 비중이 낮다고 보기는 어렵고, 교리지도의 질적인 내용 변화 부분도 평가하기는 어렵다. 또한 2016년의 법무연수원 자료에서 2015년의 종교분야 교정위원의 주요 활동 실적을 '종교교회, 교리지도, 자매결연, 교화도서기증'으로 구분했듯이,[190]

---

190 법무연수원,『2016 범죄백서』통권 제33호, 법무연수원, 2017, 503-505쪽(종교분야 교정위원). 법무연수원(http://www.ioj.go.kr/, 정보마당→ 연수원발간자료,

자료에 따라 교리지도와 '종교교회'가 구분되기도 한다.

넷째, 교정 당국이 교정교화 영역에 종교계의 목소리를 반영하는 교정 현실이다. 이러한 종교계의 요구 반영은 교정위원제도뿐만 아니라 교정자문위원회제도를 통해 구조적으로 이루어진다. 교정자문위원회제도는 종래 〈행형법〉의 명칭이 〈형집행법〉으로 바뀌고 전부개정이 이루어진 2008년부터 도입되었는데(법 제129조), 그 배경은 인권 보장에 대한 사회적 요구이다. 즉 교정시설이 인권의 사각지대라는 대외적 비판이 있었고, 이 비판을 극복하기 위해 교정행정에 국민 참여를 확대해 수용자의 인권을 보장한다는 내용이다. 당시 이 제도의 핵심은 순수 외부인사로 구성된 교정자문위원회(5명 이상 7명 이하)를 교정시설별로 설치해 수용자 처우 및 교정시설 운영 등에 관해 교정시설의 장에게 자문하게 한다는 내용이다.[191]

이 교정자문위원회는 수용자의 관리·교정교화 등 사무에 관한 지방교정청장의 자문에 응하기 위해 지방교정청에 설치되어 있다. 위원은 교정에 관한 학식과 경험이 풍부한 외부인사 중에서 지방교정청장의 추천을 받아 법무부장관이 위촉하고, 성별을 고려해 각각 10명 이상 15명 이하로 구성된다(제129조). 그에 비해 교정위원은 수용자의 교육·교화·의료, 그 밖에 수용자의 처우를 후원하기 위해 각 교정시설에 소속되는데, 소장의 추천을 받아 법무부장관이 위촉하는 명예직이다.(제130조). 이와 관련해, 2013년, 그리고 2016년부터 2019년 사이의

2020.2.15.)의 홈페이지는 『1984년 범죄백서』에서부터 『2018 범죄백서』에 이르는 자료가 실려 있다.

191 〈형의 집행 및 수용자의 처우에 관한 법률(약칭: 형집행법)〉(시행 2008.12.22. 법률 제8728호, 2007.12.21. 전부개정) 제129조(교정자문위원회), 제130조(교정위원); 〈형의 집행 및 수용자의 처우에 관한 법률(약칭: 형집행법)〉(시행 2019.10.24. 법률 제16345호, 2019.4.23. 일부개정) 제129조(교정자문위원회), 제130조(교정위원).

교정자문위원 현황을 보면, 다음과 같다.[192] 이 현황을 보면, 교정자문위원의 직업별 현황을 보면 종교계 자문위원 비율은 약 4~5% 정도를 차지해 높지 않은 편이다.

〈표 26〉 교정자문위원 직업별 인원 현황(2013년, 2016-2019년, 단위: 명, 괄호: %)

연도	계	교육계	법조계	종교계	의료계	시민사회	지역경제	언론계	공무원	기타
2013	317	79 (24.9)	41 (12.9)	**16 (5.0)**	5 (1.6)	37 (11.7)	-	6 (1.9)	6 (1.9)	127 (40.0)
...	...	...	...	...	...	...	...	...	...	...
2016	326	102 (31.3)	44 (13.5)	**15 (4.6)**	9 (2.7)	60 (18.4)	50 (15.4)			46 (14.1)
2017	326	83 (25.5)	40 (12.3)	**14 (4.3)**	10 (3.1)	83 (25.5)	50 (15.3)			46 (14.1)
2018	325	97 (29.8)	41 (12.6)	**14 (4.3)**	12 (3.7)	70 (21.5)	45 (13.8)			46 (14.2)
2019	60	22 (36.7)	12 (20.0)	**3 (5.0)**	-	8 (13.3)	8 (13.3)			7 (11.7)

이상의 내용을 보면, 교정교화 정책과 종교의 연관성은 낮다고 보기 어렵다. 앞으로도 수형자 가운데 종교인 비율이 높은 상황, 교정시설에 비치되는 종교 관련 도서 등을 통해 수형자에게 종교 관련 지식이 계속해서 전달되는 상황, 교정위원제도와 종교분야 교정위원의 종교 활동을 통해 수형자에게 종교 관련 체험 기회가 계속해서 제공되는 상황, 그리고 교정위원제도뿐만 아니라 교정자문위원회제도를 통

---

192 법무부 교정본부, 앞의 책, 2014, 190-191쪽; 법무부 교정본부, 앞의 책, 2018, 182쪽; 법무부 교정본부, 앞의 책, 2019, 186-187쪽; 법무부 교정본부, 위의 책, 2020, 191쪽. 이 표에서 '지역경제'는 실업가·자영업자 등을 말하고 '기타'는 퇴직 공무원·예체능인 등을 나타낸다.

해 구조적으로 교정 당국이 교정교화 영역에 종교계의 목소리를 반영하는 상황 등이 지속되는 한, 교정교화 영역과 종교의 연관성도 지속될 것으로 보인다.

2) 종교교정의 쟁점

한국에서 교정 영역과 종교의 연관성으로 구축된 종교교정의 현실은 교정교화를 위해 국가가 종교를 활용하려는 욕망과 교정교화 영역에 참여하려는 종교계의 욕망이 결합된 산물이다. 앞서 지적했듯이, 이처럼 국가와 종교의 욕망이 결합되는 현상은 국가가 교정 정책으로 추진한 해방 이후의 형목제도, 1960년대의 종파교회제도, 1970년대의 독지방문위원제도, 1980년대의 교화위원 및 종교위원제도, 1999년 이후의 교정위원제도(종교위원·교화위원·교육위원·의료위원), 1995년 이후 민영교도소 설립 추진을 통한 2010년의 개신교계 소망교도소 개소 등에서 구체적으로 확인할 수 있다.

국가와 종교의 욕망이 결합되는 과정은 제도화를 통해 공고해지는데 이처럼 공고해진 결합력은 양자의 연관성에 대한 시선을 특정한 경향으로 고정하는 효과를 발생시킨다. 여기서 특정한 경향은 종교가 교정교화에 기여한다는 전제 하에 어떤 전략을 구사해야 종교의 기여도를 높일 수 있는지를 탐색하는 경향을 말한다. 이러한 경향은 교정교화 영역을 관할하는 국가나 이에 참여하는 종교계뿐만 아니라 학계에서도 유사하게 나타난다.

이처럼 교정교화 영역에서 나타나는 국가와 종교의 공고한 연관성은 마치 국방 영역에서 종교와 관련해 나타나는 현상과 유사하다. 그렇다면 국방 영역과 종교 영역을 연관시키는 군종제도와 관련해 여러 문제가 제기될 수 있듯이, 교정교화 영역과 종교 영역을 연관시키는 교정위원제도와 종교교정의 현실 자체와 관련해서도 여러 문제가 제기될 가능성이 있다. 사실상 이러한 문제들은 국가와 종교가 특정 목적을 위한 정책과 그 실현을 위한 제도의 영역에서 만날 때 종종 등장한다.

종교와 관련된 법무부나 국방부의 교정교화 영역에서 발생할 수 있는 문제들은 주로 〈헌법〉에 명시된 종교의 자유를 침해할 가능성(제20조 1항)과 정교분리 위반의 가능성(제20조 2항), 법 앞의 평등권 침해의 가능성과 종교로 인한 차별의 가능성(제11조 1항), 인권 침해의 가능성(제10조)이다. 그 외에 종교간 형평성의 미고려 가능성 문제 등도 있을 수 있다. 이러한 문제들은 상호 연결되어 있지만, 각각의 문제들을 구분해 좀 더 구체적으로 살펴보면 다음과 같다.

우선, 종교와 관련해 교정교화 영역에서 발생할 수 있는 첫 번째 쟁점은 종교의 자유 침해 문제이다. 〈헌법〉 제20조 1항은 모든 국민이 종교의 자유를 가진다고 명시하고 있다. 이 조항은 수용자에게도 그대로 적용된다. 그렇지만 종교와 관련된 교정교화 영역의 현실을 보면, 수용자에게 보장된 종교의 자유는 오히려 제도적 차원에서 침해를 받고 있다는 비판이 가능해 보인다.

예를 들어, 〈교정위원 운영지침〉에 담긴 교정위원제도를 보면, 2000년 제정 이후 최근까지 종교분야 종교위원에게 '기독교, 불교, 천주교 등 우리나라의 국민정서에 반하지 않는 종교단체에 소속된 자로서 수용자 신앙 지도에 헌신적으로 봉사할 수 있는 자질과 능력'을 요구하고 있다(제4조 2항).[193] 이 조항에서 '우리나라의 국민정서에 반하지 않는 종교단체'라는 모호한 기준, 그리고 이 기준의 적용 범위를 '기독교, 불교, 천주교 등'으로 한정한 부분은 논란의 소지가 있다. 특정 종교들만을 '국민정서에 반하지 않는 종교단체'의 사례로 명시한 부분은 국가가 종교로 인한 차별 가능성을 조장한다는 비판 외에 '종교간 형성평 논란'으로 이어질 소지도 있다.

게다가 이 조항에서 기독교가 '개신교계의 모든 교파들'이 아니라 개신교계 내의 특정 교단들을 의미하고, 불교가 '불교계의 모든 종단들'이 아니라 불교계 내의 특정 종단들을 의미한다는 점에 주목할 필요가 있다. 이러한 상황에서 개신교계에서 강한 힘을 발휘하는 교단들이 그렇지 않은 교단을 '이단'으로 규정한다면 이단으로 규정된 개신교계 교단이 교정교화 영역에 참여할 가능성은 희박해진다. 불교계도 대한불교조계종을 중심으로 최근까지 약 25개 종단으로 구성된 (사)한국불교종단협의회의 영향력이 그 이외 종단의 참여를 좌우할 가능성이 적지 않다. 이러한 부분들은 종교간 형평성 논란에 이어, '특정 종교 내의 형평성 논란'으로 이어질 소지가 있다.

또한 2008년 12월에 제정·시행된 법무부의 〈수용자 교육교화 운영지침〉에 따르면, 교도소 소장은 〈형집행법 시행규칙〉에 근거해 종교단체 또는 종교인이 주재하는 종교행사를 실시하고, 이 종교행사를 위해 각 종교별 성상·성물·성화·성구가 구비된 종교상담실·교리교육실 등을 설치할 수 있고(제31조), 이 가운데 성상의 설치와 관련해 〈수용자 교육교화 운영지침〉에는 '십자가상, 불상(입상·좌상), 예수상, 성모마리아상'만 제시되어 있다.[194] 교도소 내의 종교행사와 관련해 성물의 설

---

193 〈교정위원 운영지침〉(제정 2000.5.30. / 일부개정·시행 2010.8.1. 법무부예규 제945호) 제4조 ②항; 〈교정위원 운영지침〉(일부개정·시행 2019.1.14. 법무부예규 제1207호) 제4조(자격 및 추천) ②항("② 종교분야에 참여할 교정위원은 기독교, 불교, 천주교 등 우리나라의 국민정서에 반하지 않는 종교단체에 소속된 자로서 수용자 신앙 지도에 헌신적으로 봉사할 수 있는 자질과 능력을 갖추어야 한다.").

치를 개신교, 불교, 천주교라는 특정 종교에 한정하고 있는 셈이다. 종교 범주의 경계를 개신교·천주교·불교에만 국한시키고 있는 상황은 2016년 3월에 제정·시행된 국방부의 〈군수용자 교육교화 및 사회복귀 지원에 관한 훈령〉의 경우도 유사하다.

이처럼 종교분야 교정위원이든 교도소 내 종교행사와 관련된 성물의 설치가 제도적으로 특정 종교들에게만 한정된 교정교화 영역의 현실을 〈헌법〉상 종교의 자유 침해라는 차원에서 보면 두 가지 측면에서 문제가 제기될 수 있다. 하나는 종교단체들이 종교의 자유 원칙 안에서 누릴 수 있는 '종교선전의 자유'를 공평하게 누릴 수 없다는 측면이다. 다른 하나는 종교행사 및 그와 관련된 성물의 설치가 특정 종교에 한정된 교정교화 영역의 현실 속에서 개신교, 불교, 천주교 외의 신앙을 가진 수용자들이 종교의 자유를 누릴 수 없다는 측면이다.

또한 법무부나 국방부가 교정·교화의 차원에서 수용자를 대상으로 전개한 '1인 1종교 갖기 운동'도 종교의 자유를 침해할 수 있다는 비판에서 자유롭지 않다. 예를 들어, 국방부의 경우, 1997년 10월에 군내 종교편향 시비에 적극 대처하기 위해 자유로운 종교활동과 개인의 종교선택 자유를 보장하는 것을 골자로 한 〈군종업무훈령〉을 제정해 공포하면서 각급 지휘관에게 개인의 종교선택권 보장, 개종이나 특정

---

194 〈수용자 교육교화 운영지침〉(시행 2008.12.22. 법무부예규 제816호, 2008.12.18, 제정 / 일부개정·시행 2010.8.1. 법무부예규 제944호) 제36조 ②항; 〈수용자 교육교화 운영지침〉(일부개정·시행 2019.1.21. 법무부예규 제1208호) 제27조(성상의 크기), 제29조(종교거실 지정); 〈형의 집행 및 수용자의 처우에 관한 법률 시행규칙〉(시행 2019.10.24. 법무부령 제960호, 2019.10.22, 일부개정) 제31조(종교행사의 방법) "① 소장은 교정시설의 안전과 질서를 해치지 아니하는 범위에서 종교단체 또는 종교인이 주재하는 종교행사를 실시한다. ② 소장은 종교행사를 위하여 각 종교별 성상·성물·성화·성구가 구비된 종교상담실·교리교육실 등을 설치할 수 있으며, 특정 종교행사를 위하여 임시행사장을 설치하는 경우에는 성상 등을 임시로 둘 수 있다."

종교 강요 금지, 다른 종교를 비방·폄하·침해하는 선교·포교행위 금지 등을 요구한 바 있다. 동시에 국방부는 당시 시행중인 '1인 1종교 갖기 운동'지침도 권장사항으로 축소해 종교를 갖지 않을 권리를 침해하지 않도록 한다는 방침을 세운 바 있다.[195]

이러한 1997년 국방부 조치의 배경에는 육군특수전학교에서 군종목사가 특정 종교를 강요한 것을 계기로 불교계가 국방부의 '종교편향'을 비판하고 이에 대해 국방부장관이 사과와 관련자 징계 등을 조치한 사건이 있다. 비록 국방부 조치에 대해 당시 10개 교단 협의체인 한국기독교군종목사 파송교단협의회가 기독교를 탄압하고 1인 1종교 갖기 운동을 훼손한다고 비판했지만,[196] 이 사건이 시사하는 부분은 '1인 1종교 갖기 운동'이 '종교를 갖지 않을 권리'라는 종교의 자유를 침해할 가능성을 지닌다는 점이다.

다음으로, 두 번째 쟁점은 종교의 자유를 침해할 가능성에 따른 정교분리 원칙의 위반 가능성이다. 〈헌법〉은 제20조에서 종교의 자유(1항)에 이어 국교를 인정하지 않고 종교와 정치를 분리한다(2항). 이 내용은 국교를 인정하거나 종교와 정치를 분리하지 않으면 종교의 자유를 침해할 가능성이 있다는 것으로 이해될 수 있다. 물론 국가가 주도하던 영역들을 그대로 총괄하되 세부 사업들을 점차 민간화하는 추세를 고려하면, 종교와 정치의 완전한 분리는 사실상 불가능하다고 볼 수 있다. 종교계가 교세 확장을 전제로 정치계에 특정한 요구를 하거나 정치계가 표를 얻기 위해 종교계에 특정한 혜택을 줄 수 있는 상황

---

195 〈군종업무에 관한 규정〉(제정·시행 1997.10.27. 국방부훈령 제572호); 「군 종교자유 최대 보장」, 『한겨레』, 1997.10.11, 26면.).

196 「국방부 '울고 싶어라. 불교계 이어 이번엔 기독교계 탄압 발끈」, 『한겨레』, 1997.7.19, 27면.

도 여전하다.

국가 주도 영역의 민간화 추세를 고려하면, 국가가 직접 관할하던 교정교화 영역에 종교계의 참여를 허가하거나 심지어 장려하기 위한 정책을 도입하고 이를 현실화하기 위해 제도화하는 것 자체를 헌법상 정교분리 원칙의 위반에 해당한다고 보기는 어렵다. 더군다나 국가가 제도화를 통해 교정교화 영역에서 종교를 활용하는 일차 목적을 특정 종교의 조장이 아니라 '수용자의 원활한 사회 복귀'라는 공익적 차원에 둔다면 법적으로 정교분리의 위반 가능성은 약해 보인다.

그렇지만 국가가 설정한 일차적 목적에도 불구하고, 종교와 관련된 교정교화 정책의 실현 과정에서 실질적으로 특정 종교를 조장하는 효과가 발생한다면 정교분리의 위반 가능성 문제는 제기될 수 있다. 예를 들어, 〈교정위원 운영지침〉에서 '우리나라의 국민정서에 반하지 않는 종교단체'라는 모호한 기준을 가지고 교정교화 영역에 접근할 수 있는 종교의 범위를 한정하고, 〈수용자 교육교화 운영지침〉에서 성물의 설치를 특정 종교에 한정하는 것은 국가가 종교를 구별해 교정교화 영역에 접근할 수 있는 종교의 범위를 한정하는 것이기에 국가의 종교 조장 행위이자 정교분리 위반에 해당될 수 있다.

또한 제도적으로 교정교화 영역에 접근할 수 있는 종교의 범위가 한정된 상황에서 법무부나 국방부가 '1인 1종교 갖기 운동'을 진행한 것도 종교의 자유 침해 가능성을 유발해 정교분리 원칙의 위반에 해당할 수 있다. 제도적으로 제한된 종교 범위에서 추진된 '1인 1종교 갖기 운동'은 국가가 특정 종교들만이 교정교화 영역에서 주도적으로 힘을 발휘하도록 한다는 의심을 받을 수 있기 때문이다. 뿐만 아니라 정교분리 원칙을 표명한 국가가 제도적으로 종교 범위를 한정한다는 것은, 비록 국교정책은 아닐지라도, '종교 공인 정책'에 해당할

수 있다.[197]

이와 관련해, 노무현정부(2003.2~2008.2) 시기인 2005년 9월에 개정된 〈교도관집무규칙〉의 종교교회(宗敎敎誨) 관련 단서 조항(제75조 1항)은 흥미롭다. 이 단서 조항은 종래에 없던 것으로, '수용자가 신봉하는 종파의 교리가 명백하게 대한민국의 정통성을 부인하거나 사회일반인의 보편적인 가치관을 부정하는' 경우에 수용자가 요청해도 해당 종파에 위촉해 종교교회를 하지 않는다는 내용이다. 자세한 내용은 아래와 같다.[198]

> 제75조(종교교회) ①교회직은 수용자가 신봉하는 종파의 교의에 의한 종교교회(宗敎敎誨)를 요청하는 때에는 특별한 사정이 없는 한 그 종파에 위촉하여 교회를 하게 하여야 한다. 다만, 수용자가 신봉하는 종파의 교리가 명백하게 대한민국의 정통성을 부인하고 사회질서를 혼란하게 할 허위사실의 유포, 퇴폐적 행위 등을 조장하는 등 사회일반인의 보편적인 가치관을 부정하는 경우에는 그러하지 아니하다. ②교회직은 제1항 단서의 규정에 따라 종교교회를 하지 못하게 하는 때에는 소장이 주재하는 교도관회의를 거쳐야 한다.

위의 단서 조항은 2006년 11월 개정에서도 유지되다가 2008년 12월 개정에서 '수용자가 신봉하는 종교 또는 그에 따른 활동이 〈형집행법〉의 종교행사 참석 제한 사항(교화 또는 건전한 사회복귀, 시설의 안전과 질서유지, 제45조 제3항)에 해당할 때 소장의 지시를 받아 적정한 조치를 해야

---

197 고병철, 앞의 글, 2011, 1-34쪽.
198 〈교도관집무규칙〉(일부개정·시행 2005.9.16. 법무부령 제579호) 제75조(종교교회).

한다.(제62조)'라는 내용으로 바뀐다. 그리고 이러한 제62조의 단서 조항은 2015년 1월 개정에도 유지되어 현재까지 이어지고 있다.[199]

> 〈교도관직무규칙〉 제62조(종교) 교회직교도관(* 2015년 1월 개정 이후 사회복귀업무 교도관)은 수용자가 자신이 신봉하는 종교의식이나 종교행사에 참석하기를 원하는 경우에는 특별한 사정이 없으면 허락하여야 한다. 다만, 수용자가 신봉하는 종교 또는 그에 따른 활동이 <u>법 제45조 제3항 각 호의 어느 하나</u>에 해당하는 경우에는 소장에게 보고하고, 소장의 지시를 받아 적정한 조치를 하여야 한다.
> 〈형집행법〉 제45조(종교행사의 참석 등) ③ 소장은 다음 각 호의 어느 하나에 해당하는 사유가 있으면 제1항 및 제2항에서 규정하고 있는 사항을 제한할 수 있다. 1. 수형자의 교화 또는 건전한 사회복귀를 위하여 필요한 때 2. 시설의 안전과 질서유지를 위하여 필요한 때

그렇지만 이러한 단서 조항의 내용과 그 변화가 1963년 1월 〈교도관집무규칙〉 제정 당시의 관련 조항(제62조)의 취지를 바꾼 것이라고 보기는 어렵다. '교회직 공무원인 교회사(敎誨師)는 재소자가 신봉하는 종파의 교의에 의한 종교교회의 청원이 있을 때는 특별한 사정이 없는 한 그 종파에 위촉하여 교회를 하게 하여야 한다.'[200]는 제정 당시의 내용에서 언급된 '특별한 사정'을 좀 더 정교하게 만든 것으로 볼

---

199 〈교도관직무규칙〉(일부개정·시행 2006.11.13. 법무부령 제601호) 제75조(종교교회); 〈교도관직무규칙〉(시행 2008.12.22. 법무부령 제654호, 2008.12.19, 전부개정) 제62조(종교); 〈형의 집행 및 수용자의 처우에 관한 법률(약칭: 형집행법)〉(시행 2008.12.22. 법률 제8728호, 2007.12.21. 전부개정) 제45조(종교행사의 참석 등); 〈교도관직무규칙〉(일부개정·시행 2015.1.30. 법무부령 제838호) 제62조(종교).
200 〈교도관집무규칙〉(제정·시행 1963.1.10. 법무부령 제56호) 제62조(담당교도관의 지휘감독).

수 있기 때문이다.

그렇다면 이 단서 조항은 국가가 종교를 구별해 특정 종교만을 공인할 가능성을 지닌다. 최근까지 교정교화 영역에 접근할 수 있는 종교 범위가 특히 개신교, 불교, 천주교 등으로 한정된 현실을 고려한다면, 이 단서 조항은 앞으로 그 외 다른 종교의 접근을 쉽게 허용하지 않겠다는 판단 기준이 될 수 있기 때문이다. 이 상황이 지속된다면 수용자에게 주어진 종교의 자유권이 침해될 여지도 지속될 수 있다.

다음으로, 세 번째 쟁점은 〈헌법〉 제11조 1항에 명시된 법 앞의 평등과 종교로 인한 차별 금지의 위반 가능성이다. 이 조항에서 종교로 인한 차별 금지는 법 앞의 평등이라는 원칙에 포함된 내용이다. 즉 국가가 제정·시행하는 법규에서 종교로 인한 차별을 금지한다는 내용이다.

그렇지만 아직까지 법규상으로 교정교화 영역에 접근할 수 있는 종교 범위는 특히 주로 개신교·불교·천주교에 한정되어 있다는 면에서 교정교화 관련 법규들에 대해 종교로 인한 차별 가능성 문제가 제기될 수 있다. 〈형집행법〉 제130조(교정위원)에 근거해 〈교정위원 운영지침〉이 허용한 교정위원의 종교 범위와 2008년 12월에 처음 제정·시행한 〈수용자 교육교화 운영지침〉에서 교정시설에 둘 수 있는 '성상'의 범위를 '십자가상, 불상(입상·좌상), 예수상, 성모 마리아상'으로 한정한 것 등이 여기에 해당할 수 있다.

특히 국가가 해방 이후 형목제도를 통해 교정교화 영역에 개신교의 접근만 허용한 역사, 그리고 그 후에 종파교회제도에서부터 독지방문제도, 교화위원 및 종교위원제도를 거쳐 시행된 종교분야 교정위원제도에서 종교 범위를 주로 개신교·불교·천주교에 한정한 현실 등은 국가가 특정 종교를 조장한 역사와 현실을 시사한다. 이 가운데 해방 이후의 형목제도는 개신교가 교정교화 영역을 독점하도록 만든 바 있다. 이어, 종파교회제도에서부터 종교분야 교정위원제도에 이르기까지의 제도적 흐름은, 비록 개신교의 독점 현상을 와해시켰을지라도, 교정교화 영역을 개신교·불교·천주교만의 영역으로 만들고 있다. 물론 원불교의 경우에도 교정위원제도를 활용한 교도소 포교를 진행하지만, 원불교의 참여는 개신교·불교·천주교가 오랜 기간 동안 교정교화 영역을 장악했다는 점을 고려하면 미약할 수밖에 없다. 게다가 그 이외의 다른 종교들은 교정위원제도에 참여하기도 어려운 상황이다.

교정교화의 영역에 접근할 수 있는 종교의 범위를 주로 개신교·불교·천주교에 한정한 조치에는 어떤 문제가 내재되어 있는가? 이 문제는 수용자의 측면과 종교단체의 측면으로 구분해서 볼 수 있다. 우선, 수용자는 개신교, 불교, 천주교 외의 종교를 신앙할 자유를 침해당하는 현실에 놓이게 된다. 다음으로, 개신교·불교·천주교 이외의 종교단체들은 제도적으로 공인된 종교 범위에 포함되지 않는 이상 교정교화 영역에 접근할 수 없는 현실에 놓이게 된다. 게다가 개신교와 불교 내에서 이른 바 '정통'으로 인정을 받지 않는 교파나 종파들도 교정교화 영역에 접근할 수 없게 된다. 이는 결과적으로 제도적 차원에서, 그리고 제도가 근거하는 법적 차원에서 개신교, 불교, 천주교의 신앙을 가진 수용자와 그 이외의 신앙을 가진 수용자를 차별할 가능성이 있다는 비판으로 이어질 수 있다.

다음으로, 네 번째 쟁점은 종교로 인한 차별과 연관된 부분으로 종교간 형평성 문제이다. 이 문제는 국가가 특정 종교를 직접 지원하는 형태가 아니므로 종교 지원의 형평성 문제와 다르지만, 국가가 제도적으로 특정 종교들 외에 다른 종교들이 교정교화 영역에 접근할 수 있는 통로를 막는 한, 여전히 발생 가능성이 있다.

종교계가 교정교화 영역에 참여하는 것은 형목제도 이후에 일종의

'자원봉사활동' 차원에서 이루어진다. 이와 관련해, 2005년에 제정되어 2006년에 시행된 〈자원봉사활동 기본법〉(이후, 자원봉사법)을 보면, 자원봉사활동의 진흥을 위한 정책의 기본 방향에 '비종파성(非宗派性)의 원칙'이 명시되어 있다. 이 원칙은 무보수성, 자발성, 공익성, 비영리성, 비정파성(非政派性)의 원칙과 함께 최근까지 이어지고 있다.[201] 그렇지만 교정교화 영역에 접근할 수 있는 종교의 범위가 한정되고, 그에 따라 종교행사가 이루어지는 현실은 자원봉사활동의 비종파성 원칙과 양립하는 것처럼 보이지 않는다.

특히 1990년대의 비판을 무릅쓰고, 법무부 교정본부가 2000년대 이후에도 추진한 '1인 1종교 갖기 운동'도 비종파성의 원칙뿐만 아니라 종교간 형평성 문제로 이어질 수 있다. 이 운동은 '종교를 갖지 않을 권리'를 침해할 가능성 외에도 교정교화 영역에 접근 가능한 종교의 범위를 한정해 종교간 차별을 전제로 추진될 수밖에 없기 때문이다. 종교위원들의 수도 개신교, 불교, 천주교 순으로 차이가 있는데, 비록 그 수치가 수형자의 종교 비율에 근거한다고 하더라도,[202] 이처럼 균형적이지 않은 상황에서 추진되는 '1인 1종교 갖기 운동'은 계속해서 개신교인, 불교인, 천주교인을 만들어내는 효과를 발생시킬 수 있다. 그렇다면 이 운동은 국가가 특정 종교를 조장한다는 비판에서 직면할

---

201 〈자원봉사활동 기본법(약칭: 자원봉사법)〉(시행 2006.2.5. 법률 제7669호, 2005.8.4, 제정 / 타법개정·시행 2017.7.26. 법률 제14839호) 제2조(기본 방향) "2. 자원봉사활동은 무보수성, 자발성, 공익성, 비영리성, 비정파성(非政派性), 비종파성(非宗派性)의 원칙 아래 수행될 수 있도록 하여야 한다." 이 법의 목적은 "제1조(목적) 이 법은 자원봉사활동에 관한 기본적인 사항을 규정함으로써 자원봉사활동을 진흥하고 행복한 공동체 건설에 기여함을 목적으로 한다."이다.

202 법무부 교정본부, 앞의 책, 2009, 43–45쪽. 예를 들어, 2009년의 경우, 종교위원들의 수가 기독교 935명, 불교 637명, 천주교 331명, 기타 26명이다. 그리고 2009년 수형자의 종교를 보면, 기독교 13,550명(39%), 불교 8,605명(24.8%), 천주교 4,904명(14.1%), 기타 종교 1,214명(3.5%), 무종교인 6,446명(18.6%)이다(같은 책, 43쪽.).

소지를 갖게 된다.

　물론 이 운동에 대해 국가가 특정 종교를 조장하려는 취지가 아니라 수용자의 사회 복귀를 위한 취지라는 관점도 가능하다. 이러한 관점은 교정교화 영역에 참여하는 종교의 범위가 특정 종교에서 점차 다른 종교로 확장되는 경향을 고려하면 가능하다. 그렇지만 아직까지 1960년대 이후 최근까지 교정교화 영역에 접근할 수 있는 종교의 범위는 개신교, 불교, 천주교이고, 원불교까지 포함해도 4개 정도로 한정되어 있는 현실이다. 이러한 현실, 즉 수용자가 특정 종교들에만 노출된 상황에서 수용자에게 1인 1개 종교를 갖도록 분위기를 조성하는 것 자체가 문제 소지를 안고 있다. 수용자의 사회 복귀를 위한 교화가 반드시 종교만을 통해 만들어지는 것이 아니라는 점에서 1인 1종교 갖기 운동이 국가가 해야 할 일이 아니라는 비판도 가능하다. 물론 국방 영역에서 군인에게 1인 1종교 갖기 운동을 전개한 것에 대해서도 마찬가지의 비판이 가능하다.

　이와 관련해, 노무현정부 시기인 2006년 10월 이후에 〈가석방심사 등에 관한 규칙〉을 개정하면서 '가석방심사의 형평성 제고' 차원에서 신원관계 부분에 있던 사상 및 신앙 항목을 삭제한 사례는 흥미롭다. 당시 이 항목의 삭제 이유는 사상 및 신앙을 가석방심사의 필수 사항으로 두면 종교 및 신앙 활동 유무에 따라 수형자에게 불리한 영향을 미칠 수 있는 오해 가능성이 있다는 것이다. 이 조치는 수형자가 종교가 없다는 이유로 가석방심사에서 불리한 판정을 받지 않도록 한다는 의미이자, 종래에 가석방심사과정에서 종교가 없는 경우에 불리한 판정을 받을 수 있었다는 것을 시사한다. 즉 종교의 범위가, 당시 유관 법규들을 고려하면, 개신교, 불교, 천주교 등에 한정되므로 그 이외의 신앙을 갖거나 아예 신앙을 갖지 않는다면 불리한 판정을 받을 수 있었던 현실이었던 셈이다.

이상 위에서 제기한 종교의 자유 침해 가능성, 정교분리 원칙의 위반 가능성, 종교로 인한 차별 금지의 위반 가능성, 그리고 종교간 형평성 문제의 쟁점들은 결과적으로 수용자의 인권 침해 가능성과 연결된다. 네 가지 쟁점들이 〈헌법〉의 제2장 국민의 권리와 의무(제10조~제39조)에 배치되어 있고, 특히 "모든 국민은 인간으로서의 존엄과 가치를 가지며, 행복을 추구할 권리를 가진다. 국가는 개인이 가지는 불가침의 기본적 인권을 확인하고 이를 보장할 의무를 진다."(제10조)는 내용 다음에 배치되어 있다는 점은 이러한 가능성을 시사한다.

앞서 지적했듯이, 수용자의 인권 문제에 대한 사회적 관심은 1990년대 중반 이후 높아진다.[203] 김대중정부(1998~2003)는 이러한 사회적 요구를 반영해 2001년에 국가인권위원회를 설립하는 등 인권에 대한 제도적 기반을 마련하고, 이명박정부(2008~2013)는 2008년부터 종래의 〈행형법〉을 〈형집행법〉으로 바꾸면서 교정시설 내 수용자의 인권 보장에 대한 사회적 요구를 반영해 교정자문위원회제도를 설치한다. 그렇지만 종교분야 교정위원의 자격을 '기독교·불교·천주교 등 우리나라의 국민정서에 반하지 않는 종교단체에 소속된 인사'로 한정하고, 성상을 이 종교들의 경우에 한정하는 것 등을 포함해 교정교화 영역에서 종교 범위의 제한성이라는 상황은 크게 달라지지 않는다. 이러한 상황은 결과적으로 수용자가 종교와 관련해, 여전히 인권 침해 상황에 놓일 수 있다는 것을 시사한다.

---

203 「在所者 인권보호 강화」, 『경향신문』, 1994.8.17, 1면; 「人權실태(2), 罪 가벼운 정치범 '교화소' 수용」, 『동아일보』, 1994.5.1, 12면; 「소망 '99 천주교인권위 오창익씨 '인권파수꾼' 우리 모두의 몫」, 『한겨레』, 1999.1.7, 27면; 「밀착취재 교도소-가려진 인권의 현장을 가다 '재소자 TV뉴스 보게하겠다'」, 『한겨레』, 1999.1.21, 26면; 「국민회의 인권법 수정안 내달 제출 인권침해 조사범위 무제한으로」, 『경향신문』, 1999.10.26, 2면; 「내년 교도소내 두발 자유화」, 『경향신문』, 1999.12.29, 25면.

VII

나오면서

01

현대 종교 법규와 정책, 그리고 쟁점들

한국의 종교 법제와 정책을 종합적으로 바라보면서 주요 영역별로 종교 법제와 정책의 흐름과 과제를 파악하는 일은 종교 법제와 정책과 종교 현실을 유기적으로 이해하는 데에 도움이 된다. 그리고 이러한 연구는 종교 법제나 정책에 대한 연구들이 연구사적 흐름에서 어떤 위치를 차지하는지, 어느 정도나 유의미한지를 파악하는 차원에도 기여할 수 있다. 물론 과거의 종교 정책을 평가하거나 향후에 종교 정책을 수립하는 데에도 성찰적인 차원에서 도움이 될 수 있다.

이러한 기대 속에서 필자는 현대 한국의 종교 법규와 정책을 진단하고 전망하기 위해 현대 종교 법제를 전반적·종합적으로 검토하면서 쟁점을 설정한 후 그 안에 담긴 주요 영역별 종교 정책의 변화 추이와 유관 이슈와 쟁점을 분석하였다. 주요 영역으로 설정한 부분은 종교 교육 정책, 군종 정책, 종교사회복지 정책, 종교교정 정책이다. 주요 연구 내용을 간추려보면 다음과 같다.

우선, 종교 법제와 정책이라는 주제를 이해하는 데에 필요한 관점을 제공하기 위해 〈헌법〉에 명시된 인간으로서의 존엄성과 행복추구권, 법 앞의 평등과 종교 차별 금지, 종교의 자유, 정교분리 등의 가치를 정리하였다(Ⅰ장). 이에 따르면, 〈헌법〉은 국가에게 국민이 '인간으로서의 존엄과 가치'를 가지도록 법 앞의 평등과 각종 자유와 권리로 구성된 국민의 기본적 인권 또는 기본권을 최대한 보장할 의무를 부과한다. 이 부분과 관련해 주목할 부분은 두 가지이다.

하나는, 종교와 관련된 국민의 권리들(종교 차별 금지, 종교의 자유, 국교 불인정과 정교분리)이 헌법상 기본권에 포함된다는 점이다. 헌법상 종교와 관련된 국민의 권리에서 핵심적인 두 가지 축은 법 앞의 평등과 자유이다. 국교 불인정과 정교분리 원칙도 이러한 평등과 자유가 침해되는 상황을 막기 위해 파생된 조치이다. 이는 종교와 관련된 국민의 권리들이, 다른 기본권의 경우와 마찬가지로, '인간으로서의 존엄과 가치'를 지향하고 있다는 것을 의미한다.

다른 하나는, 기본권이 '국가안전보장·질서유지·공공복리'를 위해 필요한 경우에 한해 법률유보 원칙(the principle of statutory reservation), 즉 유관 법률을 제정한 후에 그에 근거해 제한될 수 있다는 점이다. 이는 기본권이 '무한 보장'이 아닌 '최대 보장'의 대상이라는 의미이다. 기본권이 무한 보장이 아니라 최대 보장이 되는 현실은 입법부가 공익이나 다른 목적을 위해 기본권을 제한하는 입법을 시도하는 경우에 사법부가 과잉금지원칙을 포함해 양 법익을 비교하는 비례원칙 등을 통해 그 입법에 대한 위헌성 심사를 진행하는 일련의 과정에서도 확인할 수 있다.

이러한 두 가지 부분을 함께 고려하면, 종교와 관련된 국민의 권리를 포함해 기본권의 의미는 고정된 것이 아니라는 점에서 종종 해석의 대상이 된다. 이는 종교 정책이나 제도가 언제든지 종교 차별, 종교 자유의 침해, 정교분리 원칙의 위반 등과 관련해 논란이 될 수 있다는 의미이다. 이러한 논란은 종교 관련 기본권에 미치는 영향을 바라보는 관점의 차이에서 발생하기도 한다. 게다가 종교 정책의 범위나 지원의 효과가 특정 종교를 중심으로 미칠 때에는 종교간 형평성 또는 균등성 문제도 발생할 수 있다. 이러한 논란들이 결과적으로 종교 자체라기보다 그 종교에 속한 국민에게 영향을 미친다는 점을 고려하면 종교 정책이나 제도는 상당히 조심스럽게 접근할 부분이다.

다음으로, 현대 한국의 종교 관련 법제들과 유관 쟁점들을 파악할 목적으로 〈헌법〉을 포함해 중앙정부 부처들과 지방자치단체의 소관 종교 관련 법제들을 검토하였다(제II장). 여기서 중앙정부 부처의 범위는 국무총리실, 기획재정부, 교육부, 과학기술정보통신부·방송통신위원회, 법무부, 국방부, 행정안전부, 문화체육관광부, 환경부, 여성가족부 등이다.

중앙정부 부처나 지방자치단체의 소관 법규들을 보면 종교 관련 내용들이 적지 않다. 이는 한국 사회의 여러 영역들이 종교와 밀접하게 연관되어 있다는 점을 시사한다. 다만, 중앙정부와 지방자치단체의 경우를 구분해보면, 중앙정부는 대체로 종교를 지원하는 경향을, 지방자치단체의 경우에는 지역의 종교문화를 특성화 또는 상품화하는 경향을 보이고 있다. 그 외에 중앙정부의 경우에는 경찰 조직을 통해 종교 관련 정보를 수집하기도 한다.

각 영역별 법제와 종교의 연관성에서 유념할 부분은 종교 관련 내용들이 법규나 제도의 제정·시행 당시부터 그대로 지속되기보다 적지 않은 변화를 거쳤다는 점이다. 이러한 변화의 지점들은 각 영역별 종교 관련 내용이 '종교 정치'의 부산물이거나 '담론투쟁'의 부산물로 생성되었을 가능성을 시사한다. 그리고 이러한 시사점은 종교 관련 법제나 법규의 내용에서 어떤 부분들이 쟁점이었고, 앞으로 어떤 쟁점들이 도출될 것인지를 탐색해야 하는 과제를 던져 준다.

해방 이후의 종교 법제 상황이 일제강점기의 종교 법제 상황과 크게 다르지 않았다는 점도 눈여겨볼 지점이다. 이는 해방 이후 종교교육을 둘러싼 교육과 종교의 분리 담론이나 교정시설 내 종교인의 교화 활동 등의 시원이 일제감점기라는 점, 일제강점기의 공인 종교 정책으로 특정 종교들만을 종교로 인식하는 경향이 해방 이후까지 지속되었다는 점 등에서 확인할 수 있다. 게다가 일제강점기의 종교 법규인 1911년 6월의 〈사찰령〉(제령 제7호), 1915년 8월의 〈포교규칙〉(부령 제83호), 1936년 8월의 〈사원규칙〉(부령 제80호) 등이 폐지된 시점도 해방 직후가 아니라 1962년 1월이다. 이러한 현상들은 해방 직후의 종교 법제를 연구할 때 일제강점기의 종교 법규, 나아가 일본의 법규와 어떤 연관성이 있는지를 분석하는 일이 필요하다는 점을 시사한다.[1]

해방 이후의 종교 법제가 일제강점기의 상황을 벗어나지 못했다고 해도, 달라진 부분이 없는 것은 아니다. 가장 큰 차이는 〈헌법〉을 갖게 되었다는 점이고, 나아가 그 하위 법규들이 궁극적으로 〈헌법〉에 담긴 가치를 지향하게 되었다는 데에 있다. 이에 따라 종교 법제들도 〈헌법〉에 담긴 가치를 지향하게 된다.

해방 이후 여러 종교 법제들을 관통하는 부분은 헌법상 인간으로서의 존엄성과 행복추구권(제10조)이라는 지향 또는 전제를 가지고, 법 앞의 평등(제11조)과 종교의 자유(제20조)의 실현을 목적으로, 국교 불인정과 정교분리(제20조)를 제도적 원칙으로 삼아, 사회 현실에서 실질적 평등과 실질적 자유의 구현을 추구하려는 구도로 정리될 수 있다. 이 구도에 따르면, 국가는 종교와 관련해 국민이 실질적 평등과 실질적 자유를 누리고 인간의 존엄성을 지키면서 행복하게 살 수 있도록 해야 할 의무를 갖게 된다.

---

1 일제강점기의 종교 법제나 정책, 그리고 이와 관련된 일본 내 법규와 관련해서는 "고병철, 『일제하 종교 법규와 정책, 그리고 대응』, 박문사, 2019"를 참조할 수 있다.

그런데 종교 법제의 이론적 지향과 종교 법제가 구현되는 실제 지형이 반드시 서로 일치하는 것만은 아니다. 종교와 관련된 평등이나 자유나 정교분리 등의 개념들은, 비록 이론적 의미가 명확한 것처럼 보일지라도, 사회 현실에 적용될 때 의미의 모호성을 드러낸다. 오히려 그 의미의 모호성은 각종 사안들이 발생할 때 점차 명료해진다.

그럼에도 불구하고, 헌법상 종교 관련 내용을 관통하는 구도를 설정하는 일은 중요하다. 이러한 구도를 설정할 때, 비록 이 구도가 사회적 합의에 따라 바뀔 수 있을지라도, 우리는 해방 이후의 종교 관련 정책과 제도들에 대해 종교 자유의 침해 가능성, 정교분리의 위반 가능성, 법 앞의 평등과 관련된 종교로 인한 차별 금지의 위반 가능성, 종교간 형평성 등을 쟁점화해서 논의할 수 있는 장(場)을 마련할 수 있기 때문이다.

다음으로, 주요 영역별 종교 법규와 정책을 검토하였다(제Ⅲ장, 제Ⅳ장, 제Ⅴ장, 제Ⅵ장). 이 부분을 관통하는 내용은 종교 교육, 군종, 종교사회복지 종교교정 정책 관련 법제들과 그에 근거한 정책들의 역사적 흐름 속에서 발생했거나 앞으로 발생 가능한 이슈들과 쟁점들이다.

각 영역별 내용은 종교 법규의 내용과 변화, 주요 종교 정책의 내용과 변화, 종교 법규와 정책 관련 주요 이슈와 쟁점 등으로 구성된다. 이러한 '종교 법규-조직·정책-이슈·쟁점'이라는 서술의 틀은 영역별로 종교 관련 이슈·쟁점들이 종교 정책에서 나오고, 다시 종교 정책의 수립·추진 토대가 법률적 근거라는 점을 고려한 것이다. 특히 교육, 국방, 사회복지, 법무 영역이 다른 영역에 비해 보다 직접적으로 국민에게, 동시에 종교 영역에 영향력을 미친다는 점을 고려하면, 해방 이후 이 영역들의 종교 법제와 정책, 그리고 유관 쟁점들을 파악하는 것은 현대 한국의 종교 정책에 대한 이해와 연구에 도움이 된다.

이 가운데, 첫 번째, 종교 교육 정책과 과제(Ⅲ장)의 내용은 '1. 국가의 국민교육과 종립학교, 2. 교육 정책의 운영과 법규, 3. 교육과정 정책과 종교교육, 4. 종교교육 관련 쟁점과 과제'의 네 부분이다. 이 부분에서 다룬 주요 내용은 다음과 같다.

첫째, 해방 이후에 제정된 〈헌법〉에는 '모든 국민이 균등하게 교육을 받을 권리, 초등교육에 대한 무상 의무교육, 모든 교육기관에 대한 국가의 감독권, 교육제도에 대한 법정주의' 등의 내용이 담긴다. 그리고 역대 정부들은 이러한 〈헌법〉의 내용에 근거해 국민교육의 국가 전담을 지향하면서도 현실적 어려움에 직면하자, 국가의 국민교육에 대한 민간 위탁을 시도한다.[2] 다만, 민간 위탁의 경향에도 불구하고, 역대 정부는 여러 정책을 통해 교원의 양성이나 인사, 교육과정의 제정과 보급, 학교성적의 평가 등 학교교육 전체에 대한 관리를 시도한다. 특히 역대 정부가 마련한 국가 수준의 교육과정은 초·중등교육에 강한 통제력을 행사하고 있다.

주목할 부분은 국가 책임 하의 국민교육에서 사립학교가 감당하는 비중이 낮지 않다는 점과 함께, 사립학교 내에서도 종교계가 설립·운영하는 '종립학교'가 차지하는 비중이 낮지 않다는 점이다. 학력 미인정 대안학교까지 포함하면 특히 중등 사립학교에서 종립학교가 차지하는 비중은 높은 편이다. 그렇지만 국가는 〈교육기본법〉을 통해 모든

---

2 〈2019년 하반기 유초중등교육기관 주소록 (10.1.)〉; 교육통계서비스(https://kess. kedi.re.kr/, 2020.2.18.). 교육의 민간 위탁과 관련해, 2019년의 경우를 보면, 유치원과 초등학교를 제외한 학교(중학교·고등학교·각종학교·고등공민학교·고등기술학교·특수학교, 총5,847개)에서 사립학교 비율이 29%(1,716개)에 달한다. 좀 더 구체적으로, 사립학교 비율이 초등학교(총6,305개)에서 0.1%(74개)인 경우를 제외하면, 중학교(총3,239개)에서 19%(635개), 고등학교(총2,356개)에서 40%(946개), 특수학교(총179개)에서 50%(91개), 유치원(총8,878개)에서 44%(3,981개)를 차지하는 현상은 교육의 민간 위탁을 보여주고 있다.

학교교육에서 종교로 인한 차별, 정치적·파당적(또는 개인적) 편견의 전파를 금지하고 있고, 특히 국공립학교에서 '특정한 종교를 위한 종교교육'을 금지시키는 등 종교교육의 방향을 제시한다. 또한 국가 수준의 교육과정을 통해 종교교육의 방향을 규정하고 있다.

문제는 이러한 국가 차원의 국민교육 정책과 '교육을 종교의 확장 수단으로 보는 입장' 사이에 종종 충돌이 발생한다는 점이다. 국가가 특히 국가 수준의 교육과정 정책을 통한 국민교육을 지향하는 한, 그리고 종립학교가 국가의 공교육 시스템에 편입되어 국가 수준의 교육과정 정책을 따라야 하는 현실이 지속되는 한 이러한 갈등의 소지는 지속될 가능성이 있다. 국가 수준의 교육과정 정책이 종립학교의 종교교육에 강한 영향을 미치는 변수가 되고 있기 때문이다.

둘째, 교육 정책에서 중요한 법규는 1948년부터 시행된 〈교육법〉과 그 연장인 1998년 2월 이후 시행된 〈교육기본법〉과 〈초·중등교육법〉, 그리고 1963년에 제정된 〈사립학교법〉이다. 이 가운데 〈교육법〉은 1948년부터 제7차 교육과정(1997~2007) 초기인 1998년 2월까지 국가 수준 교육과정의 고시 근거로, 종교교육을 포함한 교육과정 정책의 방향을 제시했는데 이 내용은 1998년 2월 이후의 〈교육기본법〉으로 이어지고 있다. 그리고 〈초·중등교육법〉은 2007년 개정 교육과정 이후부터 국가 수준 교육과정의 고시 근거가 되어, 교육과정 정책의 중심이 되고 있다. 그리고 〈사립학교법〉은 종립학교를 포함해 사립학교가 교육과정 정책에 부응하면서도 '자율성'을 구현할 근거를 제시하고 있다.

문제는 이러한 법규들이 공공성 차원에서 국가 수준의 국민교육과 종교의 분리를 지향하면서 동시에 사립학교의 자율성을 지향하는 지점에서 발생한다. 법규상 사립학교, 특히 종립학교는 구조적으로 공공성과 자율성 사이에 놓이게 되고, 양자 가운데 어느 부분을 우선순위에 두느냐에 따라 갈등 상황이 만들어지게 된다.

셋째, 국가 수준의 교육과정 정책은 미군정기부터 이승만정부(1948~1960) 중반인 1954년 이전의 교수요목기를 거쳐 1954년에 공포된 제1차 교과과정(현 교육과정)에서부터 시작된다. 그렇지만 종교가 하나의 과목으로 포함되기 시작한 것은 전두환정부(1980~1988) 시기인 1981년 12월의 제4차 교육과정부터이다. 당시 종교가 하나의 과목이 되면서 종교 교과서가 인정도서가 되고, 종교교사도 교사자격증을 갖게 된다. 그리고 노태우정부(1988~1993) 말기인 1992년의 제6차 교육과정이 되면 비로소 종교 과목에 대한 교과교육과정이 등장하게 된다. 그 후 종교 교과교육과정은 김영삼정부(1993~1998) 말기인 1997년 12월의 제7차 교육과정에서부터 점차 체계화되어 2015년 개정 교육과정을 거쳐 현재에 이른다.

전두환정부 이후 국가 수준의 교육과정에 포함된 종교 과목은 여러 변화를 겪는다. 예를 들어, 종교 과목의 명칭만 해도 제4차 교육과정 이후 '종교'로, 2007 개정 교육과정 이후 '생활과 종교'로, 2011 개정 교육과정 이후 '종교학'으로 바뀐다. 그리고 종교 과목의 이수단위도 다른 과목의 교육과정과 함께 변화를 겪는다. 이러한 변화는 종교 교과의 성격이나 방향성에도 영향을 미친다.

넷째, 앞서 서술한 대로, 종교 교과교육과정은 1992년 제6차 교육과정에서 처음 등장한 후, 1997년 제7차, 2007년 개정, 2009년 개정, 2011년 개정, 그리고 2015년 개정 교육과정을 거치면서 여러 변화를 겪지만, 그 방향성은 '보편적인 국민교육'이다. 이러한 방향성은 종교 교과교육과정에 명시된 종교교육의 성격 부분에서 점진적으로 드러나게 된다. 그렇지만 동시에 이 지점에서부터 종교교육을 둘러싼 쟁점들과 종립학교 관련 과제들이 발생하게 된다.

최근까지 제기된 여러 쟁점들 가운데 중요한 부분은 '종교학 교과의 교육 목표 설정, 특정 종교를 위한 내용 영역(개별 종교들의 이해 부분)의 필수 유지 조치, 복수 과목 개설 규정' 등의 문제이다. 그리고 종립학교와 관련된 과제들로는 종립학교에 대한 정부의 재정 지원 문제, 국·공립학교에서 특정 종교교육 금지 문제, 국·공립학교에서 종교학 교육의 채택 문제, 종립학교가 종교교육의 방향을 설정하는 문제 등이 있다.

이러한 쟁점과 과제들은 법적·사회적으로 공공성과 자율성 사이에 놓여 있어, 입장 정리를 필요로 한다. 또한 근본적으로는 종교와 관련해 어떤 인간 교육을 지향할 것인가라는 철학적 차원의 성찰을 요청한다. 이러한 성찰이 깊이 진행될 때 종교교육을 둘러싼 여러 쟁점과 과제들의 해소 가능성이 높아질 수 있기 때문이다.

두 번째, 군종 정책과 과제(제IV장)의 내용은 '1. 군종의 개념과 관점, 2. 군종 선발제도와 특징, 3. 군종 담당 조직과 유관 법규, 4. 군종 정책의 쟁점과 과제'의 네 부분이다. 이 부분에서 다룬 주요 내용은 다음과 같다.

첫째, 군종 개념은 서술 맥락에 따라 '군대 내 종교 업무, 또는 군종 병과'를 가리키기도 하지만, 군인과 종교전문가(성직자)라는 중층적 성격을 가진 '군대 내 종교전문가(religious affairs specialist in the military)'를 말한다. 국가가 군종제도를 운영하는 상위 근거는 〈헌법〉의 종교 관련 조항(제11조·제20조)과 국방의 의무 관련 조항(제39조)이라고 할 수 있다. 양자는 서로 무관해 보이지만, 군종제도를 통해 연결된다.

군종 정책과 제도의 내용과 과제를 살피는 일은 군종제도가 국민의 기본권 또는 인권과 연결된다는 점에서 중요하다. 다만, 군종의 범위 설정이나 선발 과정 등을 포함해 군종 정책과 제도를 분석하려면 '국민(군인)의 기본권 보장, 평화 실현, 보편적 삶의 보장'이라는 관점이 필요하다. 국가가 국민의 자유권과 평등권을 보장하고, 군대의 존재 이유가 평화 실현에 있고, 군대가 '특수사회'일지라도 인간의 보편적 삶과 상반되는 삶을 지향할 수 없기 때문이다.

둘째, 군종장교의 선발은 '성직자' 과정을 밟는 대학 재학생으로서 현역병 입영 대상자(군 복무 중인 자 제외)가 군종사관후보생에 지원하거나, 이미 대학 교육을 이수해 '성직자'가 된 사람이 군종장교(군종 분야 현역장교)에 지원하는 방법으로 이루어진다. 군종제도에는 군종장교 외에 군종병의 경우도 포함된다.

군종 정책이 보여주는 특징은 군종 선발 대상 종교를 개신교(군종목사, 군목), 천주교(군종신부), 불교(군종법사, 군법사), 원불교(군종교무) 등 4개 종교로 제한한다는 점, 게다가 개신교 내에서 11개 교단과 불교 내에서 대한불교조계종에게만 군종 참여 자격을 한정한다는 점, 종교별로 군종(군종장교와 군종사관후보생) 선발 비율이 다르다는 점, 그리고 종교계가 군종 정책과 관련된 조직체를 가지고 있다는 점 등이다. 그렇지만 특징들은 여러 논란의 소지를 안고 있다.

예를 들어, 군종 참여 범위(2020년 현재 개신교·천주교·불교·원불교)를 특정 종교로 제한하는 정책은 기본권 보장을 위한 헌법적 가치의 실현과 관련해 논란의 소지가 있다. 또한 종교간 형평성 미비, 국가의 종교 조장 행위, 종교로 인한 차별('합리적 이유가 없는 평등권 침해') 등의 논란으로 이어질 수도 있다.

셋째, 군종제도와 관련해, 국방부는 1959년 12월 병무국에 군종과를 설치한 바 있고, 2014년 4월 이후 인사복지실 내에 군종정책과를 두고 있다. 그리고 육군본부는 1956년 2월 군종감실을, 해군본부는

1967년 6월 군종감실을, 공군본부는 1963년 12월 군종감실을 설치한 이래, 모두 2006년 1월 이후 군종실을 두고 있다. 1950년대에 해군본부와 공군본부는 공식적으로 군종감실을 두지 않았지만, 정훈감실에서 군종 관련 업무를 수행한 것으로 보인다. 그 외에 해병대사령부도 군종실을 운영하고 있고, 병무청도 입영동원국에서 군종의 관리와 입영 업무를 맡고 있다.

각 군별로 군종제도를 시행하는 주요 법적 근거는 〈병역법〉과 〈병역법 시행령〉의 군종 관련 조항이다. 그 외에 〈군인사법〉과 그에 따른 〈군종업무에 관한 훈령〉, 〈군종장교 등의 선발에 관한 규칙〉과 〈예비역 군종장교후보생 규칙〉, 〈군 종교활동 지원 민간성직자 관리훈령〉 등도 군종제도 근거로 작용하고 있다.

넷째, 군종제도의 쟁점은 다양하다. 이와 관련해, 이미 여러 선행연구에서 '합헌성(종교 자유와 차별, 정교분리 등), 윤리적·신학적 딜레마, 규범과 현실의 충돌' 등이 제시된 바 있다. 이러한 쟁점들은 크게 네 가지 차원에서 집약될 수 있다. 군종제도의 지향 또는 지원 대상과 관련해서는 '종교 지원 vs 장병 지원'의 문제, 군종이 갖는 중층 정체성과 관련해서는 '성직자의 성격 vs 군인 성격'의 문제, 군종제도의 참여 범위의 제한과 관련해서는 '종교 차별의 가능성' 문제, 그리고 군대의 특수성을 주장할 때 활용되는 특수사회론의 범위와 관련해서는 '종교 차별과 종교 자유의 침해 가능성' 문제가 제기될 수 있다.

세 번째, 종교사회복지 정책과 과제(제V장)의 내용은 '1. 종교와 사회복지, 2. 사회복지 법규와 정책, 3. 민간복지와 종교계 사회복지, 4. 종교계 사회복지의 쟁점과 과제, 5. 사회복지와 사회정의'의 다섯 부분이다. 이 부분에서 다룬 주요 내용은 다음과 같다.

첫째, 자본주의는 민주주의가 추구하는 자유와 평등에 기초한 인간의 기본권 보장을 실현하기 위한 장치이지만, 자본주의가 지향하는 자본의 축적 과정에서 발생하는 소외 현상은 오히려 인간의 기본권 보장을 실현하는 데에 장애가 될 수 있다. 따라서 자본주의와 민주주의 모두를 용인하는 사회에서는 이러한 문제를 해소하기 위해 '사회복지'나 '사회보장'을 공적 문제로 인식하는 경향이 있다.

자본주의와 민주주의의 접점에서 발생하는 사회복지나 사회보장에 대한 욕구는 종교계의 욕구와 밀접한 연관성이 있다. 실제로 종교계는 사회복지 시설 대부분이 종교형 사회복지법인'이라는 지적이 나올 정도로 사회복지 영역에 관심을 보인다. 그 이유는 사회복지 영역이 종교계가 종교적 가치를 실현하면서 자기 존재감을 확인하고, 게다가 교세의 확장까지 도모할 수 있는 장이 되기 때문이다. 이 지점에서 '종교사회복지'가 만들어진다.

둘째, 해방 이후 사회복지 정책을 가능하게 만든 근거는 1948년 7월 〈헌법〉 제19조, 즉 '생활유지의 능력이 없는 자에 대한 국가의 보호'를 규정한 조항이다. 그 후 정부가 여러 대학의 사회사업 관련 학과 설치를 승인하는 등의 조치를 취하면서, 사회복지 역사는 전반적으로 세 번의 전환기를 겪게 된다.

전환기의 첫 번째 계기는 '모든 국민이 인간다운 생활을 할 권리'와 '사회보장 증진에 대한 국가의 노력 의무'를 최초로 명시한 박정희정부(1963~1979) 시기의 1969년 10월 〈헌법〉이다. 두 번째 계기는 '사회보장·사회복지 증진에 대한 국가의 노력 의무'를 최초로 명시한 전두환정부(1980~1988) 시기의 1980년 10월 〈헌법〉과 사회보장과 사회복지를 구분하고 '여자의 복지', '노인과 청소년의 복지' 등을 추가한 1987년 10월의 〈헌법〉이다. 그리고 세 번째 계기는 매5년마다 '사회보장 증진을 위한 장기발전방향'의 수립 의무를 명시한 김영삼정부(1993~1998)

시기의 1995년 12월 〈사회보장기본법〉이다.

세 번에 걸친 사회복지 역사의 전환 과정은 '종합적인 사회보장 계획'이 수립되는 과정이다. 여기서 주목할 부분은 역대 정부가 사회보장 계획에서 점차 민간복지의 참여, 특히 종교계의 적극적인 역할과 참여를 요청했다는 점이다. 이러한 요청은 이미 종교계가 운영하던 민간복지시설이나 복지단체들이 해방 이후 사회복지 영역에서 중심을 이루던 현상을 고려하면 예견된 결과였다고 볼 수 있다.

셋째, 해방 이후 1960년대 초까지 사회복지 영역은 공공복지가 아니라 민간복지로 채워졌고, 그 중심에 섰던 것은 종교계 외원단체들의 활동이다. 외원단체들이 철수하고 외원액이 감소하던 1970년대에도 박정희정부가 정부의 공적 부조(public assistance)나 사회적 서비스(social services) 등 사회복지의 제공 대상을 주로 경제적 빈곤자로 한정하는 선별적 또는 잔여적 복지(residual welfare provision)를 시행하면서 공공복지보다 사회복지에 대한 민간 참여를 유도한다.

이러한 흐름에서 주목할 부분은 역대 정부들이 민간복지를 강조하면서 종교계의 참여를 끊임없이 요청했다는 점이다. 이는 해방 이후 1960년대 초까지 종교계 외원단체들이 활발한 활동을 벌이기도 했지만 그 후에도 사회복지 영역의 중심이었던 민간복지 영역에서 종교계의 사회복지 활동이 차지했던 비중이 작지 않았던 현실을 반영하고 있다. 그리고 사회복지에 대한 정부의 참여 요청과 그에 대한 종교계의 관심이 빚어낸 결과는 2020년 전후 종교계의 사회복지법인과 주요 단체들에 약 530여 개에 달하는 현상으로 나타나고 있다.

넷째, 사회복지 법규와 정책, 그리고 종교사회복지의 역사와 현실에는 여러 가지 쟁점이 존재한다. 주요 쟁점은 '사회복지와 종교사회복지의 개념 설정, 종교계 사회복지활동의 최종 지향점, 종교계 사회복지시설에 대한 국가의 지원, 종교의 자유 보장' 등의 네 가지 부분이다. 게다가 서울시가 2019년 6월 3일부터 7월 31일까지 '사회복지시설 종교행위 강요 특별신고센터'를 운영한 사례[3]는 인권 차원의 쟁점 발생 가능성까지 시사한다.

주요 쟁점을 보면, 사회복지의 개념 설정 부분에서는 사회복지 개념의 강조점을 '자선'과 '정의 실현' 가운데 어디에 두느냐의 문제가 있다. 종교계 사회복지활동의 최종 지향점 설정 부분에서는 사회복지가 종교 확장의 도구라는 인식과 종교가 사회복지 실현의 도구 또는 수단이라는 인식의 문제가 있다. 종교계 사회복지시설에 대한 국가지원의 타당성 부분에서는 특정한 종교 교리나 유관 프로그램의 실천을 강요하는 사회복지시설에 대한 국가의 지원이나 특정 종교계에 편중된 국가의 지원이 발생시킬 수 있는 정교분리 문제나 종교간 형평성 문제가 있다. 종교계 복지재단에서 운영하는 사회복지시설의 종교적 실천 부분에서는 시설의 설립 또는 운영 목적의 실현과 관련해 시설 종사자나 프로그램 참여자가 그 시설의 특정 종교적 실천을 따라야 하는지 아니면 개인의 자유권 보장 차원에서 이를 거부할 것인지의 문제가 발생할 수 있다. 이는 종교의 자유와 관련된 부분으로, 집회의 자유와 신앙의 자유(소극적 자유)가 충돌하는 경우이다.

이러한 쟁점들을 고려할 때, 종교계 사회복지 영역에 남는 과제로는 종교사회복지를 포함한 사회복지 개념의 방향성 설정, 종교 활동과 사회복지 활동의 연관 관계에 대한 사회적 합의, 사회복지활동 과정에서 개별 종교들이 직면하는 장애요인들의 파악과 공유, 종교계 사회복지시설 내 종교의 자유 보장 등 네 가지를 들 수 있다. 구체적으

---

3 서울특별시(http://news.seoul.go.kr/gov/archives/506353, 인권→시민인권보호관).

로, 사회복지 개념의 방향성 설정 과제는 '사회정의 구현' 부분을 어느 정도 포함시킬 것인지의 문제이다. 종교 활동(선·포교)과 사회복지 활동의 연관성에 대한 사회적 합의 과제는 양자를 어떻게 조율할 것인지의 문제이다. 사회복지활동에서 개별 종교들이 직면하는 장애요인들을 파악하고 공유하는 부분은 종교계의 사회복지활동에서 여러 장애요인들을 탐색하고 이를 해소할 수 있는 시스템을 갖추어 미래를 설계하면서 국가 지원의 종교간 형평성 문제를 해소하는 문제이다. 종교계 사회복지시설 내 종교의 자유 보장 부분은 종교계 사회복지시설의 운영 주체들과 구성원들 사이에 종교의 자유를 둘러싼 충돌 가능성을 조율하는 문제이다.

특히, 현대 한국 사회는 사회복지를 공적 문제로 인식하고 확대하면서도 아직까지 '장애나 생존의 불편함'을 적극 해소하기보다 주변부로 밀어내는 환경을 가지고 있다. 예를 들어, 장애인시설은, 비록 김대중정부(1998~2003) 이후 미신고 복지시설에 대한 관리대책을 적극적으로 마련했다고 하더라도,[4] 도시 중심부가 아니라 외곽으로 밀려난다. 이와 관련해, 역대 정부들은 대체로 잔여적 복지의 흐름 속에서 사회복지를 '선별적 시혜'로 인식한 역사를, 그리고 종교계도 역대 정부의 시혜적인 관심과 노력에 동참한 역사를 가지고 있다. 이는 사회 외곽에서 시혜적 차원의 종교사회복지가 진행되었다는 것을 의미한다.

그렇지만 사회복지의 필요성을 발생시키는 배경이 개인 차원이라기보다 사회 구조적 차원에 있다는 점을 고려하면 시혜성 복지 정책과 그에 대한 종교계의 호응은 한계를 보인다. 이러한 한계를 극복하

---

4 보건복지부(http://www.mohw.go.kr, 정보→사업→'미신고 복지시설 종합관리대책 추진지침 수정분 게재'): 〈미신고 복지시설 종합관리대책 추진지침〉(보건복지부, 2002.6).

려면 사회복지를 '인간다운 행복한 삶을 위해 사회적 구조와 환경을 개선하는 일'로 재개념화할 필요가 있다. 이러한 재개념화에서 핵심은 사회복지와 불합리한 사회 구조를 바꾸는 사회정의를 결합하는 일이다.

사회복지를 어떤 계층에 속해있든지 간에 인간다운 삶과 행복을 누릴 수 있는 사회적 구조와 환경을 만드는 일로 재개념화해서 사회복지와 사회정의의 실현을 연계시키는 일은 사회복지 영역에서 시혜의 수준보다 오히려 그 시혜를 발생시키는 사회구조적 문제를 파악하고 바꾸려는 노력을 가능하게 한다. 즉, 누군가를 대상으로 비인간다운 삶을 조장하거나 각종 시혜를 발생시키는 사회 구조적 지점들을 발견하고 이를 바꾸려는 노력이 중요해진다.

아울러, 이러한 재개념화에서는 종교사회복지와 관련해서도 사회복지 참여의 근거로 작용하는 종교적 가르침을 사회정의 차원에서 재해석하는 노력을 요청한다. 이러한 노력이 수반되지 않는다면 종교계는 단순히 시혜적 차원의 사회복지에 동참하거나 시혜적 차원의 사회복지활동을 주도하는 수준에 머물 가능성이 있다. 이 수준은 결과적으로 시혜라는 이름으로 누군가의 비인간다운 삶을 조장하는 사회 구조를 묵인하거나 심지어 용인한다는 것을 의미할 수 있다.

종교사회복지 개념을 사회 구조의 모순을 찾아 개선하려는 사회정의의 관점에서 재개념화하는 것은 사회복지 대상이 사회의 일부 구성원(신자화 대상)이 아니라 전체 구성원이라는 점과 사회의 모든 구성원이 행복 추구권과 인간답게 살 권리 등을 가진다는 점을 긍정하는 일이다. 이 두 가지에 대한 긍정은 종교계가 사회적 공공성에 입각해 사회복지활동을 전개할 전제, 그리고 사회복지시설의 사유화나 종교의 자유 침해 등을 최소화하는 방향이 될 수 있다. 종교계가 인간다운 삶을 방해하는 사회 구조의 개선에 관심을 둔다면, 사회복지와 사회정의를 연계시키는 다양한 교육 프로그램을 기획하는 일도 가능할 수 있다.

네 번째, 종교교정 정책과 과제(제VI장)의 내용은 '1. 종교와 교정교화, 2. 종교와 교정 관련 담당 조직과 법규, 3. 교정 정책과 종교, 4. 종교교정의 현실과 쟁점'의 네 부분이다. 이 부분에서 다룬 주요 내용은 다음과 같다.

첫째, 우리는 누군가가 교정시설의 수용자가 되고 교정시설에 종교인이 드나드는 과정을 보면서, 국가가 범죄인을 교정시설에 격리시켜 수용자로 만드는 이유, 그리고 교정행정과 종교 사이의 연관성에 대해 물을 수 있다. 이 두 가지 물음은 모두 교정행정의 방향과 연관된다. 국가가 격리시설인 교정시설을 두는 이유는 처벌의 의미와 함께 격리시설 내 교정교화 프로그램을 활용한 사회 복귀를 지향하기 때문이다. 이 교정교화 프로그램의 목적은 사회적으로 용인될 수 있는 적법한·적절한 행위와 동시에 내적으로 선한 의식을 갖도록 하는 데에 있다. 그리고 종교는 특히 수용자를 대상으로 '내적인 선한 의식'에 해당하는 교화에 기여하는 방식으로 교정교화 영역과 연결되어 있다.

이처럼 교정교화를 사회적으로 용인될 수 있는 적법한·적절한 행위를 하면서 동시에 내적으로 선한 의식을 갖게 만드는 일로 규정하고, 종교가 '내적인 선한 의식'에 해당하는 교화에 기여한다는 주장은 교정교화와 종교의 연관성을 자명한 것처럼 보이게 만든다. 그렇지만 이러한 인식이 정당성을 갖기 위해서는 오히려 교정교화와 종교의 연관성이 자명한 것처럼 만들어진 과정과 그에 대해 국가 차원에서 정책적으로 유도한 측면에 대한 성찰이 필요하다. 이러한 성찰을 위해서는 역사적으로 국가가 어떤 조직과 법규, 어떤 정책들을 통해 교정교화와 종교의 연계성을 도출했는지, 또한 교정교화와 종교가 연계된 현실에서 제기될 수 있는 쟁점들이 무엇인지를 살펴볼 필요가 있다.

둘째, 한국에서 교정 정책은 법무부 소관이고, 그 중에서도 2007년 이후 교정본부가 수용자의 교정교화를 총괄하면서 '교정본부 – 지방교정청 – 교도소·구치소'로 이어지는 연결 체계를 구축하고 있다. 특히 교정본부가 수용자의 교정교화를 위해 '교육교화과'(2008년 이후 교육교화팀)를 운영하다가 2009년 5월 이후 교육교화팀를 '사회복귀과'로 대체한 후 교정본부, 지방교정청, 교도소·구치소에서는 공통적으로 '사회복귀과'가 '수용자의 교육·교화' 업무를 맡게 된다.

법무부의 교정교화 역사는 공식적으로 1950년에 〈행형법〉이 제정되면서 시작된다. 〈행형법〉은 2008년 12월 이후 〈형의 집행 및 수용자의 처우에 관한 법률〉(약칭 형집행법)로 이어지고 있다. 교정교화와 관련된 법규 가운데 종교와 연관된 주요 법규는 〈형집행법〉과 동법 〈시행령〉·〈시행규칙〉이다. 그 외에 하위 법규인 〈수용자 사회복귀지원 등에 관한 지침〉·〈교도관직무규칙〉·〈교정위원 운영지침〉 등도 종교 관련 내용을 담고 있다.

국방부의 교정교화 역사는, 법무부의 경우에 비해, 1962년에 〈군행형법〉이 제정되면서 공식적으로 시작된다. 〈군행형법〉은 2010년 5월 이후 〈군에서의 형의 집행 및 군수용자의 처우에 관한 법률〉(약칭: 군형집행법)로 이어지고 있다. 군수용자의 교정교화와 관련된 법규 가운데 종교와 연관된 주요 법규는 〈군형집행법〉과 동법 〈시행령〉·〈시행규칙〉, 〈군인사법〉, 〈군수용자 교육교화 및 사회복귀지원에 관한 훈령〉 등이다.

셋째, 법무부와 국방부의 교정 정책과 종교를 연결하는 핵심 제도는 교정위원제도이다. 교정위원은 외부 종교인이 수용자에게 접근할 수 있는 공식적 경로이다. 이 교정위원제도의 기원은 해방 직후에 마련된 형목(刑牧, prison chaplain)제도이다. 그리고 이 형목제도는 1961년 12월부터 시작된 '종파별 교회(教誨)제도', 1970년부터 시작된 '독지(篤志)방문위원제도', 1983년부터 시작된 '교화위원과 종교위원제도'로 각각 전환된다. 이어, 1999년부터 교육위원제도를 포함한 교정위원제도가 마련되고 있다.

종교교정 정책에는 주목할 세 가지 지점들이 있다. 첫 번째 지점은 해방 직후부터 개신교계가 형목(刑牧)제도를 통해 형무소(1962년 이후 교도소)에서 수용자의 교화 영역을 독점하기 시작한 부분이다. 두 번째 지점은 1970년 독지방문위원제도, 1983년의 교화위원과 종교위원제도, 1999년 이후 교정위원제도라는 흐름 속에서 개신교의 독점 체제가 와해된 부분이다. 이 과정에서 교정교화 영역에는 천주교와 불교에 이어, 1980년대 이후 원불교의 개입이 시작된다. 세 번째 지점은 개신교의 독점 체제가 와해되어 다른 종교에 개방된 추세에도 불구하고, 해방 직후부터 개신교계가 교정교화 영역의 주도권을 가지고 있다는 부분이다.

이러한 역사적 흐름에서 흥미로운 대목은 교정교화 영역이 개신교로부터 불교와 천주교로 개방되고, 다시 원불교로 개방되는 과정의 의미이다. 이 과정은 한편으로 국가가 교정교화 주체로 계속해서 종교를 호명하고 있다는 점을, 다른 한편으로 이러한 호명이 교도소 선교의 주체가 되려는 종교계의 욕망과 결합되어 있다는 점을 의미한다. 이러한 양자의 만남은 결과적으로 국가와 종교의 제도적 연관성을 공고하게 만들고, 게다가 양자의 결합을 당연한 것으로 인식하게 만든다.

넷째, 교정 정책의 운영자들은 종교가 교정 정책의 목표 달성에 기여한다고 인식한다. 예를 들어, 법무부는 종교생활이 수용자의 심성순화, 마음의 평정, 사회로의 건전한 복귀에 정신적으로 큰 영향을 미친다고 인식한다. 그리고 이러한 인식은 인식 자체에 머물지 않고 교정 시설 내에 구축되는 종교 현실에까지 영향을 미친다.

종교가 교정 정책의 목표 달성에 기여한다는 인식이 교정시설에서 만들어내는 종교 현실의 내용은 다양하다. 예를 들어, 수용자에게 신앙을 갖도록 만들어 종교인 비율을 유지하거나 높인다. 교정시설에 종교 관련 도서를 비치하는 등 수용자에게 종교 관련 지식을 계속해서 전달한다. 종교분야 교정위원들을 통해 수용자에게 종교 관련 체험 기회를 계속해서 제공한다. 그리고 교정위원제도뿐만 아니라 교정자문위원회제도를 통해 구조적으로 교정 당국이 교정교화 영역에 대한 종교계의 목소리를 반영하게 만든다.

이러한 교정 시설 내 종교 현실은, 비록 이러한 현실이 당연해 보일지라도, 해방 이후 역대 정부가 진행한 종교교정 정책의 효과로 빚어진 결과이다. 앞으로도 이러한 교정 정책이 계속되는 한, 교정교화 영역과 종교의 연관성은 지속될 것으로 보인다.

이러한 교정교화 영역에는 몇 가지 쟁점이 발생할 가능성이 있다. 이 쟁점들은 크게 〈헌법〉에 명시된 종교의 자유를 침해할 가능성(제20조 1항)과 정교분리 위반의 가능성(제20조 2항), 법 앞의 평등권 침해의 가능성과 종교로 인한 차별의 가능성(제11조 1항), 인권 침해의 가능성(제10조)으로 나뉠 수 있다. 그 외에 종교간 형평성과 관련된 쟁점도 있을 수 있다. 이 쟁점들은 단절된 것이 아니라 상호 연결되어 있어 다소 복잡하다.

또한 교정교화 영역에서 제기될 수 있는 종교의 자유 침해, 정교분리 원칙의 위반, 종교로 인한 차별 금지 등의 위반 가능성, 그리고 종교간 형평성 등과 관련된 쟁점들은 결과적으로 수용자의 인권 침해 가능성과도 연결되어 있다. 이러한 쟁점들이 해소되지 않는 한, 〈헌법〉에 보장된 '인간으로서의 존엄과 가치를 가지며, 행복을 추구할 권리'와 '국가가 개인이 가지는 불가침의 기본적 인권을 확인하고 보장할 의무'(제10조)가 지켜지기 쉽지 않다는 의미이다.

교정 정책의 역사를 보면, 1990년대 중반 이후 수용자의 인권에 대한 관심이 높아지고, 2008년 이후 수용자의 인권 보장에 대한 사회적 요구를 반영해 교정자문위원회제도가 마련된 바 있다. 그렇지만 종교 분야 교정위원으로 참여할 수 있는 종교의 범위와 유관 종교단체의 자격을 판단하는 기준이 모호한 상황은 지속되고 있다. 이러한 상황에 변화가 없는 한, 앞으로도 종교와 관련된 수용자의 인권 침해 가능성은 계속 주목될 것으로 보인다.

국가 정책은 이론적으로 사회문제의 인식과 이 문제를 해결하기 위한 의제(agenda) 설정을 포함해 일련의 정책과정(policy process: 형성·집행·평가·변화)을 거치게 된다. 종교교육, 군종, 종교사회복지, 종교교정 등에 대해서도 이러한 정책과정을 합리적으로 거쳤는지 살펴볼 필요가 있다. 그렇지만 그보다 근본적인 부분은 이러한 정책이 적용 대상을 제한하고 있는지, 나아가 궁극적으로 인간다운 삶을 위한, 즉 기본권을 포함한 인권 보장에 대한 폭넓은 인식을 담고 있는지를 성찰하려는 노력이다. 이는 종교 법제와 종교 정책이 종교와 관련된 최소한의 기본권 보장과 이를 통한 인간다운 삶의 실현이라는 관점에서 마련되고 개선되어야 한다는 지적이다.

02

종교 법제와 정책을 바라보는 시선

1) 다문화사회와 종교 법제·정책

해방 이후 적지 않은 종교인들이 국민 교육을 위해 학교에서 종교 교사로, 국방의 의무를 다하기 위해 군대에서 군종으로, 그리고 사회 복지시설이나 교정시설 등에서 누군가를 위한 삶을 살았고, 현재도 그렇게 살고 있는 경우가 적지 않다. 앞으로도 사회를 구분하는 이러 한 영역들이 존재하는 한 이러한 삶의 형태도 지속될 것으로 보인다. 사실 누군가를 위한 삶 자체가 쉽지 않다는 점을 고려하면, 이러한 삶 의 형태는, 더군다나 그 대상이 되는 경우에는 특히 고마운 일이 될 수 있다.

이와 관련해, 법무부 교정국이 1983년에 '종교교화 성공사례 특집' 으로 펴낸 자료에 담긴 약 55명의 종교교화 사례를 들 수 있다. 이 자 료에는 "17년간의 교도소 전도사업의 한 열매, 1968년부터 교도소에 드나들면서…그들의 오염된 영혼의 구제에 전력, 수형자들을 위하여 복음 전도, 1980년 1월부터…3년여간 위탁생들의 종교지도, 1970년 8 월…소년원에 교화의 첫 발을…22명 모두가 사랑에 굶주린 어린 양떼, 교도소 안에 있는 신우회의 형제들, 스스로 천주교 신자회를 결성,

1966년에 처음으로…교도소 전도를 시작한 지가 약 17년" 등 여러 표현이 등장한다.[5] 이러한 내용들은 종교인들이 일종의 소명의식을 갖고 활동한다는 점과 누군가가 필요한 도움을 받고 있다는 점을 보여준다.

그럼에도 불구하고, 국가의 정책과 종교가 연결되는 지점에는 개인적 차원을 넘는 구조적 차원의 문제들이 발생할 수 있어 지속적인 성찰이 필요하다. 예를 들어, 특정 종교들만 정부가 지원하는 정책과 제도의 대상이 된다면 개인과 무관하게 구조적 차원에서 권력 유착(adhesion to power) 현상이 발생할 수 있다. 이러한 현상이 발생한다면, 누군가가 느끼는 고마움이 다른 누군가에게 불이익으로 다가올 수도 있다. 이러한 현상이 발생하지 않도록 하려면 국가의 정책과 종교가 연결되는 지점이 국민 모두의 삶에 어떤 영향을 미치는지에 대해 지속적으로 성찰하고 논의하는 일이 필요하다.

이와 관련해, 해방 이후부터 추진된 한국의 종교 법제나 정책 관련 자료들을 보면, 의외로 많은 영역에 종교 법제나 정책이 있고, 여기에는 이미 발생했거나 앞으로 발생할 가능성을 가진 여러 쟁점들이 있다. 이처럼 종교 법제나 정책의 역사 속에서 이미 발생했거나 앞으로 발생할 가능성이 있는 쟁점들은 대체로 법 앞의 평등과 종교로 인한 차별 문제, 종교의 자유 침해 문제, 국교 불인정과 정교분리 원칙의 위반 문제, 종교간 형평성 침해 문제, 교육과 종교의 분리 원칙의 위반 문제 등과 연관되어 있다.

우리가 놓칠 수 없는 부분은 한국의 종교 법제나 정책에 담긴 쟁점들이 단순히 종교 영역에만 한정된 것이 아니라 평등과 자유를 양대

---

5 법무부 교정국 편, 『망루의 고독(II) – 종교교화 성공사례 특집』, 법무부 교정국, 1983, 39쪽, 56쪽, 146쪽, 249쪽, 264쪽, 274쪽, 310쪽.

축으로 하는 국민의 기본권 문제와 연결되어 있다는 점이다. 그리고 국민의 기본권과 관련된 이러한 쟁점들은 궁극적으로 '인간으로서의 존엄성과 행복추구권'을 지향하는 국민의 삶의 문제로 이어진다. 이처럼 종교 법제나 정책의 흐름에 담긴 쟁점들이 국민의 기본권에 입각한 '인간으로서의 존엄성과 행복추구권'의 실현이라는 헌법적 가치와 연결된다는 점은 우리가 끊임없이 한국의 종교 법제나 정책을 둘러싼 쟁점들에 관심을 가져야 하는 이유가 된다.

현대 한국 사회는 제도적 차원에서 여러 종교의 공존이 가능한 다종교사회, 게다가 세계화로 인해 촉발된 다문화사회에 진입해 있다. 다문화사회의 주요 특성으로는, 비록 다종교사회의 경우와 차이가 있지만, 문화적 이질성을 지적할 수 있다. 특히 다문화사회에서 강하게 경험할 수 있는 이질성 가운데 하나는 종교적 이질성이다. 이런 점에서 다문화사회와 다종교사회는 연결되어 있다.

다문화사회에서는, 다종교사회의 경우처럼, 주류와 소수의 구별이 생기고, 그 사이를 '이질성'이 채우고 있어 종종 이질성의 공존 방식이 쟁점이 된다. 이러한 쟁점은 종종 '이질성의 공존이 가능한 제도'를 갖추는 과정에서 등장한다. 물론 이질성의 공존이 가능한 제도적 뒷받침이 완벽한 것이 아닌 진행형이라는 점을 고려하면 사실상 다문화사회도, 그리고 관련 쟁점도 늘 진행형이다.

특히 이질성의 공존과 관련해, 다문화사회는 여러 종교적 가치를 포함해 다른 문화적 가치에 대한 '관용 또는 인정 담론'과 이와 대립된 '정의 담론'이 충돌하는 장이다. 한국 사회의 경우도 이러한 담론의 충돌을 경험하고 있다. 만약 관용 담론에 정의 담론, 그리고 정의 담론에 관용 담론의 발생 가능성이 내재해 있다는 점을 인정한다면 이러한 경험은 피할 수 없는 일이기도 하다. 예를 들어, 어떤 사회에서 정의롭지 않다고 인식되는 현상이 발생할 경우에 관용 담론에서는 그 현상을 '차이'로 보고 '차별'하지 말고 그대로 관용 또는 인정해야 한다는 주장이 주류를 이루겠지만, 그 안에서도 그 현상을 그대로 관용하기보다 사회 구조적 차원에서 접근해서 개선해야 한다는 주장이 나올 수 있다. 물론 이러한 경우는 거꾸로 정의 담론에 관용 담론의 씨앗이 들어있다는 것을 시사한다.

주목할 부분은 종교 법제나 정책의 쟁점들을 헌법적 가치들과 연결시키는 논의가 다문화사회 내의 인정 담론과 정의 담론을 조율할 수 있는 연결 고리가 될 수 있다는 점이다. 종교 법제나 정책의 쟁점들과 헌법적 가치들을 연결하는 일은 이질적 또는 대립적인 현상들을 사회적 공공성(publicness)이나 공공선(common good)[6] 담론 속으로 유도해 해소하는 일이기 때문이다. 이는 헌법적 가치들을 활용해 이질적으로 보이는 담론들의 공유 지점으로 인간다운 삶을 지향하는 방향을 설정할 수 있다는 주장이다.

이러한 맥락에서 한국 사회에는 종교 법제와 정책에 담긴 쟁점들을 본격적이고 지속적으로, 그리고 종합적으로 논의하는 장이 마련될 필요가 있다. 다만, 이 논의의 폭과 깊이를 확장하기 위해서는 한국 사회에서 종교 법제나 정책이 이미 발생시킨 또는 앞으로 발생시킬 수 있는 이면적 효과에 주목할 필요가 있다.

---

6 공공성(Publicness)이 근대 이후 사회질서의 문제에서 가장 핵심이 되는 개념이다. 그렇지만 이 개념은 공(the public)과 사(the private)라는 구분이 전제되면서도 단일한 차원이 아닌 다차원적 의미를 가진다. 공공성 개념은 '절차적으로, 주체(agency)로서, 그리고 내용으로서' 규정되며, 서로 보완·긴장·모순 관계에 놓여 있다(이승훈, 「근대와 공공성 딜레마 – 개념과 사상을 중심으로」, 『민주사회와 정책연구』 13, 2008, 13-45쪽.).

2) 종교 법제와 정책 이면의 효과들

종교 법제나 정책의 이면적 효과로 먼저 거론할 수 있는 부분은 종교 법제나 정책이 한국 사회에서 종교 범주의 경계를 편향적으로 재생시킨다는 점이다. 이러한 경계의 재생 효과는 '사회적 인정'이라는 모호한 기준을 적용해 종교 범주를 좁게는 개신교·불교·천주교, 넓게는 원불교로 제한해, 이 종교들만을 국가 제도의 범위에 포함시키는 것을 핵심으로 한다. 그리고 이러한 정책은 결과적으로 특정 종교들만이 '올바른 또는 믿어볼 만한 종교'라는 인식을 국가 차원에서 사회에 유통시키는 편향적 역할을 수행하게 된다. 부지불식간에 국가 차원에서 종교 범주에 대한 편향된 인식을 사회적으로 지속시키는 셈이다.

이러한 정책적인 종교 범주의 활용은 개항 이후 종교 범주가 형성되어, 일제강점기에 '신도·기독교·불교'만을 종교 범주로 공인해 정책적으로 활용한 상황과 크게 달라 보이지 않는다. 과연 해방 이후 국가가 여러 법규들을 통해 종교 범주를 특정 종교들로 한정한 채 이 종교들에게만 교육, 군종, 사회복지, 교정 등의 영역을 개방한 현상은 조선총독부가 신도·불교·기독교(개신교와 천주교)만을 종교 범주로 설정하고 관리했던 현상과 어떻게 다를까? 일제강점기의 종교 범주에서 '신도'가 제외되었을 뿐 달라진 부분이 거의 보이지 않는다.

물론 현대 한국 사회에서 원불교가 간혹 종교 범주에 포함된다는 면을 고려하면, 해방 이전과 이후의 종교 범주가 동일하다고만 볼 수는 없다. 그렇다고 해도 일제강점기에 형성된 종교 범주의 희미한 경계가 지속되는 현실, 그리고 이러한 경계가 국가 차원에서 사회적으로 재생되는 현실을 부인하기는 쉽지 않다.

종교 범주의 경계를 편향적으로 재생시키는 종교 법제나 정책의 효과는, 비록 해방 직후와 그 이후의 상황을 대조해보면 점차 약해지는 것처럼 보이지만, 최근에도 지속되고 있다. 예를 들어, 종교교정 정책의 사례를 보면, 행형(行刑, 형집행) 관련 법규들과 제도에서 사용되는 '종교' 범주는 해방 직후부터 개신교만으로 채워졌고, 점차 불교·천주교로 넓혀지다가 원불교에게 다소의 개입을 허용한다. 그렇지만 종교 범주에서 이미 개신교의 자리는 공고해진 상태이고, 개신교에 미치지는 못하지만 불교·천주교의 자리도 공고해진 상황이다. 게다가 원불교가 개입된 일부 사례를 제외하면, 종교 범주는 여전히 그 이외의 다른 종교에 대해 개입을 허용하지 않는 배타성을 지속시키고 있다. 이러한 현상은 국가가 종교 범주를 활용해 개별 종교들을 구별하는 현상이자 일종의 종교 '공인' 현상에 해당할 수 있다.

흥미롭게도 종교 법제나 정책이 종교 범주의 경계를 편향적으로 재생시키는 효과의 이면에는 '종교인이 된다는 것이 사회적으로 용인될 수 있는 행동과 정신을 갖추게 되는 것'이라는 국가의 전제가 숨겨져 있다. 이러한 숨은 전제는 특히 교정교화 영역에서 확인할 수 있다. 그렇지만 이러한 숨은 전제와 달리, 우리는 적지 않은 종교인이 교정시설의 수용자가 되는 현실을 접하고 있다. 이러한 현실을 보면, 종교인이 된다는 것이 사회적으로 용인될 수 있는 행동과 정신을 갖는 것이라는 전제가 보편성이나 정당성을 갖는다고 볼 수 없다. 그렇다면 오히려 우리는 국가가 교정교화 영역에서 '종교인 만들기'라는 종교계의 일차적 목적을 묵인하는 현상을 포함해 종교 법제나 정책을 활용해 종교 범주의 경계를 편향적으로 재생하는 현상에 대해 끊임없이 성찰할 필요가 있다.

다음으로, 거론할 수 있는 부분은 종교 법제와 정책이 국가와 특정 종교들의 욕망(desire)을 연결하는 장(場)을 생산하는 효과이다. 여기서 욕망은, 생물학적 욕구(biological need)와 달리, 영원히 충족될 수 없는 사회적 구성물(social construction)을 의미한다. 이와 관련해, 종교 교육 정책, 군종 정책, 종교사회복지 정책, 종교교정 정책 등을 둘러싼 역사는 '종교를 활용하려는 국가의 채울 수 없는 욕망과 국가가 인정한 영역들에서 교세를 확장하려는 종교의 채울 수 없는 욕망이 만나는 장의 흐름'이다. 그리고 이러한 흐름은 국가와 특정 종교들의 채울 수 없는 욕망이 사회적, 정치적, 경제적 차원 등의 변화에 따라 끊임없이 달라져 왔다는 것을 보여준다.

구체적으로, 해방 직후 종교를 활용하려는 국가의 욕망은 개신교나 천주교에 국한되는 경향을 보인다. 이러한 경향은 국가의 종교교정 정책이나 군종 정책 등에서 확인할 수 있다. 그렇지만 정치사회적인 변화로 인해 다른 종교들의 지지가 필요해질 때 국가의 욕망은 불교에 이어, 원불교로도 향한다.

다만, 종교를 활용하려는 국가의 욕망은 대체로 개신교·천주교·불교·원불교로 구성한 종교의 범위를 넘어서지 않는다. 그리고 이러한 국가의 욕망이 멈춘 지점에서 여러 종교 법규들과 정책들은 종교 범주를 개신교·불교·천주교와 원불교로 한정한 채 이러한 종교 범주를 사회적으로 고정화시키는 효과를 불러일으킨다.

종교의 욕망도 국가 차원에서 인정한 영역들로 향한다. 이러한 욕망은 개신교에서 시작해 천주교, 불교, 원불교 등이 종교 교육 정책, 군종 정책, 종교사회복지 정책, 그리고 교정교화 정책에 진입한 사례들에서 확인할 수 있다. 다만, 대순진리회가 2007년부터 사회복지법인으로 대순진리회복지재단을 설립한 후 노인전문병원·노인복지센터·청소년수련원 등을 설립했듯이,[7] 다른 일부 종교들도 비교적 장벽

이 약한 종교사회복지 영역 등에 진입하는 모습을 보인다.

국가 차원에서 인정한 영역들로 향하는 종교의 욕망은 사회적 인정과 선·포교 활동의 효과를 기대하는 것으로 이어진다. 이 가운데 국가가 인정한 영역들로 진입하는 것을 사회적 인정이라고 인식하는 것은 개별 종교들을 인정투쟁(struggle for recognition)의 장으로 이끌어 간다. 그리고 국가가 인정한 영역들로 진입한 개별 종교들은 이른 바 국가적·사회적 인정 아래 선·포교 활동을 전개하며 종교의 자유를 누린다. 이와 관련해, 한국 근현대사의 종교 자유가 '초기에 소수종교의 선교 자유를 보장하기 위한 무기 역할을 하다가 점차 권위주의적 국가권력의 지배 테크놀로지와 거대한 종교권력의 자기방어용 무기 역할을 하게 되었다'는 지적을 참고할 만하다.[8]

그렇지만 국가와 종교의 욕망은 표면적으로 보완 관계로 보일지라도 점차 잠재적인 긴장 관계를 유발해, 그로 인해 헌법적 가치들과 관련된 여러 쟁점들을 노출시키게 된다. 바로 종교로 인한 차별 문제, 종교의 자유 침해 문제, 정교분리 위반 문제, 종교간 형평성 문제 등이다. 특히 국가가 각 영역별 정책의 참여 주체를 특정 종교로만 한정하는 한 이러한 쟁점들이 발생할 가능성은 지속된다.

이와 관련해, 종교분야 교정위원제도가 허용하는 제한된 종교 범위에 대한 논란은 아직까지 크지 않다. 그렇지만 이 부분은, 마치 군종제도에서 군종 참여 범위를 개신교·불교·천주교·원불교로만 한정한 것

---

7 대순진리회복지재단(http://dsswf.com/).

8 이진구, 『한국 근현대사와 종교자유』, 도서출판 모시는사람들, 2019, 299쪽. 이진구는 종교자유가 '국가권력, 주류종교, 소수종교의 욕망 실현 도구 또는 무기'이므로 종교자유의 본질과 의미에 대한 추상적 논의보다 누가 어떤 맥락에서 누구를 상대로 종교자유를 내세우며 그 담론의 효과는 무엇인가를 추적하는 작업을 제시한다(같은 책, 22-23쪽.). 그리고 국가와 종교, 개인과 집단이라는 변수를 결합해 종교자유의 충돌 유형을 4가지로 분류한 바 있다(같은 책, 20쪽, 293-299쪽.).

에 대해 종교간 형평성 문제가 제기되는 것처럼, 종교간 형평성 문제에 직면할 가능성을 안고 있다. 특히 앞으로의 종교간 형평성 문제와 관련해, 애국가에 등장하는 '하느님'이라는 표현, 〈전통사찰보존법〉과 〈향교재산법〉이 특정 종교에 주는 직·간접적 혜택 등을 근거로, '종교의 자유보다 오히려 종교의 평등이 화두'라는 지적이 이미 제기된 바 있다.[9]

지금까지 서술한 종교 법제나 정책이 종교 범주의 경계를 재생시키는 효과, 그리고 종교 법제와 정책이 국가와 종교의 채워지지 않는 욕망을 연결하는 장을 만들어내는 효과는 사실상 서로 연결되어 있다. 이는 국가가 자기 욕망을 실현하기 위해 종교 법제나 정책을 활용해 종교 범주의 경계를 편향적으로 재생시키면 종교가 사회적 인정이나 선·포교 활동을 위해 그 종교 법제나 정책이 만들어내는 영역에 진입하려는 욕망을 표출하게 되고, 국가와 종교의 욕망이 만나는 지점에서 여러 쟁점들이 발생하게 된다는 의미이다.

국가와 종교가 만나는 장에서 발생하는 여러 쟁점들 가운데 여전히 주목할 부분은 종교간 형평성과 종교의 자유 문제이다. 종교간 형평성 문제는 이미 국가 차원의 종교 법제와 정책이 종교 범주의 경계를 편향적으로 재생시켜 균형성을 상실하고 있다는 점에서 지속적으로 제기될 수 있다. 그리고 종교의 자유는 '국가 권력, 주류 종교, 소수 종교의 욕망 실현 또는 종교 인정 투쟁의 도구이자 무기'로 작동하기 때문에 지속적으로 부각된다. 특히 한국에서는 역사적으로 종교의 자유가 모든 종교에 해당되는 자유가 아니라 '종교로 인정된 종교'에 한해 보장될 수 있는 '자유'였다는 점을 고려하면 종교의 자유는 향후의 종

---

9 강돈구, 「현대 한국의 종교, 정치 그리고 국가」, 『종교연구』 51, 2008, 20-22쪽.

교 인정 투쟁 또는 여러 쟁점에서 주요 무기로 등장할 가능성이 있다.

사실 한국 사회에서 종교와 관련된 평등과 자유, 정교분리 등의 개념이 명료한 것은 아니다. 사안별로 어떤 경우가 종교 차별이나 종교 자유의 침해나 정교분리 원칙의 위반에 해당하는지 모호한 경우도 적지 않다. 이러한 상황을 보면, 종교차별과 같은 법적 개념들이 자명한 객관적 본질을 가진 것이 아니라 사안들과 관련된 주체들의 욕망과 협상에 의해 그때그때 내용이 채워지는 '텅빈 기호(empty sign)'라는 지적[10]이 타당성을 갖는다. 오히려 개별 사안들이 발생할 때마다 이러한 개념들이 명료해지기도 한다. 따라서 앞으로도 종교 법제와 정책이 적용되는 지점에서 종교의 자유나 평등이나 형평성 등이 쟁점이 된다는 것은 예상 가능한 일이다.

마지막으로, 위의 서술과 관련해, 정교분리 원칙, 교육과 종교의 분리 원칙, 종교의 자유, 종교로 인한 차별 금지 원칙, 종교간 형평성 준수 등 헌법적 가치들, 그리고 이러한 가치들의 상위에 놓인 '인간으로서의 존엄성과 행복추구'라는 헌법적 가치가 '신화적 구성물'일 수 있다는 점을 지적하고자 한다. 여기서 신화적 구성물은 이러한 헌법적 가치들이, 영원히 채워지지 않는 사회적 구성물로서의 욕망이라는 의미이자 완벽하게 채울 수 없는 초인간적 세계의 이야기라는 의미이다. 또한 채워질 수 없는 욕망에도 불구하고 끊임없이 채워갈 이야기라는 의미이기도 하다.

신화적 관점으로 종교의 자유 원칙을 포함한 헌법적 가치들을 조명

---

10 이진구는 한국 근현대사 속에서 종교차별, 종교자유, 정교분리와 같은 개념들이 다양한 주체들의 욕망을 통해 굴절·협상된 과정을 규명하는 작업이 선행되어야 한다고 본다(이진구, 「최근 한국 불교와 보수 개신교의 갈등: 종교차별, 정교분리, 종교자유 개념을 중심으로」, 『종교문화비평』 28, 2015, 206–208쪽.).

하는 일은 흥미롭다. 헌법적 가치들을 '신화'로 상정하는 순간, 헌법적 가치들을 둘러싼 현실의 쟁점들이 신화 속의 쟁점들로 대상화된다. 그리고 우리는 종교 법제와 정책에 관한 쟁점들을 분석해 각각의 주장이 꿈꾸는 신화적 세계를 볼 수 있게 된다. 이런 접근은 부지불식간에 모종의 믿음을 토대로 신화적 세계를 꿈꾸고 현실에서 그 세계의 재생을 실천하는 방식으로 두 세계의 경계를 넘나들거나 때로는 그 경계를 망각하며 살아가는 인간의 존재 방식을 이해하는 것이기도 하다. 이러한 신화적 관점에서 여러 제도와 정책들의 쟁점을 분석하고 서술하는 것은 앞으로 놓인 끊임없는 숙제이다.

<참고문헌>

I. 들어가면서

1) 논저류

강돈구, 「미군정의 종교정책」, 『종교학연구』 12, 1993

강돈구, 「한국의 종교정책과 종교교육」, 『종교연구』 48, 2007

강돈구, 「현대 한국의 종교, 정치 그리고 국가」, 『종교연구』 51, 2008

강석호, 「종교방송 보도의 공정성」, 『법학연구』 16-2, 2005

강석호, 『종교방송 라디오의 제작실무와 제반 법이론』, 생각더하기, 2011

강인철, 「대한민국 초대 정부의 기독교적 성격」, 『한국기독교와 역사』 30, 2009

강인철, 「압축성장과 무성찰성 –비교의 맥락에서 본 한국 군종의 특성」, 『종교문화연구』 25, 2015

강인철, 「양심적 병역거부에 대한 한국 주류 종교들의 태도 및 대응: 천주교, 불교를 중심으로」, 『우리신학』 4, 2006

강인철, 「정부지원을 중심으로 본 종립학교와 국가의 관계」, 『종교문화연구』 12, 2009

강인철, 「한국 개신교와 양심적 병역거부: '정통'과 '이단'을 넘어서」, 『한신인문학연구』 6, 2005

강인철, 「한국 군종 제도와 활동에 대한 비판적 성찰」, 『종교연구』 76-4, 2016

강인철, 「한국사회와 양심적 병역거부: 역사와 특성」, 『종교문화연구』 7, 2005

강인철, 「한국의 군종 연구에 대한 비판적 성찰」, 『종교연구』 75-4, 2015

강인철, 『민주화와 종교 : 상충하는 경향들』, 한신대학교 출판부, 2012a

강인철, 『저항과 투항: 군사정권들과 종교』, 한신대학교, 2013

강인철, 『종교권력과 한국 천주교회』, 한신대학교 출판부, 2008

강인철, 『종교정치의 새로운 쟁점들』, 한신대학교 출판부, 2012b

강인철, 『종속과 자율 : 대한민국의 형성과 종교정치』, 한신대학교 출판부, 2013a

강인철, 『한국의 종교, 정치, 국가 : 1945~2012』, 한신대학교 출판부, 2013b

고병철 외 4인, 『21세기 종무정책의 기능 강화 및 발전방안 연구』, 종교문화연구원, 2007

고병철, 『일제하 종교 법규와 정책, 그리고 대응』, 박문사, 2019

고병철, 「한국 종교계 사회복지의 쟁점과 과제」, 『종교문화비평』 19, 2011

고병철, 「한국 종교정책의 진단과 과제」, 『종교연구』 65, 2011

고수현, 「불교의 사회복지 사상에 관한 연구」, 『복지행정논총』 14-2, 2004

권동우, 「해방 이후 한국 종교계의 변화와 신종교: 공인교 제도와 영성운동, 그리고 신종교의 대응」, 『신종교연구』 28, 2013

김계욱, 「종교법인체법에 관한 연구」, 『논문집』 9, 총신대학교, 1990

김광식, 「1945~1980년 간의 불교와 국가권력」, 『불교학보』 58, 2011

김만수, 『일제와 미군정기의 종교정책이 불교 종립학교에 미친 영향』, 동국대학교 대학원 박사논문, 2007

김명돌, 『종교단체의 과세제도에 관한 연구』, 용인대학교 박사논문, 2009

김범준, 「해방공간 미군정의 불교정책연구 -정책실패요인을 중심으로」, 『선문화연구』 3, 2007

김상겸, 「종교의 자유와 정교분리원칙에 관한 연구」, 『공법연구』 35-2, 2006

김상식, 『한국 군종제도 설립에 대한 연구』, 연세대학교 대학원 박사논문, 2015

김상용, 「교회재산의 관리에 대한 현행 법률과 판례의 검토」, 『법조』 59-6, 2010

김성경, 「군대와 종교」, 『한국문화인류학』 16-1, 1984

김순석, 『조선총독부의 불교정책과 불교계의 대응』, 고려대학교 대학원 박사논문, 2001

김승동, 『권력의 언론통제에 관한 연구: CBS(기독교방송)사례를 중심으로』, 경남대학교 박사논문, 2012

김승태, 『일제의 식민지 종교정책과 한국 기독교계의 대응,1931~1945』, 한국학중앙연구원 박사논문, 2006

김승환 외, 『양심·종교의 자유를 침해하는 법령과 관행의 개선에 관한 연구』, 국가인권위원회, 2004

김안식, 「수형자의 교정교화와 종교의 역할」, 『교정담론』 4-1, 2010

김용관, 『종교계 사립학교에서의 종교교육에 관한 연구』, 홍익대학교 박사논문, 2010

김유찬·홍성익, 「종교단체에 대한 지방세 비과세·감면의 문제점과 개선방안」, 『조세연구』 13-1, 2013

김유환, 「초·중등학교 종교교육의 문제점과 해결방향: 강의석사건 판결의 의미와 전망」, 『공법학연구』 9-1, 2008

김인종, 「복지다원 사회에 있어서 종교의 사회복지 역할」, 『역사와 사회』 24, 1999

김재득, 「김영삼정부 이후 종교정책과 가톨릭교회: 종교예술제를 통한 종교문화정책의 성공요인 탐색」, 『가톨릭사회과학연구』 17, 2005

김재득, 「미군정기-장면정부, 종교정책 변동과 가톨릭교회: 법·제도 및 정부개입을 중심으로」, 『가톨릭사회과학연구』 16, 2004

김재웅, 「사립학교 종교교육에 대한 교육정치학적 분석: 기독교 학교를 중심으

로」,『교육정치학연구』13-2, 2006

김정남,『종교법인의 세무와 사회재정관리』, 영문, 2004

김정수, 「우리나라 종교정책의 문제점과 개혁방향에 관한 고찰」,『문화정책논총』27-2, 2013

김정신, 「사례조사를 통한 근대 동산문화재의 분류체계 연구: 총체적 분류와 천주교 문화유산을 중심으로」,『교회사학』10, 2013

김종서, 「국가의 종교지원 기준과 세계 종교기구의 설립」,『종교와 문화』14, 2008

김종서,『종교사회학』, 서울대학교 출판부, 2005

김종철, 「종교의 자유와 그 한계에 관한 소고」,『연세 공공거버넌스와 법』4-1, 2013

김진혁, 「종교교도소의 전망과 한계」,『교정연구』26, 2005

김진환, 「세계 각국의 종교정책에 관한 소고: 종무행정 중심으로」,『동국사상』12, 1979

김태영, 「종교관광 활성화 방안」,『한국관광정책』36, 2009

김형남, 「공공부문에서의 종교차별과 기본권: 특히 미국 연방대법원의 판례를 중심으로」,『유럽헌법연구』6, 2009

노갑영, 「평등권과 합리적 차별 그리고 시간강사의 법적 지위」,『법학논총』30-2, 2010

노길명, 「종교 사회복지의 성격과 과제」,『종교와사회』1-1, 2010

대한불교조계종,『불교와 국가권력, 갈등과 상생』, 대한불교조계종, 2010

류성민, 「근대 이후 한국 사회변동과 개신교 학교의 '종교교육': 종교의 자유와 정교분리 문제를 중심으로」,『원불교사상과 종교문화』51, 2012

류성민, 「한·중·일 삼국의 종교정책 비교」,『종교연구』46, 2007

류성민, 「한·미·일 삼국의 종교정책과 종교교육 비교」,『종교교육학연구』26, 2008

문화공보부,『종교 관계 법령』, 문화공보부, 1981

문화관광부,『종교관련법 조사 및 입법방향 연구: 종교관련 판례 및 입법사례를 중심으로』, 문화관광부, 2004

문화관광부,『종교단체 조세지원제도 개선방안에 관한 연구』, 문화관광부, 1998

미상, 「종교법인법시비」,『기독교사상』16-1, 1972

민경배, 「종교법인법 입법에 대하여」,『신학논단』19, 1991

민경식, 「2011년도 종교법판례의 동향」,『종교문화비평』21, 2012

민경식, 「2012년도 종교법 판례의 동향」,『종교문화비평』23, 2013

박경재, 「사찰의 법률관계에 관한 몇 가지 논점」,『법학연구』48-1, 2007

박광수, 「원불교의 입장에서 본 정치와 종교교육」,『종교교육학연구』15, 2002

박광수,「종교인과 종교언론의 사회 통합적 역할 -종교신문을 중심으로」,『대순사상논총』19, 2005

박명수,「다종교 사회에서의 한국 개신교와 국가권력」,『종교연구』54, 2009

박명수,「정부의 전통종교 문화정책 현황과 기독교의 대응방안」,『성결교회와 신학』24, 2010

박병진,『종교자유와 국가권력의 갈등: 법정 투쟁 6년의 전말』, 대한예수교 장로회 총회신학연구원출판부, 2001

박상필,「종교 단체의 공익 활동 내용과 교리적 근거: 기독교 단체와 불교 단체의 비교」,『현상과 인식』24, 2000

박수호,「종교정책을 통해 본 국가-종교간 관계: 한국 불교를 중심으로」,『한국학논집』39, 2009

박승길,「미군정의 종교 정책과 기독교의 헤게머니 형성: 1945-1948」,『사회과학연구』5, 1998

박응규,「한국의 군종제도와 기독교」,『성경과신학』66, 2013

박의서,「한국 종교관광의 정책 방향과 성공 사례」,『관광연구저널』25-5, 2011

박종주,「한국에서의 국가-종교관계 변화분석: 제1-6공화국의 종교정책을 중심으로」,『한국사회와 행정연구』5-1, 1994

박태영,『구한말과 일제식민통치 시대의 북미 선교사들의 정교분리 연구』, 숭실대학교 대학원 박사논문, 2014

배장오,「한국의 평생교육 정책과 기독교: 교회교육을 중심으로」,『종교연구』58, 2010

백종구,「한국정부의 종교문화정책과 기독교」,『장신논단』41, 2011

법무부,『종교규범과 국법질서』(법무자료 제132집), 법무부 법무실, 1990

上別府正信,『근현대 한일 종교정책 비교연구: 불교교단의 변천을 중심으로』, 지식과교양, 2011

서헌제,『종교분쟁 사례연구』, 한국학술정보, 2012

성정엽,「비례원칙과 기본권」,『저스티스』136, 2013

소성규,「종교단체의 법적 규율을 위한 입법적 시론 -이른바 종교법인법의 제정을 중심으로」,『법과 정책연구』12-2, 2012

송기춘,「국가조찬기도회의 헌법적 문제」,『헌법학연구』18-1, 2012

송기춘,「종교 관련 제도의 헌법적 문제점과 그 개선방향」,『헌법학연구』12-5, 2006

송호달·김명돌,「종교단체의 과세제도에 관한 연구」,『산업경영논총』15, 2008

신현응,『한국종교방송에서의 언론자유와 통제에 관한 연구: 보도의 공정성과 편파성을 중심으로』, 서강대학교 박사논문, 1993

안유림,『일본제국의 법과 조선기독교』, 경인문화사, 2018

안유림,『일제하 기독교 통제법령과 조선기독교』, 이화여자대학교 대학원 박

사논문, 2013

양재모,「종교법인 관련 입법의 필요성의 검토」,『법학논총』 23-1, 2006

양종승,「무속과 정치」,『비교민속학』 26, 2004

역사학회,『역사상의 국가권력과 종교』, 일조각, 2000

연기영,「종교관계 법령의 문제점과 입법정책적 과제」,『법과 사회』 2-1, 1990

오세영,「한국종교사회복지학 연구동향에 관한 분석과 과제」,『원불교사상과 종교문화』 55, 2013

유병철,「교정시설 수용자 교화를 위한 종교인의 역할과 기여」,『교정연구』 53, 2011

유용원,「교정행정 발전을 위한 교정위원의 참여와 역할」,『교정연구』 65, 2014

유장춘,『교회사건에 대한 국가법령 적용범위와 한계에 관한 연구』, 단국대학교 대학원 박사논문, 2012

유훈,『정책학원론』, 법문사, 1999

윤선자,「6·25 한국전쟁과 군종활동」,『한국기독교와 역사』 14, 2001

윤승용,「종교별 성직자 노후복지 비교 분석 -불교 가톨릭 개신교 원불교를 중심으로」,『선문화연구』 11, 2011

윤이흠·윤용복·이진구,『한국의 종교현상과 종교정책의 방향』, 한국종교사회연구소, 1997

윤진숙,「종교의 자유의 의미와 한계에 대한 고찰」,『법학연구』 20-2, 2010

윤철홍,「종교단체의 법인화」,『비교사법』 15-4, 2008

이로물로·민영,「종교방송의 공익성: 평화방송TV 시청의 사회자본 증진 효과를 중심으로」,『한국방송학보』 25-4, 2011

이미영,「정치와 종교에 관한 종교 지도자 설문조사 -천주교 사제 응답 결과를 중심으로」,『우리신학』 6, 2007

이백철,「교정교화와 종교계의 역할」,『경기교육논총』 7, 1998

이부하,「종교의 법적 개념과 국가의 종교적 중립성 - 독일의 법이론을 중심으로」,『헌법학연구』 14-2, 2008

이성민·강명구,「기독교방송의 초기 성격에 관한 연구 1954~1960: 냉전시기 라디오 방송환경과 선교방송의 성격변화를 중심으로」,『한국방송학보』 21-6, 2007

이용범,「무속 관련 무형문화재 제도의 의의와 한계: 무속에 대한 시각을 중심으로」,『비교민속학』 45, 2011

이원규,『종교사회학의 이해』, 나남, 2006

이은선,「정부의 민족종교 및 민속문화정책 현황과 기독교계의 대응」,『성결교회와 신학』 24, 2010

이재모,「우리나라 재가노인복지서비스와 종교사회복지의 역할과 과제」,『복지행정논총』 15-2, 2005

이준우 외,『종교법인법』, 한국법제연구원, 1994

이진구,「해방 이후 종교법인법 제정을 둘러싼 논쟁」,『한국종교』32, 2008

이철,「사립학교 종교교육 반대 의견에 대한 비판적 고찰: 강의석 사건에 관한 대법원 판결을 중심으로」,『현상과 인식』35-3, 2011

임의영,「공공성의 개념, 위기, 활성화 조건」,『정부학연구』9-1, 2003

임재성,「징병제 형성과정을 통해서 본 양심적 병역거부의 역사」,『사회와 역사』88, 2010

장석만,「19세기말~20세기초 한·중·일 삼국의 정교분리담론」,『역사와 현실』4, 1990

장영수,「헌법상 행복추구권의 의미와 실현구조」,『고려법학』85, 2017

전명수,「종교사회복지담론의 재고찰: 비판적 성찰과 전망」,『종교문화연구』20, 2013

전명수,「종교사회복지에 대한 비판적 고찰- 종교종합사회복지관의 특성과 과제를 중심으로」,『종교연구』64, 2011

전명수,「종교사회복지의 이념과 실천 방식에 대한 재성찰 -종교사회복지의 이론화작업의 일환으로」,『담론 201』18-2, 2015

전명수,「종교와 사회복지의 접점 -종교의 사회적 책임과 복지활동의 실제」,『종교연구』68, 2012

전명수,「한국 종교와 정치의 관계: 대통령 선거를 중심으로」,『담론 201』16-2, 2013

전성흥,「중국의 개혁과 종교: 국가의 종교정책, 민간의 종교활동, 지방의 종교통제」,『동아연구』30, 1995

정갑영 외 6인,『해외 각국의 종교현황과 제도 연구』, 문화관광부, 1999

정갑영 외,『우리나라의 종교정책에 관한 연구』, 한국문화정책개발원, 1998

정대진,『한국의 종교단체에 관한 조세법상의 연구』, 동국대학교 박사논문, 2004

정동섭 외 5인,『한국의 종교정책연구』, 국제문제연구소·문화관광부, 1980

정명희,「대규모 종교행사의 정책적 지원을 위한 쟁점과 방향」,『문화정책논총』26-2, 2012

정문식,「평등위반 심사기준으로서 비례원칙」,『법학연구』50-1, 2010

정상우 외 4인,『공직자의 종교편향 방지를 위한 법제도·정책 기초 연구』, 한국법제연구원, 2008

정상우·최정은,「학생의 신앙의 자유와 중등 종립학교에서의 종교교육의 자유의 조화 방안 연구」,『교육법학연구』22-2, 2010

정우택,「한국 정토신앙 관련 문화재 현황」,『전자불전』13, 2011

정태식,「종교와 정치의 긴장과 타협: 한국 개신교 대통령의 구원귀족 역할」,『신학사상』156, 2012

정희라, 「2006년 영국의 인종 및 종교적 혐오 방지법: 무슬림과 종교적 소수자 보호를 위한 정책」, 『EU연구』 35, 2013

조규훈, 「한국사회 법의 영역에서 형성된 종교 개념 -지구적 관점의 적용」, 『종교문화연구』 12, 2009

조석훈, 「사립학교에서 종교교육의 한계에 관한 법적 해석기준」, 『교육행정학연구』 30-1, 2012

조성수, 『한국에서의 교회와 국가와의 관계에 관한 연구: 교회사적 측면에서 본 연구』, 연세대학교 대학원 박사논문, 2009

종교자유정책연구원, 『종교차별과 종교인권』, 초록마을, 2009

진상범, 「한국사회 양심적 병역거부에 대한 국가와 종교의 대응」, 『종교문화연구』 8, 2006

진상욱, 「사찰의 실체와 법적 성격」, 『토지법학』 26-2, 2010

최석영, 『植民地朝鮮における宗教政策と巫俗の研究』, 廣島大學 박사논문, 1998

최윤진, 「학생의 종교의 자유에 관한 연구」, 『민주주의와 인권』 7-2, 2007

최인규, 「교정복지정책의 결정과정에 있어서 정책갈등에 관한 연구: 민영교도소 설치사례를 중심으로」, 『교정복지연구』 24, 2012

최종고, 「한국 교회와 정교 분리」, 『기독교사상』 25-8, 1981

최종고, 「한국에 있어서 종교자유의 법적 보장과정」, 『교회사연구』 3, 1981

최종고, 「한국종교법학의 현황과 전망」, 『종교와 문화』 5, 1999

최종고, 『법과 종교와 인간』, 삼영사, 1972

추일엽, 「종교재산에 관한 재산세의 비과세와 조세공평주의의 관계」, 『신학과 실천』 24-2, 2010

한국기독자교수협의회, 『(현대 사회에서)종교권력, 무엇이 문제인가』, 동연, 2008

한국종교문화연구소, 『신자유주의 사회의 종교를 묻는다』, 청년사, 2011

한국종교법학회, 『법과 종교』, 홍성사, 1983

한국종교법학회, 『종교법판례집』, 육법사, 1982; 최종고, 『국가와 종교』, 현대출판사, 1983

한국종교법학회, 『종교법학문헌집』, 한국교회사연구소출판부, 1982

한국종교사회연구소 편, 『한국의 종교와 종교법: 종교단체의 법인체 등록』, 민족문화사, 1991

한규무, 「'국가조찬기도회', 무엇을 남겼는가」, 『기독교사상』 48-1, 2004

허경미, 「미국의 종교교정의 실태 및 도입모델 연구」, 『경찰학논총』 7-1, 2012

허명섭, 「미군정의 종교정책과 한국교회」, 『한국교회사학회지』 15, 2004

현대사회연구소 편, 『종교정책의 현실과 과제』, 현대사회연구소, 1987

황준성·박재윤·정일환·문성모·신지수, 「"종교교육의 자유"의 법리 및 관련 법령·판례 분석」, 『교육법학연구』 19-2, 2007

Kamibeppu Masanobu, 『근현대 한일 종교정책과 불교교단의 변천에 관한 비교연구』, 서울대학교 대학원 박사논문, 2011

2) 기타
〈대한민국헌법〉
『경향신문』

II. 종교 법제의 지형과 쟁점

1) 논저류

강대인, 「종교방송에 관한 고찰」, 『한국사회과학연구』 4, 1986
강돈구, 「현대 한국의 종교, 정치 그리고 국가」, 『종교연구』 51, 2008
강인철, 『종교정치의 새로운 쟁점들』, 한신대학교 출판부, 2012
고기복, 「증오와 종교차별 방지를 위한 헌법적 연구」, 『토지공법연구』 80, 2017
고병철, 「공직자의 종교 편향,차별 예방 교육의 방향」, 『종교교육학연구』 31, 2009
고병철, 「한국 종교계 사회복지의 쟁점과 과제」, 『종교문화비평』 19, 2011
고병철, 「한국 종교정책의 진단과 과제 –문화체육관광부의 종무실을 중심으로」, 『종교연구』 65, 2011a
고병철, 「해방 이후 대종교의 건국 활동과 교단 재건」, 『고조선단군학』 37, 2017
고병철, 『한국 중등학교의 종교교과교육론』, 박문사, 2012
군종교구사 편찬위원회, 『천주교 군종교구사(군사목 50년사)』, 천주교 군종교구, 2002
김명배, 「기억의 역사로 본 영등포산업선교회의 노동운동」, 『숭실사학』 28, 2012
김상겸, 「종교의 자유와 정교분리원칙에 관한 연구」, 『공법연구』 35-2, 2006
김종철, 「종교의 자유와 그 한계에 관한 소고」, 『연세 공공거버넌스와 법』 4-1, 2013
김진혁, 「종교교도소의 전망과 한계」, 『교정연구』 26, 2005
노갑영, 「평등권과 합리적 차별 그리고 시간강사의 법적 지위」, 『법학논총』 30-2, 2010
노길명, 「종교 사회복지의 성격과 과제」, 『종교와사회』 1-1, 2010
박종주, 「한국에서의 국가–종교관계 변화분석: 제1-6공화국의 종교정책을 중심으로」, 『한국사회와 행정연구』 5-1, 1994
법무부 교정본부, 『2009 한국의 교정행정』, 법무부, 2009

손동신, 「한국교회 교정선교 사역에 대한 평가와 제언」, 『선교신학』 22, 2009

송기춘, 「미군정기 및 대한민국 건국 초기의 종교관련제도의 정립과 관련한 헌법적 논의 : 입법의원과 제헌국회에서의 논의를 중심으로」, 『법과 사회』 24, 2003

오세영, 「한국종교사회복지학 연구동향에 관한 분석과 과제」, 『원불교사상과 종교문화』 55, 2013

이근섭, 「교도소 선교」, 『새가정』 205, 새가정사, 1972.7

이부하, 「종교의 법적 개념과 국가의 종교적 중립성: 독일의 법이론을 중심으로」, 『헌법학연구』 14-2, 2008

이석민, 「종교영역에 대한 국가의 개입 가능성과 한계: 중립성의 두 가지 함의를 중심으로」, 『법과사회』 45, 2013

이세주, 「헌법상 문화국가원리에 대한 고찰」, 『세계헌법연구』 21-2, 2015

이승호, 「민영교도소의 두 모델과 한국에서의 도입추진 상황」, 『형사정책연구』 71, 2007

이재희, 「일반적 평등권 보장과 개별적 평등권 보장: 특히 헌법 제11조 제1항 제1문과 제2문을 중심으로」, 『헌법학연구』 21-2, 2015

이진구, 「최근 한국 불교와 보수 개신교의 갈등: 종교차별, 정교분리, 종교자유 개념을 중심으로」, 『종교문화비평』 28, 2015,

장석만, 「한국 개신교의 또다른 모색: 기독교조선복음교회와 도시산업선교회」, 『역사비평』 70, 2005

장석정, 『한국 개신교에 나타난 반공주의: 그 생성과 변형』, 숭실대학교 기독교학대학원 석사논문, 2008

장영수, 「헌법상 행복추구권의 의미와 실현구조」, 『고려법학』 85, 2017

전명수, 「종교사회복지담론의 재고찰: 비판적 성찰과 전망」, 『종교문화연구』 20, 2013

전명수, 「종교사회복지에 대한 비판적 고찰」, 『종교연구』 64, 2011

전명수, 「종교사회복지의 이념과 실천 방식에 대한 재성찰 -종교사회복지의 이론화작업의 일환으로」, 『담론 201』 18-2, 2015

전석환, 「수용자 처우에 있어서 종교의 역할과 기능에 대한 고찰: 구조변화의 의미를 중심으로」, 『경찰학논총』 5-1, 2010

정상우, 「정교분리 원칙의 모델에 관한 비교헌법학적 연구」, 『헌법학연구』 20-1, 2014

정종섭·이정훈·박종원, 『국내외 종교차별 사례 연구』(문화체육관광부 연구용역 최종보고서), 서울대학교 산학협력단, 2009

지규철, 『미국에서의 정교분리에 관한 연구, 고려대학교 대학원 박사학위논문, 1992

최우정, 「헌법상 정교분리원칙과 문화국가원리」, 『헌법판례연구』 7, 2005

2) 기타

〈10·27법난 피해자의 명예회복 등에 관한 법률 (약칭: 10·27법난법)〉; 〈10·27
　　　법난 피해자의 명예회복 등에 관한 법률 시행령 (약칭: 10·27법난법 시
　　　행령)〉
〈가석방 심사 등에 관한 규칙〉
〈강원도 향교 및 서원 활성화사업 지원 조례〉
〈강진군 향교 지원 및 육성에 관한 조례〉
〈거창군 향교 지원 및 육성에 관한 조례〉
〈건전가정의례의 정착 및 지원에 관한 법률 (약칭: 가정의례법)〉
〈경기도 향교 및 서원의 활성화사업 지원 조례〉
〈경상남도 향교 활성화 사업 지원에 관한 조례〉
〈경상북도 향교 활성화 사업 지원 조례〉
〈경주시 향교·서원의 지원 및 육성에 관한 조례〉
〈경찰청과 그 소속기관 직제〉; 〈경찰청과 그 소속기관 직제 시행규칙〉
〈곡성군 향교 지원 및 육성에 관한 조례〉
〈공무원복무규정〉
〈공직자종교차별신고센터 설치·운영 규정〉
〈관공서의 공휴일에 관한 건〉; 〈관공서의 공휴일에 관한 규정〉
〈광명시 오리서원 설치 및 운영에 관한 조례〉
〈광양시 향교 지원 및 육성에 관한 조례〉
〈광주광역시 광산구 월봉서원 주변 편익시설 운영에 관한 조례〉
〈광주광역시 향교 활성화 지원 조례〉
〈괴산군 향교 및 서원의 지원·육성에 관한 조례〉
〈교육기본법〉
〈교정위원 운영지침〉
〈구례군 향교 지원 및 육성에 관한 조례〉
〈국가공무원 복무규정〉
〈국가공무원법〉
〈국가인권위원회법〉
〈국경일에 관한 법률〉
〈군인복무규율〉
〈근로기준법〉
〈김포시 향교·서원 지원 및 육성에 관한 조례〉
〈나주시 향교 지원 및 육성에 관한 조례〉
〈단양군 향교·서당 활성화 사업 지원 조례〉
〈담양군 향교 지원 및 육성에 관한 조례〉
〈대전광역시 대덕구 향교 지원 및 육성에 관한 조례〉

〈대한민국 국기에 관한 규정〉; 〈대한민국국기법〉
〈대한민국헌법〉
〈무안군 향교 지원 및 육성에 관한 조례〉
〈문경시 근암서원 관리 및 운영 조례〉
〈문화재보호법〉
〈문화체육관광부와 그 소속기관 직제〉; 〈문화체육관광부와 그 소속기관 직제
　　시행규칙〉
〈민법〉
〈방송법〉
〈부산광역시 향교 및 서원의 활성화 지원에 관한 조례〉
〈북한이탈주민의 보호 및 정착지원에 관한 법률 시행령〉(약칭: 북한이탈주민법
　　시행령)
〈불교재산관리법〉; 〈불교재산관리법시행령〉
〈사찰령·사원규칙·포교규칙폐지에관한법률〉
〈사회복지공동모금법〉; 〈사회복지공동모금법시행령〉
〈사회복지사업법 시행령〉
〈세종특별자치시 향교·서원·서당의 활성화 사업 지원 조례〉
〈수용자 교육교화 운영지침〉
〈순천시 향교 지원 및 육성에 관한 조례〉
〈안동시 도산서원 관람료 징수 조례〉
〈안동시 도산서원선비문화수련원 운영 지원에 관한 조례〉
〈연호에 관한 법률〉
〈영암군 향교 지원 및 육성에 관한 조례〉
〈영주시 소수서원 등의 관리 및 운영 조례〉
〈영주시 순흥문화유적권 관리 및 운영 조례〉
〈예수성교 누가복음전서 등 4건 문화재 등록 고시〉
〈완도군 향교 지원 및 육성에 관한 조례〉
〈울산광역시 중구 구강서원 운영·관리 조례〉
〈이전 법령 등의 효력에 관한 건〉
〈이천시 설봉서원 관리 및 운영 조례〉
〈장성군 필암서원 유물전시관 및 집성관 운영에 관한 조례〉
〈장성군 필암서원 유물전시관 운영에 관한 조례〉
〈장수군 향교·서원 지원 조례〉
〈전라남도 향교 활성화 사업 지원에 관한 조례〉
〈전라북도 향교 활성화 및 지원에 관한 조례〉
〈전통사찰보존법 (약칭: 전통사찰법)〉; 〈전통사찰보존법시행령 (약칭: 전통사
　　찰법 시행령)〉; 〈전통사찰의 보존 및 지원에 관한 법률〉

〈정부조직법〉
〈조선인민의 권리에 관한 포고〉
〈지방공무원 복무규정〉
〈지방공무원법〉
〈집회 및 시위에 관한 법률 (약칭: 집시법)〉
〈충청남도 향교 및 서원 활성화사업 지원에 관한 조례〉
〈통일부와 그 소속기관 직제 시행규칙〉
〈파주시 향교 및 서원의 지원·육성에 관한 조례〉
〈하남시 향교의 지원·육성에 관한 조례〉
〈해남군 향교 지원 및 육성에 관한 조례〉
〈향교재산관리에관한건〉; 〈향교재산관리규칙〉
〈향교재산법〉
〈향토예비군설치법〉
〈홍천향교 지원 및 육성에 관한 조례〉
〈화순군 향교 지원 및 육성에 관한 조례〉

교정본부(http://116.67.117.203:8888/HP/TCOR/)
국가법령센터(http://www.easylaw.go.kr/)
대한예수교장로회총회(http://www.gapck.org/pds/bbs_read.asp, 2018.1.15.)
문화체육관광부 홈페이지(http://www.mcst.go.kr)
세계유교문화재단(https://www.worldcf.co.kr:511/)
소망교도소(http://somangcorrection.org/)
환경부(http://www.me.go.kr)

『경향닷컴』
『경향신문』
『국민일보』
『기독일보』
『동아일보』
『매일경제』
『신동아』
『연합뉴스』
『한겨레』
『한국민족문화대백과사전』

Ⅲ. 종교교육 정책과 과제

1) 논저류

강혜원, 「불타인격에서의 종교교육」, 『석림』 9, 동국대학교 석림회, 1975

고병철, 「국가 교육과정(종교학)의 개정 흐름과 2015 종교학 교육과정」, 『종교교육학연구』 51, 2016

고병철, 「중등학교 종교 교과의 교수·학습 방식」, 『교육연구』 43, 2008

고병철, 『종교교과교육과 교과교재론』, 박문사, 2014

고병철, 『한국 중등학교의 종교교과교육론』, 박문사, 2012

고병철·강돈구·조현범, 『2018년 한국의 종교 현황』, 문화체육관광부, 2018

교육과학기술부, 『고등학교 교양 교과 교육과정』(교육과학기술부 고시 2011-361호[별책 19], 2011.8.9.), 2011

교육과학기술부, 『고등학교 교양 교과 교육과정』(교육과학기술부 고시 제2012-3호 [별책 19], 2012.12.13.), 2011

교육과학기술부, 『고등학교 교육과정 해설-교양』, 교육과학기술부, 2008

교육과학기술부, 『교육과학기술부 고시 제2009-41호에 따른 고등학교 교육과정 해설 총론』, 2009

교육과학기술부, 『초·중등학교 교육과정 총론』(교육과학기술부 고시 제2009-41호 [별책 1], 2009.12.23.), 2009

교육과학기술부, 『초·중등학교 교육과정 총론』(교육과학기술부 고시 제2011-361호 [별책 1], 2011.8.9.), 2011

교육부, 『고등학교 교양 교과 교육과정』(교육부 고시 2013-7호 [별책 1], 2013.12.18.), 2013

교육부, 『고등학교 교육과정 해설-교양』, 교육부, 2001

교육부, 『고등학교 교육과정(Ⅰ, Ⅱ, Ⅲ)』(교육부 고시 2015-74호 [별책 4], 2015.9.23.), 2015

교육부, 『초·중·고등학교 국가 수준의 교육과정 기준-총론』, 교육부, 1999

교육부·한국교육개발원, 『2018 교육통계연보』, 교육부·한국교육개발원, 2018

교육인적자원부, 『2007년 개정 교육과정 개요』, 교육인적자원부(교육과정정책과), 2007

김경식, 「현대 한국 군정교육의 역사적 평가-법규·법철학 분야를 중심으로」, 『한국교육사학』 13, 한국교육사학회, 1991

김병일, 「종교교육의 새 방향-종교교육의 필요성과 기대」, 『경향잡지』 66-6, 한국천주교중앙협의회, 1974

김연복·박인순·박정희, 「시내 중학교에 무시험 진학한 비 기독교 학생들의 종교 반응 분석」, 『교육연구』 37, 이화여자대학교 사범대학 교육학과, 1971

김윤태 외,『고등학교 평준화 정책의 연구평가: 고등학교 선발과 추천 배정제
　　도에 관한 연구』, 한국교육개발원, 1978
내무부 치안국, 〈법령 제64호(조선정부 각부서의 명칭)〉(1946.3.29.),『미군정
　　법령집』, 1956
내무부 치안국, 〈법령 제6호〉(1945.9.29.),『미군정법령집』, 1956
노병건,「종교교육의 새 방향-프로테스탄트系 학교와의 비교」,『경향잡지』
　　66-6, 한국천주교중앙협의회, 1974
손원영,「제7차 교육과정과 기독교학교의 종교교육」,『종교교육학연구』13, 종
　　교교육학회, 2001
손인수,『미군정과 교육정책』, 민영사, 1992
신현석,「한국사학정책의 쟁점과 대안, 그리고 선택(I)」,『교육행정학연구』
　　15-3, 한국교육행정학회, 1997
안상원,「우리나라 근대학교의 태동에 관한 일고」,『교육논총』3, 건국대학교
　　교육대학원, 1983
양철문,『한국 근·현대 중등교육 100년사』, 교학연구사, 1998
엘리어트 아이즈너 지음, 이해명 옮김,『敎育的 想像力: 교육과정의 구성과 평가』,
　　단국대학교출판부, 1983
오인탁,「학교와 종교교육」,『기독교사상』23-11, 대한기독교서회, 1979
유봉호·김융자,『한국 근/현대 중등교육 100년사』, 한국교육학회 교육사연구
　　회, 1998
윤광제,「종교교육의 새 방향-교회산하 학교의 현황과 대책」,『경향잡지』
　　66-6, 한국천주교중앙협의회, 1974
윤이흠,「(교과의 교육적 의미-신교육과정의 선택교과) 종교」,『교육진흥』2-4
　　호, 중앙교육진흥연구소, 1990
이나미,「미군정기의 민주주의 교육: 일제시기와의 연속성을 중심으로」,『동양
　　정치사상사』3-1, 한국동양정치사상사학회, 2004
정상우,「정교분리 원칙의 모델에 관한 비교헌법학적 연구」,『헌법학연구』
　　20-1, 2014
중앙대학교 부설 한국교육문제연구소,『문교사(1945-1973)』, 중앙대학교출판
　　국, 1974
지교헌,「미국에 있어서의 종교의 자유」,『논문집』5-1, 청주대학교, 1966
한국교육삼십년편찬위원회,『한국교육삼십년사』, 문부부, 1980
한기철,「국가교육의 의미에 대한 사상사적 탐색과 국가주의 교육 담론에 대한
　　비판적 논의」,『교육철학연구』37-2, 2015
함종규,『한국교육과정변천사연구』, 교육과학사, 2004
홍후조,「국가 수준 교육과정 개발 패러다임 환(IV) - 국가교육과정기준의 변
　　화와 질 관리 '방식'을 중심으로」,『교육문제연구』25, 2006

황영희, 「미군정기의 사학 연구」, 『교육연구』 8, 원광대학교 교육문제연구소, 1989

2) 기타

〈계엄법〉; 〈계엄법시행령〉
〈계엄사령부직제〉
〈고등교육법〉
〈교과과정연구위원회직제〉
〈교과용도서에관한규정〉
〈교수요목제정심의회규정〉
〈교원자격검정령시행규칙〉
〈교육공무원법〉
〈교육과정심의회규정〉
〈교육기본법〉
〈교육법〉
〈교육법개정에따르는현존학교에관한조치령〉
〈교육에관한임시특례법〉
〈교육부와 그 소속기관 직제〉; 〈교육부와 그 소속기관 직제 시행규칙〉
〈대학교육에관한전시특별조치령〉
〈대한민국헌법〉
〈사립학교법〉; 〈사립학교법시행령〉
〈의무교육재정교부금법〉
〈정부조직법〉
〈종교지도자 양성 대학법인 지정 고시〉
〈지방교육교부세법〉
〈지방교육재정교부금법〉
〈초·중등교육법〉; 〈초·중등교육법 시행령〉; 〈초·중등교육법 시행규칙〉
〈학교폭력예방 및 대책에 관한 법률 시행령〉

교육과학기술부 2009 개정 교육과정:
        http://curri.mest.go.kr/main.jsp?idx=020101)
교육부 교육과정교과서정보서비스(http://cutis.moe.go.kr)
교육통계서비스, https://kess.kedi.re.kr/index)
국가기록원의 '교수요목 제정' 항목(http://contents.archives.go.kr)
국가법령센터
        (http://www.law.go.kr/precInfoP.do?mode=0&precSeq=146571)
대한민국 청와대
        (http://www1.president.go.kr/about/government-organization)

『경향신문』
『동아일보』
『한국민족문화대백과』

Ⅳ. 군종 정책과 과제

1) 논저류

강인철, 「한국 군종 제도와 활동에 대한 비판적 성찰」, 『종교연구』 76-4, 2016
강인철, 『종교와 군대: 군종, 황금어장의 신화는 어떻게 만들어졌나?』, 현실문화, 2017
강인철, 『종교와 군대』, 현실문화, 2017a
고병철·강돈구·조현범, 『2018년 한국의 종교 현황』, 문화체육관광부, 2018
군종교구사 편찬위원회, 『천주교 군종교구사(군사목 50년사) -1951~2000』, 천주교 군종교구, 2002
손열, 「기술, 제도, 경로의존성」, 『한국정치학회보』 40-3, 2006
안광춘, 『해군군종사』, 해군본부 군종감실, 1976
양영배 군종감 발행, 『육군군종사』, 육군본부, 1975
이종인·최광현, 『장병 종교활동 제도 개선방안 연구』, 한국국방연구원, 2003
편집실, 「군종장교」, 『兵務』 53, 국방부 군종과, 2003

2) 기타

〈경찰공무원법〉
〈공군본부 직제〉
〈공무원복무규정〉
〈교육공무원법〉
〈국가공무원 복무규정〉
〈국가공무원법〉
〈국군조직법〉
〈국방경비법〉
〈국방부와 그 소속기관 직제〉; 〈국방부와 그 소속기관 직제 시행규칙〉
〈국방부직제〉
〈군 종교활동 지원 민간성직자 관리규정〉; 〈군 종교활동 지원 민간성직자 관리
　　　훈령〉
〈군인사법〉
〈군인의 지위 및 복무에 관한 기본법(약칭: 군인복무기본법)〉; 〈군인의 지위 및
　　　복무에 관한 기본법 시행령〉

〈군종사관후보생규칙〉
〈군종업무에 관한 훈령〉
〈군종위원회규정〉
〈군종장교요원 선발규정〉
〈군행형법〉
〈군형법〉
〈대한민국헌법〉
〈병무청과 그 소속기관 직제〉
〈병역법〉; 〈병역법 시행령〉
〈소방공무원법〉
〈예비역 군종장교후보생 규정〉; 〈예비역 군종장교후보생 규칙〉
〈외무공무원법〉
〈육군본부 직제〉
〈의무·법무·군종·수의장교 등 신체검사 규칙〉
〈지방공무원 복무규정〉
〈합동참모본부 직제〉
〈해군본부 직제〉
〈해병대사령부 직제〉
〈해안경비법〉

가톨릭대학교 성신교정(http://museum.catholic.ac.kr/)
고려신학대학원(http://www.kts.ac.kr/)
국방부(http://www.mnd.go.kr/)
군종사관후보생 선발 홈페이지(http://gunjong.mnd.go.kr)
대한불교조계종 군종특별교구(http://www.gunindra.com/)
대한예수교장로회총회(http://new.pck.or.kr/)
동국대학교 불교문화대학(https://bud.dongguk.ac.kr/)
병무청(https://www.mma.go.kr/)
성결대학교(https://www.sungkyul.ac.kr/)
영산선학대학교(http://www.youngsan.ac.kr/01/01_04.asp)
중앙승가대학교(http://www.sangha.ac.kr/)
천주교 군종교구(http://www.gunjong.or.kr/)
한국기독교 군선교연합회(http://www.v2020.or.kr/)

『경향신문』
『국방홍보원 콕뉴스』
『뉴스1』

『뉴스앤조이』
『동아일보』
『매일경제』
『법보신문』
『불교신문』
『세계일보』
『연합뉴스』
『오마이뉴스』
『원불교대사전』
『중앙일보』
『충북일보』
『크리스천투데이』
『한겨레』
『한국기독신보』
『한국민족문화대백과』

V. 종교사회복지 정책과 과제

1) 논저류

강지현, 『불교계 사회복지시설 단체 실태조사보고서』, 현대불교신문사 부다피아 사회복지팀, 2005

고경환·장영식·박승희·이혜숙·조철환, 『사회복지지출 추계를 위한 한국종교계의 사회복지시설지원금 실태조사: 2001-2003』, 보건복지부·한국보건사회연구원, 2005

고병철, 「한국 종교계 사회복지의 쟁점과 과제」, 『종교문화비평』 19, 2011

고병철, 『(2008) 한국의 종교현황』, 문화체육관광부, 2008

고병철·강돈구·조현범, 『2018년 한국의 종교현황』, 문화체육관광부, 2018

권경임, 「시민사회에 있어서 불교사회복지의 역할」, 『시민사회와 종교사회복지』(종교사회복지포럼 편), 학지사, 2004

김만두, 「자립에의 자세-외원의존의 탈피-」, 『동광』 9-1, 어린이재단, 1965

김미숙·홍석표·이만식·유장춘, 『종교계의 사회복지활동 현황과 활성화 방안 연구: 교회의 사회복지활동을 중심으로』(조사연구보고서 99-01), 한국보건사회연구원, 1999

김범수, 「'근현대 4대 종교의 사회복지역사' 학술대회를 개최하며」, 『제6회 한국사회복지역사학회 학술대회』, 한국사회복지역사학회, 2018

김은수, 『기독교사회복지』, 형지사, 2008

노길명, 「종교 사회복지의 성격과 과제」, 『종교와사회』 1-1, 2010

미상, 「사회 속에 장착하는 종단 3대 사업」, 『대순회보』 2호, 1984.6

미상, 「가난하지만 행복한 곳 – 꽃동네」, 『경향잡지』 1987.4

미상, 「종단소식: 89년도 중앙종의회 개최」, 『대순회보』 16호, 1990.2

박병현, 『사회복지의 역사』, 공동체, 2010

박승희, 「현대사회의 사회복지를 위한 유교의 함의」, 『시민사회와 종교사회복지』(종교사회복지포럼 편), 학지사, 2004

박창현, 「한국 개신교회의 사회 복지 신학을 위한 예수의 전거들」, 『신학과 세계』 50, 감리교신학대학교 신학과 세계, 2004

보건복지부, 『제3차 사회보장 장기발전방향('09~'13)』, 2009

심대섭 편, 『종교와 사회복지』, 원광대학교출판국, 1993

유승무, 「시민사회의 등장과 새로운 종교사회복지 모델의 모색」, 『시민사회와 종교사회복지』(종교사회복지포럼 편), 학지사, 2004

윤용복, 「사회복지 영역에서의 국가와 종교」, 『현대 한국의 종교와 정치』(강돈구외 5인), 한국학중앙연구원 문화와 종교연구소, 2010

윤흠, 「외원의 어제와 오늘-아동복리를 중심한-」, 『동광』 9-1, 어린이재단, 1965

이석민, 「종교영역에 대한 국가의 개입 가능성과 한계: 중립성의 두 가지 함의를 중심으로」, 『법과사회』 45, 2013

이선우, 「민간부문의 사회복지와 종교기관」, 『월간 복지동향』 5, 참여연대사회복지위원회, 1999

이재모, 「우리나라 재가노인복지서비스와 종교사회복지의 역할과 과제」, 『복지행정논총』 15-2, 한국복지행정학회, 2005

이혜숙, 『종교사회복지』, 동국대학교출판부, 2003

전명수, 「종교사회복지담론의 재고찰 – 비판적 성찰과 전망」, 『종교문화연구』 20, 2013

전명수, 「종교사회복지의 이념과 실천 방식에 대한 재성찰 –종교사회복지의 이론화작업의 일환으로」, 『담론201』 18-2, 한국사회역사학회, 2015

정무성, 「종교와 사회복지」, 『시민사회와 종교사회복지』(종교사회복지포럼 편), 학지사, 2004

정상우, 「정교분리 원칙의 모델에 관한 비교헌법학적 연구」, 『헌법학연구』 20-1, 2014

조흥식, 『종교 사회복지활동의 방향과 과제』(제1회 종교와 사회복지 심포지엄 자료집), 한국종교계사회복지대표자협의회, 1998

종교사회복지포럼 편, 『시민사회와 종교사회복지』, 학지사, 2004

中川義次, 『工場の福祉增進施設』, 保健衛生協會, 1937

참여복지기획단, 『참여복지 5개년계획 – 2004-2008년』(정책보고서 2004-1),

보건복지부, 2004

최원규, 「한국 전쟁기 가톨릭 外援 기관의 원조 활동과 그 영향」, 『교회사연구』 26, 한국교회사연구소, 2006

星豊三久, 『福祉施設論』, 資文館, 1932

皇學館大學出版部, 『宗教と福祉』, 皇學館大學出版部, 2006

Mapes, Mary L., *A Public Charity : Religion And Social Welfare In Indianapolis, 1929-2002,* Indiana University Press, 2004

Jawad, Rana, *Social Welfare and Religion in the Middle East : A Lebanese Perspective,* Bristol: Policy Press, 2009

2) 기타

〈공무원재해보상규정〉
〈군사원호보상법〉
〈근로기준법〉
〈노인복지법〉
〈대한민국헌법〉
〈모·부자복지법〉
〈모자복지법(약칭: 한부모가족법)〉
〈사회보장기본법〉
〈사회복지공동모금법〉
〈사회복지공동모금회법〉
〈사회복지사업법〉; 〈사회복지사업법 시행령〉; 〈사회복지사업법 시행규칙〉
〈생활보호법〉
〈소득세법 시행령〉
〈심신장애자복지법〉
〈아동복리법〉
〈아동복지법〉
〈영유아보육법〉
〈외국민간원조단체에 관한 법률〉
〈윤락행위등방지법〉
〈입양특례법〉
〈장애인복지법〉
〈재해구호법〉
〈직업안정법〉
〈최저임금법〉
〈한부모가족지원법〉

경실련(http://ccej.or.kr/9621)
구세군(http://www.salvationarmy.or.kr/)
기독교대한감리회(https://kmc.or.kr/, 사회복지재단)
꽃동네(http://www.kkot.or.kr/).
대순진리회복지재단(http://dsswf.com/)
대한불교조계종 사회복지재단(http://www.jabinanum.or.kr/xe/main)
대한예수교장로회총회 사회봉사부
        (http://new.pck.or.kr/division.php?part=welfare)
보건복지부(http://www.mw.go.kr/front/sch/search.jsp)
삼성생명공익재단(http://life.samsungfoundation.org/, 구 동방사회복지재단)
원불교 사회복지협의회(http://www.wonwelfare.net/)
천태종복지재단(http://with99.org/)
한국천주교주교회의 사회복지위원회(http://caritas.cbck.or.kr/v2/index.html)
한기장복지재단(http://www.prokwfm.org/g5/)
(사)한국종교계사회복지협의회(http://krcsw.co.kr/)
진각복지재단(http://www.jingak.or.kr/sub01/sub05_02_01.php)

『경향신문』
『국민일보』
『내일신문』
『동아일보』
『매일경제』
『매일신보』
『문화일보』
『불교신문』
『서울신문』
『세계일보』
『아이굿뉴스』
『연합뉴스』
『천지일보』
『프레시안』
『한겨레』
『한국기독공보』
『한국일보』
『황성신문』

Ⅵ. 종교교정 정책과 과제

1) 논저류

가스펠서브, 『교회용어사전 : 행정 및 교육』, 생명의말씀사, 2013

강인철, 『한국기독교회와 국가·시민사회, 1945-1960』, 한국기독교역사연구소, 2003

고병철, 「한국 종교정책의 진단과 과제- 문화체육관광부의 종무실을 중심으로」, 『종교연구』 65, 2011

고병철·강돈구·조현범, 『2018년 한국의 종교현황』, 문화체육관광부, 2018

권인호, 『행형사』, 국민서관, 1973

김무엘, 「교화 수단으로서의 종교, 효과적 접근전략과 의의 - 소망교도소 교화 모델을 중심으로」, 『시민인문학』 29, 2015

김성은, 「[특집/한국교회의 교정 사목] 한국 교정 사목의 현주소」, 『사목』, 한국천주교중앙협의회, 2002

김안식, 「수형자의 교정교화와 종교의 역할」, 『교정담론』 4-1, 2010

김안식, 『수형자의 종교 활동 및 성향이 정신건강과 수용생활적응에 미치는 영향』, 경기대학교 박사논문, 2010

김원철, 「미군정하의 정부수립을 위한 정책연구」, 『교육논총』 3-2, 조선대학교 교육대학원, 1987

김진혁, 「종교교도소의 전망과 한계」, 『교정연구』 26, 2005

대한민국건국십년지간행회, 『대한민국건국십년지』, 건국기념사업회, 1956

박길서, 『기독교 민영 교도소 설립과 운영에 관한 연구』, 부산외국어대학교 박사논문, 2007

박상구, 「오네시모 선교회 - 전국교도소 복음화 그날까지」, 『활천』 537-8, 기독교대한성결교회 활천사, 1998

박영의, 『노인수형자의 회심체험 연구』, 백석대학교 박사논문, 2012

법무부 교정국 편, 『망루의 고독(Ⅱ) - 종교교화 성공사례 특집』, 1983

법무부 교정본부, 『2009 한국의 교정행정』, 2009

법무부 교정본부, 『2014 교정통계연보』, 법무부 교정본부 교정기획과, 2014

법무부 교정본부, 『2018 교정통계연보』, 법무부 교정본부 교정기획과, 2018

법무부 교정본부, 『2019 교정통계연보』, 법무부 교정본부 교정기획과, 2019

법무연수원, 『2016 범죄백서』 통권 제33호, 법무연수원, 2017

손동신, 「한국교회 교정선교 사역에 대한 평가와 제언」, 『선교신학』 22, 한국선교신학회, 2009

승재현·조윤오, 『재범방지를 위한 교정보호의 선진화방안 연구(Ⅱ) -교정 민간 자원봉사활동의 활성화 방안』(경제·인문사회연구회 협동연구 총서 13-38-03), 한국형사정책연구원, 2014

양현혜, 『근대 한·일관계사 속의 기독교』, 이화여자대학교출판부, 2009

유동식, 『한국감리교회의 역사, 1884-1992』, 기독교대한감리회, 1994

유병철, 「교정시설 수용자 교화를 위한 종교인의 역할과 기여」, 『교정연구』 53, 2011

유용원, 「교정행정 발전을 위한 교정위원의 참여와 역할 – 종교위원 중심」, 『교정연구』 65, 2014

유용원, 『한국 교정 행정에서 민간 교정 위원의 참여에 관한 연구 : 종교위원의 역할을 중심으로』, 한일장신대학교 박사논문, 2017

윤종우, 「교정시설 내 상주(常住)종교위원 도입 고찰」, 『교정복지연구』 66, 한국교정복지학회, 2020

이근섭, 「교도소 선교」, 『새가정』 205, 새가정사, 1972

이명숙, 「[특집/한국교회의 교정 사목] 민영 교도소 제도의 의의와 추진 현황」, 『사목』, 한국천주교중앙협의회, 2002

이명숙·한영선·손외철 공저, 『교정의 심리학』, 솔과학, 2017

이백철, 「교정교화와 종교계의 역할」, 『경기교육논총』 7, 1998

이장영, 『우리나라 민영교도소의 활성화방안에 관한 연구』, 건국대학교 박사논문, 2014

이훈규·이정규, 『수용자 교정교육의 효율성에 관한 연구』, 한국형사정책연구원, 1996

임형진, 「동학사상과 수도 그리고 교정교화론」, 『교정담론』 3-1, 2009

장성옥, 「刑務牧師가 하는 일은 무엇인가」, 『활천』 299, 1958

전석환, 「수용자 처우에 있어서 종교의 역할과 기능에 대한 고찰: 구조변화의 의미를 중심으로」, 『경찰학논총』 5-1, 2010

정진수, 『형사절차에서 민간자원봉사활동』, 형사정책연구원, 2001

정진수·김종정·박양빈·이윤호·이종택·임재표·홍남식, 『21세기 교정 비전과 처우의 선진화 방안』, 한국형사정책연구원, 2003

조선총독부, 『조선총독부사전』, 1920

천정환, 「교정대체복무안에 대한 비판론 및 과학적 교정선교의 필요성」, 『교정복지연구』 58, 한국교정복지학회, 2019

천정환, 「교정시설에서 종교교육(교화)제도의 개선방안 – 종교교정위원을 중심으로」, 『종교교육학연구』 63, 2020

천주교 서울대교구 사회사목부 사회교정사목위원회 편, 『천주교 사회교정사목위원회 40년사』, 재단법인 한국교회사연구소, 2010

한국교정사편찬위원회, 『한국교정사』, 법무부, 1987

한석관, 『기독교 민영교도소의 활성화 방안』, 상지대학교 박사논문, 2010

한인섭, 『교정교화분야의 민간참여에 관한 연구』, 한국형사정책연구원, 1992

허경미, 「미국의 종교교정의 실태 및 도입모델 연구」, 『경찰학논총』 7-1, 2012

正木亮, 『監獄法概論』, 東京: 清水書店, 1930
Luis Lugo, *Religion in Prisons: A 50-State Survey of Prison Chaplains*, Pew
Research Center, 2012

2) 기타

〈가석방 업무지침〉
〈가석방심사규정〉; 〈가석방심사 등에 관한 규칙〉
〈각종 위원회의 정비에 관한 건〉
〈공무원임용령〉
〈교도관집무규칙〉
〈교도소직제〉
〈교정시설 경비등급별 수형자의 처우 등에 관한 지침〉
〈교정위원 운영지침〉
〈교정위원 활동 및 교정협의회 운영지침〉
〈교정제도심의위원회규정〉
〈국가공무원법〉
〈국가인권위원회법〉
〈군수용자 교육교화 및 사회복귀지원에 관한 훈령〉
〈군에서의 형의 집행 및 군수용자의 처우에 관한 법률〉; 〈군에서의 형의 집행 및
    군수용자의 처우에 관한 법률 시행령〉); 〈군에서의 형의 집행 및 군수
    용자의 처우에 관한 법률 시행규칙〉
〈군인사법〉
〈군종업무에 관한 규정〉
〈군행형법〉; 〈군행형법시행령〉; 〈군행형법시행규칙〉
〈군형집행법〉; 〈군형집행법 시행규칙〉
〈귀휴시행규칙〉
〈남조선과도정부의 명칭〉
〈민영교도소 등의 설치·운영에 관한 법률(약칭: 민영교도소법)〉
〈법무부와 그 소속기관 직제〉; 〈법무부와 그 소속기관 직제 시행규칙〉
〈법무부직제〉
〈보호관찰 등에 관한 법률(약칭 보호관찰법)〉; 〈보호관찰 등에 관한 법률 시행
    령〉; 〈보호관찰 등에 관한 법률 시행규칙〉
〈분류센터 운영지침〉
〈분류처우 업무지침〉
〈소년교도소 운영지침〉
〈수용자 교육교화 운영지침〉
〈수용자 사회복귀지원 등에 관한 지침〉

〈수형자 직업능력개발훈련 운영지침〉
〈실효법령 정비를 위한 252개 대통령령 폐지령〉
〈자원봉사활동 기본법(약칭: 자원봉사법)〉
〈재소자교화대책위원회규정〉
〈정부조직법〉
〈조선과도입법의원의 창설〉; 〈조선과도입법의원의 해산〉
〈조선정부 각 부서의 명칭〉
〈조선총독부감옥관제〉
〈행형법(약칭: 형집행법)〉; 〈행형법시행령〉
〈형무소설치에 관한 건〉
〈형무소직제〉
〈형사소송법〉
〈형의 집행 및 수용자의 처우에 관한 법률(약칭: 형집행법)〉; 〈형의 집행 및 수용
　　　자의 처우에 관한 법률 시행령〉; 〈형의 집행 및 수용자의 처우에 관한
　　　법률 시행규칙〉

(사)새희망교화센터(http://www.dncr.kr/)
公益財団法人 全国篤志面接委員連盟(http://tokumen.server-shared.com/)
국가정책연구포털(https://www.nkis.re.kr:4445/main.do).
국군교도소(http://www.kmc.mil.kr/user/indexMain.action?siteId=kmc,)
도우림(http://dourim.net/bbs/board.php?bo_table=4060, 전법단 뉴스)
龍谷大学(https://www.ryukoku.ac.jp/)
법무부 교정본부
　　　(http://www.corrections.go.kr/corrections/1063/subview.do)
법무부(http://www.moj.go.kr/)
법무부 공식 블로그(https://blog.naver.com/mojjustice/150184040671)
법무연수원(http://www.ioj.go.kr/)
소망교도소(http://somangcorrection.org/)
신앙세계(http://shinangsegye.org/)
오네시모선교회(https://www.onesimusministry.org/)
원불교신문
　　　(http://www.wonnews.co.kr/news/articleView.html?idxno=58917)
재단법인 한국교화복재재단(http://www.pici.co.kr/)
창신교회(http://www.changshinchurch.com/index.html)
천주교 서울대교구 사회사목국 사회교정사목위원회
　　　(http://catholic-correction.co.kr/)
통계청 코시스(http://kosis.kr/)

한국사DB(http://db.history.go.kr/)
한국형사정책연구원 연구보고서
        (https://www.kic.re.kr/pubdata/public/List.jsp)
행복공장 블로그(https://happitory.tistory.com/)

『BTN뉴스』
『경향신문』
『국민일보』
『기독신문』
『기독교공보』
『노컷뉴스』
『동아일보』
『매일경제』
『모바일한경』
『법보신문』
『불교신문』
『신동아』
『아이굿뉴스』
『원불교신문』
『크리스천투데이』
『한겨레』
『한국경제신문』
『한울안신문』
『현대불교』

VII. 나오면서

1) 논저류

강돈구, 「현대 한국의 종교, 정치 그리고 국가」, 『종교연구』 51, 2008
고병철, 『일제하 종교 법규와 정책, 그리고 대응』, 박문사, 2019
법무부 교정국 편, 『망루의 고독(II) – 종교교화 성공사례 특집』, 법무부 교정
        국, 1983
이승훈, 「근대와 공공성 딜레마 – 개념과 사상을 중심으로」, 『민주사회와 정책
        연구』 13, 2008
이진구, 「최근 한국 불교와 보수 개신교의 갈등: 종교차별, 정교분리, 종교자유
        개념을 중심으로」, 『종교문화비평』 28, 2015

이진구, 『한국 근현대사와 종교자유』, 도서출판 모시는사람들, 2019

2) 기타

교육통계서비스(https://kess.kedi.re.kr/)
대순진리회복지재단(http://dsswf.com/)
보건복지부(http://www.mohw.go.kr)
서울특별시(http://news.seoul.go.kr/gov/archives/506353)

<인명 색인>

저자 약력

⟨illustration by Ko Jaeyun⟩

▌고병철

현, 한국학중앙연구원 수석연구원,
동방문화대학원대학교 불교문예연구 편집위원 등.
교육학과 종교학의 접점인 종교교육학 연구,
근현대종교사 연구,
종교법제와 정책 연구,
그리고 당대 종교 현실 연구에 관심을 두고 있다.

단독저서
일제하 종교 법규와 정책, 그리고 대응(2019)
종교교과교육과 종교교과교재론(2014)
한국 중등학교의 종교교과교육론(2012)
일제하 재만한인의 종교운동(2009)